築島裕著作集

第二巻

古訓點と訓法

目次

*

凡例

一、諸論考（單行本に再錄されたものを除く）を類別して、八分册に收めて刊行する。本書はその第二卷に相當するものである。

一、各卷に書名を附す。全體の構成は以下の如くである。

第一卷　訓點本論考拾遺
第二卷　古訓點と訓法
第三卷　古辭書と音義
第四卷　國語史と文獻資料
第五卷　音韻と表記史
第六卷　語彙・語釋・文法
第七卷　典籍解題
第八卷　國語史研究の周邊

一、本第二卷は、「古訓點と訓法」と題して、內容を、國書關係、佛書關係、漢籍關係、に大きく類分けした上で、それぞれの類の中では大略舊稿發表順に掲載することとした。

一、舊稿を本著作集に取り込むに際し、横組みのものを全て縱組みに組み替えて收載したほかは、基本的に出來得る限り舊稿原本を尊重した。從って、舊假名遣いの論文は舊假名遣いで、新假名遣いの論文は新假名遣いで、それぞれ再錄した。よって全體として兩者が混在することになっている點は了とされたい。

一、但し、漢字字體については、故博士は新・舊假名遣いに拘わらず舊字體を採用されたものが多く、また、本著作集はコンピューター組版を採用するため、本文の字體は所謂「舊漢字組」に統一した。また、算用數字や漢數字、括弧および書名の割書きなど、表記若干についても統一した場合がある。

一、舊稿の明らかな誤植や脱字は訂正した。但し、存疑部については《ママ》を加えて舊稿の形を尊重した（一重括弧の（ママ）は舊稿原本に使用されているものである）。

一、舊稿にある諸種の參考圖版は、論旨に影響がない場合は、諸般の事情から掲載を省略した。その場合は、各論考の末に【後注】としてその旨を記した。

一、「ヲコト點圖」「假名字體表」は舊稿にあるものを、版面に對してほぼ同比率になるようにそのまま取り込んで掲載した。但し、不鮮明その他の理由によって掲載が困難なものは、舊稿をもとに新規に作成或いは他の著書のものを流用した。その場合も【後注】に注記した。

一、「解題」等で文中にその書の參照頁が記されている場合は、その參照頁をそのまま掲載した（但し舊稿中にその論文内での參照頁が記された場合は、參照頁の下に本著作集の頁を〈本書○○頁〉として示した）。

一、資料の所藏者については、舊稿發表以後に移動したものも多いが、舊稿原本のままとした。

＊

一、本著作集の企畫は、故博士の御生前に始まったものであり、全體の構成や收載論文の範圍などは、故博士の御意向を踏まえたものである。

一、本書の校閲は、沼本克明と土井光祐が行なった。

古事記の訓讀

古事記の序文と本文

古事記の訓讀について考える場合、先ず最初に注意すべきことがある。それは、序と本文とを原理的にも具體的にも、二つに大きく分けて扱わなければならない、ということである。

この區別は、從來からも行われて來たことであるが、古寫本の諸本・古訓古事記を始めとして、多くの本は、本文は、純粹の國語の訓法になるよう、色々苦心が拂われているのに對して、序文の訓法は、一般の漢文のそれに準じた、大まかなものであった。一方、新訂增補國史大系本のように、序文にも本文と同類の和文的・古語的な訓法を附したものもあるが、何れにしても、序文の內容は非常に重視されていながら、その訓讀の面については、少くとも本文程には、注意が拂われていなかったように見受けられる。

しかし、かような從來の取扱い方も、それなりの理由は認められるのである。本文を訓むことと、序文を訓むこととは、非常に異った意味を持っているのである。本文は、奈良時代に、稗田阿禮が口誦したその文章を復元すること自體であり（尤も、それが本文の全文に及ぶのかどうかは問題もあろうが）、これに對して、序文は、最初から漢文として表現されたものであって、口誦の文章そのものでないことは明であり、又、果して「國語」として表出されたものか、將又、單なる「シナ語」たる漢文として表出されたものであるかも、必ずしも、確には定め難い。しかし、奈良時代に、漢文を訓讀したことは、諸般の事象から推して恐らく事實であろうし、その漢文の中に、この序文の如き四六駢儷體の文が含まれていたことも、想像に難くないことである。太安麻侶、乃至は當時の學識者たちが訓じたであろう所の訓法を再現することは、決して無意味であるとは考えられない。的確な論據によって證せられた訓法は、或る場合には、古代國語の資料を増強する場合もあろうからである。

序文の訓法を究めようとする際、先ず注意すべきことがある。それは、その訓法を唯一種類の訓み方とすべきか、それとも、場所によっては二種類以上の訓み方を認むべきか、この何れを採るかの問題である。

漢文の訓讀は一通りには定っていない

總じて、漢文を訓讀した國語は、現在でも同様であるが、古代に於ても、同一の漢語文に對して必ずしも一種類とは定っていなかった。例えば、「妙法蓮華經（法華經）」を例に取って見ても、同じ平安初期點本でも、

世雄不可量、諸天及世人、一切衆生類、无能知佛者（方便品）

の「无能知佛者」という原文を、一訓では

能く佛を知《し》(り)タテマツル者《ヒト》は无シ（片假名は原文の假名、平假名は原文のヲコト點、（　）は補讀、以下同。尚、重複して附せられた訓を一部省略）

と訓んでいるが、同じ本に附せられた他訓では、

能知佛の者は无し

と訓んでいる。かような例は、平安時代の古訓點には幾らも例のあることであって、恐らく、奈良時代の訓法でも同様であったと推測される。（奈良時代の訓點資料で現存するものは殆ど無いから、直接實證は出來ないが。）奈良時代の人々が、古事記

の序文を訓んだ場合、人により、訓み方が異るとか、又は、同じ人でも、二通り三通りの訓み方をしたということは、當然考えられる所である。従って、現在我々が、その訓法を定めようとする場合、一通りの訓み方だけを正しいものとして、それ以外のものはすぐ誤である、又は不完全なものであるなどとは必ずしも言い得ない。勿論、中には明に奈良時代には有った筈がない訓法というようなものも現に世に行われており、それらが否定せらるべきことは言うまでもないことだが、「正しい訓法」が、二種以上ある場合も決して少くないと思う。要は、唯一の訓み方を定めることではなくして、どの範圍の訓み方が行われ得たか、又、どれから外は行われなかったかという、範圍を定めることでなければならないと思う。

本文の訓みも一種にきめられない

次に、本文の訓法についてであるが、本文の多くの部分は、口誦の文章に基づいて記されたものであり、その部分については、基となった口誦の文章は恐らく一つづきの文章であったろうと推測される。一字一音の萬葉假名で記された部分などは、その最もはっきりした部分であろう。しかし、本文の中の他の多くの部分は、すべて漢字ばかりで記されている「漢文」であって、それは、必ずしもすべてが漢文の格に適ってはいないものであり、當時として既に古語であった言葉や、漢文では表現することの困難であった固有の日本語や、古來の傳誦の獨特な口調などが、特殊な用字法・措辭法によって、一往「漢文」即ち漢字だけを竝べた形として、表現されているのである。更に又

天地初發之時（古訓本上一オ）
山川悉騷、國土皆震（古訓本十八ウ）
汝者自姙、無夫、何由姙身乎（古訓本中二十八オ）
有麗美壯夫、不知其姓名、毎夕到來、供住之間、自然懷妊（同右）

の如き行文は、純粹の漢文を想わせるものもある。かような部分は、全體から見れば必ずしも多くはないであろうが、原の口誦の文章を基として、太安麻侶が漢文的に潤色して記したとも考えられるし、又、或いは、基となった口誦の文章が固定していなかったという事情があったのかもしれない。何れにしても、かような部分の訓法を決する際は、序文の場合と同様に、一種の訓法のみに、必ずしも定められるべきものではなかろう。

古事記の文章と萬葉・宣命と

序文・本文を通じて古事記の訓法を定める場合の必要條件として、第一に、奈良時代の語彙・文法・音韻に從って行くべきことは勿論であるが、更にもう一つの點に留意する必要がある。それは、同じ奈良時代の文獻ではあるが、古事記は、萬葉集や宣命などとは、文章の性格が異った面を含んでいるということである。卽ち、萬葉集や宣命は、全體として口誦の國語を主としたもので（勿論例外はあるけれども）、言わば純粹の國語に近いものと考えられるものであるが、これに對して、古事記の場合は、序文や純漢文體の部分などは漢文訓讀に特有の國語の語形で表現されたことがあったと考えられる。この漢文訓讀特有の國語があったということは、直接には、平安時代に下ってからでないと實證出來ないのであるが、奈良時代にも斷片的な資料から、その存在が推測されるから、古事記の場合にも、當然、そのような種類の國語で訓まるべきことが考えられる。そのような要素をも、考えに入れて、訓み方を定める必要があるのである。

古訓をきめる資料

從來、古事記の訓法を定める爲には、記紀の歌謠、萬葉集、祝詞、宣命などのような、古代語の資料が採用されて來た。又、日本書紀の古訓も、同じく古代語の資料として用いられて來た。但し、これは、從來は江戸時代の板本の訓が主として用いられていた。しかし、この板本の訓には、中に、平安時代以後に轉じた新しい形と見られるものが含まれていて、全面的に上代語の資料とするには躊躇される。

さて、これらの資料の他に、古訓點資料を利用すべきことが、暫く前から提唱されて來ている。この古訓點資料というものは、漢文の文面に、その訓み方を記しつけた文であって、時代的には、平安時代の極く初期からのものが現存している。平安初期の古訓點資料は多くの場合、胡粉（チョークに似たものを硯で磨いて泥のようにしたもの）を用いた所謂「白點」か、又は朱墨を用いた「朱點」であり、後世のように墨を以て附けた訓點は、平安初期には見えず、平安中頃以後始めて現れる。古體の假名や返點などの他、ヲコト點と稱する一種の符號によって、原漢文の訓法を示すのが一般であった。この訓點に據って、當時の漢文の訓み方を復原しようとするのである。

佛典の資料

平安初期の資料は、殆ど大部分が佛書であって、佛敎の經典、その注釋書などである。漢籍の類、又は四六駢儷體のような文體の漢文の類は、比較的例が少い。四六文の資料としては、次のようなものしか知られていない。

沙門勝道歷山瑩玄珠碑　一巻一軸

京都神護寺藏。現在京都國立博物館に寄託中。弘法大師空海の遍照發揮性靈集の一部に收められている一文である。平安時代初期の朱點があるが、ヲコト點は用いていない。但し、加點はあまり精密でないから、解讀は極めて困難である。大矢透『假名遣及假名字體沿革史料』第一面に紹介がある。その他には國語學的な紹介は、中田祝夫博士によるものがあるに過ぎない（「かなの論くさぐ〳〵」『國語學』第二十輯）。寫眞複製本には、巻子裝のもの一種と、册子裝とした、『弘法大師眞蹟全集』（第九帖）（昭和九年刊）所收のものとがあるが、共に、訓點は極く淡く表れているだけで、殆ど解讀することは出來ない。

大唐三藏玄奘法師表啓　一巻一軸

京都知恩院藏。平安初期天安頃の朱點が加えられている。夙く大矢透『假名遣及假名字體沿革史料』第三面に紹介された他、吉澤義則博士（『國語國文の研究』）、遠藤嘉基博士（『國語國文』昭和三〇年一一月）、中田祝夫博士（『漢文教室』三〇號）、山田忠雄氏（『國語學』二九輯）及び築島（『訓點語と訓點資料』四輯）に夫々全文の解讀文が發表されている。この中、中田博士と山田氏との分が最も後に發表されたものである。築島のものには、語彙索引に漢字索引（共に總索引）を附する。この資料の複製本は、古く明治四十三年に印刷されたものがあるが、近くは、貴重古典籍影本刊行會から新に解說を加えて刊行された。この文獻は、凡て百餘行の僅なものであるが、加點は精密で、假名附けも多く、極めて注意すべき好資料である。

地藏十輪經序

奈良東大寺圖書館藏。その巻第一の最初の部分。約四十三行に過ぎないが、詳しい白點がある。中田祝夫博士が『古點本の國語學的研究譯文篇』において、全文の寫眞と譯文とを公表された。

この他、平安初期の訓點資料は、數十種に上り、その中、若干のものは、研究論文などもあるが、全文の譯文の公表されたものは存外に少く、上記の他、西大寺本金光明最勝王經、唐招提寺本金光明最勝王經、山田本法華經方便品、東大寺圖書館・聖語藏成實論、東大寺圖書館・聖語藏地藏十輪經、などがあるに過ぎないのである。そして古事記序文などの訓法研究に參考になる點は、夫々にあるけれども、最初に記した四六文のものが殊に有益と考えられる。それは、一般の佛典の基本となっている漢文そのものが、梵語等からシナ語に譯出されたものであって、シナ古來の諸書の文體とは異る面が見出されるからである。しかし一面、古事記の本文に、佛典の漢文の文法の影響が見られることも、近來學者の指摘する所であって、その方面から、これら古訓點資料の利用價値は、非常に高いと見るべきであろう。

和化漢文

所で、古事記の本文の多くの部分は「和化漢文」によって構成されているわけであるが、この種の文體の訓法を徴すべき訓點資料は、非常に稀である。その例は平安初期には全く見えないばかりでなく、院政時代まで下っても、この種の文體（和化漢文—變體漢文）に訓點を加えた資料は、極めて稀である。「將門記」（眞福寺本・楊守敬舊藏本）、「和泉往來」（高野山西南院藏本）、「消息文範」（高山寺藏本）などが知られているに過ぎない。和化漢文や變體漢文の類は、恐らく一般には、訓點は附けなかったのであろう。

奈良朝の字音語

序文の訓法には、字音語が一般に多く取入れられている。奈良時代の訓法として、このような字音語が許されるものであるかどうか。同時代の萬葉集や祝詞などからは、この解答は殆ど期待し得ない。しかし平安初期の訓點本の中に、明に字音語として音讀したと見られる例が少からず發見される。この事については、既に中田祝夫博士の考說（『古點本の國語學的研究總論篇』九五二頁）があって、明にされた所である。古訓點資料の中から一二を擧げるならば、

○大唐三藏玄奘法師古點

籀《中》-文　交-喪《上》　妖《エ》-氛　緇《シ》-徒《豆》　爝《尺》-火　涓《ケ》-々《たる》　罽《ケイ》-賓　推《水》遷《千》

○地藏十輪經序元慶點

沈-痼《コ》　坏《ハイ》-器　薄-霧《无》

の如くであつて、これから推して、古事記の序文の中でも、

混元　氣象　乾坤　參神　造化　陰陽　二靈　群品　幽顯　日月　海水　神祇　太素　杳冥　本敎　元始　綿邈

先聖

などは、恐らく字音語として音讀して然るべきものと考えられる。少し時代が下るけれども、院政時代の古點本資料である、興福寺藏本の大慈恩寺三藏法師傳（承德三年〈一〇九九〉、永久四年〈一一一六〉などの加點）を見ると、右の中、

渾。元。（承）　乾。坤。（承）　。造。化。（承）　陰陽（承、永）　。群。品。（承朱）　日月（承、永）　杳。（平輕）冥（承）　先聖（承）（承は承德點、承朱は承德朱點、永は永久點）

の諸語の例が見えている。右の内、聲點を附したものは、字音語として音讀した、確實な證據を示すものである。

因に、奈良時代に於て、かような四六駢儷體の字音は、漢音、吳音の何れを用いたかというに、未だ何れとも判定し兼ねる。漢音奬勵の勅は奈良朝期末から平安初期にかけての頃になってのことであるし、古事記の萬葉假名の音假名には、吳音系の字音が用いられているから、吳音を用いたかとも見られる。しかし一方、日本書紀では、漢音系の字音による萬葉假名が用いられており（大野晉『上代假名遣の研究』）、平安初期の四六文の點本を見ても、

瑩《惠》磨　魑《林》魅《比》（以上勝道碑古點）葳《キ》蕤《スイトサカナリ》　重《か(サ)ネ》レ譯《エきを》　若《尺》木　梳《リウ》-衣《イ》（以上玄奘表啓古點）

のように、漢音と覺しき例がある。和銅と言えば、既に少くとも七回の遣唐使歸朝を迎えている時期であり、當時の唐都長安附近の字音という漢音が既に傳えられていた可能性は認められよう。四六文の訓讀の際、その字音に主として漢音の

用いられたことは、平安時代の古點本に一般に見られる現象であるが、中には呉音系の字音が用いられたことも皆無ではなく、殊に平安初期の例では、

百煩《ホ》自休（勝道碑古點）、緇-徒《豆》 佛、宍《にク》會利 夏戴《ケ》 蘆-灰《化》 干（干）-祈《ケす》（玄奘表啓古點）、薄-霧《无》（十輪經古點）

のように、呉音系からも少からず見えている所を考えると、古事記の場合も、呉音で訓じたことも考えられるのである。又或いは、玄奘表啓古點の例のように、漢音呉音を混用したというケースも、考えられなくはないのである。

接續詞の訓法

本文の中で、近年注目されて來たのは、その接續詞の用法であろう。主なものだけでも、

然　然者　不然者　然而　雖然　然後者爾　爾時　故爾　故　於是　是以　又　亦　及　而　所以

などが擧げられる。既に先學の說かれた如く、本來の固有の國語には接續詞が無く、接續詞として用いられているのは、何れも他の品詞から轉成したものか、又は複合語であるとされている。古事記の本文に見られる、右のような接續詞は、何れも漢字で書表わされており、「之可禮杼毛」「加禮」「許々尓」のような、萬葉假名によって表わされた例は、一つも見えていない。そして、しかも、これらの漢字の接續詞の類は、何れも純粹の漢文の中に、その例の見出されるものばかりである。

この事實は、先ず第一に注意すべきことのように思われる。卽ち阿禮の口誦の文章の中にはかような接續詞は含まれていなかったのを、安麻侶が勝手に、漢文の字面を取り來って、漢文風に文を連ねて行ったものか、又は、阿禮の口誦の文章の中に、既に何等かの接續詞が用いられていたのを、安麻侶がそのままかような漢文を用いて寫したのか、という二つのケースが考えられる。

延喜式祝詞は、口誦の文の中で國語の最も固有な形を保持しているものと見られるが、これらの中に、接續詞の例が極めて少いことは、注意すべきことではあるまいか。「如是時」一例、「是以」二例、「又」二例、「及」一例、が見えるだけに過ぎない。

この點から考えると、古事記の接續詞が口誦文のもとから有したのではなくて、安麻侶が自分だけの考えで插入したという疑は非常に濃くなってくる。そうすれば、これらの接續詞を訓ずる場合、古訓點資料に示された古訓を足掛りにして、訓法を定めるということが、一層適切な方法ということになる。

古事記接續詞の類の訓法については、小林芳規氏の「古事記の訓法と漢文訓讀史—㈡助詞の訓法」（『上代文學研究會會報』十四・東洋大學・昭三九・一二）なる論考があり、古事記傳の所説と古訓點資料との實例を一々對比して記傳の訓法の多く從うべきことを説いておられる。大略は右の論に盡きるのであるが、以下二三私見により補説したいと思う。

從來の訓法には「然」をサテ、「然後者」をサテノチニハ、などがあった。又、「然而」をシカシテ、「雖然」をシカレドモと訓じて來た。春日政治博士の高説（『西大寺本金光明最勝王經古點の國語學的研究研究篇』一七四—五頁）の如く、サの系列にある諸語は、シカに比べて後れて文獻に現れるものであり、主として平安時代のしかも假名文學系の文獻に見出される。平安時代になっても、漢文訓讀系の文獻では、一般にシカの系列の語を用いて、サの類を用いなかった。故に、古事記の訓法においても、サテ、サテノチなど、サの系列のものは、避けて、シカの系列のものを用いるべきであろう。

シカシテという語は、古い訓點に例が見えない。シカス・シカシナガラなど主に動詞スの附いた形が見えるから、シカシテがあってならないとは言えないが（シカシナガラのシは間投助詞と見られないこともないが、やはり多分サ變動詞であろう）、實例が皆無である所を見ると、やはりこの訓は避くべきではなかろうか。シカにクが附き、更にシテの附いたシカクシテの形がシカウシテに轉じ、それが後世にシカシテとなったと見るべきであろう。

「故」の訓法

次に「故」の字の訓讀について述べよう。この字には、句末に來る用法と、句頭に來る用法とがある。この中、句頭に來る用法について、少々考えて見たい。古事記傳に、

又句ノ頭にあるをば、迦禮《カレ》と訓メり。其《ソレ》は記中に殊におほし。其ノ中に、此ノ字の意にはあらずて、たゞ次の語を發《オコ》すとて、於是《コヽニ》などいふべき處に置るいと多し。それにつきて思ふに、迦禮《カレ》は、迦迦禮婆《カカレバ》の切《ツヾマ》りたる辭ならむか。迦ゝ禮婆《カヽレバ》は、如此有者《カクアレバ》にて、上を承《ウケ》て次の語を發《オコ》す言なり。さて其《ソ》を切《ツヾ》めては、迦禮婆《カレバ》とこそいふべきに、婆《バ》をしも略《ハブ》けるはいかにといふに、古語に、婆《バ》を略きて、婆《バ》の意なる例多し。（注略）然《サ》てその迦禮《カレ》に、故字を書るは、いかなる由ぞといふに、凡て祁婆泥婆閇婆禮婆《ケバネバヘバレバ》の類ヒは、由惠《ユヱ》といふ意に通《カヨ》ふ例多ければ、迦ゝ禮婆《カヽレバ》は、如是有故《カヽルユヱ》といふに通ふを以て、此ノ字を當《アテ》たるなるべし。（注略）

と見える。宣長が「故」字をカレと訓じた根據が何處にあるのか必ずしも詳でない。カレという語は、平安初期以來の古訓點本に例の多く見えるものであるから、或いは、宣長は古訓點本を見たのではないかとの推測（大野晉博士說、直話による）も成立つかと思われるが、やはり、日本書紀の古訓から得たものと見るのが穩當ではないかと思われる。書紀の古訓の內、現在見られる古寫本について見ると

則稱《コトアケ》シ〔之〕て曰（ク）、正《マサ》ニ哉《ヤ》、吾勝《アレカ》チヌ、故《カレ》因て名（ケ）〔之〕て勝速日天忍穗耳《ヲシホミヽ》の尊と曰《マウ》ス（則稱之曰正哉吾勝故因名之曰勝速日天忍穗耳尊）（彰考館本、神代紀上嘉曆三年〈一三二八〉點）

…重《カサナ》リ濁《ニコ》レルカ〔之〕凝《コ》リタルは場《カタマ》リ難《カタ》シ。故天《カレアメ》、先《マ》ツ成《ナ》リ〔而〕て地後《ツチノチ》に定《サタマ》ル（重濁之凝場難故天先成而地後定）（同點）

火葦北の國造、阿利斯澄（が）子達率日羅、賢《サ（カ）》（シクシテ）〔而〕勇有（リ）、故《カレ》朕、其の人の與相計《（ト）タハカリ》（前田本敏達紀、院政期

のような例が指摘される。「故《カレ》」の訓は、書紀の刊本にも受續がれて、江戸時代にも行われていた。

カレの語源

この語の語義は、宣長の說く所に盡きようが、語源については、カクの意のカにアレが加わったものとする、春日政治博士の說（『最研』下二六六頁）に從うべきであろう。又、アレのように、已然形止めの形で條件を表わす語法は、宣長も既に說いているように、上古の語格である。又、春日政治博士は、西大寺本金光明最勝王經白點（平安初期點）に見られるカレの例はすべて、文の中途に在るものであって、文の頭に在るものはないと言われている。例えば

大三昧に依(り)て、故《か》レ〔於〕樂と說ク。〔於〕大智に依りて、故レ清淨と說く。（『同研究篇』二六六頁）

のような例である。大坪併治博士も、『訓點語の研究』において、右と同類の例が、平安初期から中期にかけての點本である、

山田本法華經方便品平安初期點
大乘廣百論釋論承和八年（八四一）點
法華經玄贊淳祐點
辨中邊論延長八年（九三一）點
法華義疏長保四年（一〇〇二）點

に見える例を擧げて居られる。こう見て來ると、「故《カレ》」は、古くは文の途中にのみ在って、文の頭には立たなかったのかとも見られるが、しかし、實際には必ずしもそうばかりでもなかったらしく、彌勒上生經贊の平安初期訓點（中田祝夫・築島裕「高山寺藏本彌勒上生經贊古點に關する調査報告」『國語學』第十一輯）では、右と同樣に文中の句頭に立つ例もあるが、

法堂い尊勝(な)るをもちて故レ願首を標す(朱點)

已(に)して永に生死の十二縁を超エて、故レ兜率天に生レて(白點)

しかし一方、明に文首に立つ例も見える。

主をは慈尊と號す。故レ能く矜みを苦厄に垂(れ)タマフ(朱點)

今は〔言〕法輪(の)〔之〕行なり、故レ教を知(る)を法輪と名く(白點)

又、後述の地藏十輪經の例もそうであろう。この他、カレの語は平安時代を通じて、廣く訓點資料に多くの例が見出される。

カレニの問題

所で、「故」字の訓の一つに、カレに助詞ニの加わったと考えられる、「カレニ」という語形がある。これは、一般の國語辭書などには見えないが、前田本古事記の訓に見えており、古訓點でも、カレニの例が在ったような報告がある。一つは、右の彌勒上生經贊の白點の例であって、

義理既に同なる(を)もちて故レに涅槃(の)〔之〕時に〔與〕佛と異る(こと)无シ

であり(同上論文)、又、中田祝夫博士の公表せられた「地藏十輪經元慶七年點(八八三)」の譯文(『古點本の國語學的研究譯文篇』)でも、

十惡に放肆《ホシキママ》ナル〔ヲ〕臭《クサ》キ〔き〕身の〔之〕垢《(あかつ)》き穢たるに似《ノ(れ)》り。故《カ(れ)》ニ此の經に〔いはク〕能(く)臭き身を濯《ス、》ぎ盲を聞き

……(一18)

……我を禮敬し親近し供養せむが「ィ供養(を)もて」爲に、故《カ(れ)》に大集會を觀じて隨喜を生(ぜる)が「ィ生ジ」故に、

……（一9）

のように、カレニの例が見える。同書所載の法華義疏長保點でも

識を以て門と爲《し》て皆一切(を)攝(し)た里。故《カレ》に菩薩地に云(はく)、此の法い善ク巧に成レ里「ィ成レ(る)が」。

の例も見られる。

しかし、カレの語源が上述のように已然形語尾を含むものとするならば、それにニという助詞の附いた形があるということは、不審である。已然形が、そのままで、接續助詞の「ば」や「ど」を伴わずに條件法を表すことは、確に上代の語法であるが、平安時代に入ってからも、

何の善根を種(ゑ)タレか、(從)彼の天ヨリ來て、驀の時《(と)キ》法を聞(き)て便授記を得ル（西大寺本金光明最勝王經平安初期點）

くべきほどときすぎぬれやまちわびてなくなるこゑの人をとよむる（古今・物名）

世の中はうきものなれや人ごとのとにもかくにもきえず苦しき（後撰・雜二）

のような例がある。尤も、これらは「か」「や」のような助詞を伴っているが、それらは何れも係助詞と見られるものである。これに對してカレニのニは、恐らく、ヤウヤクニ、オノヅカラニ、タダニなどのように副詞の類によく附けて用いられたニと同類と見得るものではあるまいか。もしそうとすれば、カレは、ヤウヤク、オノヅカラなどと同じく副詞—體言的なものとなることになる。しかし、少くとも本來用言の已然形に、かような性格のあることは、他の例もなし、極めて考えにくいことである。更に右に擧げた例を見渡して考えるに、何れも、カレ（カ又はレが補讀の場合もある）が假名であるのに對して、ニはヲコト點で示されており、カレニの全體がすべて假名で示されている例は皆無である。しかも、これらの點本は同一字に對して、二種の訓法が併記されている場合も少くないのである。そして、「故—」の字は、カレと訓まれ

た他方で、同じころ、ユヱニと訓まれた例が多いことも、既に先學によって示されている所である。卽ち、これらの、一見、カレニと訓まれるものは、實は、「カレ」と「（ユヱ）ニ」との二訓が併示されているものと見られるのである。私は、平安鎌倉時代に亙って、相當數の古訓點の語彙を蒐集したが、カレニと確實に假名附けをした例は、未だ一例も見出すことが出來ない。類聚名義抄や色葉字類抄の如き古辭書の類にも見えない。前田本古事記は慶長十二年（一六〇七）の寫本であって、遙か後世に下ってからのものである。恐らく、中世以後、カレという語の原義が忘れられて、本來の副詞のように誤解され、それに、副詞に加えられる例に倣って、助詞「に」が加えられた、新造語だったのではあるまいか。卽ち、古事記の訓讀に際しては、カレはふさわしいけれども、カレニは避くべきではないかと愚考する。

句頭の「故」を「カルガユヱニ」と訓ずることがある。管見によるに、この語の完全な假名附けの例は大分時代が下るようで、高山寺本秦本紀（鎌倉期點）、神宮文庫本古文尚書正和三年（一三一四）點、觀智院本類聚名義抄、前田本色葉字類抄などまで下るようである。語源はカ（斯）アルガユヱニの約であろう。「故」字の訓として「カ」と「に」とが附せられた例は、右に列擧したものの他にも少くないのであり、それらは、或いは「カ（ルガユヱ）ニ」と訓むべきかとも推測されるが、古く確實な用例を見ぬことであるから、直に使用するのは躊躇される訓である。

以上句頭の「故」字について、主として否定的な論を列ねるに終ったが、一字毎に、古訓點資料を參照しつつ檢討するならば、尙今後、新しい見解の生れる餘地も少くないことと思うのである。（四〇・七・五）

〈原文は舊假名遣〉〈原論文注記〉

（『國文學・解釋と鑑賞』三十一巻十號　昭和四十一年八月）

古事記序文の訓法をめぐって

一

本居宣長は、『訂正古訓古事記』において、本文については、全文に振假名を附けて一字一句ごとに「古語」としての検討を行ったが、序文については、本文と異り、唯、當時の一般の漢文の訓點の方針に従って、返點、送假名を加え、音合（二字の字音語）や訓合（二字の訓讀の連續）の符號を附するに止り、振假名は部分的に少しばかり附しただけであった。恐らく宣長の意識では、序文は純粋の漢文であり、本文が「古語」を表記した「國語文獻」であるのに對して、序文は必ずしも「國語文獻」とは考えていなかったからであろうと思われる。宣長にとっては、序文は、その内容を正確に理解することだけで十分であり、奈良時代のその漢文の訓讀がどのような國語の形で行われたかというようなことは、問題にされなかったに違いない。この點は、中世以降、『古事記』の研究が勃興し、訓點が加えられるようになって以後、歴代同様な狀態であったと見るべく、また、宣長以後の諸學者も、多分同様の意向であったろうと推測される。

しかるに、近時はこの序文も奈良時代の國語の表現であると考え、平安時代初期の訓點資料などを活用して、現在から推定し得る限りの古い訓讀の語形で訓ずる試みが行われている。それは、『古事記』序文に限らず、『萬葉集』の題詞などの漢文についても同様である。これらの作業は、奈良時代にも既に漢文訓讀特有の言語があり、それは一般の國語と一線を畫する文體を構成していたとする推定が基盤になっていると思われる。(1) 實は、筆者も、年來このような考え方を懐いて來たのであるが、その後、平安時代以降の諸文獻などの傳存の狀況などについて考慮を重ねるにつれて、これ以外にも尙、別な觀點も許されるのではないか、と考えるに至った。これらの論點をめぐって、一二の氣附いた事柄を述べて、大方の御批判を仰ぎたいと思う。

二

『古事記』において、「序文」と「本文」とは、四六駢儷體の漢文と和化漢文という文體の相違があることはいうまでもないが、その訓讀の在るべき形も、兩者互いに相違して然るべきではないかというのが本論の要旨である。それは『萬葉集』における「歌」の部分と「題詞」「左注」等の純漢文の部分との關係とも、同一ではないが、類似していると考えるものである。

『古事記』の「序文」を、奈良朝時代當時の漢文訓讀の方法によって訓讀するための最上の方法は、當時の、他の、訓點資料を參照することである。しかし、既に明らかにされているように、奈良時代に訓點を加えた文獻は、一例も殘存していない。訓點資料の最古の遺品は平安時代初期のものであり、その故に平安時代初期における古訓點資料を參考にして、その訓法に基づいて『古事記』の序文などを訓讀しようとする試みがなされたわけである。奈良時代の古訓點資料が現存していない現在の狀態としては、確かに最も合理的な方法であるように感ぜられる。筆者も嘗て『上宮聖德法王帝說』についてその上代における訓讀の再現を試み、上代特殊假名遣の甲乙二種の區別までを解讀文に試行したことがある。(2) しかし、當時のこの文獻がこの通りに解讀されたという確實な證明は容易に出來ないし、それは、『古事記』についても同様であろう。近時の小林芳規氏の「日本思想大系」所收の『古事記』の本文の解讀は、(3)多大の勞力を費された大作であるが、當時、一定の日本語の語形が豫め存在し、それを一定の和訓に卽して漢字の連續として表記されたという前提に立っている。この際、注目すべきことは、第一に、奈良時代の寫本は多數傳存しているのに、訓點を加えた文獻が一例も現存していないという事實そのものが、如何なる意味を持つのであるかということ、第二に、平安時代初期における古訓點資料を參考にして、その訓法に基づいて『古事記』の序文を訓讀しようとする試みが、果して有效な結果を生み得るものなのか否かということである。

先ず第一の點から始めよう。奈良時代の古訓點資料が殆ど現存していないのは當時は未だ訓點記入の手法が考案されていなかったからであるとする見方が支配的である。これについては、筆者も敢えて異を唱えるものではない。寧ろ、奈良時代の古寫本の中には、佛典、漢籍を含めて、その時代の訓點を附した文獻が現存しないという事態を改めて確認することによって、その確實性は一層大きくなるであろうと考えるものである。

奈良時代の古寫本の內、佛典は極めて多數現存する。しかし、その多くは如何なる時代の訓點をも持たない。(4)若干のものには訓點があるが、何れも平安時代初期またはそれ以後の加點である。その一例を擧げれば、西大寺藏本金光明最勝王經十巻は天平寶字六年（七六二）の願經であるが、平安時代初期の白點二種と永長二年（一〇九七）の朱點が加點されている。(5)漢籍には、奈良時代の古鈔本は極めて少いが、それらの大部分は無點本である。(6)(7)しかし極く稀に加點本がある。例えば、石山寺藏本漢書高帝紀一巻、高野山大明王院藏本漢書周勃傳は、共に奈良時代の寫本であるが、何れも平安時代中期（九五〇年頃）の角點が加えられている。(8)

更に、日本には隋、唐時代の古寫本が傳存する。その多くは奈良時代またはそれ以前に本邦に傳えられたものと思われるが、それらの中には、訓點を附したものも若干あるものの、何れも平安時代初期以降のものであって、奈良時代の加點本は知られていない。國藏本（神田喜一郎博士舊藏）の淨名玄論は慶雲三年（七〇六）の寫本であるが平安時代初期九世紀の訓點が加點されている。(9) 國・東山御文庫・東洋文庫藏本の古文尙書三巻、東洋文庫藏本の毛詩一巻は共に唐寫本であるが、兩者とも平安時代中期十世紀初頭の訓點が加點されている。(10)(11) 上野淳一氏藏本漢書楊雄傳一巻も唐寫本であるが、天暦二年（九四八）藤原良佐の奧書のある訓點數種が加點されている。

かような狀態から判斷しても、奈良時代までは漢文の本文は存在したが、それに訓點を加えることは行われず、平安時代に下って初めて加點がなされるようになったと考えることは自然であろう。

三

第二に考うべきは、平安時代初期の訓點資料における訓讀の方法である。九世紀に入ると、多數の訓點資料が現れるが、それらの訓法を通觀すると、文獻によって訓點記入の方式が種々樣々であることが注意される。西大寺本金光明最勝王經古點や、成實論天長五年（八二八）點のように、整然と加點されたものがある一方で、法華經方便品古點や地藏十輪經元慶七年（八八三）點のように、亂雜な加點本があり、法華經方便品古點（八三〇年頃加點）や飯室切金光明最勝王經註釋古點（八三〇年頃加點）のように、一旦加點したものを擦消して更に別の訓點を記入したと見られるものなどがある。また、一定の漢文の本文に對する訓法も、同時代であるのに、種々の異った語形が併用されている。これは、當時の訓讀が固定していないことを示す現象である。時代が下って平安時代中期以後になると、次第に訓讀の方式が固定して、定着の方向に進んで行くのであるが、逆に奈良時代に遡るならば、その不安定な性格は一層甚しかったと想像せざるを得ない。

平安時代初期の訓點資料の內、大部分は佛典であり、梵本から漢譯された翻譯體の漢文であって、四六駢儷文などを含めた、純粹の漢文は極めて少數である。現存するものとしては、神護寺藏本沙門勝道歷山瑩玄珠碑古點（八一〇年頃加點）、地藏十輪經卷第一序文元慶七年（八八三）點、石山寺一切經藏說無垢稱經序古點（八五〇年頃加點）、知恩院藏本大唐三藏玄奘法師表啓古點（八六〇年頃加點）など數點に過ぎない。しかもこれらの文獻は何れも百行前後の非常に少い言語量の文獻ばかりである。文體の點で『古事記』の序文の文體に最も近いものはこの類であり、『萬葉集』の題詞の文體もこれに近く、それらの訓讀に當って、近來これらの訓點資料が活用されて來たことは、周知の如くである。しかし、これらの訓點資料の訓法が、部分的にはともかく、全體として奈良時代の漢文の訓讀にも同類のものとして適用出來るかどうか、確認することは容易でない。

このような奈良時代の漢文を、假令、その時代に最も近い時期である平安時代初期の訓法を基にするといっても、一定の國語としての訓法を復元することは、多くの困難と危險を伴うのであり、精々、ある程度の幅を持たせた形の推定ぐらいしか出來ないのではないかと思われる。例えば、『古事記』序の「陰陽斯開」の「斯」を、沙門勝道歷山瑩玄珠碑古點と大唐三藏玄奘法師表啓古點とによって「シカシナガラ」と訓むか、沙門勝道歷山瑩玄珠碑古點と彌勒上生經贊古點（八五〇年頃加點）とによって「コ、ニ」と訓むか、遽に決定することは出來ないであろう。

四

次に、奈良時代に成立した漢文の諸文獻が、平安時代以降、どのように訓讀されて來たかについて、現存資料によって考察してみたい。

先ず、『古事記』自體、平安時代の訓點が傳っていない。(12) 最古の寫本である眞福寺藏本には、訓點が無い。『古事記』の訓點は、寶生院藏本「古事記上卷抄」が最古の訓點と見られるが、極く僅かな分量に過ぎず、鎌倉時代末期乃至は南北朝時代の加點とされている。(13) 纏ったものとしては道果本に至って漸く現れるが、上卷のみで南北朝時代永德元年（一三八一）の書寫加點である。(14) 續いて春瑜本があるが、これも上卷のみで應永三十三年（一四二六）のものである。これら諸本の訓點は、何れも部分的であって、全面的に振假名を施したものではない。

道果本の場合、序文は殆ど句切點ばかりで、返點、送假名は、極く僅かである。和訓は「攘」に「ハラヒ」、「仇」に「アタヲ」、「騄」に「ウクツクコト」、「跨」に「(コ)エタリ」、「奬」に「ス丶メ」、「海」に「ヒロク」、「流」に「ツタエント」などの例があるに過ぎない。また、本文においても、「名奥疎神訓奥云淤伎下效此 疎云奢加留下效此」の「奥疎」に「オキサカル」（二十四ウ）、「謂大宜都比賣此四字以音」の「宜都比賣」に「ケツヒメ」（十二ウ）、「宇士多加礼許呂〻岐弖」に「ウシタカレコロ、キテ」（二十一オ）のように訓注に從って加えた振假名が大多數を占めている。それ以外の部分には附訓は少く、特に上代語を復元したと思われるような例は、「汝」を「イマシ」と訓じた例（十ウ・三十九ウ）、「汝等」を「イマシタチ」と訓じた例（三十九オ）、「尋覓上往」を「イテマシ、カハ」と訓じた例（三十九オ）のように敬語「マシ」などが見られる程度で、稀である。逆に「先」を「サイタツコト」（十一オ）、「禱」を「ノミマウス」（三十六ウ）、「何」を「ナンソ」（三十九ウ）のような音便形を用いているが、これは平安時代以降の後世の語形である。

春瑜本の訓法は、道果本と同樣の方針のようで、序文には「音訓」を「コヘクン」と訓むような同字同訓の例も多いが、「請天照大御神將罷乃參上天」の「參上」を「ノホリマス」とする（十七オ）ような上代語を復元したと思われるような例もある一方、中には「御合生子」の「御合」を「ミアハセテ」と訓ずる（七オ）ような、恐らく上代語の知識の不足に基づく誤った語形などさえも見られる。

『古事記上卷抄』に至っては、明らかに後世の語形を多分に露呈している。振假名は他本に比して相當に多く、中には眞假名の傍訓さえもあるが、その中には「居」を「於利万之万須」、「青柴打成而」を「阿於布之加岐於宇知奈之弖」、「力競」を「知加良阿良曽伊」のように、歴史的假名遣に合わない例などさえもあり、恐らく中世以後の擬古的意識による、後世の產物と見られる訓が多い。

以上、『古事記』の古訓點の一部を検討したが、序文については全く上代語の痕跡を傳えた例は發見出來ず、本文についても、訓注に從った訓、多分、『日本書紀』の古訓などによって後世に附訓したであろうと推定される類が見られるに過ぎず、奈良時代から綿々と傳來した訓とは考えられない。

これと同類の例は、他の奈良時代に撰述された諸本についても多く見られる。淡海三船(七二二〜七八五)の撰に成る『唐大和上東征傳』は、純粹の漢文體であるが、この本には、平安時代末期の古寫本が二本傳っており、唐招提寺藏本には、保安四年(一一二八)の白書の訓點(ヲコト點には喜多院點を用いている)があり、東大寺藏本には院政期の墨書の訓點(假名點)があるが、何れも平安時代後半期の訓法であって、奈良時代の訓法を傳えたものとは考えられない。

『上宮聖德法王帝說』は奈良時代初期以前の成立とされ、『古事記』と相似た和化漢文體の書であって、この本の傳本には、平安時代後期書寫の知恩院藏本があるが、そこに施された訓點は、墨書の假名點であって、本文と同筆と見られるが、明らかな誤讀を含み、平安時代後期の訓法であって、決して奈良時代撰述當時の讀み方ではない。

また、後世まで訓點の例の知られない一類の本がある。風土記の類が、その一つの代表的なものである。『播磨國風土記』は天理圖書館藏本の平安時代の寫本があるが、訓點が無い。猪熊眞美子氏藏本『肥前國風土記』も平安時代の寫本であるが、やはり訓點を持たない。冷泉家時雨亭文庫藏本『豐後風土記』も鎌倉時代永仁五年(一二九七)寫本であるが、これにも訓點は見られない。

この傾向は、奈良時代のみならず、平安時代初期にまで及んでいる。『續日本紀』をはじめとする「六國史」、『懷風藻』『經國集』『文華秀麗集』『凌雲集』などの漢詩集等については、平安時代、鎌倉時代はおろか、江戸時代まで訓點の遺例が見られない。

『日本靈異記』は平安時代初期の弘仁年間（八一〇〜八二四）の撰とされるが、この本の訓注は、古抄本によって實に區々である。來迎院本のように訓注そのものが無かったり、興福寺本、眞福寺本などのように、訓注はあってもその内容が諸本によって一致しなかったり、國會圖書館本などのように眞假名の中に片假名が混入していて、後に追補されたものがあるらしかったりしている。これらの現象は、撰述當時の本文の訓法が必ずしも一定していなかったことを窺わせるものである。

五

以上は、奈良時代から平安時代初期までの漢文について、その訓法が一定していなかったことを推定する根據となる事例を示したが、次に、逆に、當時、訓讀に際して一定の形が存在したかと見られる事實について考えてみたい。

『古事記』には「訓注」と稱せられる注文がある。しかし、それは本文の中だけに限られており、序文の中には一つも存在しない。これは序文と本文との文體の相違と、何等かの點で關連のある現象であろう。序文に訓注が無いのは、若しそれが訓讀された場合においても、一々の漢字の訓法を指示する必要性を意識しなかったからではないかと考えられる。これに對して、本文に訓注があるのは、撰者が讀者に對して、漢字で表記した字句の讀み方を、何等かの形で指示しようとしたことの現れであることは確かである。

訓注には種々のものがあるが、「布斗麻邇爾〈上此五字以音〉」のように、音假名で讀むべきことを指示したものについては、訓讀と必ずしも深い關連は見られないが、「天之常立神〈訓常云登許訓立云多知〉」「生風木津別之忍男神〈訓風加邪訓木以音〉」のように漢字の和訓を指示したものについては、その意義を検討する必要がある。

これらの類にも種々の場合があり得ると思われるが、その一類として、一字の漢字に對して複數の訓法が可能の場合に、それの選擇を示すことがあったかと考える。このケースでは、若し、和訓が社會的に一定不變のものであったならば、訓注そのものが必要であったかという疑問も生じてくる。二種以上の訓法が可能であったからこそ、その中から一つを選んで訓法を指示する必要があったとも見られるのである。上の例についても、「常」は「トコ」の他に「ツネ」とも讀まれる可能性がある。「立」は「タチ」の他に「タツ」「タテ」などの訓も考えられる。「風」も「カザ」の他「カゼ」とも讀み得る。『萬葉集』には「常之陪爾」（トコシヘニ）（九―一六八二）、「常世」（トコヨ）（一―五〇他）と竝んで「常二」（ツネニ）（一三―三三二三）の例があり、「立別」（タチワカレ）（一九―四二五〇）と竝んで「不立」（タタズトモ）（一〇―一九六五）、「月立左右二」（ツキタツマデニ）（八―一六二〇）の例があり、又、「風早」（カザハヤ）（七―一二二八）と竝んで、「秋風吹」（アキノカゼフク）（四―四八八）のような例がある（以上の『萬葉集』の例は、何れも別に同じ語形の假名書の例のあるものである）。これは、奈良時代當時に、同一の漢字の訓が時に複數であったことを示している。

これは、『古事記』の本文が、訓讀されることを予想しつつ表記されたとする考えの根據となるものである。唯、それが、本文全體に及んだのか、それとも限られた一部分にだけ適用されたのかは、別の問題として考慮しなければならない。

訓注と言えば、直ちに連想されるのは、『日本書紀』のそれである。いうまでもなく、『日本書紀』は純粋の漢文體で記された文獻であるが、その漢文の中に多くの訓注がある。それは撰者により、撰述當初から附されていたとするのが、大方の定説のようである。この訓注の存在は漢文本文について特定の訓法を豫期していたと見ることが出來るのではないか。

『日本書紀』の訓注にも、幾通りかの型がある。その一つは、古代の人名、地名など固有名詞の訓法を指示したものである。「天國排開廣庭尊」に「開、此云波羅企」（繼體紀）、「堅鹽媛」に對して「堅鹽、此云岐拕志」（欽明紀）、「經湍屯倉」に對して「經湍、此云府世」（安閑紀）とするなどがその例である。また、當時既に古語又は日常的でない語彙を注したかと見られるものがある。「田令」の注「田令、此云陀豆歌毗」（欽明紀）は特異な語彙であり、「如嚴矛 嚴矛、此云伊箇之保虚 取中事」（欽明紀）は古語かと思われる。「著髻華 髻華此云于儒」（推古紀）のような通常の語彙かと見えるものもあるが、概して、神代紀に多く、後半には少いことも、この性格の反映かと思われる。このような觀點が許されるならば、『日本書紀』の訓注の存在は、直ちにその訓讀の存在を證明することにはならないように思われる。

『日本書紀』については、撰上された養老四年（七二〇）の翌年から講莚が開かれ、平安時代初期以後も、十世紀に至るまで講莚が繼續したとされているが、その際の聞書といわれる日本紀私記の諸本を見ても、內容の全體的解説か、または語句を抄出してそれに和訓を加えたものかであって、文全體の訓讀を反映したと斷定出來るような記事は、確認出來ない。『日本書紀』には、平安時代中期加點の岩崎本を始め、圖書寮藏本・前田育德會藏本など、平安時代後半期の訓點本が多數傳存しているが、平安時代初期書寫とされる田中本には訓點が見えない。思うに、『日本書紀』については、康保二年（九六五）に最後の講莚が開かれた頃までは、未だ文章全體としての訓讀は無かったのではないか。そして、その頃以後、訓點記入の形の下に文章全體の訓讀が成立したのではないかと考えたい。その際、養老以來の歷代の訓説が取入れられたために、部分的に奈良時代の古語が訓點の中に殘存しているのではないか。このように考えれば、平安時代中期までの訓點本で一般に用いられていた古代助詞「イ」が、『日本書紀』の古訓點に使用されない理由なども説明出來るのではなかろうか。

奈良時代に撰述された漢文の文獻は、若干のものが現存しているが、それらの中に部分的にでも奈良時代の訓法が傳えられていると認められるのは、「律令」と『日本書紀』とを除き、一つも存在しない。

奈良時代の重要な撰書として、「律令」を無視することはできない。「律令」の諸本の內、平安時代中期頃の寫本とされる九條家本延喜式紙背鬪訟律斷簡には訓點がない。鎌倉時代の奥書を傳える金澤文庫本を謄寫した內閣文庫本が現存しているが、その訓點の中には、部分的ながら平安時代前半期の特徵を備えた訓法の殘存が見られる。(15) そのヲコト點は明經點に近いものであるが、他に例の見えない種類である。未だよく檢討を經てはいないが、この訓點は明經道の流と明法道の流との訓說によって傳承されたものではなかろうか。何れにせよ、その訓點の始まりを、奈良時代まで遡らせることを證明することは出來ない。

かくして、奈良時代に撰述された諸書の漢文について、當時の訓讀が行われていたとする確實な證據は、結局、得ることが出來ないと思うのである。

奈良時代末期の學僧善珠（七二三〜七九九）の『成唯識論述記序釋』には「惟、於毛比美波」「行墜、於知奈牟止須流爾」のような形の訓注があり、明らかに漢文の文章としての訓讀の一部を抄出した形を示している。(16) 佛敎の敎學の世界の一部では、この時期から訓說が訓點の形で固定する傾向が生じたのかも知れない。しかし、本書には別の傳本が知られておらず、これが唯一の訓法であったと斷定することは躊躇される。

平安時代初期大同二年（八〇七）に撰進された『古語拾遺』には、嘉祿本、元弘本などの訓點本があるが、何れも鎌倉時代後半期以後のものであり、その訓點の本體には奈良時代語の面影は殘存していない。

『春秋經傳集解』にも平安時代初期天長九年（八三二）の墨點があり、それが後世の訓點本に傳承されており、又、『文選』

にも奈良時代または平安時代初期の訓點が裏書の形で中世の寫本である九條本の中に傳來しているとされる小林芳規博士の說がある。(17) 前者は、圖書寮本卷第二十五の奧書に「天長九年七月九日講讀于畢苅田直講／尊尙復件毫用墨點也」とあることが、本文中の古い語形である「イ」や「ヌカ」などと呼應するとされる論であり、後者は、九條本『文選』の卷第二十九（正應二年〈一二八九〉書寫加點本）の裏書に、「加母」（「乎」に對應）、「加支阿求」（「撤」に對應）などの眞假名等の訓が上代の語形を示すものとされる。平安時代初期（九世紀）の訓點本は、一五〇點程が知られているが、何れも白點、朱點、または角點であって、墨點の例は、管見の及ぶ限りでは、東大寺圖書館藏本の『法華義疏』の墨書紙背訓のみである。(18)(19) 上記の二種の例も或いは紙背に部分的に加えられた注の類であったのではなかろうか。少くとも漢文の本文に墨書で訓點を記入したことは、平安時代初期においては考えにくいことである。小林芳規博士の論も、當時このような「訓說」が既に存在したとの趣旨と理解すれば、納得し得ることであり、それは『和名類聚抄』などの「師說」の類と判斷されるのである。これらは、多分語彙または語句の訓として傳承されたものであり、文章全體が平安時代初期以前に固定し、それが後世まで傳來したものではないであろうか。

七

右のような推論を重ねた結果として、『古事記』の序文については、當時、訓讀が平安時代のような語形によって行われていたことは考えにくく、その一定した訓讀文を復元することは、それ自體不可能であることを述べて、この結論としたい。それは、『萬葉集』の題詞、『懷風藻』などについては勿論、また、『日本書紀』や「律令」のように、その古訓が傳えられている文獻に關しても同樣に言い得ることではないかと思われる。

注

(1) 小林芳規「萬葉集における漢文訓讀語の影響」（『國語學』第五十八集、昭和三十九年九月）。
(2) 家永三郎・築島裕「上宮聖德法王帝說」（日本思想大系『聖德太子集』、一九七五年四月）。
(3) 小林芳規他『古事記』（日本思想大系1、一九八二年二月）。
(4) 築島裕「大般若波羅蜜多經の古本小考―奈良時代・平安時代の寫經とその加點本について―」（『東洋文化研究所紀要』第十一輯、平成三年十一月）。
(5) 春日政治『西大寺本金光明最勝王經の國語學的研究』（昭和十七年十二月）一五・二〇頁。
(6) 築島裕「本邦古社寺に傳存する漢籍佛典と國語史學」（『中央大學國文』第三十二號、平成元年三月）。
(7) 築島裕「平安時代の訓點資料の傳存狀況についての一考察―ヲコト點から見た諸寺經藏本の性格―」（『國語學』第百六十集、平成二年三月）。
(8) 小林芳規『角筆文獻の國語學的研究』（昭和六十二年七月）八七・一〇〇頁。
(9) 横超慧日『淨名玄論卷第二・四・五・六・七・八』（私家版、昭和五十三年十一月～五十五年五月）（訓點の解讀は主として石塚晴通氏による）。
(10) 吉澤義則「井々竹添先生遺愛唐鈔漢書楊雄傳訓點」（內藤博士頌壽記念史學編纂、大正十五年十一月。『國語說鈴』所收）。
(11) 大坪併治「漢書楊雄傳天曆點解讀文」（『岡山大學文學部紀要』第三十六號、昭和五十年十一月）。
(12) 圖書寮本『類聚名義抄』に「古」と冠して引用された和訓があり、複製本の解說（昭和二十六年）では『古事記』とされている（二〇頁）が、『古事記』の本文には見當たらない漢字があり、別の書と思われる。或いは『古語拾遺』かも知れない。
(13) 橋本進吉「古事記上卷抄解說」（古典保存會本、大正十三年）。
(14) 橋本進吉「古事記春瑜本解說」（古典保存會本、昭和五年）。
(15) 築島裕「律令の古訓點について」（日本思想大系『律令』、一九七六年十二月）。

(16) 白藤禮幸「上代言語資料としての佛典注釋書」(『國語と國文學』第四十六巻第十號、昭和四十四年十月)。

(17) 小林芳規『平安鎌倉時代に於ける漢籍訓讀の國語史的研究』(昭和四十二年三月) 四九五・五二四頁。

(18) 中田祝夫『古點本の國語學的研究總論篇』(昭和二十九年五月) 五六七頁。

(19) 築島裕「國語史上における假名點本の位置」(『中央大學文學部紀要(文學科)』第六十七號、一九九〇年二月)。

(『古事記の言葉』古事記研究大系10　高科書店　平成七年七月)

萬葉集の古訓點と漢文訓讀史

萬葉集の古い訓點について話をするようにとのことで、一往はお引き受けはしましたけれど、萬葉の方は素人でございまして、年來いささか勉強しておりますす平安朝時代の漢文の訓點のことと萬葉集との關係について、考えておりますことを一、二お話しして、責任を果そうと思います。

お話ししようと思うのは、大體、次のようなことでございます。萬葉集は、奈良朝時代に作られた歌集ですが、この歌集が平安時代以後に、人々の間にどのように受け取られていったか、そして、それが、漢文訓讀の歷史の中で、どういう意味をもち、どういう位置を占めていたかということについて考えてみようというわけであります。

本來ならば、平安時代から始まって、鎌倉時代、室町時代、江戸時代の多くの萬葉學者にまで及ぶ必要がありますが、時間の關係で、全體にわたってお話しする余裕はございませんので、本日は、平安から鎌倉の初めにかけての時代だけに限って、お話をしたいと思います。このことについて、あらかじめお許しを願います。

申す迄もなく、萬葉集は全部で二十卷の歌集であります。奈良朝時代に編纂されたものですが、そのもとの本文においては、和歌は全て、漢字ばかりで書かれていたのであります。今日では、萬葉集の歌は漢字平假名交りで書いてある場合が普通でありますが、これは後の學者が讀み易くするために書き直したものであって、もと〳〵は漢字ばかりで書いてあったのであります。奈良時代の次の平安時代になりますと、和歌は、時には、片假名で書かれることがあり、たまには漢字で書かれる場合もありますが、一般には平假名で書かれたことが多いのであります。ところが、奈良時代におきましては、まだ、平假名や片假名とかいう文字は考え出されていなかったのでありまして、その時代には、どうしても漢字を使う以外に、和歌を書き表わす方法が無かったのであります。ご存知のように、和歌は五音節、七音節で一つの句をなす場合が多いのでありまして、その句の組み合わせによって、色々な和歌の歌體が構成されるのが常でありますから、その和歌を書き表わそうとしますと、一音節毎の發音を讀み誤られることのないように、明確に書き表わすことが、是非とも必要になってくるわけであります。平假名や片假名を使って書く場合なら、それは容易なことでありますが、漢字だけで、書き表わそうとしますと、必ずしも簡單ではなかったようであります。

奈良時代に、和歌をどのように書き表わしたかという例を次に示します。

夜麻登能、多加佐士怒袁、那々由久、袁登賣杼母、多礼袁志摩加牟、
（大和の、高佐士野《たかさじの》を、七行く、乙女ども、誰をし纏《ま》かむ、）〔古事記、中巻〕

夜句茂多菟、伊弩毛夜覇餓岐、菟磨語昧爾、夜覇餓枳菟倶盧、贈廼夜覇餓岐廻、
（八雲立つ、出雲八重垣、妻籠めに、八重垣作る、其の八重垣を、）〔日本書紀巻第一、神代上、一〕

古事記や日本書紀では右のように漢字一字毎に、國語の一音節を書き表わしていたのであります。この場合、「大和の」というのは「夜麻登能」という字を書いてありますが、この場合には「夜《よる》」「麻《あさ》」「登《のぼ》る」というような、漢字本來の意味

は少しも使われておらず、單に「ヤ」とか「マ」とか「ト」とかいう音《おん》だけが使われているわけであります。このように本來、漢字の持っている意味を捨てて、ただ、その表わす發音だけを用いて、日本語を書き表わそうとする方法を「萬葉假名」と稱しております。けれども、「萬葉假名」と一口に言いましても、その中には色々な種類があって、古事記や日本書紀にみられる方法は、いずれも漢字の字音を基にして使った方法であります。これを、「字音假名」又は「音假名」と呼んでおります。換言すれば、古事記や日本書紀の歌の書き方というのは、一字一音節の「字音假名」を使っていると言うことができます。このように、特に一字一音の字音假名を使っている場合には、歌のことばの音を誤りなく讀み下すことができるのでありまして、このように書かれているのであれば、その歌の讀み方に、さほど苦勞することはないのであります。勿論、例外的には色々問題もありますけれど、一般にそう言えると思います。萬葉集の中でも、特に卷十四、十五、十七、十八、二十などの卷々では、古事記や日本書紀の書き方に近いような一字一音の「音假名」を使った歌が非常に多いのであります。例えば

久佐麻久良、多妣由久吉美乎、佐岐久安礼等、伊波比倍須恵都、安我登許能敝尓、

（草枕、旅行く君を、幸くあれと、齋瓮《いはひべ》据ゑつ、我《あ》が床《とこ》の邊《へ》に）（萬葉集卷第十七、三九二七）

のような書き方が多いのであります。全ての萬葉集がこういう書き方であるならば、餘り問題はないのでありますが、しかし一方ではそうでない別の種類の書き方をしているところが、相當に澤山あります。次に示すのはその一例で、有名な柿本人麿の歌であります。

東、野炎、立所見而、反見爲者、月西渡、〔萬葉集巻第一、四八〕
（岩波日本古典大系本訓）東《ひむがし》の野に炎《かぎろひ》の立つ見えてかへり見すれば月傾《かたぶ》きぬ
（仙覺本、西本願寺本訓、墨書）アツマノ、ケフリノタテルトコロミテカヘリミスレハツキカタフキヌ

この本文に對しては、右に附記したような讀み方をしております。ところが、この歌の原文は「東」「野炎」「立所見而」というような、漢字が竝べてあるのでありまして、一つ一つの漢字の持っている、本來の意味を生かして使っているのであります。先に例示したのは、發音を生かし用いたのでありますが、この場合は意味を生かしております。それで、その讀み方は、ただ一種類とは限らず、色々違った讀み方の存することが多くあります。現に仙覺本の一つと言われる西本願寺本という古寫本を見ますと、その訓には墨で右に掲げたような、振假名が附けてあります。これは現在の讀み方と比べますと、大變違うのでありまして、一體どちらの方が、本來、萬葉集の歌の發音であるのか、とまどってしまうわけであります。このことから、更に色々派生する點も多いわけであって、萬葉集の歌の評釋の場合でも、果して、どの訓を取れば正しい評釋ができるのか、というような問題にもなりますし、また、萬葉集を古代の日本語の資料として、使おうとする場合には、「ひむがしのの」という國語があったのか、それとも「あづまの」という國語があったのか、どちらか決め兼ねるというような問題も多數起ってくるわけであります。ところで、萬葉集には、ここに擧げたのは相當極端な例でありますが、これに類するようなものが非常に澤山あって、中には先程申しましたように、讀み方に全く問題が無いようなものもありますが、一方では、讀み方に非常に問題があって、中には現在に至るまでも、定まった訓をいまだ得ることのできない歌さえもあるのでございます。萬葉集というものには、今、申しましたような性質が、本來、からんでいるということを、まず、最初に申しまして、次の段階の話に進みたいと思います。

萬葉集という歌集が編纂された時期は、正確な年代は判明いたしませんが、奈良朝時代、西暦八世紀の後半を考えてよいようであります。萬葉集の中で、一番年代の新しい歌は、巻二十の最後にある歌で、大伴家持の詠んだものであります。

三年春正月一日、於二因幡國廳一、賜二饗國郡司等一之宴謌一首

新　年乃始乃　波都波流能　家布敷流由伎能　伊夜之家餘其騰（巻二十、四五一六）

右一首、守大伴宿禰家持作之

＝三年春正月一日、因幡國の廳にして、饗《あへ》を國郡の司等の賜ふ宴《うたげ》の歌一首

新しき年の始の初春の今日降る雪のいや重《し》け吉事《よごと》

右の一首は、守大伴宿禰家持作れり。

という有名な歌ですが、この歌は天平寶字三年（七五九）の正月一日の歌でありまして、萬葉集という歌集ができましたのも、恐らくそれより以後、あまり時の經たないころであろうと普通考えられております。それから約三十年餘り經ちますと、平安時代に入るわけであります。この時期になりますと、漢文學が非常に盛んになって、和歌が衰えて行きます。萬葉集という和歌の歌集も、當時の文學の世界から、急速に影が薄くなっていったような感じがするのであります。平安時代の中期に成立した古今和歌集を見ると、その巻十八（九九七番）にこういう歌があります。

貞觀の御時、萬葉集はいつ許つくれるぞと問はせ給ひければ、よみてたてまつりける　　文屋ありすゑ

神無月時雨ふりおけるならのはの名におふ宮のふるごとぞこれ

この詞書の中の「貞觀の御時」とは、清和天皇の治世、西暦八五九年から八七七年に及ぶ時期の年號であります。で、この貞觀の頃には、この萬葉集というものが、何時頃作られたかということも、もう、はっきりしなくなっていたように思われるのであります。

古今和歌集は、普通は延喜五年（九〇五）に作って奏上された、とされているものでありますが、そこには「眞名序」（漢文の序）というものがあります。この中に次のような文章があります。

〔上略〕昔平城天子詔二侍臣一、令レ撰二萬葉集一、自レ爾來、時歷二十代一、數過二百年一、其後和歌、棄不レ被レ採、〔下略〕

＝昔、平城の天子、侍臣に詔して萬葉集を撰ばしむ。それより來《このかた》、時は十代を歷《へ》、數は百年に過ぎたり。其の後、和歌棄《すた》れて採られず。

平城の天子と申しますのは、平安初期の第五十一代の平城天皇を指すと考えられるのであります。この天皇の時代というのは、西暦八〇七年から八一〇年でありまして、奈良朝時代よりも後に當ります。しかし、古今和歌集の眞名序の作者は、この頃、萬葉集が作られたと信じていたようであります。けれども、萬葉集という歌集は、その內容から見ても、どうしても、奈良時代に編纂されたものであって、平安朝時代に入ってから編纂されたと考えるのは、宜しくないようであります。從って、これら古今集に現われているような萬葉集についての知識は、どうしても不正確であると考えざるを得ないのでありまして、萬葉集は古今集時代において、既に、世の人々から相當疎遠なものになっていた、ということが判ると思うのであります。

古今集より少し前、かの有名な菅原道眞が作ったといわれる、「新撰萬葉集」という本があります。これは上下二卷でありますが、その上巻の序文の中に、次のような文があります。

〔上略〕漸尋二筆墨之跡一、文句錯亂、非レ詩非レ賦、字對雜糅、難レ入難レ悟、所レ謂仰彌高、鑽彌堅者乎、〔下略〕

＝漸く筆墨の跡を尋ぬれば、文句錯亂、詩に非ず、賦に非ず、字對雜糅《ざふじう》し、入り難く、悟り難し、所謂仰げば彌《いよいよ》高く、鑽《き》れば彌《いよいよ》堅き者か、

この文面によると、この當時、萬葉集というのは非常に讀みにくくて、近づき難いように思われていたというように、推察されるのであります。菅原道眞自身が、新撰萬葉集という名前を附けているのでありますが、萬葉集とは大分違ったもののようであります。新撰萬葉集というのは、萬葉集とは異り、和歌と漢詩とを合わせ竝べたものですし、その歌風も萬葉集とは、相當違ったもののようであります。名前が、たまたま、萬葉集という名前を持っているからといって、ただちに、當時萬葉集が深く世の中に浸透していたと速斷することはできないと思います。むしろ、この序文などは、萬葉集が非常にわかりにくくて、讀み方も困難であったと受け取られる文面であります。萬葉集は、それが成立して、百年位のうちに、これ程にも人々から疎遠なものになってしまったということは、どうも事實のようであります。こんな僅かな年代の間に、これほど疎遠になってしまうということは、今から考えますと、不思議に思われます。古今集の序文などによると、平安初期という時期は漢文學が非常に盛んになって、和歌が衰えたということを言っておりますし、そういう風潮が萬葉集という和歌集の享受の衰えた一大原因になっている、ということが考えられますが、もう一つ原因があるように思われます。それは、言葉の歴史の上で、奈良朝時代から平安朝時代にかけて、急激な變化が起ったということであります。これは極端な言い方をしますと、日本語の千數百年の歴史の中でも、一、二を爭うような非常に大きな言語の變化が、

この時期に襲ったようでありまして、例えば、音韻の面でも、奈良朝時代に存在した、いわゆる上代特殊假名遣いの崩壊が末期から始って、平安初期にはほとんど全部崩壊してしまいます。すなわち、それまで日本語の母音の數は八種類あったのでありますが、平安朝時代の初期になりますと、ごく一部の例外を除いて、現在と同じように「あ」「い」「う」「え」「お」の五つに減ってしまい、また、文法の上でも、四段活用の已然形と命令形とが奈良朝時代には音《おん》が違っており、例えば、「花咲けば」の場合と「咲け」という命令の場合を比べてみると、奈良時代には「咲けば」の「け」と「咲け」の「け」とは「け」の音《おん》が違っていて、當時は四段活用の已然形と命令形とは別の語形だったのであります。それが平安朝時代になると、同じ音《おん》になり、同じ語形となってしまった。或いは、古い助動詞で、推量打消しの「ましじ」とか、受身・自發・可能の「ゆ・らゆ」とか、使役の「しむ」とかいう語が使われなくなって、「ましじ」の代りに「まじ」になり、「ゆ・らゆ」の代りに「る・らる」、「しむ」の代りに「す・さす」(「しむ」「す・さす」については少し問題がありますが)になるというような文法上の大きな變化が、この百年位のうちに急激に起ったのでありまして、その變化のスピードは、今から想像できない程早かったのではないかと思われます。

かような言語の變化が大きな原因の一つとなって、奈良時代の言葉で書かれた萬葉集が、僅か百年位のうちに急激に世間の人々から、疎《うと》くなってしまったのではなかろうかと思うのであります。

ところが間もなく新しい機運が起って來たのであります。それは、萬葉集を讀み解いていこうという、試みが起ってくるということであります。それが文獻の上に最初に現われるのは、「源順《みなもとのしたごう》集」などにみられるものであって、村上天皇の天暦五年(九五一)に、宣旨が下って、初めて、大和歌を撰ぶ所を、宮中の昭陽舍という殿舍(梨壺)に置かれたのでありますす。それは、次のような記事であります。

天暦五年宣旨有て初て大和歌えらぶ撰（ママ）ふ所梨壺におかせ給ふ、古萬葉集よみときえらはしめ給ふ也、めしおかれたるは、河内掾清原元輔、近江掾紀時文、讃岐掾大中臣能宣、學生源順、御書所預坂上茂樹也、藏人左近衛少將藤原朝臣伊尹、其所之別當にさためさせ給ふに、神無月のつごもりに御題を封してくたし給へるにいはく、神無月かきりとや思ふもみちはのと有、各哥を奉る、（群書類從本）

この時の五人を「梨壺の五人」と言っておりますが、このことについては、この源順集ばかりではなくて、他の文獻にも所見があります。「袋草子」というのは、藤原清輔の撰で、歌についての色々なことがらを書き集めた書物であります。これは院政時代の終り頃、保元平治（一一五六～一一六〇）の頃に出來たと言われておりまして、五人の名前の順が少し違いますが、とにかく、この五人に命じて、萬葉集を讀み解かせた、そして、その後更に、「後撰和歌集」を撰ばせたという記事が、この本に見えております。そして、これを「梨壺の五人」と名附けるということを述べております。

更に時代が降って、南北朝時代になって、由阿という坊さんの「詞林采葉抄」という書物がありますが、この書物の中にも、今、申したような、梨壺の五人のことを述べているのであります。注意すべきは、その中にこういうことを述べているのであります。

萬葉集點和事、天暦ノ御時、廣幡《ヒロハタノ》女御ノス、メ申サセ給ケルニヨテ、仰《セテ》二五人英才《ノエイサイニ》一漢字《ノ》右《ニ》被レ付二假名《ヲ》一

梨壺の五人というものが實現したのは、廣幡女御の勸奬によるものであるということを言っているのであります。ところが、「石山寺緣起」（續群書類從、巻八一二）という書物がありまして、これは鎌倉時代の終り頃、正中年間（一三二四～一三

二五）頃に出來たと言われておりますが、これにも似たようなことがでております。それは、

康保の比、廣幡御息所の申させ給けるによりて、源順勅をうけ給て、萬葉集をやはらげて點し侍けるに、

という記述でございまして、「詞林采葉抄」と似たようなことを述べているのであります。この「石山寺縁起」にせよ、由阿のものにせよ、いずれも後世のものでありますから、この「廣幡女御云々」というのが、どの程度信頼できることであるかについて、疑問はあるわけでありますが、後述のように、萬葉集と後宮に於ける女流文學との關係を考える上で、なんらかの問題を提示するかもしれないと思われるのであります。

この梨壺の五人が訓點を加えたというのでありますが、その訓點のことを「古點」と呼んでおります。ところが、この古點が、具體的にどういうものであったかということは、現在のところ、必ずしも、はっきりしておらず、學者の中に色々な說があるようであります。その一つの說としては、次のようなものがあります。卽ち、平安朝時代の中頃に寫されたところの、「桂本萬葉集」とか、同じく平安朝時代の寫本と言われている「藍紙本萬葉集」というものの本文を見ると、初めに、漢字で原文が書いてあって、その後にそれを讀んだ平假名を書き下してあります。そして、そこに書いてある平假名の讀み方が、その源順などの加えた古點であろうという說であります。私はそれについて、まだ、細かく檢討してはいませんが、ただちに全面的に從っていい說かどうか、まだ、よくわからないのであります。

古點を調査、研究するためには、色々な方法があると思いますが、その一つとして、次のようなことを考えて見たいと思います。

この梨壺の五人の中で、一番代表的な、有名な人は、源順であります。源順の作った漢文や漢詩はずいぶん多いようで

ありますが、中でも「和名類聚抄」という辭書は、國語の歴史の上でも、もっとも有名な辭書の一つであり、承平年間（九三一〜九三八）にできたと考えられるものであります。

その和名類聚抄（和名抄）を見ますと、ここに萬葉集という名前が引用されて載っているのであります。

(1)白水郎　日本紀私記云、漁人阿末、辨色立成云、白水郎和上同楊氏漢語抄説（ママ）又同萬葉集海人（眞福寺本十四ウ）（道圓本「萬葉集」ノ三字ナシ）

(2)日本琴　萬葉集云梧桐日本琴一面天平元年十月七日大伴淡等付使監贈中將衞督房前卿之書所記也體似箏而短小有六絃俗用倭琴二字夜萬止古止大歌所有鵄尾琴止比乃乎古止倭琴首造鵄尾之形也（道圓本四ノ十二ウ）

(3)喚子鳥　萬葉集云其讀與不古止里（道圓本十八ノ七オ）

(4)稲負鳥　萬葉集云稲負鳥其讀以奈於保世度里（道圓本十八ノ七オ）

(5)款冬　本草云款冬一名虎鬚一本冬作東也和名夜末不〻木一云夜末布木　萬葉集云山吹花（道圓本二十ノ二ウ）

「萬葉集」という名前の載った古い文獻の中で非常に注意すべきものと考えますので、あえてここに擧げたわけであります。最初に「白水郎」とあり、その注に見える「阿末」というように萬葉假名で、和訓を注記しているのであります。「萬葉集　海人」とありますのは、これは直接に和訓を附けておりませんが、間接にこの「海人」というのを、萬葉集では「あま」と讀んだ、ということを示しているようであります。しかし、これは直接に讀み方を示しておりませんから、明確な資料にはならないと思います。次に、「日本琴」というのがありまして、實は、これは萬葉集の巻五―八一〇番の歌の題詞でありますが、その一部分を引用してございます。そして、色々記事がありますが、ここは、結局、日本琴という字面を引いただけであって、直接に萬葉集に於ける讀み方が、どうであるかということには、觸れていないようであります。三番目に「喚子鳥」というのがあります。萬葉集に云く喚子鳥、その次に其の讀み「與不古止里」とあります。萬葉集では「喚子鳥」という漢字の字面を「よぶこどり」と讀むということを示しております。四番目に「稲負鳥」というのがありまして、これは萬葉集では「いなおほせどり」というと述べております。五番目の「款冬」に「山吹花」とあって、これも直接には、萬葉集の讀み方は、述べていないのであります。直接に讀み方を示しているのは、三番目と四番目なのでありますけれど、實は、四番目の「稲負鳥」というのは、既に、狩谷棭齋も指摘しているように、萬葉集の中には出て來ないのであります。これは、「新撰萬葉集」の上巻にあるのであります。棭齋は、ここに「萬葉集」とあるのは「新撰」という二字が脱落したのであろうと言っておりますが、それを誤脱とみるか、それとも「新撰萬葉集」も「萬葉集」も一緒にして、源順は、ただ、「萬葉集」と言ったかもしれない、とも考えられます。現に、この和名抄の中には、他に新撰萬葉集を引いているところもあるのであります。とにかく、この語は萬葉集には無くて、新撰萬葉集にあるということは確かであります。そこで、結局殘りますのは、三番目の「喚子鳥」だけなのでありまして、その喚子鳥というのは、實際には萬葉集の巻八―一四一九の歌、その他若干の例がありますが、これは古くから「よぶこどり」と讀まれている字面であります。

○萬葉集巻八、一四一九　神奈備《カミナヒ》乃《ノ》伊波瀬《イハセ》乃《ノ》社《モリ》乃《ノ》喚子鳥《ヨフコトリ》痛《イタク》莫鳴《ナナキソ》 吾《ワカ》戀《コヒ》益《マサル》　（西本願寺本、訓墨書）

ここに擧げましたのは西本願寺本の訓でありまして、全部墨で書かれております。ところが、ここにわずか一例でありますが、萬葉集の「讀《よみ》」というのが、この和名抄にしるされております。和名抄で「讀」と言うのは、一體どういう意味であるかということを少し考えてみたいと思います。常識的に考えますと、「喚子鳥《かんしちょう》」というのは、漢語であるから、それを和訓で「讀む」場合には「よぶこどり」であると、そういう意味であろう、それに勿論違いはないわけでありますが、そういう單純な意味だけで終るのかどうか、もう少し深く考えてみようと思うのであります。「和名類聚抄」には、他にもあちこちに「讀」という注が出て來るのであります。

(1)櫓　唐韻云櫓、音呂、後漢書櫓、讀於路賀於比、俗云比豆知　（道圓本十七ノ二オ）

(2)叉　文選叉簇讀比之　（道圓本十三ノ十五オ）

(3)魚條　遊仙窟云、東海鰡條、魚條、讀須波夜利、本朝式云楚割　（道圓本十六ノ十九オ）

(4)鰡　遊仙窟云、東海鰡條、鰡、讀奈與之、條、讀見飲食部　（道圓本十九ノ五ウ）

他にも「讀」という字は澤山あるのですが、その一部分を例に擧げて見たのであります。ところで、この(3)と(4)の「遊仙窟」というのは、中國の唐時代の有名な小説でありまして、この本には幸に、古い訓點を附けた古寫本が傳わっており、それを調べてみますと、次のようになっております。（片假名は原本の假名を、平假名は原本のヲコト點を示す。）

(1)醍醐寺本・康永三年（一三四四）點　東-海鯔《のナヨシ》　條《のスハヤリ》　西-山《の》鳳晡《のホシ》（十六ウ一）

(2)眞福寺本・文和二年（一三五三）點　東海鯔《のナヨシ》　條《のスハヤリ》　西山《の》鳳晡《のホシ》、（一三一一一）

ところで、この遊仙窟の訓點というものは、一體、どういう素姓のものかということが問題になるのであります。「和名類聚抄」の中には、「遊仙窟」というのを何例か引いておりますが、右の他にも、次のようなものがあります。

(1)顔面　遊仙窟云、面子、師說加保波世、一云、保〻豆岐（道圓本三ノ二ウ）

(2)胥　遊仙窟云、細細腰支、師說古之波勢（道圓本三ノ九オ）

(3)手子　遊仙窟云、手子、師說云太奈須惠（道圓本三ノ十二ウ）

この中に、「遊仙窟」の「師說」といって、先の「讀」と同じように、和訓を記してありますが、ここの部分を醍醐寺本や眞福寺本で調べてみますと、ちょうど、「讀」というのが古い訓點の訓と同じになっているように、この「師說」の訓も古い寫本の訓と、同じ讀み方になっているのであります。

この「師說」というのは、具體的に何という師（先生）の說であるかは、まだはっきりわかりませんが、遊仙窟の訓點については、非常に面白い傳說があります。それは、醍醐寺本の奥書にあるもので、大江維時という人が、木島明神から、遊仙窟の讀み方を傳授されたという話であります。勿論、傳說ですから、そのまま信用出來るわけではありませんが、訓點の言葉の內容から見ると、多分、平安朝の中頃、或いは、それ以前の讀み方を傳えているのではないか、と推定されるのであります。この大江維時という人は八八八年から九六三年迄生きた人でありまして、ちょうどその年代は、先程の源順とほとんど同じであります。從って、この讀み方を大江維時が始めた、と決めることは出來ませんが、和名抄で源順が引いているところの「師說」は、この維時あたりとなんらかの關係があったのではないかと推測しうるかと思います。

かように考えていきますと、少くとも、遊仙窟についての場合は、和名抄の中で「讀」という字で示された和訓というものは、同じ本の中で「師說」と示された和訓と同じ性質のものであろうと推定されるわけであります。したがって、「讀」というのは、源順が自分で勝手に考えて附けた、というものではなくて、恐らく、その當時に世の中に傳えられていた遊仙窟の讀み方というものがあって、それを源順は遊仙窟の讀みとして取入れたのではあるまいか、と考えるのであります。

これは「遊仙窟」という本の訓についてのことでありますから、それを、ただちに、萬葉集の訓にまで類推することは、問題も殘りましょうが、一案としては、やはり、萬葉集の場合の「讀」の內容も、源順が自分で勝手に附けた讀み方ではなくて、彼の時代に、既に、何らかの形で前から傳わっていたところの讀み方として取り入れたものであろうと考えることが、出來るのではないかと考えるのであります。

逆に現在の資料で知る限り、少くとも、源順が勝手に自分で考案して、訓を附けたということを、積極的に立證するような資料はないように、私には思われるのであります。ところで、「和名類聚抄」は、承平年間（九三一〜九三八）頃に作られたものでありますから、もし、假りに今の考えを否定しても、萬葉集の古點の行われた天曆五年（九五一）よりも、約十五年か二十年位古い時期にあたるわけで、少くとも、この古點よりも前から、既に、萬葉集の讀みというものが存在していたという、その事自身は「和名抄」の存在によって、動かせないところであろうと思います。そこで從來は、天曆の古點の時までは、萬葉集の歌は、全く、一字一句も讀み得なかった、或いは、全く、訓點を附けたものが無かった、と考えられていたようでありますが、そのことは疑わしいと思われるのであります。どの程度かは分りませんが、若干のものについては、古點より前から讀まれていたし、また、萬葉集の中のこういう漢字は、こういうふうに讀むということは、或る程度行われていたのではないか。和名抄のわずか一例を基にしてではありますが、推定し得ると思うのであります。天暦五年の古點というのは、そういう地盤に基づき、更に一段と澤山の歌を讀み解くことを目的としたものであったろうと考える方がよいのではないかと思うのであります。

ところで、梨壺の五人が附けた古點が、具體的には、どのような形を爲していたか、ということを、次に、考えてみたいと思います。勿論、その當時書寫された萬葉集は、今日殘っていないのでありますから、ほかの文獻から類推して、想像するより手は無いわけであります。前述の源順集の中に「古萬葉集よみときえらはしめ給ふ也」という記述があるのでありります。それから同じく先程の袋草紙を見ますと、「令讀解萬葉集」とありまして、ここにも「讀み解く」という言葉を使っており、「假名を附けた」とか「訓點を附けた」とかいうことは言っていないのであります。源順集も袋草紙もいずれも平安朝時代の成立でありますが、少し時代が下って、鎌倉時代になりますと、ここにかの有名な仙覺が出て來ます。仙覺が萬葉集の卷尾に記した奥書を抜書きしますと、

（卷第二十奥書）〔上略〕其後聞二古老傳說一云、天暦御宇、源順、奉二勅宣一、令レ付二假名於漢字之傍一畢、然又、法成寺入道殿下、爲レ令レ獻二上東門院一、仰二藤原家經朝臣一、被三書二寫萬葉集一之時、假名歌初別令レ書レ之畢、爾來普天移レ之云〻、然而、道風手跡本、假名歌別書レ之、古老之說、有二相違一歟、後賢勘レ之〔下略〕

（卷第一奥書）〔上略〕抑先度愚本假名者、古次兩點、有㆓異說㆒歌者、於㆓漢字左右㆒付㆓假名㆒畢、其上猶於㆘有㆓、心詞齟曲㆒歌㆖者、加㆓新點㆒畢、如㆑此異說多種之間、其點勝劣輙以難㆑辨者歟、依㆑之去㆑今兩年一箇度書寫本者、不㆑論㆓古點新點㆒、捨㆓其正訓㆒、於㆓漢字右㆒、一筋所㆓點下㆒也、其内古次兩點詞者、撰㆓其秀逸㆒、同以㆑墨點㆑之、次雖㆑有㆓古次兩點㆒而爲㆓、心詞參差㆒句者、以㆓紺青㆒點㆑之、所㆑謂、不㆑勘㆓古語㆒之點、幷手爾乎波之字相違等、皆以㆓紺青㆒令㆔點㆓直之㆒也、是則、先顯㆑有㆓古次兩點㆒、亦示㆔偏非㆓新點㆒也、次新點歌、幷訓中補闕之句、又雖㆑爲㆓一字㆒、而漏㆓古點㆒之字、以㆑朱點㆑之、偏是爲㆓自身所見㆒點㆑之、爲㆓他人所用㆒不㆑點之而已、〔下略〕

のようになります。

文永三年本の奥書の最初の方に「令㆑付㆓假名於漢字之傍㆒畢＝假名を漢字の傍に付けしめをはんぬ」という記事が出て來るのであります。古點に於いて、漢字の横に假名で訓點を附けたということは、ここで初めてはっきり言われるようになったのであります。更に、先程一寸觸れた由阿の詞林采葉抄には、

〔上略〕加㆓和點㆒、號㆓古點㆒、〔中略〕仰《セテ》㆓五人《ノ》英才《エイサイニ》㆒、漢字《ノ》右《ニ》被㆔付㆓假名《ヲ》㆒〔中略〕漢字《ノ》右《ニ》付《クル》㆓假名《ヲ》㆒事、梨壺《ノ》舊例也、

○又追《テ》加《ル》㆑點《ヲ》人〻、法成寺《ノ》入道關白太政大臣、大江佐國、藤原《ノ》孝言、權中納言匡房、源國信、大納言源師賴、藤原《ノ》基俊等各《ノ》加㆑點。此名《ク》㆓次點《ト》㆒。

とありまして、これを見ますと、やはり、仙覺と同じようなことを言っております。即ち、「漢字《ノ》右《ニ》付《クル》㆓假名《ヲ》㆒事、梨壺《ノ》舊例

也」と、非常に念を押して言っているのであります。ところで、前に述べたように、「讀み解く」ということと、「假名を附ける」「訓點を附ける」とかいうこととは、一往、別のこととして區別しなければなりません。現在では、漢文には、ほとんど例外なしに訓點を附けるわけで、漢文を讀み解くことと、訓點を附けることとは、ほとんど同じことと考えられているのであります。しかし、天暦の頃においては、訓點を附けることと、讀み解くこととは、別のことだったのでありまして、これを混同することは正確でないのであります。

このことは、又すぐ後にも申しますが、その前に、仙覺の萬葉集の奥書について、少し述べておく必要があると思うのであります。仙覺は鎌倉時代中頃の學僧であります。萬葉集の讀み方を研究して、それまでに訓點が附けられずに殘されていたところの、多くの萬葉集の歌に訓點を書き加え、初めて、萬葉集の全ての歌に訓を附け終った、という業績を擧げた坊さんであります。この仙覺の自筆本というのは、今日殘っておりませんが、その系統を引いた古い寫本は、幾つかありまして、特に仙覺の奥書は、非常に廣く傳えられているのであります。その奥書にも何種類かありますが、ここには文永二年本というものの奥書と、文永三年本というものの奥書の各々その部分を擧げておいたのであります。これらの奥書によりますと、仙覺はそれまでの萬葉集の點を三つに區別し、第一を「古點」、第二を「次點」と命名したのであります。次點というのは、古點から後、仙覺に至る間のさまざまな人の加えた訓點であります。そして第三番目が「新點」で、これが仙覺の附けた點と、このように區別しているのであります。

先覺の系統を受けた本を一般に、「仙覺本」と總稱しておりますが、この仙覺本を見ますと、その振假名に色分けがしてあります。この色分けのことにつきましても、仙覺は奥書の中で、説明を加えているのであります。その要點をかいつまんで申しますと、第一に古點、次點の兩方の點が秀逸なものは、墨でしるした。第二に、既に、古點、次點の兩方はあるけれど、「而爲㆓心詞參差㆒句」即ち、仙覺が飽き足らずに、改めたものなどは、藍色で點を加えた。第三に、新點の歌、即ち、新しく仙覺が加えたものには朱で點を加えた、かように三つの區別をした、と言っております。現に、この三種類の色分けをしたという古寫本というものは、今日幾つか傳わっておりまして、仙覺が新しく點を附けた、新點の歌というのは全部で一五二首あると言われております。このことは、先覺が著わした「萬葉集注釋」の中で言っているのでありますが、現在殘っておる古い寫本にあたって、確認されたのが橋本進吉博士であります。博士は、西本願寺本、大谷本、京都大學本、木村正辭博士本、飛鳥井本、この五種類の古寫本を調べられて、實際に、一五二首が仙覺が訓點を附けたものである、ということを證明されたのであります。細かいことについては、色々說明が必要ですが、概してこう言える、ということで、再び、先程の天曆の梨壺の五人のことに戻りたいと思います。

ところで、今申しましたように、漢文を讀み解くということと、それから、訓點を附けるということとは、古くは、必ずしも、同じことではなかったのであります。一般に、漢文というものを讀み解くことは、日本では、可成り古くから行われていたのでありまして、奈良朝以前から既にあったようであります。ところが、訓點を記入することは、比較的新しいことでありまして、奈良朝時代には、まだ、見られず、平安時代に入ってから、初めて行われるようになったのであります。そして、平安時代に入った後も、その初期には、訓點を附けた文獻は、現在殘っている限りでは、佛教關係の書物ばかりであります。佛教以外の書物、卽ち外典、俗書などと漢籍の類を指すのでありますが、この外典に訓點を附け加えたものというのは、まだ一つも例が知られていないのでありまして、その次の時期、平安中期に入ってから、やっと現われてくるのであります。現在知られている外典の訓點本は、宇多天皇の宸翰と傳えられる「周易抄《しゆやくしよう》」という書物であって、現在京都御所の東山御文庫に、所藏されているものであります。この書物の紙背に寛平九年（八九七）の年紀がありまして、大體、それから餘り下らない頃の書寫であろうと見られておりますが、これに訓點が附け加えられておるのでありますが、その訓點も、おそらく、本文と同じ頃のもので、宇多天皇自《みずか》ら附け加えられた訓點と信ぜられているものであります。その訓點をみますと、假名と「ヲコト點」という符號を使っております。假名と言っても、今の假名とは形が違った、古い形の假名でありますが、ともかく、假名とヲコト點とが使ってあるのであります。ところが、そのヲコト點をよく調べてみますと、これは宇多天皇の使われたものでありますが、恐らく、天台宗の比叡山の坊さんが使ったヲコト點と同じヲコト點のようであります。

宇多天皇という天皇は、比叡山と非常に深い關係があって、比叡山の坊さんに歸依して、佛道修行されたこともあるので、恐らく、その關係で比叡山と同じヲコト點を使われたものと考えられるのであります。一方、宇多天皇は周易《しゆやく》（易經のこと）、（ママ）當時の大學寮博士の善淵善成という人から、この學問を受けたという說も傳わっております。その當時の大學寮というのは、漢籍の學問の中心をなす最高學府であったのですが、その大學寮の博士といえば、今の大學の教授にあたります。宇多天皇も恐らく、この博士から周易の學問を受けていたのでしょうが、訓點の方式の方は、大學寮とは別に、比叡山から受けていたと推定されるのであります。

これが一番古い資料ですが、次いで二番目に古い資料としては、「漢書楊雄傳」という訓點資料があります。

漢書楊雄傳　天暦點　所用ヲコト點圖

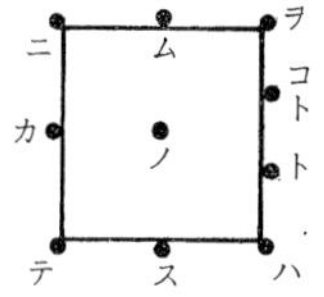

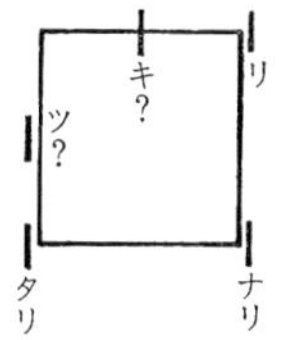

第１圖

これは現在、上野精一氏が持っておられる本でありますが、その一番奥を見ますと、「天暦二年五月廿一日點了　藤原良佐」という奥書があります。そして、その年に訓點を附けたものと考えられ、この訓點も、やはり、假名とヲコト點を使っております。そのヲコト點を見ると、第1圖のようであって、四角形は漢字になぞらえたものであり、點が左の下にあると「テ」であり、左の上にあると「ニ」、右の上にあると「ヲ」というように讀む、このような方式によって、漢字の讀み方を示したものであります。このヲコト點は、先程の周易抄とは大部違っており、これは、大學寮の博士の人たちが使っていた、ヲコト點の種類に入るのであります。この漢書楊雄傳のヲコト點と、同類のヲコト點を使った文獻が、實は平安朝時代には、他に數點あって、「史記」の呂后本紀・孝文本紀・孝景本紀の古點もこれと同類のヲコト點であります。この種類のヲコト點は、大學寮の中の流派の一つである紀傳道（歴史や文學を専攻した分野）の博士たちなどの中で、使われていたようであります。

史記　呂后本紀・孝文本紀・孝景本紀　延久五年（一〇七三）點（大江家國加點）

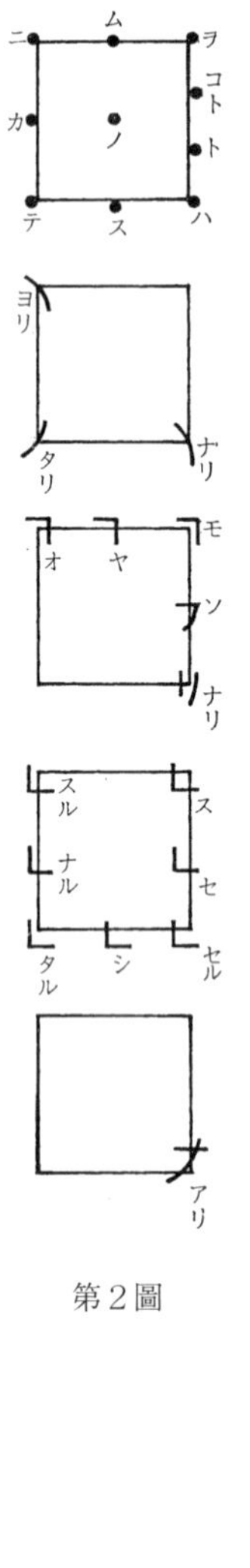

第2圖

第2圖は史記の延久五年點でありますが、漢書楊雄傳天暦點と非常に以たヲコト點であります。具體的には、この紀傳道の中でも、藤原家や大江家などの家で行われていたヲコト點なのであります。

ところで、先程の源順でありますが、彼がどういう訓點を使ったかということは、現在資料が全く残っていませんから、判りませんが、彼は天暦五年當時に大學寮の學生《がくしょう》であって、恐らく、この紀傳道に屬する文章生《もんじょうのしょう》と言われる身分であったと、考えられるのであります。従って、もし、彼がヲコト點を使ったとするならば、丁度、この漢書楊雄傳、または、これに近いようなヲコト點を使ったに違いないと思われるのであります。ただ、萬葉集の本文は、漢字だけで書いてありますが、純粋な漢文とは違うものでありますから、それにヲコト點を附けて讀む、ということは、具體的に、餘り必要ないようにも思われます。けれども、萬葉集の中でも、詞書にあたる題詞、或いは、歌の後に附け加えられた左註などには、純粋な漢文が多くありますから、それに訓點を附け加えたとするならば、その部分には、やはり、ヲコト點を使った可能性があるわけであります。

仙覺や由阿などは、源順が漢文の横に假名を書き加えたということを、古來の傳承であると言っておりますが、これは仙覺などの鎌倉時代には、それが訓讀の普通の狀態であったためなので、自分たちの時代のことを本にして、源順の時代を、逆に想像して言ったに過ぎない、と思うのであります。ところが、天暦の時代における漢文の訓點の狀態を考えて見ますと、漢文の横に書き加える假名というものは、あるにはありましたが、まだ、あまり發達しない段階であって、具體的には、いわゆる片假名ばかりではなくて、平假名のような字體も交っておりましたし、又、同じ片假名でも後世の片假名とは違った、古い字體を使ったりしまして、しかも、それは社會的にも、まだ統一されていないような狀態であったようであります。ヲコト點にしても、まだ固定した、一定の形式を備えたものとは言えないような狀態であって、その狀態は漢書楊雄傳の訓點などから、大體推測されるところだと思います。もし假に、源順が訓點を書き加えたと假定しても、その訓點は、今から見ると、非常に解讀困難で、變な形の字體の假名や、讀みにくいヲコト點を使ったりしていたのではないか、と推測されるのであります。

もし、そうだといたしますと、その古い訓點は、平安朝後半期、或いは鎌倉時代の人々にとっても、丁度、われわれと同じように、簡單に解讀できなかったであろう、と考えられるのであります。そのことは、實際に他の資料を引用して、立證すべきでありますが、煩わしいので省略します。要するに、天暦時代の訓點が、もし、あったといたしましても、その訓點は平安朝末、鎌倉時代の人々にとっては、既に、非常に讀みにくいものであって、それを簡單に解讀することはできなかったであろう、と推定されるのであります。從って、結論的に申しますと、私の考えでは、源順などが附けた古點というのは、漢文の傍に片假名を使って、訓點を加えたのではなく、そういう傳承は、疑わしいのであって、平假名で書き下したものを、漢文の原文の次にでも、別の行で書き下したような形だったのではないか、と推定したいのであります。先程、廣幡女御という女性の名前が出て來まして、その女性の求めによって、梨壺の五人云々という言い傳えがあるということを申しました。これは單なる傳説かもしれませんが、若し、そういうことがあったといたしますと、この推定には都合が良いのであります、と申しますのは、漢文に附けた訓點は、大抵、學者の爲のものであって、當時の女性の爲には、やはり、平假名でなければならなかっただろうと考えられるからであります。

日本紀の竟宴の和歌というものがあります。例えば

日本紀竟宴和歌　（元慶六年、延喜六年、天慶六年）（本妙寺本）

氣不利奈岐也度遠女玖《ママ》之須女良己曽也曽度世阿末利玖尒之良之氣礼

けふりなきやとをめくみしすめらこそやそとせあまりくにしらしけれ

のようなものであります。奈良朝時代に出來た日本書紀について、主として平安時代になってから宮中に於いて、何回か講義が行われました。その講義は長い年月にわたったものでありますが、それが終った都度、竟宴というものが行われ、そのときに詠まれた和歌を集めて書き記した書物があって、それが今日傳わっているのであります。その和歌の年代は、元慶六年（八八二）、延喜六年（九〇六）、天慶六年（九四三）というように、平安初期、中期のものであります。尤も、この書物は古い寫本がなくて、現在傳わっているのは鎌倉時代の寫本ですから、問題もありますが、この和歌を書き記した狀態は、最初に萬葉假名で歌を記して、その後に平假名で書き下してあるのであります。

次に先程一寸觸れた、桂本萬葉集でありますが、これも、やはり、同じような體裁であって、最初に漢文の原文があっ

て、その後に平假名で讀み下しを書いているのであります。

天皇賜海上女王御歌一首（寧樂宮卽位天皇也）

赤駒之越馬柵乃緘結師妹情者疑毛奈思

あかこまのこゆるむまおりのしめゆひしいもかこころはうたかひもなし 〔巻四、五三〇〕

このような體裁は平安時代の中頃に一般に行われていたものではなかろうか、そして、源順の解讀した古點というものも、こういうような形で書かれていたのではなかろうか、と推測されるのであります。仙覺その他の記録によりますと、源順より少し後の時代に、藤原道長、小野道風というような人がおりますが、その人たちの書いた萬葉集というものがあって、それらはいずれも漢文と假名とを別の行で書いていた、ということを述べております。そのことから考えても、古點がこういう體裁で書かれたということが、やはり、推定され得るのではないかと思います。

以上が古點についてでありますが、次に次點のことに移ります。次點というのは、古點から以後、鎌倉時代になってから、仙覺が新點を加えるまでの間、大體三百年の間に加えられた訓點であります。これは決して一種類ではなくて、何種類かのものがあったようであります。それらを總稱して次點と言ったのであります。ところで、具體的に誰が次點の點者であったかと申しますと、色々な文獻にバラバラに出て來るのでありますが、詞林采葉抄のところに、「又追加《テル》レ點《ヲ》人ゝ、」とありまして、「法成寺《ノ》入道關白太政大臣」（有名な藤原道長のこと）、「大江佐國、藤原孝言、權中納言匡房、源《ノ》國信、大納言源師頼、藤原基俊等各《ノ》加レ點。此名《ク》二次點《ト》一。」と、言っているのであります。この中で、藤原孝言というのは誤りであって、正しくは、惟宗孝言であることが、武田祐吉博士の說によって明らかになっております。次點についてはこの「詞林采葉抄」以外にも文獻がありまして、「顯昭《けんしょう》 陳狀《ちんじょう》」とか仙覺の萬葉集注釋とかを見ますと、このほかにも藤原敦隆、藤原長忠、僧道因、藤原清輔、僧顯昭というような人たちが、次點の點者として、考えられるのであります。ところが、これらの人々は、必ずしも同時代ではなく、色々な時代の人々があります。そして、また、それらの人々は一箇所に集ってやったわけではないでしょうから、恐らく、銘々に點を加えたものと思われます。從って、同じ歌に違った點を加えたものであったかも知れませんし、また、古點に洩れたものだけに加えたものか、或いは古點を訂正したものがあったか、或いは古點と知らないで、更に別の點を加えたものがあったか、そういう色々な事情があったのではないかと思われますが、具體的なことについては、殆ど判っていません。ただ、これらの次點の點者の中には、その人の萬葉集の訓點が直接残っているわけではありませんが、萬葉集に訓點を附けたことに、ふさわしい人が何人かあるのであります。その一人は藤原道長であります。この人は政治の面で有名な人でありますが、一方非常に書物の好きな人であったようであります。萬葉集とも大變縁が深くて、彼の娘である、上東門院彰子に獻上するために、藤原家經朝臣に命じて、萬葉集を寫させた。そのとき、假名の歌を別の行に書かせたという本があったということを仙覺は文永二年本の奥書で言っております。袋草子巻一には、

萬葉集、昔は所在稀云〻、而俊綱朝臣、法成寺寶藏本を申出、書寫之、其後、顯綱朝臣又書寫、自レ此以來、多流布して、至二て今一、在二諸家一

とあって、道長の本というものが、世間に廣まった源泉の一つであったことが想像されるのであります。道長という人は非常に書物の好きだった人のようでありまして、その日記であるところの御堂關白記を見ますと、その寛弘七年八月二十九日の條に、

作二棚廚子二雙一、立レ傍、置二文書一、三史・八代史・文選・文集・御覽・道々書・日本記具書等、令・律・式等具、幷二

千餘卷一、

というようなことを言っております。それから、また、別なところでは、一切經論諸宗章疏を求めたと言ったり、坊さんを呼んで、法華經玄義（天台宗の書物）を習ったり、法華玄贊《げんざん》という書物に自ら訓點を加えたということを、日記の中で言っており、道長であれば、萬葉集にも訓點を加えた可能性は大いにあるように考えられるのであります。

又、藤原基俊という人がおります。この人は文學史では有名で、彼の作った書物に「新撰朗詠集」というものがあり、和漢朗詠集には基俊が加えた訓點を附けた本が現在、實際に殘っており、それは「多賀切」と言われて珍重されております。それには

永久四年孟冬二日、扶二老眼一點了、愚叟基俊

という奥書があります。

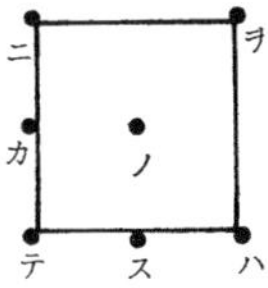

第３圖

この和漢朗詠集には、朱筆によるヲコト點や假名を加えております。そのヲコト點は、第3圖のように「テニヲハ」と

いうような點でありまして、漢書楊雄傳古點と同じ種類のものであります。このような人でありますから、萬葉集にも訓點を附けたということは、非常に考えやすいと思います。

もう一人、次點の點者の一人に大江佐國という人がおりましたが、この子供に大江家國という人がありまして、この人の訓點が今日殘っております。これが、上述の史記の延久點であります。このヲコト點は、平安時代、紀傳道の家で行われていたヲコト點であります。家國にこういう遺品があることを考えますと、その父親である佐國も、恐らく、これと同類のヲコト點を使ったと考えられ、佐國が萬葉集に訓點を附けたということも、考えやすいことだと思うのであります。

以上、三人ばかりについて、次點者と現在の訓點資料との關係を考えてみたわけであります。實際は、これ以外の人々についても考えるべきでありましょうが、次點者と傳えられている人の中には、このように訓點と非常に縁の深い人が澤山いた、そういうことだけは言えるわけだろうと思います。

萬葉集全體で歌は約四千五百首あるわけですが、結局、そのうちで仙覺が新たに點を加えたと言われる百五十二首を除いた、四千三百餘首というものが、古點と次點の兩方で訓點が附けられたということになるのであります。で、この次點の附けられた時期は、大體、西暦十世紀から十三世紀という時期に亙るのであります。この時期には、既に片假名も完成しており、ヲコト點も固定しておりまして、萬葉集を讀み解く場合にも、漢字の傍に片假名を附けて、訓點を加えたり、或いは、場合によってはヲコト點を附けたりして、そういう形で後世に傳えられることが一般の漢文に於て行われて行くようになった、そういう時代であります。従って、次點の場合は、古點と違い、漢文の横に訓點の形で點が加えられたということは、大いに、可能性があると考えるのであります。

上に觸れた西本願寺本のことを、少し詳しく見ると、題詞の部分などに、ほんのわずかながら、ヲコト點が使ってあるのであります。

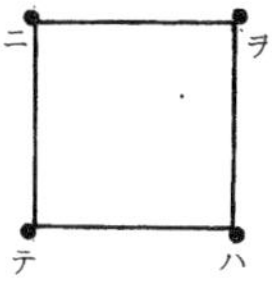

第4圖

このヲコト點は第4圖のようなもので、四隅が「テニヲハ」という形をとっております。このヲコト點は、多賀切や史記延久點などと同類で、古く博士家に於て行われていた、いわゆる俗家點の一部分であるということは、疑いのないところであります。仙覺はこのヲコト點を加えたと考えられるのでありますが、それは、恐らく、一時代前の次點の點本あたりを基にして、そこに使ってあったヲコト點を仙覺が寫して傳えたのではなかろうかと、推定されるのであります。と、申しますのは、假に、仙覺が、傳えられたものを寫したのでなく、自分で始めて訓點を附けたとしますと、彼は慈覺大師の門人と言っており、それは天台宗の學僧であることになりますから、その宗派で使われていたヲコト點を附けたのであろう、と想像されるわけであります。當時、天台宗の中では、更に流派によって、西墓點とか寶幢院點とかいう點が使われておりまして、それ以外の點は使っておらなかったと考えられるのであります。

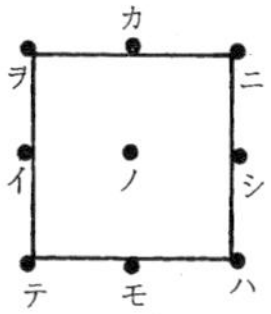

（西墓点）

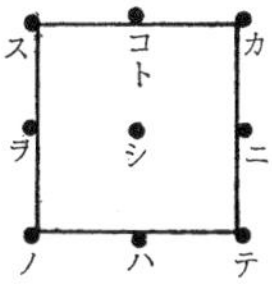

（寶幢院点）

第5圖

従って、仙覺が勝手にヲコト點を加えたとすると、恐らく、西墓點か寶幢院點などを使ったとみるべきであって、それを使わずに、第4圖のようなヲコト點を使っていたということは、仙覺が勝手に新しく訓點を附けたのではなくて、前のものから寫したのであろう、ということになると思うのであります。ところで、これはそこに書きましたように、朱筆で附けてあるのですが、この朱筆というのは、仙覺の奥書によりますと、仙覺が新しく附けた、いわゆる、新點に屬するということになるのであります。そこで矛盾が一つ起ることになりますが、しかし、これは題詞であって、本文ではありませんから、別に考えていいのかとも思われます。

ただ、そのことに關連しまして、一つ問題になることがあり、これを最後に申し添えたいと思うのであります。それは圖書寮本類聚名義抄という書物に、引用されたところの萬葉集のことであります。それは次のような三項であります。

(1)款―(冬) 禾云夜末布〻岐一〻夜末布伎萬葉集等用山吹花三字　(六九1)

(2)月―(比) 萬葉集云 ツキコロ　(一三四4)

(3)萬―(歳) ヨロ:ツヨ 萬葉集　(一三四1)

(2)白《シロ》《シラ》鳥《トリ》能《ノ》飛《ト》羽《ハ》山松《ヤママツ》之《ノ》待作《マチツ、》曽《ソ》吾戀度《ワカコヒワタル》 此月此《コノツキコロ》乎《ヲ》〔巻四、五八八、西本願寺本全訓墨書〕

(3)〔上略〕千歳《チトセ》尔《ニ》闕《カクル》事無《コトナク》、萬歳《ヨロツヨ》尔《ニ》、有通將得《アリカヨハムト》〔下略〕〔巻十三、三二三六、西本願寺本全訓朱書〕

これは宮内廳書陵部の所藏本で、戰後初めて公にされたものであります。この書物は漢和辭書でありますが、寫された年代は平安時代の末頃でありまして、この中に右のように三箇所ばかり萬葉集という言葉が引用されているのであります。

(1)の例は、これは先程の源順の和名類聚抄の中から、更に孫引したものでありますから、これは直接に問題にならないのでありまして、問題になるのは、(2)の「ツキゴロ」と、(3)の「ヨロヅヨ」との二つの引用例であります。ところが、この(2)の「ツキゴロ」というのは、萬葉集を見ますと、巻四に出ておりまして、西本願寺本では、全部墨で訓點が附いているのであります。墨で訓點が附いているということは、これは古點か次點かに於て行われた訓である、という意味でありますから、古くから、「月比」を「ツキゴロ」と讀んでいたということが知られるわけであります。圖書寮本類聚名義抄は、平安朝の終り頃の寫本で、仙覺よりは恐らく百年位は遡る、古い本なのであります。そうしますと、「月比」という字を「ツキゴロ」と讀む、この讀み方は、既に、院政時代に、すなわち、古點か次點かどちらかに於て附けられていた、ということであって、この點に關する限りは何の矛盾も起らないのであります。

ところが、問題は「ヨロヅヨ」という訓なのであります。これは類聚名義抄を見ますと、「萬歳」という字に「ヨロツヨ」と假名がありまして、『萬葉集』とはっきり出典を示しているのであります。萬葉集の方で見ますと、巻十三の三二三六番と、同じ巻の三三二四番に「萬歳」という字を「ヨロヅヨ」と讀んだ例があります。これを西本願寺本では、兩方とも朱筆で訓點が附けられているのであります。朱點というのは、仙覺の新點を示していることになるのでありまして、この歌は、仙覺が初めて訓點を附けたということになります。ところが、それよりも百年も前の類聚名義抄に、既に「ヨロヅヨ」と訓が登録されているのでありまして、それでは矛盾することになる、こういう問題が起ることになります。

そこで或る方の說によりますと、圖書寮本類聚名義抄の時代を引き下げまして、これを鎌倉中期以後、仙覺以後のものであって、これに新點が引かれているのであろうとされるのであります。しかし、このように時代を下げて考えることはどうしても無理であって、できないように思います。そうしますと、どうしても院政時代、つまり、仙覺以前に「萬歳」という字を「ヨロヅヨ」と讀んだ訓が世の中にあった、ということを認めざるを得ないのであります。しかも、この類聚名義抄という書物は、他の本を澤山引用しているのでありますけれど、他の用例から見ると、元の本の形に忠實嚴密に、そのまま引用している態度が見られるのでありまして、この「ヨロヅヨ」の場合も、原の萬葉集にこの「ヨロヅヨ」という假名を附けた例があったということを、推定しなければならないのであります。そこで、この「萬歳」という字に「ヨロヅヨ」と假名を附けたものが、院政時代頃にあって、それは多分次點あたりの誰かの附けた訓點であった、それを類聚名義抄は引用したのではないか、というふうに思われるのであります。實は、「ヨ.ロ:.ツ.ヨ」というところに小さい點が附けてあり、「ヨ」、「ロ」には一つ點、「ツ」には二つ點がありますが、これは濁音を示してあるのでありまして、同時に、これは高い低いのアクセントを示しているのであります。

最近の研究によると、この名義抄などでアクセントを書き加えた和訓というものは、一般に、前の時代から傳來しているところの、典據ある讀み方であって、その當時の俗な讀み方でないことばに、聲點を附けている傾向がある、と言われているのであります。このことから考えましても、萬葉集の「ヨロヅヨ」というのが、決して、いい加減な讀み方ではなくて、必ずなんらかの典據のある讀み方であったということが言えると思います。

とにかく、仙覺が新點と稱している歌の中に、わずか二例ではありますけれど、既に、院政時代に訓點があったものがあるではないか、ということになったわけであります。これは仙覺が嘘を言っているのか、ということにもなるのでありますが、仙覺の態度と言うのは、ほかのところで見ますと、相當嚴密なようであって、例えば、一首の中でも、墨と藍と朱で書き分けているというようなところもあり、そう單純に仙覺を責めるのも、かえって當っていないようであります。或いは、たまたまこういう古い點を附けたものが、仙覺の眼に觸れなかったのではないか、すなわち、仙覺の眼に觸れないような古い點の歌が、世の中に傳わっていたのではないか、そんなことも一つの可能性として考えていいのではなかろうか、と思う次第であります。

以上、古點から始って、仙覺の新點に及びました。仙覺以後の訓點につきましては、全く、觸れることができませんでしたが、これで本日の話を終りたいと存じます。長い時間御靜聽ありがとうございました。

（大東急記念文庫文化講座講演錄『萬葉集Ⅱ—言語と歌論—』昭和四十七年五月）

萬葉集の訓法表記方式の展開

一

言ふまでもなく、萬葉集の原文は漢字だけで表記されてゐるが、現代においては、そのよみ方を、假名又は漢字假名交り文の形で表記することがある。而して、その表記方式には、次のやうなものがある。

A、原文を白文の形で記し、それと別に、漢字平假名交り文で訓み下し文を併記する。

(例、日本古典文學大系「萬葉集」)

8熒田津尒　船乘世武登　月待者　潮毛可奈比沼　今者許藝乞菜

8熟田津《にきたつ》に船乘《ふなの》りせむと月待てば潮もかなひぬ今は漕《こ》ぎ出でな

B、原文の傍に、平假名を以てその訓み方を附記する。

(例一、「新校萬葉集」)

八　熟田津尒《にぎたづに》　船乘世武登《ふなのりせむと》　月待者《つきまてば》　潮毛可奈比沼《しほもかなひぬ》　今者許藝乞菜《いまはこぎいでな》

(例二、塙書房版「萬葉集」)

八　熟田津《にきたつ》尒《に》　船乗《ふなのり》世《せ》武《む》登《と》　月待者《つきまてば》　潮《しほ》毛《も》可《か》奈《な》比《ひ》沼《ぬ》　今《いま》者《は》許《こ》藝《ぎ》乞《いで》菜《な》

C、原文を省略し、ただ訓み下し文だけを記す。

八　熟田津《にきたつ》に船乗《ふなのり》せむと月待てば潮《しほ》もかなひぬ今はこぎ出でな

（例、「新訓萬葉集」）

所で、これらの表記方式の淵源を、歴史的に辿つて見ると、上記ABCの方式は、何れも比較的後代になつてから生じたもので、最も古い段階では、これらの表記方式は未だ存在しなかつたと考へられる。現存する古寫本で見ると、平安中期の書寫と認められてゐる桂本萬葉集では

赤駒之越馬柵乃緘結師妹情者疑毛奈思

あかこまのこゆるむまおりのしめゆひしいもかこゝろはうたかひもなし（以下古寫本を引用するに當つては、漢字、平假名、片假名の古體・異體は現行字體に書改める）

のやうに、最初に原文を記し、次に行を改めて、平假名のみによつて、歌を記してゐる。又、平安時代の書寫に成る藍紙本萬葉集でも

暮去者小椋山尒臥鹿之今夜者不鳴寐家良霜

ゆふされはをくらのやまにふすしかのこよひはなかすいねにけらしも

のやうに、桂本と同じ體裁である。同じく平安時代の書寫に係る金澤本萬葉集も、

如此許戀乍不有者高山之磐根四巻手死奈麻死物呼

かくはかりこひつゝあらすはたかやまのいはねしまきてしなましものを

と同體裁である。この他、平安時代の書寫と認められてゐる金砂子切萬葉集も同様であるが、例は省略する。

このやうに、平安時代の書寫と見られる萬葉集の古寫本は、何れも、無點の白文を先づ記し、次に平假名文でそのよみ方を記すといふ、一定の型式を備へてゐる。そして、本文の漢文の傍に假名を加へて、漢文の訓點の形式によつてそのよみ方を示すといふ體裁を取る寫本は、右の類よりも、少し時代が下つてから、始めて出現するやうに思はれる。

天治本萬葉集は、巻第十三の奥に「天治元年（一一二四）六月廿五日辰時書寫了以肥後前司本□／件本諸家本委比校了云々」といふ書寫奥書があつて、天治元年の書寫であることが知られるが、その體裁は

沙邪礼浪浮而流長谷河可依礒之無故不怜也

さゝれなみうきてなかるゝはつせかはよるへきいそのなきかわひしさ

のやうに、桂本、藍紙本などと同型式であるが、一部に漢字の右傍に朱書の片假名の訓が附してあつたのを削つた箇所がある由である[1]。この片假名が天治の頃のものとすれば、この頃から片假名傍訓が存したことになるが、尚その片假名の年代については、後考に俟つこととしたい。

元暦校本萬葉集は、巻第二十の奥に「元暦元年（一一八四）六月九日以或人校合了／右近權少將（花押）」とあつて、院政期の寫本であるが、これには

熟田津《ムマタツ(褐)》《ニキタツ(橙合點)アリ》尒船乘世武登月待者潮毛可奈比沼今者許藝乞菜

なりたつ《或本ムマタツ(朱)》にふなのりせむとつきまては《チテ》しほもかなひぬいまはこきこな《サ》

のやうに、本體は漢文及び平假名文といふ古い體裁であるが、漢文及び平假名文の傍の一部に異訓を片假名で注記してゐる。元暦校本には本文及び詞書の漢文にも朱書・褐書などの片假名で訓を加へた所があり、又、本文の行間に片假名によつて注記を記入してゐる所がある。しかし本體としてはやはり漢文及び平假名文といふ古體裁と見るべきであらう。

又、嘉暦傳承本萬葉集は、奥に嘉暦三年（一三二八）の傳授奥書を有し、鎌倉期の書寫と認められてゐるが、これも

新室蹈靜子之手玉鳴裳玉如所照公乎內等白世

にひむろのふむしつけこかてたまふるもたまこてわたるきみをとまうせ

のやうに、古い寫本と同じ體裁を持つてゐる。

これらに對して、漢文の傍に訓を假名によつて注記する形式は、何れも鎌倉時代以後のものである。後京極樣切萬葉集は、鎌倉時代の書寫とされるが、

痛足《アナシ》河々《カハカハ》浪《ナミ》立《タチ》奴《ヌ》卷目《マキモクノ》小槻《コツキ》我《カ》高《タケ》仁《ニ》雲居《クモヰ》立《タツル》《タ、》有良《ラ》思《シ》

のやうな體裁であり、「校本萬葉集」の「萬葉集諸本輯影　卷上」（第七十二）の解説では「漢字の左傍の片假字は後の加筆であらう」とされてゐるが、右傍の片假名は本文と同じく鎌倉初中期の筆と見てよいと思はれる。

春日懷紙裏切萬葉集は鎌倉時代中期の書寫と認められてゐるが、

伊《イ》豆《ズ》乃《ノ》宇《ウ》美《ミ》尓《ニ》多《タ》都《ツ》思《シ》良《ラ》奈《ナ》美《ミ》能《ノ》安《ア》里《リ》都《ツ》追《ツ》毛《モ》都《ツ》藝《キ》□《ナ》

のやうに片假名の傍訓である。その傍訓は本文と同じく鎌倉中期の筆と見られる。

神田本萬葉集は卷第一から十までは鎌倉時代の書寫であるが、卷第一の內から一例を示すと、

君之《キミカ》齒母《ヨモ》吾代毛《ワカヨモ》所知哉《シレヤ》磐代乃《イハシロノ》岡之《ヲカノ》草根乎《クサネヲ》去來《イサ》結手名《ムスヒテナ》

の如く、片假名傍訓が施されてゐる。

西本願寺本萬葉集も鎌倉時代の書寫で、本文の漢文に對して片假名の傍訓を附してゐるが、その傍訓には、墨書・朱書・靑書の三種がある。

熟《「ニキ」》田《タ》津《ツ》尓《ニ》船《フナ》乘《ノリ》世《セ》武《ム》登《ト》月《ツキ》待者《マテハ》潮《シホ》毛《モ》可《カ》奈《ナ》比《ヒ》沼《ヌ》今者《イマハ》許《コ》藝《キ》乞《コ》菜《ナ》（「ニキ」のみ靑書、他は墨書）

そしてこのやうな片假名附訓の傳統はこの後長く後世まで續き、活字附訓本萬葉集（江戸時代初期印行）や、寛永版本萬葉集（寛永二十年〈一六四三〉刊）などの版本にまで及び、又、契沖自筆の四點萬葉集なども同じくこの體裁を襲つてゐる。以上の諸例から見て、平安時代以降の萬葉集の表記方式は、古い寫本では、漢字文と平假名文との併記が本則であるが、鎌倉時代以降になると漢文の傍に片假名で訓を注記する方式の寫本が現れ、以後この形の本が一般的であることが認められる。

類聚古集二十巻は、藤原敦隆（?～一一二〇）の撰で、萬葉集の長歌、短歌を題目上より分類したものであり、その訓は、古點・次點の古訓を傳へるものとして注目されてゐる。現存の古寫本は大谷光照氏の所藏に係り、平安時代末期の寫であるが、原則的に

三吉野乃石本不避鳴川津諾文鳴來河乎淨或本降

みよしの丶いはもとさらす鳴かはつむへもなきけりかはのせきよみ

のやうに、漢字文＋平假名文といふ、古い體裁を示してゐる。敦隆編纂の際に改變したのではなく、その當時存した萬葉集の表記方式をそのまま踏襲したと考へることが出來よう。

二

このやうに萬葉集の表記方式が、比較的古い寫本と新しい寫本との間で異つてゐることが認められるとすると、次に、それが何故に生じたかといふ問題に逢着する。私は、これを解明するには、先づ、平安時代の萬葉集解讀の業が、どのやうな事情の下に、どのやうな目的で行はれたかといふことを究明する要があると思ふ。

平安時代の初期、萬葉集が一般人士の間に讀み解き難く疎遠なものであつたらしいことは、新撰萬葉集巻上の序文や古今集眞名序の記述などからも知られる所であるが、そのやうな時期を過ぎて平安中期に至り、漸く萬葉集解讀の機運が生じて來た。そして、村上天皇の天暦五年（九五一）、宣旨が下つて、大和歌を撰ぶ所が宮中の昭陽舍（梨壺）に置かれ、所謂「梨壺の五人」が召された。そして、後撰和歌集の撰進と萬葉集解讀とが行はれた事業があつたことは、周知の如くである。その際の主導權を握つた人物や、後撰集撰進と萬葉集解讀との先後關係などについては、近時研究が多いが、本稿では特に、その際の萬葉集の表記法について注目して見たいと思ふ。

この天暦度に讀み解かれた萬葉集が、果してどのやうな形で表記されてゐたものであるか、それに關する古來の文獻の記述を中心に天暦の萬葉集解讀の記事を辿つて見よう。

規子内親王家歌合（天祿三年〈九七二〉八月女四宮歌合）（續群書類從四〇七）の判詞に

抑順昔なしつほにならのみやこのふる歌よみときえらひたてまつりし時。すこしくれたけのよこもりて。ゆくすゑをたのむおりふしもはへりき。（傍點筆者、以下同じ）

とある。又、順集の中には、

天暦五年宣旨ありて、やまとうたは、えらふところ、なしつほにおかせ給、古萬葉集よみときえらはしめ給なり、めしおかれたるは河内掾清原元輔、近江掾紀時文、讃岐掾大中臣能宣、學生源順、御書所預坂上茂樹をや、藏人左近衞少將藤原朝臣伊尹を、そのところの別當にさためさせたまふ、（西本願寺本による）

又、藤原清輔の袋草子（保元平治の頃〈一一五六～一一六〇頃〉の成立といはれる）にも次のやうな記事がある。

後撰集和歌千三百九十六首

天暦五年十月日、詔二坂上望城源順紀時文大中臣能宣清原元輔等一、於二昭陽舍一、令三讀二解萬葉集一之次、令レ撰之號梨壺、五人也、

一條攝政爲二藏人少將一之時、力《爲イ》二此所之別當一有奉行文、（巻二）

顯昭法橋萬葉集時代難事（續群書類從巻第四五一）（壽永二年〈一一八三〉頃成）には、

後撰集者天暦五年十月晦日、仰河內掾淸原元輔、近江少掾紀時文、讃岐大掾大中臣能宣、學生源順、御書所預坂上望城等、撰幷和歌、幷令讀萬葉集。以梨壺爲其所。以藏人左近少將藤原伊尹、勅爲撰和歌所別當云云。

と見えてゐる。

以上、大體平安時代の文獻と見られるものについて、解讀に關する表現を見ると、

よみときえらび（ばしめ）

（令）讀解

（令）讀

のやうな形であつて、「點」「點を加ふ」「假名を加ふ」といつた例は一つも見出されないのである。「えらび」については一往措き、「よみとき」といふのは「讀解」と同價値で、漢字の意味を探究理解し、それを（場合によつては）聲に立てて發音し、（漢字だけでは）不明であつた意味が判るやうにする、の意と理解される。ここでは、萬葉は單に讀解されたといふだけで、それをどのやうに表記したかといふ點までは言及されてゐないといへる。又、萬葉集の原文は、いふまでもなく、全部漢字だけで書かれてゐるわけだが、その中には、本體の和歌の部分と、詞書や左註の部分とが存する。前者は、勿論國語として以外に讀まれる可能性はないわけで、この部分は和訓で讀まれたに違ひないが、それに對して、詞書や左註については、讀まれたのか讀まれなかつたのか、讀まれたとすればどのやうな形で讀まれたのか、少くとも右の諸記事だけからは、何の情報も得ることは出來ない。この點の究明には、更に別途の方法が必要であらう。

所で、この天暦度の萬葉集表記の件であるが、時代が下つて、鎌倉時代に入ると、「點」「假名を附す」といふ表現が現

れて來る。顯昭の顯昭陳狀（群書類從巻第二二七）には

○彼集（萬葉集）は源順が和せる後、假名は付來る也。而彼順が點本于今難傳。
○但判詞には、萬葉は順が和せる後、假名は付たれば、和歌計こそ和したれ、竹取は詞也。
○萬葉中已有様に、文筆尤可レ被二點置一也。所謂無常非歎等の詩四首幷序、松浦の仙媛（中略）沈痾自哀文、敎喩の文、鎭懷石の記等三通、已上皆有二點本一又順たとひ詞をよまずとも、後人詞に假名を付まじと云儀やは侍べき。又順が自筆に點じたる本を見たると申さばこそは、于レ今難レ傳とも侍らめ。又順が自筆の本も、世に侍らんもかたからず（中略）以後自筆本不レ侍とも、移點の本侍ば同事也。

本文中行文に不審な點があるが、順が、本文に假名を加へたことを力說し、順自筆の點本の存在を信じようとする姿勢さへ見えてゐる。そして更に又、和歌ばかりでなく、沈痾自哀文などの文筆（詩文）も同様で、その點本も現存することを強調してゐる。この場合の「假名」は、「點本」などの關聯よりして片假名を指すと見るべきで、このやうな記事は、それ以前の平安の文獻には見えなかつたことであり、ここに新しい一つの別個の見解が出現したと見られよう。

藤原俊成の古來風體抄（建久八年〈一一九七〉成）には、次のやうに見える。

萬葉集はもとはひとへに眞名假名といふものにかきたる物にて材智あるものはよみもし、しらぬ人ましてをんな、どはえよまぬものにてぞありけるを、この御ときなしつぼの五人かつはさだめあはせて、みなもとのしたがふむねと材智あるものにて和してなんつねのかなはつけはじめたりける（續群書類從巻第四五八）

この「つねのかな」とは片假名か平假名かはつきりしないが、「かなはつけはじめ」とあるから、漢文に附訓したものとして、片假名の意と理解してよいのではなからうか。

「石山寺緣起」巻二の中に、

康保の比、廣幡の御息所の申させ給けるによりて、源順勅をうけたまはりて、萬葉集をやはらけて點し侍けるに、よみとかれぬ所〳〵おほくて當寺にいのり申さむとてまゐりにけり（『日本繪卷大成』18所收、石山寺藏原本による）

として、「左右」の字の訓を、石山寺詣の途中、大津の宿で馬子の詞によつて「まで」と訓むことを覺つたといふ説話を載せてゐる。石山寺緣起は、鎌倉時代末、正中年間（一三二四～一三二六）頃の成立とされる。(2) ここで「やはらけて點し」とあるのは、「國語文に翻譯してそれを片假名で漢字の傍に書加へた」の意と解することが出來よう。

仙覺律師奏覽狀にも（建長五年〈一二五三〉）

其後至天曆御宇、仰五人被加點和之時、

と記し、「點を加へた」ことを言つてゐる。そして更に、仙覺本の文永三年（一二六六）本の奥書の中では、

倩案事情、天曆御宇、源順等奉　勅初、奉和之刻、定於漢字之傍、付進假名歟、

と言つて、傍訓假名を加へたことを疑ひを抱きつつも想像し、更に少し先の文に至つて

其後聞二古老傳說一云、天曆御宇、源順奉二　勅宣一、令レ付二進假名於漢字之傍一畢、然又法成寺入道殿下、爲レ令レ獻二上東門院一、仰二藤原家經朝臣一、被三書二寫萬葉集一之時、假名歌初別令レ書レ之畢、爾來普天移レ之云々、然而道風手跡本、假名歌別書レ之、古老之說有二相違一歟、後賢勘レ之、（西本願寺本による）

と言つて、古老の傳說を引いてそのことを確めようとしてゐる意圖が見える。

以上、鎌倉時代の二三の文獻に見えた「點」といふ語についてであるが、この語の最も古い用例は、石山寺藏本の蘇悉地羯羅供養法の奥書に

（上卷奥）延長三年（九二五）閏十二月廿四日點了

（下卷奥）延長三年閏十二月廿五日點了

と見えるもので、これより古い例は現在まで知られてゐない(3)（句讀點などを「科點」と稱するのは、元慶三年〈八七五〉の年紀のある華嚴經の奥書に見えることは中田博士が說かれた如くである）(4)。延長三年は、天暦よりも二十餘年遡る時期である。又、これも中田博士の指摘された如く、宇津保物語の藏開中卷に

大將ふみのてんなおすとてあるふでを、とう宮とらせ給て（一〇七五1）（宇津保物語本文と索引本文篇による）

うへてん一もよみあやまたぬを、あやしとおほして、うちほをゑみ給を、大將みたてまつりてわらひぬ（一〇七六7）

の如く見え(5)、これらも平安中期の用例として援用することが出來る。

天暦前後には他にも「點」といふ用例はあつて、例へば、上野淳一氏藏本の漢書楊雄傳（天暦二年加點本）の奥には、

天暦二年五月廿一日點了　藤原良佐

なる記事が見える。尤も、この頃までの訓點本の奥書は、「點」といふ語が以上の二例位のもので、他の例では「讀了」「聞了」「受學（覺）了」「傳受了」などが多いことも、併せて注意すべき現象である。

更に、南北朝時代に下つて、僧由阿の撰した詞林采葉抄第十になると、

萬葉集點和事、天暦御時《ノ》、廣幡《ヒロハタノ》女御ノス、メ申サセ給ケルニヨテ、仰《セテ》㆓五人英才《ノエイサイニ》㆒漢字右《ノニ》被㆔付㆓假名《ヲ》㆒云云。然而無《モ》㆓點和㆒之歌多相貽《クヒル》之上《ヘ》、古語鬼語相交《ヒハリ》輙難《ク》㆑得㆓其心《ヲ》㆒。故翫《ニフ》㆑之人少《モク》、證本又稀《タマレ》也ケルニヤ。爰ニ俊綱ノ朝臣法成寺寶藏ヨリ申出テ書㆓寫之《ヲ》㆒。其後顯綱ノ朝臣書寫流㆓布之㆒又云云。漢字之外假名ノ歌別《ニ》書《ク》㆑之《ヲ》コト、法成寺入道殿爲《ニ》㆕令《玉ハンカ》㆔獻㆓上東門院《ニ》㆒、仰《テ》㆓藤原家經《ニ（ママ）》㆒被書㆓寫萬葉一部《ヲ》㆒之時、假名歌別《ニ》書㆑之云云。雖㆑爲㆓又《タ》道風手跡本《ノ》㆒假名《ノ》歌別《ニ》書㆑之《ヲ》。然則漢字《ノ》右《ニ》付《クル》㆓假名《ヲ》㆒事梨壺舊例《ノ》也。尤《モ》可㆓貴《フ》之《ヲ》㆒者歟。委細追テ可㆓詳之《ヲ》㆒耳。

とあつて、ここでは、假名傍訓は、梨壺の舊例だとまで斷言してゐる。

とにかく、天暦の時、漢字の傍に假名を附けたといふ說明は、鎌倉以後になつて始めて出現するのであるが、中には仙

覺のやうにその事について愼重な態度を持してゐた學者もあつたことを考ふべきである。

三

第一節で見たやうに、萬葉集の平安時代の寫本は、何れも、漢字文の次に平假名文を併記した體裁を採つてをり、漢字の傍に假名を書加へたものは、院政期以前の確實な例は一つも殘つてゐない。そして片假名傍訓記入の様式の寫本は、平安極末期乃至は鎌倉時代に下つて初めて出現するのである。勿論、古く、萬葉集の加點本が存在したが、偶々今日失はれて殘つてゐないのだといふ見方も、可能性がないわけではない。しかし、記録の上からも、遺品の上からも、等しく假名傍訓の例を見ないといふことは、やはり歴史的な事實の反映と見るのが自然ではなからうか。

仙覺本の奥書の中には、實は、右のやうな推移を更に裏附けると思はれる記事を見出すことが出來る。その巻第一の奥に記された承安元年（一一七一）の藤原重家の奥書には

承安元年六月十五日以二平三品經盛本一畢（ママ）自書寫畢、件本以二二條院御本一書寫本也、他本假名別書之、而起レ自二叡慮一被レ付二假名於眞名一、珍重〻〻、可二祕藏一〻〻〻／從三位行備中權守藤原重家（西本願寺本による）

と見える。卽ち、他の本では假名は（眞名とは）別に書いてあるのに、二條院の御本では、叡慮によつて、假名を眞名に附けられた、と解せられる。この二條院（一一四三〜一一六五）の本を寫したのが經盛本で、それを更に寫したのが重家本といふことになるが、二條院の頃に、假名傍訓に改められた例がここに示されてゐることになる。

又、同じ巻の別の奥書（寛元四年奧書の次に在るもの）には

今此萬葉集假名、他本皆漢字哥一首書畢、假名哥更書之、常儀也、然而、於二今本一者爲レ糺二和漢之符合一、於二漢字右一

令レ付二假名一畢

とある。卽ち、他の本では、漢字の歌を一首書き畢へてから、改めて假名の歌を書くのが普通であるが、この本では、和語と漢字との對應關係をはつきりさせるために、漢字の右に假名を附けた、といふのである。この奥書は年紀が見えないが、すぐ次には同（寛元）二年云々の記事があるから、大體鎌倉初期のものと考へてよいのではないか。これらから考へても、恐らく平安末鎌倉初までは、漢字と假名とを別行に書くのが一般的であつたのを、この頃から傍訓形式とするものが次々に現れたといふことを示してゐるのであらうと思はれる。

四

かやうにして、天暦度の萬葉集が、漢字本文と平假名文とを別行に併記したものであらうと推定すると、次に、その理由は何かといふ問題が生じて來る。私は、それについて、次の四點を擧げようと思ふ。

㈠、この萬葉集解讀は、後撰集撰進と同じ頃に同じグループの人人の中で行はれたものであり、古歌を掘起すことが少くともその目的の一つと考へられるから、古今集以來の、當時の勅撰集の表記方式に從つて、平假名文を用ゐた。

㈡、女性の世界へ向けての需要があつたので、平假名文を用ゐた。

㈢、當時、他にもこれと同類の漢字文と平假名文と竝列の表記をした文獻が作られてゐたから、この場合だけが特異ではなかつた。

㈣、當時は未だ片假名傍訓の訓點は、社會的に獨立の地位を得るに至つてゐなかつたので、他に方法がないままに平假名文を用ゐた。

第一の點については、殊に説明を要しないと思ふが、第二以下の點については、以下若干の言及を試みたい。

當時、萬葉集が女性への引出物に用ゐられてゐた例は、榮花物語御裳着巻に、一品宮禎子内親王の御裳着の儀の折の叙述の中に、内親王への贈物として、古今、後撰と共に萬葉集のあつたことが述べられてゐる。

　三日までおはしますべけれども、日ついでのあしければ、二日のよさりかへらせ給へば、一品の宮のをくり物に、しろがね、こがねのはこどもに、つらゆきがてづからかきたる古今二十巻、みこひだりのかきたまへる後撰二十巻、みちかぜがかきたる萬葉集なんどを（そへて）たてまつらせ給へる、よになくめでたき物なり。故圓融院より一條院にわたりけるものどももなるべし。よに又たぐひあるべきものどももならず。（日本古典文學大系本による）

と見えてゐる。又、上掲の石山寺縁起には、萬葉集の解讀のことは廣幡御息所が村上天皇に勸めたと記してゐるが、十訓抄にも、同じ趣の記事がある。

　成明《村上》親王の位につかせ給たりけるに。女御あまたさぶらはせ給ける中に。廣幡（計子）の御息所はことに御心ばせあるさまに。帝もおぼしめしたり。

　　あふさかもはては行きのせきもゐず尋てとひこきなばかへさじ

　といふ哥を同様にかゝせ給て。方々に奉らる。御返事をさま〴〵に聞えさせ給ける中に。ひろはたはたき物をぞまいらせ給たりける。いみじかりけり。こと御方にはくつかぶり［沓冠］の哥ども御覧じわかざりけるにや。此御息所御心おきて賢くおはしける故に。彼帝の御とき梨壺の五人に仰せて。萬葉集をやはらげられしもこの御すゝめとぞ。順筆をとりける。

十訓抄の成立は、鎌倉中期、建長四年（一二五二）とされてゐる。

このやうな、廣幡御息所計子の勸奬によつたものだとの説は、順集や袋草子などの、平安時代の文獻には見えてゐないし、この記事がどの程度の信憑性を持つものか、覺束ないが、かやうな傳承[6]があることは、少くとも鎌倉時代の人士に、萬葉集解讀の契機として、女性の希望があつたといふ、漠然とした意識が傳つてゐたことを示すものとはいへよう。廣幡御息所計子は、廣幡中納言源庶明の女で、村上天皇の女御となり、理子內親王、盛子內親王を生んだ。庶明は宇多天皇の孫で、齊世親王の子である。榮花物語では、廣幡御息所の才をたたへてをり（卷第一月の宴）、尊卑分脈には拾遺作者と注するが、現行本には作者としての記名はなく、村上帝との贈答の下の句（卷第十八、一一八二）の一例が見えるのみである。天德四年內裡歌合に宰相更衣として見えるのは、廣幡御息所計子かといはれてゐる。[7]何れにせよ、和歌には深い緣のあつた人だつたのであらう。

そしてこの際、藤原俊成が古來風體抄（建久八年〈一一九七〉成）の中で、前揭の文に續いて、

それよりのち、いまはをんなゝどもみることにはなれるなるべし

とある記事も、考へ合すべきかと思はれる。

更に又、現存する平安時代の古寫本が、多く麗しい料紙を用ゐ、流麗な平假名によつて記され、結構の美を盡したものであることも、當時それが、高貴な女性のために製作され、その鑑賞に供せられたことを推測させるに十分である。

五

次に、第三の點について述べると、このやうに、漢字で表記された和歌に竝べて、その平假名文を併記することは、萬葉集以外にもこの當時の例があるのである。それは、日本紀竟宴和歌の場合である。

日本紀竟宴和歌は、古く朝廷に於て日本紀の講莚が行はれ、それが終了して竟宴が催された折に、列席の者が題を得て

詠じた和歌である。西宮記及び後撰和歌集に各一部分が収められてゐるが、傳書として、熊本の本妙寺の藏本上下二卷がある。內容は、元慶六年（八八二）度二首、延喜六年（九〇六）度四十首、天慶六年（九四三）度四十一首の計八十三首を含み、鎌倉中期の書寫と認められる古鈔本であるが、その表記の體裁は、

渡飛加氣留阿麻能伊波布祢多都祢弖蘇阿岐都志麻弭波美野波志迷勢留

とひかけるあまのいはふねたつねてそあきつしまみはみやはしめせる

のやうなものである。平安時代の寫本は無いし、又、一部には、左註に當る長い文を平假名文で書いてゐるから、この形が何時代まで遡るかは遽に定め難く、その點からは必ずしも適切な援用例とはならないかも知れないが、元慶六年度はともかく、延喜六年度に下れば既に古今集の時代でもあることだから、平安中期からこの方式が存した可能性は否定出來ない。但し、この平假名文が、女性向の目的で書かれたのかといふ點になると、尙疑點も殘る所ではある。

和漢朗詠集二卷は言ふまでもなく藤原公任（九六六～一〇四一）の撰であり、部類を立てて、類ごとに漢詩と和歌とを倂記したものである。和歌の表記は、傳行尹筆本のやうに片假名書のものもあるが、多くは平假名書であり、古い寫本は、何れも例外無く平假名書のやうである。最古の寫本としては公任自筆本、行成筆本、伊行筆本などが傳へられてをり、その他、平安時代の寫本と目される多くの古筆切が傳へられてゐる。料紙にも善美を盡したものが多く、當時貴人の間に賞翫されたことが察せられる。

秋

立秋

蕭颯涼風與悴鬢誰敎計會一時秋白

鷄漸散間秋色少鯉常趨處晚聲微保胤

あき、ぬとめにはさやかにみえねとも
かせのおとにそおとろかれぬる敏行
うちつけにものそかなしきこのはち
るあきのはしめになりぬとおもへは
（傳行成筆、御物粘葉本）

勿論、このやうに併記された漢詩と和歌とは、内容上の聯關はあるにしても、表現の言語は全く別物であり、その點、萬葉集や日本紀竟宴和歌とは質的に相違するとは言へる。しかし、「漢文＋平假名文の併記」といふ表記形態を形式的な觀點から見るならば、そこに平安中期といふ同じ時代における共通の現象を觀取することは許されるであらう。といふのは、この點、前代の平安初期以前には、かやうな表記形式は絶對に存在しなかつたのであり、平安中期に至つて、平假名が發達して、獨立の地歩を占め、古今集といふ勅撰の歌集が、漢字無しに平假名だけの文によつて成立し、それに引續いて更に、平假名文が漢文に伍して、漢文と平假名とが竝記される形で一つの成書の形を成すに至つたのが、この和漢朗詠集であつた。そして、桂本萬葉集の如く、同じ和歌を、漢字文と平假名文とで竝記するといふ方式も、この和漢朗詠集のそれと比べて、形態的にではあるが、共通してゐることは、上述の通りであつて、これも、平假名文が漢字文に對して、相對的地位を高めて行つた、その一つの顯現として理解することが出來る。

そしてこれは、聊か附けたり的であるが、平安中期における書道の發展が、平假名の單調さに慊らず、秋萩歌巻や賀歌切のやうな、複雜な字體を發達させたといふ事實と、關係があるかも知れない。複雜な字畫を持つ漢字と、簡易な曲線から成る平假名とが、交互に連ねられて織り成す書體の美は、當時の審美的な感覺によく適合したものと思はれる。

六

次に第四の點について少し詳しく觸れたい。當時、平假名文における社會的獨立性は、既に古今集以來半世紀を經て、略々確立したかに見えるが、片假名の方は、殊にそれが漢文の傍訓として存した場合には、私的な備忘的な面が強く、それが公的な編纂物として世に問はれることは、未だ起つてゐなかつた。現にこの萬葉集の訓讀者の一人である源順にしても、その著「和名類聚抄」を撰するに當り、和訓はすべて萬葉假名で記し、片假名を用ゐてはゐなかつた。それは、天曆より少し遡る、承平年間（九三一〜九三八）のことであつた。この書は、醍醐天皇の皇女勤子內親王のために、古今東西の諸書を涉獵して、諸語の出典を記したものである。

當時、儒家の間では、既に漢文に訓點記入のことが行はれてゐた。佛書に比べて一時期遲れてはゐたが、九世紀末十世紀初頃から以來のことで、恐らく天台宗あたりの佛僧からこの手法を學んだものと思はれる。宇多天皇宸翰の周易抄の古點、東山御文庫・東洋文庫・神田喜一郎博士等所藏の古文尙書古點（延喜頃、十世紀初頭）、東洋文庫所藏の毛詩古點（同上頃）、上野淳一氏所藏の漢書楊雄傳天曆二年（九四八）訓點、石山寺所藏の漢書高帝紀古點（角筆點、天曆頃）など、數種のものが現存してゐて、當時の訓點の實態を我々の眼前に示してゐる。假名字體には省畫の片假名の他に、萬葉假名や平假名字體を使用し、一音に對し必ずしも一種類字體とは限らず、複數の字體を併用してゐたり、ヲコト點も、他の文獻には見えない獨特の型式を使用することが多かつた。源順は、恐らくこのやうな訓點の手法を既に知つてゐたであらう。從つて、少くとも、その手控の段階などでは、萬葉集の訓を、その漢字の傍に注記することがあつたかも知れない。そして、その際に用ゐた假名は、當時の漢籍の訓點資料に見られるやうなものであつたであらう。尤も、萬葉集の本文は、漢字だけで書いてあるとは言つても、純粋の漢文ではないから、この點、漢籍や佛典の訓點とは、意味が違ふわけだが、平安中期には、九條本延喜式祝詞の古點のやうに、國語文である祝詞に加點して片假名の傍訓を加へた現存例もあることだから、この點から見ても、萬葉集傍訓本の存在を否定することは出來ない。

しかし、そのやうな訓點本を、その形のままで、上奏本にしたかといふと、それは容易に肯定し難いことである。といふのは、この完成本は、當然、成書としての體裁を備へたものでなければならないが、この當時、漢字文に加へられた訓點が、成書の形として社會的に資格を具へてゐたといふ證據は得られないからである。

漢籍の訓點本の中で、その訓點そのものを後世まで傳承していつたことを明示する現存の資料は、史記の延久五年（一〇七三）點である（呂后本紀、孝文本紀、孝景本紀三卷）。これは大江家國の加點で、後世に傳承されて行つたことが、その奥書によつて明に知られる。しかしこれは既に十一世紀も後半の文獻であつて、天暦時代にまで遡らせて論ずることは出來ない。

本奥書などによつて遡つて古い年代を得るものは、小林芳規博士の集録された勞作(8)によれば、貞觀政要の斯道文庫本に見られる寬弘三年（一〇〇六）の江吏部（匡衡）の奥書、帝範臣軌の成簣堂文庫本に見られる大江匡房の康平三年（一〇六〇）の加點識語、又年代は明確でないが、遊仙窟の醍醐寺本の奥書に見える大江維時（八八八〜九六三）の傳說、などがある。これは、訓點が、本文の漢文と併せて固定的な價値を持ち、後世へも傳へられるだけの權威を具へるのは、やはり大體、十一世紀以降であることを示してゐるのであらう。

前述の如く、源順が、承平年間に撰進した「和名類聚抄」の中には、漢籍の和訓を多く含んでゐるが、何れも萬葉假名ばかりであつて、片假名を用ゐた所は全く存在しない。これは當時の風潮に卽した現象と見ることが出來る。「萬葉集」の引用が、「白水郎」「日本琴」「喚子鳥」「稻負鳥」「款冬」の五項あり、その中で「喚子鳥」「稻負鳥」の二項について和訓

を示してゐるが、その中「稲負鳥」は萬葉集には存せず、新撰萬葉集に見える字面である。唯一の例は

喚子鳥　萬葉集云其讀與不古止里（道圓本十八ノ七オ）

とあるものだが、この「讀」とは、和名類聚抄の他例から見ると、師説などと同様に、漢語の訓み方として當時世に通用してゐたものを指すと考へてよいのであらう。(9) この點は、既述の小論に讓るが、古點より以前に既に通用した訓み方が少くとも一部には在つたことを窺ふ證と見ることも出來よう。

それはともかくとして、片假名の和訓が漢文の本文と伍して社會的地位を獲得するのは、十一世紀以降のことである。成書の中に片假名を用ゐた最古の文獻は、藤原公任の「大般若經字抄」と見られるが、その成立は十一世紀前半の頃である。圖書寮本類聚名義抄は、十一世紀末頃の成立と考へられるが、その中に多數の漢籍の和訓が、片假名で表記され、出典附で示されてゐるのは、その事實を反映するものであらう。(10)

七

「古點」が天暦といふ一時期に梨壺の五人によつて行はれたことが明であるのに對して、「次點」の方は、古點より以後、仙覺が新點を附するまでの、平安から鎌倉初期に至る、可成り長い期間に亙つて、多くの人々によつて加へられたものの總稱とするのが通說のやうである。このやうに、時期も點者も一定でないとすると、その表記形式も、必ずしも同一であつたとは言ひ切れない。

次點について言及した文獻は、顯昭の「顯昭陳狀」、由阿の「詞林采葉抄」などである。

○顯昭陳狀（群書類從一二一七）

又故人の申されしは。萬葉に順がよみ殘したる歌の中に。少々匡房卿敦隆道因なども。讀加へたるよし侍き。それも順がわろきにあらず。五千餘首の短歌長歌を讀解ほどに。事繁して自然に讀落せる也。（下略）

○詞林采葉抄（萬葉集叢書第十輯）

天暦御宇《ノ》詔《シテ》大中臣《ノ》能宣、清原《ノ》元輔、坂上《ノ》望城、源《ノ》順、紀《ノ》時文《フン》等《ニ》於昭陽舍《ニ》梨壺加和點《ヲ》。號《ス》古點《ト》。又追加《テル》點《ヲ》人々、法成寺入道《ノ》關白太政大臣、大江佐國、藤原《ノ》孝言、權中納言匡房、源《ノ》國信、大納言源師頼、藤原《ノ》基俊等各《ノ》加點《ヲ》。此名《ク》次點《ト》。

この他、武田祐吉博士は、藤原清輔、藤原定家の二人を擧げてをられる。[11]

これらの中、最も古いのは藤原道長（九六六～一〇二七）で、次いで大江匡房（一〇四一～一一一一）、藤原敦隆（～一〇九六～一一二〇）などが續く。道長は、その日記によれば、法華文句、法華玄贊などを訓點により讀んだ記録があり、[12]萬葉集に加點した可能性も考へられる。又、匡房には、帝範臣軌の訓點の祖となつた由の記録が見え、[13]萬葉集に加點した可能性もあり得る。一方、敦隆は、類聚古集の撰者であり、それは上述のやうに桂本萬葉集のやうな、漢字文・平假名文併記の方式であるから彼の場合はかやうな形であつたとも思はれる。

大江佐國は、史記延久五年（一〇七三）點の加點者大江家國の父であつて、家國の加點本が現存し、その家訓を傳へてゐる。又、藤原基俊（一〇五四又は一〇五六又は一〇六〇～一一四二又は一一四三）は、和漢朗詠集多賀切の永久四年（一一一六）の加點者である。これらに見られる如く、平安後半期にまで下れば、片假名の字體は漸く社會的に統一されて一定の字形を備へるに至り、又、漢文の本文と共に、訓點の傳承が行はれるやうになつてゐた。この段階では、萬葉集の傍に片假名を書加へて、その訓法を示し、本文の漢字と傍訓とが共に後世に通用するといふ狀態は、大いに考へられることである。推測するに、傍訓記入の形式は、次點の頃から起つたのではあるまいか。そして、元暦校本など、院政末期のものであたりから訓點の傍訓が見え始めるのは、このやうな推移を反映するのではないだらうか。そして、鎌倉時代に至れば、このやうな表記が定式化して、多くの場合に、使用されるに至る。仙覺が萬葉集の訓を記すに當つても、このやうな方式に據り、古點なども、それに併せて統一して改め記したと推定される。

仙覺が萬葉集卷第一の奥書に古點次點新點加點の經緯を述べて、

抑先度愚本假名者、古次兩點、有二異說一哥者、於二漢字左右一、付二假名一畢、其上猶於下有二心詞竄曲一哥上者、加二新點一畢、如レ此異說多種之間、其點勝劣輙以難レ辨者歟、依レ之去レ今兩年二箇度書寫本者、不レ論二古點新點一、取二捨其正訓一、於二漢字右一、一筋所二點下一也、其内古次兩點詞者、撰二其秀逸一、同以レ墨點レ之、次雖レ有二古次兩點一、而爲二心詞參差一句者、以二紺青一點レ之、所レ謂不レ勘二古語一之點、幷乎[×手]爾乎波之字相違等、皆以二紺青一令三點二直之一也、是則、先顯レ有二古次兩點一、亦示三偏非二新點一也、次新點詞、幷訓中補闕之句、又雖レ爲二一字一、而漏二古點一之字、以レ朱點レ之、偏是爲二自身所見一點レ之、爲二他人所用一不レ點之而已（西本願寺本による、訓點筆者）

と記したが、この中で、再度の加點を爲す段階で、何れも漢字本文を基としてその傍に假名を書添へる體裁を採つたことを述べてゐるが、これは、この時代における萬葉集解讀の表記方式の典型を示したものと見ることが出來よう。そして又、西本願寺本では、本文のみならず、詞書や左註の漢文に至るまで、假名・返點による訓點が加へられてゐる。これは恐らく、鎌倉時代以降の新しい現象であつて、平安時代の諸本には見られなかつた點である。この段階に及んで、萬葉集の加點は、愈〻漢文の訓點に近い性格を帶びて來たと言へよう。そして又、この漢文の訓點の形式に發展した段階では、女性との關係に關する記錄等は見られない。次點者として傳へられる人々は何れも男性の學者階級で、その點は古點と同類であつたとしても、院政期以後には、顯昭、仙覺、由阿など僧侶の名も漸く多くなり、この點から見ても、萬葉集は平假名から緣が遠くなつて行つたといへよう。

このやうな推移を生ぜしめた一因は、漢文訓讀の史的展開に在るのであり、漢文に記入された訓點が、個人の備忘としてしか存在價値を持たなかつた時代から變容して、本文の漢文と併せて、社會的な權威を持つに至つたことが、萬葉集の場合にも、その訓點表記が通行するに至つた原因であると考へられるのである。

萬葉集の表記の史的變遷については、この後も、室町時代、江戸時代、更に明治以後の諸研究などにも及ぶべきであるが、紙數も盡きたので、今回はこれで擱筆することとする。（五四・四・一四）

注

(1)『校本萬葉集』萬葉集諸本輯影巻上　第五十一　天治本萬葉集その二解說。
(2)梅津次郎「京都國立博物館藏「石山寺繪詞」」（『美術研究』第二二六號　昭和三十八年一月）。
(3)中田祝夫『古點本の國語學的研究總論篇』一〇七頁には「延喜三年」と說かれたが、原本を見るに明らかに延長三年である（巻上・下とも）。
(4)注(3)文獻一〇七頁。
(5)注(3)文獻九、一〇頁。
(6)藤岡忠美「後撰集の構造―その三、梨壺、その女性的契機―」（『國語國文研究』一四　昭和三十四年十月）。
(7)日本古典文學大系「歌合集」九三頁頭注。
(8)小林芳規『平安鎌倉時代に於ける漢籍訓讀の國語史的研究』所載「漢籍古點本奥書識語集」による。
(9)築島裕「萬葉集の古訓點と漢文訓讀史」（大東急記念文庫文化講座講演錄『萬葉集Ⅱ―言語と歌論―』昭和四十七年五月）。
(10)築島裕『平安時代の漢文訓讀語につきての研究』九五八頁以下。
(11)武田祐吉『萬葉集書志』。

(12) 御堂關白記寛弘元年八月二日條、及び寛弘五年五月廿二日條。

(13) 注(8)文獻。

(附記) 本稿の趣旨の一部は、以前に大東急記念文庫の公開講演會で述べ、その内容は同講演録(注(9)文獻)として刊行されたが、今回全面的に資料を加補し、論旨を改訂敷衍した。前回御世話を賜つた大東急記念文庫の各位、竝に今次の改稿に際して有益な御助言を頂いた奥田勳氏及び後藤祥子氏に厚く御禮申上げる。

(『國語と國文學』五十六巻七號 昭和五十四年七月)

東洋文庫藏 日本書紀推古天皇紀について

東洋文庫藏本の中に、古鈔本の日本書紀二巻がある。岩崎文庫本又は岩崎本とも呼ばれるものであるが、それは東洋文庫の中に「岩崎文庫」といふコレクションがあつて、その中の一本であることによるのである。

この日本書紀二巻とは、巻第廿二の推古天皇紀と、巻第廿四の皇極天皇紀であつて、互に僚巻であり、同筆の書寫である。日本書紀には、本文全體では三十巻から成る書であつて、神代から持統天皇（六八七〜六九七在位）に至るまでの本邦の歴史書として編纂されたものである。（本文の他に古く系圖一巻があつたと傳へられるが、今は傳存しない。）内容は大部分が正規の漢文で記されてゐる。天武天皇の皇子舍人親王・太安麻呂等によつて編せられたものとされてゐる。

日本書紀は、古くから日本の正史として重視されて來た書であつて、古寫本の現存するものも多い。現存する最古の寫本は、佐佐木信綱氏、猪熊信男氏及び四天王寺に藏せられる神代紀の斷簡、竝に田中教忠氏の藏せられる應神天皇紀一巻であつて、互に僚巻と考へられ、平安初期の書寫と認められてゐる。次に古いものが、この岩崎本の推古紀、皇極紀の二巻であつて、この本の書寫時代は平安時代の中期を下らないものと考へられる。

かやうに、岩崎本は、古さの點で日本書紀全體としても、現存第二位に在るばかりでなく、推古紀、皇極紀について見れば、現存最古となることになる。又、上述の神代紀や應神紀には、訓點が加へられてゐないが、岩崎本には、平安中期を下らぬ古訓點を始として、併せて平安末期竝に中世の訓點も加へられてをり、それによつて、古代の學者が日本書紀をどうのやうに解釋し理解してゐたかという實態を、具に考察することが出來る。この點では、岩崎本は他本に超えた高い價値を更に併有してゐるといふことが出來る。

本書は夙に國寶に指定され、戰後の新制度の下でも、早く新國寶に指定されてゐる（昭二六・六・九附）。これも本書の貴重なる所以を裏附けることであらう。

岩崎本日本書紀の內、殊に推古紀について考へて見ると、この中には、推古天皇の治世の記事が收められてゐるのであるが、その中大部分は聖德太子攝政の期間に相當するものであり、殊にその十二年四月朔には、太子の撰に成る十七條憲法が公布された。日本書紀卷第廿二の中には、その內容の全文が記載されてゐる。聖德太子は、後世、深い崇敬の的となつた人物であり、その事蹟は、平安時代に、早くも半ば神話化してゐた程であつた。推古紀は、その太子の事蹟の最も根幹的な史料であり、その爲にも、同じ日本書紀の中でも、他の卷よりは各段に重要視されたことが考へられる。岩崎本が全三十卷の內偶々二卷殘存したのか、それとも最初からこの二卷だけが單獨に書寫されたのかは、俄に斷定出來ないけれども、後者の可能性も多いことは、否定し得ないであらう。

しかし、岩崎本は、殘念なことに、書寫についての識語が存在しない。從つて、その書寫年代、又は書寫者について、確實なことは判らない。しかし、その料紙や筆蹟や、更に加筆された古訓點などによつて、その性格を或る程度推定することが出來る。本書についての調査研究は、既に夙く吉澤義則博士が先鞭を附けられ、大正七年八月、本書の玻璃版複製に際して附けられた解說（後に、論文集『國語國文の研究』所收）「岩崎文庫所藏尙書及び日本書紀古鈔本に加へられたる乎古止點に就きて」があり、戰後には、日本書紀古訓の研究が盛になつたのに伴つて、多くの發表の中で言及引用されてゐる。日本古典文學大系の「日本書紀上」の解說（昭和四十二年三月）・林勉氏「岩崎本日本書記の訓點」（『上代文學論叢』所收、昭和四十三年十二月）・小林芳規博士「日本書紀古訓と漢籍の古訓讀—漢文訓讀史よりの一考察—」（『佐伯梅友博士古稀記念國語學論集』所收、昭和四十四年六月）などの論考が見られる。

今回推古紀について親しく調査した結果の所見の概略を述べると、先づ料紙は、白色楮紙のやうに身受けられるが、紙の纖維の中に、その滓のやうなものや、黑色の炭素様の粒子などが認められる。その中の或るものは、古訓點と區別をつけ難いやうなものがある。

本文の書寫が、寛平延喜頃とも言はれるが、平安時代中期と言ふ以上に、更に詳しく時代を限定することは困難のやうに思はれる。附せられた訓點には、數種あるが、その最古のものは、筆致・假名字體・ヲコト點の型式から見て、平安時代中期（十世紀）のものと考へられる。訓點は朱筆と墨筆とがあり、先學の說の中には、更に、朱點は三種、墨點は二種の別があるとする林氏があるが、それらの點種の識別は、私には極めて困難であつた。私見による朱點のヲコト點の點圖は第一圖の如くであるがこれは林氏の朱第一・二點に對應する。しかし假名字體もヲコト點も全く同一である所を見ると、少くともこの二種の訓點については、その資料的價値は一種類と見ることが出來るのではないかと思はれる。又林氏の所謂朱第三點については、私の調査が十分でなく、保留したい。尙皇極紀の訓點は事情が大分異るやうだが、ここでは詳しく觸れる遑が無い。

朱點の假名字體についても、先學の所見と一二出入する點があるけれども、それは概して微細な點であり、結論的には、平安時代中期のものと見ることに異論は無いのである。その字體表を第二圖として揭げる。

翻つて第一圖のヲコト點であるが、先づ•印の點（これを星點と呼ぶことにする）は、四隅が左下からテ・ニ・ヲ・ハと序せられてをり、これは中田祝夫博士の分類によれば、第五群點と稱せられるものの一になるのである。この種のヲコト點は、後世最も廣く世に流布し、ヲコト點の代表のやうに考へられたものであるが、その起源は他の種類のヲコト點と比べると、寧ろ比較的新しく、中田博士は、第一群點（四隅の星點がテ・ヲ・ニ・ハとなるもの）を基にして、天台宗比叡山邊で改編案出されたものであらうと說かれた。その最古の文獻は、「蘇悉地羯羅經略疏」の寬平八年（八九六）古點や宇多天皇（八六七～九三一）宸翰と傳へられる「周易抄」（東山御文庫藏）の古點等であつて、この點は點圖集所載の一點（名稱を記さぬもの、中田博士は「乙點圖」と名附けられた）と同一のものと考へられ、この類のヲコト點は、この後、天台宗比叡山、及び眞言宗仁和寺に傳へられて行はれたが、それと竝んで、大學寮の博士などの關係の人々の間にも行はれた。その次に古い文獻は、上野精一氏所藏の漢書楊雄傳天暦二年（九四八）の訓點であり、十世紀にはその他二三の例があるが、この推古紀はその一に入るものである。卽ち、その形式から見て、博士家關係のものと推定出來るのである。しかし更にこのヲコト點を詳細に見ると、同じ博士家の點本の中でも、漢書楊雄傳古點（藤原良佐點）、漢書周勃傳古點、史記延久五年（一〇七三）點（大江家國點）、文集天永四年（一一一三）點（藤原茂明加點）などに共通のヲコト點（中田博士の丙點圖と稱されたもの）と差異が大きい。この丙點圖は、私見によれば紀傳道の系統の中で行はれてゐたと見られるものであつて、推古紀古點がこれと大差あることは、それが紀傳道以外の別流、換言すれば明經道關係のものであつたと推測する餘地を我々に示すものである。一方、訓法そのものについて、他の日本書紀古點本と比較して見ると、圖書寮本推古紀と北野本推古紀との兩者は、極めて近似した關係に在ることが明瞭である。圖書寮本は、推古紀と僚卷たる卷第二十三舒明紀の卷尾に、「永治二年（一一四二）三月廿七日以彈正弼大江朝臣（以下缺）」の識語があつて、紀傳道の一たる大江家の傳流と考へてよいと思はれるが、これを岩崎本と比較すると合致する點も多いけれども、多くの面に於いて不一致の點もある。一例を示せば、「四日羣卿百寮、以禮爲本」の本文を、岩崎本では、「羣卿百寮、禮《ヰヤヒ》を以て本と爲《（す）》」（片假名は原本の假名、平假名はヲコト點、（ ）は補讀）と訓ずるのに、圖書寮本では「羣卿《マチキミタチ》、百寮《ツカサ〳〵》、禮《ヰヤ》を以て本と爲ヨ」、北野本は「羣卿《マチキムタチ》…（以下圖書寮本と同じ）」となつてゐるが如くである。これは岩崎本の古訓法が、大江家の傳とは別系のものであることを示すのであつて、それが、明經家の訓法であらうとする推定に少くとも矛盾しないのである。

岩崎本の古訓は、多くの點に於て既に國語史料として珍重されて來てゐるが、推古紀の場合、古朱點の假名の上に後の墨點が覆ひ重なるやうに加筆して假名を書加へてゐるので、出來る限りの努力を盡したけれども、墨筆の下に隱れた朱筆の假名の字體を認知することの困難な點が少くなかつた。以前の單色の寫眞では、殆ど認知不可能のものが多かつた。今回の印刷は、二色刷として、原本の趣に格段に近附きはしたものの、やはり印刷上種々の制約があつて印刷面では朱筆假名字體の認知は必ずしも容易でない。それらの內、肉眼で確認することの出來たものについては、別記を認めておいたので、改めてそれを提示する機會が得られれば幸と思つてゐる。

尙、墨點については詳述の遑がないが、その初點は院政時代の筆であつて、假名の外に間々ヲコト點を用ゐてゐる。そのヲコト點（第三圖）を調べて見ると、朱點とは若干相違する所があり、同じく第五群點ではあるが、特異なものと認められる（林氏は墨の院政初期點を二種と見、朱の第三點と同種とされる）。

又、同點の假名字體（第四圖）には、朱點の古體に惹かれたらしい特殊な古體を交へるが、概して院政時代の字體である。一方、片假名には、聲調（アクセント）を示す聲點（•印）を加へた例が若干あるが、これは朱點には見られなかつた所である。又、墨點の訓法は、朱點の訓法を襲つたもので、殆ど同一であるが、間々自己流に改變した所もある。私の印象では、この墨點は院政時代の明經家の訓法を示すものではあるまいかと感ぜられる。

尙、墨點の次點以下（中世加點）については、紙幅の都合で省略するが、平安時代の訓法とは全く異つたものであり、假名のみであつてヲコト點は使用してゐないことだけを附言しておく。

（附記）本書の調査研究に當つては、榎一雄先生・渡邊兼庸氏を始とする東洋文庫の各位、市古貞次先生竝に日本古典文學會の方々の格別の御高配、御示教、お世話を頂いた。記して深甚の謝意を表する。

（『複刻日本古典文學館ニュース』10　昭和四十七年六月）

【後注】

複製本本體に附せられた第一圖～第四圖のヲコト點及び假名字體表は省略した。

性靈集の古訓點についての寸考

神護寺藏本「沙門勝道歷山瑩玄珠碑」一軸、竝に東京大學國語研究室藏本「惠果和上之碑文」一軸は、何れも夫々一丈から成る獨立した卷子本であるが、共に「遍照發揮性靈集」卷第二の中に收錄されてゐる文章である。これらを直に「性靈集」の一部と見ることについては、色々問題もあらうが、二本何れも平安時代の筆に係る古い訓點が加へられてゐるのであり、それは同時に、部分的ながら性靈集所收の文の訓點として最古の資料であり、性靈集の古い訓法を勘へる際に無視出來ない文獻である。

「沙門勝道歷山瑩玄珠碑」(「二荒山碑文」とも稱せられる)には、朱筆に依る古い訓點が附せられてゐる。この書の、研究を始めて公にされたのは、故大矢透博士であつて、「假名遣及假名字體沿革史料」に於て、博士の知り得る最古の訓點資料として取上げ、その第一面に、解題・本文の一部分の影摹・傍訓の抄錄・假名字體の一覽表などを記載された。

本書は、古來弘法大師の眞蹟と信ぜられ、名筆の一とされて來たもので、寫眞複製も刊行されてゐる。(1) しかし大矢博士は、文中間々誤字あることを指摘して、大師自筆說を否定され、(2) 中田祝夫博士は、本文に誤字あることは、必ずしも自筆本たることを否定する論據とはならないが、本文に書加へられた訂正や訓點が、本文と同筆であり、しかもその訓點の中に、明に誤讀と認められる個所のある事に據つて、大矢博士と同じく、大師眞蹟說を否定されてゐる。けれども、兩博士の言はれる如く、その書寫竝に訓點記入の年代は、平安時代初期に係るものであつて、弘法大師の時代を距ること決して遠からざるものであることは、疑を容れぬ所であらう。

本書の訓點は、句切の點と、字傍に書加へられた假名・類音字注記等だけであつて、返點やヲコト點は認められない(3)。この加點狀態は、故春日政治博士の紹介せられた(4)、聖語藏の一切有部毗奈耶、同苾芻尼毗奈耶及び持人菩薩經の場合とよく類似してゐる。これら三つの訓點資料は何れも白墨による記入であつて、二荒山碑文の朱筆であるのとは異るが、何れも句切の點・假名及び漢字の注記だけであつて、ヲコト點を併用してゐないことは、共通の性格であり、これらは何れもヲコト點創案以前の、最も古い訓點の實態を示してゐる所の、貴重にして稀な資料と認められるものである。

さて、二荒山碑文の古點は、必ずしも精密でなく、大部分が草體の萬葉假名及び漢字で、略體假名と見られる假名は、僅に「ぃ」「ヒ」「フ」「リ」などがあるに過ぎない（これもこの訓點の古さを證するものであらう）。而して、訓點の朱筆は非常に淡く、未だ解讀し得ない個所が、極めて多い。全巻を、この古訓點に基いて訓下し、平安初期當時のこの文の訓法を再現することは、到底不可能である。しかしこの古點は、斷片的ながら、國語史料として、非常に高い價値を備へてゐる。

例へば、假名遣について見るに、アハワ三行の假名の混用の確な例は、見出されない。一般にこの種の混用は平安中期以降のこととされてゐるのだから、この資料の年代から見て、當然のことである。ただ「緇負經像」の「負」字の右傍に「∴ホホヒ」のやうな形の假名字體が認められ、この中「ヒ」の形は「ヒ」の假名であらうが、「ホホ」の形は未だ解讀出來ず、「∴」の形は「ヲ」と讀めないこともないので、この傍訓は或いは「負」の「オフ」と關係があるのかとも疑はれる。若しさうならば、「オ」と「ヲ」との混用の最古例とならうが、兎に角不確實なことであるから、更に考へねばならない。又、上代特殊假名遣に於ける「コ」の甲乙二類の假名の書分けは、平安極初期には一般に區別されてゐたと認められるが、本訓點では、「不知何去《止以不己止乎》」の「己」及び「北望則有湖約計一百頓《己》」の「己」とがあり、「己」はコの乙類の假名である。前者はトイフコトヲのコであつて、古用に適ふ。後者の「頓」は他本を參照するに恐らく「頃」の誤であり、この助數詞は、日本書紀古訓には「シロ」と訓じた例があるが、本訓點の場合は、「コロ」と訓じたそのコなのではないであらうか。若しさうとすれば、コロのコは乙類であるから、これも正しい用法と言へよう。一方、コの甲類の假名は見えないから、積極的にこの假名の使分けのあつたことを證することは出來ないが、少くとも誤用は認められぬと言へるであらう。

この他、附訓には「轟ゝ《左和支》」「皚ゝ《加ゝ止支曽介リ》」「甜息《以支多良フ》」「惣《保礼之久之天》（惚の誤か）」「査《乎木》」（ウキキ？）「動ゝ《八ゝ比左之》」「髮（髣の誤か）髴《方比保乃可尓》」など、國語史上注意すべきものが少くない。

東京大學國語研究室藏本に「大唐神都青龍寺故三朝國師灌頂阿闍梨耶惠果和上之碑」なる卷子本一軸がある。(5) 識語の類は無いが、平安時代半頃の書寫で、古訓點が附せられてゐる。その訓點の年代は、私見によれば、平安後期、天喜康平の頃（一〇五〇〜六〇頃）と見られるもので、朱筆を主として、墨筆を交へてゐる。訓點は、句點と假名とヲコト點、それに、字音を示す聲點がある。そのヲコト點は次の如くである。このヲコト點は中田祝夫博士の分類によれば、その第五群點に屬し、星點（・）は池上阿闍梨點・明經點・紀傳點と合ふが、線點（＼）ではこれと合致する他例を未だ知らない。

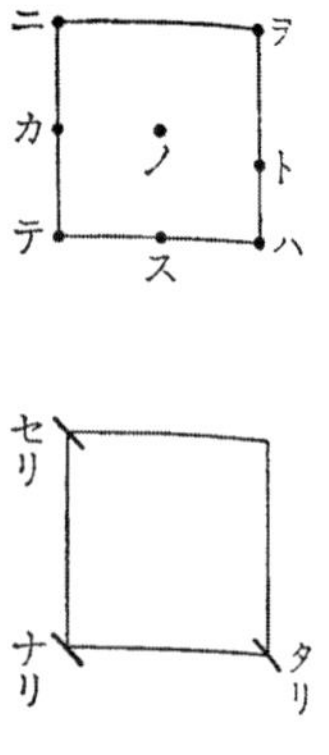

この點本の加點は、さほど詳しくはないが、全卷を訓下して平安後期當時の訓法を復原することが、或る程度可能である。

上述の二軸は、何れも夫々一篇宛の文章だけから成り、恐らく性靈集の一部を拔書したものではなく、最初からこれだけで獨立した文獻だつたのではないかと思はれるのであるが、これらに古い訓點が存することは、性靈集（乃至はそれに收められた諸篇）の、古い時代に於ける訓法を考へる上に、注意すべき現象であらう。性靈集の古寫本の中で、前田本（理源大師筆）には訓點が無い由であるが、神代紀斷簡紙背・大東急記念文庫本などは何れも院政時代頃の訓點があり、以後の本にも訓點のあるものが多い。性靈集に收められた諸篇が、弘法大師の時代に、訓讀されたか、それとも字音直讀されたか、といふことは、重大な問題であるが、少くとも、訓讀された場合があつたらうといふことは、右の二軸の加點本の存在から、推知し得る事柄である。これについては、更に考へ合すべき資料もある。卽ち、弘法大師の撰とされる「一字頂輪王儀軌音義」[6]は、萬葉假名の用法や注記の形式等から見れば、平安初期の成立と信ぜられるが、この中には、相當數の和訓が萬葉假名によつて記されてをり、又、大師自筆の金剛峯寺藏本「聾瞽指歸」には「道神布奈登能加未」「金巖加祢乃太氣」などの萬葉假名による割注が見られる。これらは、何れも、その當時これらの本文を訓讀した場合のあつたことを窺はせる資料である。殊に後者の例からは、大師自身、自撰の文章が訓讀されることを豫期してゐたことが推測されるのであり、惹いては、性靈集に収められた他の諸篇も、訓讀されることを豫測しつつ撰文されたものであらうと考へられることになるのである。

但し、その際の具體的な訓法が如何なるものであつたかについては、遺憾乍ら、遽に明にすることは、現在の段階では、極めて困難である。「二荒山碑文」の古訓點によつて、斷片的に窺はれる限りでは、後世の訓法と比べて、相當に逕庭があるやうだが、その相違は、多分、平安中後期以降に生じたのではないかと思はれる。一般に、佛書の訓法は、平安中後期頃を境として、訓法に相當の變遷が見られるのが常だからである。性靈集の訓法の歷史的變遷についての研究は、將來に殘された重要な課題であらう。

注

（1）明治四十二年一月、博文堂（『國語學辭典』所收の「複製本目錄（稿）」）による。昭和九年五月、『弘法大師眞蹟全集』第九帖、平凡社發行、野本白雲氏の翻字竝に解說あり。

（2）『假名遣及假名字體沿革史料』第一面概說の項。

（3）一ヶ所、ヲコト點かとも見えるやうな點があるが（第三十六行、「莊」字の中央右）、恐らく汚點であらう。

（4）春日政治「片假名の研究」（『國語科學講座』、一四頁以下）。同「初期點法例」（『古訓點の研究』、二六六頁以下）。
（5）築島裕「東大國語研究室所藏訓點資料書目」（その一）（『國語研究室』第二號）。但しこの稿の論旨には不備な點があり、山口佳紀氏の指摘もあつて、本稿で私見を訂した個所がある。
（6）『弘法大師全集』『大正新脩大藏經』所收。

（『日本古典文學大系月報』第二期第二十回　昭和四十年十一月）

天理圖書館藏 三教指歸久壽點の和訓について

一

天理圖書館所藏の三教指歸（『天理圖書館稀書目錄和漢書之部第三』五九頁所載）は、仁平四年（一一五四）の書寫に係り、久壽二年（一一五五）の訓讀が加點されている。本書の訓點については、西崎亨氏による、本書の文選讀についての研究(1)、太田次男氏による全文翻刻(2)、月本雅幸氏による言及がある。筆者は、去る昭和三十九年七月及び昭和四十年十一月に、小林芳規博士と共に本書の閲覽を許され、親しく原本を調査する機を得た。その後、本書の訓點について考察した結果、若干の面で、當時一般の訓點資料と比べて、特異な性格を有することに氣附くに到ったので、本稿執筆の機會を惠まれたのを幸いとして、この點につき、小見を述べて、大方の高批を仰ぎたいと思う。貴重なる原本の閲覽、竝びに寄稿の機を惠まれた、天理圖書館御當局各位の御好意に對して、衷心より深甚なる謝意を捧げたい。又、同時に調査研究に從事し、種々御協力を與えられた小林芳規博士にも厚く御禮を申し述べたい。

二

本書は、粘葉装枡型の冊子本で、厚紙製の帙に収められている。縦一七・四糎、横一五・五糎、金砂子蒔後補表紙を附し、本紙は六十紙を算する。一頁七行、一行十一字前後に記され、押界を施し、界高一三・〇糎、界幅一・六糎である。表紙には貼題簽を附し、その外題には「三教指歸　全」とあり、又、內表紙の外題には「三教指歸　上中下」と見える。共に後代の筆である。內題は「三教指歸巻上　幷序」（一オ）、「三教指歸巻中」（二十オ）、「三教指歸巻下」（三十オ）の三ヶ所に見えるが、尾題は「三教指歸巻下」と一ヶ所に見えるのみである。「寶玲文庫」「天理圖書館」（昭和卌四年十二月一日）」の印記が見られる。

奥書は、次のようにある。

仁平四年十月十七日於上醍醐理趣房西面

書寫畢執筆證圓

（別筆一）「久壽二年二月七日一校了　同十一月十七日點了」

（別筆二）「末代眞言宗實耀之本也」（「仁平四年」云々の前の行に在り）

（別筆三）「□（印カ）下卅枚」

尙、帙裏の附箋に、「證-圓者右少將定-秋（ママ）之四子　仁和寺ノ阿闍梨也　父定-秀者後拾遺ノ作者（中略）定-秀ノ父ハ彈正大弼宰相ノ中將　賴-定村上天皇ノ皇子　爲-平親王ノ子也　證-圓ノ兄眞-助仁和寺ノ住侶少僧都（後略）」なる記載があるが、これは、多分、尊卑分脈に基づいて記した記事ではないかと思われる。因みに、證圓の生沒年代は明でないが、その兄眞助については、血脈類聚記第四によると、三品親王聖恵の資で、保元元年（一一五六）に六十七歳で卒している。

本書の漢文の本文の中には、墨書による異本の校合がある。又、全巻に亙って、詳細な訓點が施されている。殆どすべて墨書によるものであるが、極く稀に朱書による聲點がある。墨書による訓點は、句切點・返點・假名點（片假名による音訓）・聲點（「•」の形の清音の點と、「••」の形の濁音の點とを併用している）を主とし、更に、漢文による注記が存するが、稀にヲコト點が見られる。その假名字體は第1圖、ヲコト點は第2圖の如くであるが、ヲコト點には、星點を使用した例が極く僅かしか見出されず、殆ど線點のみであって、これらの符號から判斷する限りでは、點圖集所載の「紀傳」に相當するものである。恐らく、大江家・藤原家等の、紀傳道の訓點の系統を引いたものかと考えられる。この訓點は、その大部分が、奥書に見える久壽二年の加點と認められるが、その他に、僅かながら院政期の墨書の訓點と朱書の訓點とがある。前者は、「入」に「ウツフス」（十二ウ一）、「躍」に「ヲトラカス」（十二ウ五）等と附訓した例であり、後者は、「離-朱」の「朱」の假名音注「スウ」（九オ四）の「ス」「ウ」の二字に、朱書によって夫々上聲の聲點を加えた例である。これら院政期の加點は、或いは、奥書に見える實耀の筆かとも推定される。この他、ずっと下った後世の加點がある。巻首から第六丁邊までに見られるもので、その加點年代は、多分江戸時代と推察される。本稿では、久壽點と院政期點とのみを取り上げ、近世の訓點は、考察の對象から除外することとする。尚、漢字音の聲點は、清音に「◦」、濁音に「◦◦」の形の符號を使用し、主として漢音の系統で、六聲の體系を有すると認められる。

三

本書の書寫者である證圓については、上記の記事の他、あまり詳細な閲歴は判明しないが、知り得た限りの事項について、次に述べたい。

第1圖　天理圖書館藏本三教指歸久壽二年點所用假名字體表

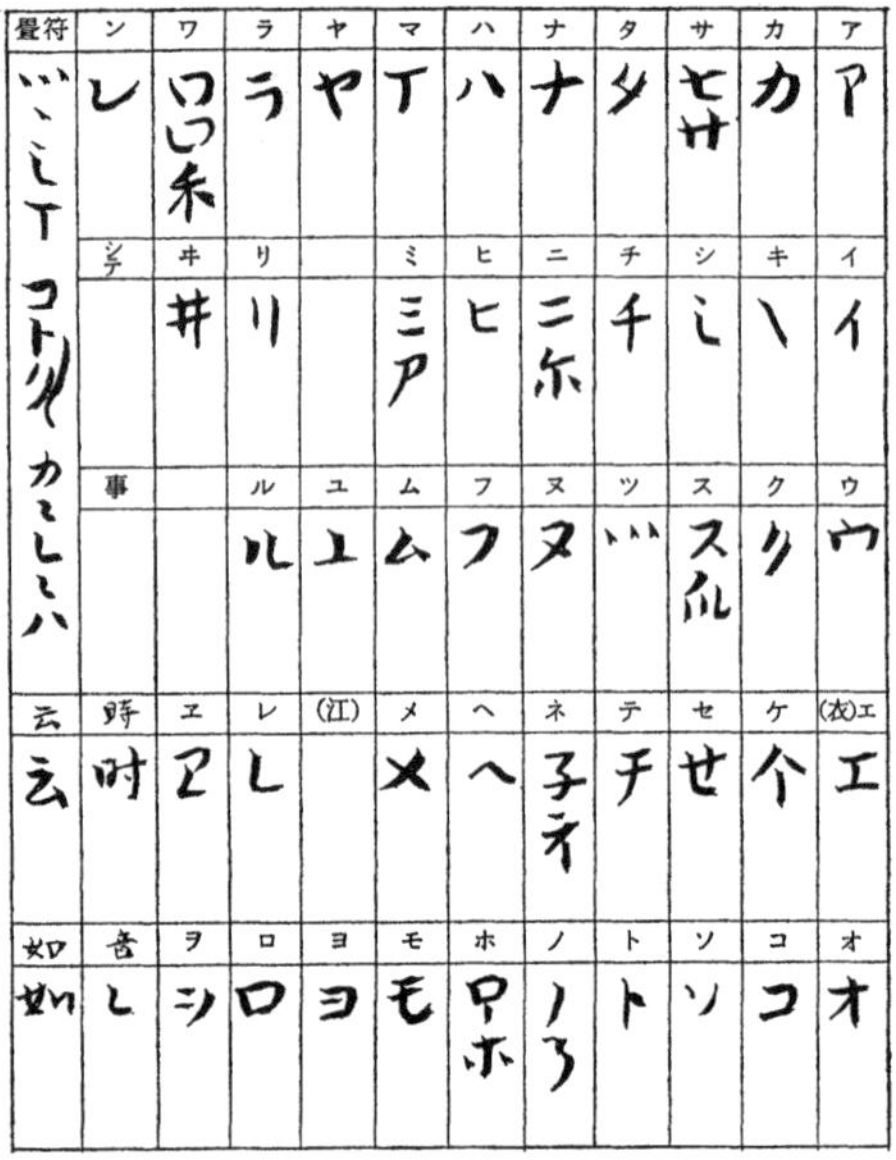

第2圖　天理圖書館藏本三教指歸久壽二年點所用ヲコト點圖

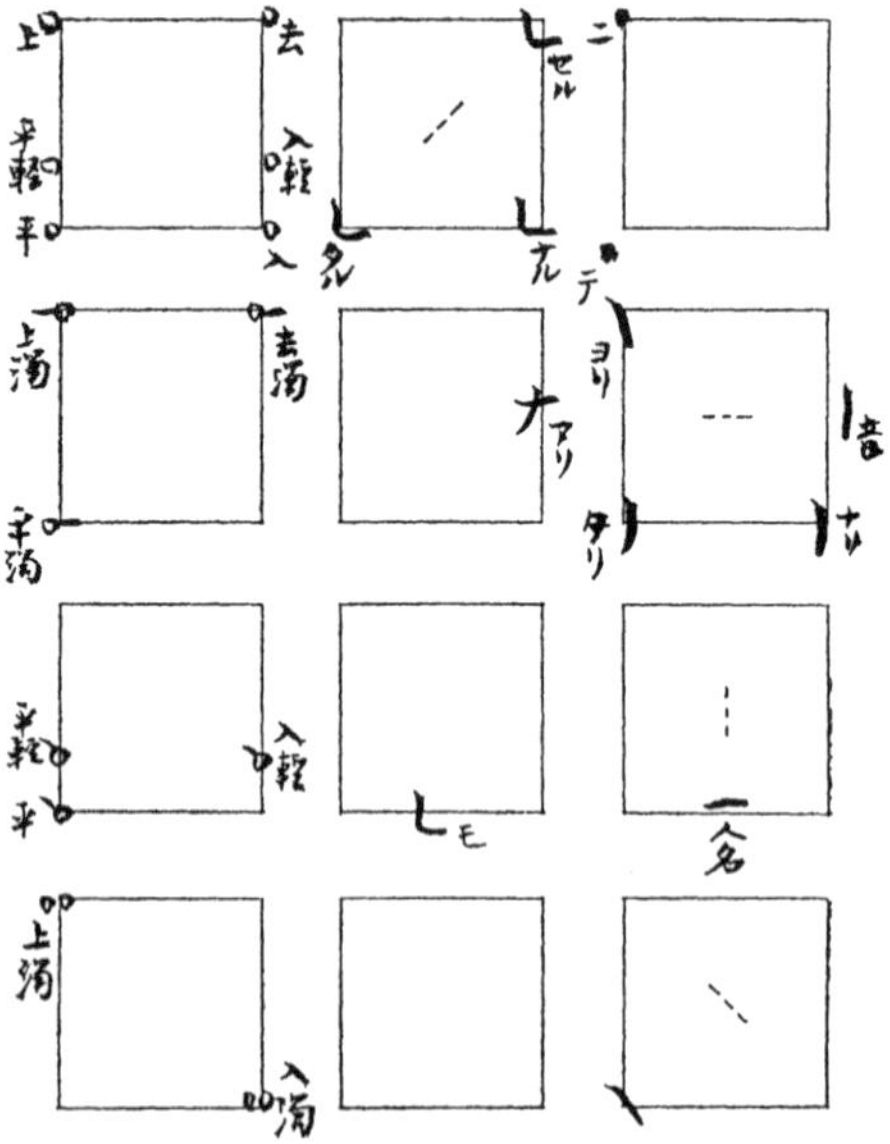

醍醐寺藏本傳法灌頂師資相承血脈によると、

仁海―義範―勝覺―賢覺―寶心―乘印―證圓　律師　改靜譽　中納言　能圓―

と見え、眞言宗の理性院流を承けた僧として記録されている。靜譽の改名というが、靜譽なる僧は、醍醐寺藏本傳法灌頂師資相承血脈や血脈類聚記第五によると、範俊及び嚴覺から受法した「越前阿闍梨」と呼ばれた人があるが、嘉承二年（一一〇七）に年二十九とあるから、時代が合わず、明に別人である。本朝高僧傳所載の靜誉も、鎌倉時代の人で、やはり別人である。

本書の書寫者である證圓と同人と見られる僧の筆録が、聖教類の奥書に二三見出されるので、次に引用する。

高山寺經藏に在る「法華經義疏」（第二部253號）（第一、二、三、四、六、九の六帖を存する）の巻第九に、次のような奥書がある。

保元二年（一一五七）三月三日巳時許書了　證圓

又、石山寺校倉聖教の「五大明王義」（般若僧正觀賢撰）一帖（第十九函107號）は、實祐の傳持本であるが、巻末に次のような奥書がある。

保元二年五月廿五日酉時於理趣房
西面書寫了　沙門正印之本也
（追筆）「一交了」取筆求菩提僧證圓

この二書の證圓は、時期から見て、又、石山寺本の「理趣房」が一致する點から考えて、同一人物と考えられる。特に、「五大明王義」の奥書に見える「理趣房西面」は、本書の「上醍醐理趣房西面」の謂なるべく、時代も僅か二年後であって、同人と認めてよいであろう。又、高山寺藏本の「法華經義疏」も、これと同年の、しかも二ヶ月程前であるから、恐らくこの書も醍醐寺理趣房において書寫された聖教と見て、大過ないであろう。因に法華經義疏の所用のヲコト點は、東大寺點であり、當時醍醐寺において、最も廣く使用されたヲコト點である。(3)

又、別筆の奥書に見える實耀は、醍醐寺藏本傳法灌頂師資相承血脈に、

仁海—義範—勝覺—定海—乘海—實耀　加賀大法師　卅一

と見えている僧かと考えられる。右の書によれば、實耀は仁安三年（一一六八）十一月二十五日に、乘海より傳授し、年三十一歳であった。眞言宗三寶院流を承けている。

四

弘法大師空海（七七四〜八三五）の著書は、厖大な數に上り、平安時代以來の古寫本も多數現存している。このことは、月本雅幸氏の調査研究によっても明に知られることである。(4) そして、これらの古寫本の中には、詳密な訓點の施されたものが非常に多い。しかも、それらの內に使用された訓點語彙は、平安時代後半期に、一般に使用されたものが多數を占めており、その語彙の豐富さによって、當時の代表的な訓點資料と認められるものが多い。本書もその一つの好例である。

ところが本書の場合、全體としては典型的な訓讀語なのであるが、他方、若干の和訓については、當時の訓點資料一般には見出されないような特異な語彙が使用されている。この様な例外的現象については、日本書紀の古點の類、所謂變體漢文の古點の類等、幾つかの範疇の中でその特殊な現象が見出されるのであるが、本書の場合は、從來知られたものとは異った、別個の範疇に屬するのではないかと考えるに到ったので、以下その實例を示して、その性格、原因を究明したいと思うのである。

平安時代の國語の中には、和歌や和文には見られるが、訓點資料には一般に出て來ない語彙がある。その一斑を次に例示しよう。

〔名詞〕

「ひとがら」という語は、「伊勢物語」「源氏物語」「更級日記」等に例が多いが、訓點資料には全く現れない。所が、本訓點にはその例が見える。（以下、訓下し文については、原本の假名は片假名に、ヲコト點は平假名に、筆者の補讀は（　）に包んで表記し、その下に（　）内に原漢文を白文で示した。聲點は原則として省略した。）

○夫レ汝カ〔之〕性《ヒトカラ》　爲《タ》ルコト（夫汝之爲性）（九オ五）

「のべ（野邊）」という語も、「萬葉集」以降、「伊勢物語」「古今集」等に頻出するのに、訓點資料には、他例を見ない語であるが、本書にはその例がある。

○藻製《サウセイ》〔之〕野《ノヘ》ニ休《ネフ》リ（（左訓）キウ）息《ヤス》（ム）（（左訓）ソクセム）（休息藻製之野）（十五オ三）

「あまつそら」も、「萬葉集」「伊勢物語」「古今集」等に例を見る語であるが、訓點資料には見えないものである。所が、本書には次の様な例がある。

○天-上《アマツソラ》ノ牽牛《ヒコホシ》ト・猶獨《ヒト》リ住《ト、マ》ルコトヲ歎ク（天上牽牛猶歎獨住）（十六オ四）

○上ハ〔則〕蒼-ゝ《アマツソラ》ヲ跨《アフトコ》ヒ（上則跨蒼ゝ）（二十七オ七）

「たをやめ」という語は、「源氏物語」「赤人集」「壬二集」等、和歌に例があるが、訓點にはその例を見ない。然るに、左の如き本書の例がある。

○況ヤ・治容《ヤヨウ》《カホヨ》キ好婦《タヲヤメ》《フ》ニ於（テヲヤ）（況於治容好婦）（十オ五）

訓點資料には、「タヲヤカ」なる語彙は少くないが、「タヲヤメ」は他例を知らない。唯、「和名類聚抄」に「婦人」の訓として見えているが、これは「日本紀私記」の引用であって、一般の訓點資料とは性格を異にするものとも考えられる。

この他、次に引く「サヘノカミ」「カクヤビメ」「イヤシキカド」「ヨメツカヘ」「ヒトリブシ」「ムカヘグルマ」「オホイマウチギミ」「オホムダカラ」「ヨミノクニ」のような語彙も、管見の限りでは、通常の訓點資料にはその例を見ない。

○道-神《サヘノカミ》ノ履《ワラムツ》ヲ著《ハ》イて（著道神履）（三十ウ三）

○或ハ雲-童孃〔(右訓)カクヤヒ(上濁)メ(平)〕(ノ)懈《タユ》ム心(ヲ)眄《ミ》テ（或眄雲童孃懈心）（三十一ウ二）
○魏-侯《コウ》(ノ)〔之〕輅《クルマ》ノ〔於〕蓬ノ-門《イヤシキカト》ニ軾《ウヤマ》ヒシ（魏侯之輅軾於蓬門）（十五オ五）
○二-女(ノ)〔之〕嬪〔(右訓)ヨメツカヘ(上上平平平)〕ヲ貽《ノコ》セリ（貽二女之嬪）（十六オ七）
○何ソ隻《セキ》-枕〔(左訓)シムス〕(ノ)ヒトリフシ(ス)可(キ)（何可隻枕）（十六ウ一）
○訝-輪《ムカヘクルマ》（訝輪）（十六ウ三）
○大-臣《オホイマウチキミ》・文殊・迦葉等（大臣文殊迦葉等）（四十三オ七）
○即《ツ》イタマフ〔(左訓)シヨク〕-位ヲ〔於〕衆《シウ》-庶《オホムタカラ》〔(左訓)シヨニ〕告ク（告即位於衆庶）（四十三ウ一）
○冥-壤《シヤウ》ヲ〔(左訓)ヨミノクニ〕臨ミ-近ケリ（臨近冥壤）（三十四ウ七）
○誰カ三泉《ヨミノクニ》ヲ〔(左訓)センノ〕脫《マヌカ》レム（誰脫三泉）（四十八オ一）

〔副詞〕

「しばし」も和文特有の語彙の一つである。訓點資料では、普通「しばらく」が用いられる。現に本書の中にも、「食頃」を「シハラクアリテ」と訓じた例がある（四十九ウ七）。所が、それと竝んで、次の様な「しばし」の例が見える。
○利-那《タ、シハシ》・〔於〕南閻浮提ノ陽谷・輪王所化(ノ)〔之〕下《シタ》に幻-住《ホノムク》ナリ（利那幻住於南閻浮提陽谷輪王所化之下）（四十二オ一）
訓點資料の中で「しばし」の例は、極く稀である。偶々近時、法隆寺藏本「南海寄歸内法傳」の大治三年（一一二八）の訓點の中に、「權開一席」の「權」に「シハシ」と附訓した例を見出した（卷第三・24行）。この訓點は、法隆寺僧の覺春が書寫加點したもので、ヲコト點は使用せず、專ら假名點のみであり、祖點を窺うべき記載がないので、その訓說の傳流が明でないが、「南海寄歸内法傳」という書物の訓點には、特殊な要素がある模樣であって、天理圖書館藏本の長和五年（一
○一六）頃の訓點（ヲコト點は寶幢院點）にも、特殊な語彙が存在する。寶幢院點が使用されているから、延曆寺の僧の加點

であることが推定されるが、その祖點は不明ながら、或いは南都の古宗かも知れない。(5)(6) この法隆寺本の訓點は、天理圖書館藏本の訓點と通ずる面があるらしく、その性格究明については、今後の研究に俟つべきであるが、とにかく、他の訓點資料に見られない語形の多いことが注意されるのである。

「トバカリ」という副詞も、訓點資料にはあまり用例のない語である。

○目ヲ撃《ウコ》カシ〔(左訓)タ、イテ〕佇《ヒサ》シク立テリ〔(左訓)トハカリ〕(撃目佇立)(三十八ウ四)

〔動詞〕

○紫宸《シシン》ニ進《マイ》リ退《マカ》リイテ(進退紫宸)(十五ウ五)

「まかる」という動詞は、訓點資料の中では、日本書紀の古訓と、「將門記」の平安時代後期の訓點に見えるだけで、その他の文獻には、殆ど使用されない語である。

○冬ハ〔則〕頸ヲ縮メ裙《ソテ》ヲ覆《カツ》イて(冬則縮頸覆裙)(三十二オ一)

「カヅク」という語は、訓點にはあまり見られない。僅かに平安時代初期の訓點資料、具體的には「地藏十輪經元慶點」に「被」を「カツケリ」、「東大寺諷誦文稿」に「蒙」を「カツク」と訓じた例等を知るに過ぎない。

この他、「ノミツクス」「タキツクス」「ヱワラフ」「ナムダクダル」の様な、複合動詞の類が多く見られるのも、他の訓點資料に例の少い現象である。

○壽ヲ延《ノ》フルコト・神丹ハ、千-兩服《ノ》ミツクシ・魂ヲ返ス・奇《キ》香ハ、百-斛《コク》盡《タキ》燃《ツク》スト雖(モ)(延壽神丹千兩雖服返魂奇香百斛盡燃)(四十七ウ七)

○復、談《モノク(ママ)》ヒ-笑《ヱワラ》フ〔之〕理无(シ)(復无談笑之理)(四十六ウ七)

○悽《セイ》-愴《サウ》トイタム〔(左訓)イタテ〕涕-〔(左訓)テイ〕泣《キフ》ノナムタククタリ(悽愴涕泣)(四十九ウ四)

〔形容詞〕

○而(シ)テ罷《ヤ》ムナムト欲(ス)レハ・胸ノ中《ウ》ニ憤《フン》〻(ト)ウレハシ〔(左訓)タリ〕(而欲罷憤〻胸中)(七オ一)

○一心・潺《セン》-湲《エン》ト〔(左訓)コ、ロホソシ〕(一心潺湲)(三十五オ四)

右の「ウレハシ」「コ、ロホソシ」という形容詞の訓も、和文獨特の語彙の一つである。特に「ウレハシ」は、西大寺本金光明最勝王經の平安時代初期點にも、「悲愁難具陳」の「愁」を「ウレハシキこと」と訓じた例がある(一九七11)ことに注意したい。

五

次に、語構成の面での特殊性を指摘したい。

訓點資料の語彙には、概して接頭語、接尾語の使用例が少い。「み」「うち」「もて」「ども」等の接辭が、特定の語彙に限って現れるに過ぎないのが通例であるが、本點では、次のように、訓點資料には見えない「ウチ」「モテ」「ドモ」等の接辭の類の若干例を見る。

〔ミの例〕

一般の訓點資料では、接頭語の「ミ」は、「ミアシ」「ミコヱ」「ミマヘ」「ミモト」等、主に佛陀に關する表現に使用されるだけで、その語彙も右の様な限られたものに止まっている。然るに、本書の訓點には、「ミオシテ」「ミノリ」等の例がある。「ミノリ」は、日本書紀の古訓に多くの例が見られる。

○印-璽〔(右訓)ミオシテ(上上上上)〕ヲ〔(左訓)六シ〕授ケ(授印璽)(四十三オ六)

○未タ覺王（ノ）〔之〕敎《ミノリ》（ヲ）聞（カ）『未《ス》（再讀）』（未聞覺王之敎）（四十オ六）
○其レ吾カ師（ノ）〔之〕敎へ〔（左訓）ミノリ〕、汝カ說《ト》ク所ノ〔之〕言《コト（ト）》、、與《トモ》ニ（其吾師之敎與汝所說之言）（二十九オ二）
○良-師（ノ）〔之〕敎《ミノリ》ニ遇《マ》ヒ（平上）アフ〔（左訓）＼アフ〕（遇良師之敎）（四十二ウ四）
○厚ク・出世（ノ）〔之〕最《スク》レタル訓《ミノリ》〔（左訓）クン〕〔（左訓）クヰ〕（ヲ）沐《ア》ミツ（厚沐出世之最訓）（五十八オ一）
〔ウチの例〕
○則檻《オハシマ》〔（左訓）カム〕ヲ折《ヲ》リ、疎《マト》ヲ壞《ウチコホ》テ〔（左訓）ヤフリ〕（則折檻壞疎）（十二ウ七）
〔モノの例〕
○隱《イン》ニ〔（左訓）モノイタミ〕匪ス・惻《ソク》（ニ）〔（左訓）モノカナシヒ〕匪ス（匪隱匪惻）（五十二ウ一）
〔モテの例〕
○家-產《ナリハヒ》〔（左訓）サン〕澆醨《ケウリ》（ト）アハテモテイテ〔（左訓）リシテ〕（家產澆醨）（三十五オ二）
○赦《ユル》シ寛《ナタ》ムル〔之〕意ハ・暮《ヨナ》-〻ニシテ・已ニ消《ウ》セモテイヌ（赦寛之意暮〻已消）（四十八ウ五）
○短キ綆《ツルヘノナハ》モテ水ヲ汲ムハ・疑ヲ井ノ涸《カ》レ〔（左訓）カレタルカト〕懷ク（短綆汲水懷疑井涸）（二十一ウ二）
〔ドモの例〕
○婉孌《エンレン》トカホヨキ蘭-友《イウ》トモ（婉孌蘭友）（四十六ウ七）
○千ノ狗・咀狗《イヌ》トモ、嚼《カ》ミクラフて〔（左訓）シヤク〕繼《ツ》キ聯《ツラナ》レリ（千狗咀狗嚼繼聯）（四十七オ四）
○蠢〔（左訓）スヰン〕〻トムクメク萬蟲《ムシ》トモ宛《エン》-轉トマロフ相（ママ）-連ナリ（蠢〻萬蟲宛轉相連）（四十七オ三）

これらは、何れも和文的な表現の一環を擔うものであって、當時の訓點資料の和訓としては、例外的な現象であると認めなければならない。

六

本書の文選讀については、既に西崎氏の論文があり、「文選」「遊仙窟」等からの影響のあることが指摘されている。

文選讀については、嘗て論じたことがあるが、歴史的に見ると、平安時代初期の佛典から既に所見がある。そして、延々として後世に及ぶのであるが、佛典の中では一般に用例は少く、一書の中に二三例乃至は數例に止まる場合が多い。これに對して、漢籍の方では、經書や史書などでは稀であるが、「文選」や「遊仙窟」などの古點本に、集中的に現れるのであって、これらの典籍を主管した紀傳道の訓說の中で、特に多用されたものと思われる。佛書の中で、比較的文選讀が多いのは、「文鏡祕府論」であって、その書陵部藏本の保延四年（一一三八）點等には、多くの例が見られる。(7)「三教指歸」については、高山寺藏本の平安時代院政初期點や、天理圖書館藏本の建保六年（一二一八）點等と比較して見ても、この久壽點本だけの獨特の訓法が多く、右に引用した用例の大部分は、他の點本には見えないものである。

文選讀について更に注意すべきは、恐らく本來の基本的な類型に屬するものと、それから若干變容したかと思われるものとの二種類が存することである。本來の類型と考えられる例としては、

○磤《イン》-ゝトナリハタメク霹《ヘキ》-靂〔左訓〕レキノ」イカツチ（磤ゝ霹靂）（二十一オ四）

○纖《セム》-ゝトホソヤカナリシ素《シロ》キ〔左訓〕ソ」手〔右訓〕タナス（上）へ（上）」は、沈-淪シテ〔左訓〕カクシ」而《て》艸ノ中《ウチ》（ノ）（之）
腐《フ》-敗《ハイ》〔左訓〕クチモノ」ト作（リ）ヌ（纖ゝ素手沈淪而作艸中之腐敗）（四十六オ一～二）

など多く見える。「イン（イン）ト」「セム（セム）ト」のように、字音を先ず訓み、次に助詞「ト」で承けて、更に「ナリハタメク」「ホソヤカナリ」のように和語の用言を續けるもので（この他にも、「霹靂」を「ヘキレキノイカツチ」と訓ずるように、

「字音＋ノ＋和語體言」の型もある）、漢字二字以上の漢語全體の語義自體を和語に置き換えたものである。これに對して、

○人、展《チン》‐季《キ》〔（左訓）ノマメヒト〕ニ非（サ）レハ・誰カ伉《カウ》‐儷《レイ》〔（左訓）ノタクヒ〕莫（カラ）ム、世、子《ヨ》‐登〔（左訓）トイフカタチヒト〕ニ異ニシ、何ソ隻《セキ》‐枕（ノ）ヒトリフシ（ス）〔（左訓）シムス〕可（キ）（人非展季誰莫伉儷世異子登何可隻枕）（十六オ一七ウ一）

○蕩《タウ》‐〻トオホキニタヒラカナル〔之〕法‐身ノヤマニ昇（ラ）ム（昇蕩〻之法身）（五十四ウ三）

○察《アキ》ラカニ北‐極（ノ）〔（左訓）シラヌトコロヲ〕示《メ》（ス）（察示北極）（五十ウ三）

○已ニ醍‐醐（ノ）〔（左訓）アマキアチハヒ〕ヲ忘れ（已忘醍醐）（四十三オ三）

のように漢語の語義自體を和語に置き換えたのでなく、その漢語について説明を加えたようなもので、最後の二例は或いは文選讀ではなく、單なる注記に過ぎないかも知れないが、それにしてもかような訓點は、特異なものと言ってよいと思われる。

このような型の文選讀は、平安時代の古點本には、他に例を見ないもので、遊仙窟の古訓（現存するものは、南北朝時代以後のもののみである）に見える、「張騫トイヒシカンナキヒト」「禹《ウ》トキコヘシミカト」（醍醐寺本遊仙窟康永三年〈一三四四〉點）などの例を見るに過ぎない。これらは恐らく、後世に及んでから發生した型で、漢語の語義よりも、それを巡る解説の性格を帶びたもの、又は、故意に大袈裟な訓法を示すために、文選讀の形に改めたものとしか考えられないものである。

天理圖書館藏本三教指歸の文選讀の中に、このような性格の例を含むことから考えられることは、一つには、これらの類型が、既に平安時代末期に成立していたことの實證であるが、同時に、紀傳道における漢籍の訓讀に、當時この形が存在し、それからの影響によって、天理圖書館藏本三教指歸の文選讀が出現したとの推測が可能である。

本書に僅かながら見られるヲコト點は、「紀傳」と稱せられるものであって、平安中期以後、紀傳道の博士家で使用され

たものである。このヲコト點が存することも、本訓點が紀傳道の博士家の訓説を繼承した可能性の大なることを示す事實である。

以上、幾らかの例を引用したことから知られることは、本書の訓點の中に、平安時代後半期の訓點資料にはあまり見られず、平安時代初期の古い訓點の例と合致するものがあること、日本書紀の古訓と同じ語形が見えること、文選讀の例が大量に見られること、しかもそれは、「文選」「遊仙窟」等の漢籍と同様の例が多いこと等の特性が注目される結果となった。かような性格は、果して本書の如何なる本性の反映と見るべきであろうか。

これら典籍の訓點は、平安時代には、主として紀傳道の管轄で、大江家、藤原家等の博士家の訓説によったものが傳承されているのであって、この點は、小林芳規博士の研究によって實證されている所である。(7) 唯、それらの訓説の創始された時期が、何時であるかについては、小林博士は愼重を期して明言を避けて居られるが、例えば「和名類聚抄」等に引用された「文選師說」「遊仙窟師說」や、「醍醐寺本遊仙窟」の奥書等から推察すると、その「訓説」の起源は平安時代前半期に由來するとしても、具體的な訓點が固定した時期を、平安時代中期、西暦十世紀頃まで遡らせることは、一つの可能性として許されるのではあるまいか。

一方、「三教指歸」の訓點の起源は、何時まで遡るか、遽に明にすることは困難であるが、月本氏の說かれる如く、(8) 弘法大師の諸著述についての研究・注釋・加點等の活動が、濟暹（一〇二五〜一一一五）の頃、卽ち十一世紀後半期頃と推定するならば、既に博士家の訓説が固定していた時期であるから、その訓法を參照して和訓を加點したという推測は、強ち無稽の言とも言えないであろう。

眞言宗と博士家との關係について、知り得る所は、必ずしも多くない。大江敦光（?〜一一四四）が三教指歸の注を撰しているこことは、その一つの注目すべき事實かと思われる。但し、その動機が、内容を主とした宗教的意識に基づいたものか、それとも、四六駢儷體の文章への關心に比重があったのかは、遽に定め難い問題である。

月本雅幸氏は、高山寺藏本の文鏡祕府論の長寛三年（一一六四）訓點（ヲコト點は圓堂點）の中に、「紀傳」のヲコト點が僅かながら混用されていることを指摘されているが、(9) この事實も上述の論點と、何等かの關係があるかも知れない。

何れにせよ、この訓點が、當時の他の一般の訓點と異る要素を具備していた原因としては、紀傳道の訓點の影響を蒙ったことは、先ず確かであり、その故にこそ、文學的表現や、日本書紀の古訓なども混入する結果を招いたのであろう。三教指歸の訓點そのものが、平安時代初期に成立し、それが延々と院政期まで繼承されたと見るのは、平安時代初期・中期の時期の訓點資料の缺除、眞言宗の教學の歷史から見て、無理な判斷と言わざるを得ないであろう。

（一九九〇・五・一二）

注

(1) 西崎　亨「天理圖書館藏三教指歸二點二題」（『ビブリア』第七十七號、昭和五十六年十月）
(2) 太田次男「聾瞽指歸と三教指歸―付、天理圖書館藏仁平四年寫本の翻字―」（『成田山佛教研究所紀要』第十二號、平成元年三月）
(3) 築島　裕「醍醐寺寶藏の古訓點本について」（『醍醐寺文化財研究紀要』第八號、昭和六十一年三月）
(4) 月本雅幸「空海撰述書の古訓點について―その性格と研究の構想―」（『訓點語と訓點資料』第七十七輯、昭和六十一年三月）
(5) 大坪併治『訓點資料の研究』（昭和四十三年六月）
(6) 築島　裕「天理圖書館藏本南海寄歸內法傳訓點解說」（『天理圖書館善本叢書』第五卷解題、昭和五十五年十一月）
(7) 小林芳規『平安鎌倉時代に於ける漢籍訓讀の國語史的研究』（昭和四十二年三月）
(8) 注(4)文獻。
(9) 月本雅幸「高山寺藏本文鏡祕府論長寛點」（『高山寺典籍文書の研究』、昭和五十五年十二月）

（『ビブリア』九十五號　平成二年十一月）

菅家文草の古訓法

菅家文草が、撰述當時に於て、どのやうに訓まれてゐたかといふことをめぐつて、一二氣附いたことを述べたい。

菅家文草や菅家後集などは、形は漢詩文であるが、シナ人の綴つた文ではなく、日本人が、外國語としての漢文を、漢土の作品を模範としつつ綴つたものである。その際、文選や白氏文集などが、手本とされたことは、既に知られてゐることである。

今日、我々がこれらの漢文で書かれた作品を訓むに當つて、二つの大きく異つた態度がある。一つは、それを單に「漢文」として扱ふものであつて、その訓み方は、現在一般の漢文のそれに據り、專らその內容文意のみを採らうとするものである。他の一つは、撰者道眞が訓じたであらうと考へられる言語の形に、出來るだけ近い形を再構成し、それによつて訓じて行く方法である。後者の場合、原撰者の創作態度を追體驗する試みに關して、何等かの貢獻をなすことも考へられ、單なる「享受」ではなく、「研究」の態度としては、確に望ましいことであるに違ひない。しかし、これは言ふには易いけれども、實際にその作業を遂行する上には、極めて多くの困難があることを知らなければならない。

先づ第一に、菅原道眞自身が、自作の詩文を、字音でシナ語のやうに直讀したか、それとも後世のやうに返讀して訓讀したかといふ問題がある。世に菅原道眞の施した訓點といふものも一往傳つてはゐるが（宮內廳書陵部藏「長恨歌琵琶行」天正四年奥書本）、それが道眞當時のものとは到底考へられないことは、近時小林芳規氏の明にされた如くである（「漢文訓讀史研究上の一應用面—傳菅原道眞訓點の檢討—」『國文學攷』第40號、昭和四十一年六月）。菅家文草・同後集の場合、寫本の古いものは知られて居らず、すべて近世のものばかりであり、その訓點も、古代のものは全く分らない。結局、道眞當時の他の資料に基いて類推するより他に手は無いやうである。

平安初期の日本人の製作した詩文で、しかもその當時訓讀された明證のあるものは、神護寺所藏の沙門勝道歴山瑩玄珠碑一巻が恐らく現存唯一の資料であらう。この一文は、弘法大師空海の撰で、右の古抄本は平安極初期の書寫で、しかも當時の古訓點の附せられてゐるものである。これから推測して、道眞の詩文も、當時既に訓讀されてゐた可能性があると言へるであらう。ただ、それにしても、平安初期の日本人製作の詩文の類は、その數が必ずしも少くないのに、その古寫本、殊に古訓點が餘りにも少いのは、注意すべきである。六國史の續日本紀以下のもの、凌雲集・文華秀麗集・經國集など、何れもその例に洩れない。都氏文集・田氏家集などにしても同様である。確に現存古點本類の中では、後に述べるやうに、全般的に言つて、漢籍・漢詩文の類の殘存するものが尠いのであるが、和漢朗詠集・本朝文粹などは、比較的古い點本が現存するし、弘法大師の遍照發揮性靈集の場合は、佛家の間に殊に流通したものであらうから、右の俗書とは聊か異る點があるにしても、古訓點本は相當に多いのであつて、これらと考へ併せると、平安初期の漢詩文に、古訓點の傳らないことは、それ自體何か意味があるのではないかとも疑はれるのであるが、この點については尚更に考へて見たい（類聚國史には古抄本前田本があるが訓點は無い）。

さて、菅家文草等の、古訓法を再構成する爲の參考として、第一に取上ぐべきは、古訓點資料であらう。所が、古訓點資料の中でも、平安初期（九世紀）以降、各時代によつて、訓法の上で若干の差異があり、又、同じ訓點資料でも、佛書と漢籍とによつて、原漢文の構造が異るに從つて、訓法上の差異があることが注意される。大體、平安時代の古訓點資料の訓法は、平安前半期（九・十世紀）と、平安後半期（十一・十二世紀）とによつて、同じ原文の漢文を訓むのにも、相當に歴史的な變化があつたと認められるものであつて、菅原道眞（承和十二年〜延喜三年、八四五〜九〇三）は勿論その前半期に該當するから、この作業に當つては、平安前半期の古訓點本を參照することが、理論的には最も望ましいのである。この時期の古訓點資料で現存するものは、相當の點數に上り、恐らく百點以上に及ぶが、その大部分は佛書であつて、漢籍・漢詩文の類は極めて僅である。佛書は漢詩文と異つて、四六騈儷體などは（經などの序を除き）用ゐられず、又五言・七言等の句も見られず、虛字の類（副詞・動詞・助詞・助動詞などの類）の用法も異り、從つてそこに見られる語彙にも自ら制約があつて、實際に訓法を定めようとすると、參考になる訓例を見出し難いことが多い。漢詩文の類の古訓點本では、

大唐三藏玄奘法師表啓　一卷　知恩院藏　平安初期天安元慶頃（八六〇頃）加點
地藏十輪經　八卷　正倉院聖語藏・東大寺圖書館　元慶七年（八八三）加點、殊にその序の部分
周易抄　一卷　宇多天皇（八六七〜九三一）宸翰　東山御文庫藏（但しこれは本文の漢文の中から字句を抽出したもの）
古文尙書　三卷　東山御文庫・岩崎文庫・神田喜一郎氏藏　延喜頃（九一〇頃）加點
漢書楊雄傳　一卷　上野精一氏藏　天暦二年（九四八）加點（加點者藤原良佐）
漢書周勃傳　一卷　高野山大明王院藏　天暦頃加點
蒙求　一卷　保阪潤治氏藏　天暦頃加點（朱點。墨點は長承三年〈一一三四〉のもの。朱・墨共に字音點）
法華經釋文　三帖　貞元元年（九七六）〜寬弘元年（一〇〇四）の間に加點（加點者眞興）

などがあるに過ぎない。

又、語彙等の面では、新撰字鏡（僧昌住撰、延喜初年成）、和名類聚抄（源順撰、承平年間〈九三一〜九三八〉成）などの古辭書が大いに參考になることは言ふを俟たないであらう。

これらの資料に據つて考へた場合、問題となることの具體的な例を一二擧げて置かう。先づ、假名遣であるが、新撰字

鏡には上代特殊假名遣のコの假名の甲乙二類の書分けがあり（有坂秀世「新撰字鏡に於けるコの假名の用法」『國語音韻史の研究』所收）、それは單に前代からの傳承とばかりは言ひ切れないものがあり、又平安初期の訓點資料の中には、往々にしてコの假名の二類の區別を存してゐるものがあるから、道眞がこの區別を保つてゐたか否か問題が殘るのだが、區別してゐなかつた可能性の方が大きいのではなからうか。ア行のエeとヤ行のエjeとが書分けられ、發音上の區別を保つてゐたことは、天暦以前の諸書に共通して見られる所であるから、疑無い事實である。又いろは四十七文字で表される音節に各々表記・發音上の區別があつたことも言ふまでもない（部分的にはこの當時混用例もあるが、體系としては區別されてゐたとすべきであらう）。又、國語音の中に音便の存在したことも、平安初期の訓點資料の例から、肯定される。但しそれは未だ全般に亙つたのでなく、例へば四段活用動詞のイ音便はカ行・ガ行（キ→イ・ギ→イ）はあつたが、サ行（シ→イ）は未だ現れてゐないやうだし、ダ行・ラ行の促音便（チ→ツ、リ→ツ、但し當時は無表記）、ナ行・ラ行の撥音便（ニ→n、リ→n）バ行・マ行の撥音便（ビ→m、ミ→m）はあつたが、ハ行の音便は存在が確でない。形容詞の連體形のイ音便（キ→イ）は既に見られるが、連用形のウ音便（ク→ウ）は宇多天皇宸翰周易抄の例が現存最古であるから、道眞がそれを用ゐたか否かは、丁度境目の時期で、はつきりしない。撥音便にn、m二種の區別のあつたことは確である。

　漢字音では、字音の體系が漢音だつたか呉音だつたかが先づ問題となる。文章博士の地位に在つた彼としては、當時の「正音」だつた漢音を用ゐた可能性が多いであらうが、さすれば「今日《キムジツ（ジチ）》」「東西《トウセイ》」「二月《ジグエツ》」などと訓じたのであらうか。又所謂連濁連聲など、和名抄に例が見えるが、當時の古訓點本には確認し得ないので、「變《ヘン》ス」「報《ホウ》ス」などの「ス」も清音だつたかも知れない。その他字音では「山」「間」など-nで終る字音と「三」「感」など-mで終る字音との區別のあつたことは明であり、その他曲《クキヨク》・春《スキン》・中《チウ》・吹《スイ》・毛《ボウ》など、後世の所謂歴史的假名遣とは合はないものが少くない（當時の表記は必ずしも右のやうな假名表記であつたとは考へられないが、詳細は省略する）。

文法の面では、未だ古代語の俤を殘した點も多くあつたらうが、それは多くは當時の漢文訓讀語一般の訓法の一面としてのことであり、道眞のみが特別に古訓を用ゐたといふ明證もない。助詞の「イ」「カモ」などが使はれたかどうかは不明であると言はざるを得ない。

かやうな點は、道眞の訓點を考へる上で、謂はば最低必要限度である。實際には、語の呼應、引用の形式、對句の訓法など、斷定困難な問題は極めて多い。古訓點學は未だ完成した學ではなく、發展途上に在るものであり、道眞の訓法の推定についても將來の進歩に俟つべきものが極めて大きいと言はなければならない。

（『日本古典文學大系月報』第二期二十九回　昭和四十一年十月）

來迎院本『日本靈異記』寸見一二

洛北大原來迎院の經藏の中から、平安末期書寫の『日本靈異記』の古鈔本が發見されたことは、近來の學界の一大ニュースであつた。蟲損甚しく、糊離れして散亂した狀態であつたものが、入念に修理を加へられ、國寶に指定され、更に影印本が公刊されるに至つた。この新出の寫本によつて、『靈異記』の研究は今後一段の進歩が遂げられるものと期待される。『靈異記』は、平安初期に成立した佛教説話文學作品として廣く知られてゐるのであるが、國文學のみならず、國語學、國史學、佛教史學などの上から見ても、貴重な資料文獻の一つである。殊にその古寫本は、書誌學的にも、種々の問題を提供してくれるものであるが、本書についての書誌的研究については、既に山本信吉氏の周到な解説が公にされてをり、それに附け加へることはない。本稿では、國語學的立場から、二三の氣附いた點を述べて見ることにしたい。

この古寫本は、如來藏「法」函の第19號『藥師經私記』及び第59號『修行□略卷中』（共に册子本）の料紙の間に、斷簡の形で插まれたまま傳つてゐたのであるが、この如來藏には天台宗比叡山系統の教學の流を稟けた聖教が主として傳へられてをり、本書も、その流の中で書寫され傳承されたと考へられる。『日本靈異記』は今更言ふまでもなく、奈良右京藥師寺僧景戒の撰述した所であり（本寫本の下卷の卷首にも「諾樂右京□」と讀まれる記事がある）、もと南都の佛寺の間で先づ流布したのであらう。現存最古の平安中期の書寫と見られる『日本靈異記』の古寫本が同じく南都である興福寺に傳來してゐることも、その間の消息を物語ると見てよいであらう。鎌倉時代には、建保二年（一二一四）に高野山の金剛三昧院に於て書寫したといふ奧書を持つ本の轉寫本が傳へられてをり、名古屋大須寶生院眞福寺にも、鎌倉時代の寫本が傳へられてゐるが、眞福寺は高野山と緣が深く、何れも眞言系統の寺院であつて、その時代には、『靈異記』は眞言系の佛家の間にも行はれてゐたことが知られる。今回の來迎院本の發見によつて、平安末期には、更に天台宗比叡山の中にも流布してゐたことを知るわけである。天台と南都、殊に法相との間には、政治的な面では、平安初期以降、確執があつたのであるが、教學の上では、南都から比叡山へ流入したものが多いやうであつて、殊に院政時代の例で見ると、大治四年（一一二九）書寫の奥書のある『相好文字抄』上下二卷（これも來迎院藏本であつて、天台系の傳書である）には、『大智度論』『十住毗婆沙論』『瑜伽論』を始め、南都法相宗の學匠小島僧都眞興（九四四～一〇〇四）の著した『大般若經音訓』など、南都系の書の引用が見え、又、比叡山の學僧で、法曼院の祖となつた相實の著『息心抄』（一一四二～一一六二の頃成る）には、右の『大般若經音訓』を始として、『大唐西域記』『大慈恩寺三藏法師傳』『鑒眞和尙傳』『行基幷傳』など、南都の佛敎に關係深い文獻が多く引用されてをり、その影響の尠からざることが察せられるのであるが、來迎院に『日本靈異記』が傳來したのも、このやうな流れの一環として、捉へることが出來ると思ふ。

來迎院本の『日本靈異記』を、國語學的な見地から取上げた場合、最初に注目されるのは、各條の末に訓釋が存在しないことである。『靈異記』の諸本の中で、全く訓釋の存しないのは本書のみであつて、他本の場合は、必ずそれが見出される（前田本のみは、前半が文中の語句に割注の形式で、後半が他本と同樣に各條の末にまとめて存する）。來迎院本では、文中處々に片假名の傍注があり、音訓を示してゐるが、眞福寺本・前田本・類從本などと比較すると、その漢字の字句が重るものもあれば重らないものもあり、又、重るものでも、注の和訓の一致しないものなどがある。しかしとにかく、漢字の字句とその注とが一致するものの相當數あることは注目すべきであつて、恐らく、或る種の相當數の注は、古くから何等かの形態の下に傳承されてをり、それが諸本に共通の注として見出されるのであらうと思はれる。傍注であるか、文中の割注であるか、將又、條末の割注であるかといふ、表記上の相違及びそれらの相互關係などについては、從來、遠藤嘉基博士・

小泉道氏等を始とする諸研究が重ねられてゐるが、この種の注記形式は、本文と比べると或る程度固定性が弱いものであり、附加されたり削除されたりすることが、比較的容易に行はれたのではないかと推測される。現存の諸本の間に、その表記方式の上で統一がなく、寫本毎に獨自の表記方式を持つてゐることは、その反映と見得るのであり、又、類從本の訓注の如く、萬葉假名や漢字の注と、片假名の注とが混在するのは、舊い時代の注に新しい時代の注が附加されて、重層的に傳來してゐる姿なのではないかとも見られる。そして、この來迎院の如く、全く注の見られないものは、その祖本に或いは存したかも知れない萬葉假名の舊注を片假名に訂して本文の傍訓として、行間に書加へたことがあつたかも知れない。本書が天台の流に傳つたものと見るならば、そのやうな舊い萬葉假名などを捨てて新しい傍訓に就いたことは、その教學の進歩的性格の一つの反映として把握することが出來るかも知れない。又、この本文の中に「悕《テラメク》」「鄙《ナヒトナリ》」のやうな訓があるが、「テ」は「ウ」の古體字「于」の誤寫と思はれるし、「ナヒト」も多分「トヒト」の誤寫であらう。このやうな誤があることは、この本が、かやうな訓を既に持つてゐた祖本からの移點本であることを推測させるし、ウの假名に「宇」などの萬葉假名ではなくて、多分「于」のやうな片假名の字體を持つてゐることから見て、その祖本は多分平安後期（十一世紀）頃のものかとも想像される。

一方、「礫《タヒス》」「弱《ユハシ》」の「タヒス。」「ユハシ。」のやうに、「タビシ。」「ヨハシ。」の一時的轉音と思はれるものを含み、又、「啄《ツイハム》」「耀《カヽヤイテ》」「佇《イソイテ》」「把《トテ》」「捫《ノコテ》」「控《サクテ》」「洒《アラツテ》」「窺《ウカヽフテ》」のやうな音便、「華《ウルワシ》」「傴《アハ》」「置《ヲイツ》」「酬《ムクヒム》」「蘆《ヲキ》」のやうな所謂假名遣の混亂などの例を見ると、この傍訓は、院政時代一般の言語的特徴を備へてゐるのであり、本文の撰述された平安初期のそれを必ずしも傳へてゐるのでないことは、訓釋の本質を考へる上で、示唆を與へられる現象であらうと思はれる。（五三・五・一二）

（『日本古典文學影印叢刊月報』三　昭和五十三年七月）

律令の古訓點について

律令の研究に際して、その古寫本に古訓點が施されている場合、それを解讀することによって、過去の時代に本文がどのように讀まれ、理解されたかを知る手掛りが得られることが多いと考えられる。本書においても、讀み下し文の作成に當って、底本とした寫本に存する訓點の解讀に力が注がれ、その訓點の言語に古代の國語を反映する面のあることが注意されているのであるが、私は、古訓點研究の立場から、本書の訓點が、國語史の上でどのような位置を占めるものであるか、又どのような注目すべき點が認められるかという問題について、二三の卑見を記したいと思う。

律令の古訓點――實際には、律・令義解の古訓點であるが――についての國語學的研究は、從來殆ど行われていなかったようである。漢籍全般に亙ってその古訓點を渉獵精査された小林芳規博士の勞作『平安鎌倉時代に於ける漢籍訓讀の國語史的研究』においても、律令の訓點については言及されていない。これは恐らく、律令について平安時代書寫の古訓點本が現存していないためであろう。所で、本書において底本とされた諸本を見ると、平安時代の古寫本こそ見られないけれども、南北朝時代の識語を持つ寫本（猪熊本、國學院大學現藏、重文）があり、又紅葉山文庫本は、書寫年代は下るけれども、本文の書體には古い時代の寫本の俤を残しており、令巻第十（關市令）の巻首において各行下半分書きさしで空白になっているのは、もとの本が破損していたのをもとのままの行取で寫したためと思われ、この點から見ても、原本に忠實な轉寫本であったと考えられるのであって、訓點について見ても、多分祖本の形を忠實に傳えた要素を含んでいると思われる。本奥書に鎌倉時代の年紀が多く見られるが、後述のように、現存の訓點の中には、鎌倉時代の訓點の特徴が認められるようであり、更に遡って，平安時代の語形の殘存と見られる要素も少くないように見受けられる。ただ注意しなければならないのは、この種の訓點本の例として、多くの場合は、新しい時代の語形と古い時代の語形とが混在しており、外形だけによって新舊の區別をつけることは困難であって、內容上から新形と古形とを判別するという方法しかないということである。紅葉山文庫本の場合も正にそれに當るのであって、以下述べる所も、かような意味での推定の域に止るものである。

尙、紅葉山文庫本、猪熊本、藤波本の三本に存する訓點は、その加點時代が相違し、嚴密に言うならば、同じ體系の論の下で別々に取扱った上で、その異同を見るのが筋であるが、本稿では紙數の制約もあり、又、結果的には多分同じ性格の訓法が反映しているとの見通しによって、便宜一括して取扱うこととした。

先ず假名字體について見ると、キの假名に「＼」、サの假名に「七」、スの假名に「爪」、ノの假名に「乃」、ホの假名に「早」、ミの假名に「ア」、ワの假名に「禾」などの字體が用いられている。これらの字體は、比較的古い形を保っているものであり、中には平安時代の中期ごろまで遡るものもあるようであるが、強ち本書の訓點だけに限ることでなく、博士家の點法による漢籍の古訓點では中世以來屢々用いられ、近世に及んでいるものである。訓點の中でも、佛書の場合は後世例を見ない字體であるから、漢籍の古點全般に亙っての特色ということは出來ようが、殊に律令の古點だけの特色というには當らないと思われる。一方では「ウ」「シ」「ツ」「テ」「レ」のように、近世通行の新しい字體をも併用しているのであるから、字體全體として見るときは、近世の博士家傳來の漢籍の古點の一般的な樣相を示していると見てよいであろう。又、紅葉山文庫本の返點のレ點(雁點)に□レ□のような形が、このような位置に用いられているのは、室町時代以降の姿であって、南北朝時代以前には□∨□のような形であった筈であり、この點は後世の形と見なければならない。

次にヲコト點であるが、その星點（・の形の符號）の位置は、早川・吉田氏の解題の中に見える點圖のようなもので、左下テ、左上ニ、右上ヲ、右下ハと連呼され、又、右上からヲ・コト・ト・ハと續くもので、いわゆる博士家點の基本的形式を備えている。又、星點以外の符號である所の、ーやーや「や」などの位置とそのよみ方は、博士家點の中での「明經點」（清原家などの所用）に近く、「紀傳點」（大江家・菅原家・藤原家などの所用）のものと全く異っている。博士家點に屬するヲコト點の中では、後世、右二種が中心であり、この他に、平安中期頃に行われた古い形式のもの（岩崎文庫藏毛詩古點、同藏古文尚書古點、同藏日本書紀推古紀・皇極紀古點）や、平安中期から院政期にかけて紀傳道關係で行われていた形式（私が假に「古紀傳點」と命名したもの。漢書楊雄傳天暦點・史記延久點・文集天永點など。文獻により小異あり）などがあり、又、醫博士深根家に行われたと思われる特殊なもの（黃帝内經太素仁安點）も知られているが、この令義解に見えるものと全く一致するものは、未だ管見に入らない。本點と「明經點」との相異點は第一圖のようであって、この中、「コト」「ク」「ル」「ス」など頻度の多い重要な符號に相異があることによって、この兩者が別種のものであると認めなければならないようである。

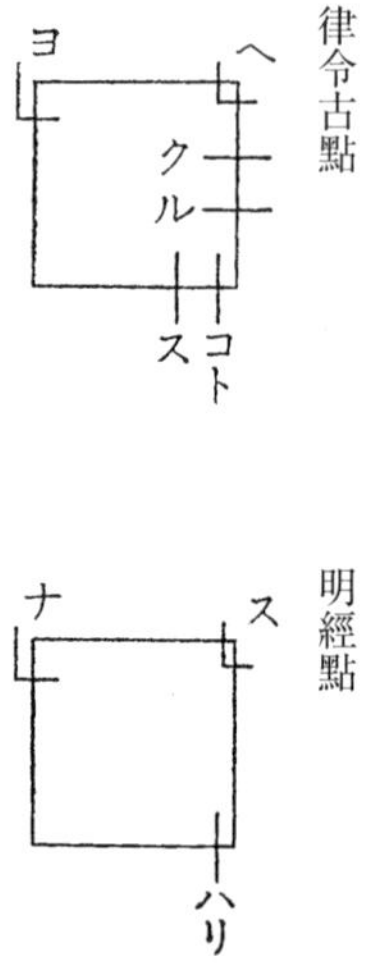

第一圖

猪熊本令義解は、正平十七年（一三六二）の坂上大宿禰の傳授奥書を持つ古寫本であるが、本文は鎌倉後期まで遡るかも知れないと思われるものであり、又、そのヲコト點の形式は紅葉山文庫本と同様であるから、その訓點も多分鎌倉時代の末頃まで遡り得るといえよう。但しこの祖點が更に何時の時代まで遡り得るものかについては、目下の所材料を持たない。

本點に近い「明經點」は、保延五年（一一三九）加點の春秋經傳集解（清原頼業加點）に用いられているから、少くともこの時に成立していたことは明であるが、比較的整備された點法であるから、それよりもさほど古く遡ることは出來ないように感ぜられる。そして本點は、この「明經點」に近いものであるから、或いはこの頃に成立したものではないかとも思われる。一面「コト」を表す符號として星點「・」の形で右の上寄りの位置に在るものと、ー點で右下に在るものと二種があるが、このことなどを不整備の形と見れば、或いは明經點よりも若干古いかとも思われるが、確ではない。又、紅葉山文庫本の律令には正嘉元年（一二五七）から文永十年（一二七三）に至る年紀を持つ、清原教隆及びその子俊隆の奥書が傳えられているが、若しそのヲコト點も現存本と同じであったとすれば、正嘉文永の頃清原家では經書の訓點などには「明經點」を使用していたことが現存資料（春秋經傳集解保延點、群書治要古點、古文孝經仁治點など）によって明であるから、清原教隆が、明經點を用いないでわざわざこの點をそのまま用いたのは、當時法曹家でこの點法が既に確立していたからとも考えられる。若しこの當時この點法が確立していなかったならば、教隆は自家の明經點によって加點したかも知れないからである。しかしこれは強く論ずべきほどのことでもない。

ヲコト點に關して注意すべきは、本訓點の漢字音表記に用いられた聲點の形である。聲點は漢字の字音の聲調（アクセント）を示すための符號で、漢字の周圍に加えられたものであるが、その形は一般に・又は。（濁音の場合は•• 又は◦◦など）が用いられた。この本でも。や◦◦が見られるのであるが、それと竝んでー の形が見えている。「-資財-」（戸令）「所-得」（戸令）などで、清音と濁音を區別せず、第二圖のような形で用いられているらしい。これは漢籍の訓點では他にあまり例の多くないものであり（嘉禄本古語拾遺の鎌倉初期點に所見あり）、殊に清濁の區別をしていないことは、聲點のまだ十分に發達していなかった時期の形を遺しているようにも思われる。佛書の訓點の中でも、天台宗關係などでは、

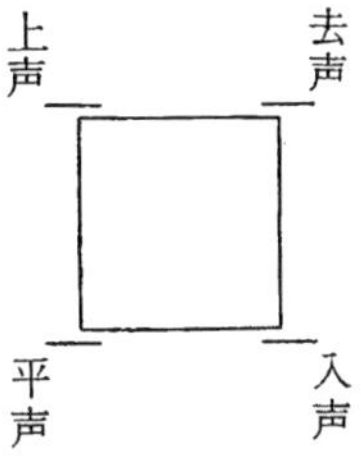

第二圖

ーを濁音の聲點に用いた例があり、或いはそのような出自があるのかも知れない。

本點の内容で先ず注目されるのは、漢字音の中に呉音系の字音が見られることである。（以下の用例のうちには、本書に收めていない令義解卷頭の「序」「表」「詔」など〈以下では「序」と略記〉からのものを含む。尙、以下の用例に於ては、原文の假名を片假名、ヲコト點を平假名、補讀を（　）に包んで表す。本文の譯文とは必ずしも一致しない。）

刑名《キヤウミヤウ》（序）　假寧《ケニヤウ》令（同）　政刑《シヤウ》（戸令）　政績《シヤウシヤク》（戸令）　邊遠《ヲン》國《の》（賦役令）　文武《モンム》（選敍令）

支解《ケ》（名例律）　皇帝《ワウタイ》（名例律）　冒《ム》名（僧尼例）

などはその例である。尤も中には漢音の系統も混在していて、

損益《エキ》（序）　軌物《フツ》∞（序）　歷《レキ》（序）　令《レイヲ》（序）　生靈《セイレイノ》（序）　齊刑《セイケイ》（序）

のような例もあるが、大勢としては呉音中心といえるようである。漢籍の訓點に於ては、古くから漢音系の字音が一般であり、呉音系の字音が用いられることは稀であったようである。八世紀末から九世紀初頭にかけて、漢音が頻に奬勵されたことがあり、その影響が式部省管下の大學の中に行亙ったためと思わるが、大學の中といっても、それは紀傳道や明經道についてであって、律令を主管した明法道にはこの風潮が及ばす、從前から行われていた呉音が依然として行われたというような事情があったのかも知れない。淸原宣賢の式目抄に律令格式は皆呉音でよむ由の記述がある（佐藤進一氏御敎示）のも、この傳承を反映したものであろう。

尤も、そうだからといって、現在見られる呉音の字音がすべて平安初期以前の姿を傳えるものであるなどとは言えない。むしろ後代の音轉の狀態を示す面も少くないのである。それらの中の問題點を二三列擧しておく。

所謂ワ行合拗音のクヮ・クヰ・クヱなどの字音は、古くカ・キ・ケと區別されていて、その中クヮ・カの區別は近世まで存したが、クヰとキ、クヱとケとの區別は、南北朝時代頃まで存在した。本點に、

屈《クヰツ》（序）　訓《クヰン》（序）　拱《クヰウ》（序）　歸《クヰす》（序）　一十卷《クヱン》（序）　歸《クヰ》化（名例律）　僞《クヰ》（名例律）

などの例が見えるのは、それ以前の形を示すものである。又、サ行、タ行の合拗音を見ると、

黜《スヰツ》陟（考課令）　不順《スウン》（賊盜律）

など、後世の表記と異るものがあるが、これらも平安時代から鎌倉時代にかけて一般の訓點に廣く見られるものである。他方、撥音尾の唇內音（-m）と舌內音（-n）との區別は、鎌倉初期頃まで存して、以後次第に混亂して行ったが、(1)本點では、次のように混淆の例が少からず見えている。古くは-m はム、-n はンその他で表記して區別されていたものである。

〔唇內撥音尾 -m をンと表記した例〕　不嚴《ケン》（序）　煩濫《ラン》（序）　劒《ケン》戟（序）　公廉《レン》（戸令）

〔舌內撥音尾 -n をムと表記した例〕　沿《エム》革（序）　煩濫《ハム》（序）　溫《ヲム》育（序）

これらは大體鎌倉中期以降の狀態を示すものである。又、唇內入聲尾 -p（-フ）が、次に無聲子音が來た場合に舌內入聲（-t）化する現象は、鎌倉中期以降の現象と考えられているが、(2)本點にはそれが若干見えている。

蠟炷《ラツチウ》（古くはラフ｜チウと表記された筈の例）（序）

これら漢字音の諸現象は、何れも鎌倉中後期の樣相を示すもののようであり、この點に關する限り、概してこの寫本は藍本の鎌倉中期の訓點の狀況を反映しているものと見て良いのではないかと思われる。ただ中には、

垂《スイ》拱《クヰヤウシ》（序）

のクヰヤウのように、開合の別の亂れた例があって（正しくはクヰヨウ）、この種の混用は一般に近世初期以降の現象とされているから、中には、近世の轉寫に際して、不用意に當時の新しい音韻體系に從ってしまった部分があるかも知れない。

一方、語法の面では、幾つかの古い形が認められる。先ず接續詞の「及」の訓法が問題になる。この字は、上下の字句を結合させる接續詞であるが、本來日本語にはオヨビという接續詞は無かったもので、「及」字が別に動詞としてオヨブの

意味を有し、オヨブという和訓がこの字に定着したことから派生して、接續詞の場合にもオヨビと訓ずるようになったと見るべきであろう。小林芳規氏は、この種の「及」字は古く訓讀では讀まれなかったのであり、平安中期以降、字に卽してオヨビと訓ぜられるようになったことを實證されたが、[3]本點を見ると、本文では「及」字が頻出するにも拘らず、これをオヨビと訓じたことが明に認められるのは僅か數例に過ぎず、大多數は訓を附していない。「及」をオヨビと訓じて接續詞として讀み下すことは、小林氏の說かれるように、平安中期以降の例があるが、古訓點においては、院政時代になっても「及」を讀まない例も多い。大慈恩寺三藏法師傳承德點・同永久點などはそれである。これらの本は、南都の佛家に傳わった訓點を記したものであるが、博士家點本においても、史記延久點・文集天永點など、平安後半期の加點であるが、「及」をオヨビと訓じた例は原則として見られない。律令の古訓點に「及」の大部分が不讀であることは、平安時代の訓法を反映しているものと認めることが出來よう。本書の訓點の中で二三の例外的に「及」を讀んだ例というのは、鎌倉時代の藍本に既に存したものか、又は近世の書寫の際に加筆されたものか詳でないが、前述の史記延久點本の中で、孝文本紀の後人の加筆（奥書には建久七年〈一一九六〉、建仁二年〈一二〇二〉などの年紀がある）らしいものの中に、「及」に「ヒ」を施した例があり、博士家にもこの頃から「及ヒ」を訓じた例が起ったかとも思われる。何れにせよ、多分鎌倉時代以降に現れた新しい語形と認めることが出來るであろう。

本書では人物を表す「者」を「ヒト」と訓じていることが多い。例えば、

德行同(じ)くは、才用高(か)らむ者《人》を取れ。才用同(じ)くは、勞效多《ケウお(ほ)》(か)らむ者《人》を取れ（德行同取才用高者才用同取勞效多者）（選敍令）

凡(そ)分番の者《人》は、年毎に本司、其の行能功過を量(り)て、三等の考第立(て)よ（凡分番者毎年本司量其行能功過立三等考第）（考課令）

右の「人」は「ヒト」と訓まれるものである。平安中期まではすべてヒトと訓まれたが、以後、時にモノと訓み替えられて行った。[4] しかしすべてがモノに轉じたのではなく、鎌倉時代の頃でも依然としてヒトの訓も在ったのであって、例えば古文孝經仁治點などでは兩者が併存しているようであり、漢籍では後までヒトの古訓が部分的には傳えられていたようである。律令のこの加點も古形を保っているものといえよう。

次に目的格にヲを用いない例が目立つ。

凡(そ)兵衞は、三等の考第□立(て)よ（凡兵衞立三等考第）（考課令）

其(れ)、八虐□犯セラは〔者〕、此の律《ノ》□用《モチ》ヰ不《シ》（其犯八虐者不用此律）（名例律）

中古の和文（平假名書の日記・物語など）の類では、「月□見る」「花□折る」など、目的格に助詞「ヲ」を伴わないのは普通の語法であるが、漢文訓讀において、目的格の語が動詞の下にあって返讀する際には、「王關ヲ見ル」「筆ヲ執ル」のように助詞ヲを伴うのが普通であった。佛書では古くからこの格だったようで、漢籍でも多くこの語法であったらしいが、漢籍の中で一部に助詞ヲを伴わない例のあることが、小林芳規氏によって指摘されている。例えば、論語の建武四年點本や正和四年點本、嘉曆二年點本などに、

樊遲、稼□學《マナ》ヒむと請フ（樊遲請學稼）

禮□學(び)たり乎《や》（學禮乎）

とあるような例である。[5] 論語のすべてがかようにヲを伴わないわけではなく、寧ろ全體から見れば僅な例であるが、律令の訓點では、この助詞ヲの無い例が相當に多い。

目的格に助詞ヲを伴わないのは、國語において古今に亙って廣く行われている語法であるから、訓點におけるこの種の例によって、直ちにその時代の新しいか古いかをいうことは容易でなく、況やその訓の定まった時代を推定するのは、更

に困難なことであるが、強いて推測を巡らすならば、これを和文に近い語法と認め、和文的な語法が、多く平安中期（又はそれ以前）の點本に例を拾うことが出來ることによって、この時期まで遡ると考えることが出來るかも知れない。

次に、「ベシ」の連用形「ベク」を音便で「ベウ」と訓じた例がある。

進《ス、》ム應《ヘ》ウ者《(は)》、亦此に准へよ（應進者亦准此）（考課令）

蠱毒《コトク》を造畜《チク》して流《ス》す應《ヘ》ウ者《(は)》、配流せむ(こと)法の如ク（造畜蠱毒應流者配流如法）（名例律）

皆謂く、本犯死ス合《ヘ》ウシ而《て》、獄成(り)タル者《ヒト》をは(いふ)（皆謂本犯合死而獄成者）（名例律）

古訓點ではベクを用い、音便形のベウは用いないのが普通である。形容詞の連用形のウ音便は、一般に十世紀初頃以降に文獻に現れ、ベシの音便形ベウは平安中期の假名文學などには頻出しているが、訓點ではその例が極めて稀である。[6]これも右と同じく、和文的な語法として、平安中期頃の形の遺存と見得るかも知れない。

サ行變格活用動詞の命令形は、一般に「せよ」であるが、この古點では往々にして「せ」とのみあって「よ」を缺く場合がある。

防人の食に供せ（供防人食）（軍防令）

竝に律に依(り)て科斷せ（竝依律科斷）（僧尼令）

古訓點でもこのような例は他に見えないが、とにかく語源としては「よ」は助詞であって、後に添加されたものであることは疑無い。奈良時代には既に命令形は一般に「よ」を伴って「せよ」の形を取っているが、僅かながら「せ」の形の命令形も見えるようである。律令の古訓におけるこの例は、恐らく奈良時代以前の古形を傳えるものと考えられよう。

以上のように、これら律令の古訓に見られる國語上の性格は、一面では、鎌倉時代の漢籍の古點の要素を有しつつ、他面では平安中期十世紀前後と見られる古形を存し、又更に一部には奈良時代以前の語格を遺す面もあると考えられるわけである。そして大綱としては、一般の傳統的な古點がそうであるように、平安時代後半の國語の語格を多く反映していると見ることが許されるであろう。

最後に、餘說ではあるが、令義解の書入れに見られる古辭書の引用について、國語史の立場から一二檢討を加えて見ようと思う。

本書の訓點の中には、本文の行間・欄外、及び紙背に亙って、多くの漢文注の書入があり、その中には、古本玉篇、切韻など、漢土所撰の古辭書の引用が多く、その方面の研究に有用であるが、本邦撰述の古辭書についても、東宮切韻、和名類聚抄などの引用が都合數條見えている。中で、和名類聚抄の引用は、次に示すように二條が見出された。共に令巻第十に在るもので、

①（「權衡」の上欄外注）（關市令14官私權衡條）（／は改行を示す）

權　廣雅云／錘謂之／權和名／波加利乃／於毛之又／加良波加／利

衡　兼、、云銓／音全一／名衡／楊氏抄／云加良／波加利／稱也

②（「榱」の紙背注）（雜令11公私材木條）（〈　〉は小字割書）

榱　釋名云榱衰和名太流岐楊氏云波閇岐在檼旁下垂也／兼名苑云一名橑〈丨老〉一名椽〈音傳〉尒雅注云桷〈丨甬和名須美岐〉屋四阿大榱

①は現存二十卷本卷第十四の調度部中に、

權衡　廣雅云錘音垂謂之權和名波加利乃於毛之　兼名苑云銓音全一名衡稱也楊氏漢語鈔云權衡加良波可利（道圓本。東急本〈室町時代寫本とされる〉では「稱也」が文末に、「漢語鈔」が「漢語抄」とある）

とあって、互に大同であり、小異あるものの、東急本にやや近いという面が見える。又②は、高山寺本（院政期寫）卷第十

の居處部に見える條で、

　椺　釋名云——音褱和名太流岐楊氏云波閇（ママ）木　在檼旁下垂／也兼名苑云一名掩（ママ）一名椽音傳

　桶　尒雅注云——音甬和名須美岐　屋四阿大椺也

とあって、やはり大同である（兩者共に若干の誤寫があるらしい）。二條とも高山寺本系乃至は二十卷本系の本文と大體符合していることが注意される。殊に①はこの訓點を鎌倉中期の形を傳えるものとすれば、この部分は本文として現存最古のものに當る。

　東宮切韻は、

　①平　東宮切／韻陸法／言云符兵／反郭知玄／云正也（捕亡令11平奴婢價條、下欄外注）

　②（「諸」の注か）東宮切／韻陸法言／云章魚／反郭知玄云／非一之辭又／止奢反麻果（杲の誤）／云衆也孫愐云／又六夫沙門／清徹云捻言也（雜令8祕書玄象上、下欄外注）

の例が見える。上田正氏の勞作「東宮切韻論考」（『國語學』第二四輯、昭和三十一年）には言及されていないものである。

以上、內閣文庫本の訓點を主として、二三の卑見を述べたが、匆々の執筆で、不行屆の點の多いことを虞れる。各位の高批を賜らば幸である。（五一・一〇・一六）

注

（1）中田祝夫『古點本の國語學的研究總論篇』九八九頁以下。

（2）小松英雄「日本字音における唇內入聲韻尾の促音化と舌內入聲音への合流過程」（『國語學』第二五輯、昭和三十一年）。

（3）小林芳規「「及」字の訓讀」（『國文學言語と文芸』第四號、昭和三十四年）。

（4）門前正彥「漢文訓讀史上の一問題—ヒトよりモノへ—」（『訓點語と訓點資料』第十一輯、昭和三十四年）。

小林芳規『平安鎌倉時代に於ける漢籍訓讀の國語史的研究』四五八頁他。

（5）注（4）小林氏著書一〇二〇頁。

（6）築島裕『平安時代語新論』五三二頁。尙、地藏十輪經元慶七年（八八三）點に「般涅槃に入（ら）しメツヘウアルヘシ」（入般涅槃（巻第九）の例のあることが報告されている（中田祝夫『古點本の國語學的研究譯文篇』一〇九頁9行）。

（『日本思想大系3　律令』岩波書店　昭和五十一年十二月）

東大寺圖書館藏本法華攝釋治承點

東大寺圖書館に藏せられてゐる古點本の一つに、法華攝釋五帖がある。本書は、卷第一・二・三端・三奥・四の合計五帖あるが、本來はこの後に更に一帖があつて、全部で六帖あつたものと見られる。そのことは、本書の各帖の表紙右肩に「六帖内一（～五）」とあることによつて知られるのである。

法華攝釋は、法華經玄贊攝釋等とも稱せられ、慈恩大師の法華經玄贊を、唐の智周（六七八～七三三）の注釋したものであり、内容は、法相教學に立脚して法華一乘を批判注釋した書とされてゐる（『佛書解説大辭典』・橋本凝胤氏執筆）。活字本としては大日本續藏經（一ノ五三套）に收められてゐる。

本書の書名は諸宗章疏録卷一の法相宗章疏の項の下に「法華攝釋四卷智周述」と見える他、石田茂作博士の『奈良朝現在一切經疏目錄』によれば、天平十五年及び天平勝寶七年の古文書に「法華攝釋」の名が見え、既に奈良時代に傳來してゐたことを知るのである。

東大寺圖書館藏本の法華攝釋は、春日版の摺本であつて、もと卷子本であつたのを折本に改裝したものである。表紙は茶褐色で原裝と見られるが、竹は立ててゐない。改裝された折本の大きさは、縱約二七・五糎、横約一五・五糎である。

本摺本を始めて世に紹介されたのは、恐らく大屋德城氏であらう。氏の『寧樂刊經史』の一〇一頁以下に識語を掲げられ、附圖（一〇）に卷第三の卷尾の寫眞が添へられてゐる（尚、右の書に「四帖粘葉本」とあるのは、恐らく何かの誤であらう）。

又、本書を點本として紹介されたのは、中田祝夫博士が最初のやうであつて、博士の『古點本の國語學的研究總論篇』三三一七頁に掲載され、本書のヲコト點が喜多院點であることを示された。次いで遠藤嘉基博士、廣濱文雄氏の『新版點本書目』八三頁にも掲載された。

大屋氏の書で知られる如く、本書は春日版の逸品の一つとして著名なものであるが、本書には全巻に亙つて可成詳密な訓點が加へられて居り、その訓點は、國語史料として種々の面で有用なものであると考へられるのであるが、從來、この訓點の內容に就いて紹介されたことがないので、以下その一端を述べることとしたい。

東大寺圖書館藏法華攝釋治承點所用假名字體表
（朱點○は墨點にも用ゐたもの（・）は墨點にのみ用ゐたもの）

東大寺圖書館藏法華攝釋治承點所用ヲコト點圖（喜多院點）

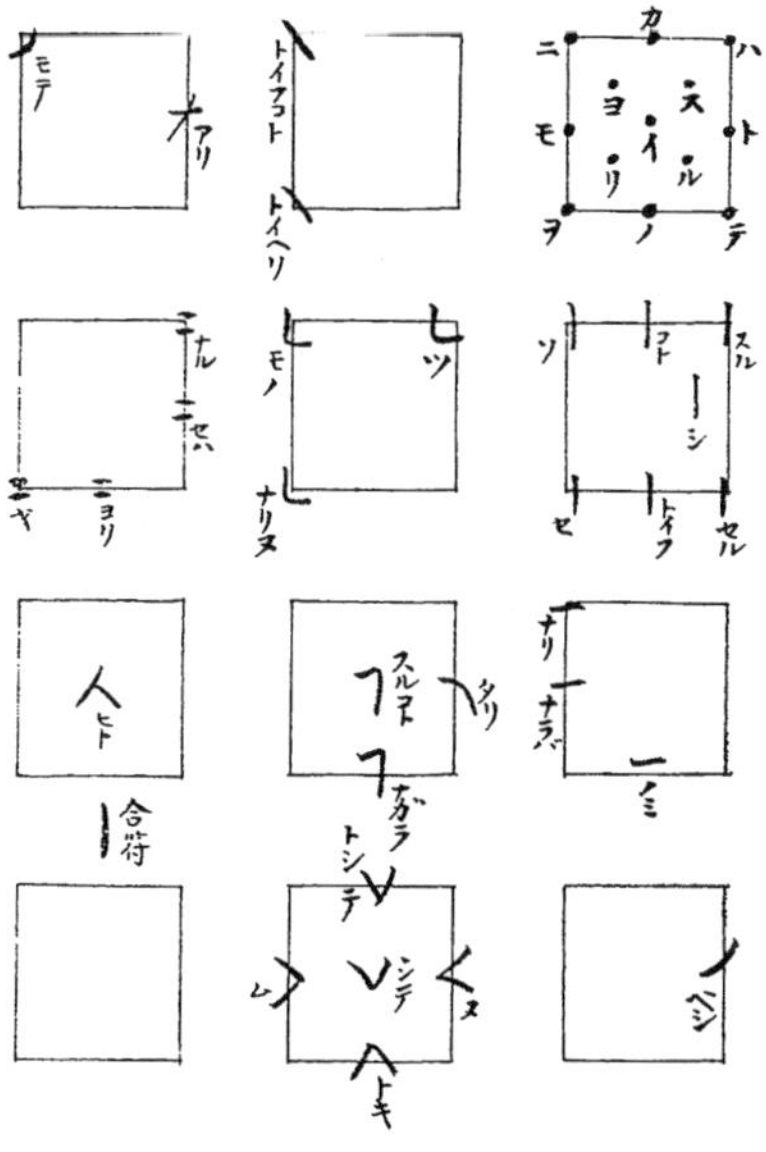

本書には次のやうな奥書がある。

（卷第一奥）（墨）「安元二年（一一七六）酉三月廿三日儲之永尊／摺始也」
（朱）「治承二年（一一七八）戊戌二月六日點畢永尊（花押）」（「戊」は墨筆の後補）
（後筆ノ墨）「傳領實圓」（この上から薄紙を貼る）
（卷第二奥）（朱）「治承二年戊戌六月十八日移點畢　永尊（花押）」
（墨）「治承二年戊戌二月　九日摺之沙門永尊（花押）」
（後筆ノ墨）「傳領實圓」
（卷第三端奥）（墨）「永尊（花押）文也」
（卷第三奥奥）「玄贊第四第五第六及第七之端之處也　重慶」
（別墨）「安元二年丙申十一月五日摺之沙門永尊之／料紙六十八枚此卷者此（以下缺）」
（朱）「次年八月十六日辰時點了　永尊／點本神護景雲三年三月一日」
（後筆ノ墨）「傳領實圓」
（卷第四奥）（墨）「治承元年酉八月　比儲之沙門永尊」
（後筆ノ墨）「傳領實圓」

右に依つて窺ふと、本書は安元二年・治承二年の頃に永尊が摺り、その後間もなく、治承元年・二年の頃に同人が訓點を加へたことが知られる。本文中には、卷第四の後半を除き、全般に亙つて朱點が加へられてゐるが、これは奥書と同筆で、永尊の訓點と認められる。この朱點は假名とヲコト點とから成り、ヲコト點は喜多院點である（このことは中田祝夫博士が前掲の書で始めて明にせられた）。更に本書にはこの朱點の他に、墨筆の點が二種認められる。この墨點は主として卷第一に多く附せられ、多分前述の朱點よりも先に附せられたものであるが、恐らく加點年代は朱點とさほど隔らない頃のものと見て差支無いやうである。墨點と朱點とは互に夫々假名とヲコト點とで相補ふやうな形になつてゐる部分もあるが、互に全く異つた訓法の部分もある。

本書訓點の假名字體とヲコト點とは別表の如くであるが、注意すべきは、これらの中に、治承當時としては古體の假名を少からず殘してゐることである。例へば、ウの假名の于、キの假名のきさ、ケの假名の介、タの假名の太大、ニの假名のㄥ、ホの假名のロ、ヰの假名のゐ、ヱの假名の十などは、他の平安時代の古點本に大概見える字體であるが、多くは平安後期か又はそれ以前であつて、治承の頃の字體としては一般的ではない。これは何故かと言ふに、恐らくこの訓點は一時代前の（多分平安中～後期頃の）訓點本から移點したものであつて、移點の際に、前代の假名が部分的に殘存したものと見るべきであらう。かやうな類例は、當時の他の點本にも若干見出すことが出來るやうである。

前述の如く、巻第三の奥に、朱筆で

「次年八月十六日辰時點了　永尊
　點本神護景雲三年（七六九）三月一日」

といふ奥書が見える。神護景雲三年云々といふのは、如何なる意味であらうか。小林芳規氏は、移點の原本の書寫の奥書を寫したのであらうと言はれるが、蓋し穩當な推測であらう。若し神護景雲（奈良時代）に「點本」があつたとなると、點法史上最古の點本として非常に重要な問題を提起することになる。唯々後述の如く、本點本には訓法上相當に古體を存してゐるやうであつて、部分的ながら少くとも平安初期の風を窺ふことは出來るやうであるから、或いは神護景雲の寫經に平安初期の訓點、又は平安初期の訓法を傳へた平安中後期の訓點が加へられてゐたことなども考へ得ることである。

音韻の面では、先づア行音・ハ行音・ワ行音の混用として次のやうな例がある（以下原文の假名は片假名で、ヲコト點は平假名で、補讀は（　）で示す）。

○イ→ヒ　不《サラム》偉《オホヒナラ》乎（墨）
○オ→ヲ　抑《ヲサフルコト》　遺《ヲチタル》　在《ヲケリ》　洎《ヲヨムテ》　非《し》晩《ヲソカラ》　畏《ヲソリ》悪《ニクム》　送《ヲクる》
○ハ→ワ　斷《コトワテ》
○フ→ウ　債《ツクノウ》　仕《ツカウルこと》
○ヘ→エ　不勝《タエ》　衫《ウエノキヌ》
○ヒ→ヰ　果《ツキに》
○ホ→ヲ　仿《タチモトヲル》　挑《モヨヲス》　故《ナヲ》　姝《カヲヨシ》　裁《ヲサフル》　素-帶《ハラヲヒ》
○ヱ→ヘ　ソヘニ

右のやうな状態は、大體治承頃の假名遣（假名の用法）として一般のものと見られる。次に、音便としては、次のやうな例がある。

○イ音便
キ→イ　穿《ツラヌイテ》　跪《ヒサマツイテ》　發《ヒライテ》　縦《ホシマヽに》（ホシイママニをホシママニと記した例）　従《ツイテ》　鞦《シリカイ》　靷《ムナカイ》
ギ→イ　尋《ツイテ》　脱《ヌイて》
○ウ音便
ク→ウ　勁《ハケシウシテ》
ヒ→ウ　倣《ナラチテ》（「チ」は「于」の誤であらう）

ヒ→フ　冀《ネカフテ》　問《なりとイフシハ》

○撥音便

ニ→撥音（無表記）　一何《イカソ》　焉《イツクカ》　曷《イカソ》（墨）

ニ→撥音（ン表記）　曷《ナンソ》

ニ→撥音（ム表記）　曷《ナムソ》（墨）

リ→撥音（無表記）　措《ヨトコロ》　寄《ヨトコロ》　歸《カヘナム》

ヒ又はビ→撥音（ム表記）　學《マナヒムト》

ビ→撥音（ム表記）　洎《ヲヨムテ》

ミ→撥音（ム表記）　恃《タノムテ》　閔《イタムテ》

○促音便

チ→促音（無表記）　穿《ウカテ》

ヒ→促音（無表記）　傭《ツクノテ》

リ→促音（無表記）　齊《カキテ》　嚙《カフシ》　謂《カタテ》　造《イタテ》　執《トテ》　淫《フケテ》　皷《ウテ》

チ→促音（ツ表記）　皷《ウツテ》羽《ツハサヲ》

更に、所謂「個別的音韻變化」の例と見られるものがある。即ち、「栖」をヤタリスと訓じたのは、ヤドリスのドがダに轉じたもので、恐らく前のヤの母音に引かれた結果であらう。又、「屠」をホムリと訓じた例があるが、これは恐らく「ホブリ」のブがムと入替つたのであらう。

この他「銛」をノコキリと訓じた例があるが、この語の古形はノホキリであること、既に岡田希雄氏の論ぜられた通りである。ノコキリの古い例は、觀智院本名義抄の例以外では、年代のはつきりしたものとしては恐らく本資料を最古例とすべきかも知れない。

又、「不可踰《コフ》」の例を見るが（墨點）、これは恐らくコユがコフと轉じたものであつて、院政時代としては他に例の尠いものと考へられる。又、同じく墨點で「法度《ハツト》」のやうに脣內入聲音をハツと誌した例がある。他の例に比し聊か早きに過ぎるかとも疑はれるが、一往治承頃の資料として述べておく次第である。

語法として、先づ特筆すべきは、古代語法の殘存と見られるものが相當に多いことである。

○故レ、淨身の十方に遍せるも、普（ク）世間（ノ）諸重苦を滅（スルコト）を獲たり（故獲淨身遍十方普滅世間諸重苦）

○故レ別別持と名（ク）（故名別別持）

○故レ不共と名（ク）（故名不共）

○故レ請《マ》（キ）て方說（ス）（故請方說）

○故レ難して上（ラ）令《シ》ムべし（故難令上）

右の「故レ」は恐らく「カレ」と訓ずるものである。「故」をカレと訓ずることは、日本書紀の古訓などでは後世まで傳へられてをり、江戶時代より旣に學者の間に知られてゐたことであるが、日本書紀以外にも、法相關係の點本などでは殊に、院政時代頃まで下つた時代の點本にも、屢々見出されるものである。

○狗《イヌ》ノ呼《ヨハ》フ（コト）、彼の螺（ノ）音をもて行するに似タリ、ソヘニ狗（ノ）行をは彼の比丘の內には（貪欲不善）之行を懷（キテ）、外には善言眞正の〔之〕行を現するに況《タト》フ（狗呼似彼螺音而行狗行況彼比丘內懷（貪欲不善）之行外現善言眞正之行）

に見えるソヘニといふ補讀の訓も、古點本、殊に、法相宗で主として訓まれた因明唯識關係の書などでは後世までも多く見出されるものであつて、語源はソユヱニの約略かと考へられ、古今集にも例が見える語である。
○故逢遇すること頗《少也》《カタミ》し（故頗逢遇）
右の「カタミ」は一寸解しにくいが、カタシといふ形容詞の語幹カタにミが附いて所謂ミ語尾を形造つたものではないか。さすれば、かやうな語尾は、平安時代の訓點では、平安初期には往々見られるが、中期以後には例の乏しいものである。（尤もこの例、カタミのミをシの誤寫と見て、カタシと訓むべきであるかも知れない。尚後考を俟ちたい。）
○他の衆生を懷（セ）不《ぬ》（カ）故に（不壞他衆生故）
の、「不」を「ヌ」と訓じた例も、平安初期の點本か、又は平安中期以後、法相關係の點本に多く見られるものであつて、平安中期以後、一般にザルを用ゐた。尤も本點本でも、「不」をサルと訓じた例もある。
○出家の身行の清《イサ(キヨ)》（カラ）不《サ》ルに喩（ス）（喩出家身行不清）
○之に喩す（ルコト）人の如くアリシ（喩之如人）
右の「ゴトクアリ」は、平安初期の形態と見られるもので、後には一般に「ゴトクナリ」の形で用ゐられる。
○聖者等い曷《ナン》ソ《そ》此を愛（セ）不《(ヌ)》（聖者等曷不愛此）
○又復戒行い分に隨て過《トカ》を滅（スルヲ）もて（又復戒行隨分滅過）
○王い其の禮を善《ヨ》シト（シ）テ因て放《ユル》シテ《て》歸《カヘ》シテキ《てき》（王善其禮因放歸）
右の助詞「い」が古代語であることは周知のことであり、この助詞が平安初期には點本一般に用ゐられてゐたが、平安中期以降には主として法相關係の點本に殘存することも、既に說かれてゐる所である(1)。
○蹠桷《カク》端木者、端（ハ）猶し首《ハシ》ソ〔也〕（蹠桷端木者端猶首也）（聲點省略、以下同）
○或（ハ）卽（チ）連（レル）檐《エツリ》ソ（或卽連檐）

右の助詞ゾを文の終末に用ゐたのも、平安中期以前の點本に多く見られる形のやうである。(2)

文法關係で、次に、動詞の活用について若干の問題ある例がある。

○怖ラ令(メ)て以て自の情《ノ》を暢(フル)を以て、怖猗自樂(ト)名(ク)(令怖以暢自情名怖猗自樂)

右の「怖ラ令(メ)て」は「オソラシメテ」と訓ずるのであらう。オソルの活用については既に先學の說があるが、(3)オソルの四段活用の確實な例は、院政時代に入つて始めて見えるやうに考へる。(4)

○仙(ハ)〔者〕長生之《ノ》術(ナリ)〔也〕、將に求メ學《マナ》ヒムト欲(レハ)先(ツ)其(ノ)志(ヲ)定(メ)ヨ(仙者長生之術也將欲求學先定其志)(墨)

右の「マナヒム」は「マナブ」の上二段活用の例である。この語は古くは四段活用もあるが、上二段も多く用ゐられてゐた。

○其の形鵲《カサヽキ》尺反に似たり、但(シ)此の鳥群《ムラカ》居也り集て(〔ル〕ときに)多ク竹林に栖《ヤト》リ(其形似鵲但此鳥群集多栖竹林)

右のムラカリは四段活用と見られるが、古くはこの語は下二段が多く用ゐられたやうであつて、四段活用は寧ろ比較的少かつたらしい。

語彙では、比較的珍奇なものが多い。

○アブル(炙)

二(二)鈠《カウ》ニ爍《アフ》レトモ燋《コカ》レ不(二鈠爍不燋)(墨)

「爍」字は新撰字鏡に

爍　舒約始若二反灼爍也火光盛皃　(一ノ二十ウ)

とあり、類聚名義抄には「ワカス」「アツシ」「コカス」その他多くの和訓があるが、アブルの訓は見出されない。他の訓點資料などでも、未だこの字をアブルと訓じた例は見出してゐない。けれどもこの字にはコガス・ヤクの意があるやうであつて、アブルの語は、現代では一般に「火にかざして（魚などを）焦目を附ける」のやうな意に用ゐるが、他方「火あぶり」のやうに「焼く」の意もあつて、古くはこの意味も多く用ゐられてゐた。右の例も「焼く」の意と考へて良いであらう。新撰字鏡には

焚　扶雲狀(扶カ)芬二反以物入火良　保須又阿夫留又也久　（一ノ十九ウ）

と見え、名義抄にも炙・炮・爆などをアブルと訓じてゐる。

○アラカネ（鑛）

金性の鑛《アラカネ》(ノ)〔之〕中(ニ)在(ル)ときは（金性在鑛之中）

アラカネのカは古く清音だつたやうである。圖書寮本名義抄に「礦」字をアラカネと訓じて「上上上上」の單聲點を附してゐるのを始として、觀智院本では右と同様の單聲點の例が三例あり、日葡辭書でも Aracane と項出してゐる。所で「鑛」の字は、名義抄では「亠黄　カナマリ」と注せられて居り、大廣益會玉篇に「胡觥切、鐘聲」などと見えて、製煉する前の「鑛石」の意は見られないが、或いは「鑛」字の誤か（礦と鑛とが同字であることの聯想などで）。

○アシヲル

象と舟との沈蹶(ノ)〔之〕患を免(レムコトヲ)冀《ネカ》フ（冀免象舟沈蹶之患）

右の「蹶」に墨筆にて「コウ(?)、フム、アシヲル」の墨訓がある。右と同字同訓が觀智院本名義抄に見える（法上七三）が、訓點本としては珍しい和訓である。

○イノリカタム

注に言を通(シ)て彼此か〔之〕情を盟《イノ》リ約《カタ》ム（注通言盟約彼此之情）

東大寺圖書館藏本法華攝釋治承點

「イノル」は神に對して申すことであり、「盟約」は神に申して互に約束を固めるの意で、右のやうな訓が附せられたのであらう。一種の意讀と見るべきであらう。墨點では「盟《メイ》。約《ス》。」と音讀してゐる。

○イヨヨカ

故(ニ)國語(ニ)云、善を竦《ヰヤマウ》《イヨ、カナリ》(ス)（故國語云竦善）

「イヨ、カ」は嚴然と立つてゐるやうな樣をさす語らしい。新撰字鏡にその古例があるが、訓點本にも、仁和寺本大日經疏嘉保點に「森然イヨ、カナリ」（中田博士による）、圖書寮本文選應永點に「森槮トイヨ、カナル」などがある。觀智院本名義抄にも「槮」「森」「粒」をイヨ、カと訓じてゐる。

○ウキクサ

薀藻《サウ》ハ聚《シウ》藻《ウキクサ》ナリ（薀藻聚藻）（墨）

ウキクサの語は古今集（雜下）に

わびぬれば身をうきくさの根を絶えてさそふ水あらばいなんとぞ思ふ

といふ著名な歌の例があるが、右以外では訓點本で、大東急記念文庫藏三教治道篇保安點に「洴ウキクサノことくに」、法隆寺藏法苑珠林長承點に「萍ウキクサ」、觀智院藏唐大和上東征傳院政期點に「烏芷ウキクサ」などの例が見られる。名義抄でも「萍」「蒗」「萍」「蘋」などをウキクサと訓じてゐる。

○ハダク

三(ニ)刮《ケツ》リ刷《ハタク》ルことを知す（三知刮刷）

ハダクといふ下二段活用の動詞である。日葡辭書に Fadaqe, uru, eta. Almofaçaro caualo とあり、（パジェス日佛辭書には Fadake, ハダケ、espace entre l'arc et la corde …）と見え、近世初にはハダケのダが濁音であつたことを知る。古例としては、新撰字鏡、觀智院本類聚名義抄などの例があり、摩でるの意であることが知られる。

○ハヒネス

遂ニ杖(ヲ)投《ス》テ(而)去ヌ、因(テ)植根《ハヒネ》セリ（遂投杖而去因植根）（墨）

四段活用のハフの連用形にネの附いた形で、散木集（松のはひ根を）や嘉應二年十月住吉社歌會（住の江の松がはひ根を枕にて）の用例が知られてゐるが、「ハヒネス」といふサ變動詞の例は珍しいと思はれる。

○ヤワシ

復飢《ヤワ》《モノホシカラ》《ウエ》シカラ不小《シハラ》ク停止(シ)なから俄項間《シハラク》(ノ)似《如也》(キナラク)耳《のみ》（不復飢小停止似俄項間耳）

「ヤワシ」といふ語は辭書などにも見えない語で、訓點本關係では平安初期寫の東大寺諷誦文に

申セハ飢ヤワ分ワケテ給ヒシ《ヒタリ》母氏ハ我ハ不トモ食而給トソ宣クル（翻字本四〇頁）

飮粥忍饑ヤワ（同三一頁）

とある「ヤワ」が、或いは「ヤワシ」の例ではないかと見られる。語源は「ウヱ」と關係があるかとも考へられるが、未だ詳でない。

この他注意すべき語彙としては、

綺イロヘ　矯カタマシク　鑊カナヘ　糠カヒ　砧カラウス　皰クサヒ　皸クヒキ　皹クヒキ　襟コロモノクヒ　鞦シリカイ　靷ムナカイ　尖スルトニ　債ツクノウ　約ツ、マヤカ　擎テヲサ、ケテ　轅ナカエ　素帶ハラヲヒ　適ヒタ、　雷同ヒタ、ケテ　員マトカ　膗マリラカナル　髻モト、リ　鞅骨ヤカタホネ　軸ヨコカミ　蒿ヨモキ　網ワカツリ

など少くないが、紙數の餘裕が無いので、詳說は割愛する。

最後に、本書に引用された漢籍の例を一二示すことにする。

○論語(ヲ)按(スルニ)云(ク)、子貢《コウ》か曰(ク)、美玉ハ〔於〕斯(ニ)有りテ匵《ハコ》に韞《ツヽ》ム(テ)〔而〕藏(シ)たり、諸善き賈《アタヒ》を求めて〔而〕沽《ウヽ》ラムといふ〔諸〕、(按論語云子貢曰有美玉於斯韞匵而藏諸求善賈而沽諸)

右は論語巻第五子罕第九の一節で、建武本論語によれば右の文の部分は

子貢ガ曰ク、美玉《ビギヨク》〔於〕斯《コヽに》ニ有《ア》リ、匵《ヒツに》ニ韞《オサ》《ツヽムテ》メテ而藏《てカク》《カクセリ》シタリヤ諸《や》、善《ヨ》キ賈《アタヒを》ヲ求《モト》メテ而沽《てウラ》《ウラムヤ》メヤ《(ヲサ)メムヤ》諸《や》

と解讀される。この兩訓讀文を比較して見ると、全同ではないけれども、概して、建武本の左訓に合致するやうである。

○史記に云(ク)、紂《チウ》朝と爲《し》て北鄙《ヒ》之音を歌《ウタ》ヒシカハ《しかは》、身死に國亡《ホロ》ヒキといへり、又禮《ライ》記に云(ク)、鄭衞《エイ》之音は世を亂る〔之〕音なり〔也〕(史記云紂爲朝歌北鄙之音身死國亡又禮記云鄭衞之音亂世之音也)

この他、「尙書」「漢書」「周易」「毛詩」「孝經」「說文」「爾雅」「廣雅」「國語」「方言」「西域傳(大唐西域記)」などの引用と、その訓點が見られるが、何れも、それらの書物の現存最古の訓點であるか、又は最古の資料の一つに相當するものである。

尙更に、本書の中に、類聚名義抄の引用かと見られる一項がある。卽ち「因漫穿鑿理隨句」の「穿鑿」の左に墨筆で、

穿《セン》 ウカツ アナホル ツラヌク 鑿《シヤク》 ホル ウカツ トホスノミ

と訓が陳ねてある。觀智院本類聚名義抄を見ると、

穿　亠川 カヨフ　ホル アナホル　アナ　トホル 禾セン　ウカツ　ツラヌク　(法下五九)

鑿　亠昨《サク》 穴、又亠族ー鏤花葉　ノミ　ホル　ウカツ 禾又者ク　イヤメツラ　(佛上一三八)

のやうに殆ど全部の訓が合致してゐる。尤もこの例一つだけであるし、その訓の順序などは前後してゐるから、直にこの

兩者を結び附けるのは危險であるが、これほどの一致は單に偶然とすることも出來兼ねるので一言觸れておく次第である。

注

（1）小林芳規「助詞イの殘存」（『東洋大學紀要』一三）。
稲垣瑞穗「訓點資料に殘された古代の助詞『い』」（『訓點語と訓點資料』一二）。

築島裕『平安時代の漢文訓讀語につきての研究』六四〜六八頁。

（2）春日政治『西大寺本金光明最勝王經古點の國語學的研究』下二九三頁他。
春日政治『古訓點の研究』一八四頁・二〇三頁・二七九頁他。

遠藤嘉基『訓點資料と訓點語の研究』二一〇頁。

春日和男「『也』字の訓について―『ぞ』と『なり』との消長―」（『國語國文』昭三〇・二）。

（3）春日政治『西大寺本金光明最勝王經古點の國語學的研究』下一一六頁。

（4）築島裕上揭書。

（附記）本書の調査及びその發表に當っては、東大寺圖書館御當局の格別なる御厚情を忝うした。衷心より御禮申上げる。又、調査の際、小林芳規氏、森口年光氏より多くの御助力を賜つた。併せて感謝の意を表したい。（三九・七・二七）

（『文學・語學』第三十三號　昭和三十九年九月）

輪王寺天海藏金剛般若經集驗記古點

金剛般若經集驗記は、唐の開元六年（七一八）孟獻忠の撰する所であり、金剛般若經を受持した者の靈驗譚を集錄した書であつて、上中下三卷より成る。本書の古抄本としては、石山寺藏本及び天理圖書館藏本（黑板勝美氏舊藏本、この二本は僚卷）、猪熊信男氏藏本、島田蕃根氏舊藏本、吉水藏本の現存することが知られてゐる。又、活字印行の本としては、大日本續藏經第一輯第二編乙第二十二套第一册支那撰述史傳部に收められたものがある。この續藏經の本文は、寶永六年（一七〇九）の昇堂の校本を刊刻したものであるが、その本には「長寛元年（一一六三）七月下旬沙門章觀書寫了同年八月七日一校了」の奧書を含み、更に栂尾高山寺經藏の本に在るといふ「承暦三年（一〇七九）之歳孟夏下二之天爲結後緣染禿筆奉書寫畢霜臺老藤師國」なる奧書と、日光慈眼大師經藏の本に在るといふ「天仁四年五月六□□□於大原來迎院廊書寫了桑□□源書」（この「天仁四年」の「四」の左傍に昇堂の注記で「恐是三乎此年卽天永元年庚寅也」とある）「天永四年六年（ママ）二日□時點了」なる奧書を載せてゐる。これらの記事によれば、古く長寛元年沙門章觀（傳未詳）の書寫本、承暦三年の藤師國（尊卑分脈に依れば、權中納言正二位泰憲の子、相模守彈正少弼、從五位下となつた）の書寫本、竝に天仁四年（この年號については問題がある。後述）の書寫本があつたことが知られるのである。この內、長寛竝に承暦の本に就いては、寡聞にして現存するや否やを知らないのであるが、日光慈眼大師經藏本は、輪王寺天海藏に現存し、既に二三の紹介・報告がある（澁谷亮泰『昭和現存天台書籍總合目錄下卷』一一〇六頁、中田祝夫『古點本の國語學的研究總論篇』一二二四頁、古谷淸「日光慈眼堂經藏收納の典籍に就いて（最終回）」

〈『日光山輪王寺』第二十三號、昭和四十年十二月、三七・四三頁〉）。唯、それらは何れも極く大略について言及されたものであり、殊に本書に加へられた訓點に關しては觸れられた所極めて尠い。今回行はれた日光天海藏の調査の際、長澤規矩也先生に隨行して、本書に就いても親しく調査する機會を惠まれたので、以下聊か卑見を陳べることにする。

日光輪王寺天海藏の金剛般若經集驗記は、巻上中下巻を一帖に收めた寫本である。料紙は楮紙の類かと考へられるが、確でない。胡蝶裝八綴より成るもので、かやうな裝釘は當時の佛書としては比較的珍しいものである。各綴の紙數は次の如くである。

第一綴（一番上の面の、表紙となつてゐる紙をも含める）六枚（一枚は二丁四面となる。以下同斷）
第二綴　七枚
第三綴　七枚
第四綴　七枚
第五綴　六枚 ｝（錯簡）（第四綴・第五綴）
第六綴　六枚
第七綴　六枚
第八綴（一番下の一枚の、裏表紙となつてゐる紙をも含める）　五枚
計　五十枚（百丁二百面）

高さ二四・七五糎、幅一四・二糎。各紙にもとは白界を施したものと考へられるが、水損を蒙つたものの如く、殆ど界の跡を認めることが出來ない。各面七行、兩面に書寫してゐる。一行の字數は不定で、十六字位から二十一字位までのも

のがある。書寫年代は院政時代と認められ、又全巻に朱筆を以て訓點を加へてある。その訓點の加點年代も、院政時代と認められる（後述）。

本書に錯簡が一ヶ所ある。これは今次の調査の際に發見したものである。それは、右の第四綴と第五綴とが前後してゐることなのであつて、換言すれば、現第三綴の尾（現墨附第三十九丁裏）の

老未曾蹔闕更有阿姨幷及隣母惣有四人同業

から、現第五綴（正しくは第四綴）の首（現第五十四丁表、正しくは第四十丁表）の

相共受持續亡已經一年壽一百四歳自餘兩箇今

に移るべく、そしてその現第五綴（正しくは第四綴）の尾（現第六十五丁裏、正しくは第五十一丁裏）の

毀瘠刺心上血寫金剛般若經一巻未幾於

から、現第四綴（正しくは第五綴）の首（現第四十丁表、正しくは第五十二丁表）の

廬《閭音》上生芝草二莖經九日長一尺八寸緑

へ移るべく、そしてその現第四綴（正しくは第五綴）の尾（現第五十三丁表、正しくは第六十五丁裏）の

如何燒指已盡更得却生既非聖流无有此事

から、現第六綴の首（現第六十六丁表）の

即語村人父老等急歸州縣知聞直是將作

へ續いて行くべきものである。この綴違へは何時の頃かといふのに、綴絲がさほど新しいものとも思はれないから、或いは江戸時代頃の仕業ではないかとも想像される。又、現第六綴の第一面（現六十六丁表）が他の面よりも稍々傷みの跡が甚しいやうに見えるので、各綴が離れ離れになつてゐた時期が相當長かつたのではないかとも推測される。

本書には次の識語がある。

(巻上奥)(朱、本文の訓點と同筆)「一點了」

(巻下奥)(墨、本文と同筆)

天仁四年五月六日巳時於大原來迎院

廊盡(書)寫了　　桑門藥源等

(別墨)「一交了」

(朱、本文の訓點と同筆)

康和五年(一一〇三)十一月(以上朱消)一

天永四年(一一一三)六月二日午時點了

右の識語から見ると、本文は院政時代天仁四年の書寫といふことになるが、天仁三年(一一一〇)七月三日に天永と改元されて居り、都から遠く離れた地ならば兎も角、大原の地で改元を知らなかつたと言ふのも疑はしく、昇堂の校勘の如く、「天仁三年」の誤と見ることも出來ようが(上掲)、或いは「天永四年」の永を仁と書誤つたとも見られよう(天仁四年のままとすれば、卽ち天永二年(一一一一)に當ることになる)。大原來迎院は現在も實在するが無住であり、その經藏如來藏は蓮成院により管理されている。藥源は來迎院藏本極樂土義に

康和二年(一一〇〇)二月四日未時許書寫了

同月六日巳時許於大原草菴移點了

桑門藥源

自他法門利益共生極樂成佛道

と識語を記した藥源と同一人物で、天台宗大原來迎院に在住した僧であらう。尙「藥源等。」と複數に記してゐるのは、本書が寄合書であることを示すのであらう（長澤先生御說）。

本文全文に亙つて朱筆を以て訓點を書加へてゐるが、その訓點は、奥書に言ふ天永四年の筆に成るものである。奥書に「康和五年（一一〇三）十一月」と書きさして消してあるが、これは當書の加點年代を示したものと認めることは出來ない。書寫の天仁四年（一一一一）又は天永四年（一一一三）より遡つてしまふからである。これは恐らく、移點の祖本に在つた識語を、そのまま轉寫しようとして途中で方針を變へてかやうに抹消したものであらう。卽ち、本書の訓點は、康和五年の加點本から移點したものと見ることが可能であろう。

本書の訓點に用ゐられた假名字體は、第一圖に示す如くであるが、その內、キ・ケ・シ・ス・ホ・ワなどの字體に古體が見られる。しかし、これらは何れも院政時代通用のものであつて、殊に珍しいものではない。又、ヲコト點は第二圖に示す如くであつて、點圖集に言ふ「圓堂《エンダウ》點」に該當するものであるが、このヲコト點は、當時眞言宗仁和寺の僧侶の間に用ゐられてゐたものであつて（中田祝夫『古點本の國語學的研究總論篇』三九一頁）、大原の所屬する比叡山系統の天台宗の僧侶の間には、これとは別種の仁都波迦《ニトハカ》點、寶幢《ホウダウ》院點などが用ゐられてゐたのであり（同上書二九〇・四七二頁）、このことが本書の場合一應不審のやうである。しかし恐らくこれは、仁和寺の僧侶の持つてゐた點本を借り來つて、それを基にして、原のヲコト點の通りに移點したのが本書なのではないかと考へられるのである。當時叡山の學侶と仁和寺の學侶との間に交流があつたらうことは、訓點本の識語などによつて、推測されることである。

所で、本書には、表紙の見返しに、第三圖に示すやうな點圖がある。これは恐らく、天仁（永）四年の移點の際に藥源が註記したものと考へられる。これは現存するヲコト點圖の內、書寫年代の上で最古のものであり、極めて貴重な資料である。點圖集所載の圓堂點は、點圖集の諸本によつて若干の異同はあるが、その原形は恐らく第四圖の如きもので、壺（方形

〔第一圖〕金剛般若經集驗記古點所用假名字體表

〔第二圖〕 金剛般若經集驗記古點所用ヲコト點圖

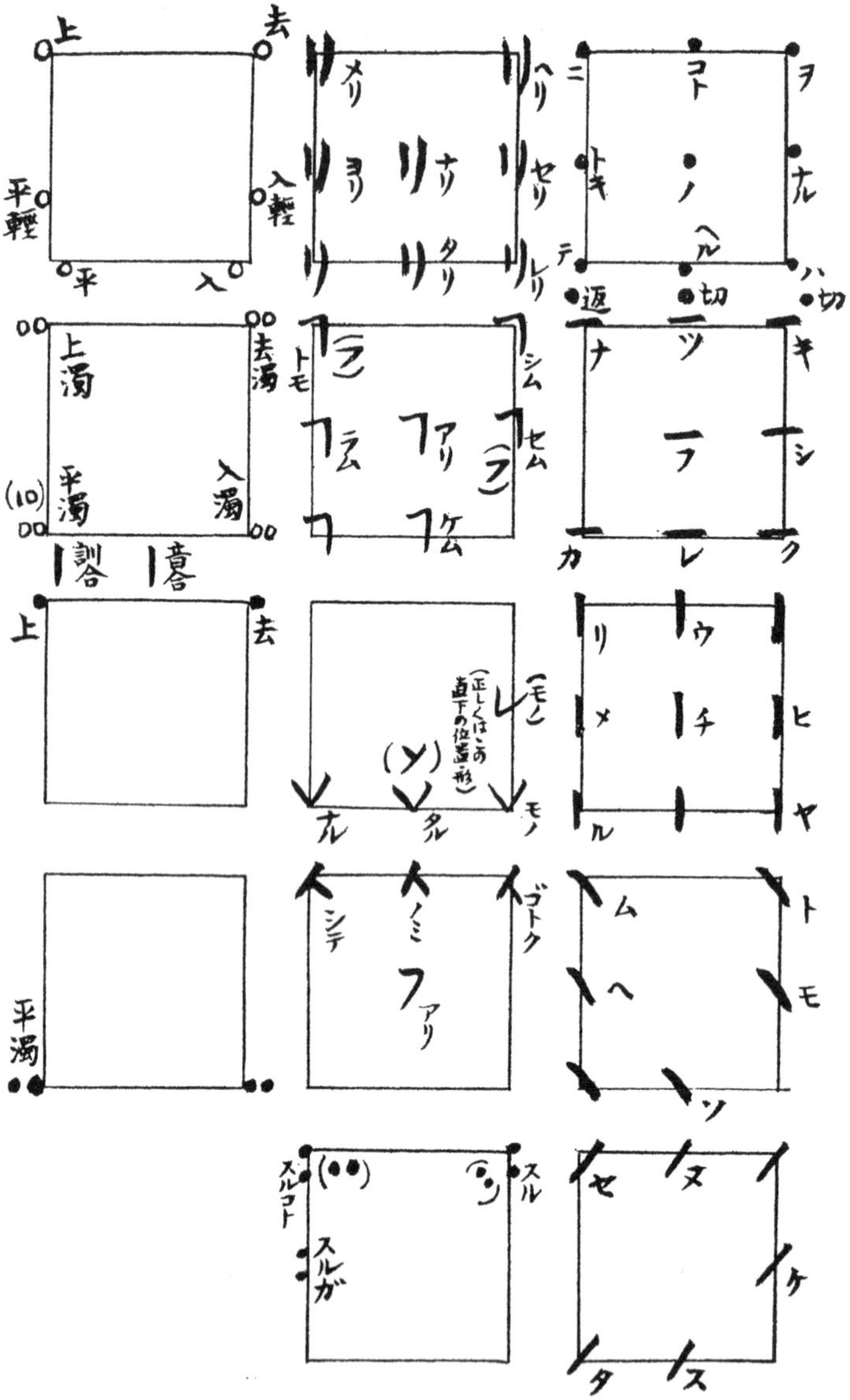

〔第三圖〕金剛般若經集驗記所揭古寫點圖

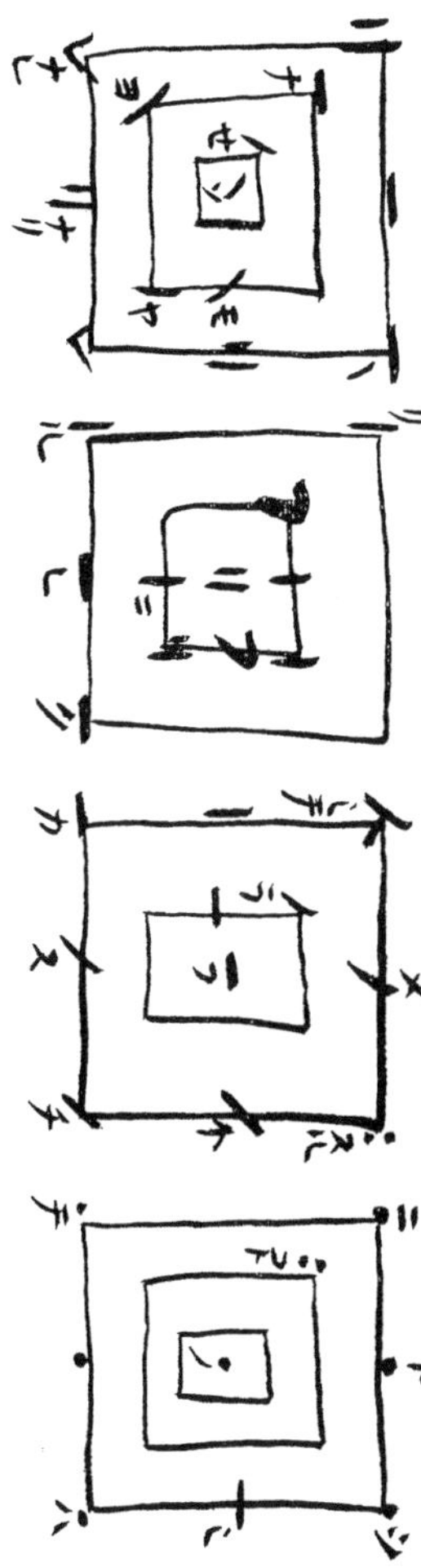

の枠）の順序もこの圖のやうに定つてゐたと考へられる（曾田文雄「點圖の有機的性格―圓堂點を中心に―」『國語國文』二九ノ二。築島裕「『點圖集』の成立について」『國語と國文學』四二ノ一二）。そしてこの點圖は、恐らく第四圖のやうな形態、順序を整へた形で、仁和寺の僧侶の間に傳へられてゐたものと考へられるのであるが、本書の點圖はこれと異り、符號も不十分である上、その順序が錯雜してゐるのである。藥源は、その原點圖を見ないで、實際に加點されてゐる訓點本から歸納してこのやうな點圖を新に作成したのであらう。その結果、このやうな不完全なものとなつてしまつたのだとしか考へられないのである。

○

本書に示された訓法は、概して言へば院政時代の訓點資料に一般に見られる形を具へてゐる。金剛般若經集驗記の古點本として周く知られてゐるものには、他に、石山寺本及びその僚巻たる天理圖書館本がある。この本は、天海藏本が巻上中下三巻を一帖に收めてあり、又、天理本で巻中下に亙つて一軸としてある點を考へると、石山寺本（巻上）と天理本（巻

〔第四圖〕圓堂點（院政時代に仁和寺に行はれたりと推定せらるる點圖の形態）

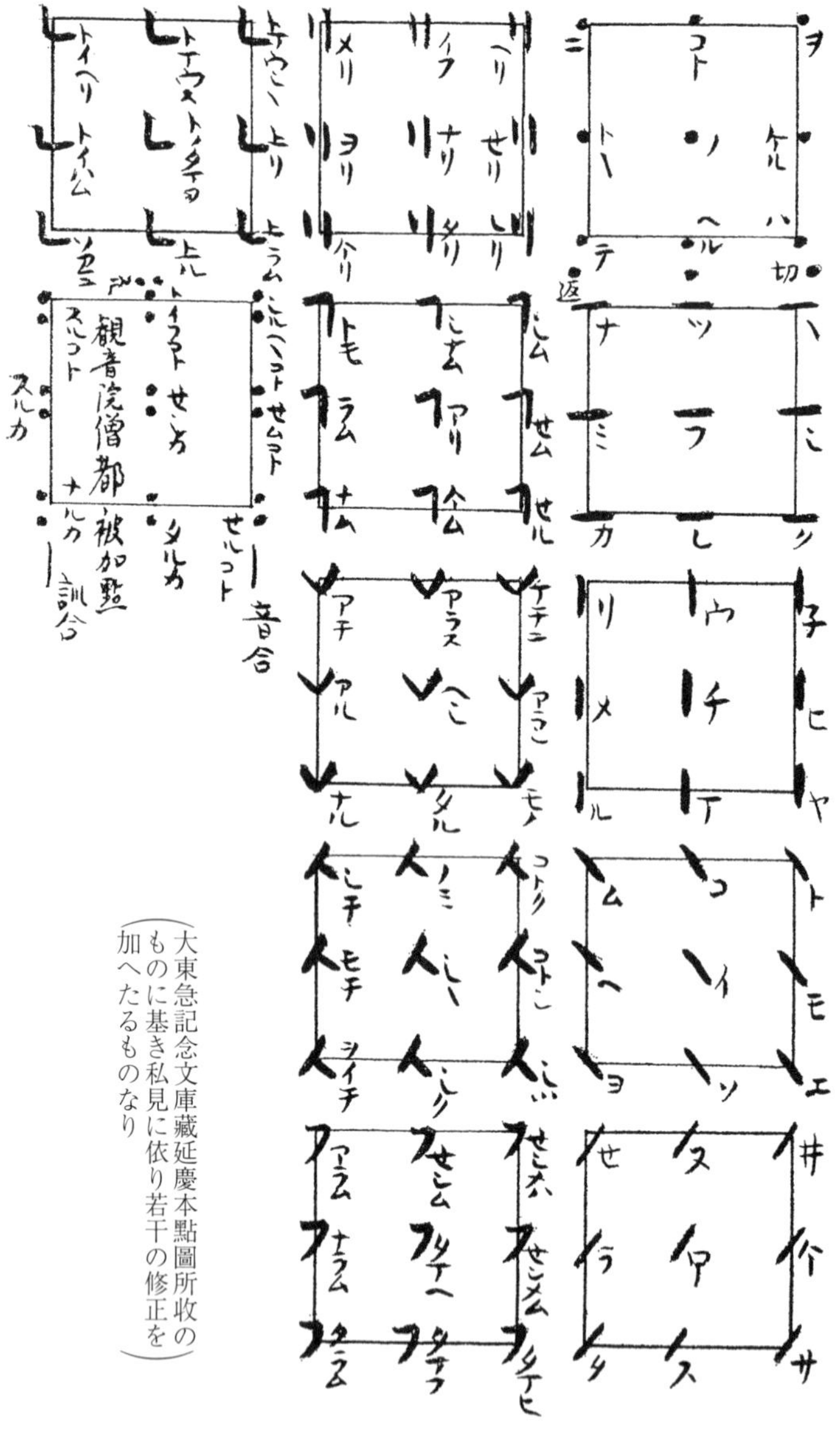

（大東急記念文庫藏延慶本點圖所收のものに基き私見に依り若干の修正を加へたるものなり）

中・下）とは元來一軸だつたのではないかとも考へられるのであるが、全巻に胡粉による古訓點が施されてをり（中田祝夫博士の所謂第三群點）、その加點年代は弘仁承和頃（八一〇～八五〇頃）と言はれてゐる（大矢透『假名遣及假名字體沿革史料』第四面）。所がこの胡粉の白點は大部分が薄く消えてゐて殆ど判讀出來ない。しかし表と同筆と見られる朱筆を以て紙背に音訓の注記をしてある（表面の訓點を抹消して紙背に轉寫したものと考へられてゐる。中田祝夫前掲書三三五頁）。唯、巻上の巻首と巻下の巻尾近くとには、表面に朱點を施した所がある。以下二三の箇所につき、石山寺本・天理本と、天海藏本との訓法を比較して見る（次の例文中、片假名は原本の假名、平假名は原本のヲコト點、返點・句讀點は築島。「 」を附したのは原本の紙背注。ヲコト點は難讀の爲、その解讀は完全でない）。

〔第一例〕（石山寺本）雖レ不レ足下發二揮《ヒラキ(フ)ルヒ》　聖敎《を》一光中闡《ヒラク(二)は》　大乘《を》上、庶貽《ノコ(シ)》　諸子孫以勵《むと(イ)ふ》レ　同《を》レ志（巻上・序）

（天海藏本）雖レ不レ足《と》下發コ揮《クヰし》　聖敎一、光中闡《(スル)に》　大乘上、庶《(ヲ)》　貽《(コヒネガハク)はノコシテ》二　諸《(ヲ)》　子-孫《ニ》一以勵《サム》二同志一。

〔第二例〕（石山寺本）昔者魯連《といふヒト》　談-笑《セシカラニ》　而秦軍《の》自却《シリソキヌ(?)》　干-木《といふヒト》　偃息《セシカラに》　而魏主《の》獲レ安《たり(キ)コト(ヲ)》（巻上）

（天海藏本）昔《し》-者魯連《魯仲連之人也》　談咲《(ス)れは》　而秦軍《の》自却《き》、干《カン》。木。偃-息《(ス)れ(ハ)》　而魏主《の》獲レ安《たり(キ)ことを》

〔第三例〕（天理本）去開元三年盛夏、亢旱《ヒテ》草木燋黃《ヒツキ》、刺史劉琝《の「受也」といふヒト》　令三其精心誦二金剛波若經一遍一、未レ終流澤滂《ホヒコリ》

霑《ふなり(?)》　遠近皆足年穀以登《「成也」》（巻下）

（天海藏本）去開元三年盛-夏《に》、亢旱《シテ》　草木燋黃《めり》レ、刺-史劉-瑗《エン(令の誤)》合《をして》三　其　精心《に》誦《(セ)シム》二　金剛般若經《(ヲ)》一、一遍未《(ル)に》レ　終《(ラ)》、流澤

滂《アマネクく》　霑《フふ》、遠近皆足《て》年穀以登《せり》、

この二種の訓點を比較して見ると、石山寺本で「發揮《ヒラ(キフ)ルヒ》　」「光　闡《(テリ)ヒラク(二)は》　」のやうに和訓に訓じたと見られる所を、天海藏本では「發-揮《(ハツ)クヰし》　」「光-闡《(スル)に》　」（「-」は字音讀の符號）と字音で訓じてをり、石山寺本・天理本で、唐人の名を「魯連《といふヒト》　」「干-木《といふヒト》　」「劉琝《の受也といふヒト》　」と訓じてゐる所を、天海藏本では「魯連」「干《カン》木」「劉-瑗《エン》」のやうに後世風に訓じてゐる（尤も天海藏本でも「王昌言《ノ》　者《ケントイフモノ》」（十ウ）のやうに、姓と名との間に「ノ」を加へた例はある。院政時代の古訓點には、かやうな訓法は他にも例がある）。又、石山寺本の「談笑《セシカラニ》　」「偃息《セシカラニ》　」のやうな訓は、天海藏本では「談咲《(ス)れは》　」「偃息《(ス)れ(ハ)》　」のやうに、「シ」

といふ過去の時制、「カラ」といふ助詞を廢して、單に現在の時制による訓法を用ゐてゐる。

これらは二本の間における訓法の新古の差を示したものであるが、この他、原文の同じ語句で、石山寺本・天理本と天海藏本と兩者に和訓のあるものの内、時代的な差異が認められるものに、次のやうな例がある。

遂卽佯死	ウツハリシニス（石山寺本複製本七丁）	イツハリ（シ）ヌ（ル）とき（天海藏本九ウ）
遲明	アケホノケ（〃九丁）	アクルコロホヒに（〃十一ウ）
有傾	シマラノアヒタアリテ（〃二十丁）	シハラク（アリテ）（〃二十三ウ）
嫗	ヲミナ於宇反（天理本九丁）	ヲウナ　ウ（〃五十九ウ）
訴	ウルタフ（〃九丁）	ウタフ《ふ》（〃五十九ウ）
韈	シタクツ（〃十丁）	シタウツ（六十一オ）
籧篨	アムシロ（〃十五丁）	アシロ（〃四十オ）
野火暴起	アカシマニ（〃十四丁）	ニハカニ《に》（〃六十五オ）
焉取斯	イカニソ（〃二十六丁）	イツクンソ（〃六十八ウ）
大王若爲處分	イカニカ（〃三十四丁）	イカヽ（〃八十六オ）
僧疏一張	フミタ（〃三十五丁）	フムタ（〃八十七オ）
細ゝ聲報云	ノトヨフコエ（表「ノトヨ」）（〃三十六丁）	ホソキ（コヱ）（〃八十八オ）

○

本書の訓點に見える音韻について概觀する。先づ國語音で、音便としては、イ音便・ウ音便・促音便・撥音便の各例がある。

〔イ音便〕捺《クシリ》《サイテ》（十ウ）　征《セイ(スル)に》《ユイテ》（十三オ）　招《き》-慰《アサムイテ》《シテ》（十八オ）　彎《ヒイテ》（六十二オ）　解《トイテ》（六十二オ）　聞《キイ(テ)》（六十四オ）　嗟《ナケイテ》《て》（七十七ウ）　了《ツイて》（八十ウ）　擢《ヌイテ》（八十九ウ）（以上カ行四段連用形）　袒《(カタ)ヌイテ》（五十ウ）（以上ガ行四段連用形）　猗《ヨイカナ》-歟（八十九オ）（以上形容詞ク活用連用形）　擅《ホシイ(ママニ)》（十二オ）　擅《ホシマ、ニ》《に》（十二ウ）　遮《サイキル》（八十四ウ）

右の如く「キ」又は「ギ」から轉じたものである。

〔ウ音便〕恭《ヰヤニシウシテ》《むて》（五十三ウ）（形容詞シク活用連用形）　韈《シタウツ》（六十一オ）（ク→ウ）　諮《マウス》（八十五ウ）（ヲ→ウ）　謳《ヲウナ》（五十九ウ）（ミ→ウ）　箏《タカウナ》（八十九ウ）（ム→ウ）　巫《フ》《カウナキ》術（三十九オ）（ム→ウ）　舅《シウト》（八十八ウ）（ヒ→ウ）

右のやうに「ク」「ヲ」「ミ」「ム」「ヒ」から轉じたと見られる例がある。

〔促音便〕次に示すやうに「チ」又は「リ」から轉じたものであるが、その表記は「∨」（以下印刷の便宜上「ン」と記す）を用ゐるものと無表記のものとが相半し、他に「ム」を用ゐたものが一例ある。

先《サキタンテ》《て》（五ウ）（タ行四段連用形）　謀《ハカンて》（七ウ）　張《ミナキンテ》《て》（二十一オ）　縁《ヨンテ》（八ウ）（以上ラ行四段連用形）　歳餘《アンテ》（七十六ウ）　何法術《アンテカ》（十二オ）（以上ラ變連用形）〔以上「ン」表記〕

合《コソテ》レ州（十七ウ）　倚《ヨて》（五十二ウ）　渉《ワタテ》（五十二ウ）　崩-騰《トホトハシテ》（八十五オ）（「テ」存疑）　慍《イカテ》（九十一オ）（以上ラ行四段連用形）　俄而《シハラクアテ》（七十八オ）　十九《ナジ》時（三十ウ）　年卌三《ナシ》時（三十九ウ）　遲《オソカツル》（八十六オ）（以上ラ變・形容詞補助活用の連用形）　訴《ウタフ》《ふ》（五十九ウ）　訴《ウタヘて》《きて》（七十八ウ）〔以上無表記〕

策《フチウムテ》レ馬に（七十四ウ）（以上タ行四段連用形）〔以上「ム」表記〕

右に見られるやうに、用言の場合、「テ」「シ」及び「ツル」を從へる場合に促音便が生じてゐる。

〔撥音便〕概して唇音の子音を有する音節から轉じたものと、舌音の子音を有する音節から轉じたものとの間に、區別があつたやうに見える。前者は多く「ム」表記、後者は多く「ン」表記又は無表記である。

（唇音系）遂《シタカムテ》（十六ウ）喚《ヨハムテ》（八十六ウ）（以上ハ行四段連用形）召《ヨムテ》（五十九ウ）逮《ヲヨムテ》（四十三ウ）（以上バ行四段連用形）恃《タノムテ》（四十八ウ）（マ行四段連用形）慮《オモハカラム》（一ウ）（ヒ→無表記、無表記はこの一例のみ）惟《オモムミルに》（五十三ウ）（ヒ→ム）无以て自(ラ)安(ヤスラ)《ケムスルコト》（三十八ウ）（ミ→ム）動《ヤ、ムスレハ》《は》（四十オ）（モ→ム）衮《フムツ、ミ》（八十一オ）（ミ→ム）疏《フムタ》（八十七オ）（ミ→ム）

この他「巫《カウナキ》」「舅《シウト》」の二例（上揭）もこれと關係あるか。

（舌音系）避《サンヌ》《る》（九ウ）後年《ナンナムトするに》（五十三オ）（以上ラ行四段連用形）奈-何《ナンタル》（四十三オ）焉《イツクンソ》（六十八ウ）坑《アナンセリ》《せり》（七十二オ）若-爲《イカソ》（五十八ウ）若-爲《イカ、》（八十六ウ）（以上ニ→ン又は無表記）

次に、所謂ハ行轉呼音の例としては、次のやうなものがある。

（ヒ→ヰ）萬彙《タクヰ》（二オ）

（ヰ→イ）入《マイラシメ》（五十オ）

（フ→ウ）法《ハウ》（四ウ）

（ヱ→へ）故《ユへ》（九十六オ）

（オ→ヲ）掩《ヲソヒ》（十七オ）捉《トラフ》（十七オ）覺《ヲホユ》（二十オ）姪《ヲヒ》（二十一ウ）自《ヲノツカラ》（三十一ウ）嫗《ヲウナ》（五十九ウ）陷《ヲトシイル、》（七十七ウ）饞《ヲ、フコトヲ》《こと》（八十一ウ）措《ヲカム》《く》（八十二ウ）

（ヲ→オ）未レ遍《コト》《オヘ》（三ウ）躑《オトル》《る》（十一ウ）未レ徹《オハラ》（十二オ）不レ徹《す》《オハラ》（二十三オ）竟《オハルコト》（二十三オ）

所レ歙《オ(サムル)》（六十一ウ）不レ怕《オノ、カ》（六十三オ）不レ宰《オサマ》（六十九ウ）修《オサマテ》（七十四オ）

（ホ→ヲ）　醬《生》《ヒシヲ》（三十六ウ）　廬《ロ》《イヲリ》（四十オ）

右の如くであつて、語中語尾ではヒ→ヰ、ヰ→イ、フ→ウ、ヱ→ヘ、ホ→ヲの混淆例、語頭ではオ→ヲ、ヲ→オの混淆例があることを知る。語中語尾では殆どハ行、ワ行の間だけで、唯「入《マイラシメ》」のみがア行・ワ行に亙つてゐる。

この他「當時《ソノカヒ》」（六十六オ）「當《ソタカヒ》」（七十四オ）（共に「ソノカミ」の音轉）、「笨《フチウムテ》」（七十四ウ）（「ムチウチテ」の音轉）、「吟《フ》《ヲソフクヲ》」（六十ウ）（「ウソフク」の音轉）などの音轉例も注意される。

次に、字音は所謂漢音系であつて、聲調は六聲を區別してゐるやうである。聲點には。、稀に•を用ゐ、濁音には。。••を用ゐることがあるが、必ずしも多くはない。

唇內撥音尾（-m）と舌內撥音尾（-n）とは區別されてをり、前者は「ム」表記、後者は「ン」表記又は稀に無表記である。例外は一例も見當らない。

（-m）感《カム》（一ウ）　壬《シム》申《シン》（二ウ）　柳《リウ》儉《ケム》（三ウ）　監《カム》國（三ウ）　參《サム》軍事（四ウ）　慘《サム》悴《スイせり》（四ウ）

陝《セム》洲（八ウ）　摛《キム》捕（十オ）（他例略）

（-n）虔《ケン》誠（二オ）　壬《シム》申《シン》（二ウ）　干《カン》木（三オ）　元《クヱン》明（四ウ）　反《ハンス》（四ウ）　大司憲《ケン》（七オ）　端

尹《タン》《キン》（七オ）　廣平游《ヨ》珦《シヰ》《シヰン》（八ウ）（無表記の例）　王ノ昌言《ケン》（十ウ）（他例略）

喉內撥音尾（-ŋ）及び -u で終る字音は一般に「ウ」で表記するが、

兇《クヱン》（三オ）　劉《リン》殷《イン》（八十九ウ）　興《キヨ》（五十九ウ）

の三例は「ン」表記又は無表記で例外である。

舌內入聲尾 -t は「ツ」で表すこともあるが「ン」で表すことが多い。

按察《サン》（四ウ）　蹟《シン》《チ》頓《音》《致》（十四オ）　向仁哲《テン》（二十オ）　主師《スイ》《ソン》（二十五ウ）　滑《クワン》洲（二十九ウ）　閱《エン》過（三十

七オ）　訥《トン》巳（五十三ウ）　謁《エン》拜（セ）しむ（五十九オ）　劉《リウ》弼《ヒン》（六十四オ）　孛《ホン》暗廷光（六十八ウ）　微《ヤク》-愵《テンナリとして》（七十六ウ）　親昵《チン》（七十七ウ）

蕭韻の字音（「エウ」）を「イヨウ」と表記した例がある。この種の例としては現存最古のものかも知れない。

遼《リヨウ》東（十三オ）（遼は聊と同音、平聲蕭韻來母四等）

所謂カ行合拗音（クワ・クヰ・クヱの類、牙音の諸母及び喉音の曉母、匣母の合口字）には「クワ」の他「クヰ」「クヱ」も保存されてゐる。

發-揮《クヰし》（二ウ）　印《クヰウイ卭其恭反》洲（十一オ）　恍《クヰヤウ》忽（六十オ）　永徽《クヰ》年中（六十五ウ）　惠《クヱイ》景《ケイ》（一オ）
群兇《クヱン》《エヒス》（三オ）　袁《ヱン》兄《クヱイ》（十ウ）　尉《ヰ》陳惠《クヱイ》（十九オ）　詃炫《クヱン（スル）のみに》（六十六オ）　權《クヱン》迷（七十八ウ、ヱ存疑）

この他「恩《ヲン》」（四十二オ・五十ウ）「衞《ウヱイ》」（七十一ウ）「轟《ケイクワヲ》」（四十八ウ、ヲ存疑）など注意される。

○

語彙として注意すべきものを摘記する。

瘻《ナリフ》（十ウ）　跳《ホトハシリ》躑《オトルる》（十一ウ）　涎《ヨタリ》（十一ウ）　坑塹《ホリ》（十六オ）　窄《サクセシム》《スホカシム》（十七ウ）　赴《トムレトモ》（十八ウ）　閣道《カケハシ》（十九オ）　查《ウキ、》（二十二オ）　笞《音チ》《シモト》《ウツコト》-杖（二十七ウ）　借-問《トフラフ》（二十七ウ）　夷-狄《エヒス》（二十九オ）　散《アラケ》走る（三十五ウ）　緋《アケ》（三十九オ）　孃《ハ、》《カ》年（三十九ウ）　姨《ヲハ》（五十二オ）　診《トリミ》（五十二オ）　疼《ヒ、ラク》（六十オ）　吟《フ》《ヲソフクヲ》（六十ウ）　藍《アヲキ》褸《ルイトヲシテ》（六十一オ）　鼇《カメ》（六十二オ）　湖《ミツミの》神（六十二ウ）　瀝《シタツルコトること》（四十オ）　〻（日）-西《クレに》（四十オ）　疼《ヒ、ラキ》痛（四十四オ）　飛散《アラク》（四十五オ）　釘《トサセリ》鎖（四十五ウ）　睫《マツケ》（四十六ウ）　剜《クシルを》（四十六ウ）　燼《モエクヒ》（六十六オ）　縮《シ、メラむ》（七十一オ）

ウカツ（七十三オ）　疼ヒ、ラクことを（七十三オ）　楹ツカハシラ（七十六オ）　痓ウツム《む》（七十六オ）　搖ヲカシテレ尾（ヲゴカシテの誤）（八十ウ）　昳ユフクレ 田結反（八十一ウ）　溪タニカハ（八十二オ）　被人に約カ、ヘ（八十四オ）　散マヒロケ（八十四オ）　反縛シリヘテニシハラレタリ《したり》（八十五ウ）　忿イソキ 遽アハテタルに（八十六オ）　馬槽フネ（八十五ウ）　訶イサフルに（九十四オ）

文選讀の例が一ケ所ある。

逢《（ヘ）リ》二見《（タ）ル》レ鬼者《をに》一、恠《ふ》下諸《の》鬼《の》崩-騰《トホトハシテ》而走若《て（クナル）を》上有《（ル）か》レ所レ畏《ツ（ル）》（八十五オ）

右は「崩騰トホドハシツテ」といふ音訓兩讀の例である。

・

本書は移點本であるから、その故に生じたと見られる誤も若干ある。例へば

洪《ヲシナル》《なる》　濤《ミ》桃　音烈《モユル》《る》　火（一ウ）

の「ヲシナル」は「ヲ、キナル」の誤で、祖本には恐らく「ヲ、ノナル」といふ古體を用ゐてゐたのを誤つて寫したものであらう。又「所以」（七十五ウ）に「于ユへに」のやうな訓があるが、「于」は必ずや「コノ」の誤寫であらう。又「散去《ぬ》」（八十七ウ）の「散」に「アフケ」と傍訓があるが、この「フ」は恐らく「ラ」の古體「ㄱ」の誤寫で、祖本にこの形が存したのであらう。かやうな「ラ」の古體は概して十一世紀中葉（一〇五〇年頃）又はそれ以前に見られるものだから、本書の祖本（康和の本か又は更にその原の本）がその頃まで遡り得る傍證となるかも知れない。

以上、本點の概略を述べた。尚更に詳しく論を進むべきであるが、次の機會に讓りたい。この調査に當り、格別の御指導御高配を忝うした長澤規矩也先生に厚く御禮申上げる。（四一・一〇・三）

（『書誌學』（復刊）第六號　昭和四十一年十一月）

三十帖策子古訓點所見

仁和寺藏本國寶三十帖策子について親しく拜見する機會を惠與されたが、その際に得た知見の內、古訓點に關する事項を報告する。今回披閱したのは、第一、三、四、五、二十二、二十五、二十六、二十八の八帖であり（內第二十六帖は訓點見えず）、しかも短時間の調査であるから、遺漏や誤りも多からんことを虞れるものであるが、從來本書の訓點について觸れられた文獻は、全く管見に入らないのであって、この小見が、若し聊かなりとも斯界各位の參考ともならば幸である。

○**第一帖**　新譯大方廣佛華嚴經

本帖には、㈠黃褐色の點と、㈡角筆點とが認められる。㈠黃褐色の點は、極めて淡いものであって、「世界海」……自在天」……」の如く、十七字每に區切っている（偈の部分は二十字每に區切っている）。原本は極めて細かい字で一行三十字以上に書寫されているが、これを基にして正常の寫經を行うに際して、その改行の位置を示す爲に附した符號と考えられる。これは訓點の概念からは若干ずれるものであるが、一種の句切點として言及する次第である。所でこの加點年代であるが、文字が見えないのでその推定は容易でない。しかしその色彩、形狀等によって勘案するに、平安初期（九世紀）頃の筆ではないかと思われる。尙これと同筆同類の句切點は、以下第三帖及び第四帖にも見出され（但し色彩は第三・四帖では白色に見える）、大方廣佛華嚴經全般に亙って附せられたものであることが知られる。

本帖には更に若干の角筆點の例が見出される。角筆點とは、角筆なる筆記用具によって記しつけた點の謂であって、角筆とは、象牙等で製し、先端を尖らせた小型の棒狀の道具で、紙面を凹ませて文字や符號等を書記したものである。それによって加點した文獻は、平安初期から江戸時代に及ぶまで、既に四十點程の數が發見報告されているが、本書の點は更にそれに事例を加えるものである。但しその加點例は僅少であって、第一帖については、卷第四の尾題の直下に「卷第四ｰ。」の如き横引の小さい形を見出したに過ぎない。しかしこの點は華嚴經（第一帖から第四帖まで四帖）全帖に亙っているものと覺しく、第三帖、第四帖にも若干の同類の例が見出される。その年代判定は容易でないが、平安初期か、遲くとも平安中期（十世紀）は下らないように思われる

○第三帖　新譯大方廣佛華嚴經

第一帖の項で述べた如く、㈠白點と、㈡角筆點とがあり、その他に更に、㈢朱書書入が見出される。㈠白點は、十七字毎の區切を示すもので、第一帖の淡黃褐點と同樣、平安初期の加點かと思われる。㈡角筆點は、文中の句切の例が認められ、「其中有一寶花池╱。」の「╱」の如きものである。年代はやはり平安初～中期の頃か。㈢朱書書入は本文の訂正で、これは本文書寫當時と見てよいであろう。

○第四帖　新譯大方廣佛華嚴經

前帖と同じく、㈠白點、㈡角筆點、㈢朱書書入の三種が見出される。㈠白點は十七字毎の區切で、「……往ｰ世追求欲境常自損耗卽時發意修行佛法ｰ長……」の如くである。㈡角筆點は「名ｰ廣大藏……」の如き例がある。

○第五帖　一字頂輪王瑜伽經

本帖には、㈠朱點、㈡角筆點の二種の加點が見出される。㈠朱點は、濃色で、句頭に、「•或結……•又以……」の如く加點し、又、句切點として「四攝•八大供養•如一切佛心•」の如く用いており、この種のものについて疑無いが、他にヲコト點ではないかと疑われるものが一二ある。「虛空實爲冠」の「實」の左中央に•形に朱點があるのは「に」かとも思われ、

又「釋論以爲座」の「論」の右中央に在る・形の朱點は「の」かとも思われる。僅々この二例を認めたに過ぎないから、これによって推測を加えることは危險であるが、強いて想像を逞しうするならば、第一圖の如きヲコト點が推定され、これは第三群點と稱せられるものに符合する。この種の點は、平安初期から中期にかけては、南都の東大寺邊を中心に行われたものの如く、平安中期から後期（十一世紀）以後は、醍醐寺・高野山などにも及んだものである。本帖の朱點の年代判定も容易でないが、印象からすると、平安中期頃のものではないかと思われる。㈡角筆點は、梵字への合點と、文の句切との例が見出される。前者は「」の「＼」の如き例、後者は「觀身如佛形根本命金剛・」の「・」の如き例である。この加點年代も明確ではないが、平安中期頃ではないかと思われる。

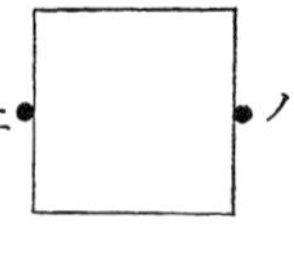

第一圖

○第二十二帖　文殊師利根本大敎王金翅鳥王品一卷・摩訶吠室羅末那野提婆喝羅闍陀羅尼儀軌一卷・華嚴經心陀羅尼一卷（大師自筆）

本帖には、㈠朱點、㈡角筆點と、他に爪跡と思われるものが見える。㈠朱點は、句切點、他本との校合があり、その他、ヲコト點かと思われる例が一、二存する。「以兩手中二小指」の「中」の右中央に「・」があるが、これは「の」と訓み得る。又、「駈使」の「使」の右下隅にある「・」は「て」かとも思われる。この二カ所だけからは何とも判斷の仕樣が無い。加點年代は平安中期頃であろうか。その點圖は第二圖の如くなる。㈡角筆點は句切點の他「訶喝囉闍「護助」「南漢僧陀「尼」の「護」「尼」の如く、右傍に短い「－」形の符號を加えた例が見える。或いは去聲を示す聲點ではないかとも思われるが、確かでない。尚この角筆點の年代は、やはり平安中期頃かと思われる。但し朱點と重っている箇所では、角筆點の方が前に施された如くである。この他、句頭その他の位置に、大型の×｜／≡の如き凹形の跡が見える。これらは、角筆點が鋭利な跡であるのと異り、鈍い

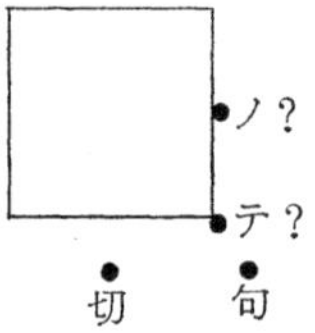

第二圖

感じで、爪によって傷つけた跡ではないかと思われる。

○**第二十五帖**　聖迦抳忿怒金剛童子菩薩成就儀軌經

本帖には、㈠黄褐點、㈡白點の二種の加點がある。㈠黄褐點は、十七字毎に區切った所と、一般の句末の點とが存する。横に少し長目の形で、平安初期の筆かと思われる。㈡白點は、句頭・行頭に「。」印又は「＼」印で附した他、「准前」の「こ」の如き消字の印その他が見え、他本と校合した形跡を見るが、卷尾にこれと同筆の白書によって、

一校了

の三字を誌したのが認められる。この筆跡の年代も容易に推定出來ないが、或いは平安初～中期の交ではないかと思われる。

○**第二十八帖**　阿唎多羅陀羅陀阿嚕力品一卷

本帖には、㈠朱點、㈡白點、㈢角筆點の三種の訓點が見出される。㈠朱點は、句頭に見える「・」印のもので、平安中期頃のものかと思われる。㈡白點は、今回披見の諸帖の內、最も詳しい訓點で、本文の校正、句切點、返點、更にヲコト點が存する。それらは第三圖の如く歸納される。その例は、「今更說別畫像法《の》」「點於眼中《に》」（「の」「に」はヲコト點）などである。又この他に、「已《以》六指量・刻觀自在錄」の如く、「已」の右傍に「以」（原文はその草體）なる字注記があるが、これは恐らく「モツテ」という和讀を示したものと思われる。又この他、「。」の形の聲點があるかとも見えるが、確でない。所でこの白點は、大體平安中期頃の加點かと推定されるものであって、そのヲコト點は第五群點に屬することが確である。平安中期に第五群點は比叡山延曆寺及び仁和寺に用いられていたことが明らかにされており、本點は仁和寺邊の僧侶の加點に成る可能性が大きいかと思われる。尙、㈡角筆點は、「忽有飢儉」《合點脫、ママ》「偏祖右膝着地」などの合點に用いられ

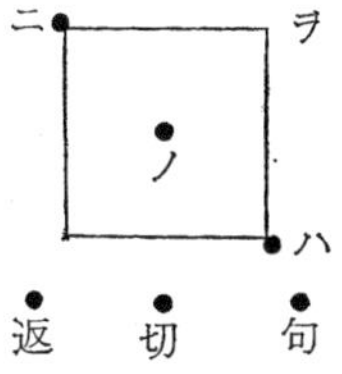

第三圖

ている。年代は明らかでないが、平安中期邊りかとも考えられる。

以上、本書の訓點の類について管見を記したが、諸帖の點を綜合すると、大體

(A) 平安初期の本文書寫當時の黄褐點・白點・朱書・角筆點（年代未詳）

(B) 平安中期頃の朱點・白點・角筆點等

の二類に大別されるようであって、(A)書寫當時に若干の加點が行われ、後、(B)十世紀頃（丁度東寺に在った時期に當る）に更に若干の加點が行われたことが推定される。(A)は大師又はその側近者の加點、(B)は東寺に關係深かったと見られる仁和寺、又は醍醐寺邊の僧侶の加點と想定し得るかと思われるが、尚今後の檢討に委ねたく思う。

終に、貴重なるこの聖教の調査に格別の御高配御教示を賜った仁和寺立部瑞祐宗務宗長、龜山亮性部長を始とする仁和寺當局各位、佐和隆研先生、赤松俊秀先生、法藏館西村明氏に深甚の謝意を表し奉る。

（『弘法大師眞蹟集成』解說、法藏館　昭和四十九年十月）

正倉院聖語藏大智度論古點及び央掘魔羅經古點について

正倉院聖語藏の古訓點資料の中で大智度論卷第一・二・三・四の四卷、及び央掘魔羅經四卷について加へられた古訓點について報告させて頂くこととする。これらの經卷の訓點についての調査は、昭和五十二年十月及び同五十四年十月の二回に亙り、原本を親しく拜見して行つたものであるが、その折には、正倉院事務所後藤四郎元所長、武部敏夫前所長を始めとする正倉院事務所各位の格別の御高配による允許を賜つたのであり、又、遠藤嘉基博士の御懇情御盡力に依るものであつて、衷心より感謝の意を捧げ奉る次第である。

一　大智度論卷第一・二・三・四古點

大智度論百卷は、龍樹の造、後秦鳩摩羅什の譯に係り、摩訶般若波羅蜜經の釋論であつて、大乘佛敎の一大百科事典の相を呈するものとされてゐる。今論じようとするのは、唐經第五號と登錄された卷子本四卷で唐寫名寫經の一つである。料紙は薄黄色で穀紙かと認められ、天地は二七・二糎、一紙長は四七・四糎、墨界を施し、界高一九・二糎、界幅一・八糎を算する。薄茶地の原表紙を存し、竹を立て、又、白黄赤紫色交織の紐を附し、全卷裏打修補が施されてゐる。全卷に亙つて、朱書及び墨書による段落の印、合點が加へられてゐる。卷第二の卷首には、墨書の假名の訓點と導の記入がある

第一圖　聖語藏大智度論古點所用假名字體表

が、この墨書は院政期の筆と認められる。一方、四巻全體に亙つて白書の訓點があり、加點識語が無いので詳しくは判明しないが、その内容から見て、加點の年代は、九世紀末（平安初期の終頃）、元慶、仁和年間（八七七～八八九）の頃と認められる（第一、二圖）。この白書の訓點は、假名とヲコト點とを用ゐてゐるが、ヲコト點は別揭の如く、四隅の星點が左下からテヲニハと配せられてゐるもので、「第一群點」に所屬し、聖語藏本（甲種寫經第三〇號）の成實論天長五年（八二八）訓點と近い系統にあるものと推定せられる。當時における第一群點の使用された範圍は、東大寺・藥師寺・興福寺等の南都古寺の間に亙つてをり、石山寺本の大智度論の天安二年（八五八）訓點も、興福寺の施點であつたことから考へると、本書のこの白點も、東大寺邊で加點された可能性が大であると言へよう。

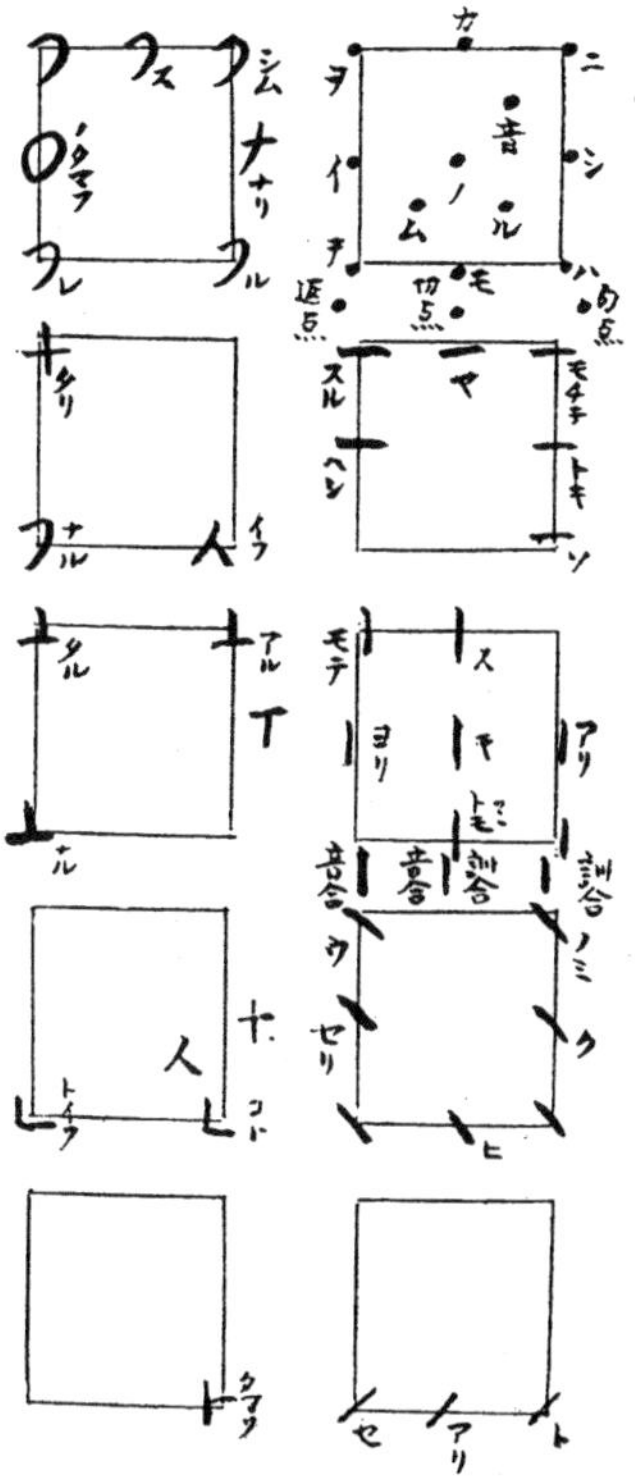

第二圖　聖語藏大智度論古點
所用ヲコト點圖（第一群點）

白點は全般的に淡くて、判讀に困難を感ずることが多かつたが、現在までに調査し得た限りで見ると、ヲコト點は、第一群點に屬しながら、成實論天長點等他の點と比べて、共通點が少い、若干異つた要素を持つものの如く思はれる。卽ち、星點の四邊上及び中央の配置を見るに、左下からテ・イ・ヲ・カ・ニ・ハ・モ及び中央のノについては、天長點と相同じいが、ただ右中央の星點が、本點ではシであるのに對して天長點はコトとなつてゐる所が異つてゐる。平安初期の第一群點の他例を見ると、根津美術館藏大乘掌珍論承和元年（八三四）點、聖語藏中觀論（乙種寫經第二一七號）古點、法隆寺藏維摩經義疏古點などは、本點と同じくシとなつてゐる。これは恐らく、コトよりもシの方が、一時期下つた段階を示すもので、平安中期の西墓點等に連續して行く流れの上に在るものと考へられる。一方、━の形の線點を見ると、第三圖の如き配置が、成實論天長點を始として右掲の各點本に共通に見られるのであるが、獨り本點のみこれと異り、僅に右上のモテ、右中のトキが合致して他はすべて不一致であるといふ性格を示してゐる。とにかく本點と比較的近い點法は、他に未だ見られぬのであつて、獨自性の強い點として注意すべきであらう。尙、コトの點として、右下にㄴの形を持つてゐるが、第一群點では、聖語藏菩薩善戒經古點が右下のㄱの形をコトと訓ませてゐるのなどが僅に近いかと思はれるに過ぎない。知恩院藏大唐三藏玄奘法師表啓古點は、第三群點であるが、これには右上のㄴをコトの點として用ゐてをり、同じく第三群點の石山寺本大智度論元慶元年（八七七）點が東大寺三論宗點に同じく右中央のㄴをコトと訓ませてゐる。西墓點も同じく中央のしがコトであり、本點と何等かの關係を有するかも知れない。

所用の假名の字體には、當時の他の古點に見えるものが多く、あまり奇異なものは見出されない。テの假名である「𛀁」は「天」の行書體の變形であらうが、稍々稀な字體であらう。ソの假名である「十」は訓假名であり、上代の萬葉集にも「八十《ヤソ》」の形で見える他、平安初期の古點本の中でも、聖語藏阿毗達磨雜集論古點（唐經第九號）や新藥師寺藏本妙法蓮華經古點などに見えてゐる。しかし比較的珍しい用法であらう。

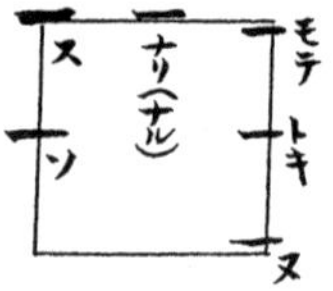

第三圖

語彙として注意すべきものが若干見出される。

[ウバラ]　刺《ウハラ》（巻第一）
[オツ]　是時婆藪仙人、尋陷《オチ》二入地《に》一沒《入也》レ踝（巻第三）
[キズ]　創《キス》（巻第二）
[シフ]　一切衆生皆盲《シヒ(テ)》　失《(フ)》レ目《をは》（巻第四）
[タ、ク]　以《て》二足指一扣《タ、キ》（巻第三）
[ナガエ・ヨコガミ]　有二无別性一、譬《(へ)は》　如《く》二車《(ノ)》　輮　軸《ナカエヨコカミ》　轉《の》輞輞等《(ノ)》一（巻第一）
[ノゴフ]　智色知相知《をは》刮刷《ノコフ》（巻第二）
[ハギ]　蹲《ハキ》（巻第四）
[ハ、クソ]　如下白《し》色人雖《のはも》レ有二黑《(リト)》　點《(キ)ハ、クソ》-子一不上《す(アルカ)》　名二《(ツケ)》　黑人《(ト)》一（巻第二）
[ホル]　如《く》レ是《(ノ)》　憂惱荒迷《ホレ(テ)》　憒塞《し》（巻第三）
[ヤ、モスレバ]　世間《(ノ)》　人《して》心動《ヤ、モすれは》　愛二好《す》福報《(ノ)》　果《(ヲ)》一（巻第一）

右の内、ウバラは後世のイバラの古形であり、平安初期の西大寺本金光明最勝王經古點・大智度論天安點などにも同形が見えるが、平安時代の古點の中では、別にヲマラ・ハラ・ムハラなどの異形も見えてゐる。ヤ、モスレバは、古く音便を起してヤ、ムズレバの形をも生じた語であるが、右の例はその原形を示すものである。ナガエ・ヨコガミは和名類聚抄に見えるが、本點の例が現存最古の用例となるであらう。ハ、クソは新撰字鏡・和名抄に見えるが、これも本點を最古例と認めてよいであらう。

語法面では、古代の助詞イ、推量の助動詞ケムの用法が注目される。

［イ］　魔《い》蘗《カクセリ》二　我《か》心《を》一（巻第二）

　摩訶倶絺羅《い》〔與〕姉《アネ》舍利論《と》議《(スル)に》　〔不〕如《シカスあり》　（巻第一）

［ケム］　問《(ヒ)て》レ人言《にく》、　我《か》姉生《のナシケム》《けむ》　子《は》、今在《(ル)といふ》二　何處《に(カ)》一　（巻第一）

何れも平安初期の古點に特徴的に見られる現象である。

字音の注記には、「鞞侈《シ反》　遮羅那三婆那」（巻第二）、「修妬《ト反》　路法藏」（巻第三）、「儦《ハイ反》　」（巻第一）、「剖《ホウ反》　」（巻第二）のやうに、假名に「―反」を附して注記する場合が多い。言ふまでもなく反切表記を轉用して字音注の意を表したもので、類音表記として「尼婆蹉《沙反》　衢多羅」（巻第一）、「毒刺《之反》」（巻第一）、「孜《慈反》茂」（巻第二）、「乳-糜《美反》」（巻第三）など、漢字一字に「反」を添へたものと同類である。この他「循《以均反　順音》」（巻第一）、「陷《甜諂反》」（巻第三）、「創《所當反》」（巻第二）などの反切表記も見出される。尙、

　陂池江河盡皆嬈《ケウ》-濁《しき》　（巻第二）

において「嬈」をケウと注したのは、恐らく誤讀であつて、唐寫本切韻（切三）に「擾」と同音で「而沼反」、王仁煦切韻（王一）に「而招反」とあり、ゼウとあるべき所を、旁の「堯」に惹かれたものであらう。

巻末圖版三《省略。→【後注】參照》に示す大智度論巻第二（唐經第五號）の解説を行ふと次のやうになる。

行間竝に上下欄外に白書の訓點が見られる。平安初期（九世紀）の終頃の加點で、ヲコト點は第一群點（星點が左下から右廻り四隅テヲニハとなるもの）に屬する。筆跡が淡くて判讀は容易でないが、「創」に「さ又」（キズ）、「防」の上欄外に「呆十ク」（ホソグ、「フセグ」の音轉形）などの和訓、「刮」の上欄外に「故滑反」などの字音注が認められる。

この他、今後調査を更に進める機會に惠まれるならば、他にも有益な國語資料を發見確認する見込が多からうことを期待するものである。

二　央掘魔羅經四巻の古點

央掘魔羅經四巻は劉宋求那跋陀羅の譯に係り、嘗て凶賊であつた央掘魔羅が佛により敎化せられたことを說いた大乘經典である。本經は「神護景雲二年御願經第七二號」として登錄された全四巻の完本である。巻子本裝、奈良時代の寫經で、料紙には茶色がかつた黄麻紙を用ゐ、墨界を施し、原表紙を有する。表紙には竹を立て、赤漆塗の新補軸を附す。紙高二七・五糎、界高二一・〇糎、界幅二・一糎、一行十七字、一紙二十七行、一紙長五六・七糎を算する。

四巻の內、巻第一・二の兩巻に亙つて白書の注記が見られる。平安極初期の加筆であつて、全部漢字音の注であり、和訓・訓讀の注記は一つも見出されない。これは、全文を字音で直讀した跡を示すものであるが、このやうな種類の點本は、平安時代全體を通觀しても、その例は極めて少數であり、本書は、その數少い例の一つであり、しかも現存最古の資料であつて、國語史上からは言ふまでもなく、中國語音史上から見ても、重要な文獻といふべきである。

本書の施點は、全體として必ずしも精しい加點とは言へないが、白點は相當に明瞭に解讀し得るものであり、その假名

ア	カ	サ	タ	ナ	ハ	マ	ヤ	ラ	ワ	ン	疊符
阿	可 ㇷ	佐 左	七	奈	ハ		也	良	和		
イ	キ	シ	チ	ニ	ヒ	ミ		リ	ヰ	り	
伊 イ	木 む	四 之	知 矢 千	尓	非 比	三 美？		川			
ウ	ク	ス	ツ	ヌ	フ	ム	ユ	ル		給	
宇 宀	口 久	須				ム 无	由	ル			
衣	ケ	セ	テ	ネ	ヘ	メ	江	レ	ヱ	奉	
	介	世		根	ㇸ	女	江		恵		
オ	コ	ソ	ト	ノ	ホ	モ	ヨ	ロ	ヲ	事	
	其	曽 ソ	止 ト			毛 母	与		乎		

第四圖　聖語藏央掘魔羅經古點所用假名字體表

字體が萬葉假名を主としてゐること、その字體の大きさが大形であることなどから見て、訓點資料の中でも、最古の時期に屬し、弘仁年間（八一〇～八二四）を下るものでないことが推察される。又その字音の内容は、所謂「呉音」の系統に屬するが、表記面等では、後代のものに比べて古色を存する所が多い。

本書の白點については、既に春日政治博士の優れた研究「聖語藏本央掘魔羅經の字音點」（『古訓點の研究』所收）が公にされて居り、よく全貌を紹介し研究を盡されてゐる。博士の調査は非常に周到なもので、殆ど間然する所もないが、一二蛇足小見を加へて、私が認め得た假名字體（第四圖）と、字音の全用例とを、前後の語句・文脈を若干含めながら、次に記載することとする。

［卷第一］　(3)（原本第三張の意、以下同斷）素曾齒　(3)膝七脯用　(4)詳生行七歩　(9)滋四法ム（？）（春日政治博士は「滋」

の左傍に「深」ありとされるが、認め得なかつた）　⒁洲渚《初》際　⒃鞠《其口》育　⒄寒暑《干》（「寒《干》暑」の誤か）　⒄爲諸

濧《ヘ宇》溺《三惡》　⒄一歳嬰《伊（?）阿宇》兒　⒅振手遠擲《丁》　⒅腹行卅九旋《千》　⒅遶《根宇》旋《善》多匝　⒆无倫匹《比木》

⒆波斯匿《尓口》王　⒆綵《左イ》女眷屬　⒆神威振《新》懼《口》　⒆躃《白》地　⒇千力士戰《世尓》　⒇乃至鹽《延ム》油　㉑猶

如虵翼《由久》覆於虛空　㉒活《果矢反》命（春日政治博士「反」ナシ）　㉒如折《説》牙象

［卷第二］　⑵蚊-網（音合符あり）　⑵凶□□暴衆（春日政治博士なし）　⑵螢《永》火　⑶淸（ママ）淨柔耎《奈尓》足　⑵塵水所

不汙《和》　⑶自稱譽《与》　⑶蚊-網　⑶左脚《可久》　⑶金翅《之》鳥王　⑶摩醯《化》首羅神　⑶齒《之》白　⑸臭《首》拘

⑸祇《義》園　⑸屣《四反》（春日政治博士「止反」）履　⑸遭《左宇》苦難　⑺塗右辟《非》　⑻哀《阿イ》哉　⑻蛾《可（?）》-投

⑻如拇《毛》指　⑼粳□（谷?）米　⑽无有慙《世ム》（春日政治博士「坐ム?」）愧　⑽猨《惠尓（?）》猴《侯（?）》　⑽其心躁《草（?）》

動　⑽鵂□（春日政治博士「休」）鳥　⑽彈《七尓》指　⑾歷《リ阿久》事　⑾御象《佐宇》　⑿住如瓶《平》中　⒀筋《斤》骨

⒀方便留《ル》舍利　⒁一切資《之》生具　⒁若在屠《ト》膾《惠》舍　⒁法應強奪《達（?）》（或いは「當」か）取《シ》□（春日政治博士

「ユ」）　⒂突《止矢》吉羅　⒁見雹《ハウ》生忘想　⒁不久悉融《由宇》消　⒁濫《艮无》懷餘眞寶　⒂川竭《可矢》瓶无水

⒂輕蔑《女矢》諸佛子　⒂縱意肆凶暴《母宇》　⒂卒《ㄥ矢》聞猛虎氣　⒂遊步縱鳴《命》吼　⒃斷截《切》食衆生　⒃大地悉

洞-然（合符）　⒃示現如師旅《千》（「旅」を「旋」と誤れるか）　⒃令入芬《介》子中（「芬」を「芥」と見てその音として「介」

と注せるか、或いは「芬」の「分」の字畫を「介」と訂せるか）　⒃實无所傷《生》　⒃雄猛《命》如汝等　⒄世間極豐壤《尓阿》

宇　⒄常慕《ム》修正法　⒄不習戲幻術《頁矢》　⒄務《ム》誦諸經律　⒄遠酒離博奕《也久》　⒄雄桀《千惡》如文殊　⒅或

有盬《イ》治差　⒆第一極卑《美（?）》鄙　⒆頭目血□（春日政治博士は「決」とせらる）髓腦　⒆積骨踰《七》□須彌（春日政

治博士は「須彌」に「世界」と注せりと認めらる）　⒆來從索《昔》子食　⒆如欲食與渠□（「呆」か、春日政治博士は「去?」）

⒇我受用草屣《リ》（「屣」を「履」と誤れるか）　⒇剪《千》爪（春日政治博士は「爪」に「左宇」の注ありとせらる）　㉑若於聾

㉑其誰水堪任見リ宇人中示現作聾（下の「聾」字にも注有る旨の符號あり、この字も上の「リウ」の音注に應ずるか）

㉑八聲大宣唱生　㉑以爲高廣牀生　㉒惣持爲園苑乎尓　㉒汝今當受不歌儛ム戒　（以上）

右の內、卷第二の第十七張に在る「千惡」の二字は、明に「桀」字に注有る旨の符號があり、第二字も「惠」ではなくて「惡」であつて、「桀」字の音注チアクの表記と認められるものである。春日政治博士は「文殊」に對して「知惠《チヱ》」の意味の注があるとされるが、この點は多分小見に據るべきものと考へる。

假名字體は第四圖に示した通りであるが、春日政治博士の表に見える、去（コ）、坐（ザ）、二（ニ）、ユ（ユ）の諸體は、未だ確認し得ないでゐる。又、他方、「ウ」（ウ）、「カ」（カ）などを一往別字體として併記して示した。字音の內容については、春日政治博士の說かれた所に盡きてゐるが、吳音系の字音であることは、

嬰伊阿宇　遶根宇　歷リ阿久　留ル　蔑女矢　壤尓阿宇　慕ム　桀千惡

苑乎尓　儛ム

などから知られる所であり、又、拗音表記に「イ列音＋ア」を用ゐた例

溺三惡　嬰伊阿宇　歷リ阿久　桀千惡

などは、平安中期以降には稀な、平安初期の特色を示したものである。又、誤讀と思はれる、

匹比木　旅千反　屣リ

などの例も、當時の字音研究の一面を示すものであらう。又、二字を「ｌ」で繫いだ合符の存在することも、併せ注意せらるべきことであらう。

（附記）　本稿を草するに當り、大坪併治博士及び小林芳規博士の御調査から御敎示を受けた。併せて感謝の意を表し奉る。

正倉院聖語藏大智度論古點及び央掘魔羅經古點について

（『正倉院年報』七號　昭和六十年三月）

【後注】

本論考所載誌の巻頭巻末に附された圖版の掲載は省略に従った。

聖語藏大方廣佛華嚴經古點の調査研究について

この度、山本信吉氏を通じてお話があり、東大寺圖書館の作成された、聖語藏大方廣佛華嚴經の調書のコピーを提示され、これを『南都佛敎』に掲載するについて、その中で、訓點に關する部分について、追記すべき事柄があったら、それを示して欲しいとの御依頼があった。私は、昭和二十八年以來、何回か聖語藏の御本の拜觀を許され、それらの訓點についての調査研究をさせて頂いたことがあるが、生憎、華嚴經については、未だ一本も拜見する折を得ないまま、今日に至っている。かようなわけで、このような御依頼にお應えする資格はないのであるが、從來の訓點研究の成果の紹介だけでも良いからとのお言葉に甘えて、先學の調査の結果を、私の承知した限りの範圍で報告し、何かの御參考ともなればと考えて、此の小文を認める次第である。

聖語藏御本の調査を初めて手掛けられたのは、大矢透博士（一八五〇～一九二八）である。大矢博士は、古社寺所藏の訓點資料を基にして、『假名字體及假名遣沿革史料』一冊を編纂刊行され（明治四十二年）、國語史の近代的研究の基礎を作られたのであったが、その後、聖語藏の古訓點の調査に從事され、『地藏十輪經元慶點』（大正九年十二月）、『成實論天長點』（大正十一年三月）、『願經四分律古點』（大正十一年八月）の三册を刊行された。この他にも、聖語藏本の調査の結果を脱稿されたもの、その未定稿があった模樣で、「大矢博士自傳」及び「大矢透博士著書論文目錄」(1)によると、「未刊著書」の中に「聖語藏御本景雲寫華嚴經古點　大正九年脱稿」があり、更に「大矢透博士著書論文目錄」の「未定稿著書」の中には「大方廣佛華嚴經」が記されている。それらの調書は、春日政治博士（一八七八〜一九六二）に譲られたとのことであるが、未だ公刊されていないため、その內容については明らかでない。

春日政治博士は、大矢透博士の業を引繼がれて、聖語藏の調査に盡力され、多數の論文を公表された。その中には、華嚴經古點について言及された記事を含む論文は二三あるが、華嚴經古點だけを獨立して取上げられたことは無かったようである。華嚴經は卷數が多く、全部の調査を終了されなかったからかも知れない。

最初に取上げられたのは昭和九年七月に、「國語科學講座」の一册として刊行された『片假名の研究』(2)で、片假名の初期の資料として、博士が實見された聖語藏本の中、

景雲寫　華嚴經七卷（二・五・七・八・九・十・十七）

など七點を擧げられた。これは天長點よりも古いもので、訓點發達の初期の狀態を示すものとされた。そして、華嚴經古點には、實辭の他には欄外に記したものが多いとして、

阿　于　宇　於　可　支　久　具　佐　左　之　世　曽　太　ツ　止　不　保　美　也　江（ヤ行のエ）　與　利　禮

呂　和

のような眞假名（萬葉假名）が使用されており、更に

頁（ス）　ソ　の　ヒ　呆（ホ）　山（ユ）　り

のような草體假名（平假名）や略體假名（片假名）が用いられていることを紹介されている。

次に「初期點法例―聖語藏點本を資料として―」と題して『國語國文』（第二十一卷第九號、昭和二十七年十月）に發表された論文があり、(3)景雲寫華嚴經（第四類一〇號）を取上げられ、延曆大同の頃（七八二〜八一〇）の加點と推定して、初めてそのヲコト點を提示された（第一圖）《第一〜第六圖は注末參照》。そして現所在が聖語藏であること、「東大寺印」を持っている

こと、華嚴經が華嚴宗の所依であることなどから見て、東大寺に於て加點されたものではないかと考えられた。そして、このヲコト點の星點の中で、右上のテ、右中のニ、右下のハと「テニハ」が連續している點が、後世の所謂テニハ點の起源かも知れないこと、中心に力があるのが他に例を見ないことなどを指摘された。

更にその後、「正倉院聖語藏點本の調査」（『日本學士院紀要』第十一巻第三號、昭和二十八年十一月）において、「正倉院聖語藏點本目錄」を掲げ、大矢博士の調査に春日博士の調査を加えた三十二種一〇三巻の目錄を示された。その中に

六、大方廣佛華嚴經　一〇五巻

四類　一〇號　調査濟七巻（二・五・七・八・九・十・十七）、加點識語なし

と示されている。(4)

この後、中田祝夫博士は、昭和二十九年刊行の『古點本の國語學的研究總論篇』(5)において、この華嚴經古點のヲコト點を取上げ、星點の中で、右上のテ、右中のニ、右下のハと「テニハ」が連續している例が、この後にも知恩院藏本「成唯識論述記」一卷（延長頃加點）、同藏本「入楞伽經」（平安時代中期加點）、石山寺藏本「大日經眞言成就瑜伽」の長久二年（一〇四一）點にも見られること、これらの間には、教相事相の關係は認められないこと、中田博士のヲコト點八分類論の體系の中で、「特殊點」として位置づけられることなどを論ぜられた。

この他、鈴木一男氏は、「正倉院聖語藏點本」（『書陵部紀要』第二十八號、昭和五十二年三月）(6)において、「正倉院聖語藏點本目錄」を掲げ、「第四類神護景雲二年御願經」の項の中に

4　大方廣佛華嚴經　一〇五巻（四の一〇號）

を擧げ、その內、七十四卷を調査したとし、その卷名を

二、五、六、七、八、九、十、十一甲、十二甲、十二乙、十三甲、十五甲、十五乙、

として、この中に六十卷本と八十卷本とがあり、六十卷本には平安時代極初期加點の（系統）不明點があり、八十卷本には初期の不明點のあるものと三論宗系（テニハ點系）のものとがあるとしておられる。(7) 但し、舊譯本と新譯本との區別は示されていない。鈴木氏は、更に景雲經「力莊嚴三昧經卷下」（四一五一號、四の18）の加點形式が、大方廣佛華嚴經に加えられたものと全く同一であり、同一人か又はこれと關係深い人によって加點せられたものとみることができる、と論ぜられた。

筆者は、ヲコト點の系統論の立場から、この古點の星點が、右上のテ、右中のニ、右下のハと「テニハ」が連續している例が、中田博士の指摘された以外にも、平安時代初期以來多數の例があることに着目し、これらを一括して「特殊點乙類」と命名した（第二圖）。そして、この聖語藏華嚴經はその中の最古の事例であって、斯道文庫本の卷第十四もこの僚卷であること、先學の指摘されたもの以外にも、更に、石山寺藏本「四分律」九帖（一切經第五六函21號他）、同藏本「大方廣佛華嚴經」三十六帖（一切經第一九函19號他）、京都國立博物館藏本「十二門論」一卷、東京大學國語研究室藏本「因明論疏」一卷（以上平安時代初期加點）、國立國會圖書館藏本「大毗盧遮那成佛經」六卷（平安時代中期加點）、石山寺藏本「大毗盧遮那成佛成就法」の長久二年（一〇四一）點（中田博士の指摘された「大日經眞言成就瑜伽」長久二年點本と同本）などの例を擧げ、この類が平安時代後期を限りとして消滅することを述べて、それらに使用された假名字體やヲコト點を提示した。(8) 夙く春日博士が示唆された通り、平安時代初期から見られる「テニハ點」（左下のテ、左中のニ、左上のハと「テニハ」が連續しているヲコト點の總稱。中田博士はこの類を纏めて「第三群點」と總稱された）は、平安時代初期に既に相當に多數の加點例があり、「テニハ」以外の符號については、文獻ごとに個別に異っていたが、平安時代中期以後になると、「東大寺點」（第三圖）、「中院僧正點」、「東南院點」などの形で固定し、特に「東大寺點」は近世まで廣く用いられた。尙、廣義には、左上のテ、上中の

ニ、右上のハと「テニハ」が連續しているヲコト點の一類を指すこともあり（第四圖）、これも「テニハ點」と稱されることがある。この類を、中田博士は「第四群點」と總稱し、第三群點を右方に九〇度回轉して成立したものとされた。筆者は、石塚晴通氏の研究により、中國の「平聲」の聲點の古い形が漢字の右上にあることなどを勘案し、「テ」が右上にあることが、ヲコト點の最古の形態の一であると推測し、(9) 華嚴經古點の「テニハ」を右方に一八〇度回轉して、第三群點が生じたとの臆説を提出した。

今回、故堀池春峰氏を含む東大寺圖書館各位が、昭和三十年十月から昭和六十三年十月に至る三十餘年の間に作成された、舊譯、新譯の景雲寫華嚴經の調書のコピーを拜見する機會に惠まれたが、その中に、本文の書入に關する記述の項目があり、其處で訓點について、從來知られていなかった貴重な内容を含む記載があったので、その一部を紹介する。

最初に、

①訓點に關して、若干詳しく記載された七項目について引用し、

②次に、簡略な訓點の記述の見られるものについては、〇印の下に記述された内容を轉記する。但し、訓點に直接關係しないと思われる、墨書の書入の類については、煩を厭うて省略した。

①〔訓點に關して、若干詳しく記載された七項目〕

〔舊譯華嚴經〕

〇［番號］四　［聖語藏目錄番號］四―一〇―一〇五―四

［巻次］巻第六
［本文書入］
白書（噬・ク太ク、溺・於保〻）（「〻」の右傍に（ル））
［調査日］昭和三十七年十一月
（築島云）「溺」を「於保々」と訓じたのは、恐らく「於保々流」などの「流」の省記であり、「オボル」の古い語形と見るべきであろう。

○［番號］一〇［聖語藏目録番號］四―一〇―一〇五―一二乙
［巻次］巻第十二
［本文書入］
白書（萬葉假名）、白點、（第五圖のヲコト點を記す）
［調査日］昭和三十一年十一月、同三十七年十一月

○［番號］一六［聖語藏目録番號］四―一〇―一〇五―一三
［巻次］巻第二十一
［本文書入］
白點、ヲコト點あり（第六圖のヲコト點を記す）
［調査日］昭和三十一年十一月、同三十七年十一月、同四十八年十一月

○［番號］一七　［聖語藏目錄番號］四―一〇―一〇五―二四
［卷次］卷第二十二
［本文書入］
白點、白書假名、「於（右傍に「有天」の草書體）」「得」（右傍に「衣」）、墨書脫字書入一ヶ所
［調査日］昭和三十七年十一月
（築島云）「有天」は「アリテ」と詠ませたものか。又、「得」を「衣」と訓じたのは、ア行の「エ」を示したもので、ア行のエとヤ行のエとの區別のあった、平安時代中期以前の訓點であることを證している。

［新譯華嚴經］
○［番號］三　［聖語藏目錄番號］四―一〇―一〇五―一三甲
［卷次］卷第十三
［本文書入］
白點十二ヶ所、「吼」（右傍に「呆江」）、「如機開」（右傍に「和可ツ」）
［調査日］昭和三十一年十一月
（築島云）「呆江」は「ホエ」であって、「江」はヤ行の「エ」の假名で、ア行の「エ」ではなく、平安時代中期以前の加點であることを示している。又、「如機開」（右傍に「和可ツ」）は、或いは「機關」に對する和訓「ワカツリ」の一部で、古く他に、新譯華嚴經音義私記（奈良時代末期書寫）や西大寺藏本金光明最勝王經平安時代初期點などに、この和訓の例が知られている。

○［番號］二〇　［聖語藏目錄番號］四―一〇―一〇五―四九
［卷次］卷第三十五
［本文書入］
本文中朱書假名「湍」（右傍に「タン」）、「激」（右傍に「ケキ」）、「詖」（右傍に「ヒ」）、「蚊」（右傍に「モン」）、「蚋」（右傍に「子イ」）
［調査日］昭和三十二年十一月
（築島云）假名の字體から見て、平安時代中期よりは後の訓點かと推測される。
○［番號］二四　［聖語藏目錄番號］四―一〇―一〇五―五六
［卷次］卷第三十九
［本文書入］
白點、朱書假名書入「虔」（右傍に「ケン」）、朱書聲點
［調査日］昭和三十二年十一月
（築島云）假名の字體から見て、平安時代中期よりは後の訓點かと推測される。

文字とその訓點を示した例は以上であるが、この他「白點」「白書」などと注された箇所は非常に多く、次の如くである。この内、◎印を附した六點は、春日政治博士の調査報告に見えるものである。

② 〔簡略な訓點の記述の見られるもの〕

［舊譯華嚴經］

［番號］	［聖語藏目錄番號］	［卷次］	［訓點關係記事］
◎一	四—一〇—一〇五—一	卷第二	「白點、白書」
◎三	四—一〇—一〇五—三	卷第五	「白書、白點」
◎五	四—一〇—一〇五—五	卷第七	「白書（萬葉假名）、白點」
◎六	四—一〇—一〇五—六	卷第八	「白假名、白點」
◎七	四—一〇—一〇五—七	卷第九	「白假名、白點」
◎八	四—一〇—一〇五—八	卷第十	「白假名、白點」
○一一	四—一〇—一〇五—一四乙	卷第十三	「白書、白點」
○一二	四—一〇—一〇五—一六乙	卷第十五	「稀に白點あり」
○一三	四—一〇—一〇五—一七	卷第十六	「白點、朱合點、第六紙上欄外に赤附箋」
○一四	四—一〇—一〇五—二〇	卷第十八	「白點」
○一五	四—一〇—一〇五—二一	卷第二十	「白點」
○一八	四—一〇—一〇五—二五	卷第二十三	「白點、白書校合、墨書補筆書入一ヶ所」
○一九	四—一〇—一〇五—二八	卷第二十四（尾缺）	「白點」
○二〇	四—一〇—一〇五—（缺）	卷第二十五	「卷首部分に朱句切點」

○二二　四—一〇—一〇五—三三　卷第二十七「白點」
○二三　四—一〇—一〇五—三五　卷第二十八「第十一紙に朱筆鈎點三ヶ所」
○二四　四—一〇—一〇五—三七　卷第二十九「白書、白點」
○二五　四—一〇—一〇五—三九　卷第三十一「白書」
○二六　四—一〇—一〇五—四一　卷第三十二「全文に白點」
○二七　四—一〇—一〇五—四三　卷第三十三「全文に白點」
○二八　四—一〇—一〇五—四六　卷第三十四「白書、白點、白鈎點（┐）」
○二九　四—一〇—一〇五—四八　卷第三十五「全文に白點、所々に朱筆鈎點（┐）、□型赤附箋貼附一ヶ所」
○三〇　四—一〇—一〇五—（缺）　卷第三十六「白點」
○三一　四—一〇—一〇五—五二　卷第三十七「白點」
○三二　四—一〇—一〇五—五四　卷第三十八「まま白點」
○三三　四—一〇—一〇五—五七　卷第四十　「白書」
○三四　四—一〇—一〇五—五九　卷第四十一「全卷に白書、白點」
○三五　四—一〇—一〇五—六〇　卷第四十二「白書、白點」
○三六　四—一〇—一〇五—六二　卷第四十三「脫字墨書補入一ヶ所、白點、白書あり」
○三七　四—一〇—一〇五—四五甲　卷第四十四「白點、白書あり」
○三八　四—一〇—一〇五—四六甲　卷第四十五「墨字補入一ヶ所、稀に白點」
○三九　四—一〇—一〇五—四六甲（ママ）　卷第四十六「白點、白書あり」

○四〇　四―一〇―一〇五―四七甲　卷第四十七「白書あり」
○四一　四―一〇―一〇五―四八乙　卷第四十八「白點あり」
○四四　四―一〇―一〇五―（缺）　卷第五十一「白點あり、文中二ヶ所誤字訂正せり、誤字を右傍に同筆で訂正し、左傍に短線の符號を附す、さらに上欄外に訂正文字を注記」

［新譯華嚴經］

［番號］	［聖語藏目錄番號］	［卷次］	［訓點關係記事］
○一	四―一〇―一〇五―九（卷十一甲）	卷第十一	「まま白點」
○二	四―一〇―一〇五―一一（卷十二甲）	卷第十二	「白點・句切點、白校合書入」
○四	四―一〇―一〇五―一五甲	卷第十五	「白點、白書（萬葉假名）」
◎五	四―一〇―一〇五―一八	卷第十七	「白點」
○六	四―一〇―一〇五―一八甲	卷第十八	「白點」
○七	四―一〇―一〇五―二一乙	卷第二十一	「白點、稀に傍訓がある」
○八	四―一〇―一〇五―二六？	卷第二十三	「白點、校合がある」
○九	四―一〇―一〇五―二七	卷第二十四	「まま白點」
○一二	四―一〇―一〇五―三四（卷二七乙）	卷第二十七	「白點（但し擦消の跡がある）」
○一四	四―一〇―一〇五―三八乙	卷第二十九	「朱筆校合一ヶ所」
○一六	四―一〇―一〇五―四〇	卷第三十一	「まま白點がある」

〇一七　四―一〇―一〇五―四二　巻第三十二「白點有無不明」
〇一九　四―一〇―一〇五―四七　巻第三十四「白點、第六紙・七紙間に朱合點六ヶ所」
〇二二　四―一〇―一〇五―五三　巻第三十七「全巻に亙り白書」
〇二三　四―一〇―一〇五―五五　巻第三十八「（白點ナシ）、本文中に灰色の□の附箋を貼る所がある」
〇二六　四―一〇―一〇五―六一　巻第四十二「白點」
〇二七　四―一〇―一〇五―（缺）　巻第四十三「白點」
〇二八　四―一〇―一〇五―六五　巻第四十四「白點」
〇二九　四―一〇―一〇五―六九　巻第四十六「白點」
〇三〇　四―一〇―一〇五―六七　巻第四十五「白點」
〇三一　四―一〇―一〇五―七一　巻第四十七「白點」
〇三三　四―一〇―一〇五―七三　巻第四十八「白書、白點」
〇三四　四―一〇―一〇五―七七　巻第五十　「朱筆鈎點六ヶ所、朱合點二ヶ所」
〇三六　四―一〇―一〇五―八一　巻第五十二「白點」
〇三七　四―一〇―一〇五―八三　巻第五十三「白點、白書」
〇三八　四―一〇―一〇五―八五　巻第五十四「白點、白書」
〇三九　四―一〇―一〇五―八七　巻第五十五「白點、白書校合」
〇四一　四―一〇―一〇五―九〇　巻第五十七「白點、白書校合」
〇四二　四―一〇―一〇五―九一　巻第五十八「白點、白書校合」

○四三　四―一〇―一〇五―九三　巻第五十九「白點、白書校合、第八紙と第九紙との繼目下方に白符號（圖略）、料紙繼合せの位置を示す符號か、（修理のときか）」
○四四　四―一〇―一〇五―九五　巻第七十一「白點、白書校合がある」
○四五　四―一〇―一〇五―九六　巻第七十二「まま白點がある」
○四六　四―一〇―一〇五―九七　巻第七十三「白書、白點がある」
○四七　四―一〇―一〇五―九八　巻第七十四「まま白書・白點がある」
○四八　四―一〇―一〇五―九九　巻第七十五「白書校合、白點がある」
○四九　四―一〇―一〇五―一〇〇　巻第七十六「白書校合、白點」
○五〇　四―一〇―一〇五―一〇一　巻第七十七「白書校合、白點」
○五一　四―一〇―一〇五―一〇二　巻第七十八「白書校合、白點」
○五二　四―一〇―一〇五―一〇三　巻第七十九「白書校合、白點」
○五三　四―一〇―一〇五―（缺）　巻第八十（Ａ）「白點、白書校合」（後半缺失、Ｂに接續す）
○五四　四―一〇―一〇五―（缺）　巻第八十（Ｂ）「白點」（前半缺失、Ａに接續す）

以上の記載によると、舊譯には、五十一巻の內、三十九巻に書入、訓點があり、その內三十六巻に白書、五巻に朱書があり、新譯には、五十四巻の內、四十四巻に書入、訓點があり、四十一巻に白書、四巻に朱書があることが知られる。以前に春日政治博士が七巻の調査內容の紹介をされたが、その內六巻は舊譯本、一巻が新譯本であることが判明する。又、鈴木一男氏は七十四巻に訓點の存在の提示（巻數及び內容の紹介は無し）をなされたが、故堀池氏等東大寺圖書館各位の調査は、それらを上回った、八十巻に及ぶ多數の經巻に訓點が存在することを示し、更に簡略ながらその訓點の一部分を紹介された、貴重なものである。假名字體の全容、ヲコト點の詳細などを始め、訓點の全容については、今後の精査に俟たなければならないが、かくも多數の卷に、恐らく平安時代初期の白點が存在することを明にされた功績は、高く評價せらるべきであろう。

華嚴經と東大寺との關係は、今更申すまでもないことであるが、聖語藏の華嚴經に最古の時期の訓點が加點されており、そのヲコト點の形式が「テニハ」の系列の點であること、そしてそれが、平安時代中期以後、固定したヲコト點の一つである「東大寺點」の祖の位置に在ることが考えられること、そしてこの「東大寺點」は、多分、最初東大寺で使用され、それが東大寺と深い關係にあった眞言宗の小野流に傳えられ、その後、近世に至るまで、佛家で最も多く使用された(10)ことは、華嚴經の訓點が、訓點の歴史の上に占める意義の少からざることを、改めて認識するのであり、今回の故堀池氏等東大寺圖書館各位の御調査の結果の公表が、學界に與える貢獻の甚大であることを信じて疑わない次第である。

注

（1）「大矢博士自傳」（『國語と國文學』第五卷第七號、昭和三年七月）。
「大矢透博士著書論文目錄」（『國語と國文學』第五卷第七號、昭和三年七月）、春日政治「古訓點の調査を中心とした大矢博士の研究」（『國語と國文學』第五卷第七號、昭和三年七月）。
（2）後、『假名發達史の研究』春日政治著作集1（昭和五十七年）に收錄。
（3）後、『古訓點の研究』（昭和三十一年）及び春日政治著作集6（昭和五十九年）に收錄。
（4）後、『古訓點の研究』（昭和三十一年）及び春日政治著作集6（昭和五十九年）に收錄。

(5) 中田祝夫『古點本の國語學的研究總論篇』（昭和二十九年）一〇一・二〇八・五〇三頁。
(6)『初期點本論攷』（昭和五十四年）所收。
(7)『初期點本論攷』二一二頁所收。
(8) 築島裕『平安時代訓點本論考ヲコト點圖假名字體表』（昭和六十一年）。
(9) 石塚晴通「聲點の起源につきて」（昭和四十四年春季國語學會研究發表會）、石塚晴通「聲點の起源」（『日本漢字音史論輯』所收、平成七年八月）。
(10) 中田祝夫『古點本の國語學的研究總論篇』三三九頁。
築島裕『平安時代訓點本論考研究篇』（平成七年）、四四六頁。

（第一圖）聖語藏本大方廣佛華嚴經所用ヲコト點圖（春日政治博士による）

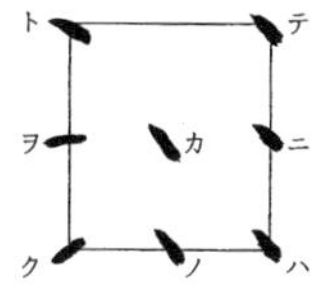

（第二圖）「特殊點乙類」概念圖

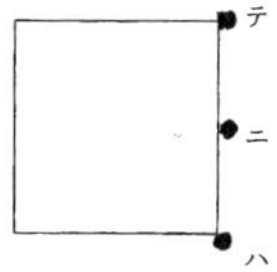

（第三圖）ヲコト點「東大寺點」（部分）

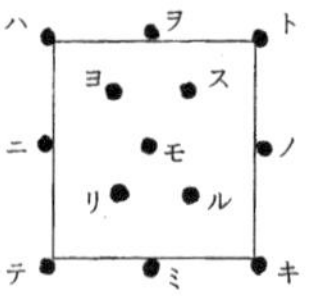

（第四圖）「テニハ點」概念圖

（特殊點乙類）　（第三群點）　（第四群點）

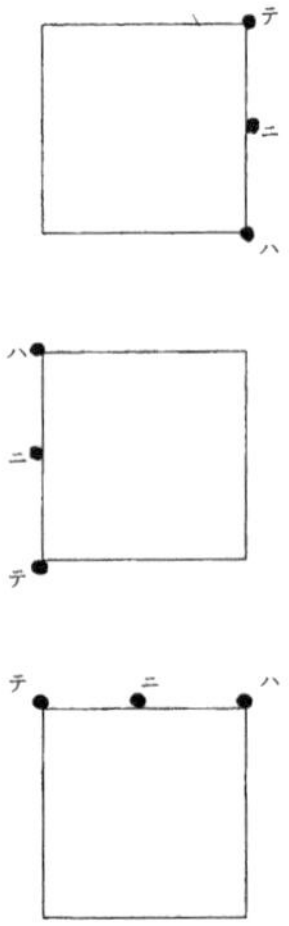

（第五圖）聖語藏本大方廣佛華嚴經卷第十二（舊譯）所用ヲコト點圖（東大寺圖書館調査による）

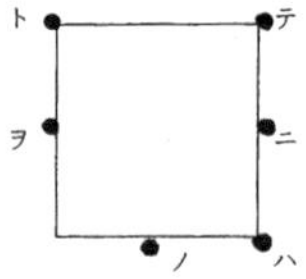

（第六圖）聖語藏本大方廣佛華嚴經卷第十二（舊譯）所用ヲコト點圖（東大寺圖書館調査による）

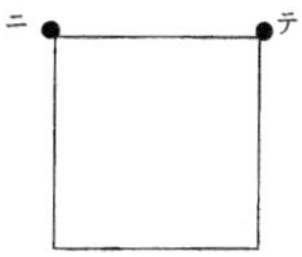

（追記）近時、小林芳規博士は、韓國で發見された華嚴經の角筆の訓點にヲコト點があり、それが、春日政治博士の紹介された華嚴經のヲコト點（第一圖）と關係があるとの說を開陳された（「韓國における角筆文獻の發見とその意義—日本古訓點との關係—」『朝鮮學報』第百八十二輯、平成十四年一月。「韓國の角筆點と日本の古訓點との關係」『口訣研究』8、二〇〇二年二月）。これについては、韓國の角筆の訓點の加點年代の認定その他について、尙、今後の硏究に俟つこととしたい。

（「正倉院聖語藏經卷調査報告（一）—奈良時代書寫の華嚴經について— Ⅲ付論ⅰ」『南都佛敎』第八十六號　平成十七年十二月）

飯室切古點寸考

古筆學研究所で先般眼福を得た「飯室切《いいむろぎれ》」の古訓點については、既に先學の優れた研究があり、事新しく述べることも少いのであるが、二三氣附いた點を記して、責を塞ぎたいと思ふ。

一

大陸から漢文が本邦に渡來したのは、今から千數百年前に遡り、それを國語として訓み下す（訓讀する）ことも、奈良時代（八世紀）以前から旣に存したと見られてゐる。しかし、その訓み方を具體的に目で見える形によつて、漢文の字面又はその傍などに記し附ける、いはゆる「訓點」が創始されたのは、九世紀の極く初頭の頃からである。現存する文獻の中では、大東急記念文庫所藏の華嚴刊定記巻第五の奥書に、延暦二年（七八三）及び延暦五年（七八六）の年紀のあるのが、最古の年代であつて、この書の本文には、白書と朱書による書入があるが、それは句切點や返點だけに限られて居り、假名やヲコト點（後述）などは見出されない。延暦の初年の頃、卽ち奈良時代の最末期には、未だ訓讀の國語を詳しく記載する段階にまでは、到達してゐなかつたのであらう。

正倉院の聖語藏には、延暦末から弘仁年間（八〇〇～八二〇頃）と見られる古訓點の一群がある。これらの訓點資料については、夙に春日政治博士の詳細且つ精確な研究報告が公にされて居り(1)、更にその後、鈴木一男教授の調査報告があつて、相當數の文獻が現存することが知られてゐる。しかし殘念乍ら、これらには何れも奥書の記載が見られず、僅にその筆致書風等によつて加點の年代が推定されてゐるに過ぎない。

而して訓點創始期の加點本の中で、年紀を有する最古の文獻は、正倉院聖語藏及び東大寺圖書館に所藏される、成實論の古點である。この本は現在凡て十一巻が存するが、内七巻は聖語藏、四巻は東大寺圖書館に分藏されてゐる。その巻第十四(聖語藏本)の奥書に、白書によつて、

天長五年(八二八)七月一往聽了

といふ識語が見られる。この白書と同一の筆によつて、全巻に施された白書の訓點がある。この訓點は、大矢透博士(一八五〇〜一九二八)によつて發見され、大正九年に報告されたものであるが(2)、この年號は現在に至るまで、依然として訓點本最古の例である。

この成實論の天長五年點については、その後、春日政治博士(3)、鈴木一男教授(4)、稲垣瑞穂教授(5)、等によつて研究が重ねられて來たが、その中に用ゐられた、主たる假名字體竝にヲコト點は、第一圖・第二圖に掲げたやうなものである。この假名字體は、大體一音節に對して一字體の場合が多く、又、ヲコト點は相當に複雜なものであつて、訓點が創始されて以來、僅か二三十年の間に、飛躍的な進歩展開を遂げたものと推測されるのである。

この成實論の天長點の識語は、單に日附を記しただけであつて、寺院の名稱や加點者の名稱などは記されてゐないので、直接にはそれらについて決定することは出來ないが、この經典が、年來東大寺の經藏である正倉院聖語藏に傳來してゐたこと、經典自體が、南都六宗の一つである所の成實宗(三論宗と關係が深かつたと言はれる)所依の經典であること、などから考へて、東大寺又はそれと關係ある寺院の學僧によつて加點された可能性は極めて大きいとは言はなければならない。

第一圖　成實論天長點所用假名字體表

第三部	(D) 2 (828)
標題	成實論　十一卷
所藏	聖語藏(卷第十一・十二・十四・十六・十八・廿二・廿三)　東大寺圖書館(卷第十二・十五・十七・廿一)
装幀	巻子本
書寫年代	平安時代初期
加點年代	天長五年(八二八)
ヲコト點	第一群點　白
書寫者	
加點者	

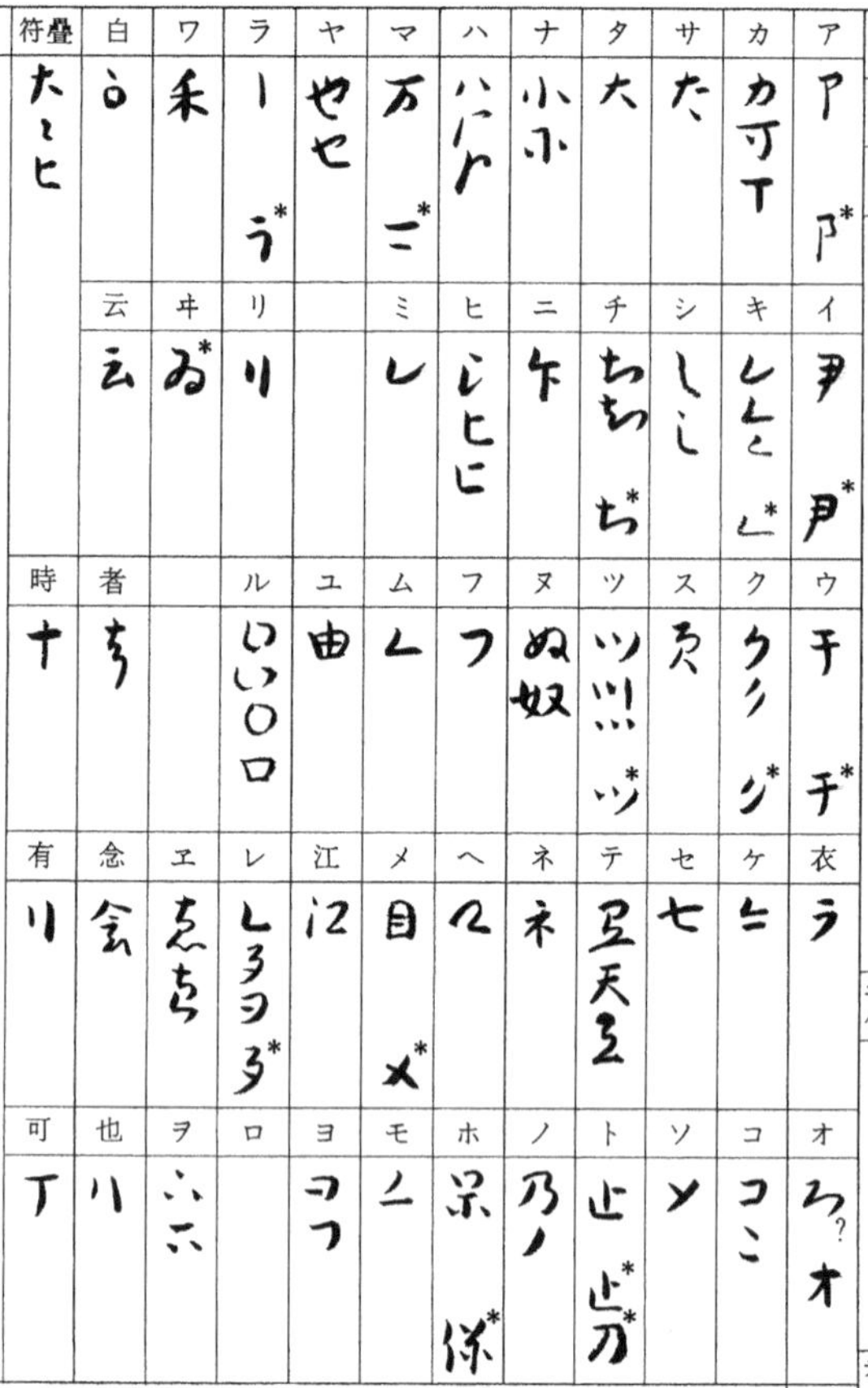

識語　(卷第十四墨書奥書)　天長五年七月一日一往聽了

備考

第二圖　成實論天長點所用ヲコト點圖

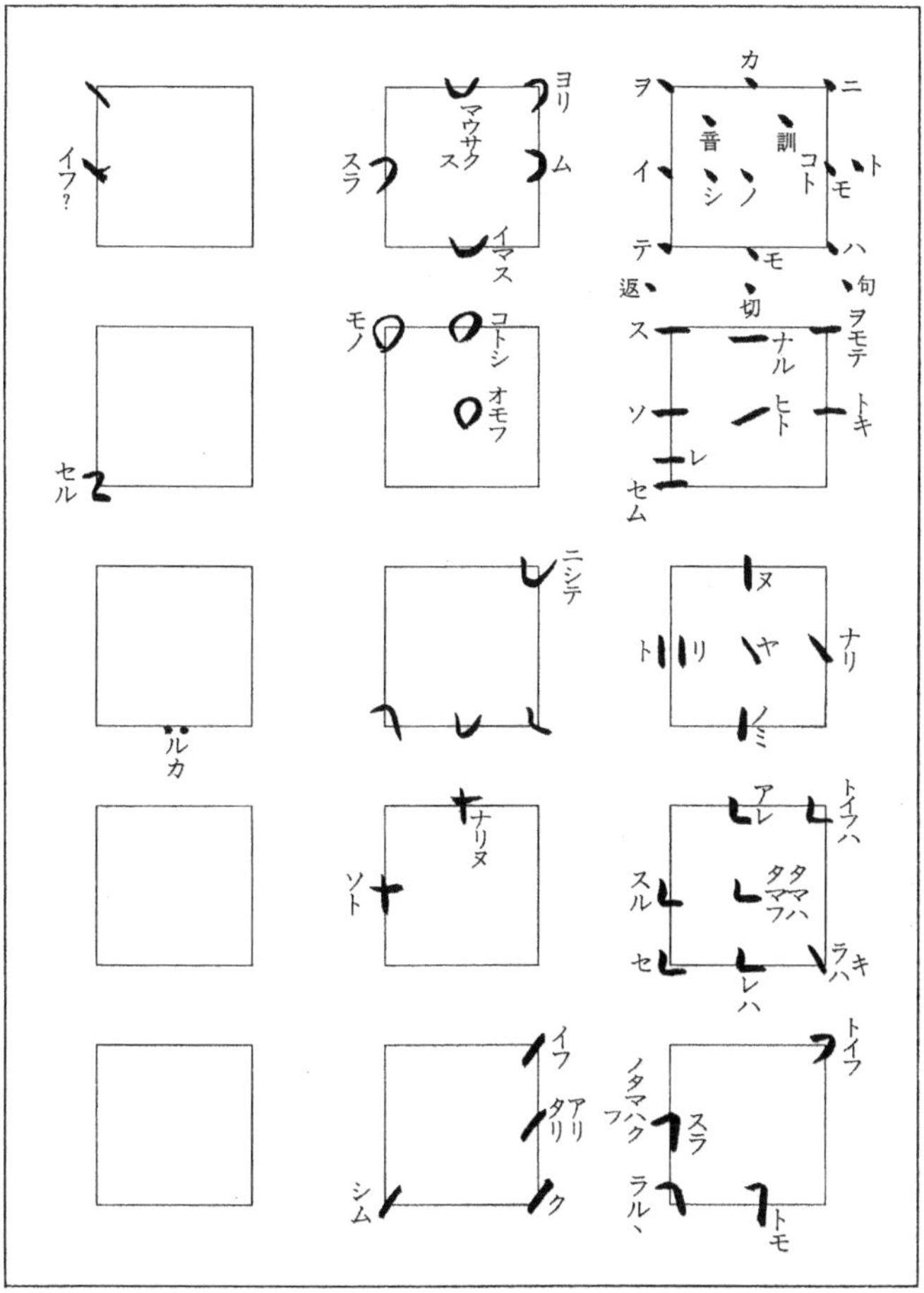

成實論の訓點について、聊か詳しく述べたが、實はこの訓點が、これから述べようとする飯室切の古訓點と、非常に密接な關係に在るのである。

二

「飯室切」といふのは通稱であつて、正しい書名は「金光明最勝王經注釋」と稱する。この書は全十巻より成り、東大寺の學僧明一（七二八〜七九八）の撰述に係るものであるが、明一は俗姓和仁氏の出身で、この他に法華經略記四巻、法華記二巻などの著があつたとされるが、今傳らない。『飯室切』は、以前奈良の法隆寺に三巻の巻子本として存したものであるが、大正の末年に、故あつて截斷されて掛幅装などに改められ、現在は諸家に分藏されてゐる。この際の經緯については、その際に影印刊行されたコロタイプ版三巻の內、巻第六の末尾に記されてゐるので、以下その文を引用しておく。

此經は、嵯峨帝之宸翰にして白字の加筆は空海之筆といひ傳へ世に稀なる珍寶にて飯室切と稱へ偶ま手鑑なとに小片を見しをもあれと斯く大部の存せるいまた知らす之は法隆寺某塔中にありて巻物なりしを近藤雲外といへる人の手に移りて後之を截りて屛風に張りてもてりしか後又三巻之巻物に復せられたりけるを村上翁得られ愛藏せしを去年之秋同家より購ひ得て同好者相謀りて今春御殿山碧雲臺に會し、往年屛風に張られたる時に切りたるケ所の繼き目より剝き放ち抽籤を以て分割せしものなり依つて其之の俤を玻璃版にものして紀念の爲めに所持せる同好者に頒つことになしぬ

大正十五年丙寅之夏　觀濤巻四孝誌

所で、この折に法隆寺に傳來してゐた巻々は、巻第二（首尾缺）、巻第四（巻首・巻尾缺）、巻第六（巻尾缺）の三巻であつ

たが、現在までに、その所在の知られてゐるものは、管見の及ぶ限り、次の六點であつた。この中、◎印を冠したのは、重要文化財に指定されてゐるものである。

◎巻第二殘巻　一巻　藤田美術館
◎巻第二斷簡　一巻　根津美術館
◎巻第二・第六斷簡　一巻　世界救世教
◎巻第四斷簡　一巻　國（京博）
◎巻第四斷簡　一幅　長尾美術館
○巻次未詳斷簡　一幅　五島美術館

因に、本書の完本十巻は、平安時代の寫本が傳存してをり、現在、京都國立博物館（守屋コレクション）に保管されてゐる。平安時代前半期の書寫と見られる本であり(6)、重要文化財に指定されてゐる。又、大正新脩大藏經巻五十六（No.2197）に收められ、活字翻刻されてゐる。その底本としては「奈良東大寺藏古寫本」と記されてゐるが、巻第一の巻首の缺失部分が京博本と一致する所を見ると、恐らく同一の本かと考へられ、もと東大寺に在つたものが、流出したと見る可能性が大である。尚、校合本は存せず、この本が完本としては唯一の古寫本であるらしい。巻第一の首題の下に「多用㆓沼疏㆒、少取㆓余説㆒」と注してゐるが、これは、唐の慧沼（?～七一四）の『金光明最勝王經疏』を多く用ゐ、少し自説を交へるといふ意であつて、巻第一の巻頭には、唐の義淨（六三五～七一三）譯する所の金光明最勝王經の概説を記してゐるが、爾後は、金光明最勝王經十巻の本文を大字で記し、それに對する注の文章を小字二行に割つて記してゐる。

本書が飯室切と稱せられるのは、もと横川の飯室別所に傳存した故と言ふが、法隆寺及び東大寺に傳來してゐたこととの間に、どのやうな相互關係が存したのか、遺憾乍ら未だ詳にしてゐない。本文の書寫は嵯峨天皇（七八六～八四二）、白書の書入は弘法大師空海（七七四〜八三五）の筆と言はれてゐるが、確證は存しない。ただ本文の書寫年代、及び白書の書入の年代は、共に平安時代初期であつて、大體の時期は合致してゐると見てよいであらう。

三

「飯室切」の假名字體とヲコト點圖は、夫々第三圖・第四圖の如くである。假名字體もヲコト點も、成實論天長點と非常に類似してゐることが見られる。この後平安中期以降になると、ヲコト點の形式が一定の形に固定して、それが多數の異つた文獻に使用されるといふ狀態が一般化したのであるが、平安時代初期九世紀に在つては、このやうな事例は極めて稀であつて、殆ど各文獻毎に、假名字體もヲコト點も、別個なのが例であつた。その中で、成實論天長點と飯室切古點との一致は、類稀な例として注目される。この事實を發見されたのは、春日政治博士であつたが、その後更に、山田嘉造氏舊藏（日本大學現藏）妙法蓮華經方便品古點、竝に法隆寺藏本の維摩經義疏古點の二點を含め、計四點に亙つて、假名字體とヲコト點について近似點の大なることが知られるに至つた。

しかし、これらのヲコト點は、平安初期（九世紀）當時に行はれたのみであつて、平安時代中期以降に傳承されることが全く無かつた。これは、平安時代初期のヲコト點全般について言ひ得ることであつて、訓點の歷史全體に關する問題であり、平安時代初期の訓點の內容、言語それ自體が、後世に繼承されなかつたことと深く關はつてゐるのである。

ヲコト點といふ符號は、その形式が多數存在して、現在二百種に近いものが知られてゐる。この古點のヲコト點の形式を見ると、第一の方形の圖（漢字の字形に準へたもの。これを壺といふ）の•形の點（これを「星點」と稱してゐる）の位置が、左の下隅がテ、左の上隅がヲ、右の上隅がニ、右の下隅がハ、となつてをり、これ以外の諸符號を無視して、この四つの點の位置が同じ「テヲニハ」のヲコト點を求めると、現在知られてゐる限りでも三十餘種に及ぶ。中田祝夫博士は、これらの諸點を一括して「第一群點」と稱せられた。中田説によると、すべてのヲコト點は八群に分けられるが、その內、第一群點・第二群點・第三群點・第四群點の四種は、平安時代初期に現れ、第五群點以降は主に平安時代中期以降に現れるとされる。そして、第一群は、これらの中で、最も古く現れたものとされてゐる。(7)

この後、筆者は一二の修正意見を提案したことがあるが、(8)大綱としては中田説は不動のものと言へる。平安時代初期の古訓點本は現在知られてゐるものだけでも百餘點を數へ、その中、第一群點は少くとも二十餘點を算するのであるが、その中でも、飯室切古點は、訓點の鮮明なこと、從つてその解讀の容易なこと、その加點者は未詳といひ乍ら、本文の作者が東大寺僧であり、成實論天長點と近似性が強いことから、それと近い關係に在る、多分、東大寺邊の學僧の手に成るものであらうとの推測の可能なこと、等によつて、殊に國語史研究上の價値の高いことを強調することが出來る。惜しむらくは斷簡として諸所に分藏されてをり、未だ學界に知られないものも尠からず存すると想像されるのであつて今後調査が進捗し、綜合的に資料として紹介提供されたならば、古代國語史研究の上に、大きな貢獻を齎すであらうと確信するものである。

四

今回拜見した飯室切は、卷第二の斷簡の卷子本一卷で、表紙、象牙軸、桐箱が新に補はれてゐる。料紙は黃色の麻紙を用ゐ、平安時代初期の書寫に係り、墨界を施し、二紙、三十二行を存する。紙高二八・二糎、界高二二・〇糎、界幅二・二糎、全長一〇一・二糎（第一紙四四・五糎、第二紙五六・七糎）を算する。

第三圖　金光明最勝王經註釋（飯室切）假名字體表

第三部	
(D) 3 (828a)	
所藏	根津美術館・MOA美術館・五島美術館他
標題	金光明最勝王經註釋（飯室切）
巻次	舊三卷、現在幅數未詳
装幀	懸幅裝他
書寫年代	平安時代初期
加點年代	天長五年（八二八）頃
ヲコト點	第一群點　白
書寫者	
加點者	
備考	○法隆寺舊藏

ア	カ	サ	タ	ナ	ハ	マ	ヤ	ラ	ワ	ン	符疊	識語
ア	カ 可	た	大	小 尓	ハ	万	也	丨				
イ	キ	シ	チ	ニ	ヒ	ミ		リ	ヰ	有		
尹	ム	え	ち	尓 尓	匕	ム		り	る	た		
ウ	ク	ス	ツ	ヌ	フ	ム	ユ	ル		リナ	ルナ	
	ク	ス	ツ	ぬ	フ	ム	由	い○		ト	リ	
衣	ケ	セ	テ	ネ	ヘ	メ	江	レ	ヱ	奉	云	
ラ	ケ	七	弖 天	ネ	へ	目	エ	多	恵	上	ム	
オ	コ	ソ	ト	ノ	ホ	モ	ヨ	ロ	ヲ	令	可	
才	コ	ソ	止 ト	ノ		二	ヨ ヨ		ヽヽ	令	丁	

第四圖　金光明最勝王經註釋（飯室切）ヲコト點圖

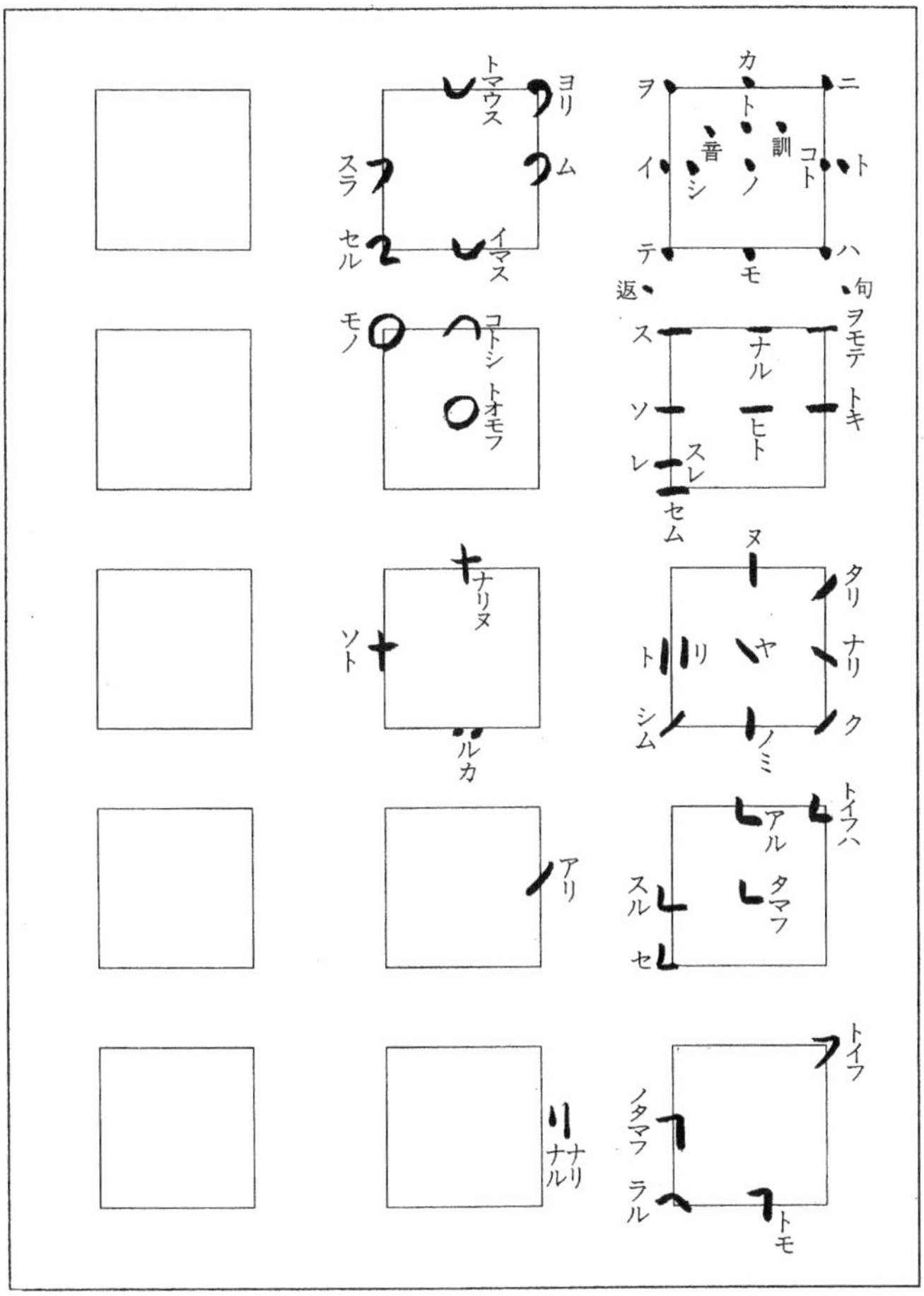

全巻に亙つて白書と朱書との訓點を加へてゐる。白書は前に掲げたやうな假名とヲコト點とによる訓點と、更に導（漢文の注文）を記入してゐる。所により濃淡があるが、恐らく少くともこの部分については一筆であらう。又、朱書は假名と導とを有するが、ヲコト點は使用してゐない。假名の字體も白書と同一であり、恐らく同人の筆であつて、前後に亙つて加點したものであらう。

本文は「如如一切障滅」から始り、「不能見於如來」の注「不信有損當來不能證」までを存するが、これは大正新脩大藏經所收の本文によると、その第五十六巻の七三七頁上段第二十一行目から、同頁中段第三十二行目に及んでゐる。大正十五年の影印本には、巻第二の殘巻一巻を含むが、その所收部分は、大正新脩大藏經でいふと、七三〇頁下段の終より八行目から、七三四頁下段の終より十行目までと、七三五頁中段の二行目から三行目までの二部分であつて、本軸の部分は影印本には含まれてゐない。恐らく、夙く本體から截斷されて別になつてゐたのであらう。そして、大正末年の頃にも、この部分は他の部分と共に集められることなく、從つて從來、一般には知られないままで、單獨で存したものと考へられるのであり、飯室切の本文としては、新出部分であつて、種々の點から極めて貴重なものと見るべきである。

所で、飯室切の訓點は、子細に觀察すると、白書のものが少くとも二種類あり、それと別に朱書のものが一種類あつて、都合少くとも三種類あると認められる。しかし加點年代は殆ど同じ時期と見て大過あるまいと思はれる。それは、この訓點に使用されてゐる假名字體やヲコト點の形式符號が、殆ど同一であつて、多分、同一の人物によつて回を重ねて加點されたと考へて差支ないと見られるからである。

この當時の訓點は、大部分が白書で記されてをり、時折朱書が用ゐられることがある。その朱書も後世のやうに鮮明なものではなく、淡い朱色のものが多い。後世の如く、墨書の訓點を使用することは、この當時は殆ど無かつた。といふのは、この訓點創始期にあつては、訓點記入は主として單なる個人的備忘のためであつて、師匠の講義を聽聞する際に記入するものであり、又時には、師匠自身が講義のために記入したものもあつた模様であるが、何れにせよ、當座だけのものであり、これを後代に傳へて行かうとするやうな意圖は全く認められない。白書の訓點は、時に擦り消し又は洗ひ流されることがあり、又その消された上に更に記入するといふやうなこともあつた。本書の白書訓點の第一次點は、時折擦り消されたらしく、そのために第二次の白點と重なつて、判讀に困難を伴ふ場合が少くないやうである。

五

次に、圖版に收錄された部分について、その本文に加へられた返點、假名、ヲコト點等によつて、當時の訓法を復原して見たい。原文の本文の漢字をそのまま漢字で、假名を片假名で、ヲコト點を平假名で表記し、解讀者が補讀した部分を（　）で括つて示した。「　」で括つたのは、朱點であつて、それ以外は白點である。

亦復是《(かく)》(の)如し。『如是不《(三字ミセケチ)》』法の如如を通《(音)》達すること能(は)不か《ぬ》故に。(割行)『法(は)合(なり)〔也〕。本智无《(無)》キか故に通せ不。後智无キか故(に)達(する)こと能(は)不《す》〔也〕。』然(も)諸(の)《「の」》如來は《「は」》、分別の《「の」》心无(く)います《「います」「○」》一切の《「の」》法に《「に」》於て《「て」》、大自在を得《エ》たまひ《□「□」》「て」。具(に)清淨の深智慧(を)具足(し)たまふか故に。是(の)自の境界のみして他に共せ不か《ぬ》故に（割行）『結成(して)實(を)見(る)ことを、其《(?)》(の)文顯然なり。』是(の)故(に)諸佛如來は、无量无數阿僧祇の劫に於(て)、身命を惜(しま)不、行(し)難きを苦行《「川□川」》(し)たまひキ、方《(いま)「當也今シ」》し此の《「の」》身を《「を」》得たまひたり《て「ふなりとして」》。最上なり《「なり」》、无比なり《「なり」》、不可思議なり《「なり賢興川(訓)下正占同」》、言說の境(を)過(き)たり《て》。是(れ)「如《(消)》」妙寂靜なり。諸の怖畏(を)離(れ)たり《て》。(割行)『勝妙ならしむと結成す、

傳嵯峨天皇筆　飯室切（カラー圖版分）

其（の）文見（る）可（し）』善男子と、是（の）如く「是」《（消）》法の眞如を見たまふ《「たまひ（て）あるヒトハ」》《シタマヒタルヒトハ「已上人□」》者《ひと》は、生老死无し、壽命限无く、《シ「し」》睡（眠）有（る）こと無く《「く」》。

右の中で、國語史學上、注目すべき點が幾つか存する。その一つは、圖版第三行の「得」に加へられた「エ」の假名で、これは原本では「ラ」の形となつてをり、「衣」の字の省畫假名であるが、當時はア行のエ e とヤ行のエ yeとが音韻の上で區分されてをり、「衣」はア行の音で、この兩者の區別が保たれてゐることを示す例である。

又、圖版第八行の「善男子」の「子」の左にある「|」のヲコト點は「と」と讀まれるのであるが、これは「善男子と」といふ呼掛の助詞であつて、鈴木一男教授が、平安時代初期の訓點資料に存することを發

見して報告されたものであつて、(9) その一例がこの訓點資料にも見えてゐるのである。又、圖版第九行の「者」はヲコト點で、「ひと」と訓じてゐるが、人間を表す「者」は、古くは必ず「ヒト」と訓じたのであつて、これも「モノ」と訓ずるやうになつたのは、平安時代中期以後のことである。

以上、僅に九行の中ながら、このやうに國語史研究上において有益な用例が數多く指摘されるのである。

六

明一の金光明最勝王經註釋は、慧沼の同經疏を基にしてゐること、前述の通りであるが、圖版の部分について、具體的に言ふと、第二行の「不能通達法如如故」の注文は、慧沼の疏（大正藏三九巻二三一頁下）では

贊曰。法合也。無本智故不能通。無後得智故不能達。

とあるのを、殆どそのまま

法合也无本智故不通无後智故不能達也

と採録してゐる。又、「諸如來…是自境界不共他故」の注として、慧沼の疏では

贊曰。結成見實。由佛無分別不見二相證法如如故。達諸法實空相故於一切法得大自在。得智如如故具足深智慧（下略）

とあるのを、簡略に

結成見實其文顯然

とのみ採記してゐる。このやうに、慧沼に依つたといつても、繁簡様々である。

本文の行間、上欄外、下欄外等に、白書及び朱書の漢文の書入が多數存する。これは、「導」と呼ばれるもので、主とし

て、同經の注釋書からその注文を引用したものであるが、その引用の仕方は、必ずしも原文に忠實であるとは限らず、時にそれを簡約化したりしてゐるらしい。中で「曉」と冠してゐるのは、恐らく順曉（八三五〜八七一以後）の「金光明最勝王經玄樞」であつて、例えば圖版第三行の「於一切法得大自在」の左傍に

曉下合擧第一〻切種所依清淨第二一切種所釋清淨《を》也、下擧相清淨《を》㆒成第一句《の》如來无分別相

とあるのは、「玄樞」巻第五（大正藏五六巻五八三下〜五八四上）に在る文の要約のやうであつて、原文は

具足清淨下。第三明四無礙智清淨。本云無礙清淨。一依處清淨（中略）上四卽是應身四德。一無分別。爲生諸德合有。（下略）

かと思はれる。又、右に平假名の振假名を加へたのは、朱點のヲコト點であつて、この點からも、白書の訓點が先であつて、朱書の訓點が後であることが知られる。

この他「興」とあるのは、新羅の憬興（六八一年頃の人）述の「金光明最勝王經疏」かと考へられるが、この書は現在傳存せず、僅に「玄樞」などの中に引用された所から內容が推測されるに止つてゐる。しかし、奈良朝時代には本朝に傳來存在してゐたらしく、石田茂作博士の「奈良朝現在一切經疏目錄」二〇〇二號に著錄されてゐる。白書が剝落してゐて解讀は容易でないが、例へば圖版第八行の「善男子如是」の右傍に

興一下如相果滿明能證之相也相者正躰相也

とあるのなどがその例である。但し、未だこの文と同じ又は類似の逸文を見出してゐない。

更に機會が得られるならば、この導の全文を解讀すべく努力したいのであるが、今回は時間の餘裕も、亦、佛敎學の知識も乏しいままに、これを果すことを得ないことを遺憾とし、讀者各位の御諒恕を願ふ次第である。

最後に、この貴重な文獻を拜見する機會を惠まれ、又執筆につき種々御便宜を賜つた、古筆學研究所長小松茂美博士、

同所員神崎氏を始とする研究所各位に、深い感謝の意を捧げ奉る。

注

(1) 春日政治「初期點法例―聖語藏點本を資料として―」(『國語國文』第二十一巻第九號、昭和二十七年九月、『古訓點の研究』所收)。
(2) 大矢透『成實論天長點』(大正十一年三月)。
(3) 春日政治「成實論天長點續貂」(『國語國文』第三巻第一號、昭和八年一月、『古訓點の研究』所收)。
(4) 鈴木一男「聖語藏御本成實論巻第十三天長五年點譯文稿」(『奈良學藝大學紀要』第四巻第一號、昭和二十九年十二月)他。
(5) 稲垣瑞穗「東大寺圖書館藏本成實論天長點」(『訓點語と訓點資料』第二、三輯、昭和二十九年八、十二月)。
(6) 京都國立博物館『守屋孝藏氏蒐集古經圖錄』解說一七頁。
(7) 中田祝夫『古點本の國語學的研究總論篇』二五五頁下。
(8) 築島裕「平安時代訓點本論考ヲコト點圖假名字體表」三頁以下。
(9) 鈴木一男「初期點本所見の呼格表示の助詞「と」について」(『國語と國文學』第四十七巻第十號、昭和四十五年十月。『初期點本論攷』所收)。

(古筆學研究所發行『水莖』三號　昭和六十二年十一月)

【後注】
本論考の末尾に附載された「飯室切(全圖)」は、掲載を省略した。

大東急記念文庫藏三教治道篇保安點

大東急記念文庫所藏の「三教治道篇下卷第二」（辨正論卷第二）に關しては、既に川瀨一馬博士の解說が公にされてゐる（『大東急記念文庫貴重書目解題』第二卷五〇頁）。過日この書を披見調査の機を與へられたので、國語學的な面から二三愚見を陳べさせて頂くことにする。何時も乍ら、格別のご配慮を賜つた西村清博士・三淺勇吉氏のご厚情に深く御禮申上げたい。

一

三教治道篇は全八卷、唐の法琳の撰であつて、佛儒老の三教の優劣を論じた書である。本書の古鈔本としては寡聞にして、この大東急記念文庫本の他には、僅に法隆寺所藏の一卷（卷第一）あるを知るのみであるが、この二者は恐らく本來僚卷であつて、共に一部を爲してゐたものが、分れて坊間に出で、その一本が大東急記念文庫に歸したものと推測されるのである。而して大東急記念文庫藏本には全卷に亙つて朱筆の訓點が加へられて居り、その訓點は院政時代保安四年（一一二三）に加へられ、訓點を加へた僧侶は法隆寺僧靜因であつたことが奧書によつて知られる。その訓點は詳細で明確であり、現在それを相當程度まで解讀することが出來る。本書は、院政時代の、數多い訓點資料の中でも國語學的に見て有數の價値を有するものであって、以下國語史料としての見地から檢討を加へることにしやうと思ふ。

川瀬一馬博士の解說で大綱は盡くされてゐるが、本書は卷子本一軸で、本文の料紙は薄手の白楮紙、入念な裏打の補修が爲されてゐる。全卷十八紙より成り、首尾全く、內十七紙に本文が記されてゐる。紙幅は天地約二七・一糎、墨卦を施し、界高は約二四・〇糎、界幅約二・二糎で、院政時代に多く見られる寸法である。本文は全卷一筆の書寫で、それは識語によれば保安四年に法隆寺一切經の內の一本として暹尊大法師の書寫に係るものかと考へられる（「筆作也」とあるのは書寫の意であらうかと考へられるが確でない）。卷首內題の下、及び紙背の紙繼目每に［法隆寺一切經］の墨印がある。

卷末に次の識語がある。

（朱）「同月僧靜因移點比校了」

（墨）「保安四年癸卯四月中法隆寺一切經內暹尊大法師筆作也」

法隆寺所藏の卷第一には次の如き識語がある（吉澤義則『點本書目』四二頁、中田祝夫『古點本の國語學的研究總論篇』三一六頁）。

以同四月十六日移點比校已了爲自他開惠眼也

保安四年癸卯四月七日法隆寺一切經內五師靜因書寫畢

右によれば卷第一は靜因自ら書寫し（又恐らく加點し）てゐることが知られるのである。

暹尊については未だ考へないが、靜因については、二三他に資料がある。彼は法隆寺の五師の一人であり、天治元年（一一二四）五月には「新撰字鏡卷第一」を書寫してゐる。卽ち天治本卷第一の奥に

天治元年甲辰五月下旬書寫之畢

法隆寺一切經書寫之次爲字決諸人各一卷書寫之中此卷是五師靜因之分以曚筆所寫了

といふ識語を記してゐる。次に、大治元年（一一二六）には大唐西域記を書寫してゐる。法隆寺及び神田喜一郎博士所藏の大唐西域記に、次の如き識語がある。所用のヲコト點は喜多院點である（中田祝夫『古點本の國語學的研究總論篇』三一七頁）。

大東急記念文庫藏三教治道篇保安點

（卷第一奥）（法隆寺藏）

（朱）「同年四月上旬勵愚矇老移點了　　僧靜因之」

法隆寺一切經之内此卷是五師靜因結緣所書寫也（以下缺）（昭和三十二年二月十九日告示國寶重文指定書による）

（卷第二）（神田喜一郎博士藏）

同年六月上旬五師靜因寫點畢

以此結緣力出離生死海云〻

大治元年丙午歳次五月十六日法隆寺一切經之内勸進五師林幸書寫僧靜尋廻向无上菩提

（吉澤義則博士『點本書目』四四頁による）

大治二年には大乘廣百論釋論を修補してゐる。大東急記念文庫藏本の大乘廣百論釋論卷第十一（一軸）は平安初期の寫本であるが、その末に紙を繼いで

此是雖古書加法隆寺一切經藏畢

以大治二年丁未四月之比修治之僧靜因也

といふ識語がある（『貴重書解題』第二卷三八頁）。この書の紙背には片假名交り文の極樂六時讚の一部を書寫してあるが、或ひは靜因と關係があるかも知れない。

かやうに靜因は保安大治の比法隆寺に在つて教學に携つてゐた僧であり、又、ヲコト點は、喜多院點を用ゐてゐたことが知られるのである。當時法隆寺在住の僧は多く喜多院點を用ゐてゐたことは、中田博士の高論によつて知られる所である（前掲書三二一頁以下）。

二

本書に用ゐられた假名字體とヲコト點とは別掲（不載。【後注】參照）の通りであつて、保安頃の典型的な形態を示してゐる。唯、二字の疊符に圖の如き形が見えるが、かやうなものは他に類例を見ず、特殊なものと言ふことが出來る。又ヲコト點は喜多院點であつて、點圖集に示されてゐるものに合致する。當時法隆寺・興福寺等の法相學の僧徒はこの喜多院點を多く用ゐてゐたことは、中田祝夫博士の夙に明にされた所である（『古點本の國語學的研究總論篇』三〇三頁以下）。唯特異な點としては、漢字の濁點を示すのに△符を一箇用ゐていることである。これは他に例が無くはないけれども稀なことである。

三

和語の音韻に就いて見るに、先づ假名遣の混淆は、ハ行音とワ行音との間に見られるだけである（文例は語彙の項參照）

（數字は原本の行數。原本の假名を片假名で、ヲコト點を平假名で、補讀は（　）に包んで示す）。

〔ハをワと誤つたもの〕詳イツワリ　290　惑マトワサムこと　298　和ヤワラケ　218

〔ワをハと誤つたもの〕蹉サハイては　335

〔ホをヲと誤つたもの〕盤イハヲ　352

ア行音との間の混淆例は見出されない。當時の訓點として普通の狀態のやうに身受けられる。

音便には次の如き例がある。

㈠、イ音便

〔キがイに轉じたもの〕詣《ユイシカとも》 145　逝《ユイテ》 278

〔ギがイに轉じたもの〕蹉《サハイては》 335

この他「第《ツイ（テ）》271」があるが、名詞として早くから固定した形とみられよう。

㈡、ウ音便

確實な例は見られないが、「苻《カナフて》400」「傍《ソフて》135」は假名とヲコト點との併用であるが、本點の他の例から見て、多分右のやうに訓下してよいものであらう。さすれば「カナヒテ」「ソヒテ」の音便であらうが、この場合の發音がウで表記せらるべきuであるのか、フで表記せられて然るべきΦ或いはそれに近いやうな子音的な音であるのか、問題である。

㈢、促音便

〔リが促音に轉じたもの〕革《アラタマテ》 328　造《イタテて》 324　謂《カタて》 263 281　須《カヘて》 305　上《ノホて》 276

爲《ツクて》 283

「判《コトワンしには》409」の例があるが、この「ン」も促音を表記したものであらう。これに關しては、「躈《テンツ》335」「淈《六クンツ》365」などの字音の訓も考へ合せられる。

㈣、撥音便

〔ニが撥音に轉じたもの〕焉《イカそ》 148　若《イ》（訓合《カ》）爲《ソ》 155　柰《イ》（訓合《カン》）何《そ》 334

〔ミがムと轉じたもの〕哀《カナシムて》 286

四

字音には次の如き假名附の例がある。一々論ずべきであるが、紙幅の增大を虞れて省略に從ふ。

左の内で注意すべきことは、

(一)、「六イウ」「六エイ」のやうに、「音」の略字として「六」を用ゐてゐる。これは當時の點本（殊に佛家の點本）に於て珍しくないことである。しかし一般には、「祝シク六」「英エイ六」（興福寺藏大慈恩寺三藏法師傳卷第一延久頃點）、「彫テウ六」「哭コク六」（國會圖書館藏大慈恩寺三藏法師傳卷第三天治點）のやうに、「〇〇《假名》六」の形式であり、本點の如き「六〇〇《假名》」の形式は比較的珍しいものではないかと考へられる。又、「六」を冠しない例は僅である。

(二)、「淈六クンッ」「蹢テンッ」の如く、入聲音の直前に「ン」を添へた例がある。これは入聲音の音價を考へるのに參考となる事實と考へられる。

(三)、圈點。に於ては平聲、平聲輕、上聲、入聲輕、入聲の六聲が區別されてゐる。但し場合によっては、平聲と平聲輕、入聲と入聲輕との判別の附き兼ねるものが一二ある。

(四)、圈點は必ず一個で二個重用して濁點を表した例がない。「徐」「蒸」「溺」など濁音と考へられるものに一個の圈點を附した例が見られる。

(五)、三角形（片假名のムの如き形）の聲點が用ゐられてゐる。これは平聲・上聲・去聲・入聲の四聲を區別してゐるやうであり、その多くは濁音を示すものの如くで、ア行・ナ行・マ行・ヤ行・ラ行・ワ行の各行の音で始ると考へなければならぬ例は見當らない。しかし濁音字は一方では普通の圈點を用ゐたものであつて、。と△との區別が何に由來するか、未だ勘へない。本濁に對する新濁かとも考へて見たが、それではないやうである。

○雄(平)六イウ(音合)辯(去) 319
○鋒(平)銃(去)六エイ 51
○所營ェイする 224
○營(平)六エイす 340
○瑕(平)六カ適(入輕)六タク 335
○葛(入)六カツ仙(平) 174
○榼(入輕)六カフ 43
○驢キ「駈キョ」を見よ。
○匆レ彊(平)六キヤウすること 338
○駈六キヨ(音合)驢キ 257
○畫(去)六火(音合)爵(入)六シヤク 241
○恢(平)六クワイ(音合)廓(入輕)して 345
○詭(平濁)六クヰ(音合)說 273
○曹(平)(音合)局(入輕)六クヰク 133
○一百廿曹局(入輕)クヰツ 79
○淈(入輕)六クンツして泥を 365

○淵音合兮(平)六ケイ 252
○淵(平輕)(音合)兮(去)六ケイ 265
○匆レ驕(平輕)六ケウすること 338
○郄(入)六ケヰ(音合)儉(去) 295
○桀(入濁)六ケツ(音合)紂(去)六チウ 300
○往(上)(音合)彥(去)六ケン 317
○恆(平)六コウ(音合)屋(平輕) 305
○司(平)寇(上)六コウ(存疑) 219
○鉤六コウ陳(平) 230
○眩(平)(音合)惑(入輕)六コク 306
○嗟(音合)六サ恠(去)する 141
○蒼(平)六サウ(音合)〻(上) 401
○籌(去)(音合)策(入)六サク 336
○五(上濁)(音合)柞(入輕)六サク 308
○盤(平)(音合)跚六サンし 367
○市シ「徐ショ」を見よ。

○芝(平)六シ精(平輕)　370
○所施(去)六シ爲(平)する　172
○未す是(上)六シナラ　283
○耆(去)六シ欲(入)　274
○素絲(上)六シ　42
○守(去)むと帷(去)六シを　(「を」存疑)　332
○躧(上)六シせしこと　342
○朱(平)六シウ(音合)颸(平)　127
○柔(平輕)六シウ(音合)弱(入濁)なり　346
○庠(平)(音合)塾(入輕)六シク　27
○獵シフ「獵レフ」を見よ
○累(ヌ)るに稔(上濁)六シムを　307
○臺榭(去)六シヤなり　337
○去け奢(去)六シヤを　337
○津(平)音合泃(入輕)六シヤク　(泃は洵の誤か)　266
○綽(入)六尺さとして　320
○爵シヤク「畫クワ」を見よ。
○徐(平)六ショ市(平)六シ欒(平)六ラン(音合)之徒　300

○蒸(平)六ショウ(音合)魚(平)　224
○服(入輕)飾(入輕)ショク　337
○臣シン「弗ヒ」を見よ。
○郊(平輕)特(入輕)牲(去)六セイ　240
○祭六セイ　236
○章(平輕)(音合)醮(去)六セイ　143
○衆(去)(音合)醮(平輕)セウ(音合)儀(平濁)　222
○勞(平)擾(去濁)セウす　310
○僭(平)六セム(音合)龍　47
○穿(平)六セン(音合)鑿　45
○僎(上)六センせり　222
○哶六ソク(音合)唾(平)　265
○猱(平)六タウ(音合)(獰か)猨(平)　302
○謫タク「瑕カ」を見よ。
○老(上)(音合)聃(平)六タム　139
○丹(平)六タン(音合)石(入)　370
○馳(平)六チ(音合)騁(平)テイ　333
○紂チウ「桀けケッ」を見よ。

○甘(平)濃六チヨウなり(平濁) 406
○鄭(去)六テイか注 129
○騁テイ「馳チ」を見よ。
○涕(平)(音合)剔(入)六テキ 53
○成る溺六テキと六リ(入) 404
○鍱(入)六テフ(音合)腹す 319
○昏(平)(音合)墊(去濁)六テムす 30
○躑(入輕)テンツ跡(入輕) 335
○玄(平)(音合)牡(上)六ト 268
○董(上)六トウ仲(去)(音合)君(平輕) 290
○竇(去)六トウ(音合)公(平輕) 284
○四(音合)瀆(入)六トク 104
○顚(上)(音合)沛(平)六ハイ 57
○淸(平)(音合)沛(去)六ハイ 139
○狼狽(平濁)六ハイ 32
○茅(平)六ハウ(音合)山(平) 222
○手(上)版(去)六ハン 226
○蜜(入)粁(去)六ハン 225

○弗(平)六ヒ臣(平)六シン 306
○謐必「甫フ」を見よ。
○彬(平)六ヒン〻として 320
○俗(入)(音合)巫(平)六フ 227
○皇(平)(音合)甫(上)六フ(音合)謐(入)六必 146
○傅(去)六フ(音合)說(入輕) 276
○甂(平輕)六ヘン(音合)甌(平輕)六ヲウ 128
○軿(平?)六ヘン(音合)羅(上) 115
○冠(音合)冕(上)六ヘン 60
○鹿(入)(音合)哺(上)六ホ 224
○眞(平輕)(音合)炁(平濁)六ホ 19
○林(平)(音合)薄(去)六ホ 305
○朴(入濁)六ホク素(上)なり 326
○王(平)(音合)莽(上)六マウ 283
○及て朴(入)六モクに 332
○有り裕六ユノリ 320
○老(上)(音合)楡(平)六ユニレ 281
○鈎(平)(音合)戈(入輕)六ヨク 277

○臆六ヨク(入輕)(音合)斷(去) 411
○樂ラン「徐ショ」を見よ。
○吏六リ(去)(音合)兵(平) 37
○溺リ「溺テキ」を見よ。
○蟬(音合)聯六レン(平)すること 123
○非(音合)(平)禮六レイ(上) 238

○田(音合)(平)獵六シフ(入カ)（レフの誤か）して 334
○維ヰ(去)那(上)訶 174
○甌ヲゥ「甌ヘン」を見よ。
（以上、假名又は類音によつて表記されたもののすべてである。
この他、。又は▵の聲點のみを附した所が多いが、すべて省略した。）

五

本書に見える主要な傍訓を五十音順に次に掲げる。

○アガム(崇) 僕(ノ)〔之〕崇《アカ》ムル所をは世に捴(音合)持門(音合)士と號す（僕之所崇世號捴持門士） 318
其の民朴《六ホク》(入輕)素なり、仁(音合)義を崇《アカ》(メ)未《す》（其民朴素未崇仁義） 327
『大言海』には「上《アガ》ヲ活用セシム」とあるが、「上《アガ》ル」の類聚名義抄アクセントは「上上平」、これに對して「崇《アガ》ム」のアクセントは「平平上」のやうであるから（圖書寮本）この點に關する限り、この語源說は疑はしい。

○アグ(杭) 至(去)(音合)言(平濁)を杭《ア》けて〔以〕本を崇む（杭至言以崇本） 345
「杭」は「杭」と同字のやうであり、觀智院本類聚名義抄に同訓がある。

○アザナ(字) 吾か師姓は波(去)(音合)閱(入)(音合)宗(上)字《アサナ》(ハ)維《ヰ》(去)那(上)訶に（「なり」の誤か）、西域(ノ)人(ナリ)（吾師姓波閱宗字維那訶西域人也） 174

○アツマル(聚)　精(平輕)進(音)聚《アツマ》りて化して其の身と爲る〔也〕(精進聚化爲其身也) 179
○アマネク(偏)　老(音合)氏、宗(音合)源、偏《アマネ》ク詳め究(メ)たる所(ナリ)(老氏宗源偏所詳究) 324
○アラタマル(革)　世(音合)(去)運(平)推し革《アラタ》ニテ(「ニ」は「マ」の誤)時(音合)節流(音合)(平)動(去)す(世運推革時節流動) 328
○アワツ(懆)　儒生懆《アワ》テ、〔而〕應《(コ)タ》へテ曰(ク)(儒生懆而應曰) 69
この語の歴史的假名遣が「アワツ」であることは、石山寺本金剛波若經集驗記平安初期訓點に「忙怕」を「アワテオヒ江」及び「アワテオヒユ」と訓じてあることによって明である。「アワツ」の語は「澆薄」「時澆」などの「澆」の訓として訓點本類に頻出し、「薄らぐ」の意に用ゐられることもあるらしく、尙語義の檢討を要する語のやうである。
○イ(膽)　聞(イ)て便(チ)膽《イ》を喪(ホ)し(聞便喪膽) 319
○イカゾ(焉)　事竝に虛(平か)謬(平)に(「なり」の誤か)。焉《イカ》そ、憑《ヨ》ル所(ア)ラムヤ〔乎〕(事竝虛謬、焉所憑乎) 148
○イカゾ(若爲)　老子は是(レ)帝王に非す、若《イ》(訓合)爲《カ》敎《ソ》(音合)主と稱することを得む(老子非是帝王若爲得稱敎主) 155
○イカンゾ(奈何)　奈《イ》(訓合)何《カン》そ萬(音合)(去濁)垂(上)(ノ)〔之〕主(上)〔而〕身を以て〔於〕天(音合)下を輕(ム)する(奈何萬垂之主而以身輕於天下) 334
○イタス(致)　吾か王悉ク招き致《イタ》す所なり(吾王悉所招致) 294
「イタス」は、漢文訓讀の特有語であつて、平安時代の假名文學などには原則として用ゐられなかつた語である。「イタル」に對する他動詞として、意識的に造られた語ではなからうか。
○イタル(造)　共に祇園に造《イタて》テ開士(ヲ)頂禮(ス)(共造祇園頂禮開士) 325
「造」は、廣雅、周禮、儀禮注などに「至也」とあり、到達するの義である。
○イヅ(育)　珠は〔於〕水(ヨリ)育《イ》ツ(珠育於水) 69

「育」字は、廣雅に、「育、生也」と見え、生え出るの意に用ゐたのであらう。大唐西域記卷第八の院政期點に「生胞」をカサイテメと訓じており、觀智院本類聚名義抄にも「生」をイヅと訓じてある。

○イツハリシニス（詳死）　罪有（リ）て獄に繫レり、詳《イツハ》リ死《シ》ニシテ數（音合）日自（ラ）陷《（オ）チ》リ　（有罪繫獄詳死數日自陷）290

「詳」字は「佯」字と通用する字である。

石山寺本金剛波若經集驗記　（複製本七ノ八）に、「遂卽佯死」の「佯死」にウツハリシニスと訓がある。ウツハルは日本書紀古訓にも見え（「虚　言《ウツハリコトナラム》」前田本雄略紀、「詐《ウツハル》」圖書寮本允恭紀）、イツハルの古形かと見られる。

○イニシヘ（古）　是（ヲ）以（テ）古《（イニ）シヘ》ノ〔之〕賢哲は攣《ツヒ》（ニ）共行（ニ）依て或（ハ）迹を〔於〕市（音合）朝に隱（ス）　（是以古之賢哲攣依共行或隱迹於市朝）118

○イハホ（盤）　智（去）大なる者《もの》は、盤《イハヲ》のことく（ニ）恆《メク》リ、〔於〕山のことくに跱《ソハタ》つ　（智大者盤恆於山跱）352

○イフ（道）　ゝ（道）の言は夫レ玄妙を道《イ》フ　（ゝ言夫道玄妙）181

○イルカセニス（忽）　名（音合）利を棄テ、（音合）忽《イルカニシテ》（シテ）〔而〕世に潛《カク》レ、聖（音合）智心に遺《ノコ》て〔而〕功を成す　（棄忽名利而潛世聖智遺心而成功）（「イルカニシテ」は「イルカセニシテ」の誤）346

後世のユルガセの古形がイルカセであること、カが清音であつたことは、古點本、古辭書の例から見て明である。イルカセは漢文訓讀特有語であり、別に詳述したことがある。

○ウキクサ（洴）　「ヨモギ（蓬）」を見よ。

「洴」字は觀智院本類聚名義抄によると「萍」字の俗字とある。

○ウク（饗）　深く恐（ラク）は天（平）神（平）非（平）（音合）禮《六レイ》（ヲ）饗《ウ》ケ不《し》　（深恐天神不饗非禮）238

毛詩鄭箋に「文王既古而饗之、言受而福之」と見え、文集卷第四天永點、古文孝經仁治點、觀智院本類聚名義抄等に同訓がある。

○ウク（請）　五者《(ハ)》塗炭齋、過を悔（イ）命を請《ウ》クる〔之〕要なり　（五者塗炭齋、悔過請命之要）12

○オク（起）　日出（ツ）レハ〔而〕起《オ》ク、日入レハ〔而〕止《ヤ》ム　（日出而起日入而止）172

○オゴル（矜）　果して〔而〕矜《オコ》（ル）こと勿レ　（果而勿矜）338

○オサフ（抑）　人誠に能く嗜（音合）（去）欲（入）を抑《オサ》へ耳目を闔《ト》チて衰（音合）（平）竭（入）（セ）不（ハアル）可（ケ）む（や）〔乎〕（人誠能抑嗜欲闔耳目可不衰竭乎）280

○オチル（陷）　「イツハリシニス（詳死）」を見よ。

「オチイル」の音約の形であり、古訓點には極めて例の多い字である。

○オホガヒ（蜃）　「キジ（雉）」を見よ。

法隆寺藏法苑珠林長承點に同訓がある（假名遣及假名字體沿革史料所載）。蜃字は大蛤の意とされてゐる。

○カウバシ（香）　唯香《カウハ》シク唯美なり（唯香唯美）405

○カカグ（攘）　臂を攘《カヽ》（ケ）て〔而〕起（ツ）（攘臂而起）56

「カカグ」は「カキアグ」の音約なるべく、「攘」は「まくる」の意とされてゐる（『大漢和字典』）。觀智院本類聚名義抄同訓。

○カガミ（鑒）　精（平輕）外（レ）不（ル）か、鑒《カヽミ》（反點あり衍か）（ノ）〔之〕助か〔也〕（精不外鑒之助也）287

○カカル（繋）　一國（ノ）〔之〕事、宇一人に繋《カヽ》る、之を風と謂フ（一國之事繋宇一人謂之風）167

○カクル（潛）　「イルカセニス（忽）」を見よ。

○カタハラ（側）　「トドム（擁）」を見よ。

○カタル(謂)　左右に謂《カタ》て曰ク（謂左右曰）263
君(音合)山指して謂《カタ》て曰く（君山指謂曰）281
○カテトス(糇)　道(ハ)〔也者〕必(ス)深(音合)曠に就て飛(音合)(平)靈(平)を友とシ、丹《六タン》(音合)(平)石(去)を糇《カテ》とシ、芝《六シ》(平輕)精(平)を粒《クラ》フ（道也者必就深曠友飛靈糇丹石粒芝精）370
「糇」字は後漢書張衡傳に「糧也」と注してゐる。「カテ」は「カリテ」の音便である。
○カナシム(哀)　父母、其の事に及《シ》カ不(ル)ことを哀《カナシ》ムて臣に皷(去)琴(平)を敎(ヘ)たり（父母哀其不及事敎臣皷琴）286
○カナフ(苻)　若(シ)理苻《カナ》フテ〔而〕事(訓)順(去)せハ〔者〕亦何そ〔於〕蒼《六サウ》(音合)(平)〻に（「に」を聲點上に誤る）愧(チム)ヤ〔乎〕（若理苻而事順者亦何愧於蒼〻乎）400
○カフ(換)　而(シテ)頭を改め尾を換《カ》へて僞(去)を以て眞(平輕)と爲《す》（而改頭換尾以僞爲眞）133
○カヘテ(須)　〔而〕須《カヘ》て匹(音合)夫の爲に罔《シ》ヒラ所て、虛(音合)妄(ノ)〔之〕辭を納(レ)テ眩(音合)(平)惑《六コク》(入輕)(ノ)〔之〕說を信(去)す（而須爲匹夫所罔納虛妄之辭信眩惑之說）305
○カリス(田)　以て田《カリ》シ以て魚《スナトリ》ス（以田以魚）340
易の疏に「田者田獵也」、公羊傳に「田、狩也」と見え、「田」を「カリ」と訓ずる古例は乏しくない。漢書楊雄傳天曆點、春秋經傳集解保延點、圖書寮本雄略紀院政期點など。
○キジ(雉)　夫(レ)雉《キシ》海に入つて蛤と爲り、鷁海に入(リ)て蜃《オホカヒ》と爲る（夫雉入海爲蛤鷁入海爲蜃）303
○クラフ(粒)　「カテトス(糇)」を見よ。
尙書の傳に「米食日粒」に該當する訓であらう。
○ココノタビ(九)　九《(コ、)ノ》タヒ頭(ヲ)叩(キ)、九(ノタ)ヒ頰《ツラ》を搏(ツ)〔也〕（九叩頭九搏頰也）105

○コタフ（應）「アワツ（憹）」を見よ。

○コト（言）　夫レ神（音合）（平）仙（平）（ノ）〔之〕書（平）、道（去）家（平）（ノ）〔之〕言《コト》に乃チ云ク（夫神仙之書道家之言乃云）275

○コトワル（判）　縱《（ホシイママ）》（ニ）道有（リ）と稱（シ）て判《コトワ》りて儒教に入ル（縦稱有道判入儒教）169

惣して九（音合）流を判《コトワ》ンしには道をは止《（タタ）》入レて一（音合）流に在り（惣判九流道止入在一流）409

○コノカタ（已後）　周奏より已《コ》（音合）後《ノカタ》、漸ク訛（音合）（去濁）言（平）を出す（周奏已後漸出訛言）137（奏は秦の誤）

○コハシ（彊）　骨を（シテ）彊《コハ》カラ令（ム）レは〔則〕心有（リ）ては虚（ナ）る（「る」存疑）可し（令骨彊則有心）361

○サク（去）　甚（平）を去《サ》ケ奢《六シヤ》（去）を去け泰（去）を去ク（去甚去奢去泰）336

煩（音合）（去）亂（去）を去《サ》クルに心を〔令〕（テ）虚（シ）ク精（音合）血を愛（セ）令（メ）テム（去煩亂令心虚愛精血）360

○サキダツ（先）　〔於〕自然より出てて〔於〕無（音合）生に生（シ）テ〔於〕無先より先《サキ》タツ（出於自然生於無生先於無先）181

○サダマル（的）　道家既（ニ）的《サタ》マレる主無し（道家既無的主）149

「的」點は「明也」と注せられる（説文）如く、明確の意であるが、それを動詞的に用ゐて「サダマル」といふ訓を附したのであらう。觀智院本類聚名義抄に「的」を「サダム」と訓じてゐる。

○サトル（曉）　慈（平）は房（音合）中（ノ）〔之〕術を曉《サト》レリ（慈曉房中之術）296

○サワグ（蹝）　輕（ム）スレは〔則〕臣（平）を失フ。蹝《サハ》イては〔則〕君を失フ（輕則失臣蹝則失君）335

「蹝」は「躁」の俗字であることが干祿字書に見え、圖書寮本名義抄にも引用されてゐる。

○シク（班）　備に旀（平輕）奇を烈ぬ《（ママ）》、廣（ク）綾絲（ヲ）班《シ》《ワカツ》ク（備烈旀奇廣班綾絲）224

「班」字には「布也」（左傳注）の義があり、「シク」の訓を用ゐたのであらう。觀智院本名義抄同訓。

○シク（及）「カナシム（哀）」を見よ。

○シジム（縮） 皆、氣を服し身を養ヒ〔及〕房（去）を行ヒ精（平輕）を縮《シ、》ムる〔之〕祕（去）在る（「り」の誤か）（皆在服氣養身及行房縮精之祕） 272

○シタガフ（遵） 今（ノ）〔之〕道士、其の法に遵《シタ》（カハ）不して（今之道士不遵其法） 220 道の遵《シタカ》フ所に非す（非道所遵） 273

○シヅカ（靜） 欲の自（ラ）靜《シツカ》ナル可きを見不《す》〔也〕（不見可欲自靜也） 360

○シフ（冈） 「カヘテ（須）」を見よ。

○シフ（盲） 五色、人の目を〔令〕（テ）盲《シ》ヒ令む。五（音合）音人の耳を〔令〕（テ）聾《シ》ヒ令（ム）。五（音合）味人の口を〔令〕（テ）爽《タカ》へ令（ム）（五色令人目盲五音令人耳聾五味人口爽） 332

○シフ（聾） 「シフ（盲）」を見よ。

○シボム（彫） 夫（レ）凝（音合）・氷慘（音合）（上）慓（入）として彫《シホ》（去）マむこと能（ハ）不《す》（夫凝氷慘慓不能彫）（慓は慄の誤か） 125

「彫」字は「凋」字に通ずとされてゐる。法華經義疏長保點・將門記承德點・觀智院本類聚名義抄等に「彫」字をシボムと訓じてゐる。

○シリゾク（去） 之を去《シリソ》ク須し（須去之） 337

○シリゾク（黜） 其の鋭（去）を挫（キテ）は思を黜《シリソ》クる（ナリ）〔也〕（挫其鋭黜思也） 362

○シリゾク（辟） 儉は善ク穀を辟《シリソ》ク（儉善辟穀） 296

「シリゾク」は漢文訓讀特有語である。この事も既に論じたことがある。

○シル（識） 魯（平）の司（音）寇《六コウ》（上カ）に非（ス）は能（ク）識《シ》ルもの莫し〔也〕（非魯司寇莫能識也） 220

○シルシ（徵） 世〻（ノ）英（音合）賢、悉（ク）皆夏后鍾（音合）山（ノ）〔之〕感、漢文河上（ノ）〔之〕徵《シルシ》（ヲ）、欽（平）尙（平）（ス）（世

〻英賢悉皆欽尙夏后鍾山之感漢文河上之徵） 123

○シルス（著） 疱犧易を著ス《シル》に之を敍すと見未《す》 （疱犧著易未見敍之） 136

○スクナシ（寡） 然（レドモ）始は辭繁（ク）して實（入輕）寡《スクナ》し （然始辭繁寡實） 299

○スクフ（巢） 豈（ニ）海（訓）復自（ラ）林（音合）（平）薄《六ホ》（去）に翔り恆《六コウ》（音合）（平）屋（入輕）（ニ）巢《スク》フ〔之〕娛《タノシミ》 を識ラムヤ〔乎〕 （豈海復自識翔林薄巢恆屋之娛乎） 305

「スクフ」の語も「巢」を動詞として用ゐるために作り出された漢文訓讀の爲の特有語なのであらう。

○スグル（優） 夫（音合）子學優《スク》レ見（音）（上）遠クシテ （夫子學優見遠） 316

「スグル」は本來程度の甚しい意で、平安時代の和文では善惡に拘らず用ゐられるのであるが、當時の漢文訓讀では良い意味にのみ用ゐて、「優」「勝」「上」「絕」「秀傑」「長」の如き字を訓じてゐたやうである。

○ススグ（滌） 重（音合）玄想（ヲ）滌《ス、》ク （重玄滌想） 120

○ススル（啜） 白馬（ノ）血（ヲ）啜《ス、》ル （啜白馬血） 249

○スナドリス（魚） 「カリス（田）」を見よ。

○スフ（咽） 口に華（音合）（平）池（平）唻《六ソク》（音合）唾（平）有り（テ）〔而〕之を咽《ス》フ （口有華池唻唾而咽之） 266

○ソバタツ（峙） 「イハホ（盤）」を見よ。

○ソフ（傍） 次の諸天の重數、竝に佛經に傍《ソ》つて假に名字を立（テ）たり （次諸天重數竝傍佛經假立名字） 135

古く「タ」が清音であつたことは、名義抄の聲點によつて知られる。

○ソム（染） 麁（音合）（平輕）法（入輕）染《ソ》ミ易ク、習（音合）俗（入）常《ツ（ネ）》を生す （麁法易染習俗生常） 239

○タガフ（爽） 「シフ（盲）」を見よ。

○タカラ（貨）　難（音合）得（ノ）〔之〕貨《タカラ》を貴（ヒ）未（ル）こと、貪（音合）盜を息（ム）となり（未貴難得之貨息貪盜也）359

○タクハヘ（產）　產《タクハヘ》を傾（ケ）て〔以〕虛（音合）（平輕）求（平）を供（去）す〔「す」存疑〕（傾產以供虛求）306

○タシフ（嗜）　五味爽を致す（トイフハ）謂ク人五味に嗜《タシ》フ（テ）〔則〕舌韻（去）して〔而〕生する（コトヲ）厭（フ）〔也〕（五味致爽謂人嗜五味則舌韻而厭生也）358

後世は「タシナム」と訓ずる字であるが、古くは「タシナム」は困窮の意であつて全く別義であつた。「タシブ」の「タシ」は「タシカ」の「タシ」と同源で、「密接」「密着」等の意であり、「タシブ」は對象物に密着する狀態から、對象に執着する、固執するの意になつたのではあるまいか。

○タスク（祐）　善を祐《タス》ケ惡（を）疾《ニク》（ム）を敎と爲（祐善疾惡爲敎）214

○タダニ（直）　周孔、二人は直《タヽ》に是レ敎を傳（フ）る人なり（周孔二人直是傳敎人）151

○タヅヌ（討）　其（ノ）根（ノ）起を討《タツ》ヌ（ル）に皆是（レ）張（音合）（平）陵（平）僞（音合）經（ノ）〔之〕所縛（ナリ）（討其根起皆是張陵僞經之所縛也）66

○タノシミ（娛）　「スクフ（巢）」を見よ。

○タフトブ（尊）　之を北極と謂（フ）、鈎《六コウ》陳（平）（ノ）〔之〕內に在（リテ）天の〔之〕主爲（リ）、衆（去）星（平輕）の尊《タフト》ヒ（タル）所なり（謂之北極在鈎陳之內爲天之主衆星所尊）231

附訓が不完全なので確ではないが、當時の例から見て恐らく上二段活用であらう。

○タユスク（容易）　何ソ容《タ》（訓合）易《ユス》ク聞（カ）不（ル）可（ケムヤ）〔乎〕（何容易不可聞乎）56

「タヤスク」の「ヤ」「ユ」音通の語であらう。法華經釋文眞興點にも同字同訓がある（中田祝夫博士御敎示）。

○ツイデ（第）　捴（ヘ）て三九甲子を以（テ）第《ツイ(テ)》と爲《す》（捴以三九甲子爲第）271

○ツカサドル(主)　天皇を丞(音合)事することを主トル　(主丞事天皇)232

○ツク(託)　託ク《ツ》(ル)に矜(音合)(平)期(平)を以(テ)し　(託以矜期)50

「託」は「附也」と注せられるやうに、ことよせる、委託するの意がある。ツグと訓じた古訓點の例は極めて多い。

○ツグ(踵)　爰に四依を踵《ツ》ケリ　(爰踵四依)319

東京賦の注に「綜曰、踵、繼也」、漢書注に「踵、接也」と見える。「踵」をツグと訓じた古例は、天理圖書館藏南海寄歸傳巻第二平安後期點、圖書寮本類聚名義抄等に見える。

○ツクル(爲)　「ムカシ(前)」を見よ。

○ツヒニ(卛)　「イニシへ(古)」を見よ。

○ツミ(辜)　辜《ツミ》永(音合)(上)世に無し　(無辜永世)317

○ツラ(頰)　九《(コ、)ノ》　タヒ頭(ヲ)叩(キ)、九(ノタ)ヒ頰《ツラ》を搏(ツ)〔也〕　(九叩頭九搏頰也)104

○トコロ(許)　生(レ)て何の許《トコロ》に在(リ)て(カ)之を名(ケ)て道と爲《す》る　(生在何許名之爲道)181

○トヅ(緘)　見て卽(チ)唇を緘《ト》ツ　(見卽緘脣)319

○トヅ(闔)　「オサフ(抑)」を見よ。

「闔」は「闔」と同字で、「閉也」を注せられる。前田本冥報記長治點同訓。

○トドム(駐)　年を還し老を却け年を延へ采を駐《ト、》ム　(還年却老延年駐采)371

○トドム(擁)　甂《六ヘン》(音合)(平輕)甌《六ヲウ》(平輕)を〔於〕洪(音合)鐘(ノ)〔之〕側《カタハラ》　に擁《ト、》むるは　(擁甂甌於洪鐘之側)128

○トル(援)　君山楡を援《ト》り之に喩(フレ)は是《六シ》(去)ナラ未《す》〔也〕《ママ》282

○ナヅ(摩)　手に額を摩《ナ》て兩の眉を案《オサ》へ　(手摩額案兩眉)40

○ニクム(疾)「タスク(祐)」を見よ。

○ニレ(楡) 時(ニ)庭(音合)(去)下(去)に一の老(音合)(上)楡《ニレ》《六ユ》(平)有り (時庭下有一老楡) 281

○ノコル(遺)「イルカセニス(忽)」を見よ。

○ノボル(上) 傅《六フ》(音合)(去)説(入輕)上《ノホ》て辰(平)尾(上)宿と爲る (傅説上爲辰尾宿) 276

○ノリ(裕) 綽《六尺》(入)〻として裕《ノリ》《六ユ》有り (綽〻有裕) 320

「裕」は衣服のゆるやかな意が本義であるが、ノリと訓じた根據は未だ勘へない。古點本類にも未だ他例を見ない。

○ハゲシ(甚) 其レ虚(音合)(平輕)妄(平輕)爲《た》ること甚《ハケ》シキ矣哉《カナ》 (其爲虚妄甚矣哉) 278

○ハジマル(肇) 陛(音合)下(ノ)〔之〕名は、〔於〕秦(平)の始(上)より肇《ハシマ》レリ (陛下之名肇於秦始) 132

○ハダヘ(膚) 其の躰(上)を尸として其の膚《ハタヘ》を爤レリ (尸其躰爤其膚) 294

○ハナハダ(太) 太《ハナハタ》河(音合)(平)漢(去)なりと爲《す》 (太爲河漢) 273

○ハハソ(柞) 五(音合)(上濁)柞《ハヽソ》《六サク》(入輕)に時に臨(ミ)て復(タ)其の身を誅(平)し其の族(入)を滅《ホロホ》すと雖(モ)紛(音合)然として天(音合)下の爲に唉《(ワ)ラ》(ハ)ルルに足《ユシ》レリ〔矣〕 (五柞臨時雖復誅其身滅其族紛然足爲天下唉矣) 309

和名抄(道圓本)に「柞 四聲字苑云柞(音作一音昨和名由之 漢語抄云波〻曾)木名堪作梳也」(二十ノ二十四オ)とあり、内藏寮式に「年中所《ニノ》レ造御梳《クシ》三百六十六枚。(中略)皆用二由志木一」と見える。

○ハヒコル(滔) 昔し洪(音合)水天に滔《ハヒコ》て四(音合)(去)民(平濁)昏(音合)(平)墊《テム》(去濁)す (昔洪水滔天四民昏墊) 30

○ハルカ(沖) 道沖《ハル》カニして〔而〕之を用(ヰ)ると者、沖は一を謂フ〔也〕 (道沖而用之者沖謂一也) 264

「沖」は「虚也」と注せられる字である。字鏡集にハルカニの訓がある。

○ハルカ(逖) 逖《ハルカ》に先儒に聽(ク)に靈(音合)寶(ノ)〔之〕名(ヲ)聞(カ)不 (逖聽先儒不聞靈寶之名) 65

大東急記念文庫藏三教治道篇保安點

「逖」字は說文に「遠也」とあり、新撰字鏡には「過也遠也遙也」(九ノ二十一ォ二)と注し、觀智院本類聚名義抄、前田本色葉字類抄に同訓がある。

○ヒタス(浸)　言(フコ、ロ)は、津(音合)(平)沟《六シャク》(入輕)《ヨタリ液也》(「沟」は「汋」の誤か)(「液」存疑)口の中に滿(チ)て一(タ)ヒ行(キ)て百廿府(上)を浸《ヒタ》シ潤す(言津沟滿口中一行浸潤百廿府)266

「浸」は觀智院本類聚名義抄に「㴊」の俗字とある。

○ヒツギ(柩)　之を尸(訓)逝《ユ》イて柩《ヒツキ》空しと謂フ(謂之尸逝柩空)278

「柾」は「柩」の誤であろう。榮花物語楚王夢巻に「さてひつぎにいれたてまつりて」と見える。和名抄では「棺音官一音貫和名比止岐」(道圓本十四ノ二十ウ)とあり、恐らくそれを受けて觀智院本類聚名義抄では「棺」の訓に「ヒト《ツ》キ(聲點ヒトキに上上上)」と見える。ヒトキが古い形でヒツキは比較的新しい形であらうか。東洋文庫藏春秋經傳集解保延點に「棺」をヒツキと訓じてゐる。新撰字鏡には「柩渠救反去有屍謂柩空棺」とある。棭齋の言ふ如く、「ヒトキ」の「キ」は屍を收める場所で、人屍を收藏するものの意で「ヒトキ」と稱したものであらう。

○フ(經)　余髪を結(ヒ)て師に從ヒ、早ク痒(音合)(平)塾《六シク》(入輕)を經《フ》年を經稔《ヘ六シム》(上濁)を累(ヌ)るに終に一(音合)驗(去)無し(余結髪從師早經痒塾經年累稔終無一驗)27

○フサヌ(綜)　儒は五(上濁)車(平輕か)綜《フサ》ネ、釋は八(音合)藏を說《カ》ネたり(儒綜五車釋說八藏)(「說は「該」の誤か)320

「フサヌ」は平安時代には漢文訓讀にのみ見出される語である。綜合する・總括する義であり、名詞「フサ」に接尾語「ヌ」を附して作つた語であらうか。

○ベケム(可)　可(音合)爲者《もの》を明サムに、不(音合)(去)爲なる可ケム〔矣〕(明可爲者可不爲矣)354

「ベケム」が訓讀語法の一であることは夙に山田孝雄博士の考があり(『漢文訓讀により傳へられたる語法』一一七頁)、春日政治博士も形容詞の推量形又は未來形ケムと同型とされてゐる（『西大寺本金光明最勝王經古點の國語學的研究研究篇』一四八・二五一頁）。
○ホカ（表） 號（ケテ）大羅（ト）曰（フ）、三（音合）清（ノ）〔之〕表《ホカ》に在（り）（號曰大羅在三清之表）73
○ホコル（伐） 果して〔而〕伐《ホコ》ルこと勿レ（果而勿伐）338
○ホドコス（播） 護法（ノ）〔之〕功遐に播《ホトコ》す（護法之功遐播）323
○ホロボス（滅） 「ハハソ（柞）」を見よ。
○マクノミ（以已） 无（音合）爲無（音合）事に非（サ）ラム以《マ》（訓合）已《クノミ》（非无爲無事以已）366
小林芳規氏「『らくのみ』『まくのみ』源流考」（『文學論藻』八）に詳論がある。
○マタ（且） 且《又也》班（音合）固か云ク（且班固云）408
「更に」の意の「且」字は古く「カツ」と訓ぜず「マタ」と訓じた。
○マドハス（惑） 誠に恐（ラク）は…妖（平輕）匿《六トク》（入輕）を行（ヒ）て〔以〕民を惑《マトハ》サムことを（誠恐…行妖匿惑民）298
○マミユ（見） 乃（チ）南のカタ清（音合）（平）沛《六ハイ》（去）從（リ）老（音合）（上）聃《六タム》（平）に見《マミ》エて曰（ク）（乃南從清沛見老聃曰）139
○ミダリに（漫） 乃（チ）張（平輕）禹（上）に同（シク）して漫《ミタリ》に章勾を行フ（乃同張禹漫行章勾）220
○ミズカラ（親） 皆天子の（「の」は句點か）親《ミツ（カ）》（ラ）敬（音合）（去）事（去）する所なり（皆天子親所敬事）233
○ミナミノカタ（南） 「コノカタ（已後）」を見よ。
○ミナモト（原） 道（訓）者《は》原《ミナモト》〔於〕仙（音合）法より出（テ）たり（道者原出於仙法）369
「ミナモト」の語は本來「水源」の意であるが平安時代に既に「物事の起り」の意に用ゐられてゐたことを知る。榮花物語にもその意の用法が見える。
○ミミシヒ（聾） 五（音合）音聾ヒを致す（トイフハ）謂る（「ク」の誤か）淫（音合）聲に躭て〔則〕和（音合）（平）氣（去）を損す（五音致聾

謂躭淫聲則損和氣） 356

○ミル（看）　豈（ニ）道齋を以（テ）救（ニ）往（キ）て眼に狼（平）狽《六ハイ》（平濁）を看《ミ》て是の若き（ヲ）せむ者《もの》か〔乎〕（豈不以道齋往救眼看狼狽若是者乎） 31

○ムカシ（前）　前《ムカシ》、王（音合）（平）莽《六マウ》（上）典（平濁）樂（入）大（音合）夫、樂（入濁）記（上）を爲《ツク》て言ク（前爲王莽典樂大夫樂記言） 283

「前」をムカシと訓じた例は、他例を見ない。

○ムシロ（無乃）　其の蟲を出（シ）て無《ム》（訓合）乃《シロ》太夕恠しカラム乎《ヤ》（出其蟲無乃太恠乎） 294

○ムネ（歸）　冀（ハク）は歸《ムネ》を同（シク）せむ〔也〕（冀同歸也） 374

「歸」は「おもむくところ」の義であるが、それを意讀したものであらう。他例を見ない例である。

○メグラス（運）　玄（音合）功（ヲ）運《メク》ラシテ〔而〕國（ヲ）佐（ク）（運玄功而佐國） 121

開士不請（ノ）〔之〕心を運《メクラ》して（開士運不請之心） 325

○メグル（恆）　「イハホ（盤）」を見よ。

「恆」は「亙」に通るとされ、メグルの意はある字であるが、實際に、これと同訓の例を見出してゐない。

○メシヒ（盲）　五（音合）色盲ヒを致（ス）とイフハ謂ク好（音合）色を貪（音合）缶して精（平輕）を傷り明（平）を失フ〔也〕（五色致盲謂貪缶好色傷精失明也） 354

○モロモロ（自諸）　自《モロ》（訓合）諸《〱》（ノ）術（入）士（去）咸ク共に之に歸す（自諸術士咸共歸之） 299

「モロモロ」は漢文訓讀の特有語であり、古く宣命などにも既に指摘されてゐるが、多くは「諸ノ」など、「ノ」のみの訓であり、このやうに「モロモロ」全形の訓は古い所では他に珍しいと思ふ。

○ヤ（平）　「ムシロ（無乃）」を見よ。

○ヤシナフ（畜） 妻子を畜《ヤシナ》ヒ府（音合）（平）書（平輕）を用（ヰ）る、其レ修（音合）行（シテ）已《ヤ》マ不は、神仙（ニ）至（ルコト）得（畜妻子用府書其修行不已得至神仙）215

○ヤハラグ（和） 其の光を和《ヤワラ》ケて〔而〕外（去濁）患（平）を避り（和其光而避外患）218

○ヤム（已） 其レ修（音合）行已《ヤ》マ不は、神仙（ニ）至（ルコト）得（其修行不已得至神仙）215

○ヤム（止） 日出（ツ）レハ〔而〕起《オ》ク、日入レハ〔而〕止《ヤ》ム（日出而起日入而止）172

○ユク（詣） 漢の文河（音合）（平）上（上）（ノ）〔之〕遊（平）に詣《ユ》イシカとも絶（エ）て蹤（音合）（平）跡（入輕）無す（「し」の誤か）（漢文詣河上之遊絶無蹤跡）146

○ユク（逝） 「ヒツギ（柩）」を見よ。

○ユシ（柞） 「ハハソ（柞）」を見よ。

○ユバリ（溺） 縦ヒ強（ヒ）て之を拼（上）スレは便卽（チ）還（リ）て溺《六テキ》《ユハリ》（入）と成る（縦強拼之便卽還成溺）404

○ユルス（釋） 若（シ）救（ヒ）て〔而〕得者《は》、其の文（音合）（平）昌（平輕）差（平輕）を釋《ユル》サレ（若救而得者其文昌釋差）32

○ヨシ（克） 一（音合）无（音合）生に及（ヒ）て克《ヨ》ク聖（音合）業を成す（及一无生克成聖業）372

○ヨダリ（津洶） 「ヒタス」を見よ。

「津」は人體から排泄する液體を廣く謂ひ、「洶」は「汋」の誤とすれば、「汋」は「液」と通ず（汋、叚借爲レ液（説文通訓定聲））とされるから、「津汋」は今言ふヨダレに當るのであらう。ヨダレは新しく、古訓ではすべてヨダリである。

○ヨミス（善） 其の著（音合）述する所、多ク劉（音合）（平）子（音合）（上）駿（去）に善《ヨ》ミす（其所著述多善劉子駿）279

形容詞「ヨシ」の語幹「ヨ」に語尾「ミ」とサ變動詞「ス」の附いた形で、現在でも用ゐる語であるが、本來漢文訓讀出自の語と認められ、右はその古例の一に當る。

○ヨモギ（蓬）　小なる者《もの》は蓬《ヨモキ》（ノ）ことくに飛ヒ〔而〕洴《ウキクサ》ノことくに浮フ（小者蓬飛而洴浮）352

○ヨリカカル（憑）　玉（音合）机（ニ）憑《ヨリカ、》りて〔以〕神（ヲ）恬（ス）（憑玉机以恬神）115

○ヨル（憑）　「イカゾ（焉）」を見よ。

○ワカス（鑠）　炎（音合）（平）威（平）石を鑠《ワカ》シテ六（音合）（入輕）合（入）洞（平）然（平濁）たり（炎威鑠石六合洞然）30

「鑠」は說文に「銷金也」とあり、金屬をとかすの意である。一方、ワカスの古訓は、「爚」「鑊」「銷」「鎔」「鑄」など（以上觀智院本類聚名義抄）、金屬を熔融するの意を有する字の訓として用ゐられてゐる。

○ワカツ（班）　「シク（班）」を見よ。

○ワキマフ（析）　通人析《ワキマ》へテ（イ、析（入）して）曰（ク）（通人析曰）124

○ワラフ（咲）　「ハハソ（柞）」を見よ。

○ヰル（處）　是（レ）天尊（ノ）〔之〕位、七映（ノ）〔之〕宮に處《ヰ》（是天尊之位處七映之宮）114

中（「も」あり衍か）和（平）に處《ヰ》て无（音合）爲を行フ（處中和行无爲）337

○ヲサム（修）　二者（ハ）自然齋、眞を學ヒ身を修《ヲサ》ムる〔之〕道（二者自然齋學眞修身之道）10

六

本書には孝經・毛詩などの引用がある。勿論斷片的な例に過ぎないけれども、訓點の例としては、恐らく現存最古例となるのではあるまいか。

○孝經云《に》、周（平輕）公（平輕）有二至（去）孝之心一、乃宗（音合）（平）二祀《す》（去）父（音合）王《を》〔於〕明（平）堂《に》（平）一、以配《す》（去）二上（音合）（去）帝《に》（去）一　234

○毛詩《に》云、風《は》以動《す》レ之《を》、教《は》以化《す》レ之《を》、墳（音合）典《に》是教、帝王爲《をす》レ主《と》　161

○毛詩云、一國之事、繫《カヽる》二宇一人《に》一、謂《フ》二之風《をと》一、天子有《る》レ風、能化《す》二天下一、故得レ稱レ教《と》　167

又、本書には紙背に墨筆の注があるが、多くは古辭書からの引用である。「玉篇」「唐韻」「音義」などが引かれてゐる。

〔玉篇〕

○（炁）玉玄旣反古氣字切云同之。――唐、莫胡反氣也。　19

○〃（榼）國云苦閤反酒器也　43

○〃（懅）玉云巨魚反心急也　69

○〃（彬）羊戒反玉〃府巾反　320

〔唐韻〕（「玉篇」の項も參照）

○〃（醮）唐云子肖反サカホカヒ　143

「サカホカヒ」という和訓は何から採ったものか未勘である。新撰字鏡にも和名抄にも見出されない。

○（欵冬）漢語抄讀云ヤマフキ本草讀云ヤマフ、キ

和名抄には「欵冬　本草云欵冬一名虎鬚一本冬作東也和名夜末不〃木一云夜末布木」（道圓本ノ二十ノ二ウ）（十巻本系の寫本の難波本でも大同であるが、ただ和訓の部分が「一本冬作東夜末布〃岐一云夜末布岐」とある）と見え、案ずるに本書の引用は當時通行の和名抄の一本より引用したものではなからうか。別の機會に詳論したい。

〔音義〕

○（墊）音義店　27

○（墊）音義店音／切、都念反　30

○（䛂）音義婢眠反　128
○〻（聃）音義貪音／都甘反　139
○（鍱）音義葉音　319
○〻（軿）毗研反　45
○〻（粁）鉢緣反或又粄　225
○〻（鼓）是義反　225
○〻（牝）頻隱反　253
○〻（裕）羊戎反　319
○〻（躧）疎尒反　342
○〻（黜）刃律反　362
○〻（跚）蘇干反　367
○〻（糇）胡鉤反粮也　370
○〻（偶）五口反匹也　371
○〻（拼）䰰彭反　404
○（僣龍）春宮也或本讚　47
○柩柩六久　278
○（九丘）文書名也　329

「一切經音義」「新撰字鏡」等とは一致しないやうであり、尚檢討すべきである。

以上は裏書で出典名を注してゐないものであり、その典據は未だ勘へないが、記して後考に資したいと思ふ。

（三八・一・二八稿了）

（『かがみ』八號　昭和三十八年三月）

【後注】

本論考には「三教治道篇保安點」のヲコト點圖・假名字體表は掲載されていない。本資料のヲコト點圖・假名字體表については、本書二五四・二五六頁を参照されたい。

法隆寺本辨正論保安點

辨正論八巻は、別名を辯正理論とも稱し、唐の法琳（五七二〜六四〇）の撰述に係る。唐の高宗の時、道教が勢を得、帝は勅して佛教を淘汰し、寺を廢し、僧を還俗せしめたので、法琳はこれを見るに忍びず、辨正論八巻を著して抗辯し、大いに世間を利益した。本邦にも夙くから傳來し、石田茂作博士編の奈良朝現在一切經疏目錄2867によれば、天平十九年（七四七）六月七日寫疏所解（大日本古文書九ノ三九一頁）に

辨正論八巻

と見えてゐて、當時既に將來書寫されてゐたことを知るのである。又、弘法大師空海の御請來目錄の中にも

辯正理論一部八巻法琳師撰

と見えてゐる（大日本佛教全書二四頁）。しかし、東域傳燈目錄や諸宗章疏錄には所見無く、古寫本の現存するものとしても、本稿で取上げようとする法隆寺本の他には、僅に石山寺藏本を知るのみであつて、廣く行はれたのかどうか、必ずしも明でない。石山寺藏本は、一切經第七十九函第11號から第18號に至る八帖（もと巻子本であつたのを、後に折本裝に改裝したもの）で、巻第三に次のやうな奥書がある。

嘉應二年（一一七〇）四月廿日於勸修寺西山書之了

巻第三以外の各巻も同じ頃の書寫であつて、八帖とも僚巻と推定される。但しこの本には訓點は存在しない。

本書は幸にして全卷現存し、元祿十年刊本の他、大正新脩大藏經（五二・四八九 No.2110）、縮藏經（露八）、卍藏經（三〇・五—六）等にも收錄されてゐる。この他、佛書解說大辭典によれば、高麗版惠空等寫本（大谷大）、高野山大學藏寫本がある由であるが、未見である。

法隆寺本は、全八卷の內、現在卷第一・二・三の三卷の存在が知られてゐる。卷第一は法隆寺藏本、卷第二は大東急記念文庫藏本、卷第三は、弘文莊待賈書目第五十號所載、架藏本である。卷第一の法隆寺藏本は、吉澤義則博士の點本書目（四二頁）及び中田祝夫博士の『古點本の國語學的研究總論篇』（三二六頁）に著錄されてゐるものであつて、中田博士によれば、喜多院點が加點されてをり、その奥書は次の通りである。

以同四月十六日移點比校已了　爲自他開惠眼他　保安四年癸卯四月七日法隆寺一切經內五師靜因書寫畢

右の卷は筆者未見で、書寫者が靜因であることは判明するが、加點者の名は明記されて居らず、未詳である。

卷第二の大東急記念文庫藏本（24/73/1/839、貴重書解題佛書之部五〇頁所載）は卷子本一卷、楮交り斐紙、縱二七・一糎、墨界を施し、界高二三・九糎、界幅二・二糎、全十八紙（內墨附十七紙、四一五行）を存する。卷首首題の下及び料紙繼目紙背に「法隆寺／一切經」の單廓墨方印を押し、全卷裏打が施されてゐる。奥書によつて保安四年の書寫加點本であることが知られる。その奥書は次の通りである。

（墨書）保安四年癸卯四月中法隆寺一切經內暹尊大法師筆作也

（朱書、墨書ノ前行ニ在リ）同月僧靜因移點比挍了

卷第三は架藏本で、卷子本一卷、楮交り斐紙、縱二六・四糎、墨界を施し、界高二三・七糎、界幅二・〇糎、全二十五紙、墨附六二九行を存する。卷首首題の下及び料紙繼目紙背に「法隆寺／一切經」の單廓墨方印を押し、全卷裏打が施されてゐる。以上の體裁は、卷第二と全く同樣である。奥書によつて、保安四年の書寫加點本であることが知られる。その

奥書は次の通りである。

（墨書）保安四年四月六日奉書寫了依法隆寺住僧法靜房勸進／一切經之內辨正論三五兩卷書之以此功德力爲〔令奉〕／過去二親幷三人尊靈往生極樂致誠僧覺嚴敬白

（朱書、墨書ノ前行ニ在リ）同年六月四日當寺僧一校移點已了　西門南邊住法師覺印／興福寺善法房之本以三本校正高名本也

これらの奥書によつて、三巻共に法隆寺一切經の內のものであることが知られるが、この一切經は、保安三年（一一二二）三月廿三日に僧林幸によつて勸進されたものと考へられる。卷第二・三共に押捺されてゐる「法隆寺／一切經」の單廓墨方印は、これを證するものである。法隆寺一切經の遺品は、法隆寺經藏にも又坊間にも多數傳存してゐるが、右の奥書に見られる靜因・覺嚴・覺印などは、何れも他にその名が見えてゐる人々であつて、當時の法隆寺の住僧であつたことが知られるのである。天治本新撰字鏡には、卷第一に靜因の、卷第五に覺嚴の、そして卷第九には覺印の書寫奥書が見えてゐる。この他にも靜因は永久二年（一一一四）に無量義經を書寫し(1)、大治元年（一一二六）には大唐西域記に加點し(2)、翌二年四月には大乘廣百論釋論卷第十一卷を修治してをり(3)、その紙背に在る片假名交り文の極樂六時讚の一部は、彼の手に成るかとも思はれる。覺印については舊稿に觸れたことがあるが(4)、下野守平仲季の息として永長二年（一〇九七）に生れ、實兄永嚴の弟子となつて保壽院流の法脈を承け、自證房と稱した(5)。永久三年（一一一五）には蘇悉地羯羅經略疏を書寫し(6)、保安三年（一一二二）には妙法蓮華經玄贊を書寫移點し(7)、翌四年には破邪論を書寫移點し(8)、天治元年（一一二四）には新撰字鏡卷第九を書寫し(9)、大治元年（一一二六）には大慈恩寺三藏法師傳を書寫移點し(10)、同年、佛眼如來念誦法を所持し(11)、翌四年には貞元新定釋敎目錄を書寫移點した(12)。更に天承元年（一一三一）には成唯識論掌中樞要を讀み(13)、康治元年（一一四二）には法華文句を書寫し、翌二年から保元二年（一一五七）にかけて移點を了した(14)。久安六年（一一五〇）には金剛頂瑜伽護摩儀軌を書寫し(15)、

久壽二年（一一五五）には大般若經を交點した。[16] このやうに多くの訓點本を遺してゐる僧であるが、茲にその訓點の例を更に一つ加へることを得たわけである。卷第三の覺印筆の奧書によると、興福寺善法房の本、[17] 即ち三本を校正した高名の本を以て移點したと言つてをり、興福寺に傳來した訓點を移したことが知られるが、覺印は他にも興福寺の訓點を傳へた例があつて、國立國會圖書館藏本の大慈恩寺三藏法師傳卷第三の奧書によると、興福寺別當の經尋の訓點本を移點したことが知られる。當時法隆寺は興福寺の末寺的存在で、學統の上でも關係が深かつたのであらう。

以上述べたやうに、卷第二の加點者は靜因であり、卷第三の加點者は覺印であつて別人である。本書の本文が一具の僚卷であることは恐らく疑無いことと思はれ、このやうな場合、本文が寄合書であることは例に乏しくないが、訓點を寄合書に記すことは必ずしも例が多くないやうに思はれる。法隆寺本大唐西域記大治元年（一一二八）訓點は、卷第一・二が靜因の加點、卷第四以下第十一までが林幸の加點であるが、これなどは例外的であつて、當時の他の類似の點本の加點例を見ると、次のやうに大抵は同一人の加點になつてゐる。

○立本寺本妙法蓮華經卷第一・三・四・五・七　五卷　寛治元年（一〇八六）　興福寺經朝
○興福寺本大慈恩寺三藏法師傳卷第七〜十　四卷　承德三年（一〇九九）　興福寺濟賢
○法隆寺本大慈恩寺三藏法師傳卷第一・三・七・九　四卷　天治三年（大治元年、一一二六）　法隆寺覺印
○高山寺本大日經疏卷第二〜十　九卷　永保三年（一〇八三）　移點　於高野南別處
○石山寺本倶舍論記卷第一末〜廿九　二十二卷　長承四年（保延元年、一一三五）　覺樹
○石山寺本倶舍論疏卷第一本〜廿九　三十卷　保延三年（一一三七）　覺樹
○法隆寺本法華文句卷第一〜十　十卷　康治二年（一一四三）〜保元二年（一一五七）　法隆寺覺印

思ふに、當時における訓點本の加點なるものは、その多くの場合が、祖本からの移點であり、師からの傳受に伴つて行

はれたものと考へられる。數巻以上に及ぶ大部の書である場合も、その書一部として傳受したから、同一人が首尾一貫して加點することになつたのであらう。右の諸例の中には、このやうな事情を反映してゐるものも多かつたのであらう。

これに對して、本書の場合のやうな、訓點の寄合書の例は、如何に解すべきであらうか。一つの推定としては、次のやうな事情が考へられる。卽ち、本書は一切經として納入すべき經典として書寫されたもので、傳受によつて師から弟子へ傳へられたものではなかつた。從つてその訓點も、一人の弟子が傳承したものでなく、祖點本を基にして、複數の人々が分擔して移點が行はれたと考へるのである。その際、このやうに、本文に訓點が附隨して書寫されたのは、この訓點そのものが重視されてゐたためであり、又、小林芳規博士も示唆された如く、當時の法隆寺內の學僧達の相互協力の體制があつたためでもあらう。又、一切經の中でも、すべての本に訓點があつたわけではなく、又、石山寺一切經のやうに、加點本の尠い場合もあつて、一切經と訓點との關係については、今後も尙檢討すべき問題が殘されてゐる。

所で、この巻第二と巻第三とは、前述のやうに、本來一具のものと考へられるのであるが、その訓點の狀態を比較して見ると、基本的な面では共通の特性のやうなものも認められるが、他面では互に異つた要素、例へば假名字體の相違なども認められる。この場合、その異つた要素が、祖點本そのものに既に存在したのか、移點者の靜因と覺印との個人差によつて生じたものなのか、何れかであらうと考へられるが、他の點本の比較などから見て、全部ではないにしても、少くとも部分的に後者の例が含まれてゐるやうに思はれるのである。この點をめぐつて、次に考察を加へて見たいと思ふ。

先づ、この二巻に亙つての共通の特性と考へられることを擧げると、訓點が主として朱書によつて施されてゐること、ヲコト點に喜多院點が使用されてゐること、などが指摘される。兩者の假名字體表及びヲコト點の點圖は第1～4圖（二五四～二五七頁）に示したやうに、二者大同であるが、ヲコト點には何れも中央の星點のイが無いことが注意される。喜多院點の中央の星點イは、古代語の助詞イを表すのによく用ゐられるもので、現に覺印加點の大慈恩寺三藏法師傳大治點などには例が見られる。例えば次の如き例である。

賊い懼（れ）て相ヒ率て懺謝して稽首し歸依（すれ）とも、時に亦覺（え）不（三ノ四六～四七行）

賊い手を以觸（るる）ときに爾ち乃（し）目を開（き）て賊に謂（ひ）て曰ク（三ノ四七行）

其の、花い菩薩の手に住《止也》り〔及〕臂に掛《カ、》ルことを得る者は、以て吉祥と爲《し》、以て得願と爲（三ノ四七〇行）

物い其の恩を念（ふか）故（に）、其の處を號（け）て施无厭と爲〔也〕（三ノ二八四行）

古自（り）已-來、諸-王豪-族、仁慈惠-施するイハ、皆〔於〕此に至る（三ノ六四行）

道い將聖を包ネ、功、酒《代》神に茂し（九ノ一六行）

次にこの二者の片假名の字體や符號等について見るのに、大綱として院政期の點本の通例に適つてゐるのであつて、特に奇異な點は見出されないのであるが、二三の事柄について、注意されるものがある。

その一つは、字音を表すのに、「音」の略字として「六」と記し、それを冠して「六シ」「六エウ」のやうに表記する方式で、これが巻第二、第三の兩巻に共通して見出されることである。「六」といふ略字は、その由來も古く（管見によれば、醍醐寺藏本妙法蓮華經釋文の傳眞興點〈遲くとも十一世紀初頭を下らないと思はれる〉に存する例を最古とする）[18]、當時の點本に廣く用ゐられてゐた例であるが、その多くは「進神六」（妙法蓮華經釋文古點）「號カウ六」（大慈恩寺三藏法師傳大治點）のやうに「〇〇六」と記したものであり、本書の例のやうに「六〇〇」と記したものはあまり多くない。私の知り得た所では、蘇悉地羯羅經長治元年（一一〇四）點（寶幢院點）に「傑六結」と見えるのを最古とし、建立曼荼羅護摩儀軌保延二年（一一三六）點（西墓點）に「暮六ム」、法華義疏保元二年（一一五七）點（東大寺三論宗點、證圓書寫本）に「蕭六シク」、宿曜占文抄文治四年（一一八八）點（假名點）に「纂六サン」などとあるのを見るに過ぎない。

上に挙げた巻第二、第三の例は次のとおり：「◦耆《六シ》欲◦」（巻二ノ二七四行）「◦窈《六エウ》◦窕《六テウ》」（三ノ四三六）「皤《六半》◦-木◦」（三ノ五九八）

靜因や覺印には、他の點本では「六○○」といふ形式を使用した例が見られない。靜因は大唐西域記大治點では「蕃《半六》維《ヰ六》」（巻第二）のやうに「○六」の形式を用ゐてをり、又覺印は、大慈恩寺三藏法師傳大治點では「宏《クワウ》遠《ヱン》」「感英《エイ六》」のやうに「○○」又は「○○六」の形を、妙法蓮華經玄贊保安點では「樞《シウ》」「軒《ケ＞》」のやうに「○○」の形を、又、破邪論保安點では「厲《レイ》《ライ》」「聶《テフ》」のやうに「○○」の形を用ゐてゐるに過ぎない。これに對して、右のやうに類例の少い「六○○」といふ形が、辨正論の巻第二と巻第三とに共通して見られることは、本點の祖點が別々のものでなく、一具のものであつたことを推定させる理由になるであらう。又、その祖點が、この表記形式を備へるに至つた時期は、院政初頭をあまり遡ることはないとの推測が許されるかも知れない。

次に、兩巻における假名遣の狀態や音便表記の方式などを見ると、次のやうである。

㈠語中語尾のハヒフヘホとワヰウヱヲとの正用例及び混用例

	巻第二		巻第三		備考
	正用	混用	正用	混用	
ハ～ワ	10	4	14	4	
ヒ～ヰ	25	0	35	1	
フ～ウ	46	0	31	0	「諧《カナフ》て」の類の音便を含まず
ヘ～ヱ	15	0	19	1	
ホ～ヲ	1	1	5	0	

㈡語頭のオとヲとの混用（イとヰ、エとヱの混用例は見られない）

	巻第二		巻第三	
	正用	混用	正用	混用
オ〜ヲ	7	0	10	6

㈢音便形はイ・フ・ム・ンの表記、及び無表記の例が見られる。

	巻第二	巻第三	備考
キ・ギ→イ	4	3	
ヒ→フ	2	2	
ミ→ム	1	2	
ニ・リ→ン	1	0	
ニ・リ→無表記	3（4）	3（3）	（　）は不確實例（「謂カタて」「隆サカなり」の類）、外數
ル→ツ	0	1	

これらは何れも院政期における加點本の一般の例に適合するものであつて、殊に問題として取上げることも見當らない。

次に眼を轉じて、兩巻の間に存する不一致の點に注目して見たい。先づ、假名字體であるが、大體は合致してゐるものの、二三問題點が見出される。その一つは、タの假名であつて、巻第二では「タ」の形を用ゐてゐるのに對し、巻第三では、「タ」も用ゐるが、これは稀であつて、大部分は「大」の字體を用ゐてゐるのである。その例を擧げると、

卷第二　討《タツヌ(ル)に》（二ノ六六）　應《タヘテ》曰（二ノ六九）　九《ノタヒ》（二ノ一〇四）　側《カタハラに》（二ノ一一八）

卷第三　有《大モテり》（三ノ一〇二）　惟《大、》（三ノ一〇二）　代《六大イ》（三ノ一〇六）　宥《ナ大メ》（三ノ一一七）　有《大モテり》（三ノ一二〇）　阻《へ大テたり》（三ノ一二二）　淹《ヒ大スを》（三ノ一四〇）

など、計三十七例である。（卷第三で「タ」を用ゐたのは、「革《アラタむ》」（三ノ九）「立《タチ(トコロ)に》」（三ノ四五）「拱《タムタク》(平平上入)」（三ノ四一九）「剋《サタ(ム)》」（三ノ四五六）など、計五例に過ぎない。）

一方、覺印の他の點本を見ると、タに「大」を用ゐたものが、次のやうに多く見出されるのである。

大慈恩寺三藏法師傳大治點（「大」「多」を用ゐるが、「多」は陀羅尼の部分だけの特用）

破邪論保安點（「大」のみを用ゐる）

妙法蓮華經玄贊保安點（「大」「タ」を用ゐる）

この點から見ると、タに「大」を用ゐたのは、覺印の個人的な傾向であつたのかも知れない。

次に、漢字音の舌內撥音尾（n）を表すのに、卷第二では、何れも「>」を用ゐるのであるが、これに對して、卷第三では多く「∧」を用ゐ、「>」は稀に用ゐられるに過ぎない。その例を示すと、次の如くである。

〔卷第二〕（「>」の例）穿。(平)《六セン》-鑿（二ノ四五、印刷の都合上、>は「ン」で示し、片假名の異體字は現行字體に改め、ヲコト點は平假名で示す。以下同斷）　冠△冕(上)《六ヘン》（二ノ六〇）　軿。(平)《六ヘン》-。羅(上)（二ノ一一五）　蟬-聯《六レンすること》（二ノ一二三）他例略、

計一五例

〔卷第三〕（「∧」の例）袁。(平)《六ヱ∧》。彥(去)《六ケ∧》-伯（三ノ二六六）　桓。(平)《六クワ∧》-伊。(平)（三ノ二六五）　。懇(去)《六コ∧》誠にして（三ノ二五〇）

他例略、計三六例

（「>」の例）阮。(平)-。倌(上)《六カン》（三ノ二一五）　文。(平)棍。(平)《六コン》（三ノ九一）　。鬢《ヒン》（三ノ五二九）　長。(平)-。干(去)《カン》（三ノ二九）

王。(平)ー。泯△(上・平)《六ヒン》 (三ノ二五三)　。敏(上)《六ヒン》ー帝。(平) (三ノ一三)

nを表わすための「∨」と「∧」との字體は、この當時他にも例が多い。殊に「∨」は一般的な形であり、その例は枚擧に遑ない程である。「∧」は十一世紀初頭以來見えるもので、ngを表わすための「∨」と一組になつて用ゐられることが屢々あつたが[19]、ngは後には「ウ」で表すことが多くなつて、nを「∧」で表す符號だけが殘つたのではないかと思はれる。覺印は、妙法蓮華經玄贊保安點、大慈恩寺三藏法師傳大治點などでnに「∧」を用ゐてをり、恐らくこれも覺印の個人的な傾向であつたかと考へられる。尚、巻第三では、「朱。(平輕)ー鷹《クヰヨ∨》。(平)」(三ノ二三八)といふ、ng尾を表わすのに「∨」を用ゐた例が一例のみながら見出される。これらの例數を表示すると、第1表のやうになる。

【第1表】

韻尾	n		ng		
表記	∨	＞	イ	ウ	∨
巻第二	14	0	2	8	0
巻第三	6	36	15	24	1

次に、聲點の形の問題がある。巻第二では、。と△とが用ゐられてゐるが、巻第三では、。と△の他に、一ヶ所ながら∞が見出される。又、巻第三では、。とも△とも區別の附かないやうな曖昧な形が若干含まれてゐる。先づ、巻第二における△は、全部で七十八例あるが、この字を韻鏡の聲母によつてその所屬を見ると、第2表のやうになつてゐる。

一方、巻第二の中で、。を加へた文字の聲母の數は、第3表のやうになる。

【第２表】

清濁	清	次清	濁	清濁			
聲母				明母・微母	泥母・娘母	疑母	日母
例數	11	1	7	26	2	24	7
				59			
%	14.1	1.3	9.0	75.6			

【第３表】

清濁	清	次清	濁	清濁					
聲母				喩母	來母	明母・微母	定母・娘母	疑母	日母
例數	140	35	82	24	21	9	2	6	2
				45		19			
%	43.6	10.9	25.5	14.0		5.9			

即ち、▵の七五・六%は、明母・微母・定母・娘母・疑母・日母所屬の字に當るもので、漢音ならばバ行音・ダ行音・ガ行音及びザ行音の、何れも濁音に相當する字である。これに對して、◦について見ると、右の漢音の濁音字は、全體の五・九%に過ぎず、殘りの九四・一%は漢音の清音字に附せられてゐることを知るのである。本書に見られる漢字音は「鄭六テイ」（二ノ一二九）「赤六セキ髭」（三ノ一三一）などの假名附けから見ても、漢音系であることが判斷されるのであつて、巻第二に於ては、◦は概して漢音における清音を、▵は濁音を示してゐると判斷される。

これに對して、巻第三に於て、これらの使用例數を見ると、◦は第4表の如く、全部で六百七十四例使用されてゐるのに對して、▵は第5表の如く、僅に二十五例が見出されるに過ぎない。しかもその聲母の所屬を見ると、◦の場合は、全體の中、九二・七%が漢音の清音字に施されたもの、殘りの七・三%が濁音字に施されたものであるから、◦は清音表記

【第4表】

清濁	清	次清	濁	清濁					
聲母				喩母	來母	明母・微母	泥母・娘母	疑母	日母
例				44	44	25	5	13	5
數	291	69	177	88		49			
%	43.2	10.2	26.3	13.1		7.3			

【第5表】

清濁	清	次清	濁	清濁					
聲母				喩母	來母	明母・微母	泥母・娘母	疑母	日母
例				1	2	3	1	5	0
數	8	0	5	3		9			
%	32.0	0	20.0	12.0		36.0			

を主體としてゐるやうにも見える。又、△の分布は、漢音の清音字六四・〇%。濁音字三六・〇%である。一方、漢音の濁音字合計五十八例について見ると、その内、四十九例に。、九例に△が加へられてゐることを知る。以上の點から見ると、巻第三においては、。と△とによつて清音と濁音とを明確に辨別してゐるとは認め難い。それに加へて、巻第三の中には、「冥。-°°荷」(三ノ三二)の一例だけではあるが、°°の形の音符が見出される。これは明に濁音を示したものと見るべきであつて、この濁音符が用ゐられてゐることは、他面では、△の濁音符としての機能が、必ずしも明確でないことを示してゐるやうにも考へられる。又、巻第三の中には、。とも△ともつかないやうな、曖昧な形も再三ならず見出される。これらから考へると、巻第三の加點者は、この。と△との區別について、あまり配慮を拂はなかつたのではないかと思はれる。尤も、同じ加點者の覺印の筆に成る大慈恩寺三藏法師傳大治點では、「誅-伐△」(三ノ二二三)「文△棍。ヘイ六」(三ノ三〇〇)

「嚴△肅。」（三ノ三〇七）のやうに、明に△を使用した例もあるから、覺印が全く。と△との相違を知らなかつたとも言へないが、何等かの事情によつて、本書の加點の折には嚴密な區別を行はなかつたのではないかとも考へられるのである。

以上述べた三つの點、卽ち、タの字體に「大」を用ゐること、ンの字體に「∧」を用ゐること、△と。との區別が嚴密でないことは、巻第三の覺印の加點が、巻第二の靜因の加點とは異つた方針・内容であつたことを示すやうに思はれる。

右に字音表記に際して「六〇〇」の形式の存することを言ひ、これが巻第二・第三の兩巻に亙つて見出されることに言及したが、實は、字音表記には「六」を伴はない所の「馳。(平)六チ-騁《テイ》。(平)」（二ノ三三三）の「テイ」や「。炙(去)六シャ-輠クワ」の「クワ」（三ノ一六七）、「蕭《セウ》。(平)-。子(上)-良。(平)」（三ノ一七〇）の「セウ」のやうな例があつて、その例數を見ると、第6表の如くである。

【第6表】

	六○○	○○
巻第二	103 (92.0%)	9 (8.0%)
巻第三	231 (67.2%)	113 (32.8%)

卽ち、巻第二では、九割以上が「六」を冠してゐるのに反して、巻第三では僅に三分の二強が「六」を冠してゐるだけで、殘りの三分の一の近くまでが「六」を冠してゐない。この差異が何故に生じたものかを考へて見るのに、上の諸例から推すと、巻第二の方が第三よりも祖點に忠實であつて、「六」を遺さずに移寫したが、巻第三の方はそれ程嚴密でなかつた爲に、「六」を脱するものが多くなつたのではないかと考へられる。巻第三を巻首から順に見て行くと、巻首の部分はすべて「六」が存するのに、一一八行目の「地維《ヰ》」の邊から次第に「六」の無い例が現れて來る（或いは、祖點に無かつた字音を、覺印が自分の考へによつて追加したとも考へられなくはないが、それにしても、覺印の恣意性の存在といふ點では同樣である）。覺印加點の他の點本では、大慈恩寺三藏法師傳大治點では、「軒ケ∧六簷エム六」（三ノ二九七）、「突ト六伽カ六天神」（三ノ〇二三）、「號カウ六哭コク六」（三ノ〇四二）、「瓊ケイ六樓」（三ノ二九六）、「癸鬼六亥」（九ノ〇〇三）、「睿エイ六藻」（九ノ〇一八）、「五緯ヰ」（九ノ〇一八）、「馭キヨ六」（九ノ〇二〇）のやうに、

「〇〇六」を用ゐた例はあるけれども、「六〇〇」を用ゐた例は、他に所見が無い。

以上擧げた諸點は、何れも巻第二の靜因よりも、巻第三の覺印の方が、祖點を改めた點が大きかつたのではないかといふ面であるが、逆に、巻第二の方が祖點を改めたのではないかと思はれる點も、一二考へられなくもない。

その一つは、裏書のことであつて、巻第二は墨書であるのに、巻第三は朱書である。この當時の他の點本の例を見ると、表面に朱書の訓點のあるものは、多くは裏書も同じく朱書である。興福寺本大慈恩寺三藏法師傳承德點、法隆寺本大慈恩寺三藏法師傳大治點（覺印點）など、何れもさうである。辨正論の場合も、原本では朱書の裏書であつたのを、靜因は、多分見易くするために、墨書に改めたのではなからうか。

次に、漢字音の舌內入聲尾の表記法について見ると、

〔巻第二〕

（漢字表記）皇○（平）|○甫《六フ》（上）|謐○《六必》（入）（二ノ一四六）

（假名表記）曹局○《クヰツ》（入輕）（二ノ七九）　葛○《六カツ》（入輕）仙○（平）（二ノ一七四）　桀△《六ケツ》（入）|○紂《六チウ》（去）（二ノ三〇〇）　蹴○《テンツ》（入輕）跡○（入輕）（二ノ三三五）　淈○《六クンツして》（入輕）（二ノ三六五）

〔巻第三〕

（漢字表記）折○《六切》（入輕）談△し（三ノ一八三）　王○（平）|謐○《六必》（入）（三ノ二一一）　天挈○《六結を》（入輕）（三ノ五一七）　○藻《六サウ》（上）桅○《六說》（入）（三ノ五二四）

の如くであつて、巻第二では漢字表記一例、假名表記四例と假名表記が多いのに反し、巻第三では四例ともすべて漢字表記である。若し漢字表記の方を比較的古い段階と考へるならば、巻第二の方が古形を改めた可能性があるとも考へられよう。

舌内撥音尾（n）の表記法については前に觸れ、卷第二には「ン」單用、卷第三は「＞」「ン」兩用で、「＞」が覺印の恣意性によるものかと推定したが、卷第三には一例ながらng尾を「∨」で表記した例のあることを考へると、祖點本では「n＝＞、ng＝∨」といふ體系があつたのを、靜因の方が＞をンに改めたのかと考へられなくもないが、私の印象では、この點は祖本では「n＝∨、ng＝ウ」であつたのを、覺印が部分的に∨を＞と改め、他の大部分は原の通り傳へられたのではないかと思はれる。

以上の推論は、何れも、多分に推測を交へたものであるけれども、當時の訓點本の移點の實態といふものを解明するための、一つの試案として述べた次第である。

最後に、本書における用例の中で、國語史上の問題となると思はれるものを二三示しておく。

〔和語の促音「ツ」表記の例〕

○。間（上）-田。（平）息め〻訟《ウツタ》へを、比。（平）-屋。（入輕）可〻封しつ（三ノ五四七）

和語の促音の表記は、本書の中では他は何れも無表記である。

造《イタテ》（二ノ三二四）　紀《ノトテ》（三ノ三三六）　鍾《アタテ》（三ノ三九一）　規《ノトリ》（三ノ六〇二）

和語の促音は、古くから無表記が多く、時にム表記や∨表記もあつたが、院政初期頃から「ツ」表記が出現した。恐らく漢字音の舌内入聲尾の假名表記に「|ツ」が用ゐられたのに惹かれたものであらう。年代の明なものとしては、興福寺本大慈恩寺三藏法師傳承德三年（一〇九九）點（朱點）に「規《ノツトリ》」、九條本文選康和元年（一〇九九）點に「不《サラム》欲《ホツ》セ」などとある所が最古の例で、本書の例は、これらに次ぐ古例と見られるものである。

〔ハ行轉呼音の例〕

（卷第二）詳《イツワ|リ》（ママ）死《シニシテ》（二ノ二九〇）　惑《マトワ|サム》ことを（二ノ二九七）　和《ヤワ|ラケ》て（二ノ二一八）　蹉《サハ|イ》て（二ノ三三

五）　盤《イハヲ》のことく（二ノ三五二）
（巻第三）道《ウルワシク》（三ノ二六六）　麗《ウルワ》し（三ノ一四八）　兵《ツワ》もの（三ノ一一二）　緝《ヤワラケ》（三ノ二五二）　齋《イモヰ》（ス）（三ノ七二）　樹《（ウ）ヘ》（三ノ一〇六）

〔語頭のオ・ヲの混用例〕

（巻第二）ナシ
（巻第三）安《ヲク》に（三ノ二三一）　干《オカ》す（三ノ六〇四）　戢《オサマル》る（三ノ九八）　奉-爲《オサム》（三ノ四二三）　斂《オサム》（三ノ一三四）　戡《オサメ》（三ノ八八）

〔音便形の例〕

（巻第二）
〈イ音便〉灌《ソヽイ》て（三ノ五二二）　序《ツイ》つ（三ノ五一〇）　繼《ツイ》て（三ノ四二三）
〈ウ音便〉諧《カナフ》て（二ノ三三三）　掃《ハラフ》て（二ノ三九三）
〈促音便〉造《イタテ》（二ノ三二四）　謂《カタ》て（二ノ二八一）　須《カヘ》て（二ノ三〇五）　翻《カヘ》て（二ノ二七四）　遺《ノコ》て（二ノ三四六）
〈撥音便〉若《イカソ》（二ノ一五五）　奈-何《イカン》そ（二ノ三三四）　哀《カナシム》て（二ノ二八六）　鑒《カヽミ》（二ノ二八七）

（巻第三）
〈イ音便〉灌《ソヽイ》て（三ノ五二一）　序《ツイ》つ（三ノ五〇九）　繼《ツイ》て（三ノ四二二）
〈ウ音便〉諧《カナフ》て（三ノ三三二）　掃《ハラフ》て（三ノ三九二）
〈促音便〉鍾《アタテ》（三ノ三九一）　紀《ノトテ》（三ノ三三六）　規《ノトリ》（三ノ六〇二）　膺《アタ》て（三ノ四五一）　握《ニキ》て（三ノ四九

五・三ノ五三六） 訟ウツタヘを （三ノ五四七）

〈撥音便〉 隆サカなり （三ノ一二七） 驗アキラカす （三ノ四六二） 鄙イヤシムし （三ノ一三一） 欽ツ、シムて （三ノ三二）

注

（1） 法隆寺藏本奥書。
（2） 法隆寺藏本及神田喜一郎博士藏本奥書。
（3） 大東急記念文庫藏本奥書。
（4） 築島裕「上野圖書館藏大慈恩寺三藏法師傳卷第三古點」（『東京大學人文科學科紀要』一六、昭和三十三年十一月）。
（5） 血脈類聚記第六その他。
（6） 大正大學藏本及大東急記念文庫藏本奥書。
（7） 興福寺藏本奥書。
（8） 五島美術館藏本奥書。
（9） 宮內廳書陵部藏本奥書。
（10） 國會圖書館藏本及法隆寺藏本奥書。
（11） 高野山持明院藏本奥書。
（12） 大正大學藏本奥書。
（13） 法隆寺藏本奥書。
（14） 法隆寺藏本奥書。
（15） 田中槐堂『日本寫經綜鑒』三七九頁。

（16）西村明氏藏本奥書。

（17）善法房については未詳である。醍醐寺本傳法灌頂師資相承には、覺詮（賢覺の弟子）に「善法房得業」と注してゐるが、多分別人であらう。

（18）築島裕『興福寺本大慈恩寺三藏法師傳古點の國語學的研究 研究篇』二四〇頁以下。

（19）注（18）に同じ。

（追記）本稿は、昭和五十二年五月二十日の第三十六回訓點語學會研究發表會における發表原稿を基にして加筆整備したものである。西村清博士・岡崎久司氏を始とする、大東急記念文庫の各位より、貴重な原本の閲覽・公表について、格別の御高配御芳情を頂いたことを、厚く御禮申上げる。

（『春日和男教授退官記念語文論叢』櫻楓社　昭和五十三年十一月）

大東急記念文庫藏本辨正論卷第二保安四年點所用假名字體表

【第１圖】

ア	カ	サ	タ	ナ	ハ	マ	ヤ	ラ	ワ	ン
ア	カ	サ	タ	ナ	ハ	丅 丅	ヤ	ラ	ロ	レ
イ	キ	シ	チ	ニ	ヒ	ミ		リ	ヰ	疊符
イ	ヽ	し	チ	ニ	ヒ	三		リ	井	ハヽソ モロリ〃
ウ	ク	ス	ツ	ヌ	フ	ム	ユ	ル		
宀	ク	ス	…	ヌ	フ	ム	ユ	ル		
エ	ケ	セ	テ	ネ	ヘ	メ		レ	ヱ	名
エ	ケ 个	せ	チ	子	ヘ	メ		し		火
オ	コ	ソ	ト	ノ	ホ	モ	ヨ	ロ	ヲ	イフ
オ オ	コ	ソ	ト	ノ	ア	モ	ヨ	ロ	ヽン	云

【第2圖】

築島裕藏本辨正論卷第三保安四年點所用假名字體表

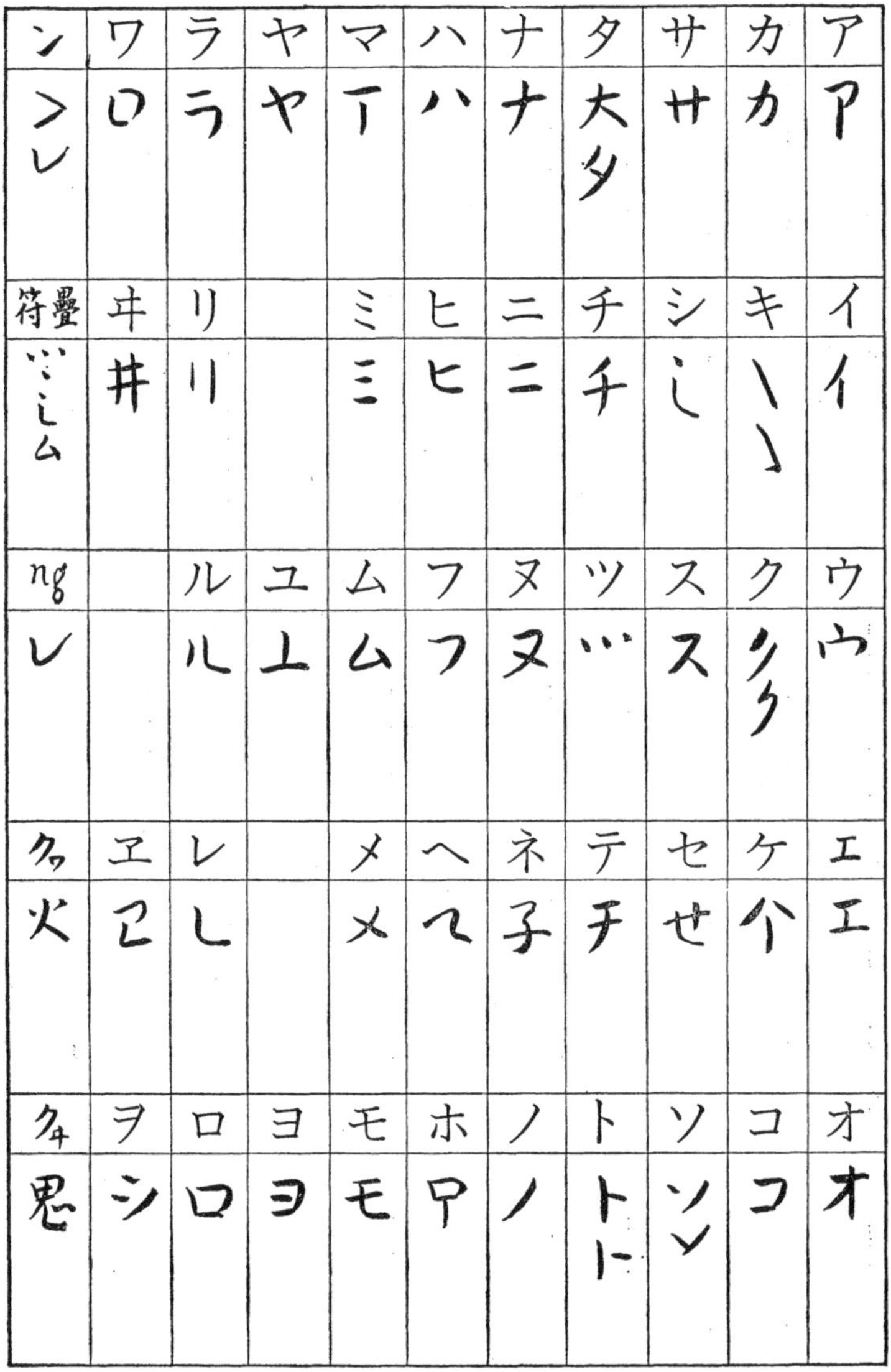

大東急記念文庫藏本辨正論卷第二保安四年點所用ヲコト點圖

【第3圖】

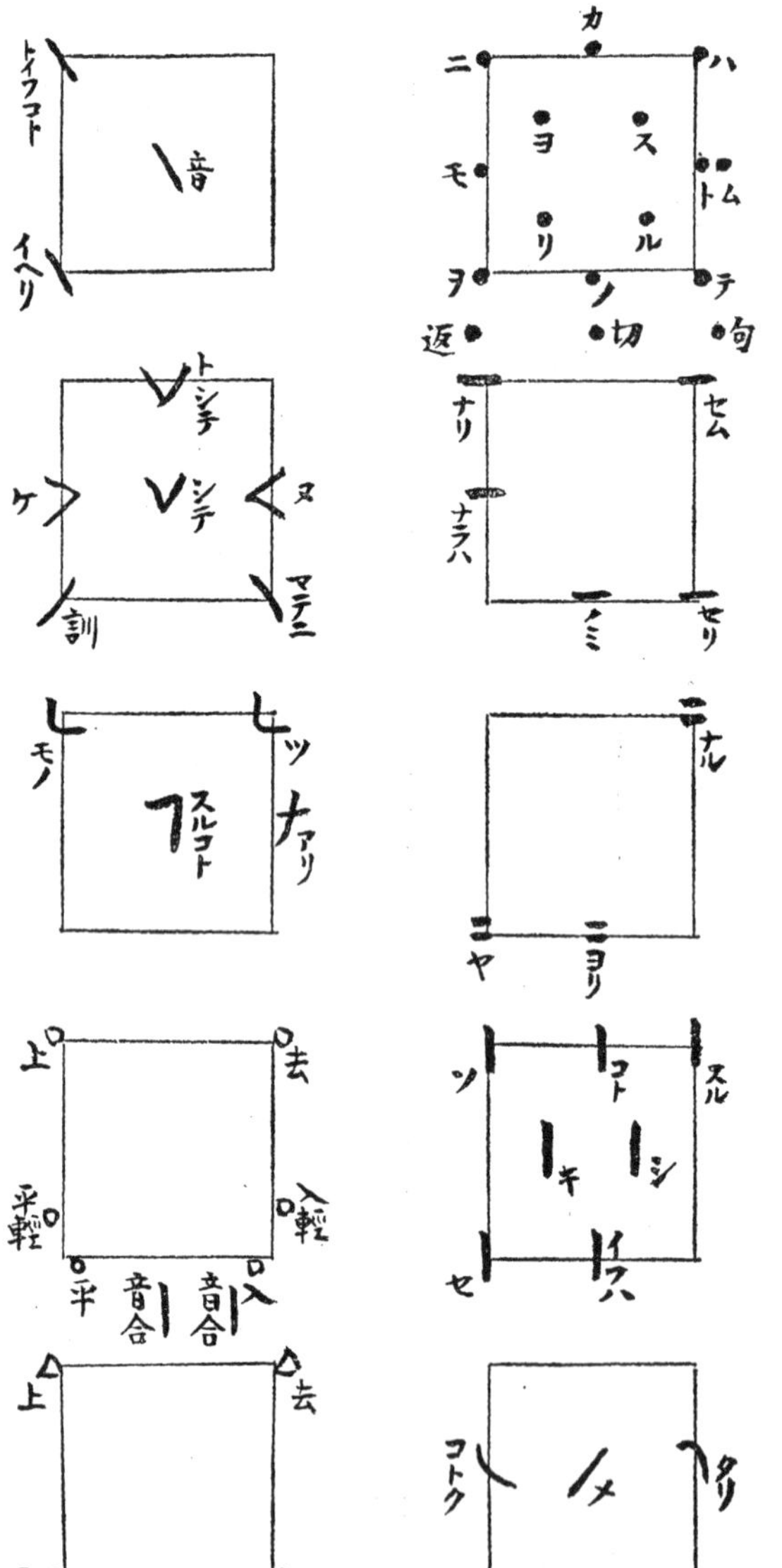

【第4圖】

築島裕藏本辨正論卷第三保安四年點所用ヲコト點圖

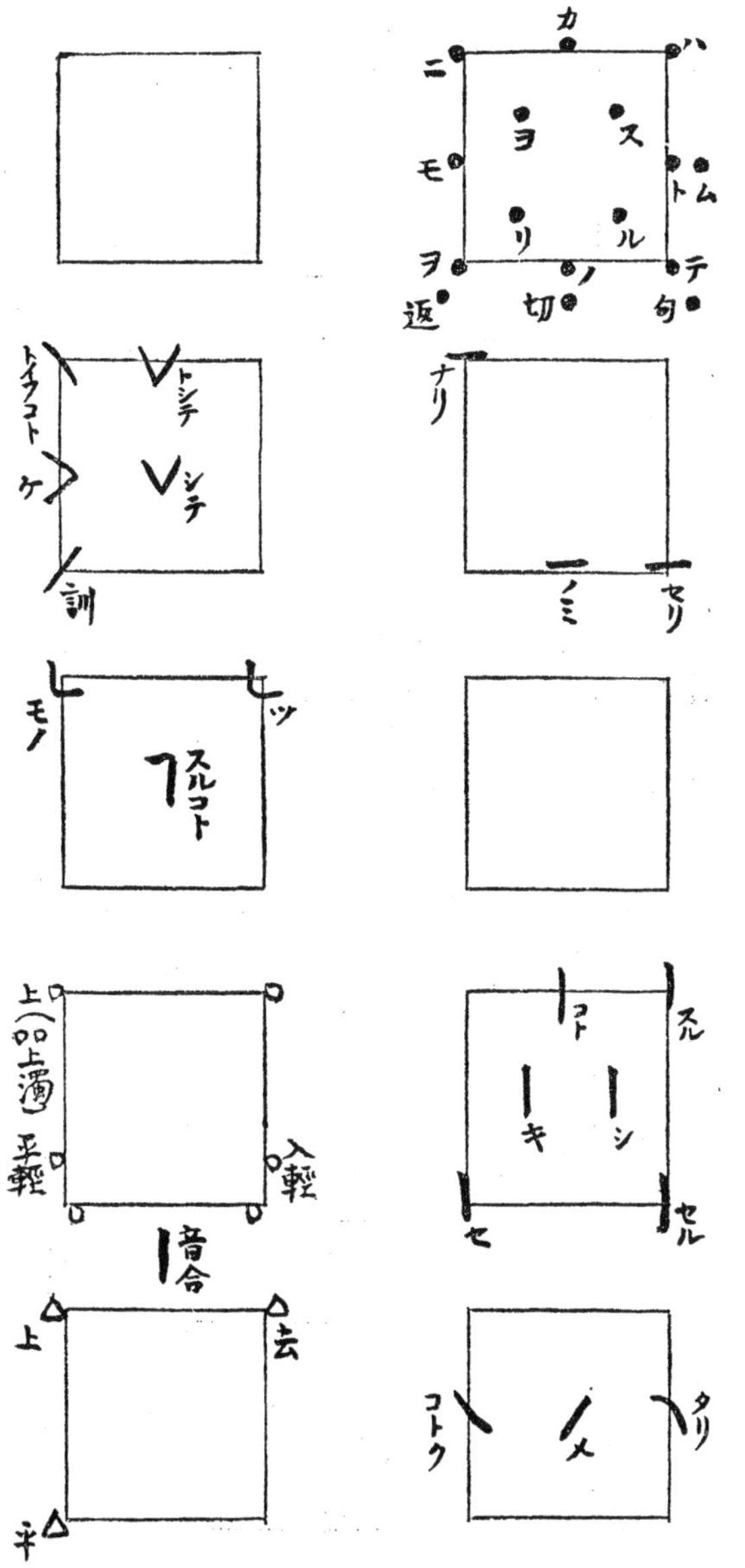

五島美術館藏金光明最勝王經古點について

五島美術館所藏の經卷の中に、金光明最勝王經第八一軸がある（整理番號三六〇）。本書には、平安時代中頃の加點と認められる白點と、それより少し許り下つた頃の加點と認められる墨點とが附せられてゐる（この他極く僅か乍ら朱點もある）。この訓點については、中田祝夫博士が『古點本の國語學的研究總論篇』三八四頁に於て、テニハル點加點本の一として書目を記載され、「平安後期加點」と注せられたのが、唯一の公表された研究であると思はれる（又昭和三十七年九月九日附の小林芳規氏の解說が原本に附せられてゐる）。先般私は御當局の御好意により、原本に就いて調査する機會を惠まれたので、茲に拙い調査結果を報告させて頂くことにする。西村清博士・三淺勇吉氏・宮崎和雄氏始め關係の方々の御芳情に對し、心から御禮申し上げたい。

一

金光明最勝王經は十卷三十一品より成り、義淨の譯に係る。その譯の成ったのは周の長安三年（七〇三）で、我が大寶三年に當り、その後十數年の間に本邦に渡來したと考へられてゐる。そして奈良時代を通じ、最も尊重せられ廣く行はれた經典とされてゐる。この間の事情に就いては、春日政治博士が『西大寺本金光明最勝王經古點の國語學的研究研究篇』六頁以下に詳說されてゐるから、茲に繰返さない。

金光明最勝王經の古點本で現存するものとしては、西大寺藏本の天平寶字六年（七六二）の百濟豐蟲の願經十軸、唐招提寺藏本の四軸（卷第二・五・六及び別本の卷第六）、高野山龍光院藏本の細字金光明最勝王經二卷、石山寺舊藏春日和男博士現藏金光明最勝王經十卷（十帖に改裝）などが存する。西大寺本には、平安初期の白點（ヲコト點は第二群點）と永長二年（一〇九七）の朱點（ヲコト點は喜多院點）とが附せられて居り、白點については春日政治博士の大著『西大寺本金光明最勝王經古點の國語學的研究』二冊（別に索引一冊）が公にされて居り、唐招提寺本の首尾缺の卷第六の一卷には平安初期の白點（ヲコト點は第三群點）があつて、遠藤嘉基博士・中田祝夫博士・稻垣瑞穗氏の研究がある。(1) 又、龍光院本には平安中期の白點（ヲコト點は第四群點）がある。石山寺本には平安後期の白點（ヲコト點は三論宗點）があつて、春日政治博士の論考がある。(2)

二

五島美術館所藏の金光明最勝王經卷第八一軸は、吉祥天女品第十六の初より王法正論品第廿の終に至る部分を含む。恐らく平安時代中頃の書寫であらう。黃色の楮紙かと思はれる紙に記され、表紙は原裝ではないやうだが茶褐色の地を有する厚手の紙に銀卦を施したもので、相當に古色を帶びてゐる。但し紐は紫色で新しいものである。軸は木製の撥型軸で茶褐色であるが、塗裝が剝落したやうにも見える。これは近時のものではないが、恐らく原裝ではあるまい。

天地二六・四糎、墨卦を施し、卦の天地は二〇・九糎、縱の卦との間隔は一・八糎である。一行に約十七字を記して古寫經の例に適つて居り、一紙には大體二十九行又は三十行を存して、現存紙數は十三枚を數へ、現存行數は尾題まで含めて三百四十九行である。卷首の第一紙のみは、第二紙以下と異り二十四行であるが、これにこの前に五行乃至六行があつたのを後に截斷した結果ではないか、そして又、その前に更に二紙存在してゐたのではないかと推考する。その根據は次の通りである。卽ち西大寺本を見ると、巻第八は「大辨才天女品（第十五）之餘」から始り、本書と同じく一行十七字でこの品は六十四行があり、それに續いて本書と同じ「大吉祥天女品第十六」が始るのである。この行數を本書の紙數に準へて見ると、

第一紙　二十九行（又ハ三十行）
第二紙　二十九行（又は三十行）
第三紙　六行（又は五行）
｝計六十四行缺失

といふことになる。更に又、本書は巻首の内題の下に巻數（「八」）の注記及び「三藏法師義淨奉制譯」の記が見えない。西大寺本にはこれが見えるのであつて、古寫經ではこれが存するのが通例と思はれる。そして本書にこれを缺くのは、巻首缺失の故ではないかと考へるのである。尤も本によつては（例へば比叡山藏版二帖本の板本など）巻第八が大吉祥天女品から始るものもあるのであるから、尙考ふべき事柄であるかも知れない。

三

本書には白點及び墨點の二種の訓點が加へられてゐる。この他に極く僅かであるが、朱の訓點がある。白點は、剝落が甚しく、讀解困難の部分が少くないが、その假名字體やヲコト點の型式などから見る時、恐らく平安時代中頃、天暦頃の加點かと見られるものである。ヲコト點は別掲（第二表）の如く、左肩・左上・右肩・右横・中央の順にテ・ニ・ハ・ルといふ星點を有するもので、點圖集にいふテニハル點と最も近いものであるが、點圖集のそれとは一致しない部分が多いや

うであり、中田博士の第四群點に攝せられるものである。中田博士によれば、この種のヲコト點は、天台宗の僧侶の所用とされるのであつて、それに從へば、本書の傳來も天台宗關係の寺より出でたかといふことが推測される。墨點は假名點のみであつて、假名字體等より見ると、白點よりは稍〻時代が下ると見られ、平安後期、十一世紀の前半（一〇〇〇～一〇五〇）頃かと推測される。朱點はヲコト點と假名とであるが、極く少數なので明言出來ないながら、略々墨點と同じ時期であり、ヲコト點は白點と同じテニハル點かと推測せられる。

【第一表】白點假名字體表

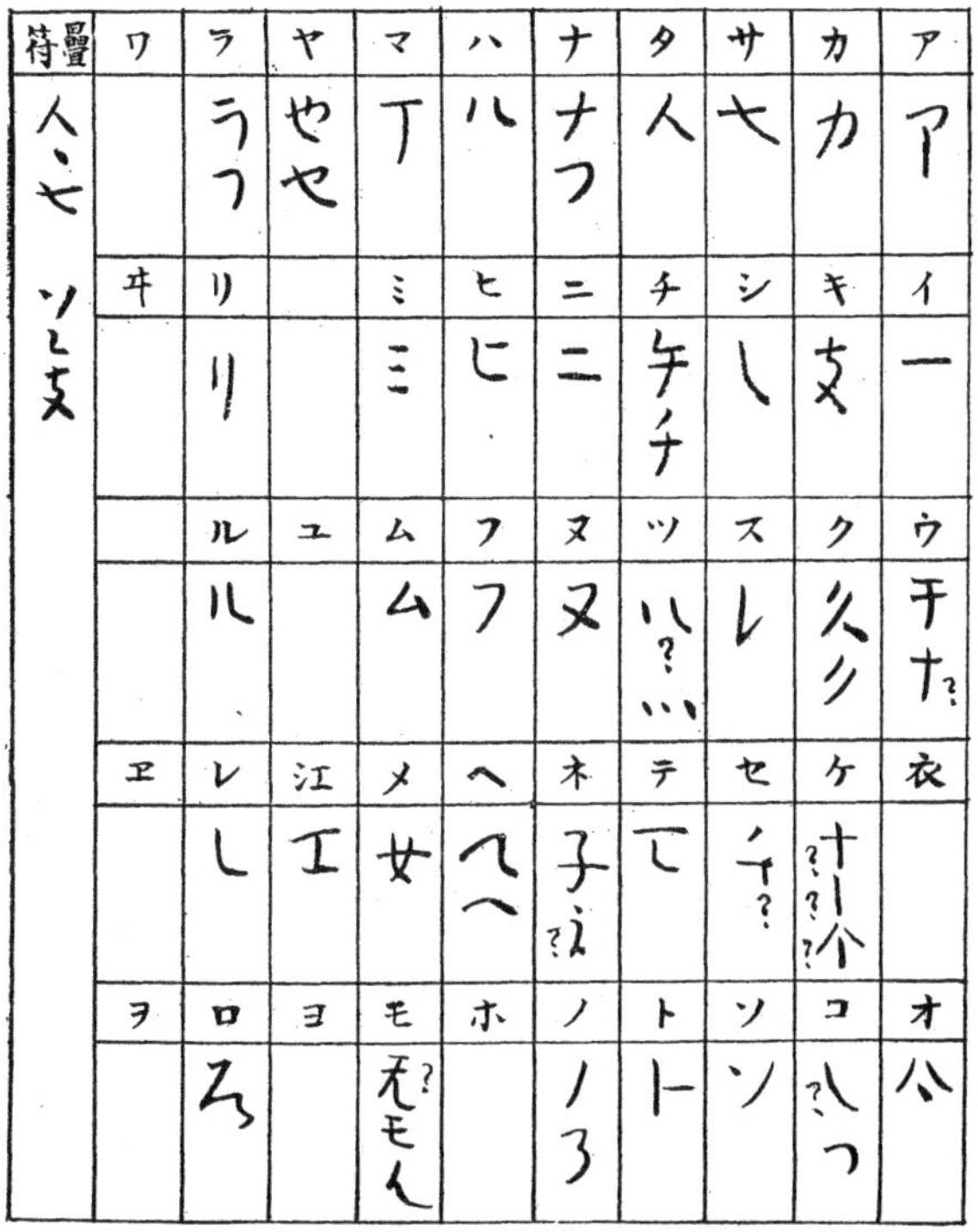

白點の假名（第一表）について。

イの假名に一を用ゐたのは珍しく、他例を見ないものである。字源は尹の第一畫であらうか、或いは已の第一畫か。オに仒を用ゐたものは、古點本に往々にして例を見る。於の旁の初の二畫である。コに乚があるらしいが、恐らく己の終畫であらう。これは用例の珍しいものである。サは「左」の草體「さ」の初畫であらう。スにはレの如き體が見える。恐らく須の草體[illegible]の初畫であらう。これは他に例を見ないものである。テのㄷは天字の草體である。ナにはナと竝んでフがあるやうだが、これは「那」の初畫であらうか。モの无は「滋茂《モク》」

廣大」（141）の「モ」であるが、或いは母音が交替して「ムク」と讀むべき訓かも知れない。

白點のヲコト點（第二表）について。

白點のヲコト點は點圖集のテニハル點に近いものであつて、中田祝夫博士の言はれる第四群點に屬するものである。左上から右廻りに、テ・ニ・ハ・ルと續き、左中央にス、中央下に）印をヲとすることは、テニハル點の類の特徴を示してゐる。テニハル點系統の點本は數多くない。平安初期のものとしては、法華文句、金光明最勝王經註釋、四分律行事鈔、彌勒上生經贊（朱點）、瑜伽師地論等が知られてゐて、この中、金光明最勝王經註釋と四分律行事鈔とは、ヲコト點も假名字體も一致することを、中田博士は報告してをられる。[3] 又、平安中期以降では龍光院本金光明最勝王經（平安中後期點）、大唐西域記（興聖寺本）、成唯識論（吉水藏、寛治二年點）、その他若干の例を見るけれども、本書のヲコト點と完全に一致するものは未だ發見してゐない。中田博士によれば、この系統のヲコト點は天台宗關係の僧侶によつて用ゐられたと推定されてゐるのであつて、この事によれば本寫經の傳來も略々知り得ることになるのである。

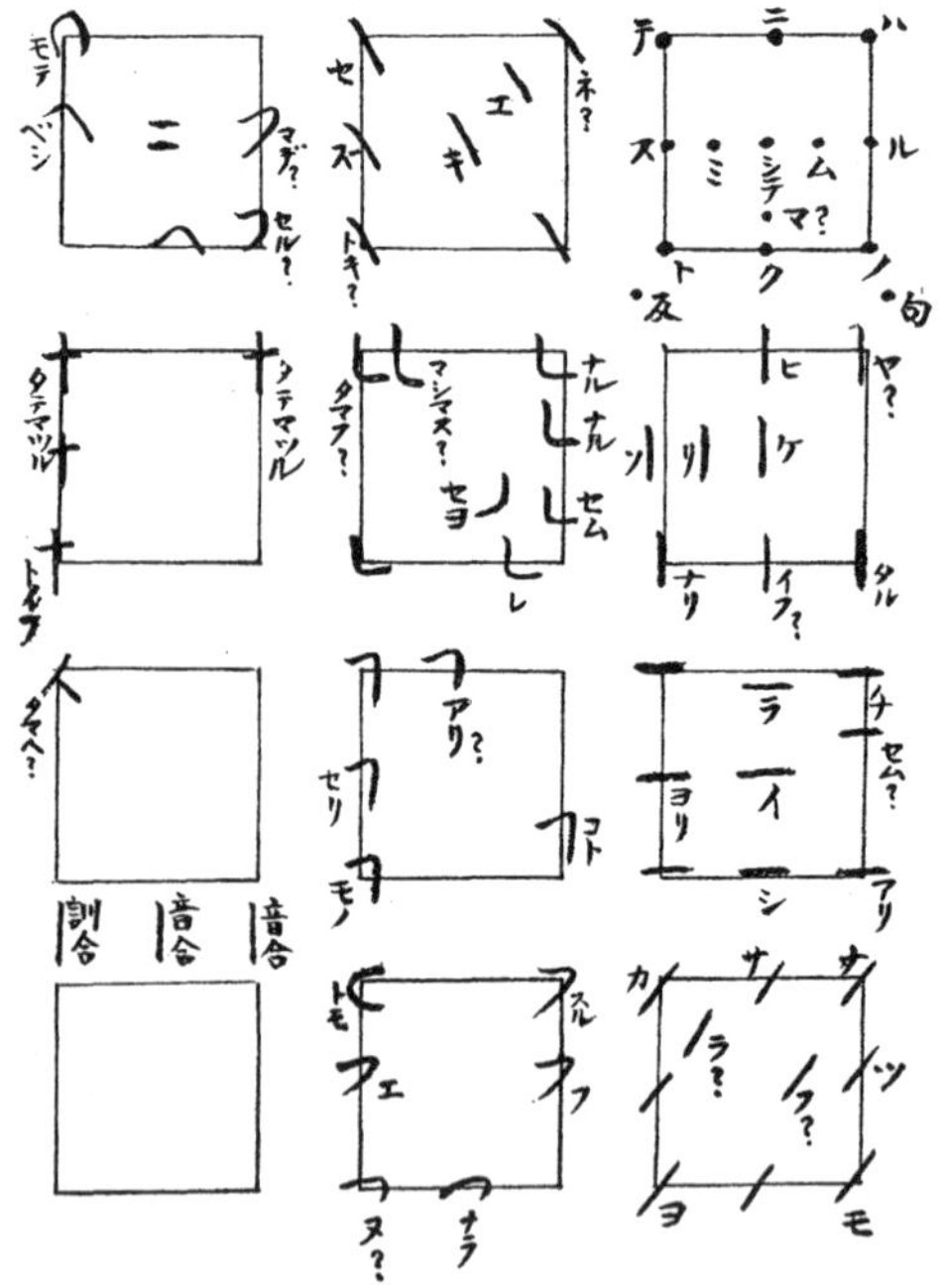

【第二表】白點ヲコト點圖

白點は相當に剝落して居り、場所によつては故意にすり消したのではないかと思はれる所さへあつて、解讀の困難な部分が少くない上、恐らく誤點と見られるものなどもあり、全體として必ずしも入念な加點とは云へないやうに思ふ。第二表は今までに讀解したものであるが、?を附してないものは確實なものとしてよいと信ずる。ヲコト點の解讀については尙後考を俟ちたい。

墨點について（第三表）。

【第三表】墨點假名字體表

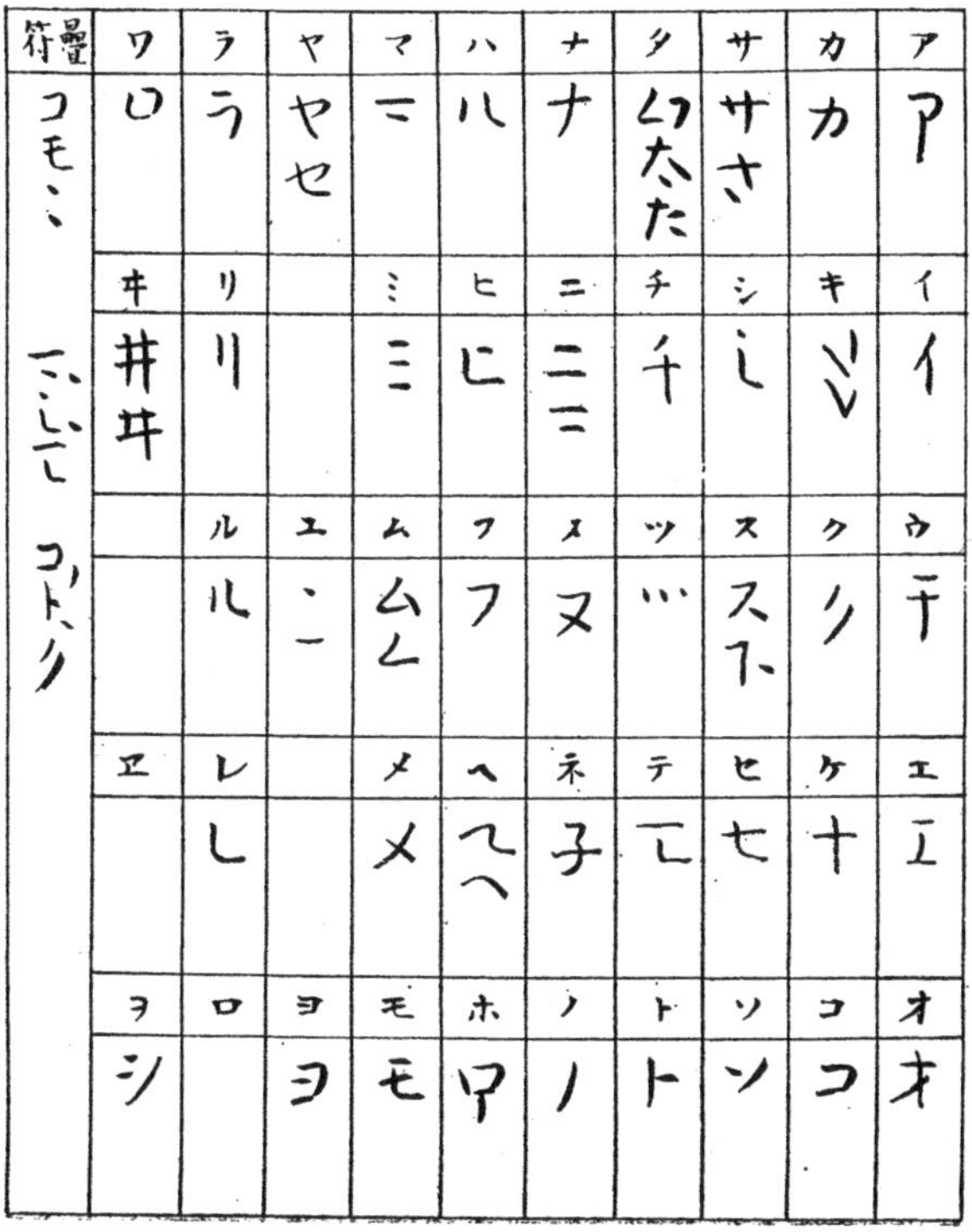

墨點は假名のみであつて、ヲコト點は用ゐてゐない。假名字體の中で殊に注意すべきものとしては、先ず、キに∨∨の如き形が見える。これは恐らくきの終畫であらうが、中田博士はこの字體が天台宗關係の僧侶の間に用ゐられた特殊な字體とされてゐる(4)。墨點には識語もなく、ヲコト點も用ゐられてゐないから、墨點の加點者については、この事象が唯一の手掛りであつて、これによつて、加點者が天台宗關係の僧侶であつたことが推測せられるのである。

この他、タの假名の太、テの假名の[illegible]、ヤの假名のセなどは古體を存するものであり、又、繰返し符號に、[illegible]（マシ〳〵テ）のやうな形を用ゐたのも、やはり古いものであり、これらを綜合して考へるのに、この墨點の加點の年代は、白點よりは下るけれども、院政時代よりは相當に遡るものであり、長保寛弘の頃か、少くとも天喜以前、卽ち西暦十一世紀前半頃のものと推測してよいと考へるのである。

朱點について（第四表）。

朱點は、巻の中、大吉祥天女增長財物品第十七の最初や、王法正論品第二十の最初など、幾つかの箇所に僅か附せられてゐるだけである。この朱點の上を白點がなぞつたやうな所があつて、朱は白よりも先のやうに認められる。而して假名字體やヲコト點を見ると、何れも白點に一致し、又筆致も同一のやうであるから、恐らく白點と同一と見るべきであらう。若し然らずとするも、時代は殆ど同じく、又加點者は白點の加點者と極めて近い關係の人と見るべきであらう。

【第四表】　朱點假名字體表及ヲコト點圖

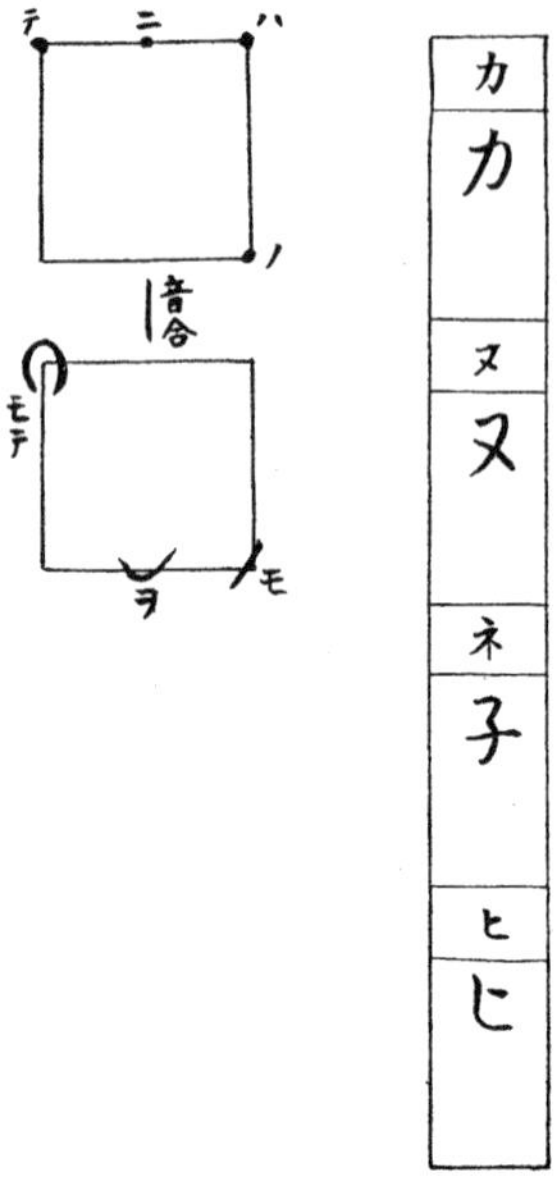

四

白點の假名はさほど多くないが、それらの中では古來の假名遣に違ふ例は見えない。（以下用例中の片假名は原本の假名、平假名はヲコト點）

○希ネカヒ｜　82（原本の行數。以下同じ）　○鬪（タ）タカヒ｜　300　○衰オトロヘ｜　27　○爲報ムクイ｜我恩を　128

ア行のエの假名の例は見えないが、ヤ行の假名の例が二例見える。卽ち、

常讀《に》ニ是經《のを》一供養《すること》不《す(ア)れ》レ絕《タエ》　96

地肥《コエ》皆下沈《リシツ□》　309

の部分のタエ・コエ（何れもヤ行下二段活用）のエの假名にヤ行の「江」の略體たる「エ」を用ゐてをり、ヤ行のエは正しく記されてゐることになる。

所で、ムとモとが交替したと見られるものが二例ある。即ち、

○我當專《にムハラニして》レ心《を》恭敬《し》供養《せむ》　5（「む」存疑）

○我有《レタムテリるは》ニ陀羅尼一　220

において、「ムハラ」「タムテリ」は夫々「モハラ」「タモテリ」と同語と認められるのである。かやうに同類のものが二例も見えることは、或いは本點加點者の一種の特異性と見るべきものかも知れない。

字音には、類音表記のものと假名表記のものとがある。類音表記にも假名表記にも、「反」を附する場合がある。

〔類音表記〕○牛羊陽反　90　○首題大反　140　○統通反(?)領　281　○苗稼家　31　○叢僧林　113　○痛通惱　116

○客角端　125

〔假名表記〕○山澤タク反　104　○謟テ反誑　293（「テ」存疑）　○叢ソム林　31　○樓ロ觀　103　○池チ沼　112

○苗メ稼　113　○熾シ盛　118　○怨敵チ□　162　○憐リ愍　221　○忿フ怒　291　○姧カ□僞　300　○率ソツ土　344

假名表記では、n音尾は「憐リ」「忿フ」のやうに無表記らしい。m音尾は「謟テ反」と無表記らしいが確實には讀解出來ない。ng音尾は「叢ソム」のやうにム表記があるらしいが一例のみであるし、確實でない。

この他注意すべきは、ヲコト點によつて字音を示したものが極めて多いことである。そしてそれらは、殊に、陀羅尼の

中に多く見出されるのである。

○嚼《みて》齒《し》木《を》　80（以上、普通の漢文の中）

○蘇《そ》　71　○尸《し》　174　○傴《く》　175　○勃《も》　179　○矩《く》　179　○檄《ち》　179　○捺《た》　179　○佛《ふ》□　221

○咄《とち》　225　○鉢《は》　233　○瑟《す》　234　○薄《は》伽梵　234（以上陀羅尼の中）

ヲコト點によつて字音を示すものは、他の點本にも往々例を見るけれども、本書のやうに多量に用ゐたものは未だ管見にその例を見ないのであつて、極めて珍奇なものとすべきである。

〔墨點の音韻〕

墨點では、多く古來の用法に適つてゐて、混用と見られるのは、次の二例である。

○種《ヘタル》善根　10　○種《ヘタリ》二諸ノ善根《ヲ》一　16

これらは「ウヱ。」とあるべきものを「ウヘ。」と記した例である。この他はすべて古例に合つてゐる。

○在《オク》　183　○墮《オチ》　303　○憶《オモハサリキ》　269　○治《ヲサメ》　258 337　○治《ヲ(サ)メキ》　268　○須《(モチ)ヰル》　117 247　○須《(モチ)ヰ》　248　○遭《アヒ》　302　○終《(ヲ)フルマテニ》レ身《ヲ》　94　○後《シリヘニ》　183　○稱《カナヘム》　95

音便にはイ音便・ウ音便・促音便・撥音便の例が見えてゐる。

〔イ音便〕　○往《(ユ)イテ》　122　○燒《(タ)イテ》　84

〔ウ音便〕　○值（原本「傎」に誤る）マウアヒテ　133（マヰアヒテの音便）

〔促音便〕　○詣《イタテ》　130 196　○幡蓋《ヲモテ》　84　○持《モテ》　45 47　○邀（サイ）キテ　48

〔撥音便〕　○遂《トナナム》　184（ナナムはナリナムの音便のナンナム）　○嚼《カムテ》齒木《ヲ》　80

墨點の字音の注記は、類音表記や反切表記はなく、すべて假名ばかりのやうである。

○田疇《チウ》沃《オク》。瀼《ニシテ》 111（瀼は壤の誤であらう） ○沃《オク》壤 126 ○鉾。。鑱《サム》 242 ○安寧《ネイ》 262

○。妭《エウ》星 295 ○謟佞《ネイ》 306 ○常啼《タイ》菩薩 61

尙、墨點は漢字の聲點に。と•とを用ゐてゐる。何れも單點であつて、。は本文及び陀羅尼に、•は陀羅尼のみに用ゐてゐる。その體系は四聲を區別してゐるやうである（白點には聲點は認められない）。

五

訓釋は多く假名で示されてゐるが、「自也」のやうに類義の漢字で示されてゐるものも一二三ある。

○此《の》〔之〕因縁《は》是《の》佛、親《自他》證（白202）

右は「親」に「自也」と注したもので、「ミズカラ」と訓ずべきものであらう。

○我曉《は解也》二一切《の》法《を》一（白203）

右は「曉」に「解也」と注したもので、墨點では「サトレリ」と假名附けしてゐる。

○尒《汝也》何所レ須（白247）

「尒」に「汝也」と注する。但し「汝」字は確には判讀出來ない。墨點も同じく「汝也」と注する。この他の例で

○今對《向たてまつりて》二 佛前《のに》一親《マノアタリみ》 自陳說（白221）

の例で「對」の右に「向」とあるが、これは「ムカヒ」と訓ませようとしたものであらう。

この他、注意すべき傍訓を若干次に示す。

○アマネク（周） 凡ソ有ラム須キル所（ノ）百千ノ事業、悉（ク）皆周《アマネ》ク備《ソナ》ハラム（凡有所須百千事業悉皆周備）（墨117）（「備」

の左には墨でソナハシメムとある。ソナヘシメムの誤か）

○アラキ（暴）　暴《アラ》キ雨時ニ非スシテ下《クタ》ル（暴雨非時下）（墨295）

西大寺本白點は同じ所を「暴《アラ》キ雨非時に下シ」と訓んでをり、岩崎本日本書紀の推古紀（十七年四月）の平安中期の點や、石山寺本大唐西域記（巻第一）の長寛元年（一一六三）點では「暴雨」の「暴」にアラキと假名附けしてゐる。

○アラスミ（炭）〔於〕壇の前には地の火爐を作（リ）て、中に炭《アラスミ》の火を安（ケ）（於壇前作地火鑪中安炭火）（白244）

正倉院文書（後集四十四・寶龜二年三月三十日）に、「荒炭二石」、新撰字鏡に「箞、之阿反、平、籠也、阿良須美乃古」、その他齋宮寮式などに例があり、日本靈異記（中十八）の訓釋にも、「若強位者、銅炭上居鐵丸呑」の「炭」に對して「アラスミ」とある（但しこの訓釋は後のものであつて弘仁頃のものではなからう）。仁和寺藏大日經寛治七年（一〇九三）點に「灰炭《アラスミ》　刺骨」（巻第一）と見える。類聚名義抄・字鏡集にも同訓がある。語義は、夙く倭訓栞が「和炭」に對し、「堅炭」の意であらうとしてゐるのに從ふべきであらう。箋注倭名類聚抄にも論がある。

尙この文中「安」に「イ」の如き字體が見える。或いはイケヨと訓ずるのであらうか。

○ウルヒ（沃）　瞻部洲の縱《タ》サ廣（サ）七千踰繕那の地を皆沃《ウル》ヒ壤□令むること（令瞻部洲縱廣七千踰繕那地皆沃壤）（白126）

西大寺本白點では「沃《ウル》ヒ壤《コマ》ヤかに（あら）令（め）む」と訓じてゐる。「壤」に附せられた白點がはつきり解讀出來ないが、見方によつては、「コマヤケル」かとも見られる。

○カケテ（蝕）　妖星は變恠多く、日月は蝕《カ》ケテ光無（ク）して（妖星多變恠日月蝕無光）（白295）

○ケタ（方）　此の像の前には四（ノ）方《ケタ》の壇（ヲ）作（レ）（此像前作四方壇）（白242）

南海寄歸傳古點（本稿の最勝王經古點と略々同年代）（巻第二、復製本一九ウ六）に

則靴條韈帶之流《なり》、或方《はケタニ》或圓《マロニにして》雙《フタナカラ》　亦無レ損

と見える。この他、世俗諺文・莊子の古點・弘決外典鈔の弘安點など、鎌倉期には多くの例がある。ケタとは四方形・四角形の意である。

○コシ（滋）　叢《ソム》林菓樹も、竝《ナ(ラ)ヒ》に滋《コク》く榮え（シム）（叢林菓樹竝滋榮）（白31）

穀稼諸ノ果實滋《コ》キ味ヒ皆損滅ス（穀稼諸果實滋味皆損滅）（墨311）

苦澁ニシテ滋《コ》キ味ヒ無ケム（苦澁無滋味）（墨312）

「滋」の字を「コシ」といふ形容詞を以て訓じてゐるのである。五島本の後の二例の箇所は西大寺本でも同訓で「滋」字にコキと假名附けしてゐる。遠藤博士によれば高野山龍光院の大日經（天喜點）も同訓の由である。(5)

○タ、サ（縦）　贍部洲縦《タ、》サ廣（サ）七千踰繕那の地を皆沃《ウル》ヒ壤□令むること乃至前の如（し）（令贍部洲縦廣七千踰繕那地皆沃壤乃至如前）（白126）

萬葉集に「多〻佐にもかにも横さもやつことぞ、あれはありける主のとのとに」（十八ノ四一三二）とあり、新撰字鏡（天治本）にも「縦」に「太〻佐」の訓がある（尤も享和本には「太〻佐万」とある）。圖書寮本文選應永點に「廣《サ》袤《タ、サ》」と見える。観智院本名義抄に「袤」「廣輪」を「タ、サ」と訓じてゐる。「タ、サ」の「サ」は接尾語で「ヒロサ」「タカサ」等の「サ」と同語である。「タタ」は「タテ」と同語と見られるが、サケ―サカ（酒）、スゲ―スガ（菅）、フネ―フナ（舟）と竝んで存したタテ―タタ（縦）といふ語形の對應であって、タタ（縦）は、サカ・スガ・フナなどと竝んでタテに對する造語形であったと見るべく、他にタタザマ（縦様）などの語も存する。

○トガ（過）　是（ノ）如キ無邊ノ過《トカ》、〔於〕國ノ中《チ》ニ出在スルコトハ、皆惡人ヲ見（ルニ）由テナリ（如是無邊過出在於國中皆由見惡人）（墨319）

○トモシ（乏）　所須の衣と食と乏《トモ》シき時無（ケム）（所須衣食無乏時）（白28）

○マシマス（有）　世尊、我、過去ヲ念ヘハ、瑠璃金山寶華光照吉祥功德海如應正等覺有《（マシ）》マシキ（世尊我念過去有瑠璃金山寶華光照吉祥功德海如應正等覺）（墨14）

山澤空林ニ此（ノ）經王有《マシ》、、テ流布セラレム〔之〕處ニハ（山澤空林有此經王流布之處）（墨104）

○ムクイ（報）　汝、能く是（ノ）如く昔の因を憶念して恩（ヲ）報《ムク》イム（汝能如是憶念昔因報恩）（白34）

○ムツビ（親）　常（ニ）當（ニ）正法ヲ親《シタ》《ムツヒ》シク（シ）功德自《ミ》（ラ）莊嚴ス〔當〕シ（常當親正法功德自莊嚴）（墨342）

○モク（茂）　凡（そ）是の土地の生（せむ）所の〔之〕物、悉（く）增長（すること）得、滋（く）茂《モ》く廣大（ならむ）（凡是土地所生之物悉得增長滋茂廣大）（白141）（この一節ヲコト點解讀未だ完全ならず）

「モ」の假名に「无」の形を用ゐてをり、或いは「ム」と訓ずるか。さうすると、「茂」をムクと訓じたことになり、タムテリ、ムハラなどと竝んで、ムクの例を得ることになる。

○ヤシナヒ（給）　當に時時には貧乏な（る）も（の）を（他に「に」あり、有疑）給《ヤシナ》ヒ濟《スク》フ〔當〕し（當時時給濟貧乏）（白95）

「給」をヤシナフと訓じた例は珍しいと思はれる。

六

語法について。殊に白點は、未だ全文を解讀し得るまでに至つてゐないので、詳細な論は他日を期さねばならないが、一二氣附いたことを述べて置く。

白點では「彼」をソコと訓じたらしい例がある。

又復《は》〔於〕彼《の》說法《の》大師《の》法座《の》〔之〕處《には》、悉皆《く》往《て》レ彼《そ(コ)に》 爲二諸《に》衆《の》生《の》一勸三請《せむ》 說二是《(へ)との》最勝經王《を》一

122

文初に位する疑問語に、係助詞ゾを附することは、比較的古い訓法であると考へられるが、白點にはそのやうな例が見える。

何(の)故(に)そ我を正了知と名(づく)るナラハ (何故我名正了知)(白202)

云何(なるを)そ名(づけ)て王の(誤衍)法(の)正論と爲(る)と(?)(云何名爲王法正論)(白270)

後の例を墨點では「云何ナルヲカ名ケテ王法ノ正論ト爲《ス》ル」と訓じてゐる。

「當」字の訓法は、白點では「マサニ」の結びを必ずしも「ベシ」としてゐない。墨點(ママ)もさうであるが、墨點では「マサニ……ベシ」と再讀した所が多い。

○(原文) 復當毎日於三時中稱念我名別以香華及諸美食供養於我 (24—25)

(白點) 復當に……香華(と)〔及〕諸の美き食を以て〔於〕我に供養せよ

(墨點) 復當(ニ)……香華〔及〕諸ノ美食ヲ以(テ)〔於〕我ニ供養ス《セヨ》〔當〕シ

尚、右の文中にも見えるが、「及」字は一切不讀としてゐて、オヨビと訓じた例は見當らない。

○(原文) 當洗浴身著淨衣服塗以名香 (42—43)

(白點) 當に身を洗浴して淨き衣-服を著《き》、塗《ヌ》(ル)に名香(を)以てせよ

(墨點) 身ヲ洗浴シテ淨キ衣服ヲ著《キ》、塗ルニ名香ヲ以(テ)スヘ當《シ》

○(原文) 我當必定聽受是經恭敬供養尊重讚歎 (128—129)

(白點) 我當に必定して是(の)經を聽-受(せむ)として恭敬し供養し尊重し讚歎せむと

○(原文) 命終之後當得往生三十三天及餘天處 (145)

(白點) 命終の〔之〕後には當に三十三天と〔及〕餘の天處とに往生することを得む

「得」字の下に動詞が來る場合には、白點・墨點とも多くは「……スルコト得」と訓じ「……スルコトヲ得」と「ヲ」を入れた例は少い。「コト得」の形が古點本に多く見られる形であることは、先學の說かれる如くである。

○所求の〔之〕事、皆成就すること得てむ（所求之事皆得成就）（白64。墨同訓）

○我、法を聞（く）こと得ては深き心にを(ママ)歡喜し（我得聞法深心歡喜）（白107）

○我、法ヲ聞クコト得テ深ク心ニ歡喜シテ（同右）

○諸佛（に）遇（ふ）こと得て(?)速く阿耨多羅三藐三菩提（を）成せむ(?)（得遇諸佛速成阿耨多羅三藐三菩提）（白157）

「コトヲ得」と訓じた例。

○法を以て衆生（を）化（して）、恆に安穩なることを得令《え》（め）てむ（以法化衆生恆令得安穩）（白343）

○率《ソツ》土常に豐樂（し）、國土安寧なることを得（む）（率土常豐樂國土得安寧）（白344）

「當」字に白點でヲコト點「に」と「べし」とを附した例は、二例見出すことが出來た。

○（原文）治擯當如法（289）

（白點）治擯せむ(?)こと、當に法の如くす〔當〕し

○（原文）爲此當治罰（330）

（白點）此か爲に當に治罰す〔當〕し

白點では、「名曰……」を「名ヲバ……トイフ」と訓じてゐる。

○城を去（る）こと遠（から）不して園有（り）、名をは妙華福光といふ（去城不遠有園名曰妙華福光）（白38）

○其の王（に）子有（り）き。名（を）は妙幢と曰（ひ）き（其王有子名曰妙幢）（白265）

右の中、後の例では、同じ箇所の墨點は、「名ケテ妙幢ト曰ヒキ」のやうに後世風に訓じてゐる。

イハク、ノタマハクなどの呼應は、白點では相當に嚴密に行はれてゐるやうだが、墨點ではさほどでないらしい。例へば、

○（原文）佛告大吉祥天女、善哉善哉、汝能如是憶念昔因報恩供養利益安樂無邊衆生、流布是經、功德無盡（33—35）

（白點）佛、大吉祥天女に告（げたまは）く「……功德盡《つ》（くること）無（からむ）」トノタマフ。

（墨點）佛、大吉祥天女ニ告（ゲタマハ）ク「……功德無盡ナラム。」

○（原文）尒時世尊讃言善哉吉祥天女汝能如是流布此經不可思議自他倶益（98—99）

（白點）尒時に世尊讃して言《のたま》はく「……自と他とを倶に益せむ」（と）《（「く」?）》ノタマフ

（墨點）尒時世尊讃メテ言マハク「……自他ニ倶ニ益セム」

○（原文）尒時世尊告正了知藥叉大將曰善哉善哉汝能如是利益一切衆生說此神咒擁護正法福利無邊

（白點）尒時世尊正了知藥叉大將に告（げ）て曰（は）く「……福利無邊なら《（?）》まく」トノタマフ。

（墨點）尒時世尊正了知藥叉大將ニ告ケテ曰マハク「……福利無邊ナラム」ト。

の如くである。

文初の副詞「願」を、白點では「ネガフ、……」と訓じた例がある。これは平安初期點本に往々にして見られる所である。

願ふ、我等を哀愍して爲に諸（の）疑惑を斷（し）たまへ（願哀愍我等爲斷諸疑惑）

以上述べたことは、誠に繁簡宜しきを得ず、又調査不行屆の爲、不十分な點の多いことを深く虞れるものであるが、今後、再治の機を與へられんことを期して、この蕪稿の筆を擱くこととする。（三八・一二・二六）

注

（1）遠藤嘉基「西大寺本『金光明最勝王經古點』と唐招提寺本『金光明最勝王經白點』について」『斯道文庫報』第十九・二十合併號（昭和十九年十二月）。
稲垣瑞穂「唐招提寺本金光明最勝王經の白點」『訓點語と訓點資料』第一輯（昭和二十九年四月）。

中田祝夫『古點本の國語學的研究總論篇』三三四頁以下他。
（2）春日政治「石山本最勝王經古點より」『國語國文』昭和三十三年十一月。
（3）『古點本の國語學的研究總論篇』三一八頁。
（4）同右書五八四頁以下。
（5）遠藤嘉基『訓點資料と訓點語の研究』九二頁。

（『かがみ』第九號　昭和三十九年三月）

高山寺藏大毗盧遮那成佛經疏永保點解説

一

大毗盧遮那成佛經疏二十卷は、大日經疏と略稱され、唐の善無畏三藏の口說を一行阿闍梨の記した書であつて、大毗盧遮那成佛神變加持經（大日經）の註釋として、古來密教家の最も重んずる所である。弘法大師空海の御請來目錄に、

大毗盧遮那經疏一部廿卷一行禪師撰

とあつて、本書は空海の請來に係ることを知るが、その故を以てか、後世眞言宗に於ては專らこの疏を依用するとされてゐる。(1) 尤も平安時代の古鈔本に徵するに、啻に眞言宗のみならず、天台宗に於ても書寫講讀されたことは分明であつて、この書は、廣く密教學の中で行はれたことを察することが出來る。

現存する大日經疏の古鈔本は、平安時代に限つても十指に餘るが、高山寺經藏には、次の如く、寫本三部、刊本三部を所藏してゐる。

［寫本］

㈠第二部117號　大毗盧遮那成佛經疏卷第二～十　九卷

平安時代後期寫、永保二年（一〇八二）、長治元年（一一〇四）加點
㈡第四部第一八一函1～19號　大毗盧遮那成佛經疏卷第二～二十　十九帖
平安時代康和五年（一一〇三）寫、同年等加點
㈢第四部第一一六函1～18號　大毗盧遮那成佛經疏卷第一、四～二十　十八帖
鎌倉時代初期寫、訓點ナシ

［刊本］
㈣第四部第一六一函1號　大毗盧遮那成佛經疏卷第一～二十　二十帖
江戸時代慶安二年（一六四九）刊、高野版、江戸時代初期加點
㈤第四部第一四三函1號　大毗盧遮那成佛經疏卷第三～二十　十八帖
江戸時代中期刊、高野版、同期加點
㈥第四部第一四三函2號　大毗盧遮那成佛經疏卷第三～二十　十八帖
江戸時代中期刊、前號と同版にしてその後摺なるべし、同期加點

高山寺經藏の聖教類は、その內の第一部・第二部・第三部が、「高山寺聖教類　一千七點」として、昭和三十年二月十九日附で重要文化財に指定され、更にその後、第四部を含めて「高山寺典籍文書類　九千二百九十三點」及び「高辨夢記　一卷、九通、二帖、二冊、三幅」の二件に追加分割して、昭和五十六年六月九日附で重要文化財に指定された。

所で、經藏本大日經疏の六部の中で、首尾完存するものは僅に㈣の刊本一部に過ぎず、他は何れも一部分を缺いてゐる。殊に㈠㈡㈤㈥の四部が卷第一を缺くこと、㈢㈤㈥の三部が卷第二を缺くことは注意すべきで、この二卷が多く失はれたのは、何等かの理由があつたのではないかとも推考される。

今回本冊に收錄するのは、この內の㈠の永保二年加點本九卷であつて、本寺經藏中の最古の寫本であるが、同時に、廣く現存諸本の中でも、最も古い寫本の一に屬するものである。又、その訓點は、高野山及び醍醐寺の系列の僧侶の手に成るものであることが明かであり、眞言宗における大日經疏の解讀の實態を示す文獻として、注目すべき資料と考へられる。大毗盧遮那經疏の平安時代の古寫本としては、現在十數點の存在が知られてゐるが、年代の順に記すと、大凡次の如くである。

㈠、東京大學國語研究室藏本　十九帖（卷第一缺）

十一世紀初頭の寫本で、治安四年（一〇二四）、長元七年（一〇三四）、長治二年（一一〇五）、元久二年（一二〇五）、承久四年（一二二二）の年紀を有する。治安、長元の點は、ヲコト點に西墓點を使用し、天台宗園城寺系統の加點と推定されるが、長治の點は、小田原迎接房の僧隆賀の加點で、ヲコト點には喜多院點を使用してをり、本書永保點と訓法上近似した點を有する。

㈡、高山寺藏本　九卷（卷第二～十）（重要文化財）

本書がこれであつて、永保二年（一〇八二）の傳受、永保二年、長治元年（一一〇四）の移點奥書を有する。書寫年代の明記されたものとしては、㈠の東大國語研究室藏本に次ぎ、第二に位するものである。

㈢、仁和寺藏本　二十帖

寬治七年（一〇九三）から嘉保二年（一〇九五）に亙つて、仁和寺僧觀音院大僧都寬意（一〇五四～一一〇一）の訓說を受けた弟子の記した訓點である。寬意は晚年には高野山往生院谷遍照光院に隱棲し、同處で入寂した。本書にはヲコト點に圓堂點を使用してゐる。

㈣、叡山文庫藏本　十二帖（卷第四、五、十一～二十）

平安後期（十一世紀前半）頃の書寫で、白書及び朱書の訓點（香隆寺點）、及び墨書の訓點（院政期）が施されてゐる。識語を缺くので確實ではないが、天台宗延暦寺系統の訓點かと推定される。

㈤、東寺觀智院藏本　六帖（巻第一、二、三、五、六、七）

本書は各帖毎に通行本の各二巻を收め、もと十帖で完本だつたものらしいが、現在は巻第一の後半を缺き、通行本としては巻第一、三～六、九～十四の都合十一巻の部分を有する内容を有してゐる。年紀は無いが、平安後期の書寫加點で、西墓點と寶幢院點とを交用してをり、延暦寺の點本であつたかと推測される。

㈥、遠藤嘉基博士藏本　巻第十二　一帖

平安後期の書寫で、當時の加點に係る朱點がある。ヲコト點は中院僧正點であるから、高野山中院流の傳本であらうと思はれる。

㈦、高山寺藏本　十九帖（巻第一缺）（重要文化財）

康和五年（一一〇三）高野山中院流僧快與（譽）の書寫加點本で、ヲコト點は中院僧正點を使用してゐる。更に天永四年（一一一三）に至つて同人が墨點を加へてをり、又これとは別に、巻第二の前半のみに、院政期加點と見られる褐書の訓點（圓堂點）が施されてゐる。本巻の編纂に當つては、この點本を參考として使用した所が多い。

㈧、東京國立博物館・東京大學史料編纂所藏本　十五帖（巻第一、二、四、五、七～十、十三～十八東博、二十史料）

康和四年（一一〇二）睿尊書寫本で、その當時の加點本である。ヲコト點には寶幢院點を使用してをり、延暦寺系統の訓點と判斷される。

㈨、東京大學國語研究室藏本　十六帖（巻第四～十六、二十）

永久二年（一一一四）俊惠の傳受奥書があり、ヲコト點は圓堂點を用ゐ、仁和寺系統の點本である。

㈩、東寺観智院藏本　七帖（卷第四～十）
永久四年（一一一六）仁和寺轉輪院嚴圓の書寫傳受奥書を有する。圓堂點で、仁和寺系統の訓點本である。
㈡、築島裕・北海道大學圖書館藏本　三帖（卷第十六・十七築島、十八北大）
寛治二年（一〇八八）天台山東塔北谷仙陽房における書寫奥書を有する。
永承元年（一〇四六）長宴傳受の本奥書を持ち、保延四年（一一三八）に睿超上人の本を以て移點し、ヲコト點は寶幢院點を使用してゐる。
㈢、日光天海藏本　二十帖（重要文化財）
天喜元年（一〇五三）延暦寺僧雙嚴房賴昭の本奥書を持ち、大治二年（一一二七）及び三年の書寫、仁平元年（一一五一）及び三年の移點奥書を有する。ヲコト點は寶幢院點である。
㈢、石山寺藏本　卷第十四　一帖
久壽三年（一一五六）勸修寺本堂での書寫奥書があり、當時の加點がある。ヲコト點は東大寺三論宗點を使用してゐる。
㈣、眞福寺藏本　十九卷（卷第二缺）
久安六年（一一五〇）書寫、保元二年（一一五七）の加點本で、承和十三年（八四六）の眞雅講筵の奥書を記す。白點のヲコト點（喜多院點）を有し、眞言宗系の點本と推定される。
㈤、醍醐寺藏本　十七帖（卷第一～十七）
元曆二年（一一八五）の僧顯阿の執筆に係り、當時の加點があつて、ヲコト點は圓堂點を用ゐてゐる。勝覺の弟子定祐の傳持識語がある。
㈥、醍醐寺藏本　二十卷

建保四年（一二一六）書寫、翌五年加點で、共に醍醐寺深賢の筆に成る名品であり、その師岳東院僧正勝賢の本により寫したものといふ。ヲコト點は圓堂點である。

以上が管見に入つたものであるが、この他、醍醐寺藏本二十帖（大治五年〈一一三〇〉覺延傳受奥書）、吉水藏本八帖（長久四年〈一〇四三〉寫本）、成簣堂文庫藏本二帖（寛治八年〈一〇九四〉移點本）、叡山文庫藏本二十帖（大治二・三年〈一一二七・八〉書寫、仁平三年〈一一五三〉移點）、成簣堂文庫藏本五帖（鎌倉初期書寫加點本）などの存在が報告されてゐる。

この他、大日經義釋とも種々關係がある模樣であるが、省略に從ふこととする。又、上述の例からも明かなやうに、大日經疏は平安時代に於ては、眞言・天台兩者に亙つて廣く行はれてゐたことが知られるであらう。

高山寺經藏永保本について初めて言及されたのは、吉澤義則博士であつて、その編著『點本書目』の中に、

大毗盧遮那經疏第一卷闕　九卷　高山寺

として掲載し、その卷第四・七・十の奥書を採錄されてゐる（二四頁）。

次いで中田祝夫博士は、その著『古點本の國語學的研究總論篇』（三四五頁）の中で、東大寺三論宗點を加點した訓點本の一として取上げられ、その奥書の一部（卷第三の分）を誌され、その奥書に見える定明は、賴照の門下であることを指摘されてゐる（但し書名・卷數を「大毗盧遮那經　十卷」とされてゐるのは、何かの誤であらう）。尙、同書三四八頁に「大毗盧遮那成佛經第五　一卷」として、その奥書を揭げられたのも、本書の內の一卷であつて、前揭の書と一具のものであるから、纏めて記される方が妥當であらうと思はれる。思ふに、中田博士の高山寺御調査は第二次大戰中のことで、當時は所藏の場所も開山堂脇の舊經藏內であり、文化財保護委員會（現文化廳）の調査整理以前の段階であつたやうであるから、恐らく原本所藏の狀態が整備されてゐなかつたことに由るかと推測される。

その後、私は高山寺經藏本を閲覽する機會に惠まれ、「高山寺典籍文書綜合調査團」が結成されて、經藏本の整理調査を

實施し、その總目録を編纂刊行したが、(2) その段階で、この大毗盧遮那經疏古點を詳査することが出來た。小著『平安時代語新論』（昭和四十四年六月刊）の中で、東大寺三論宗點の加點本の一として本書を取上げ、その訓點の中に見出される、音便、轉音、漢字音、語法、語彙などについて略述し、又その所用の假名字體を揭げた（七三・二九五・三二一・六二五頁他）。又、小著『假名』（昭和五十六年四月刊）においても、本書永保點の假名字體を示す所があつた（三六八頁）。

一方「大日經疏」の古點本の諸本について、その訓點を比較検討して論じたが、(3) その際、本書にも言及し、その書誌・奥書を紹介し、併せて、古包紙の記事として殘されてゐた「僧行證」についても考察し、この僧が、本書の識語に見える定明と同門であつて、中理趣房賴照の弟子であることに言及した。又、その訓法の內容について觸れ、これが、東京大學國語研究室藏本の長治二年（一一〇五）小田原迎接房僧隆賀の訓法に近い點の多いことを論證した。

今回、高山寺御當局の格別の允許を得て、本書九巻の全部の影印、竝にその訓點の訓み下し文、索引を刊行する機を惠まれたことは、本調査團にとつて、無上の光榮である。茲に、本書の大要について解說し、その價値を顯彰せんとするものである。

二

本書は現在、巻第二から第十までの九巻を存し、平安時代後期（十一世紀）後半頃の書寫と推定される。以前には巻第一も存在してゐたらしく、それが惜しくも失はれた模樣である。そのことは、本經藏內第四部第三七函4號［1］に登録された包紙一紙の背面に、

臺第五箱／大日經疏巻第一／大日經疏第《マ》第《マ》二／（朱書）「自長治元年至天保三年壬辰凡七百廿九年也」

とあり、又同紙の表書に

臺第五箱／大日經疏卷第一　僧行證／（朱字）永保二年六月四日申時許移點了高野南別處也／（墨字）長治元年三月十七日於上醍醐理明房阿闍梨御房申時傳法竟　同相　定明／大日經疏卷第二　僧行證

大毗盧遮那成佛經疏卷第二／永保二年六月七日申時許高野南別處移點了／願以結緣功德力　自他共生安樂界／普賢行願疾圓滿同入𑖀（a）字本不生云〻

といふ記事が見える。この筆蹟は、江戸時代末期天保の頃に高山寺に在つて聖敎類の整理に盡力した慧友上人のものであり、天保三年（一八三二）に記されたものであることが判るが、この記事の內、卷第二については、現存本の識語と比較して大同であるから、現在逸失した卷第一の識語の記事も、恐らくこのやうなものと信じて大過無いと思はれる。天保の頃には、多分、少くとも卷第一から十までの十卷は傳存してゐたものと考へられる。

現存本九卷は、卷第十迄で終つてゐて、卷第十一以降は存せず、又、嘗て存したといふ形迹も見當らない。大日經疏の卷第十の末は、經卷第三の世間成就品で終り、卷第十一は、同じく經卷第三の悉地出現品から始つてゐる。因に、大日經疏を、智儼・溫古の二師が再治したといふ大日經義釋に於ては、その十四卷本の場合について見ると、卷第八の中に世間成就品と悉地出現品とが合收されてゐて、殊にその間の區切目も見られない。この點から考へると、この永保本は、卷第十一以下が本來は在つたのが失はれたと見る可能性もある。殊に、卷第十の朱書奥書に、「上袟十卷傳受了」と在る所を見ると、別に「下袟十卷」も存したとの推測も可能であらう。何れにせよ、永保本の卷第十一以下のことについては、目下の處、これ以上の詮索は出來ぬやうに思はれる。

現存永保本九卷は何れも卷子本であり、蟲害などの損傷も少くないが、先年、全卷に亙つて裏打修理が施され、紺地の絹表紙、紫色の紐、黑色の軸を新に補ひ、各卷每に杉材製の木箱に收納されてゐる。箱書は田山方南氏の筆に係るものである。但し修理の際に、料紙の斷片が正當な位置から外れ、その爲に字畫やヲコト點の位置が少々移動してゐる場合がある。その點は訓下し文の注等において言及した。

現存する表紙を新に補ふ前に、原本にどのやうな表紙が存したのか、明かでない。現存本は多く原表紙を有してゐないが、それらは、先年の表紙新補の際に、廢棄されてしまつたのではないかとも思はれる。といふのは、上述の慧友上人の誌した記事の中に、「大日經疏巻第一（二） 僧行證」とあるが、これは現存本の巻第二の中には全く見られず、或いは、原表紙にはこのやうな外題と、その下に記した所持僧の署名があつたのではないかと考へられるからである。

これを裏附けるかと思はれる徴證が一二ある。卽ち、巻第九と巻第十には古表紙の殘片と覺しき部分が殘存してゐて、その見返に兩巻共に「僧行證」と記してあることである。恐らく、巻第一以下各巻に亙つてこの署名があつたものかと思はれる。

各巻とも、料紙には楮交りの斐紙を用ゐ、墨界線を施してゐる。各巻の巻首に［高山寺］の朱印を押捺してゐる。それら料紙・界線に關する法量は、巻によつて多少の差異があり、以下、左表に示す如くである。

	一行字數	一紙行數	紙數	總行數	紙高（糎）	一紙長（糎）	界高（糎）	界幅（糎）
巻第二	二十字前後	二九行	三二	八八二	二八・六	五一・四	二一・六	一・八
巻第三	二十一字前後	二五行	三〇	七二三	二八・四	五七・四	{二三・三 二四・九}	二・二
巻第四	十八字前後	二六行	二九	七四三	二八・六	四九・四	二一・九	一・九
巻第五	二十二字前後	二六行	二七	六八二	二八・一	四九・七	二一・九	一・九
巻第六	二十一字前後	二四行	二七	六七八	二八・二	四八・六	二一・九	二・〇
巻第七	十九字前後	二四行	三四	八六九	二八・四	四九・一	二二・〇	一・九

卷第八	十九字前後	二七行	二六	七〇〇	二七・五	五五・六	界線ナシ	界線ナシ
卷第九	十七字前後	二六行	三一	七八三	二八・三	四八・六	二一・七	一・九
卷第十	十八字前後	二四行	二九	七七一	二七・八	四八・九	二一・九	二・〇

各卷とも、全卷に亙つて詳細な訓點が施されてゐる。訓點には、大凡次の五種類のものが區別して認められる。

Ⓐ朱點　假名・ヲコト點（東大寺三論宗點）永保二年（一〇八二）　加點　高野南別處　加點者未詳　卷第二～十

Ⓑ墨點　假名　長治元年（一一〇四）加點　上醍醐　僧定明の同學（行證か）加點　卷第二～七

Ⓒ褐點　假名　長治元年（一一〇四）加點　上醍醐　僧定明の同學（行證か）加點　卷第八～十

Ⓓ墨點（別點）假名　中世以降（江戸時代初期か）　加點者未詳　全卷に散在

Ⓔ朱點（別點）合點等　同右か　加點者未詳　全卷に散在

三

本書の各卷に見える奥書は次の通りである。

〔卷第二〕

（朱書）永保二年六月七日申時許高野南別處移點了

願以結緣功德力　自他共生安樂界

普賢行願疾圓滿　同入阿字本不生云々

［巻第三］

（朱書）永保二年六月十日申時許移點了　高野南別處也

（墨書）長治元年四月廿九日申時於上醍醐理趣房阿闍梨御房

傳受奉竟同會定明

［巻第四］

（朱書）永保二年六月十三日申時許移點了　高野南別處也

願以此功德　自他往西方　證得心月輪　成就八葉尊云〻

（墨書）一交了

［巻第五］

（朱書）同年六月十八日申時許移點了　高野南別處也

（墨書一）一交了

（墨書二）長治元年五月十三日於上醍醐理趣房阿闍梨御房傳［授］

午時　傳法人二人也

［巻第六］

（朱書）同年六月廿日午時許移點了高野南別處也

（墨書一）一交了

（墨書二）長治元年五月十五日於上醍醐理趣房阿闍梨御房午時

傳授奉竟同傳法會　定明

［卷第七］

（朱書）同年六月廿二日申時許移點了高野南別處也

（墨書一）一交了

（墨書二）長治元年五月十九日於上醍醐理趣房阿闍梨御房未時傳受竟

傳法會人　定明

［卷第八］

（朱書）同年六月廿四日未時許移點了高野南□

（褐書）長治元年五月廿四日於上醍醐理趣房阿闍梨御房未□

傳法人二人同會定明

［卷第九］

（朱書）永保二年六月廿六日未時許移點了高野南別處也

（墨書）一交了

（褐書）長治元年五月廿七日於上醍醐理趣房阿闍梨御房未時傳授竟同學定明

［卷第十］

（朱書）永保元年始自七月廿六日至于同八月廿一日上袟十卷傳受了

但壺坂中房南面也

永保二年五月廿八日未時許移點了　高野南別處也

願以此善功徳力　自他共生安養界

開敷自心八葉蓮　歸入阿字本不生
（裼書）長治元年六月六日於理趣房阿闍梨御房
　午時傳授竟　同學定明

これらの奥書を通觀すると、本書が現在の加點された狀態に至るまでに、大凡次のやうな段階・過程があつたものと推定される。

㈠、平安時代後期（十一世紀）の後半ごろ、多分、永保元年（一〇八一）よりそれ程遡らない頃に、本文が書寫された。これは推測であるが、恐らく壺坂寺に於てであり、傳授を受ける準備として書寫された可能性も少くない。

㈡、朱點の加點者（名未詳）は、永保元年（一〇八一）七月廿六日から八月廿一日に亙る二十五日間（七月は小月）に、巻第一から第十の傳授を、壺坂中房南面に於て受けた。

㈢、朱點の加點者は、永保二年五月二十八日から、同年六月二十六日の間に亙つて移點した。場所は高野南別處であつた。移點の巻の順序は、先づ巻第十が最初で、次に巻第一に戻り、順次巻第九に及んだ。

㈣、長治元年三月十七日から同年六月六日に亙つて、僧定明の同學僧は、上醍醐理趣房より傳授を受けた。この際、巻第五・八は二人が同時に受けたことを明記してゐるが、巻第一・三・六・九も、「同相」「同學」等とあるから恐らく全巻を通じて二人が同受したのであらう。巻第二から巻第七までは墨點、巻第八から巻第十までは裼書の點であるが、筆蹟は同一であつて、同質のものと認められる。

更に、識語は無いけれども、中世以降（近世初期か）の別筆による朱書・墨書の訓點、合點等の加筆が各巻處々に見られる。この加點者は明らかでないが、多分、この時期には本書が高山寺に移つて居り、高山寺の僧による加點の可能性が大である。

初點の朱點は永保二年（一〇八二）點であつて、ヲコト點は東大寺三論宗點であり、その假名字體及びヲコト點を、次の第一圖・第二圖に掲げる。又、長治元年點のそれを、第三圖・第四圖に掲げる。

假名字體は、十一世紀末から十二世紀初頃の一般的な通用字體であつて、殊に特記すべき點も見られない。ただ卷第八（87行）の長治點に見える「メ」の假名には圖表の第三字體の形があつて、「女」の初畫と第二畫とを連續して記したものであり、現行の筆順と異つてゐたことを示して興味深い。(4) 又、ヲコト點は、點圖集に收載されてゐるものと大同である。

次に、奥書に見える「壺坂中房南面」「高野南別處」竝に「上醍醐理趣房」「定明」「行證」について、知り得た所を述べる。その一部に關しては上述の通り既述したことがあるが、更にその後の知見を追加して述べることとする。

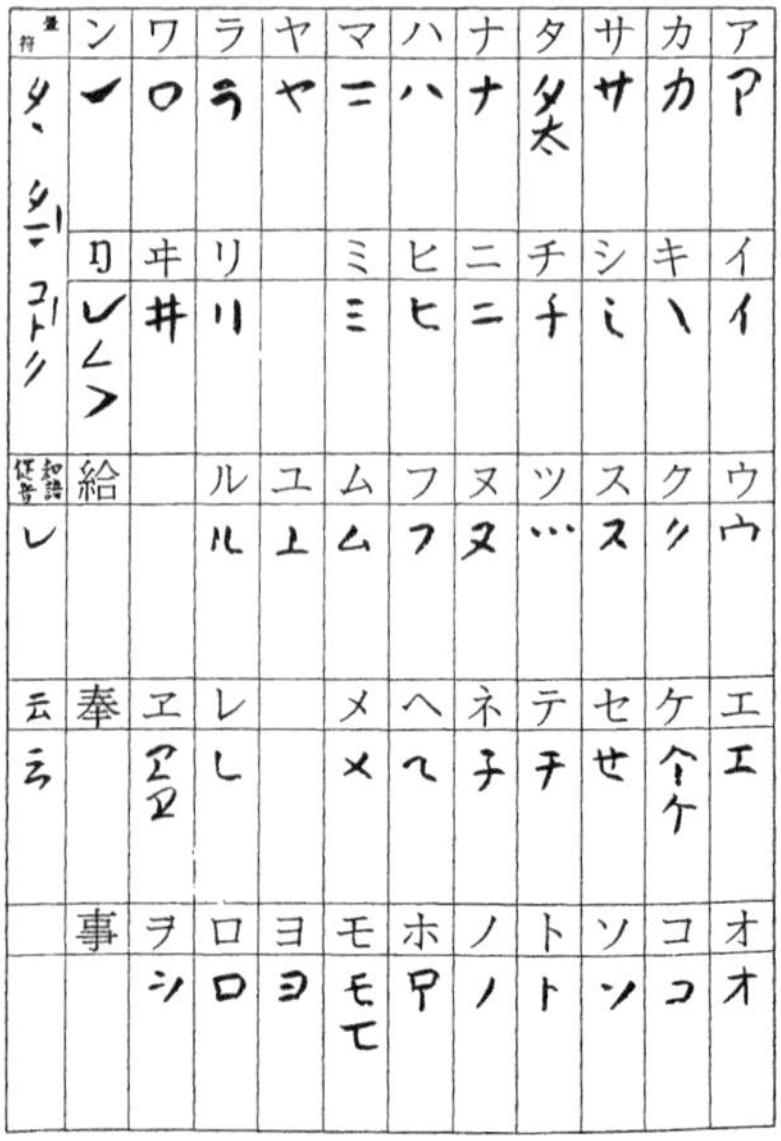

第一圖　高山寺藏大毗盧遮那成佛經疏永保二年點所用假名字體表（墨書・褐書を合せたり）

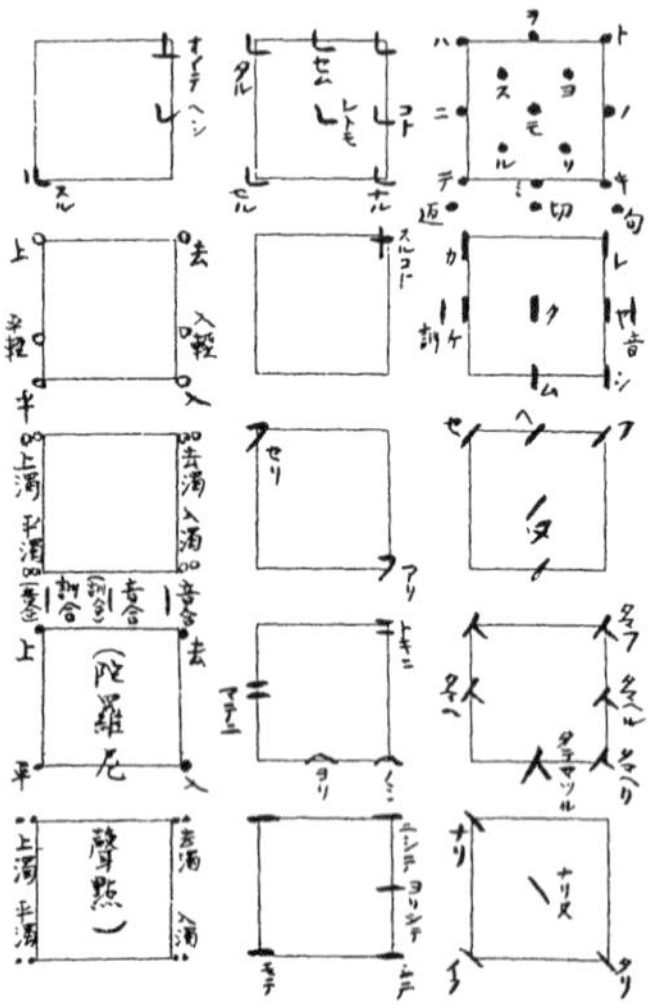

第二圖　高山寺藏大毗盧遮那成佛經疏永保二年點所用ヲコト點圖

第三圖　高山寺藏大毗盧遮那成佛經疏
長治元年點所用假名字體表

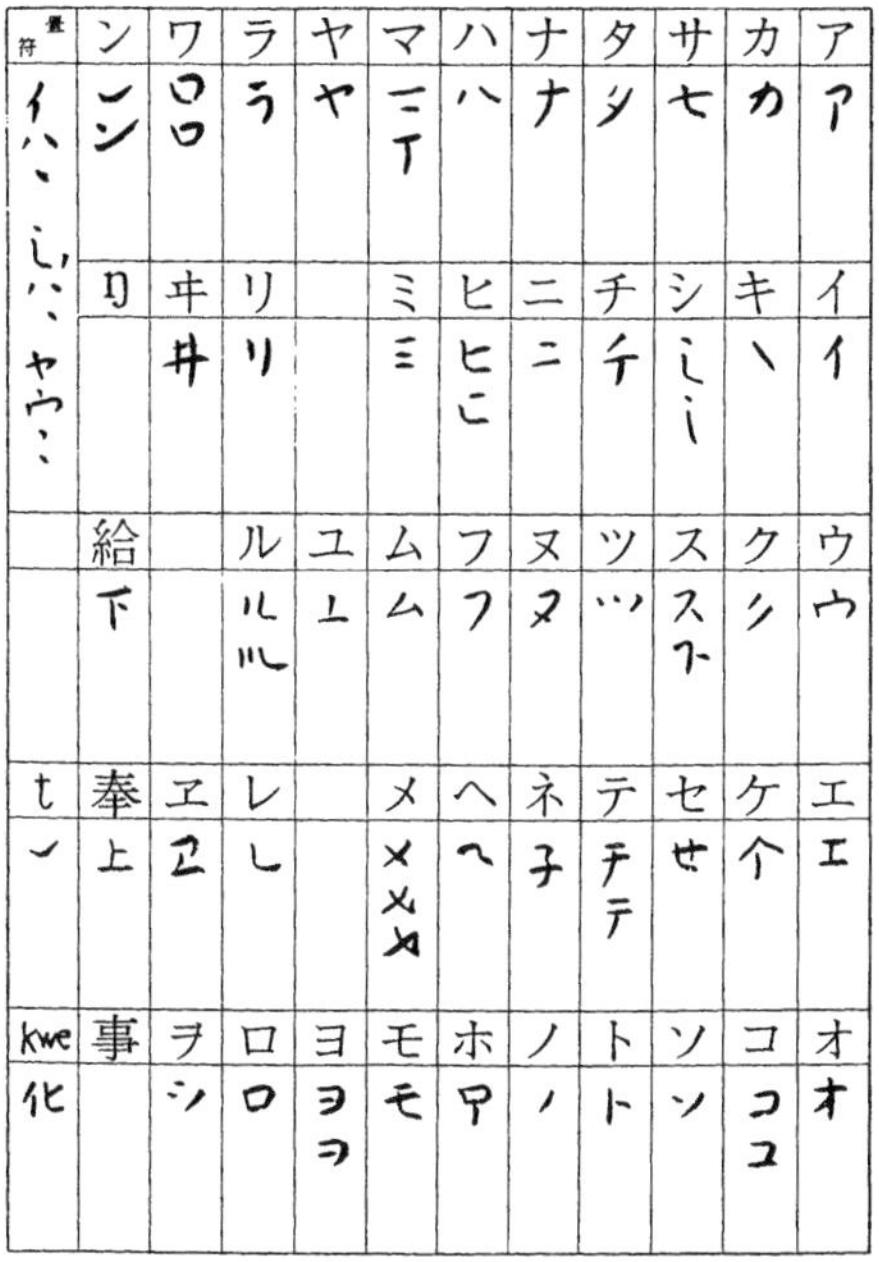

第四圖　高山寺藏大毗盧遮那成佛經疏
長治元年點所用符號圖

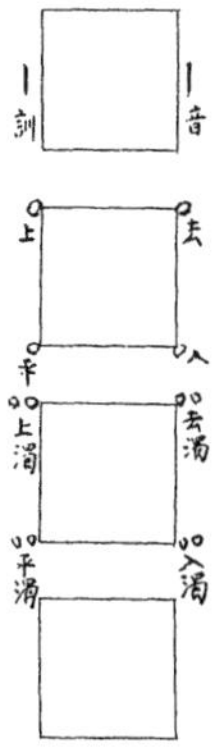

壺坂は大和國高市郡の壺坂寺（南法華寺）の謂であり、奈良時代養老元年（七一七）道基上人の開創と傳へるが、後、子島寺眞興（九三四〜一〇〇四）がこの寺に住して一方の法幢を樹て、その傳流は子島流又は壺坂流と稱せられた。その後流は、眞興が開基となつた高野山の南院・引攝院・壺坂の大門坊・同中坊の四方に分れたといふ。その血脈は、密教大辭典の記述によれば、略々次の如くである。

觀賢―一定―定助―法藏―仁賀―眞興―春秀―利朝―太念
　太念―能尊
　　能尊―叡尊（大門坊方祖）―俊尊……覺心（引攝院方祖）……
　　　　　叡尊―範尊―增慧―興然
　　能尊―行尊（中房方祖）―經尊……
　太念―維範（南院方祖）（一〇一一～一〇九六）―圓尊―隆尊（?～一一六四）―基舜（俊イ）―證印―玄證―房海……

一方、醍醐寺本傳法灌頂師資相承血脈によると、

利朝―太念安居院―能尊―叡尊大門
　　　　　　　　　能尊―行尊―經尊
利朝―維範―圓尊―隆尊

とあり、維範が利朝の弟子となつてゐる點が、前記のものと異るが、多分兩傳があつたのであらう。永保元年（一〇八一）の、壺坂中房における傳授が、誰に對して行はれたかが當面の問題である。太念は、醍醐寺本血脈に「安居院」（恐らく大和飛鳥の飛鳥寺であらう）と見えるのみで、血脈類聚記にも見えず、傳未詳である。能尊も同じく血脈類聚記に見えず、傳未詳である。行尊は中坊方祖とされる人であるが、天台僧で園城寺長吏に任ぜられた人（一〇五七～一一三五）とは多分別人であらう（この人は天承元年〈一一三一〉に高野山に登來してゐるから、眞言宗とは無縁ではないらしいが）。又、中坊方第二世の經尊についても未だ知る所が無い（春野春秋五、寬治五年〈一〇九一〉二月十九日條に、白河上皇が高野奥院に參籠され、三井長吏明尊を導師として法華八講會を修せられた折、散花の役を勤めた「經尊法師」があるが、「以上台徒七僧」とあるから、これ又別人であらう）。

以上、中坊方については、資料を得られず、誠に心許無いが、多分、この大日經疏の傳授は、能尊―行尊―經尊あたり

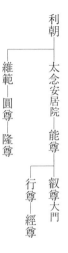

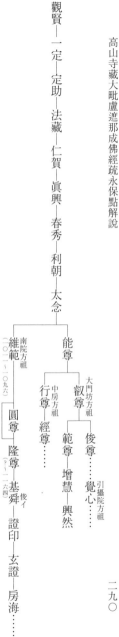

の法脈の中で傳授の師又は傳授を受けた僧が在つたと推定されるのではなからうか。

次に高野南別處であるが、「高野山通念集二」の「新別所」の項に、

扨又當山は。三《さん》ケ《が》院（本中院南谷 西院幷谷上）の外を巻《まき》て別所とす。其外に初て處を開地し給へば。新別所と名づくるか。

とあつて、本中院、南谷、西院幷谷上の外側の周圍を以て別所としたとの意かと考へられるが、「南別處」なる語は、僅か一例文獻の中に見出したのみである。(補) 或いは、本中院の外方東北に當る「南院」を指すのであらうか。南院は五室院谷に在り、古く眞興が此處で寂した（寛弘元年〈一〇〇四〉）といふが、興福寺出自でこの院に在住して檢校に補せられた維範（一〇一一～一〇九六）は、南院阿闍梨と呼ばれた。その弟子に圓尊（生沒年未詳、寛治三年（一〇八九）明算が檢校職に補せられた際の執行預二人の内の一人）がある（高野春秋編年輯錄巻第五）。圓尊は別に醍醐三寶院の勝覺（一〇五七～一一二九）からも、大治二年（一一二六）に受法してをり、金輪房と號した。(5)

維範自筆の加點本は未だ管見に入らないが、高山寺經藏第四部第五三函243號の聖敎一通（題未詳だが內容は三種悉地傳授、鎌倉初期寫、竪紙）の奧書に

寛治五年（一〇九一）辛未八月廿六日壬午酉時／阿闍梨大法師維範

の本奧書を有してゐる。

維範、圓尊の後は、上述の如く、隆尊、基舜、證印、玄證と法脈が傳つてをり、證印、玄證の本が高山寺藏經本の一中心を成してゐることは明であるから、(6) この流の本が高山寺經藏に傳來してゐることは、自然の理として考へられる。

次に、上醍醐理趣房阿闍梨であるが、これは曩にも述べた如く、賴照阿闍梨を指すと考へられる。血脈類聚記第四には、大法師寂圓（號大理趣房）（一〇〇〇～一〇六五）(7) の付法弟子の一人に「賴照阿闍梨　號中理趣房」を擧げ、「康平四年（一〇六一）辛丑十二月三日受之」と記してゐる。傳法灌頂師資相承血脈では寂圓理趣房に付法十一人ありとしてその一に「賴照阿、、（闍

梨）中理趣房」と記してゐる。「昭」と「照」とは恐らく同音の通用であらう。

理趣房阿闍梨賴照の生沒年は未だ詳でないが、その本は後の流に傳承されて行つた様子で、石山寺藏本瞿醯壇跢羅經三卷の卷下の奥書に

延久二年（一〇七〇）四月五日以理趣房御壇移點已了沙門定禪

（別筆）同五年（一〇七三）五月廿七日同於上醍醐延命院理趣房奉傳受了同時遇讀五人也

「傳受」（擦消）座主御房〔×□□〕　明源　淨秀　濟覺　定禪

と見えるから、延久五年に座主御房卽ち定賢阿闍梨他計五人の僧に傳受をしてゐることが知られる。(8)

因にこの本には、延久二年に加點された朱點と、同じ頃に加點された角筆による點とがあり、共に東大寺三論宗點を使用してゐる。又別に墨書による假名點があるが、これは延久五年の傳受の折のものと、更に後の大治二年（一一二七）のものとの二種が認められる。何れにせよ、この賴照の門流では東大寺三論宗點が使用されてゐたことが、右の資料竝にこの大日經疏永保點の兩者に共通して見られることとなるわけである。

又、高山寺經藏第二部54號［1］の金剛界念誦次第私記には、次のやうな奥書がある。

保延三季四月七日於石山寺書寫畢

（朱書）同季四月廿六日點了　生季廿歲

（墨書別筆）「上西酉佐阿闍梨御房奉受了／初行百日勤修了生年廿才」以理趣房本所書寫也／於點者狼藉也

卽ち、保延三年（一一三七）に書寫されたものだが、その祖本は「理趣房本」であつたといふのである。傳受を受けたのは上醍醐の「佐阿闍梨御房」であるが、多分、賴照─禪惠─聖尊と承けた聖尊を指すのではないかと思はれる。若しこの假定の上に立つとすれば、保延三年には賴照は既に示寂してゐて、その遺本を書寫したといふことになるかも知れない。

又、高山寺經藏第四部第一六四函9號傳受集の包紙には、建久四年（一一九三）の筆で

（表書）「寂圓入道號本理趣房／仁海御弟子也」「傳受集四帖」

（別筆）「自東寺書之　主快心」

（裏書）傳受集　四帖／第□理趣房云云／第□因谷〻〻理趣房號頼醍醐／覺源僧正號宮僧正醍醐座主　弟子／第四諸師云、大教院僧都

覺意□（安）祥寺住僧／大僧都嚴覺（中略）

于今在勸修寺東房／建久四年五月廿九日爲後資記□／□然

とあり、本理趣房寂圓以來の理趣房代々の傳承のあつたことを示してゐる。

定明と行證とは、共にこの頼照の弟子である。傳法灌頂師資相承血脈に、

寂圓—頼照阿、、中理趣房—行證
　　　　　　　　　└定明井上房

と見えてゐるのがその根據である。血脈類聚記その他には未だ見出してゐない。

東大寺三論宗點の最古の例としては、石山寺藏本の大智度論の第二次點である元慶元年（八七七）點が、大坪併治博士によつて指摘されてゐる(9)。ただ後續の資料と數十年年代が隔つてゐるため、若干の疑念を插む餘地も皆無ではないが、一往、これが最古の例と認められる。これに續くものとしては、年代は明確でないが、平安中期（十世紀）中頃の加點として、石山寺藏本大乘本生心地觀經巻第一（白點、序の部分のみに加點す）（一切經第七七函30號）、國立國會圖書館藏本大毗盧遮那經六巻（巻第二缺）に加へられた朱點などがある。年代の明記されたものとしては、石山寺藏本の普供養法一帖（校倉聖教第二六函43號）に加へられたものがある。この本は「不空羂索神變眞言經巻第二十九」と同巻であるが、その奧書に

正暦二年（九九一）辛卯正月醍僧高信寫

願以此善同等聖者普供四恩早共成佛

とあり、以上の部分には訓點が無いのだが、續いて「金剛界九會密記」があつて、この方に東大寺三論宗點が加點されてゐる。この部分には尾題も奧書も無いけれども、恐らく直前の不空羂索神變眞言經と同筆同點と認められるもので、恐らく正暦、卽ち十世紀の末ごろには、醍醐寺に於て東大寺三論宗點が使用されてゐたことを、この資料は示してゐるものと思はれる。

十一世紀に入ると、東大寺三論宗點の資料で年代の明記されたものとして、石山寺藏本成唯識論十帖の寛仁四年（一〇二〇）點（東大寺僧平能の資の加點）、同じく石山寺藏本大毗盧遮那經供養次第法卷第七の長暦四年（一〇四〇）點（禪林寺坐禪院深觀加點）などがあるが、十一世紀前半は未だ數は多くない。しかし、後半に入ると漸く增加する。高野山關係の管見最古例としては、高山寺藏本の降三世明王儀軌一帖（第一部88號）に加へられたもので、奧書に

延久六年三月十八日書了

高野末葉金剛弟子淨秀本也

とあり、高山寺藏本金剛藥叉儀軌一帖（第四部第一八二函4號）も同じく延久六年三月廿四日淨秀書寫の本で、朱點も同人であり、恐らく同時のものと思はれる。又、高山寺藏本甘露軍荼利明王儀軌一帖（第一部27號）も同じく延久六年六月十六日淨秀書寫本で朱書の訓點も淨秀であり、これ亦恐らく同時のものと思はれる。右の內、降三世明王儀軌と甘露軍荼利儀軌については、中田祝夫博士の指摘がある通り[(10)]、淨秀は寂圓の弟子で、賴照の弟弟子に當る。辻入寺と稱せられ、寛治二年（一〇八八）に八十四歲で入滅した[(11)]。

これらの例よりして、十一世紀の末頃には、東大寺三論宗點は、東大寺、醍醐寺、禪林寺、石山寺と竝んで高野山にも行はれてゐたことが證明されるのであり、これらの諸寺における教學が、互に交流してゐたことを示す一證とならうかと

思はれる。

本訓點における初點が永保二年（一〇八二）において高野山で加點され、それが二十年程後の長治元年（一一〇四）に上醍醐寺で更に加點されてゐることは、右のやうな佛敎敎學界の中で、決して特殊なケースではなく、恐らく、極く自然のこととして行はれたものであることを、理解することが出來る。そしてそれと考へ合せて、「高野南別處」における加點者も、上醍醐寺の行證・定明等と、さほど縁の遠くない流派の中と考へて行くならば、上に掲げたやうな範圍の可能性は決して少くないと見られるのである。

四

本書の訓點は、全卷に亙つて詳細に加點されてゐる。但しそれは永保二年の加點に係る朱點についてであつて、長治元年の加點に係る墨點は、部分的である。恐らく、朱點と訓法の異る部分、及び朱點と同じ訓法であつても、更に假名を加へて訓法を明示しようとしたものと考へられる。

朱點の訓法は詳細であつて、返點・假名・及びヲコト點によつて、全文を訓下し、當時の訓法を復元することが可能であり、本書の本文篇では、この作業を實施して全卷に亙る訓下し文を完成した。そして、墨點による異訓法、又は追加の附訓は、「　」に括つて本文に併記した。

永保二年の朱點及び長治元年の墨點は、平安時代後半期の訓點として、典型的・代表的なものの一であると認められる。遺憾乍ら卷第一を缺くものの、卷第二から卷第十までの九卷について見ても、全行數は六八三〇行に上り、漢字數は約十四萬字に及ぶ。これは妙法蓮華經八卷の約二倍、金光明最勝王經十卷の同じく約二倍に相當する分量である。その中に加へられた和訓は、朱點墨點を併せて七千例に垂んとし、又字音は三千例に及ぶ量である。これは、主として片假名によつて語の全部又は一部を表記したものに限つた數であり、中田祝夫博士の『古點本の國語學的研究譯文篇』に收められた「語彙・字音索引」の量に匹敵するものであつて、國語史研究の爲に多くの新しい資料を提供するものであらうことを信じて疑はない。

永保點の訓法は、東京大學國語研究室所藏の大日經疏の長治二年（一一〇五）點と比較的近似したものであることは、前述の通りであるが、これは長治二年點の加點者である小田原迎接房の隆賀と、本書の永保點の加點者と推測した維範の法脈とが、次のやうに、比較的近い關係に在ることによるものと思はれる。

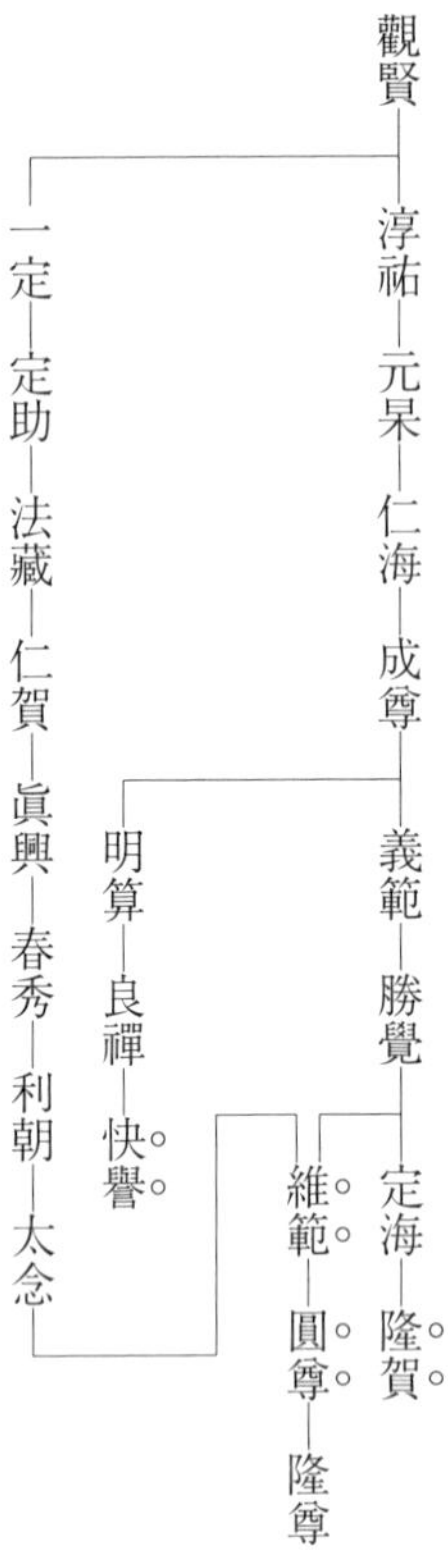

この訓點が、祖本からの移點であるとすると、その祖本は何時まで遡るのか、又、祖本からの移點の態度が、どの程度忠實であるのか、との問題があるが、今遽にこれらに對する解答を用意することが出來ない。ただ幾つかの假定の上に立つて論ずることが許されるとすれば、先づ、隆賀の訓法と類似點が大であることからして、その共通の祖を辿るならば、勝覺、義範、成尊、仁海、元杲、淳祐、觀賢など、小野流に遡ることが、一往は可能である。仁海、及び般若僧正觀賢に大日經疏の訓讀があつたらしいことが知られて[12]ゐるが、本書の訓點との間に、どの程度の關聯を有するか、未だ調査して

ゐないが、大局的に見て小野流に傳承された訓法であることは認められよう。そして、少くとも、或る部分については、十世紀頃まで遡る要素を傳へてゐることの可能性はあるかも知れない。

そして、同じ眞言宗の中でも、高野山の中院流の正統を傳へたと見られる、康和五年（一一〇三）點（高山寺藏本）などとは、大きく異ること、又、同じく眞言宗の中でも、仁和寺系のものとも、相當の差異あることなどは、巨視的に諒解されることと思はれる。そして又、天台宗系のものとは大差のあることも明瞭な事實であるが、これらをめぐつての詳細な比較檢討、又、それら訓法の相違が佛教教學の內容の差異をどのやうに示すものであるかについては、尙、今後の檢討に俟ちたいと思ふ。

五

訓點の國語史的研究の詳細については、今後の研究に委ねることとして、極く概略について觸れておくに止める。

朱點については、永保二年（一〇八二）の加點であることについて問題はないが、墨點については、長治元年（一一〇四）のものが主體であるものの、更にそれ以後の、多分近世初期の加點が混じてをり、時にその區別が困難な場合があることを注意すべきである。墨點は「　」を以て括つて示すが、その中に後世のものが稀に混在する處があるのである。

一、國語音について

(イ)、音便形

イ音便（ギ・ギ・シから）、ウ音便（クから）、撥音便（ニ及びヒ・ビ・ミから）、促音便（チ・リから）の例がある（以下何れも代表例で全例ではない）。

○[イ音便]（キから）大臣にオイテ⑤430　約オイて⑤410　在「オイテ」⑤384　除「オイテハ」⑨752　畫「カイテ」⑤365　攪カイテ③194　乾カハイたるも④559　先「サイタテルヨリ」③675　幸「サイハヒニ」③638　折サイて②602　退「シリソイテ」⑧555　耨スイテ②427　灌ソ、イて⑦851　注「ソ、イテ」⑧552　背「ソムイテ」④552　託ツイて③297　築ツイて④352　穿ツラヌイ(て)⑦850　説「イタマヘ」⑤287　解「トイテ」⑨627　輕-忽ナイカシロニ②241　行ユイて③324　逝ユイたまふて⑩70　往「ユイテ」④319

（ギから）仰「アフイテ」⑩458　務イソイテ②485　紹ツイツル⑨239

（シから）潤「ウルホイテ」③605③715　萠キサイて③664　刺サイて⑦827　遶「(めく)ライテ」⑧378　犯「オカイテ」③715

○[ウ音便]

（クから）晦「クラウシテ」⑨51

○[撥音便]（フ表記の例も便宜上併記した。）

（ニから）綺「カムハタ」⑤101　如-何「イカン」③49

右の如く「ム」表記と「ン」表記の例がある。

（ヒから）過「アフテ」④177　生すとイフツ⑦368　上「カミニイフツルカ」②861　謂「イフテ」③692⑩352　失「ウシナフツレハ」⑨774　謂「オモフテ」③157　合カナフて⑥418　適カナフて⑥619　稱「カナフテ」④647⑩96　通「カヨフテ」⑩240　噉「クラフテ」⑨13 731⑩358　率「シタカフテ」⑧389　濟スクフて③523　翫ナラフて②729　仕ニナフて⑦522　尙ネカフテ②381　育ヤシナフて③274　慮オモムハカリ④157　稱「カナウテ」⑩422　遇「アテ」②720　惣「ウヤマテ」⑩437　謂「オモテ」②870　養「ヤシナンテ」⑩660

右の如く、「ヒ」からの音便は、四段活用の連用形は「フ」表記が多いが、稀に無表記・ウ表記・「ム」表記がある。これは後續の音節が「ツ」「テ」等と「ハ」との頭子音が相異することに因るのであらう。又、墨點の中には無表記やン表記があるが、これは時期的に若干下つた段階の表記とすべきであらう。

（ビから）擇「エラム」て④53　尙タフトムて⑦587　幷「ナラムテ」④637　雙「ナラムテ」②183 329　擇「エラフテ」④116⑤52 602

（ミから）汲クムて⑤268　喜コノムて④99　好「コノムテ」②303 338　插サシハサムて④365　進「ス、ムテ」⑨230　臨「ノソムテ」③545

臨「（の）ソンテ」⑤345 345　愍「メクンテ」⑨173

右の如く、ビ・ミからの撥音便は、多く「ム」表記であるが、墨點の中には「フ」表記・「ン」表記があることが注意される。

○[促音便]

（チから）爲モテの⑧514　得「ルヲモテ」②173　先「（さき）タンテ」⑨461　絕「タンテム」⑧555

（リから）遣「オクテ」④81　發「（お）コテ」②726　取「トテ」④84　固「カタクナヌト」③649　爲「ナタマフトイフ（こ）トヲ」⑨199　爲「ナテ」⑨178　爲「ナヌ」②47　軌ノトリ③422　規ノトリ④585　寄「ヨテ」⑦686⑨403　了「オハヌ」⑩518　已「オハヌレハ」③141　當「アタンテ」④496　至「イタンテ」④495　五「イトンノ」⑤620⑩517　滋サカンナルこと②489　遠「トホサ（か）ンテ」③215　斷滅にナンヌ②21　淸淨にナンヌルカ③212　均「ハカンテ」⑥402　問「トハムト」欲「ホンス」⑥243

右の如く、チ・リからの促音便は無表記及びン表記が幷存してゐる。

(ロ)、音韻交替形

本書には母音の交替したと見られる形が二三見える。それも、uとoとの一時的な入れ替りかと思はれるものが多い。

何イトコ從（り）か　⑧326（ドーヅ）

安イトコソ　③491（ドーヅ）

美ウルホシ（き）こと　⑥578（ホーハ〈ワ〉）

攢キリ搖オコカス　③269（オーウ）

動「オコカサ」不　⑤497（オ—ウ）
諸「オホヨス」　②233（ス—ソ）
憙ネコふ　③115（ゴ—ガ）
看「マハラ」不「サレ」　③517（バ—ボ）
貪ムサフテ　②117（ブ—ボ）
早ヒチシ　⑩710（ヂ—デ？）

最後の例は、「テ」を「チ」と誤寫したのかも知れない。

倘、促音便と關聯して、促音節が後から介入したと見られる例がある。

尤「モントモ」⑧76　純「モンハラ」に⑤616

がその例で、本點の中でも、他所では

尤「モトモ」④6　全モハラ⑦713　專「モハラ」⑥215　專モハラニ⑩227

の如く、促音表記を有しない例もある。促音の有る形と無い形と兩形が存したと見られるかも知れない。

又、m—bの交替と見られるものがある。

庇カクシ衞マホリテ②389 ③710

マボル—マモルの交替例は當時他にも多い。

相ヒ尋「セヘテ」⑨337

この例は、セメテのメがベと轉じたもので、これは恐らく一時的な現象と見られよう。

二、漢字音について

永保點及び長治點は、豊富な漢字音表記を有する。殊に長治點は、その例が多い。

漢字音は、本文と眞言（陀羅尼）とに亙つて附せられてゐるが、本文については所謂漢音系と呉音系との兩者が、眞言については漢音系が主流を成してゐるやうに見える。本文の呉音系は、殊に長治點において著しいやうに思はれるが、詳しくは今後の調査研究に俟つこととしたい。

尙、梵字に假名の字音を加へた例が若干あるが、眞言の加點と共に、一般の字音とは別途の體系を持つた字音として、これも亦今後の研究課題とすべきものであらう。

尙、表記上の問題點について二三述べると、先づ、所謂三內撥音尾（m・n・ŋ）については、一般に區別を保つてをり、その表記は次の如くである（ンは、原文では✓の形であるが、印刷の都合上ンと記す）。

	永保點	長治點
m	ム	ム
n	ン・＞・無表記	ン・＞・無表記
ŋ	ウ・ン・＜	ウ・ン・無表記

右の內、一般的なものは省略し、特殊な表記例の一部を記しておく。

［nを＞と表記したもの］ 誕《タ＞》⑧675 「眠《メ＞》 イ本」法③119

［nを無表記としたもの］ 溫《ウ》迦跛「ハ」多⑤586 雁「カト」イフハ③671

［ŋをンと表記したもの］ 享《キャン》祭《サイ》⑨586 墉《チヨン》好⑤35

［ŋを＞と表記したもの］ 盎《ア＞》伽⑤565

［ŋを無表記としたもの］ 鴦「ア」掘摩羅經⑦540

m・nの區別の亂れたものがあるが、恐らく後人の筆が多いものと思はれる。

曼（去）《マム》⑩476　磷（上）「リム」⑩506

尚、これに關聯して、uで終る字音を「∠」といふ符號を用ゐた例がある。多分鼻音を表記するためであらう。「淨氂《メ∠》牛⑧499」がその例で、この字は豪韻に屬する字であるが、その語尾音が鼻音化した例となるのかも知れない。

又、三內入聲尾（p・t・k）について見ると、

	永保點	長治點
p	フ	フ・ウ
t	チ・ツ	チ・ツ・ツン・ン・ンツ・無表記
k	キ・ク	キ・ク・クン

の如くである。前と同様、例外的なものを記しておく。

[pをウと表記したもの]　葉「エウ」種②125

[tをチと表記したもの]（大部分は「ツ」表記である）阿說《エチ》他木⑤35　折「セチ」伏⑧471

[tをツン・ン・ンツと表記したもの、及び無表記としたもの]　長治點に見える。

包「ハウ」括「カツン」③74　橛「クヱツン」⑤357　布列「レン」⑤545　伐「ハン」折「サ」羅⑤562　株「チウ」杌「コン」②557　質「シン」言⑥641　闕「クヱン」少《セウ》⑥210　熙「キ」悅「エンツ」⑤412　決「クヱ」擇「チヤク」③539

[kをクンと表記したもの]　僕「ホクン」⑦150

尚、tをキと表記した「拔「ハキ」折「サ」羅」（⑤460）の例があるが、恐らく誤讀であらう。

右の他、拗音字表記としては「兆《テウ》庶《ソ》」（⑤750）、「准「スン」約」（⑦861）「醇《スン》熟《スク》」（②135）などの例がある。又、蟹

攝字の語尾のイを表記しない例として、「係ヶ念」（②314）、「見計「ケ」」（③233）、「稽「ケ」遲」（⑩231）などが見られる。これらは何れも、或る意味で古形を存するものとの解釋も可能であらう。

又、カ行拗音の表記は

歸「クキイ」依②169　匱「クキイ」法④596　發狂「クヤウ」⑤173　胸「クキン」綱⑦500

垂「スイ」供「クヱウ」③321　廂「サウ」曲「コク」⑤598　屈曲「コク」⑥395　均「クイン」等⑤327　瞿醯「化」⑤8

など區々であつて不統一であり、院政初期の一般的狀態の反映と見得るであらう。

漢音・呉音の區別の明示された例を、眞言ではなく、本文の中から二三示しておく。

[漢音の例] 刃シン⑥168　戰敵「テキ」⑦405　大「タイ」體「テイ」⑧629　炳ヘイ着チヨ④209

[呉音の例] 戟キヤク⑥169　間隟「キヤク」②371　耆「キ」舊「ク」②132　朽「ク」木④107　鵂ク鶹ル心②397　救「ク」意恵⑤632　加「ケ」行⑦695　自己「コ」②280　箇去「コ」②523　高擧「コ」②494　語「コ」③152　戰「セン」敵「チヤク」⑦373　統「ツ」御「キヨ」②744　奮努「ヌ」⑤490　鬢「ヒン」蘂「ヌイ」⑤381　屈撓「ネウ」④18　豐「フ」厚「カウ」⑦846　敗「ハイ」亡「マウ」②194　美「ミ」音天⑩303　冥「ミヤウ」司⑤552　愍「ミン」念④572　猫メウ狸②353　君牧モク⑤114　嬰「ヤウ」童③195　滋榮「ヰヤウ」⑤99　遠「ヲン」大②292　華園「ヲン」⑧674

尙、喉內入聲尾の舌內入聲尾化や、開合の別の亂れた部分があるが、恐らく後代の筆であらう。

屬（墨入濁）「ソツ」見②527　仰（墨平）「キヨウ」偃エン⑤462

三、語法について

(イ)、助詞「イ」の用法が見られる。

○彼れ《「カレイ」》聞き已（り）て、卽」便（ち）信受して說（く）か如く・修行す（彼聞已卽便信受如說修行）⑤205

○衆生を利樂《「スルイ」》する・最も是れ佛の稱歎(し)たまふ所なり（利樂衆生最是佛所稱歎）③667

これは長治點のみに例が見え、その淵源する所が古く、少くともこの部分については、十世紀まで遡ることを推測させる。

(ロ)、接續詞「故」を「カレ」と訓じた例がある。

○此の无縁の大悲に約《お》いて、故《か》れ他縁乘と名(く)。（約此无縁大悲故名他縁乘）②637

○普賢の願行を悉く已に圓極(し)たまへ《「シタマヘル」》るに由(る)か・故《「カレ」》に以て稱と爲《ナす》（由普賢願行悉已圓極故以爲稱）③629

(ハ)、「如」を「ゴトクアリ」と訓じた例がある。

○法相をして是(の)如くアラ不《サ》ラ使《「ラサルコト」》むること能(は)不《す》。故に必定(の)句と曰《「ノ」》ふ（不能使法相不如是故曰必定句）③250

(ニ)、間投助詞「シ」の例がある。

○卽(ち)法花經に諸の所作とし有(る)は・皆佛の知見を開(き)て清淨なることを得使(むる)を爲《も》てなりとイフ〔之〕（卽法花經諸有所作皆爲聞佛知見使得清淨之）⑤505

「イマシ」「ナホシ」等の副詞の構成要素としては、廣く用ゐられるが、右のやうな單獨の用例は、古い訓法の殘存と認め得るものである。

(ホ)、「者」を「ヒト」と訓じた例がある。

○是れ世間に五通を求(む)る者《ヒト》ノ、久(し)く棲《セイ》止して成就を得たる所の處なり（是世間求五通者久所棲止得成就處）④16

○「最初(に)我(を)有セル者《ヒト(と)もの》、爲《ス》」（爲最初有我者）②97

人物を現す「者」字をヒトと訓ずるのは、平安中期までの訓法の通例であるが、[13]平安後半期に至つて、モノに轉じた場合も多く、現に本點の中にも、

○一切障を爲す・者《モノ》皆傷(る)こと能(は)不《す》（爲一切障者皆不能傷）⑨521

○若(し)深き意を得て者《「ルモノナラハ」》《は》、自(ら)《「ラ」》當に默《スミ》(墨)(を)《ヲ》して[而]之を識(ら)む・矣《耳》（若得深意者自當墨而識之矣）⑤385

などの新しい形も交つてゐるが、少くとも右の部分については、古例を存すると見られよう。

(ヘ)、「勿」をマナと訓じた例がある。

○太《(はなは)》(訓)(た)滿(せ)令(むる)こと勿《マナ》（太勿令滿）④365

○解(する)こと得(る)コト勿《マナ》[也]（勿得解也）④737

他に「ナカレ」と訓じたらしい點もある。

○自(ら)覺知せ不(ら)使(むる)こと勿れ《「カレ」》・[也]（勿……使不自覺知）②241

一方、所謂和文系の語彙で、訓讀には一般に使用されないやうな語で、本點に見えるものが一二ある。助動詞の「ムズ」、ラ變動詞の「モタリ」などがそれである。

○日の將に夕《ク》レナムスルに至(り)て預《アラカシ》メ香花燈燭等を備(へ)て皆素辦せ令(め)よ（至日將夕預備香花燈燭等皆令素辨）⑤301

○右の手に鮮白の妙花の枝《「ヲ」》を持タリ《「モタリ」》（右手持鮮白妙花枝）⑤437

○左の手に鉢胤《「ハンイン」》遇を持せり《「モタリ」》（左手持鉢胤過）⑤438

活用では「イタヾク」「ノゾム」に下二段活用と見られる例がある。

○首に寶冠を戴けり《「イタヽケシメヨ」》（首戴寶冠）⑤562

○佛心も亦畢竟して淨なり。若(し)我か心に望むれは自と爲《す》（佛心亦畢竟淨若望我心爲自）③63

再讀字については、「未」「須」「當」等の例があるが、再讀する例と、しない例との兩者が併用されてゐる。

[再讀する例]

○彼未夕正因縁(を)解《サト》ラ[未](再讀)(るに)由(るか)・故(に)(由彼未解正因縁)④184

○須《「スヘカラク」》か(ら)く漫荼羅の圖像を解る[須](再讀)し(須解漫荼羅圖像)③515

○具に譯(すれ)は當に人生と言ふ[當]《「フ」》(再讀)し(具譯當言人生)②71

[再讀しない例]

○若し是(の)如き・性を具せる・者は、三昧耶の平等大誓に入(ら)未《ス》ト雖も・亦當に敬順して違せ不(る)[當](再讀)し(若具如是性者雖入三昧耶平等大誓亦當敬順不違)④612

○行せ未《ヌ》も・亦行無し(未行亦無行)⑦321

○[則]須く明に識(り)て……[於]中路に稽留すること得不《す》[也](則須明識不得……稽留於中路也)②742

○故に須く精進の性を具せむ・者《もの》に方に傳授す可し・[也](故須具精進性者方可傳授也)③604

○我れ當に種〻の无㝵の辨才を習(し)て大法の鼓を擊(ち)て[而]之を警悟(せ)シメムと。(我當習種〻无㝵辨才擊大法鼓而警悟之)②385

○當に念(ひ)て法の如く・修行して此の生に於て法の明道を見る可し(當念如法修行於此生可見法明道)②421

四、語彙について

本點には他に例が稀と思はれる語彙が少からず見出される。その一端を次に列擧して、參考に供したい。

○溢「アフサ」不か如し②363　○訶イサフことを④629　○造「次イナハニ③431　○陷オチラ不す[也]⑧460　○疏「オハシマ」⑤101

○綺「カムハタ」⑤101　○好コトムナキ⑤124⑦797　○自コロに②83　○蓌サシカクセ⑧540　○都「シカシナカラ」⑧283　○㼝「シラシヲ」⑧9　○所「以「ソヘニ」⑧274　○脉チノミチ④489　○躍「トハシリ」(別)②520　○蕩トラケ盡して⑧215　○横「括トリヰを⑥

380　○犗牛《ハ、ウシ》⑤115　○一槃《ヒトオモフキ》②405　○間「ヒマセ」不「サ」れ②270　○疱「ホ、メル」⑤437　○滑「マリ、カニ」⑨60　○嫞好「マリ、カニ」⑤35　○麵《ムキコを》⑦824　○周《メクラかし》②342　○運《メクラカス》③230　○目「メツカラ」②15　○紘「ユミハリ」の④130　○曲《ワカマレル》⑥387　○別《ワリマ》ゐ②155　○縹《アヲミトリ》色③215

五、その他

本點は移點であり、恐らくその際に生じたと思はれる誤りが若干ある。「故《コトカラニ》」⑨733は「コトサラニ」の誤で、假名字體の類似からであらう。「斷《ハシキ》」③173の「キ」は明に「〳」の形であるが、もと「、」で、「ハジ、」であつたのを誤認したのであらう。「鵂鶹《フクロク》」②397の「ク」も、「フ」と假名字體の類似によるものであらう。「牛膝《コノクツチ》」⑧223は、「ヰノクツチ」の誤であらう。「ヰ」の假名に、もと「コ」の形を使用してゐたために誤つたのであらう。この字體は大日經疏康和五年（一一〇三）點などに見えてゐる。

「證《ヘリカナ》［也］」⑩433は「證（したま）ヘルカナ」の誤寫かとも思はれる。「事「ツカヘル」」④⑫は「ツカヘタル」の「タ」の脱落かとも思はれるが、助動詞「リ」の下二段活用に下接した例かとも解せられる。「生「ナサシク」」③447「問「トフラ」く」③86「咲《ふラクのみ》」③114「得《むラク》耳《のみ》」⑨760などは、ク語法の誤用であるが、この種の例は平安後半期に例の多いものである。

以上、本點の國語學的見地からの考察の概要を述べた。詳しくは今後の研究に俟つものである。

注

（1）『佛書解説大辭典』の「大毗盧遮那佛經疏」の項。

（2）高山寺典籍文書綜合調査團『高山寺經藏典籍文書目錄第一～四・索引』昭和四十八年・五十年・五十四年・五十六年・五十七年。

(3) 築島裕「大日經疏の古訓法について」（『五味智英先生古稀記念上代文學論叢』、昭和五十二年十一月）。
(4) 築島裕『假名』（日本語の世界5）、二六七頁。
(5) 醍醐寺本傳法灌頂師資相承血脈。血脈類聚記第四（因に眞言宗全書本で「金剛房」とあるは誤）。尚、保安天治の頃に東大寺の僧圓尊があるが（『平安遺文』一七五五、二〇〇九、二〇三五等）多分別人であらう。
(6) 土宜成雄『玄證阿闍梨の研究』。注(3)文獻。
(7) 「三寶院傳法血脈」（『續群書類從』卷第八百四十三）による。
(8) この本については中田祝夫博士が『古點本の國語學的研究總論篇』三四四頁において言及され、傳燈廣錄續篇を引用して、定禪の師の理趣房は寂圓であらうとされてゐる。但し寂圓は治暦元年（一〇六五）に示寂してをり、延久二年（一〇七〇）には既に故人であるから、少くとも延久五年の傳受の「理趣房」は寂圓ではなくて頼照と見るべきであり、この二種の奥書を同種のものと認めるとすれば、延久二年の分についても、頼照と見る方が自然かも知れない。
(9) 大坪併治「石山寺本大智度論加點經緯考」（『國語國文』第十一卷第一號、昭和十六年一月）。
(10) 注(8)文獻三四四頁。
(11) 傳法灌頂師資相承血脈。
(12) 注(3)文獻。東寺金剛藏大日經疏愚案抄の記事による。
(13) 門前正彦「漢文訓讀史上の一問題—「ヒト」より「モノ」へ—」（『訓點語と訓點資料』第八輯、昭和三十二年九月）。
(補) 高野山寶壽院藏本「不動尊使者祕密法」一帖（特一、第二十四函33、無量壽院本）の奥書に

延久四年（一〇七二）六月一日於高野南別處夏中書寫之僧慶舜

とあることが、山本智教氏の「寶壽院の藏書」（『密教學會報』第十四號、昭和五十七年十月）に紹介されてゐることを、武內孝

善氏の御示教により知ることを得た（但し原本は未見、慶舜の傳未詳）。「南別處」については和多秀乘氏及び武內氏の御所見を伺つたが、遺憾乍ら未詳の由であつた。

（附記）本稿執筆に際しては、高山寺御當局の格別の御懇情御高配を賜つた。又、大日經疏永保點の訓下し文及び索引の作成を擔當した、白藤禮幸・沼本克明・沖森卓也・月本雅幸・近藤泰弘の諸氏、索引作成・校正等の助力を得た、石塚晴通・金子彰・後藤剛・杉谷正敏・松本光隆の諸氏を始とする、高山寺典籍文書綜合調査團各位から、多くの敎示竝に援助を得た。又、解說に引用した文獻については、仁和寺・醍醐寺・石山寺・東寺・眞福寺の各御當局、故長澤規矩也博士・遠藤嘉基博士、和多秀乘氏・武內孝善氏を始め、多くの方々の御敎示・御高配を賜つた。ここに各位の御厚意に對して、厚く謝意を表する次第である。

（『高山寺資料叢書』第十五册　東京大學出版會　昭和六十一年二月）

仁和寺御經藏「大毗盧遮那成佛神變加持經」「大毗盧遮那經疏」について

大毗盧遮那成佛神變加持經　七帖（靈八箱第九號）

『大毗盧遮那成佛神變加持經』七帖は、寛治二年（一〇八八）書寫、同七年加點の奥書を有し、眞言宗の本寺の聖教として、最も中心的な經典である。夙に著名な訓點資料で、先學の紹介がある。(1)

全七帖が一括して桐箱に收められ、古包紙の表書には「本經第一筥／大毗盧舍那經　一部」と記す。平安時代寛治二年（一〇八八）の書寫、同七年（一〇九三）の訓點を有する。料紙は斐紙、粘葉裝で、押界を施し、一頁七行に記す。黄蘗地の表紙を附し、各帖に八雙を有する。各帖に仁和寺額型朱印を押捺する。朱書及び墨書による訓點を施し、朱書のヲコト點には圓堂點を使用している。縱二五・四糎、横一五・一糎、界高二二・〇糎、界幅一・七糎を算する。

奥書は次の通りである。

（巻第一）寛治二年十一月二日書之（追筆）（擦消）「一交了」

（別筆）「寛治八ー七月廿九日奉誦了」

（巻第二）（別筆）「八ー七月廿九、（奉誦了）」

寛治二年十一月七日書了　（追筆）「一交了」
（巻第三）（別筆）「八ー七月廿九、（奉誦了）」
寛治二年十一月十日書了　（追筆）「一交了」
（紙背）（朱書）「寛治七、六月廿九、一點了」
（巻第四）（朱書）「寛治七、六月廿九、一點了」
（別筆）「八ー七月廿九、（奉誦了）」（追筆）「一交了」
寛治三年正月十日書了
（巻第五）（別筆）「七月廿九、（奉誦了）」
（朱書）「寛治七、七月一日一點了」
寛治三年六月廿九日書了　（追筆）「一交了」
（巻第六）（別筆）「八ー七月廿九、（奉誦了）」
寛治三年七月七日於南勝房書之了　（追筆）「一交了」
（朱書）「寛治七、七月二日一點了」
（巻第七）（別筆）「八ー七月卅日誦奉了」
（朱書）「寛治七、七月三日一點了」
寛治三年七月廿三日於南勝房書之了　（追筆）「一交了」

右の奥書によると、寛治二年十一月二日から書写を開始して、翌寛治三年七月廿三日に至って南勝房に於いて書写を了し、各巻毎に一交を了したが、後、寛治七年六月廿九日頃から同年七月三日までの間に加點を行い、翌八年（一〇九四）の七月廿九、卅の兩日に亙って誦し奉り了った旨が知られる。「誦奉」とは、多分傳受を承けたことを謂うのであろう。

書寫、加點を行った個人の名は、遺憾ながら記載されていないが、「南勝房」は仁和寺の院家で、忠縁の建立と傳えられる。(2) 忠縁は法橋に至り、經範の付法、濟暹の瀉瓶の弟子、濟延の入室の弟子となり、永久三年（一一一五）に七十八歳で示寂した。(3) 寛治二〜八年は、忠縁の五十一〜五十七歳の時に當り、彼自身、又はその弟子の手によって書寫加點が行われたと見てよいであろう。忠縁の弟子には、名の傳えられた僧を知らないが、經範、濟暹は共に大御室性信の弟子であり、この經、竝びにその訓點は、仁和寺の正統を承けたものと推定してよいであろう。

本經の訓點には、朱點と墨點とがあり、共に僅かながら異筆あり、その中には一部後筆が混じているが、大部分は寛治頃の加點と見られ、全巻に亙って存する詳細な加點は、大毗盧遮那經の訓點本として、現存屈指の重要な文獻である。本經藏の『大毗盧遮那經疏』二十巻（靈七十七）（別項參照）は、高野山奥院で觀音院大僧都寛意（一〇五四〜一一〇一）から、寛治七年十月から嘉保二年（一〇九五）二月までに亙ってその訓説を傳授されたものであるが、この『大毗盧遮那經』の書寫はその直前の時期であり、その傳受は上の期間内である。又、本經の訓點の中には、朱書の書入に「已上疏第一巻尺之」「已上疏第二巻尺之」などの記事があることなどを勘案すると、この兩書の訓點は互いに關聯するかとも考えられるが、尚、後考に俟ちたい。

語彙に次のようなものがある。（「」は墨點）

ネガフ（渇）厭足无き法に渇《ネカ》フテ（渇无厭足法）（巻第一）

ミツボ（泡）泡《ミツホ》（を）生（する）か（生泡）（巻第一）

アラスミ（炭）（略）灰、炭《アラスミ》、棘、骨、朽（ち）たる木等（略）（の）[之]類を除去（せ）よ（除去（略）灰炭棘骨朽木等（略）之類）（巻第一）

ホル（治）然（し）て後に地を治ル《ホ》（然後治地）（巻第一）
マケ（瞙）无智（の）瞙《マケ》を決徐（し）たまふ（決徐无智瞙）（巻第二）
ハルバル（遙）深邃に《「ハル、、」「ハルカ」》（し）て三昧に住す（深邃住三昧）（巻第三）
ヤウヤウ（稍）心に覆（ひて）稍《「ヤウ〳〵」》「ク」に火輪を屈（す）（覆心稍屈火輪）（巻第四）
ユアムス（浴）妻に浴《ユア》ムスカ《（ママ）》［之］所用には、曹蘖盧火を以（て）す（浴妻之所用以曹蘖盧火）（巻第六）

總じて、本訓點は、國會圖書館本平安時代中期點、同本治安點、五島美術館藏本長曆點、架藏本永久點、仁和寺藏本久安點などと近似した訓法を持ち、眞言宗廣澤流の中心的傳統を傳えたものと判斷される。(4)

注

（1）吉澤義則『點本書目』二八頁。
中田祝夫『古點本の國語學的研究總論篇』四〇一・四〇二頁。
（2）『仁和寺諸院家記』顯證本三四三頁。
（3）『血脈類聚記第四』。
（4）『平安時代訓點本論考研究篇』九七九頁。

大毗盧遮那經疏　二十帖（御七十七箱第一～一〇號）

『大毗盧遮那經疏』二十帖は、巻第一から巻第二十まで完存し、平安時代後期の精寫本であり、全巻僚巻である。仁和寺の聖教の內でも、屈指の優品であって、夙くから學者に知られており、既に紹介も爲されている。(1)一括して漆塗りの木箱に納められており、保存は極めて良好である。全卷とも楮紙打紙を用い、押界を一頁七行に施し、兩面に書寫されている。各帖の見返しに「仁和寺」額型朱印を押す。茶褐色の原表紙を附し、表紙、裏表紙ともに八雙を有する。法量は、縱二三・五糎、横一四・五糎、界高一九・五糎、界幅一・七糎を算する。表紙、裏表紙各一紙、本紙の丁數は、次の如くである。

卷第一	八五丁	卷第二	七一丁	卷第三	六三丁
卷第四	五七丁	卷第五	五九丁	卷第六	五一丁
卷第七	六七丁	卷第八	五七丁	卷第九	六五丁
卷第十	六五丁	卷第十一	六七丁	卷第十二	五一丁
卷第十三	五七丁	卷第十四	五七丁	卷第十五	五九丁
卷第十六	五七丁	卷第十七	五七丁	卷第十八	五九丁
卷第十九	六七丁	卷第二十	六一丁		

各帖の表紙の左下に「龍花房」、卷第一・二の表紙の左下に「性鈍」の記がある。共に本文とは別筆であり、「龍花房」「性鈍」については、未だ勘える所がない。

平安時代の朱書の訓點が全卷に、橙書、墨書の訓點が部分的にあり、更に卷第一の大部分、他の諸卷の一部に、江戸時代の墨書の訓點がある。平安時代の朱書、橙書の訓點は、假名とヲコト點（圓堂點）を用い、寛治七年（一〇九三）から嘉保二年（一〇九五）にかけての加點で、觀音院大僧都寛意（一〇五四～一一〇一）から傳受されたものであり、江戸時代の墨書の訓點は、寛永六年（一六二九）に、顯證（一五九七～一六七八）の加點したものと考えられる。各卷の奥書は、次の通りである。

［朱書傳受奥書］

（巻第一）寛治七年十月廾三日於高野奥院東菴室大僧都奉受了

（巻第二）同年同月廿六日奉受了

（巻第三）同年月晦了

（巻第四）寛治八年閏三月六日奉受了

（巻第五）同年月八日受了

（巻第六）同年月十日奉受了

（巻第七）同年月十二日了

（巻第八）同年同月十三日受了

（巻第九）同年月十六日了

（巻第十）同年月十八日了

（巻第十一）同年月十九日畢（？）

（巻第十二）同年五月二日了

（巻第十三）同年五月四日了

（巻第十四）同年五月六了

（巻第十五）同年五月八日了

（巻第十六）八五十

（巻第十七）八六十四了

（巻第十八）（奥書なし）　（巻第十九）（奥書なし）

（巻第二十）嘉保二年二月廿日於金剛峯寺奥院東菴室観音院／大僧都奉受了

これらの内、巻第二から巻第十九までの各帖の奥書は、巻末の本紙と裏表紙とが糊附けされて袋状になっており、その内側に書寫されていたために、以前は見逃されていたものである。

［傳領識語］（顯證筆）

（巻第二十奥書）観音院大僧都寛意大御室性信御付法也／式部卿「敦貞」（其字擦消ノ上ニ重書）親王御息東寺第二長者存日辭退／高野山御籠居云、　従嘉保二年寛永六／年五百三十五年也　廣澤末資「顯證」（某字擦消ノ上ニ重書）記之

（巻第一奥書）全部［廿册］於攝州常樂寺感得之／求法沙門「顯證」（某字擦消ノ上ニ重書）

○以下巻第二より巻第廿まで、見返又は奥書に略々同文の識語あり。

奥書に見える観音院大僧都が寛意を指すことは、顯證の識語の示す通りであって、眞言宗廣澤流の中で、「益信―寛平法皇―寛空―寛朝―大御室性信―寛意」という法脈を承け、『血脈類聚記第四』『東寺長者補任巻第二』などは、顯證の識語の内容を裏附ける詳細な記事を提供している。

本書の訓點は、大略次の四種類が區別される。

（A）朱點（圓堂點、平安時代嘉保二年～寛治元年、全巻）

（B）橙點（圓堂點、同右頃、巻第十の一部）

（C）墨點1（假名點、同右頃、巻第一・三・四・五の一部）

（D）墨點2（假名點、江戸時代寛永頃、巻第一の略々全巻・四・十四・十五・十七・十九・廿の一部）

これらの内、（B）橙點は、般若僧正觀賢（八五三～九二五）の異説（梵字の種子「吽」「含」等についての訓説）を部分的に傳えたもので、本文、訓點ともに大差がある。（C）墨點1は（A）點と異った他本の訓點を部分的に注記したものであろう。（D）墨點2は、恐らく顯證の筆であろうが、その訓法は古點とは相當に隔りのあるもので、その傳流については、未調査である。（A）（B）の加點者については、未だ決定出來ないが、寛治嘉保の頃に仁和寺、高野奥院での書寫傳受の奥書を持つ聖教類が左記のように數種現存するので、『高野春秋』などの記事を勘案して推測すると、兼意、淳譽などが浮上するが、尚、今後の検討に任せたい。(2)

○金剛藥叉念誦儀軌　一帖　仁和寺（御八十）寛治四年書寫、嘉保二年四月奉受
○尊勝佛頂法　二帖　仁和寺　寛治八年四月書寫、同年八月移點
○金剛童子儀軌　一帖　仁和寺（御八十）嘉保二年四月奉受
○甘露軍荼利儀軌　一帖　仁和寺（御八十）嘉保二年四月奉受
○金輪王佛頂要略念誦法　一帖　仁和寺（御八十）嘉保二年四月書寫

『大毗盧遮那經疏』には、平安時代以降の書寫本で現存するものが二十餘點知られているが、その中で、最も古い年紀を持つのは、治安四年（一〇二四）の年號を記した東京大學國語研究室の藏本であるが、遺憾ながら巻第一を缺いている。全二十巻を完存するものには、他に大治三年（一一二八）の年紀を有する醍醐寺藏本、仁平元年（一一五一）の年紀を有する日光天海藏本、建保四年（一二一六）の年紀を有する醍醐寺藏本など、數は多くない。仁和寺藏本は、寛治七年（一〇九三）の年紀を持つ、現存最古の完本である。それら古訓法の系列については、既に所説があるが、大別すれば、眞言宗系統と天台宗系統とがあり、更に眞言宗の内には三流が存するが、本書の（A）點は醍醐寺藏本大治三年（一一二八）點（淨光房點）、同寺藏本建保五年（一二一七）深賢加點本（圓堂點）などに最も近く、高山寺藏本康和五年（一一〇三）快譽朱點本（中院僧正(3)

點）、醍醐寺藏本元暦二年（一一八五）加點本（定祐傳持、圓堂點）などに比較的近いと見られる。又、この仁和寺本には、「證本」「大師御本」「或本」「異本」「點本」「イ本」などの校合注記があり、その中には「攝　裳乃比太ソ五字證本也」のような、眞假名交りの記事もあり、これが平安初期の訓說を傳えるものと見る說もあるが、[4]平安中期以降かとする別案もあって、[5]大治三年の醍醐寺藏本その他の文獻に見える承和十三年（八四六）の實惠の大日經疏の講說の記事とも絡んで、尙、今後の檢討の餘地を殘している。

本書の訓點は、國語史硏究上、多くの資料を提供するが、その一部が紹介されただけに止まっており、その全貌の公刊されることが期待される。

（A）點について、國語音としては、ハ行轉呼音の例（由ナヲシ［十八２オ］・處コトハル［三53ウ］・樹ウヘツレハ［八34ウ］）、語頭の「オ」「ヲ」混用の例（在ヲイテ［五27オ］・藏オサメム［一65ウ］）などがあり、音便の類では、イ音便の例（穿ツラヌイテ［七65ウ］）、ウ音便の例（尙タウトヒテ［七44ウ］）、撥音便の例（安イカソ［三43ウ］・喜コノムテ［二25オ］）、促音便の例（有タモテ［二48オ］）がある。又、ハ行音とマ行音との母音交替の例（因チナヒニ［五２オ］・言ノタハフカ［四54オ］）、ナ行音とマ行音との母音交替の例として「仁‐者キニ［十八５オ］」、母音ｕとｏとの交替の例として「項オナシ［二十９オ］・諸オホヨス［六33ウ］」が見えるのも注意される。

漢字音は、いわゆる呉音系統であり、唇內撥音尾ｍと舌內撥音尾ｎとの明確な區別があること（淫イム［二39オ］・艷エム［十八９ウ］）、カ行直音「キ」「ケ」と合拗音「クヰ」「クヱ」との區別があること（揆クヰ［三28ウ］・灰クヱ［五46オ］・厥クヱツ［六６オ］）など、總じて十一世紀末の音韻體系の典型的反映と見ることが出來る。

語法の面では、部分的に比較的古い形を存すると見られるものがある。「者」を「ヒト」と訓じ、打消の助動詞の連體形に「ヌ」を用い、副詞「タトヒ」の結びに、既定順接條件句を用いることがある。

○靈山の會に坐セシ者《ヒト》の、同(し)く三變の淨土の分身の諸佛を見むに（坐靈山會者同見三變淨土分身諸佛）（五24オ）

○一切の有爲の行に染(せ)不《ヌ》カコトキ・眞言は者《は》、一切の分別の行に染汚せ不（不染一切有爲行眞言者不染汚一切分別行）（十五54オ）

○假《タト》ヒ一羽少《カ》ケヌレハ・則(ち)能く爲《な》す所无(し)（假少一羽則无所能爲）（二30オ）

又、使役に「ス」「サス」を使用した例がある。尤も「使」「令」などの訓としてではなく、補讀の中での用法に限られる。又、「見シム」を「見セシム」と訓じた例があるが、これは、平安時代後半期の比較的新しい訓法を示していると判斷される。

○花臺の四維には四菩薩を有ラセヨ（花臺四維有四菩薩）（四38オ）

○若(し)人、彼の首を獲《エ》サセム者をは、重く賞賜を加へムトイフ（若人獲彼首者重加賞賜）（十八22オ）

○一切无智の闇を破すること日輪ノコトクシテ、同(し)く見セシムルハ、自《み》(ら)是(れ)我を加持するなり（破一切无智闇日輪同見自是加持我）（十八48ウ）

和訓には注意すべき語彙が多いが、その一部を提示するに止めたい。

［アカツキ］霏《アカツキ》ノ微白の雲霧の狀の如(し)（如霏微白雲霧狀）（十二2ウ）

［アヒダム］精進して間《アヒタ》マ不《す》（精進不間）（十一24ウ）

［イデク］難、出《イ》テキナハ處《ヤス》カラ不《シ》（難出不處）（十八21オ）

［イトモ］太《イト》モ廣(か)ら不（不太廣）（二十46ウ）

［ウヘニノル］金剛及(ひ)花の上《ウヘ》ニノル（金剛及花上）（十六10オ）

［カキミダル］水を擾《カキミタ》ルときに・則(ち)見《ミ》エ不（擾水則不見）（三17オ）

［スミウツ］縄を絣《スミウ》ツことを得（得絣縄）（十五19オ）
［トガラカス］一股の拔折羅の形の如(く)せよ。其の下は銛鋭《トカラ》カセ（如一股拔折羅形其下銛鋭）（六29ウ）
［ヒキサグ］因(りて)異方(を)掣《ヒキサ》ケテ、是(の)縁に謂《コタ》へテ、生(きなから)大苦(の)蟒の身を受(け)たり（因掣異方謂是縁生受大苦蟒身）（十七56オ）
［ホタクヒ］火燼《ホタクイ》を旋(らすか)如(し)（如旋火燼）（三21ウ）
［マネキル］［於］諸障を作(す)・者を擬《マネキ》ル（擬於作諸障者）（十三1ウ）
［マロガス］彈リ丸カセル許の大キサ(の)如(く)なるを（如彈丸許大）（九57オ）
［メウシ］或(い)は㸺「牛(入)羣「牧(入)の乳「味豐「盈(去)ナルヲ見る（或見㸺牛羣牧乳味豐盈）（五9ウ）
［モム］衣を浣ヒ火を鑽ムカ如(し)（如浣衣鑽火）（三43ウ）
［ユメ］愼メ妄に利き器を操リ、自ら損すること勿れ（愼勿妄操利器自損）（十六35ウ）

注

（1）吉澤義則『點本書目』二九頁。
中田祝夫『古點本の國語學的研究總論篇』四〇三頁他。
小林芳規『角筆文獻の國語學的研究』三四頁。
築島　裕『平安時代訓點本論考研究篇』七八七頁。
（2）築島　裕「仁和寺藏本大毗盧遮那經疏寛治嘉保點について」（『訓點語と訓點資料』第八八輯、平成四年三月）。
（3）築島　裕『平安時代訓點本論考研究篇』一〇三八頁。

築島　裕「大日經疏訓說の源流と傳承について」（『訓點語と訓點資料』第一〇一輯、平成十年九月）。

（4）小林芳規『角筆文獻の國語學的研究』四一頁。

（5）築島　裕「大日經疏訓說の源流と傳承について」（『訓點語と訓點資料』第一〇一輯、平成十年九月）。

（『平成9～12年度科學研究費補助金基盤研究(A)（1）研究成果報告書　眞言宗寺院所藏の典籍文書の綜合的調査研究―仁和寺御經藏を對象として―』平成十三年三月）

醍醐寺藏本大毗盧遮那經疏大治點について

一

醍醐寺三寶院には、數點の大毗盧遮那經疏が所藏されてゐる。最古のものとしては、弘法大師空海の自筆本の「大日經疏抄」一卷(重要文化財)があり、その中に「坤」に對して「古尓」の音注のあることが知られてゐる。この他にも、大毗盧遮那經疏十七帖(卷第一~十七)(第三七一箱第一~一七號)元暦二年(一一八四)書寫・當時加點本(ヲコト點は圓堂點)、大毗盧遮那經疏二十卷(卷第一~廿)(第一五五箱第一~二〇號)建保四年(一二一六)深賢書寫・當時加點本(ヲコト點は圓堂點)などが紹介されてゐるが、その他に、大治五年(一一三〇)の傳受奥書を有する卷子本二十卷があり(第一六〇函第一~二〇號)、平安時代院政期大治年間の頃の書寫に係る古鈔本と認められる。この本には、朱點と墨點とが加點されてゐて、朱點が先で、墨點が後の加點のやうであるが、その加點の時期はあまり隔つてゐないと見られる。朱點はヲコト點に淨光房點を用ゐてゐるが、星點の「ノ」が中央にあり、淨光房點の初期の段階を示してゐると見られる(1)。墨點は假名點が多いが、時にヲコト點をも用ゐ(卷第二・三・四など)、圓堂點を使用してゐる。墨點には二筆あるやうにも見えるが、兩者の區別は容易でない。しかし加點の時期は殆ど同時期と思はれる。總じて、これらの諸點は、大體同時期の加點で、同筆と見てよいかと考へられる。この本は、大毘盧遮那經疏全二十巻を殆ど完全に存するものとしては、恐らく現存最古の寫本であり、内容的にも多くの重要な點を具備してゐる。夙に吉澤義則博士によつて紹介され[2]、その後中田祝夫博士等の言及があるが[3]、その内容の詳細については、未だ紹介されたことが無かつた。筆者は、近年、この古鈔本を親しく調査する機會に恵まれ、以前から懷いてゐた疑問點についても、若干の私見を得るに至つたので、本書の概要とそれに含まれる問題點について、卑見を披瀝して各位の高批を仰ぎたいと思ふ。

二

本書は、巻子本二十巻より成る、殆ど完全な本で（但し巻第十二の巻首若干を缺く）、料紙には楮交り斐紙を用ゐ、墨界（天一地二）を施してゐる。各巻に近世の後補表紙を附し、外題を墨書で記してゐる。部分的に薄い黄茶色の原表紙の斷片が殘存する巻があつて、それを後補表紙の見返などに貼附してゐる。本文には部分的に裏打を施すが、これらの修理は、近世に行はれたものと推察される。印記は全巻を通じて見られない。巻第一の法量は、紙高二八・〇糎、界高二二・六糎（地二の界高間は一・六糎）、界幅一・八糎、一行二十一字前後、一紙三十一行であるが、その他の巻の法量も大體これと近似した値であり、例へば巻第二では、紙高二八・三糎、界高二二・二糎（地二の界高間は一・六糎）、界幅一・九糎、一行二十一字前後、一紙二十五行である。その他、各巻の紙數、一紙長、原表紙及び原軸の有無などについて記せば、次の通りである。

巻第一　三十三紙、一紙長（第二紙）五七・〇糎、原軸あり、
巻第二　三十八紙、一紙長（第二紙）五〇・四糎、軸なし、

巻第三　三十一紙、一紙長（第二紙）五一・〇糎、原表紙一部殘存（縦二八・三糎、横一九・三糎、但し文字、外題はなし）、原軸あり、

巻第四　二十七紙、一紙長（第二紙）五〇・二糎、原軸あり、

巻第五　二十八紙、一紙長（第二紙）五四・六糎、原表紙一部殘存（文字、外題はなし）、原軸あり、

巻第六　二十五紙、一紙長（第二紙）五〇・八糎、原表紙一部殘存（縦二七・三糎、横二〇・八糎、但し文字、外題はなし）、原軸あり、

巻第七　三十紙、一紙長（第二紙）五六・三糎、原表紙なし、原軸あり、

巻第八　二十九紙、一紙長（第二紙）五〇・六糎、原表紙一部殘存（縦二七・七糎、横一二・八糎、及び縦二八・五糎、横一四・一糎、古外題「□毗盧遮那經成佛經疏巻第八」あり）、原軸あり、

巻第九　二十五紙、一紙長（第四紙）五四・四糎、原表紙斷片殘存、軸なし、

巻第十　三十一紙、一紙長（第二紙）五一・六糎、原表紙斷片殘存、原軸あり、第二十紙に押紙（二行）、第二十一紙に押紙（十二行）、第二十二紙に押紙（四行）あり、

巻第十一　三十四紙、一紙長（第二紙）五〇・二糎、原表紙斷片殘存（縦二八・五糎、横九・五糎、及び縦二八・五糎、横約一六・五糎、横の合計約二七・〇糎［約一六・五糎＋九・五糎］が、原表紙の一紙長であったか。但し文字、外題はなし）、原軸あり、

巻第十二　巻首缺（推定四紙缺）、本紙二十三紙存、一紙長（現第二紙）五五・八糎　原表紙なし、原軸あり、

巻第十三　三十二紙、一紙長（第二紙）五〇・五糎、原表紙斷片殘存（縦二八・四糎、横二三・〇糎）、原軸あり、

巻第十四　二十七紙、一紙長（第二紙）五二・〇糎、原表紙斷片殘存（縦約一六・〇糎、横一〇・〇糎、古外題あり）、原軸あ

り、

巻第十五　三十二紙、一紙長（第二紙）五〇・一糎、原表紙斷片殘存（縱二八・四糎、横二二・三糎）、軸なし、第十二紙に押紙（二行、本文と異筆、但し、書寫年代、訓點は同じ）、

巻第十六　二十八紙、一紙長（第二紙）五〇・〇糎、原表紙斷片殘存（縱二八・三糎、横一九・八糎）、他に巻第六の原表紙斷片殘存（縱約二一・〇糎、横六・五糎、古外題あり）、原軸あり、

巻第十七　二十五紙、一紙長（第二紙）五〇・三糎、原表紙斷片殘存（縱二八・三糎、横二〇・三糎）、他に原表紙斷片殘存（縱二三・五糎、横五・七糎、古外題あり）、原軸あり、

巻第十八　二十八紙、一紙長（第二紙）四九・七糎、原表紙斷片殘存（縱二八・五糎、横一九・〇糎）、原軸あり、

巻第十九　三十一紙、一紙長（第二紙）五二・六糎、原表紙斷片殘存（縱二八・四糎、横一五・五糎）、原軸あり、

巻第廿　二十九紙、一紙長（第二紙）五二・六糎、原表紙斷片殘存（縱二八・四糎、横二五・六糎及び縱二〇・二糎、横三・九糎、古外題あり）、原軸あり、

（原表紙古外題）（巻第六）「□毗盧遮那成佛經疏巻第六」（誤つて巻第十六の巻首に貼附してゐる）

（巻第八）「□毗盧遮那成佛經疏巻第八」

（巻第十四）「大毗盧遮那成佛經疏巻第十四」（「第十四」に墨書重書）「十四」

（巻第十七）「大毗盧遮那成佛經疏巻第十七」

（巻第廿）「大毗盧遮那成佛經疏巻第廿」

（後補表紙外題）（朱書）「進壹號廿巻之內」

大毗盧遮那成佛經疏卷第一（～廿）

（内題）大毗盧遮那成佛經疏卷第一（～廿）（但し、卷第十二は首缺のため不明）

（尾題）大毗盧遮那成佛經疏卷第一（～廿）

又、原軸は、素木の圓軸で、その木口に「一」「三」「四」「五」「六」「七」「八」「十」「十一」「十二」「十四」「十六」「十七」「十八」「十九」「廿」のやうに卷數を墨書してある（「十三」のみ文字無し）。尙、卷第十七の帶紙には「權少僧都淳譽」の墨書がある。淳譽の閲歴については未勘である。

本文には、次のやうな奥書がある。

（卷第一朱書奥書）

「自承和十三年（八四六）四月廿五日始講廾八日了

聽衆　眞雅大德　眞紹、、　惠詮、、　眞無、、　源仁、、　宗叡、、　惠等、、　安寛、、

惠峯、、　眞勇、、　慶基、、　春複、、

右候仁和寺之御室祕本之奥以角所被書文也件本之外題大師御筆

耳　仍以件本交已了　永尋」　（以下本奥書）

（朱書別筆か）「酉酉（醍醐）無量壽院」

（墨書奥書）「一交了」

（卷第六朱書奥書）

「承和十三年六月四日讀訖聽衆

眞雅大德　眞紹、、熱闕　眞無、、　惠詮、、　眞皎、、

春複、、　眞勇、、　眞僧、、　惠等、、　宗叡、、十

玄仁、、　安寛、、　勝高、、　慶基、、　清余、、
眞然、、　惠峯、、
證本奧以角書如之」（以上本奧書）
（卷第廿朱書奧書）「大治五年五月廿三日甲子於金剛峯寺眞言堂／從于解脱房阿闍梨傳受了／佛子覺延」

右の奧書によると、本書は、大治五年に覺延が金剛峯寺眞言堂において、解脱房阿闍梨卽ち良禪に從つて傳授を受けたもので、本書の訓點は、この時に加へられたものと見られる。そして、卷第一と卷第六との奧書を綜合して考へるに、仁和寺の御室の祕本の奧書に、「角」で「書」された上記のやうな文があり、その本の外題は大師の御筆であつた。それを以てこの本を校合したといふのである。卷第一の校合をしたのは永尋であつた。

永尋は眞乘房阿闍梨と號し、寛意の弟子で、寛治七年（一〇九〇）正月廿三日に北院で傳法灌頂を受けてゐる（『血脈類聚記第四』）。この醍醐寺藏本は、最初仁和寺に在り、後に醍醐寺に傳來したものの如くである。ヲコト點に淨光房點を使用してゐるから、その訓點は恐らく仁和寺系統のものであらうと思はれる。(4)

覺延は『血脈類聚記』『傳法灌頂師資相承血脈』『高野春秋』には見えないが、その師である解脱房阿闍梨は、中院御房明算の付法の弟子良禪（一〇四八〜一一三九）で、第十一代の金剛峯寺執行檢校となつた人である（『血脈類聚記第四』『金剛峯寺執行檢校阿闍梨補任次第略記』）。覺延は、良禪から傳受されてゐるから、高野山中院流の僧かとも考へられるが、高野山と仁和寺とは、學問上の交流が深かつたから、或いは仁和寺關係の僧であつたかも知れない。

次に、卷第一の奧書には「候仁和寺之御室祕本之奧以角所被書文也」とあるのに對して、卷第六の奧書には「證本奧以角書如之」とある。この二つの奧書は、共に「承和十三年……聽衆云〻」といふ同類の文言で書始められてをり、卷第一

の「奥以角所被書文也」と巻第六の「奥以角書如之」とを、同じ事實を記録したものと考へると、「仁和寺之御室祕本」と「證本」とは同一の本と見ることが出來るのではないかと見られる。そしてその「證本」の奥書は「角」で記されてゐたといふ。又、大治本に引用されてゐる「大師御本」といふのは、その巻第一の奥書に「右候仁和寺之御室祕本之奥以角所被書文也件本之外題大師御筆耳仍以件本交已了」とある、「外題大師御筆」を承けたもので、これも「證本」と同一の本を示すものと思はれる。この「大師」については、中田祝夫博士の論があつて、弘法大師の弟子である實惠（七八六～八四七）の講義には訓點が無かつたこと、この講義は、弘法大師の示寂後十一年を經てをり、弘法大師の訓點ではなかつたことを主張されてゐる。(5) 唯、このやうに、同じ本を異つた呼稱で引用してゐるのは、特に何等かの理由があつたのかどうか、分明でない。

上記の承和十三年の記事については、本書の他にも、眞福寺寶生院藏本の久安六年（一一五〇）點本（白點・ヲコト點は喜多院點）、東寺觀智院金剛藏本の『大日經疏愚案抄』（東寺金剛藏第三四箱二號、杲寶〈一三〇六～一三六二〉自筆本）の第五巻、及び『東寶記』等にも見えてをり、(6) 後世に及んで若干の解釋が加はつた面もあるらしいが、これについては、既に小見を述べたことがあるので、詳細はそれに讓つて、再論は控へることとする。參考までに、それらの諸書の記事を示しておく。(7)

三

本書に使用された假名字體は、第一圖（朱點）及び第二圖（墨點）に示す通りである。朱點、墨點を通じて、概して、院政時代中期の通用字體が用ゐられてゐるが、中で、一二、留意すべき點がある。それは、多く朱點に見られる現象であるが、「キ」に「〓」、「ホ」に「〓」、「ヤ」に「や」、「ヰ」に「ゐ」、「ヨリ」に「イ」、「音」に「ヿ」などの字體が見られる

第一圖　醍醐寺藏本大毘盧遮那經疏大治五年點所用假名字體表〔朱點〕

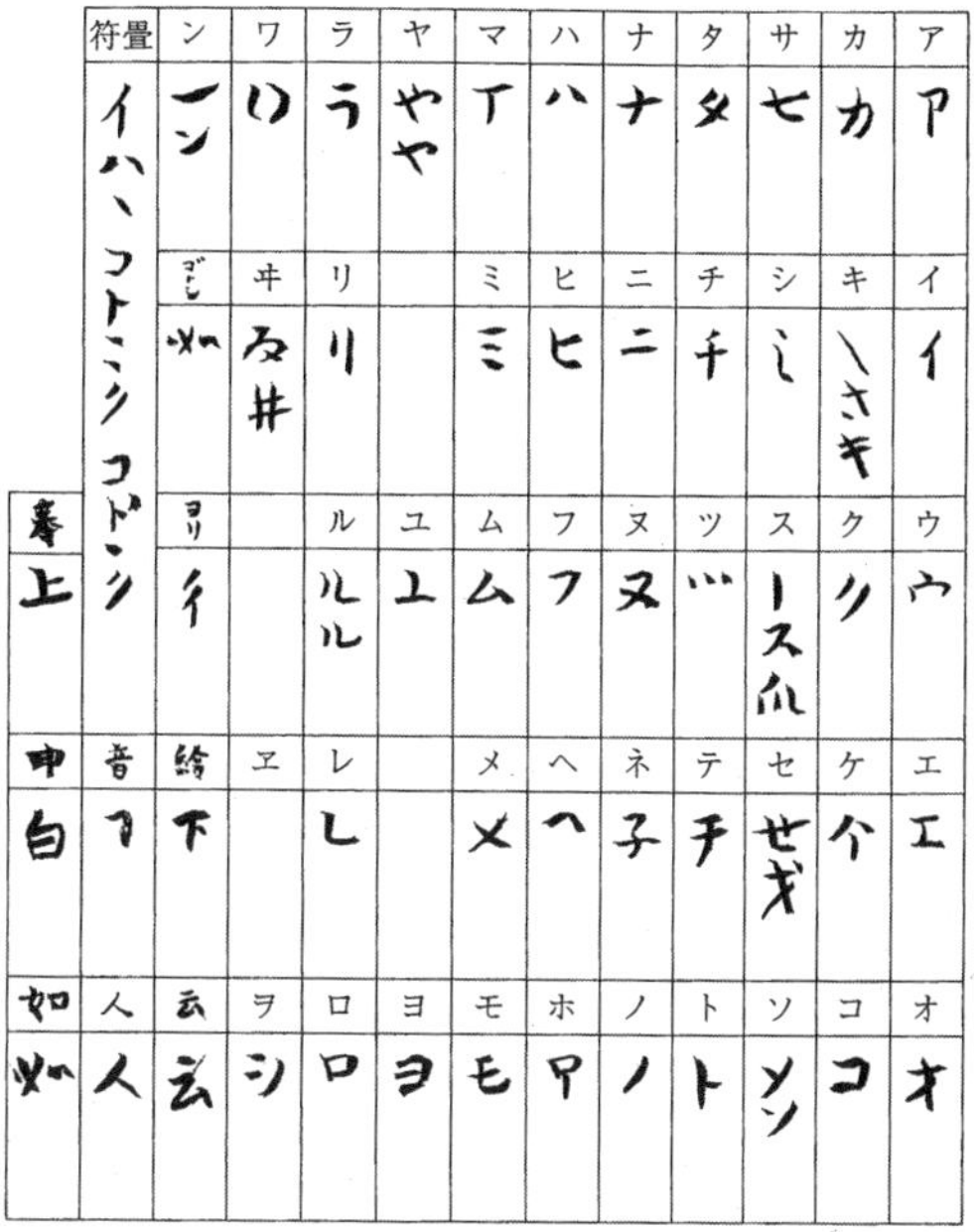

ことである。又、「ス」に「爪」「｜」を用ゐた例があり、「爪」は博士家點本で、後世まで傳承して使用せられたことは著名であるが、淨光房點本にも時折用ゐられる字體である。[8] 又、佛書では、平安時代後半期には、「ス」の字體に「｜」の形を用ゐた例の多くが圓堂點の點本に見られるものであつて、本書でも、墨書で圓堂點を加點した卷には「｜」の字體が用ゐられてゐる。他の淨光房點の點本については、未だ精査を遂げてはゐないが、主要な數本について見た限りでは、「｜」の例は見えない。[9] 本書の朱點の加點者が、圓堂點を使用した仁和寺の流派と近い關係にあつたか、乃至は、この點本の祖本が圓堂點本又はそれと親近の關係にあつた本であることが推測される。

本書に使用されたヲコト點圖を、第三圖（朱點）及び第四圖（墨點）に示す。この中で注意されるのは、大部分の符號が點圖集所載の淨光房點と一致する中で、壺の中央の星點「•」が「ノ」に宛てられてゐることである。前著において、東寺金剛藏本の仁王念誦儀軌寛治三年（一〇八九）點が、本書と同じく壺の中央の星點「•」が「ノ」に宛てられてゐることを指摘して、これが淨光房點の古い形ではないかとの臆說を提出した。近時、石塚晴通氏より、淨光房點の創始者とされる賴尊の自筆本と見られる古點本に、點圖集と同じく壺の右邊の中央の星點「•」が「ノ」に宛てられてゐる例のあることを教示された。[10] これは私說と相容れない事例であつて、これ

第二圖　醍醐寺藏本大毗盧遮那經疏大治五年頃點所用假名字體表〔墨點〕

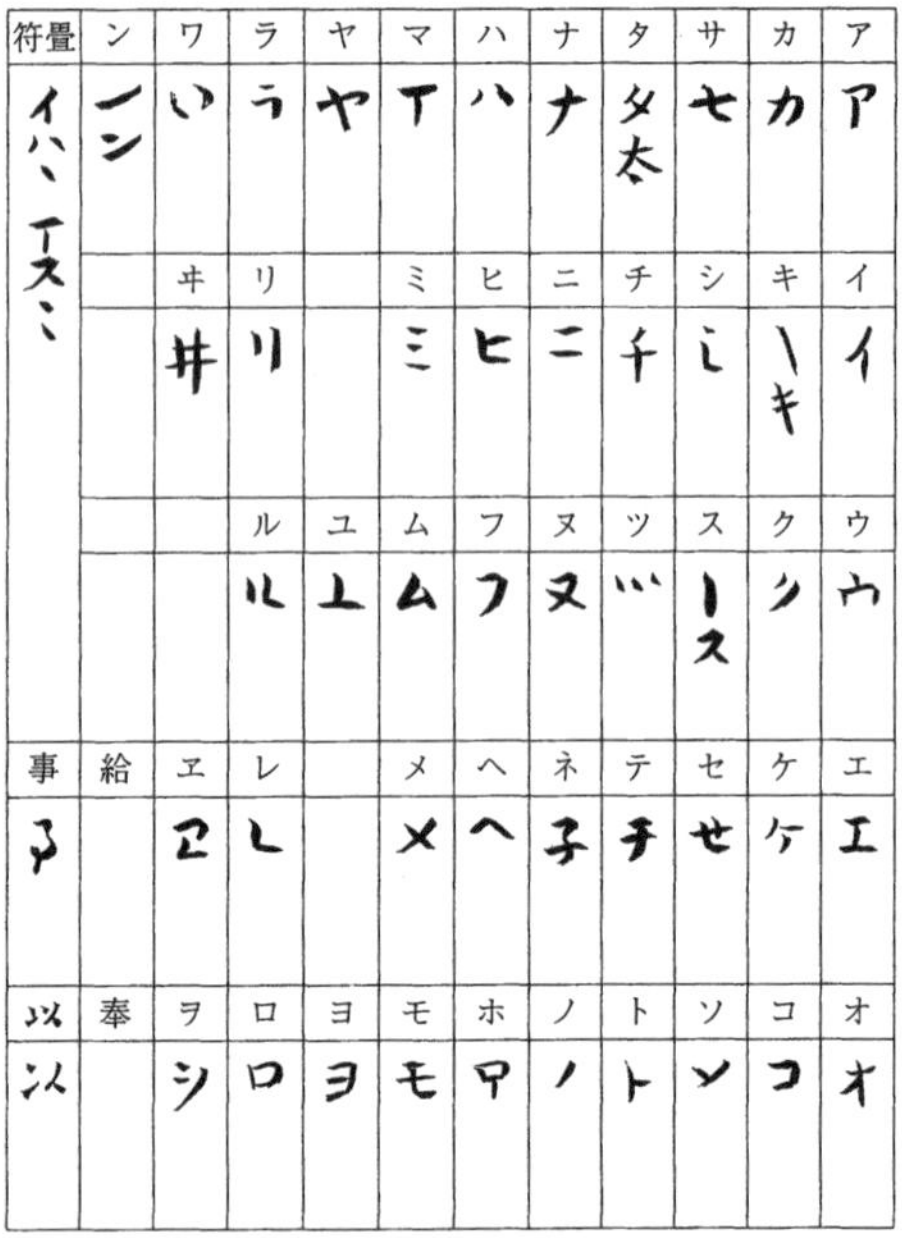

第三圖　醍醐寺藏本大毗盧遮那經疏大治五年點所用ヲコト點圖〔朱點〕（淨光房點）

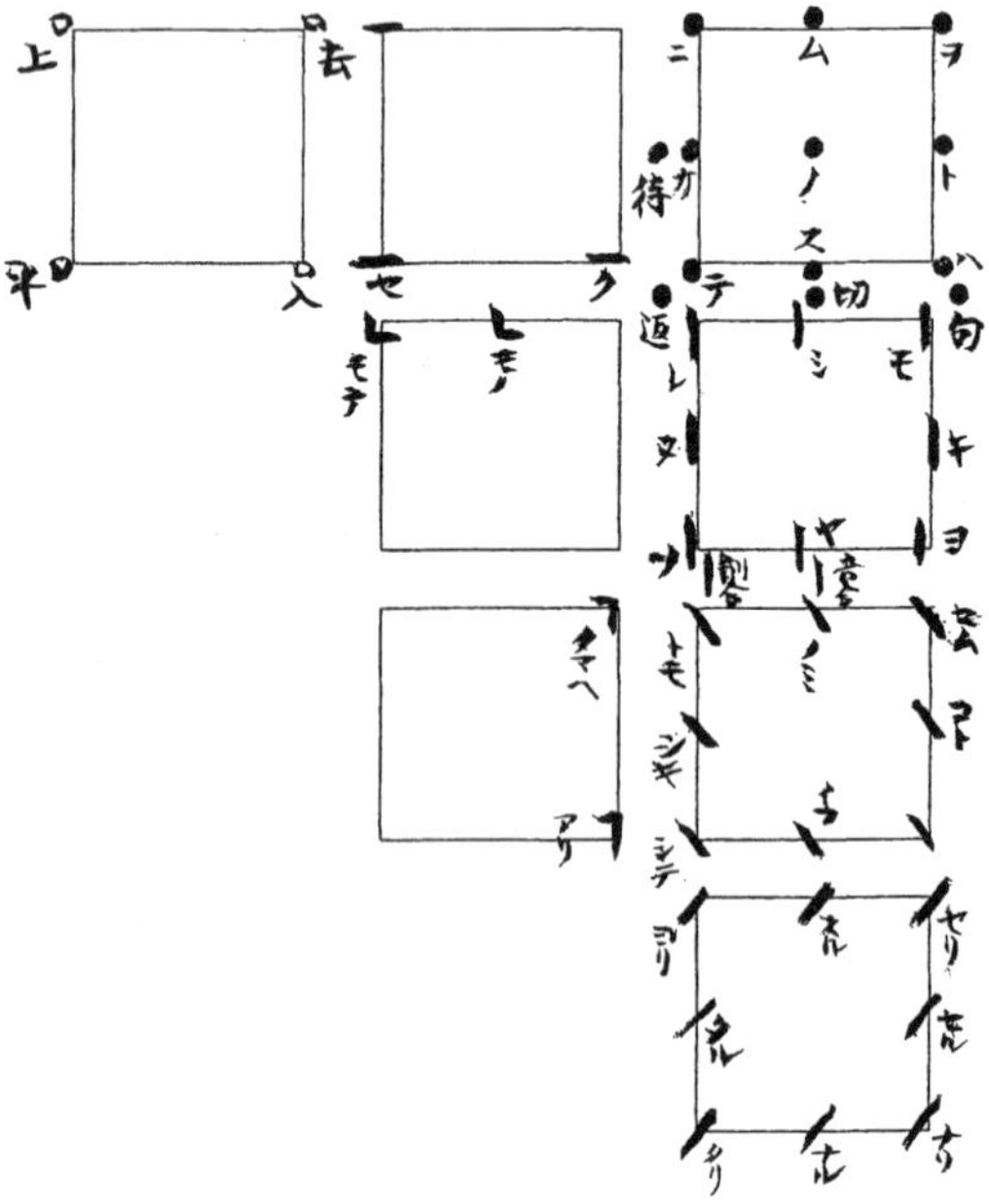

を確認する機會を得たいと思ふが、少くとも、初期の淨光房點本に壺の中央の星點「・」を「ノ」に用ゐてゐる一類があつたことは否定出來ない事實である。

第四圖　醍醐寺藏本大毗盧遮那經疏大治五年頃點所用ヲコト點圖（墨點）（圓堂點）

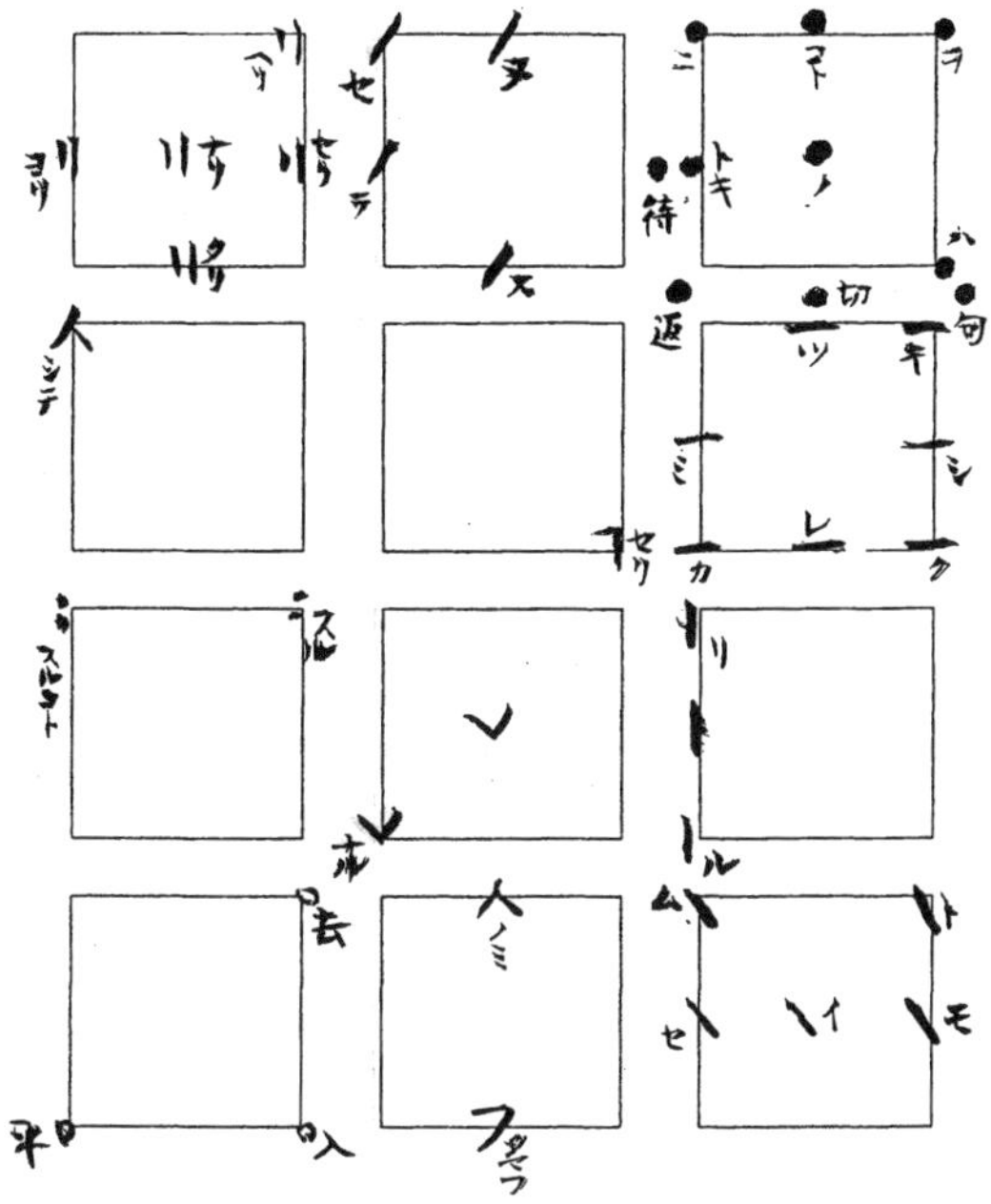

四

仁和寺御經藏本に大毗盧遮那經疏二十卷がある。寛治七年（一〇九三）から嘉保二年（一〇九五）にかけて、觀音院大僧都寛意から傳受した本で、全巻に亙つて傳受當時の詳細な訓點があり、ヲコト點には圓堂點を使用してゐる。(11) 主要な奥書は左記の通りである。

（巻第一朱書奥書）「寛治七年十月廿三日於高野奥院東菴室大僧都奉受了」

（巻第二十朱書奥書）「嘉保二年二月廿日於金剛峯寺奥院東菴室觀音院／大僧都奉受了」

醍醐寺藏の大治點本には「大師御本」「證本」「點本」「或本」「イ」などと冠した引用が多數見出されるが、仁和寺本にもこれらと同類の引用が多く見られる。兩者を比較すると、同一の本文に對して、兩書とも同一の注のある場合もあり、又、一方のみに存して、他方には存しない場合もあつて、一様でないが、全體としては、同類の注であることは推定するに難くない。

それらの中で、「大師御本」として引用した例は、仁和寺本では一箇所のみであるが、大治本では、都合三例見られる。

	（本　文）	（醍醐寺本大治朱點）	（仁和寺本寛治點）
［巻第二］	大日	如大師御本者日字可有上也	如大師御本者日字可有上
［巻第十］	下句與阿相連	大師御本／上ノト	（ナ　シ）
	如來	大師御本／被留來字	（ナ　シ）

又、「證本」と冠記した例は、非常に多く、大治本では「｜本」「｜｜」などと略記した所もあり、又、「證本」の語を省略した場合もある。その內の一部分を例示する。

（本　文）	（醍醐寺本大治朱點）	（仁和寺本寛治點）
憙明	證本喜也	證本喜成
雖眞言行法	證本唯字也	唯也

也復……	此爛脱不／證本説	此爛脱／不證本／説
食頃	證本須／臾食頃／共存是／異本	證本須／臾食頃／共存是／異本
	歟／又下有／以字	歟／又下有／以字
必	證本／无必字	證本无／必字
而	證本／无而字	證本无／而字
麻。油	證本／有中字／以角止之	證本有／中字以／角止之
護	證本以／朱成／被字	被ニ／證本以朱／成被字
應云	ｌ本无／應云／二字	證本无／應云二／字
卽	ｌ本則字	證本則／字也
藏	ｌｌ／无藏字	證本无／藏字
也	ｌｌ／无也字	證本无／也字

仁和寺本の注記の中に、「證本」の引用が多數見出されることについては、既に小林芳規博士の言及がある。そして、その中に六十餘箇所に「角」の語例があること、「攝　裳乃／比太ソ／五字／證本也」（十五17ウ）といふ眞假名を含んだ注があることなどを指摘されてゐる。この中で、「攝　裳乃／比太ソ」云々の注については、これが「證本」の「訓點」であると認めた上で、この訓は平安時代初期の語の特質を具備してゐることを論じ、「「證本」として後世に傳承せられた本であることから考えると、空海か實惠の係った本である可能性が大きく、或いは空海自筆本を以て實惠が承和十三年に講讀し

た折に角筆で書入れた本であったかも知れない」との推定説を提出されてゐる。(12)この論は、弘法大師空海の訓點と關係する重要な問題なので、一言、愚見を開陳することとしたい。

先づ、この注の本である疏の本文は、仁和寺本では「毎一色絲來去攝牒使成九絲」とあり、注の內、「五字／證本也」の文は小林博士は「裳乃／比太ソ」の五字を指したものと見てをられるが、寧ろ、疏本文の「毎一色絲來去攝牒使成九絲」の「九」の左傍に朱書の「。」印があり、右傍に朱書で「五」と記したのを指すのではなからうか。醍醐寺本では、この部分の本文は「毎一色絲來居攝牒使成九絲」（卷第十五第十紙）とあり、「攝」の右傍に朱書で「福」、「牒」の右傍に朱書で「陕」と注記があつて、その上欄外に朱書で「福／立（音）攝／裳乃比／太也」の注があつて「證本」の語は無く、仁和寺本の「ソ」が醍醐寺本では「也」となつてゐる。更に仁和寺本の「五字／證本也」に對應すると見られる注記が、醍醐寺本では、同じ行の下欄外に朱書で「五點本」とあることが注意され、これはその行の「九」についての注と認められる。この點からも仁和寺本の「五字／證本也」の文が「裳乃／比太ソ」の五字を指したものでないことを證することが出來よう。唯、醍醐寺本の注では「證本」の語を省略したと思はれる箇所もあるから、この部分も「證本」を略したと推測して、この注が「證本」に存した可能性も否定は出來ない。何れにせよ、この注記の和訓を、實惠乃至空海の點と結びつけることについては、尙、愼重な配慮を重ねる必要があるのではなからうか。

因に、小林博士は「空海自筆本」なる表現をされてゐるが、上述のやうに、大師が「外題」を記されたといふ記事は古く遡るが、「本文」を大師筆とされたかと見られる記述は、「大日經疏愚案抄」の「仁本第一卷奥書云／大師御筆大日經疏第一卷」といふ記事で、これも確實に本文が大師自筆であるとは斷定出來ない表現である。

又、「點本」の語に關しては、この大治本の卷第十（第二十一紙）に貼紙があつて、文殊五使の種子など十一行の文を記し、その末尾に朱書で「是角點說也般若僧正（觀賢、八五四〜九二五）御點云〻」といふ注記があり、ここで「御點」なる語が使用されてゐる。この貼紙の記事は、同類のものが、仁和寺本の巻第十（四四ウ～四五オ）にもあり、又、貼紙があつて、文殊五使の種子など十一行の文を記し、その末尾に朱書で「是角點說也般若僧正御點云〻」といふ注記があり、東京大學國語研究室藏本永久二年點にも同様の記事のある貼紙がある。これについては、既に小林芳規博士の言及があり、[13]筆者も論じたことがある。[14]「點本」とは、言ふまでもなく訓點を加へた本を指すのであるが、「證本」と竝んで、この加點に際して參照されたことが知られ、「點本」は、典據とするに足るだけの權威を有してゐた訓點を備へた本と考へられるが、その本の訓點が何時の時期のものかを、遽に推定することは容易でない。

加點本の奧書等に「點」と記した例は、石山寺藏本の蘇悉地羯羅供養法の奧書に

（巻上白書奧書）「延長三年（九二五）潤十二月廿四日點了／祐」

（巻下白書奧書）「延長三年閏十二月廿五日點了」

とあるのが、現在知られる最古の例であり、[15]「點本」という用語は、明詮（七八九～八六八）の本を「點導本」と呼んだ例があり（立本寺藏本妙法蓮華經寛治二年〈一〇八八〉點奧書）、又、皇慶（九七七～一〇四九）の加點本を「谷（谷阿闍梨皇慶）根本點本」（青蓮院吉水藏本軍荼利儀軌永保二年〈一〇八二〉點奧書）、安慶（一〇四五存～一〇八八存）の加點本からの移點を「井房根本點了」と呼んだ例があつて（青蓮院吉水藏本底哩三昧耶不動念誦法永保三年〈一〇八三〉點奧書）、十一世紀の末頃から見えるが、醍醐寺本や仁和寺本も恐らく同類であり、その「點本」の加點年代は、十世紀乃至は精々九世紀末までと考へるのが妥當ではないかと考へられる。

五

大日經疏の諸本の訓點の言語の中に古態が殘存することについては、既に取り上げたことがあり、(16) 仁和寺藏本寛治嘉保點、東京大學國語研究室藏本永久點、東寺金剛藏本保安點、醍醐寺藏本元暦點などに、共通して古い語形が見られることを指摘し、それは偶然の一致ではなく、もと或る共通の「古點」があつて、それが複數の點本に傳承されたと推測した。今回新たに取り上げた大治本についても、やはりそれらと同様の傾向が見られることがあり、或る共通の「古點」からの傳承を殘すものではないかと推定される。この點に關しては、更に詳細な檢討を要すると思はれるが、今回は取敢へず、若干の古形の例を抄錄することにしたい。又、上述のやうに、大治本の中にも、朱點と墨點とが存するのであるが、この種の古形は兩者に亙つて見られ、しかもその間に、相違のある場合もある。これらの事象についての考察も、次の機會に讓ることとしたい。

以下、譯文の中では、墨點を「　」に括つて併記した。又、左訓は左ルビとして記した。

〔助詞「イ」〕

助詞の「イ」は、平安時代中期以降は、法相宗關係の諸書以外には、殆ど使用されなくなつた。これは、廣く知られてゐる事實であるが、『大毗盧遮那經疏』の古點については、諸書に「イ」が使用されてゐることが指摘されてをり（注11前掲築島論文等）、本大治點にも、朱點、墨點に亙つて例が見える。但し、朱點の方が例が多く、墨點は比較的少い。又、主格を表す名詞又は連體句「…スル」に下接する例に限定されてゐることは、この語の用法が固定化してゐたことを示す現象であらう。

○是の自在者イ、能(く)萬物を生すと（是自在者能生萬物）（巻第一）
○彼「れ」イ卽(ち)答(へ)て言く（彼卽答言）（巻第二）
○能(く)難シ能(く)答スルイ《「して」》、匠・三學を「を」成(し)、弟子「の」悪‐邪「（上濁）」を《「を」》抜除(す)可(き)に《「に」》堪(へ)ぬ（能難能答堪可匠成三學拔除弟子惡邪）（巻第三）
○是(の)如き事「に」於(て)、一〻「に」明了ナルイ《「ナルイ」》、師「ノ」《「の」》位に《「に」》住するに《「るに」》堪(へ)ぬ《「たり」》（於如是事一〻明了堪住師位住）（巻第三）
○若(し)識「‐」神イ遍（擦消）『シ』「‐」常（擦消）『ナラ』《「ナラハ」》は、獨（擦消）『リ』《「リ」》能ク見聞覺知「ス」應(し)（若識神遍常應獨能見聞覺知）（巻第二）
○自然に《「に」》貪イ《「い」》心に《「に」》染「せ」不（自然貪不染心）（巻第二）
○能「く」自在神通を《「を」》以(て)世間を《「を」》救(ひた)「マヒシ」者《（擦消）『人イ』「ヒト」「・」》・我も《「も」》今亦弟子の心地を《「を」》平治(して)大悲曼荼羅を《「を」》畫作(せむ)と欲フ《「フ」》（能以自在神通救世間者我今亦欲平治弟子心地畫作大悲曼荼羅）（巻第四）

「ゴトクアリ」

「ゴトクアリ」は、平安時代前半期には頻用されたが、平安時代後半期になると、「ゴトクナリ」「ゴトキナリ」の形が優勢となつた。
○論師の言く、所宗の如クアラハ、豈、一切處に遍《「ノ」》「スルニ」、地水火風空界(の)相に非(す)や《「ヤト」》（論師言如所宗豈非遍一切處地水火風空界相）（巻第二）
○乃至、心は《「は」》大海の《「の」》「・」《「・」》少(け)《「ケレトモ」》レとも、亦、拒《コハ「コハマ」》渠語反マ《「ス・す」「・」》不・多(けれ)《「レトモ」》とも、亦、溢《「ミタ」》フカ(?)不か《ヌ「か」》如(く)アルソ（乃至心如大海少亦不拒多亦不溢）（巻第二）
○虚空の无染无變无動(なる)か・如クアルか《「なるか」》故「に」（如虛空无染无變无動故）（巻第四）

[打消のヌ]

打消の助動詞の連體形には、平安時代前半期には「ヌ」が多用されたが、平安時代後半期の訓點では、一般に「ザル」を使用した。

○若(し)是(の)如き空の義を《「を」》達(せ)不《ヌ》ときは《「ときには」》（若不達如是空義）（卷第二）

○自《「み」》(ら)當「に」求(め)て《「て」》授與す[當《(再讀)》](し)。來請を《「を」》シモ俟《マ》タ不《ヌ》ソ（自當求授與不俟來請）（卷第三）

○譬(へは)…破壞(す)可(から)不《ヌ》か《「トイフカ」》　如(し)（譬如…不可破壞）（卷第一）

○何そ速《ト》クセ不《ヌ》とイフなり・[也]（何不速也）（卷第十）

[ヒト]

人物を表す「者」字を「ヒト」と訓じたのは、平安時代前半期の例であり、後半期には「モノ」が一般的となつた。

○是(の)如(き)疑慮無(から)む・者《人也》をは、一切(の)障法、其の便を得(るこ)と無(から)む（如是無疑慮者一切障法無得其便）（卷第十）

○是(の)如(き)等の虚空无邊の佛法、劣惠の者《人「ヒト」》　の心器(の)[之]能(く)堪(ふ)る所に《「に」》非(さるか)故に《「に」》（如是等虚空无邊佛法非劣惠者心器之所能堪故）（卷第四）

[ソヱ二]

○所以《ソヱ「に」》ニ朔を《「を」》定(むる)《「るに」》こと・《「・」》或(い)は《「は」》一日「を」進退する《「スレハ」》をもて、望《モチ「を」》を定(む)ること・《「・」》或は十四日に《「に」》在「り」（所以定朔或進退一日定望或在十四日）（卷第四）

漢文の原文には相當する漢字が無いのに、「ス」「ベシ」「モ」「ユヱニ」などの語を補つて訓讀する方針は、平安時代初期には一般に多く行はれたが、平安時代後半には少くなつた。その古態を存すると思はれる補讀の例が若干見られる。

「ス」の補讀

○乃至《「レリ」》 第十一地マテニシキ（乃至第十一地）（巻第一）

「べシ」の補讀

○若し傳法(を)求(むる)弟子(の)、阿闍梨位「を」紹(く)「に」堪(ふること)「アラム」「・」者「をは」、則(ち)、簡(ふ)へし《「フヘシ」》、其「の」人に《「に」》非(す)は《「は」》道を《「を」》虚《「オホ」》「キに」行「せ」不《「す」》れ（若求傳法弟子堪紹阿闍梨位者則簡非其人道不虚行）（巻第四）

○食前の時に《「に」》於(て)吉祥(の)相に《「に」》値(ひ)てすへしと《「アフヘシト」》(いふ)者「は」（於食前時値吉祥相者）（巻第四）

「モ」の補讀

○或ル時には《「は」》[於]平行に《「に」》過(し)テモアリ。或(る)時(に)は《「は」》平行に《「に」》及(は)不《「す」》(し)テモアリ（或時過於平行或時不及平行）（巻第四）

「オモフ」の補讀

○綃穀の衣を被タリトオモへ《「キセトモ」》（被綃穀衣）（巻第四）

「ユヱニ」の補讀

○若(し)脩行(すること)有(る)イハ・卽(ち)[於]我(に)同ナヌカル(「ナヌルカ」の誤)ユへニ（若有脩行卽同於我）（巻第十）

「カルガユヱニ」の補讀」二つの文の間に、接讀詞「カルカユヱ(へ)ニ」を插入する訓讀の方式は、平安時代初期に屢々見られたものである。

○咸「く」勸樂《（ママ）》を《「を」》得(て)、カルカユへニ其(の)恩德を《「を」》歎す（咸得勸樂歎其恩德）（巻第三）

○カルカユへニ更に等化(?・)無(し)、名(け)て無勝と爲（更無等化名爲無勝）（巻第十）

○三毒皆尓ナリ、カルカユへニ名(つけ)て降三世と爲〔也〕（三毒皆尓名爲降三世也）（巻第十）

平安時代初期には代名詞の遠稱は未發達で、「彼」字は「ソレ」「ソコ」などのやうに中稱で訓讀されたが、(17)後には遠稱の「カレ」「カシコ」などを用ゐるやうになつた。大治點には、「コレ」と訓じた例が見えるが、これも恐らく古態の遺存であらう。他方で、「カシコ」といふ院政期の一般の訓法も見える。

○彼《コレ》に言く、諸法の實相といふ者は、卽（ち）是（れ）此の經の心（の）[之]實相なり（彼言諸法實相者卽是此經心之實相）（卷第一）

○彼《「カシコ」》（に）先（つ）中「-」心を《「を」》掘「る」應（し）（彼應先掘中心）（卷第四）

疑問表現に「ジカ」を用ゐるのは、後代にも例があるが、古い訓法の樣法を帶びてゐる。

○若し恐（らく）は淺行の阿闍梨ラ「に」は、是（の）如（く）速疾に《「に」》旋轉（する）《「すること」》こと能（は）不《シ》《「す」》カト（いふ）・《「・」》者は《「は」》（若恐淺行阿闍梨不能如是速疾旋轉者）（卷第四）（「如く」の「く」は朱點の圓堂點）

[ゾ]

○自《「み」》（ら）當に《「に」》求（め）て《「て」》[而]授與す[當]（し）。來請を《「を」》シモ俟《マ》タ不《ヌ》ソ（自當求而授與不俟來請）（卷第三）

○今、此を答フ（る）か中に、具に靑、黃、赤、白、黑（の）五の色を用（ゐ）シムルソ（今此答中具用靑黃赤白黑五色）（卷第六）

○絞　胡交反　アヒマトフソ（卷第十三・押紙）

○謂（く）、本尊に各、形色有ルソ（謂本尊各有形色）（卷第十）

[ケリ]

平安時代初期の訓點には頻用されたが、平安時代後半には一般に用例が少い。

○八萬四千の煩惱は實相ナリケリと見（る）ときに（見八萬四千煩惱實相）（卷第一）

六

平安時代後半期の訓點には、平安時代初期以來の傳統を承け繼いだものもあるが、平安時代中期以降に新しく設定された訓點も少くない。その際に採用されたと見られる語彙が若干存在し、それらの中には、當時の和文等に用ゐられてゐる語彙も含まれてゐたと考へられる。[18] 本點本にも、次のやうな例が指摘される。

［使役の「ス」］

和文では、使役に「す」を使用したが、訓點では一般に「シム」が用ゐられた。

○刀は則(ち)刃アリ、鋒の柄《エ》トノ飾アラセヨ（刀則刃鋒柄飾）（巻第六）

○河の神は河に在ラセ(よ)（河神在河）（巻第六）

［イト］

訓點では、一般に「ハナハダ」等を用ゐたが、和文に多く使はれた「イト」の例が見られる。

○所謂、太《「イト」》小《「ワカ」》(き)「と」、太老(いたる)「と」・色貌・瑕疵「たる(?)と」諸(の)病患「と」等ナリ《「なり」》（所謂太小太老色貌瑕疵諸病患等）（巻第四）

［シゾク］

「シゾク」は和文に見られる語で、訓點では多く「シリゾク」を用ゐた。

○先「つ」利キ鐵を《「をして」》用(て)鈍「-」石を《「を」》鐫《エラ「ヱリ」》ヒ《シソ》去ク（先用利鐵鐫去鈍石）（巻第二）

平安時代後半に至ると、所謂規範的文法から見ると、違例乃至は誤用と認められるものが現れる。訓點資料の世界でも、この種の例は文獻ごとに多い少いの相違はあるが、本點のやうな傳承性の強いものの中にまでも、この種の例が見えてゐる。

[ゴトキイフ]

「ゴトクイフ」を正規の表現とすべきであらう。

○何か故ぞ此(の)如クイフトナラ《「キイフトナラハ」》は「・」具に如上の字門所説の義「を」含セル《「セル」》(か)故なり（何故如此具含如上字門所説義故）

（巻第四）

[「ク語法」の誤用]

「イハク」「オモヘラク」等の所謂「ク語法」は、上代語の遺存とされるが、平安時代に入ってからも、和歌や訓點の用語の中には、慣習的に遺存してゐた。特に訓點本では「イハク」「オモヘラク」など、平安時代初期以來、後世まで多く使用されたが、平安時代後半期以降になると、本來の語形から逸脱したと見られる語形が、新たに生じた。次の「シルラク」「アヤマレルラク」などがその例で、「シラク」「アヤマレラク」が本來の正しい形である。これらの例は、この「ク語法」が、平安時代後半期になると、最早、新たな生産性を失ってゐたことを露呈したものと言へよう。

○執金剛、亦佛の意を知《シ》ルラク耳（執金剛亦知佛意耳）（巻第十四）

○今云(く)。「○」未奴と《「と」》(いふ)・聲《「・」》を轉(すれば)義別に「ナリ」、誤（擦消）『マレルラク』《「アヤマレル」》耳《のみ》（今云未奴聲轉義別誤耳）（巻第二）

[スルラム]

又、推量の助動詞「ラム」は、「スラム」のやうに、終止形に接讀するのが古來の通則であるが、連體形に接讀した「スルラム」といふ誤用も生じた。

○我、今、定(め)て戒《「て」》「ヲ」得てむ《「てむ」》や・スルラムヤ、爲《モ》シ戒を《「を」》得不らむや《「シ・し(や)」》（我今定得戒爲不得戒）（巻第二）

[ウ]

推量の助動詞「ム」の歴史的變化を示すもので、訓點資料には時折用例を見る。

○豈(に)當に已《ヤ「ヤ」》マウヤ《「ム」》[當《「ヘケム」》（再讀）][乎]（豈當已乎）（巻第四）

七

本書は、二十巻に亙つて多くの附訓があるが、その中で、他の點本に比較的例が少いと思はれる古訓が多く、語彙の史的研究などに關する好資料を提供してゐる。その若干の例を示しておく。

[アシスル] ○猶(し)…則(ち)復、情を肆《「を」ホシマヽ「ホシマヽ」》(にして)蹺《「ヲト」》「リ」躑《(擦消)『アシスリ』「アシスリ」》騰《アカ「アカリ」》リ躍《(擦消)『トハシラ』「ホトハシ」》「ラ」不(る)か如(し)（猶如…則不復肆情蹺躑騰躍）（巻第二）

[アヒダム] ○一氣《「ヒトイキ」》に阿字門を「を」誦(せ)むこと「・」相續(し)て間《「アヒタ」》マ不れ《「れ」》（一氣誦阿字門相續不間）（巻第四）

[アマネハス] ○伎藝已に《「に」》成(し)《「し」》て《「て」》[于]政に《「に」》從(ふ)ことを施《「を」アマネ》ハスか《「か」》如し（如伎藝已成施于從政）（巻第三）

[アフサワニ] ○輙《アフ》「-」尓《サワ》に披き《「き」》翫「フ」とき者《は「は」》（輙尓披翫者）（巻第三）

[ウバラ] ○又、方便を須ヰ《モチ》(て)守護すること、利《ト》キ刺《ウハラ》を防《「フセク」》(く)ときに（又須方便守護防利刺）（巻第一）

[ウヘ] ○意を得(て)筌《ウヱ》を忘レ《「レヨ」》□[耳]（得意忘筌耳）[(上欄外)筌《千》／取魚竹／器也／俗云ウへ／□也]（巻第一）

[オホヨス] ○此の事は諸《凡也「オホヨス」》衆の因縁の中に觀察するに、都て《「て」》起(る)所无(し)（此事諸衆因縁中觀察都无所起）（巻第三）

[カキミダル] ○水を擾《「を」カキミタ「ときに」》リ則(ち)見《「ミ」》「エ」不《「す」》（擾水則不見）（巻第三）

[カクム] ○人「の」舍「-」宅を《「を」》造立(して)其の《「の」》身を庇《「を」カク「カクシ」》ミ衞《「マホ(ル)」》ル(か)如「く」（如…人造立舍宅庇衞其身）（巻第二）

[カタブク]○謂「く」、地、或(い)は傾《「は」カタフ「カタフキ」》き側《ソハメラむ「ソハ」》「メラム」(謂地或傾側)(巻第四)

[カタラフ]○而來て《「て」カタラ「イツハリ」》詐《「カタラヒ」》ヒ親《ムツ「ムツ」「ムツフルカ」》フルカ「フルナラハ」(而來詐親)(巻第三)

[カナフ]○此の眞言の意の□(に)體《カナ》フタマヘリ(體此眞言意□)(巻第十)

[カヌ]○百川《セン》(平)奔《ホン「ハシ」》「リ」｜湧《ユ》して山を《「テ」》壞《カ》ネ／(擦消)「□ハ□」陵《ヲカ》に襄《ノホ(擦消)「タフレヌ」》ル(百川奔湧壞山襄陵)(巻第一)

[カハラ]○河灘といふは《「トイフハ」「は」》／カハラソ・正(しく)翻(し)ては《「ては」》當「に」攢《アツマレル「アツマル」「セン」》(「平」)流(「上」)の處と《「と」》云フ[當《「再讀」》](し)(河灘正翻
當云攢流處)(巻第四)

[ココロモナシ]○但「｜」尓《「シカル二」》に、无《コ、ロモナク》「｜」趣《ユヘ》(「趣无くとも」)之を《「を」イ》爲ハムカトすと《「スルカ・か」》(いふか)如く(如…但尓无趣爲之)(巻第二)

[コシラフ]○喩《コシラ》(へて)言(は)マク(喩言)(巻第三)

[サケワル]○譬(へは)春陽(の)[之]始に萌《マウ》(去)種(平)甲《カヒサケワ》拆《タク》レ如(く)(譬如…春陽之始萌種甲拆)(巻第一)

[スムチガヘ]○隅《スムチカヘ》角に之を破《サ》ク可(し)(隅角可破之)(巻第六)

[スヱツクリ]○譬(へは)陶《スヱツクリ》の師の子の埏《ネヤ》シ埴《ウ》ツこと間无(きか)如(し)(譬如陶師子埏埴无間)(巻第一)

[ソレガシ]○[與]其甲《ソレカシ》の大臣等と集議(し)て是(の)如(き)敎命有リトいふ(與某甲大臣等集議有如是敎命)(巻第一)

[ソバム]○謂「く」、地、或(い)は傾《「は」「カタフキ」》き側《「ソハ」ソハメラむ》「メラム」(謂地或傾)(巻第四)

[ダク]○彼れ「れ」內に勝德を《「を」》懷《「タケリと」》ケリと知「リ」(知彼內懷勝德)(巻第二)

○況(や)疑慮を《「を」》懷《「タケラムヲヤ」》(け)ラムヤをは(況懷疑慮)(巻第四)

[タ、ケ]○猫《ネコ「(去)ネメウ」》狸《タ、ケ「リ」》「タ、ケの」禽鳥を《「を」》伺《「ウカ、ヒ」ト》ひ捕《「トラフル」》ル　に(猫狸伺捕禽鳥)(巻第二)

[タフトブ]○或(い)は《「は」》是の世ノ中の尊《「に」「タフト」》「フル」所の上物をは《「と」》[及]器に《「に」》白粳米等を盛《入也「(も)」》れるを(或是世中所尊上物及器盛白粳
米等)(巻第四)

[ツイタチ]○通「して」日月の平行の度「(平濁圏)」を計《「を」》(りて)平「(平)」朔《サク「サク」「ツイタチ」》(入)(「入」)「を」作ル《「る」》(通計日月平行度作平朔)(巻第四)
[トキモノ]○戈《トキモノ「ホコ」》の耳に觸(るれ)者《は》、則(ち)箕《ミ》の如(し)と言フ(戈觸耳者則言如箕)(巻第一)
[トバシル]○猶(し)狻猴…蹺《「ヲト」》「リ」躑《(擦消)『アカリ』「アシスリ」》騰《アカ「アカリ」(擦消)『トハシラ』ト、ハシフ(ママ)》リ 踊(むか)如(し)(猶如狻猴…蹺躑騰踊)(巻第二)
[トモスレバ]○動《「ヤ、モ」トモ》スレは規「(平)」矩《「ク」》「(平)」を合す《「を」》(動合規矩)(巻第三)
[トラカス]○卽(ち)是(れ)先の世に《「に」》曾し法水を《「を」》經(る)「に」、其(の)心を《「を」》盪《「トラ」洗也》「(平)」「カシ」滌《「アラフ」「せる」》セルナリ(卽是先世曾經法水盪
滌其心)(巻第四)
[ナツク]○謂「く」、此の人質性、調柔に《「に(し)て」》(し)て馴《(擦消)『ナツ「ナレ」』》ケ御《(擦消)『ヲサム』「オサ」》「ム」可(きこと)易きも(謂此人質性調柔易可御)(巻第四)
[ナメミル]○之を「を」嘗《ナメ「ナメムに」》ミ(む)に味「ヒ」甜《アマ「アラ(「マ」の誤)ク」「ナツケ」》ク[及]淡《アハ「アハクは」》キは則(ち)善ナリ《「ナリ」》(嘗之味甜及淡則善)(巻第四)
[ネブノキ]○如《今也》、合《ネフノキナリ「ネフノキ」》‐昏‐木《(擦消)『「ノ」』》「ノ」睡《(擦消)『「ネツル」』大兼反》眠 有(らは)(るか)(別訓)「如キナラハ」(如合昏木有睡眠)(巻第二)
[ネヤス]○先(つ)惠心を《(を)》以(て)是非を《「を」》甄《ネヤ》シ「‐」別《ワキマ》へ「し」籌「‐」量(する)こと《「すること」》能(は)不《す「ヌ」》(不能以惠心甄別籌量是非)(巻第二)
[ノボル]○百川《セン》(平)奔《ホン「ハシ」》「リ」湧《ユ》して《「テ」》山を壞《カ(擦消)「□ハ□」》ネ 陵《ヲカ》に襄《ノホ(擦消)「□フレ」》ル(百川奔湧壞山襄陵)(巻第一)
[ヒデリス]○設ヒ天「・」大(きに)旱《ヒテ》リシて、或(いは)種〻(の)災惡有(り)(設天大旱或有種〻災惡)(巻第十)
[ヒトツカタ]○其の下は銛《ニフ》ク銳《ト》キ(に)せよ、一《ヒトツカタ》‐箱二六の撅アラせよ(其下銛銳一箱六撅)(巻第六)
[フサヌ]○ 縷《(擦消)『フサネ』》 說「く」可(から)不《「す」》(不可縷說)(巻第三)
[ホタクヒ]○譬(へは)火「‐」《「ホタクヒ」似進反火餘木也》燼(の)如(し)と(譬如火燼)(巻第三)
[ホホム]○初に(し)て《「て」》生す(る)《「する」》花疱《ホ、》ムこと(初生花疱)(巻第三)
[ミクヅ]○諸の滓《シミクツ云、》(去)穢を洗(は)む(洗諸滓穢)(巻第一)
[ミヅウヱ]○謂(く)、渇《水ウヱ》(し)て厭足の无「キ」《「き」》法に《「に」》隨順(す)《「す」》と《「と」》(いふ)者(謂隨順渇无厭足法者)(巻第二)

[モヌク] ○无明(の)殼《カク「コク」》(入)皮《ヒ》脱《モヌ》ケヌルか故なり（无明殼皮脱故）（巻第一）

[モノガタリ] ○人に語《モノカタリ》　せむと欲《「する」》する時《「に」》に（人欲語時）（巻第三）

[ヤウ、、ク] ○尒の時に善の萌《マウ》「(去)」倍《マ》ス、、復増益すること《「スルコト」》、猶(し)牙「|」莖(の)、漸《ヤウ、、》　ク盛に《「に(し)て」》(し)て葉を《「ハ」「を」》生「(上)」(せ)未「ル」(か)如し（尒時善萌倍復増益猶如牙莖漸盛未生葉）（巻第二）

[ユミハリ・ユバリ] ○月の正(し)「く」半「に」(し)て弦《「て」ユハリ》　の如き「なる」時を《「を」》、亦、八日と爲《「と」「す」》（月正半如弦時亦爲八日）（巻第四）

[ユバリ] ○之を《「を」》塡《ミ》テ(む)こと「は」牛「ノ」液《ユハリ》　を以《「ユハリ」「を」》てせよ《「ユミハリ」「よ」》（塡之以牛液）（巻第四）

[ヨリドコロ・ヨスルトコロ] ○則(ち)傳(ふる)に寄《「ヨリトコロ」(擦消)『ヨスルトコロ』》　无(き)か故《「か」》(なり)[也]（則傳无寄故也）（巻第三）

八

本書の訓點については、尙述ぶべきことが山積してゐる。注記の出典、音韻・文法關係の記述などについては、殆ど觸れることが出來なかつた。その他の面でも、著者の非力のため、意を盡さぬ點の多いことを遺憾とする。機會あらば、更に考察を深めて、その性格解明を期したいと念願する。（二〇〇一・八・一九）

注

（1）築島　裕『平安時代訓點本論考研究篇』八三九頁。

（2）吉澤義則「眞言宗の乎古止點」（『藝文』大正五年七月、『國語國文の研究』〈昭和二年四月〉所收）。

（3）中田祝夫『古點本の國語學的研究總論篇』六三三頁。

小林芳規『角筆文獻の國語學的研究』二九頁。

（4）中田祝夫『古點本の國語學的研究總論篇』四三〇頁。

（5）中田祝夫『古點本の國語學的研究總論篇』六三三頁。

（6）築島 裕「大日經疏訓說の源流と傳承について」（『訓點語と訓點資料』第一〇一輯、平成十年九月）。

（7）[眞福寺本卷一奥書]

丁丑之年（保元二年〈一一五七〉）於高野山以或證本校合已訖／本記云自承和十三ー四ー廿五、始講廿八ー了／聽衆　眞雅大德　眞紹、、　惠詮、、（此次「眞無、、」缺）源仁、、　宗叡、、　惠等、、　安寛、、／惠峯、、　眞勇、、　慶喜、、　春複、、

第六卷奥、　承和十三ー六ー四ー／讀說（「訖」の誤か）　聽衆　眞雅、、　眞紹、、熱闕　眞全（「無」の誤か）、、　惠詮、、　眞皎、、　春複、、／眞勇、、　眞僧、、　惠等、、　宗叡、、　玄仁、、　安寛、、　勝高、、　慶基（「喜」の誤か）、、　清余、、　眞然、、　惠峯、、／所被書之文、等及外題大師御筆也在仁和寺御室云、、／第三傳記之　金剛乘佛子 mo gha vi nā（梵字四字）

（紙背）「御入定承和元ー（八三四）　師若檜尾僧都歟」

[眞福寺本卷二十裏書]

金剛乘佛子 mo gha vi nā（梵字四字）才雖未央齡已半百手戰于楊葉一染不成字目翳于懸針再治而重點何以鳥跡猥穢魚網畢但積星霜五ヶ年所憑是大日作垂露二十軸所歸只一行內外一切文字點畫無非阿字況眞言敎凡聖所有擧動住止無非密印況書寫行哉文、句、所生功德世、生、密乘不退平等濟諸／庚午（久安六年〈一一五〇〉）之年秋八月彼岸之間記之（『眞福寺善本目錄讀輯』一五頁）

この本は卷第二を缺く十九卷より成り、高野山の「或證本」で校合したが、その本の記に承和十三年の講義の奥書があり、「所被書之文」と「外題」とは大師の御筆といふが、紙背には、大師の御入定は承和元ー（八三四）で承和十三年よりも以前であるから、

講師は檜尾僧都卽ち實惠であらうかといひ、そして、自分の本は第三番目の傳本であるといふのである。

[大日經疏愚案抄]（東寺金剛藏第三四箱二號、杲寶〈一三〇六～一三六二〉自筆本）

仁本第一卷奥書云／大師御筆大日經疏第一卷奥被記云天長／二、（八二五）二月十六日丑二點了聽衆／眞雅大德　眞照（ママ）、、
惠詮、、　眞無、、　源仁、、／宗叡、、　惠等、、　安寬、、　惠峯、、　眞勇、、　／廣峯、、　春禎、、／　私云若
是檜尾僧都記文歟／始自應德元、（一〇八四）四月廿一日移點／杲寶云已上寬智律師自筆

[東寶記]（國寶、東寺藏本、杲寶自筆原本による）

右傳法會者……或記云
＼承和十三、（八四六）實惠僧都講大日經疏聽衆等眞雅爲上首十餘人也云々
又或記云（大日經疏奥云）　自承和十三年四月廾五日始講廾八日耳（ママ）
聽衆　眞雅大德　眞照（「紹」の誤か）、、　惠詮、、　眞無、、　源仁、、
宗叡、、　惠等、、　安寬、、　惠峯、、　眞勇、、
廣峯、、
春禎、、
已上此等諸大德東寺廿四口入寺僧
隨一也（承和四年補任之）　此時開講當彼傳法會開白歟尓
者承和十三年始行歟其後代遷人化而不知相
讀年紀殆知會儀來歷之人頗希矣（法寶下・複製本五七一～五七三頁）。

（8）東寺金剛藏本『仁王念誦儀軌』寛治三年點、高山寺藏本『花嚴宗種性義抄』建久九年點等。

（9）築島裕『平安時代訓點本論考ヲコト點圖假名字體表』三五八～三六七頁。

（10）築島裕『平安時代訓點本論考研究篇』八三九頁。
石塚晴通氏直話による。

（11）中田祝夫『古點本の國語學的研究總論篇』四〇三頁。

築島　裕「仁和寺藏本大毗盧遮那經疏寛治嘉保點について」(『訓點語と訓點資料』第八八輯、平成四年三月)。
築島　裕『平安時代訓點本論考研究篇』七八五・一〇三八頁。
花野憲道「仁和寺藏『大毗盧遮那經成佛經疏』卷第一　寛治七年點　影印編　一」(『訓點語と訓點資料』第一〇五輯、平成十三年三月)。

(12) 小林芳規『角筆文獻の國語學的研究研究篇』四一頁。

(13) 小林芳規『角筆文獻の國語學的研究研究篇』四二頁。

(14) 築島　裕『平安時代訓點本論考研究篇』一〇七八頁。

(15) 石山寺文化財綜合調査團『石山寺古經聚英』解說一六八頁(築島裕執筆)。
築島　裕『平安時代訓點本論考研究篇』七二六頁。

(16) 築島　裕『仁和寺藏本大毗盧遮那經疏寛治嘉保點について』(『訓點語と訓點資料』第八八輯、平成四年三月)。

(17) 春日政治『西大寺本金光明最勝王經古點の國語學的研究研究編』一一四頁。

(18) 築島　裕「平安時代の訓點資料に見える「和文特有語」について」(『文化言語學―その提言と建設』平成四年十一月)。

(附記) 本書の拜觀については、醍醐寺御當局の、格別の御懇情竝びに御高配に預り、又、醍醐寺文化財研究所員各位より、多くの御教示、御協力を賜つた。各位に對して、衷心より深甚なる感謝の意を表し奉る。

(『醍醐寺文化財研究所紀要』第19號　平成十四年十二月)

大東急記念文庫藏 金剛界儀軌の古點について

大東急記念文庫所藏本の中に「金剛界儀軌」一帖がある。本書は、もと古梓堂文庫に存したものであるが、吉澤義則博士の「點本書目」にも掲載されてをらず、公に知られたのは、「大東急記念文庫書目」及び「大東急記念文庫貴重書解題」の第二巻佛書之部において、川瀬一馬博士がその紹介の筆を執られ、併せてその識語の部分の寫眞が同書の口繪に掲載されたことを以て始とするやうである。

本書は、その識語に「成尋」の名が見えることによつて、殊に著名であるが、國語史の點から見ても、若干の注目すべき資料を含んでゐるので、以下それに關して卑見を述べることにする。いつもながら、種々御高配を忝うした、西村清博士・三淺勇吉氏始め、關係職員各位に衷心より御禮申上げたい。

一

「金剛界儀軌」は、詳しくは、「金剛頂蓮華部心念誦儀軌」と言ふ。一卷。唐の不空の譯に係り、金剛界に佛・金・蓮・寶・羯の五部ある中、蓮華部に就いて、五相成身等の觀法及び諸尊の念誦法を示したものである。(1) 從つて、本書を「金剛界儀軌」と略稱することは、必ずしも當を得たこととは言ひ難いやうであるが、本書の外題に斯く記されてゐることによつてこの稱があるのであらう。又、點本書目には三寶院經藏にも同名の書がある。(2)恐らく古くかやうな通稱があつたものであらうか。佛書解說大辭典には「金剛界儀軌」の名は載せられてゐない。

「金剛頂蓮華部心念誦儀軌」の古寫本については、佛書解說大辭典に寶龜院及び寶菩提院に平安朝時代の寫本のあることを擧げてあるが、この他にも、石山寺藏本（天永三年〈一一一二〉書寫移點本、本奥書に萬壽三年〈一〇二六〉の記あり）、高山寺藏本（永承六年〈一〇五一〉加點本）、同一本（保安元年〈一一二〇〉寫本）（以上點本書目所載）、曼殊院藏本（寬弘七年〈一〇一〇〉加點本）などがあることが知られるのである。

本書の書誌については、川瀨博士の要を得た解說で旣に盡されてゐるのであるが、一往蛇足を加へつつ述べることにする。

本書は漆塗の木箱に收められ、粘葉裝一帖で、厚樣の紙を用ゐ、縱約二〇・六糎、橫約一五・七糎、本文には薄い墨卦を施し、界高約一六・五糎、界幅約一・七糎で上欄は約一・八糎、下欄は約二・三糎の高さを有する。墨附は五十一葉で、その前に白紙一葉がある。表紙は濃褐色の厚樣で原裝のままと認められ、左端には竹を立ててある。外題に「金剛界儀軌」表紙左下に「大雲寺」（各別筆）、表紙右下端に「傳領尊睿」「寶菩提院」（各別筆）と記す（本文第一丁裏にも「寶菩提院」と記すが、多分表紙のものと同筆であらう）。又、裏表紙には梵字三字を記す。

包紙を附し、その表紙には

明治十九年六月於東京修補之畢　信寅

とあり、青木信寅の手を經た本であることを示してゐる。そして又、文慶の傳を本朝高僧傳から拔書した紙片をこの包紙に貼附し、更に識語を別紙に記して添へてある。

識語には、端書と奥書がある。

端書は、表紙の裏に記されたものであつて、

（墨）貞元元年（一二三二）九月卅日非人法師賣之門
跡寶物也仍止了 

と見える。最後の名前が解讀困難であるが、或いは「藤氏」ではないかとも思ふ。大方の御教示を仰ぎたい。兎に角、この識語は、貞永元年に「非人法師」から購入したことを示す記事である。本書は、本來三井寺關係の聖教であつたものであらうが、この記事によつて夙く流出してゐたことが知られるのである。

⑤（朱）「始自延久二年（一〇七〇）九月十七日至于十一月七日
奉隨阿闍梨□
讀事畢　僧隆覺
同點　法林房但墨點定也」
（以上延久の筆）

奥書には、次のやうな長文の識語がある。

③（墨）「長保六年（一〇〇四）三月十八九廿廿一幷四个日之間受學三井大阿闍
梨已了志同前耳　老僧文慶年卅八臈廿五墨點是也
同點觀音院十禪師定暹公之　已上後受」
（以上長保の筆）

②（別朱）「師云星薗寺說云〻」
（「公」の字存疑、或字の上をなぞりて「公」とせるか）

（以上永延より長保に至る間の筆か）

①（別墨）「永延元年（九八七）七月廿一日廿三日二箇日之間奉受入道三宮

志偏在出離生死頓證菩提耳於天台山百光房奉受之

沙門文慶﨟八年廿二」（別墨）「前受」

（以上永延の筆、但し「前受」は長保の筆）

④（朱）「長元七年（一〇三四）八月廿五日奉隨法師御房稟受畢

重奉隨入道三宮稟受畢

又重奉隨唐房阿闍梨稟受畢

成尋」

（以上長元の筆）

右の識語は、頭に記した數字の順番①③④⑤の順序で順々に書加へられて行つたものであつて（②については後述）、「本奥書」の如きものは一つも無いと認められる。そして、①③④⑤夫々の識語の筆と、夫々に對應する所の訓點が、本文の中に記入されてゐると考へられるのである。卽ち

①永延元年（九八七）の識語は、文慶の筆に成るものであつて、識語は墨筆であるけれども、本文に加へられた訓點は淡い朱筆である。所で、本文の中では、この淡い朱色だけの部分も少しはあるが、多くの場合は、この上から更に濃い朱筆でなぞつてゐるのである。このなぞつた朱點が果して何時のものであるか問題であり、私は最初は長元の筆ではあるまいかと見たのであるが、その朱の色が長元の奥書のものとは異り、もつと橙朱に近いこと、その假名字體が、永延點と殆ど完全に一致すること、その加點の個所も、殆ど大部分が永延點をなぞつたものばかりであるらしいことなどから見て、こ

の濃い朱筆は恐らく文慶が、永延點が薄くて判讀し難いので、それを糺す爲に、あとからなぞつたものであり、從つて內容的には、永延點と同價值に扱つてよいものではないかと考へるに至つたのである。そして、この加點は、奥書にいふ②「師云星蘭寺說云〻」と同じやうであり、「星蘭寺說」といふのは「師」卽ち①の奥書にいふ「入道三宮」から傳へられたものと考へてよいのではないか、卽ち更に云へば、永延點も或いは「星蘭寺說」そのものであるとしてもよいのではないかと考へられるのである。ただこの加點年代であるが、これは勿論、永延以後ではあるが、長保以前かどうかといふことになると、ことは容易に定めかねる難問である。しかし、字體が永延と殆ど同じものを用ゐてをり、しかも次に示すやうに長保の字體とは異るものがある。これは、この朱筆が長保以前に爲された可能性の大きいことを證するものである。

	（朱點）	（長保點）
ウ	于	宀
タ	太	夕
ホ	呆 乎	乎
ミ	三	ア
ユ	由	上

この朱點は、實際には、①永延點と區別の附きにくいものもあり、又實質的にも等價值と認められるので、本稿では一括して扱ふこととする。

③長保六年（一〇〇四）の識語は、右と同じく文慶の筆に成るものであつて、識語、訓點ともに墨筆である。奥書に「墨點是也」とあるのは、この事實とよく符合する。この點は比較的細目の墨筆である。

④長元七年（一〇三四）の識語は、成尋の筆で、識語は朱筆である。この識語の朱筆は少し紅色がかつたやうな色であつ

て、これと同色の訓點を本文の中に求めると、二十丁裏六行から二十四丁表八行に亙る邊に、これと同様の色彩を持つた朱點が見える。

⑤延久二年（一〇七〇）の識語は、隆覺の筆であつて、識語は朱筆であるが、訓點は朱筆と墨筆とを用ゐてゐるらしい。この内、朱筆は、識語のやうな橙色がかつたもので、腰の弱い筆勢である。その個所はあまり多くない。墨筆は、長保の墨筆と比べると、稍々太目であつて見分けのつき易い所が多い。これも全體としてはさほど多くないと見られる。奥書に「但墨點定也」とあるのはこの事情と符合する（「定也」といふのは「是也」の書誤であらうか、或はこれが決定的訓法だといふ意であらうか）。

以上の記述を簡單に表示すると次の如くなる。

加點年代	加點者	奥書	本文の訓點
永延元年（九八七）	文慶（前受）	①墨	朱（薄橙）
永延〜長保の間	文慶（？）（星蘭寺説）	②朱	朱（濃橙）
長保六年（一〇〇四）	文慶（後受）	③墨（「墨點是也」）	墨（細）
長元七年（一〇三四）	成尋	④朱	朱（濃紅）
延久二年（一〇七〇）	隆覺	⑤朱（「但墨點定也」）	朱（橙朱）墨（太）

本書所用の假名字體表及びヲコト點は、次圖の如くである《三七一〜三七六頁》。

（第一圖）　永延元年朱點　假名字體表（「星蘭寺説」點を含む）

（第二圖）　同右ヲコト點圖

（第三圖）　長保六年墨點　假名字體表

（第四圖）　同右ヲコト點圖
（第五圖）　長元七年朱點　假名字體表
（第六圖）　延久二年墨點　假名字體表

ヲコト點は共に朱點であつて、永延點と、その後になぞつて加へられたもの（「多分星薗寺說點」）とを區別することが極めて困難である。しかし、共に所謂「西墓點」であつて、平安時代に三井寺の僧の所用のヲコト點であつたことは、中田祝夫博士の明にされた所である。然して、本書のヲコト點は、點圖集にいふ「西墓點」と殆ど完全に一致するのであるが、このやうに點圖の西墓點と一致するものの中で最古の資料は、中田祝夫博士が指摘された、京都大學圖書館藏の「蘇悉地羯羅經卷第二」一卷の延喜九年點であり、この本には、智證大師の弟子空惠の自筆識語がある。(3) 而して「金剛界儀軌」に於ては、明に文慶が西墓點を使用してゐるのであるが、文慶は本朝高僧傳によれば、園城寺餘慶に從つて悉く顯密の奧祕を得、又勸修勝算二兄に就いて益々所業を研いたと見えるから、空惠・最圓との法統の關係は、

圓珍─┬─行譽──餘慶─┬─文慶
　　　└─空惠　　　　　└─定基──最圓

と考へられ、(4) 西墓點が圓城寺關係の僧に使用されたといふ中田博士の所說に一證を附加したことになるのである。又、文慶の點本といふものも、本書が始めて知られたものと思はれる。又、文慶の生年は本書の奧書によつて康保四年（九六七）の出生であることが知られ、又寂年は園城寺長吏次第によれば、「永承元年（一〇四六）七月二日滅年八十一」とあるが、本書の奧書から計算すると永承元年には年八十の筈である（本朝高僧傳・大日本佛家人名辭書には生沒年を缺いてゐる）。

奧書の「入道三宮」は、村上天皇の皇子致平親王のことであらうか。本朝皇胤紹運錄（群書類從本）に

致平親王（四品兵部卿、號㆓明王院宮㆒、又號㆓法三宮㆒、天元三五十一出家名悟圓。住㆓三井明王院㆒。智辨入室。長久二二廿薨。九十一。母更衣正妃左大臣在衡公女。）

と見える。智辨は餘慶の謚號である（天台座主記）。尙朱の奥書②に見える「星薗寺」については未勘である。次に長保の奥書に見える「三井大阿闍梨」とは誰を指すものであるか未だ勘へない。或は餘慶のことであらうか。長元の奥書に見える「法印御房」とは文慶のことであらうか。園城寺長吏次第によれば、文慶は第十七代及第十九代の園城寺長吏となり、明王院法印と稱したとある。同じ奥書の「唐房阿闍梨」は何人であるか未だ勘へない。東寺金剛藏焔曼德迦儀軌一帖にも

校本奥長保五年三ー十三日於三井寺唐坊
權大阿闍梨座下稟受已了云々

の奥書が見える[5]。以上の記録と本書の奥書とを綜合すると、次のやうな法統が想定される。

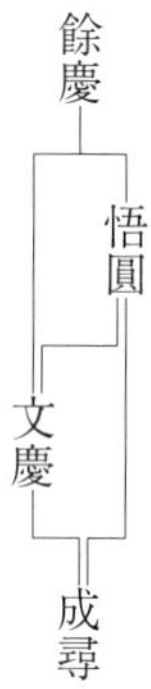

二

本書から得られる國語史料として先づ擧ぐべきは、漢字及び假名に附せられた聲點である。これを加點の順に整理して見ると、大凡次のやうになる（以下本文引用に當つては、原本の假名は現行の片假名字體で、原本のヲコト點は平假名で示した。「リ」と「ヘ」とは片假名との混同を避けるために變體假名を用ゐた。又、筆者の補讀は（　）に包んで示した）。

(イ)　漢字の聲點

①②、永延點（及び星薗寺說點）

朱筆で、漢字に聲點を附する。これは、陀羅尼の部分のみに、清音は◦、濁音は•の符號を附してゐる。例へば、

◦婆《ソ》◦嚩《ハ》二合◦婆•嚩《ハ》◦秫駄引•入薩《サル》◦嚩•達《タル》摩引◦入　（一ウ三）

◦欠《ケム》•嚩《ハ》•日《シ》◦羅《ラ》二合•駄《大ト》覩◦　（一ウ七）

の如くである。一ウ三の「薩」「達」は入聲輕の部に點を附して居り、從つて、この聲點の體系は、四聲でなく六聲を區別してゐるかと見られる。然してこれは、清音に◦、濁音に•を附して區別した資料として、管見の限りでは現存最古のものであるばかりでなく、漢字の聲點で清濁を區別したものとして見ても、本資料は管見最古のものである。そしてしかも、この區別が陀羅尼の部分のみに見られることも、注目すべき事實である。

③、長保點

長保點（墨筆）では、本文と陀羅尼との兩方の部分に聲點を附してゐる。所で、本文の部分については、◦によつて清濁を區別せずに示し、これに對して、陀羅尼の部分は、清濁を區別した聲點を指してゐるが、これは前と異り、清音は•、濁音は:のやうに使分けてゐる。その例、

〔本文の例〕

於虚空◦《に》觀《(シ)たてまつれ》レ佛《を》　（一ウ四）

•灌《し》二一切《の》佛頂一　（三オ一）

速《に》◦成《セシメム》二勝-悉-地《を》一　（六オ一）

掣開《きこと》如二◦戸《コ》-◦樞《シユの》一　（七オ四）

〔陀羅尼の例〕

囉《ラ》:儒《タ》引波::誐哆:薩嚩《ハ》:達•莫　（一オ七）

・布∴惹鉢囉二合∴嚩哩・多・那・耶　（三ウ一）

尚∴の中には〻のやうな形に近いもの（例へば右の「惹」の例）、・〵のやうな形をしたもの（例へば「素」（四七オ七）など）があるが、筆の勢なのか、又は別の意味を有する符號であるのか、未だ勘へない。

陀羅尼の加點は、①②の永延點と異つた聲點の場合に限つてゐるらしく、永延點と同じ場合は省略してゐるやうに見える。又、永延點が。（清音）又は・（濁音）を附した部分を、③長保點で濁音として表す場合には、。（朱）の傍らに∴（墨）を加へて∴。のやうにしたり、・（朱）の傍に∴（墨）を加へて∴又は∴のやうにしたりした例がある。

迦。。・野弭。、嚩。∴訖・・卿。合二多。、・嚩∴曰《シ》。囉二合、・嚩∴娜。南、迦。。嚕引弭。、唵。∴嚩∴曰・囉∴匃・微一反　（四ウ二）

（右の中、。はすべて朱點、•はすべて墨點、∴の中「曰」のもの（二例）は、右朱左墨、∴（「娜」）は右二點墨、左一點朱、∴（「嚩」）は右一點朱、左二點墨）

又、∴のやうな形になつたものがある。

。鉢《ハハム》∴娜《太》。麼二合　（二六オ七）

永延點と長保點とが同じ文慶の手に成る加點であるのに、かやうに體系が異り、然も後筆が前筆をこのやうな形で修補してゐることについては、聊か不審の念を插む餘地がないでもないが、この兩點は十七年を隔てて加點されたものであることを考へれば、やはりこのやうに解釋してよからうと考へる。•∴を清濁に使分けた例は、大日經長保點などにも見えるやうで、多分長保頃からの用法なのであらう。

④、長元點

長元點の朱點は、陀羅尼の部分に確實に認められるのであるが、清音に•を、濁點に∴を用ゐて區別してゐる。長保點は墨、この長元點は朱といふ相違はあるが、この用法は長保・長元共に同じ性質のものである。

訥《ト》:庾.駄:那.蘇、微《ソ》:哩.也二合.訖.哩.耶三合三　（二四ウ六）

長元點には.〜のやうに髭のやうな印が用ゐられてゐる（延久點にもある）が、これは他に古くは早稲田大學藏金剛界私記康平六年（一〇六三）點にも見えるもので、この頃から見え始める符號らしいが、何を表すものか、未だ知らない。

⑤、延久點

延久點の中、墨のものは、本文・陀羅尼共に見え、太目の筆で、清音には○、濁音には○‐（又は○‐）及び○○を用ゐてをり、この內○○は陀羅尼だけに見られるやうである。

（本文の例）

黒色《にして》　如《シ》二雲‐霧《ムの》一　（一〇ウ一）

陳《して》レ罪《を》應《し》二隨喜《し》……一　（一オ四）

則誦二遍照《の》明《を》一　（一ウ五）

次結《ビ》金剛持‐大《の》印《を》一　（四オ五）

従レ心旋轉《すること》　如《して》二舞《の》勢《ヒノ》一　（四オ七）

富樂豐饒《にして》　生《す》二勝族《を》一　（五ウ四）

（陀羅尼の例）

薩嚩怛他引誐多　（二ウ一）

摩訶吠哩藥　（二四ウ五）

摩訶引婆耶二、摩引囉鉢囉二合　（二五オ二）

冒《モ》引斫《シャ》迦二　（二五オ六）

(ロ)　片假名の聲點

本書では、漢字ばかりでなく、片假名にも。及び•:の聲點が附せられてゐる。これには、加點年代の不確實なものも含まれてゐるが、何れにしても、管見の限りでは、片假名の聲點として最も古い資料として珍重すべきものと考へる。

①②、永延點及び星蘭寺說點（朱點）

。鉢《ハ》引。唎《リ》丁《チ》ー夜《ヤ》引二合（陀羅尼）（四三ウ五）（・チヤ）

右のチ及びヤの夫々上聲の位置（左肩）に•符がある。この點を熟視するに、チ・ヤの假名は明に①永延點があり、その上を②星蘭寺說點がなぞつたものであるが、•の部分については、②は確認出來るが、①はどうしても確認出來ない。若し①が確認出來れば永延に片假名の聲點があつた證となるのであるが、私の調査した限りでは、どうしてもそのことは確認出來ない。しかし少くとも②の點に•を用ゐたことは確實であり、從つて、少くとも長保以前に片假名に•が用ゐられてゐたことが略〻確實とならう。

薩《(サ)ル》嚩。母《モ》捺•嚂《ラム》。（陀羅尼）（四六オ四）（・ホ）

右の「ホ」にも、上聲の位置に•點がある。その加點の狀態は、前の「チヤ」の場合と同樣に、②は確實であるが、①はどうしても確認出來ない。

麼。•努《ト》播《ハ》。引。攞《アラ》。耶。三（陀羅尼）（四七オ四）（・アラ）

右の「アラ」にも「上上」の•があり、事情は全く右二例と同じである。

:羯《ケル》磨。尾•。輸引•駄。那（陀羅尼）（一一オ七）（ケル）

右の「ケル」（字體は「十八」のやうなもの）の、「ケ」の平聲の位置（左裾）と「ル」の上聲の位置（左肩）に、夫々「。」印が附せられてゐる。これも前と同じやうに、②は確實であるが、①があるかどうか、どうしても確認出來ないのである。

③、長保點

長保點は、片假名に・及び:でアクセントを注記してゐる。

冒《ボ》地質多（陀羅尼）（一四オ五）

「ホ」は「早」の字體で、その右肩（去聲の位置）に明に:がある。

母駄冒《ボ》引地（陀羅尼）（三三オ一）（ボ）

「ホ」は前と同じ字體で、上部が少しばかり蟲損を蒙つてゐるが、その右肩（去聲の位置）に明に:がある。冒字の去聲の位置には①②永延點で・があり、同じく①②で「ホウ」の片假名を附す。

失《シヤ》-者二合地底瑟姹二合躭《タム》（陀羅尼）（六オ五）（しや）

薩・帝《テイ》-曳二合（陀羅尼）（九ウ一）（チイ）

右の「シ」「ヤ」及び「テ」「イ」には夫々上聲の位置に・印が附せられてゐる。尚長保點で「交《ルコト》」（三二ウ一）の「ル」の右傍に「〻」が見えるが、多分筆のそれで附せられたものであらう。

⑤、延久點

陀羅尼の下に所々梵字が書加へてあるが、これは延久の墨筆のやうである。そして、又その梵字に假名を附し、その假名に・印の聲點を附したのも、延久の筆である。

タラ（上平）（三オ四）　キリ（上平）（三ウ四）　アク（上上）（四オ四）

以上の諸例から見ると、本點本における片假名の聲點は、確實なものはすべて陀羅尼の部分に附せられてをり、本文の漢文の部分に附した例は一例も見出されない。これは、この種の聲點が、もと陀羅尼に起り、後にそれが一般の語音

に及んだことを推測させる資料となると考へられる。

三

本書の漢字音（殊に陀羅尼）の音韻については、未だ十分な調査を遂げてゐないが、氣附いたことを一二列擧することにする。

先づ、永延點では、陀羅尼の振假名に、次のやうに拗音を「ーア」、n韻尾を「ニ」で記したものがある。

°囐《ケニ》第《テイ》虐《キア》·（三〇オ四）（①②點•、①點では:を附し「キヤ」とあり）

°悶《モニ》者°°鉢《ハン》·娜《タ》·弭《メイ》（四八ウ六）（①②點°、但し「モニ」の假名は①點のみ）

右の例の內「ハン」の「ン」は「レ」の形でしかも「ハレ」のやうに右に寄せて少し小形で記されてゐる。これは他に例の少い奇異な表記法である。

永延點の假名の內、「太」はすべて陀羅尼の中に現れ、しかも、すべて濁音の文字に用ゐられてゐるらしい。

°波·娜《太》（一二ウ六）　娜《太》·°野引弭°（一四オ五）　°健《見》吒《太》°（二六オ六。「吒」の「°」は②點のみ。①點は•）

右のやうに「太」を附した漢字の聲點はすべて濁音を表す•を用ゐてゐる。一方「タ」は陀羅尼の中では°の聲點を附した漢字に用ゐられてゐる。

°薩《サ》怛《タ》°嚩°引二合（一五ウ二）　地·°瑟奼《タ》°合二（一五ウ二）　°囉《アラ》°怛《タ》°曩《ナ》引二合（一五ウ三）

永延點では、陀羅尼の部分に類音表記（漢字の音を表すのに假名を用ゐず、他の漢字を用ゐるもの）がある。

底《チ》°°瑟《圭》侘《タ》°合二（一四ウ二）　°鉢《反》·娜°麼《マ》合二（一六ウ七）　·毗《ヒ》°詵《眞》°遮《シシヤ》°《サ》鉿《マム》引（一六オ五）　娑《サ》°嚩《ハ》°合二演《延》°（二〇ウ八）

長元點と思はれるものの内に、ng韻尾を>で表したものがある。これは、此の時代には他にも若干の例を見る符號である。

鄧《ト>》:琵吒.囉二.合摩.訶引.婆.耶二（二五オ二）

國語音では、先づ假名遣の混同について、①②③點では、全くその例を見出すことが出來ない。すべて正しく使ひ分けられてゐる。

①②永延點

所た里レ翳《オホハレ》（一四オ二）　笪《クハタテ》（八ウ二）　搖《フルヘ》（三二ウ三）

③長保點

願《ネカハクハ》（一二ウ七）　喩《タトヘ》は（一三ウ五）　於《オケ》（二八オ六、三一オ七）　間《アヒタ》（四九オ五）

ただ⑤延久點では一例「フ」を「ウ」と記した例がある。

照《タマウ》《たまふ》二三有一を（五オ四）

音便は①②は永延點にイ音便、③長保點にイ音便、促音便、撥音便の例がある。

①②永延點の例

二拳交抱《てイタイて》レ胸を（二七ウ三）（イダキテ→イダイテ）

右足《の》《は》笪《シハマイ(テ)》左《のは》直《くして》（八ウ一）（マキテ→マイテ）

③長保點の例

各安《イテ》《け》二於腰側《のトリニ》《に》一（六オ七）（オキテ→オイテ）

仰《て》安《ケテオイテ》《て》二於懐《フトコロノウ(チ)に》《の》中一（四五オ三）（同右）

指端《のハシニオイテ》安《にして》時《の》花《を》一（五〇オ二）（同右）
解《トイテ》レ縛《をナテヨ》摩二於胸《ネヲ》《を》一（三二ウ一）（トキテ→トイテ）
又作《ツクテ》二焼香帮《のを》一（三九オ二）（ツクリテ→ツクッテ）
勿《れ》二以レ此《を》爲レ足《することタンヌト》（一二ウ三）（タリヌ→タンヌ）
十度結《て》爲《ムテナセ》レ拳《に》（六ウ七）（ムスビテ→ムスムテ）

四

語彙には殊に珍しいものはないが、若干例を示す（①は永延點、②は星蘭寺說點、③は長保點、⑤は延久點を示す）。

○アキラカニ（歴然）
歴-然《とアキラカニ》《明也》見《たてまつれ》二諸佛《を》一 ①（一ウ五）（文選讀の例）

○アフグ（偃）（下二段）
禪智開《キテ》偃《アフケ》附《ケヨ》 ③（三二オ三）
縛《シテ》偃《フヒ》《アフケ》竪二禪智一 ③（三二オ六）

○イル（射）
以射《てイヨ》《よ》二厭-離心《のを》一 ①②（八オ三）

○ウゴカス（搖）
禪智入レ掌搖《ウコカセ》 ③（三二ウ三）

○ウデ（腕）

次腕《ウチヲ》合而振　③（一八ウ一）

鑠開レ腕《ウチヲ》相鉤　③（二五ウ二）

○ウナジ（項）

喉項《ウナシ》額又頂　⑤（一七オ五）

○オク（安）（於）

左拳安《オキテ》二於齊《ホソニ》一　③（二六ウ二）

旋二轉《シテ》掌《ロヲ》一於《オケ》レ頂　③（二八オ六）

。旋舞掌於《オケ》レ頂《ニ》　③（三二オ七）

○カザル（嚴）

宿命住智相嚴《カサラム》レ身　③（五ウ二）

○カナフ（慶）（下二段）

應《カナヘテ》レ吽而擘開《サキラケ》　③（二〇オ四）

○キス（被）

被《キセムト》二堅固甲冑一　③（四三ウ二）

○キル（被）

恆被《キヨ》二大誓甲一　⑤（一七オ二）

二拳被《キヨ》二甲冑一　③（二八オ二）

○クハタツ（笡）

右足笡《クハタテ》 左直 ⑤（八ウ二）

○サク（擘） cf カナフ（應）

○サス（刺）

以二一度《を》一刺《サセ》《せ》レ心《を》 ①②（八オ三）

○シリヘ（後）

无量壽《ヲハ》 頂後《シリヘニ》 ③（一六オ一）

○スツ（委）

全身委《ステ、》《マカセテ》レ 地禮 ③（二オ五）

○セバシ（狹）

若方-所小《ヒサク》 狹《セハクハ》 ③（二〇オ五）

○ソヽク（灌）

遍-照《ヲハ》 灌《ソ、ケ》二於頂一 ③（一五ウ七）

○ソバタツ（側）（下二段）

進力竪《タテ、》 側《ソハタテ》 合《セテ》 ③（二〇オ三）

○タツ（竪）（下二段） cf ソバタツ（側）

○タトフ（喩）

喩《タトヘ（ハ）》 若二淨滿月一 ③（一三ウ五）

○ツラ（頰）
°旋二舞心兩頰《トツノツラトニ》一　③（二八オ一）

○トル（把）（捻）
右手如レ把《トレルカ》レ　劔　③（二七ウ六）
縛《シテ》レ大捻《トリテ》二小根《ノネヲ》一　③（三二オ五）

○ナヅ（摩）
解《トイテ》レ縛摩《ナテヨ》二於胸《ネヲ》一　③（三二ウ一）

○ニギル（握）
以握《ニキレ》二力《ノ》之端《シヲ》一　③（二六ウ二）

○ネガハクハ（願）
唯願《ネカハクハ》　諸如來示二我《レニ》　所行處一　③（一二ウ七）

○ハシ（端）（頭）
不《サレ》三極動《カ》二舌端《ハシヲ》一　③（四九オ三）
仍屈レ頭《ハシヲ》　相柱　③（一八オ七）

○ハジメ（首）
一切印之首《ハシメナリ》　③（六ウ五）

○フス（委）（下二段）
全丨身委《フセテ》《て》レ地禮《たてまつれ》　①②（二オ五）

○フルフ（搖）
禪智入《れて》レ掌《に》搖《フルへ》 ①② （三二ウ三）
○ホソ（齊） cf オク（安）
○マカス（委） cf スツ（委）
○マク（笪）
右足《の》笪《はマイ(て)》 左《のは》直《くして》 ①② （八ウ二）
○マトカ（圓）
圓 成《トカニナル》二大悲種一 ③ （一〇オ二）
○ヤウ〳〵（徐）
徐徐《ヤウ〳〵》前下垂 ⑤ （一七オ六）
○ワカツ（分）
額前《ヘヨリ》 二羽分《ワカチテ》 ③ （一六ウ三）

注

（1）『佛書解説大辭典』、神林隆淨氏執筆の記載による。

（2）『點本書目』六六頁所載、仁平元年（一一五一）書寫加點本。

（3）金剛三昧院藏本「金剛界次第生起」には寛平三年の識語があり、中田祝夫博士『古點本の國語學的研究總論篇』二七三頁によれば、「ヲコト點は西墓點の祖點に位地《（ママ）》すべきもの」とされてゐるが、私の實見した所によれば、本書のヲコト點は點圖集所載の西墓點そのものであり、しかもその加點年代は院政時代と見るべきものであつて「寛平三年二月廿八日比丘最圓」の朱筆奥書も、寛平の筆ではなく、院政時代の筆と見るべきものである。從つて、この本は最圓の原本ではないことになり、最圓が點圖集所載の西墓點そのものを使用したかどうかは、少くともこの資料だけからは、確認出來ないことである。この資料から知られることは、最圓の原本を移點した人が西墓點を使用したといふことだけに止る。

（『かがみ』十一號　昭和四十一年三月）

（4）　中田博士前掲書二七五頁參照。

（5）　同右二七七頁。

第一圖　永延元年點及星薗寺說點（朱點）假名字體表

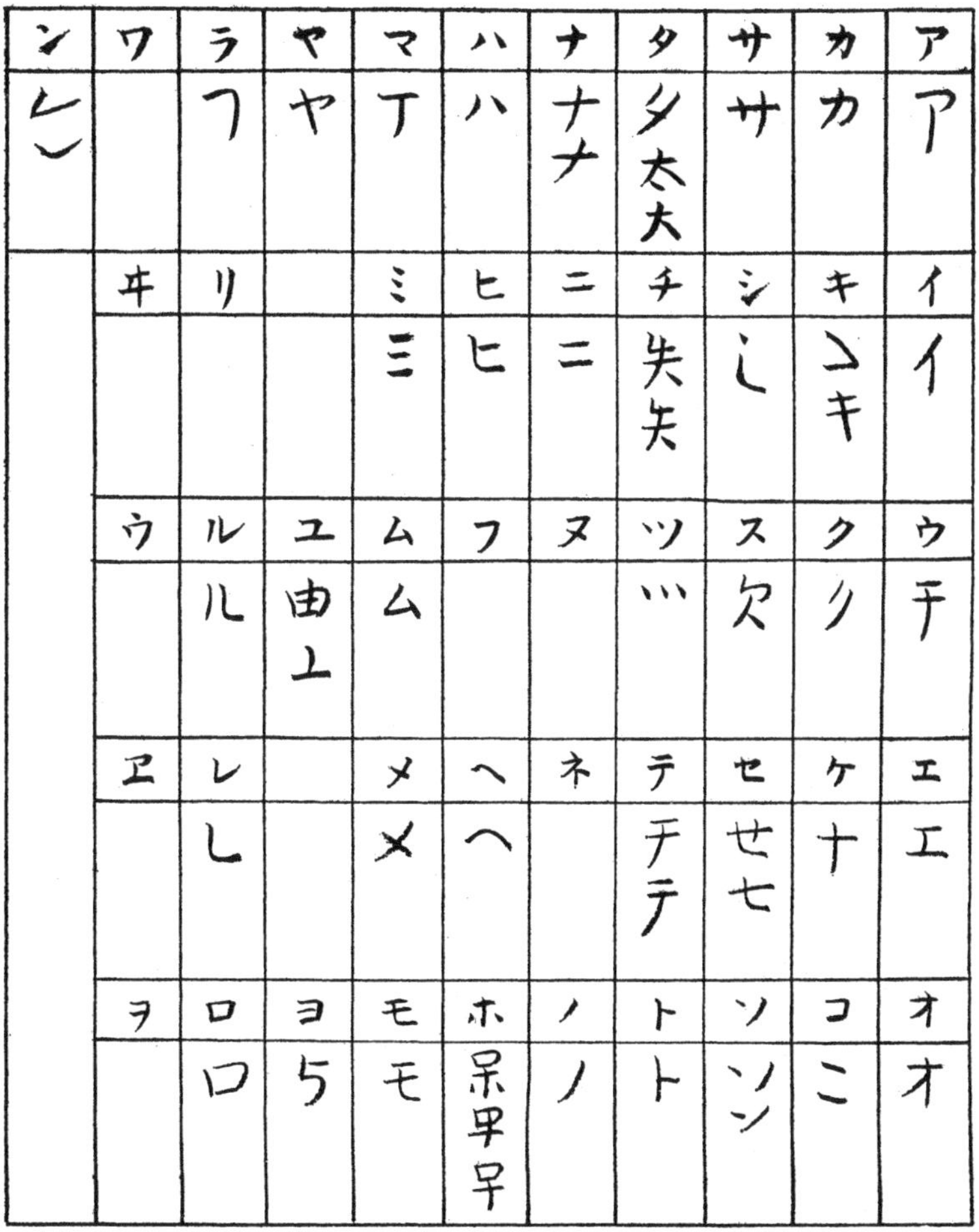

第二圖　永延元年點及星薗寺説點（朱點）ヲコト點圖

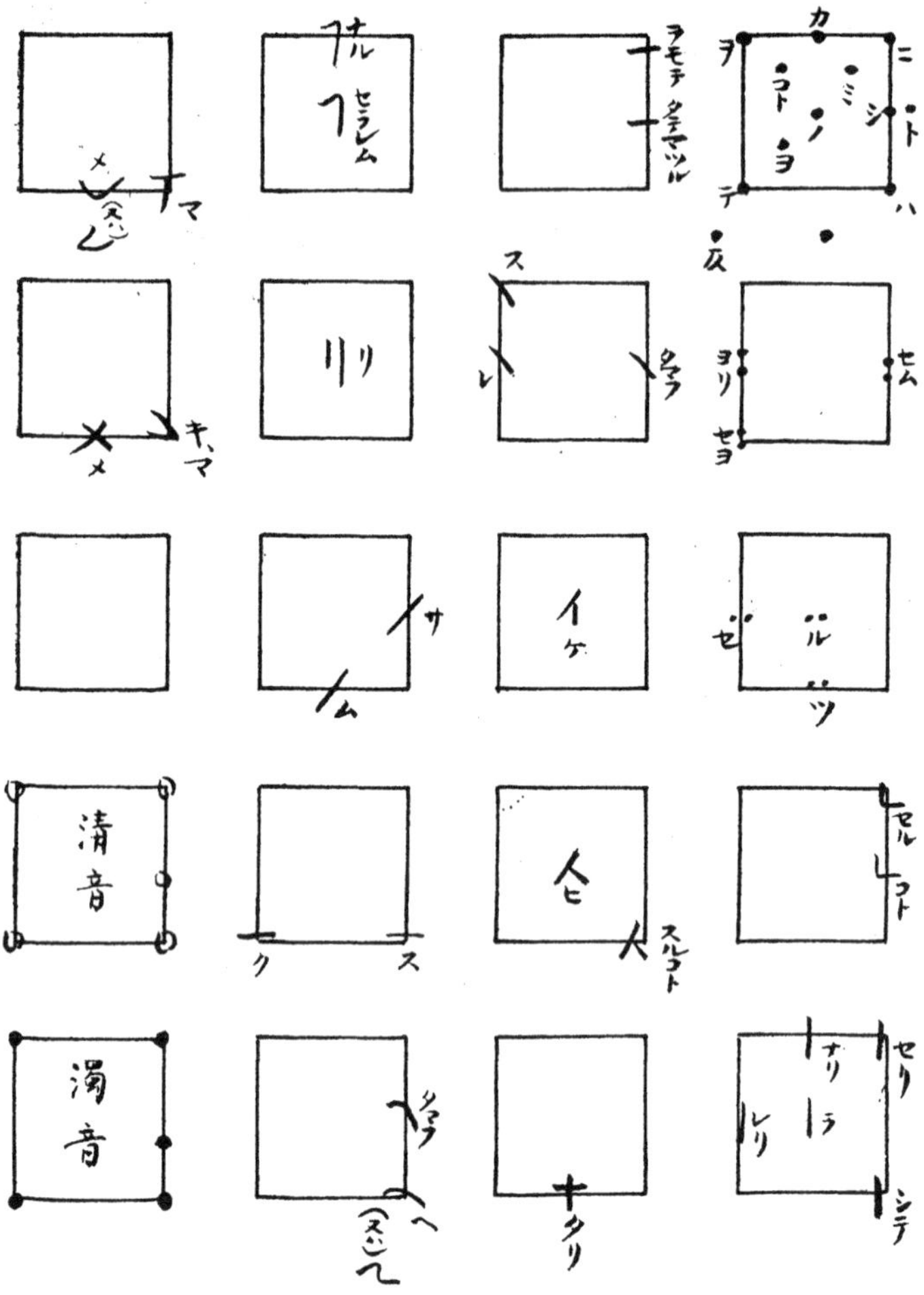

第三圖　長保六年點（墨點）假名字體表

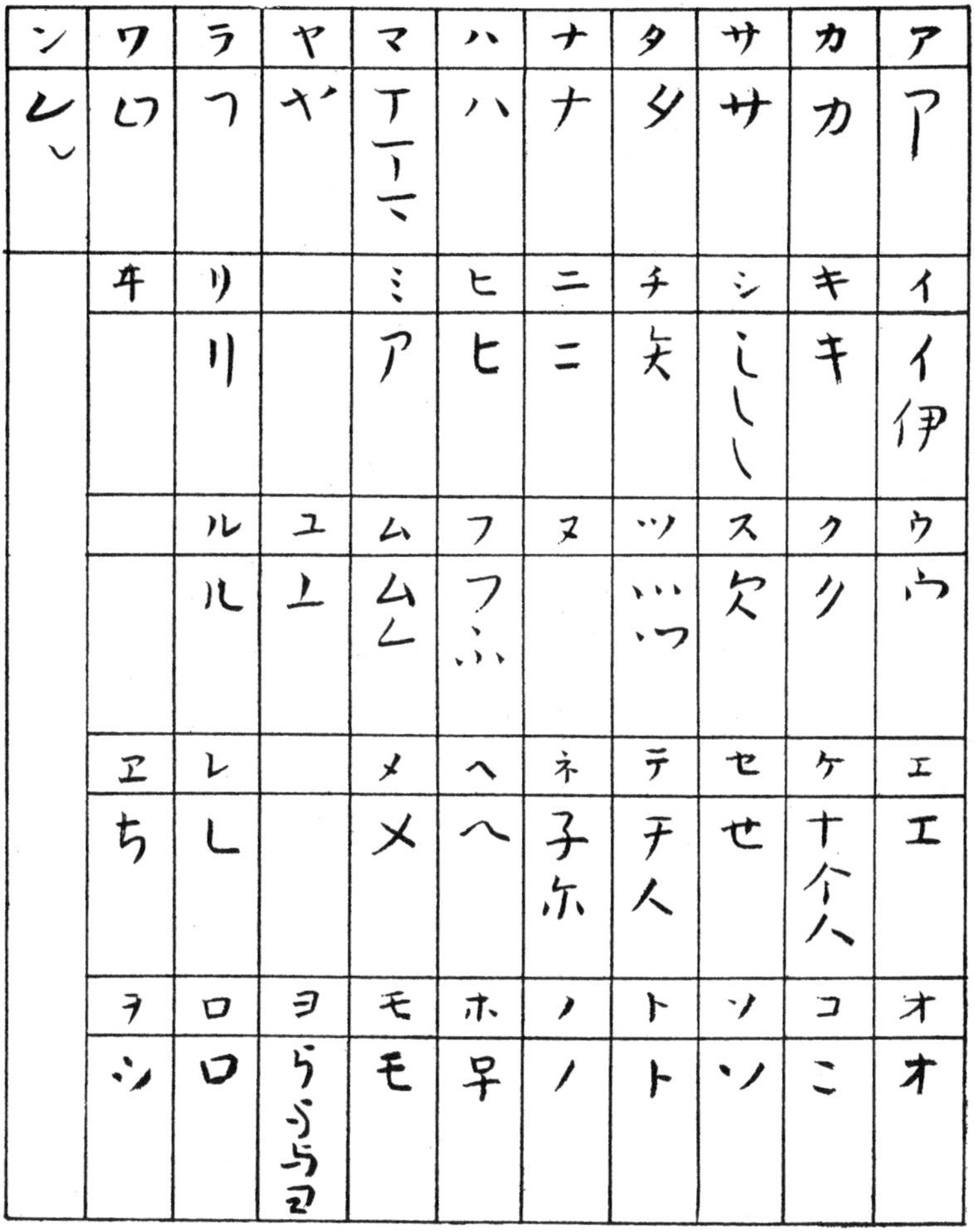

第四圖　長保六年點（墨點）ヲコト點圖

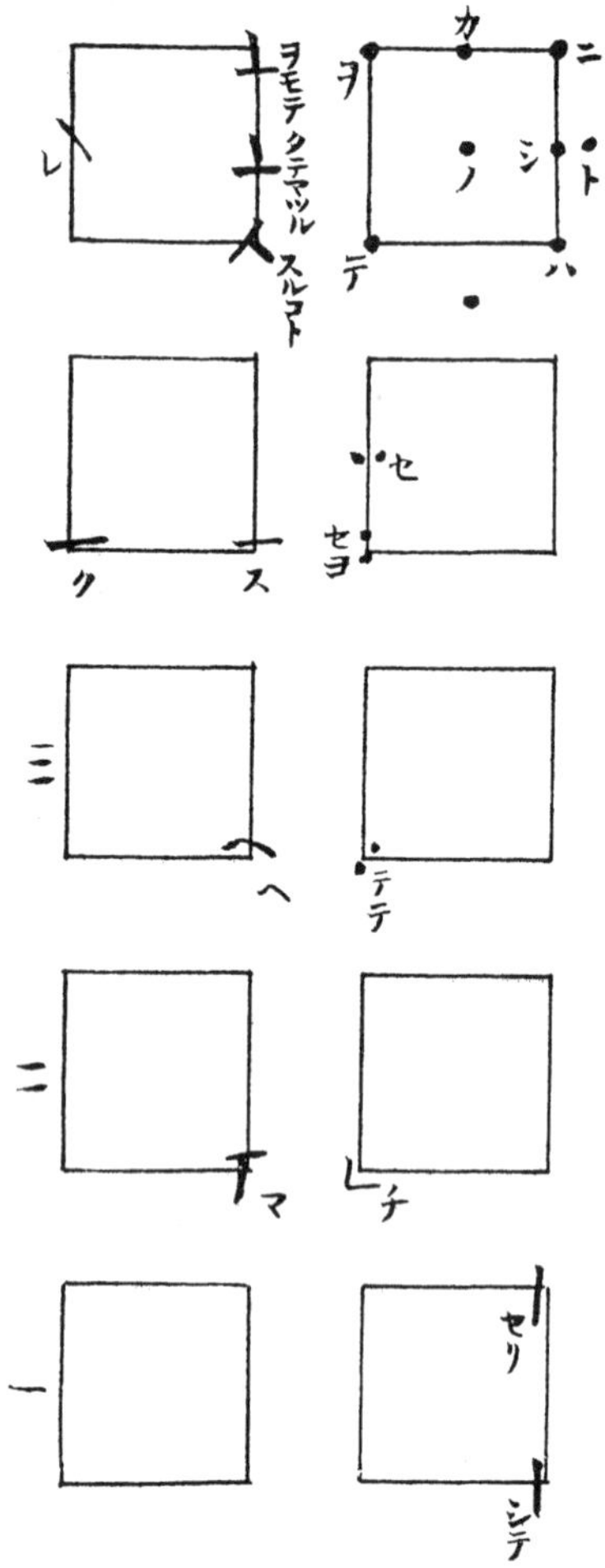

第五圖　長元七年點（朱點）假名字體表

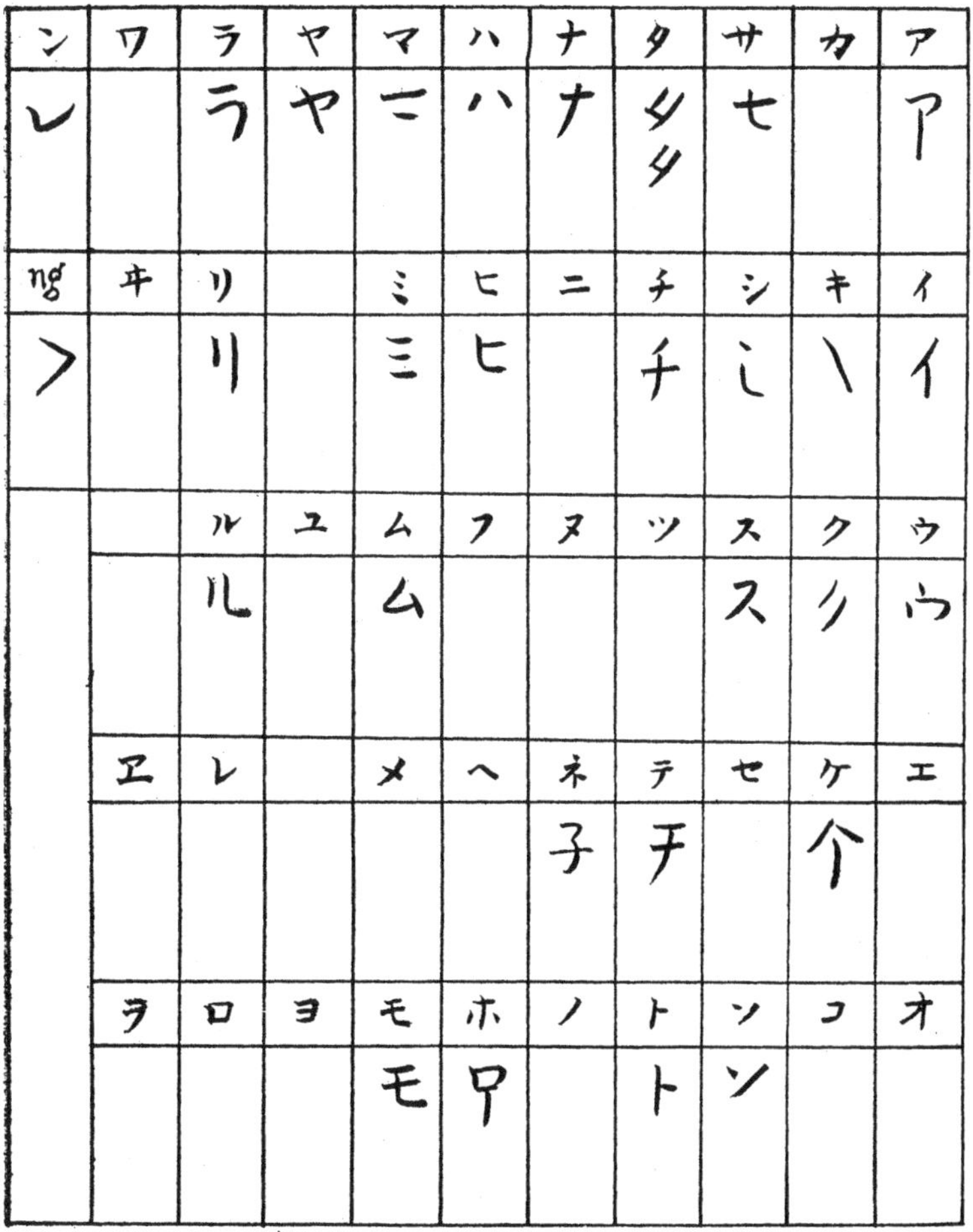

第六圖　延久二年點（墨點）假名字體表

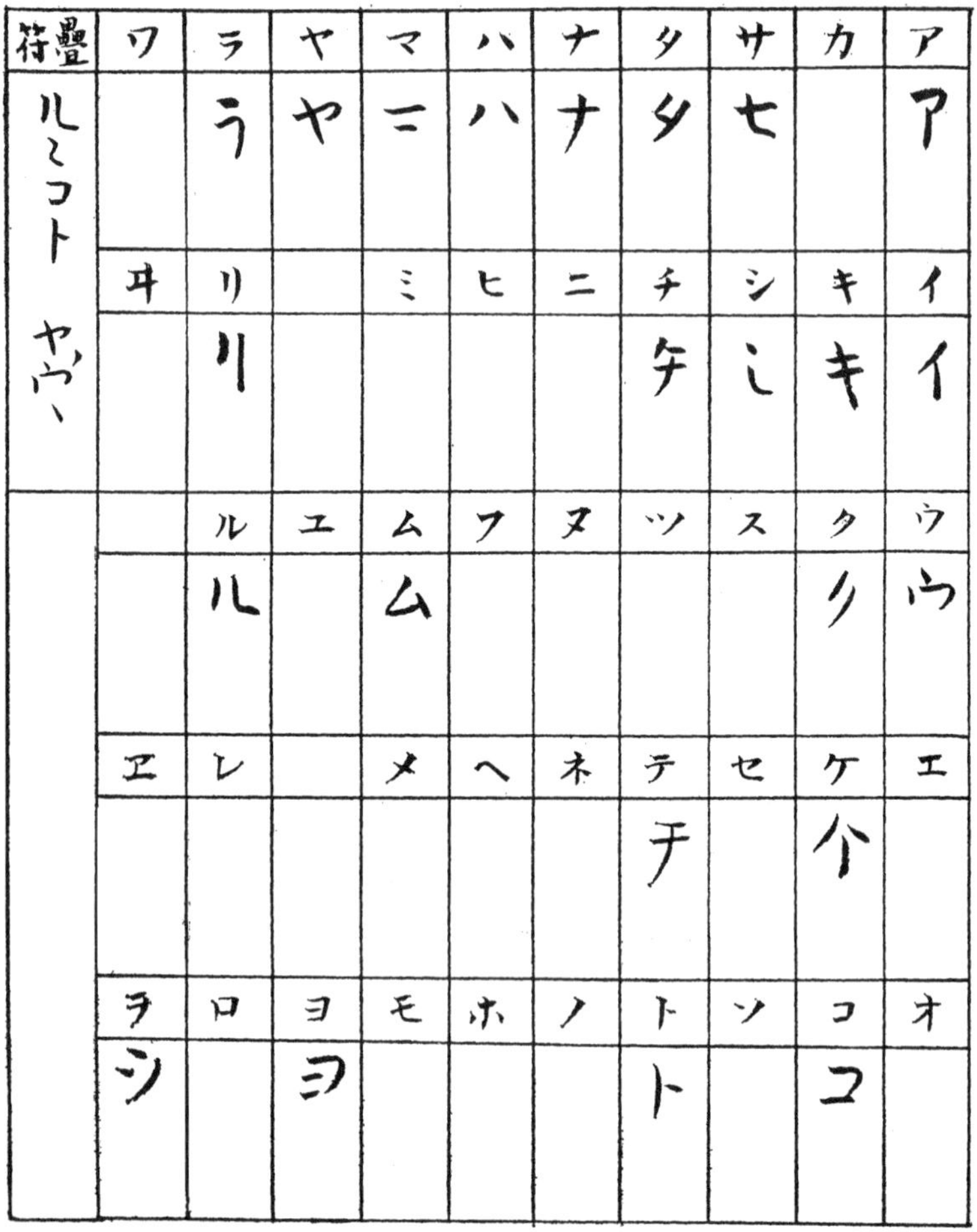

蘇悉地羯羅供養法康平點について

蘇悉地羯羅供養法は唐の善無畏（六三七〜七三五）の譯に係り、蘇悉地羯羅經の意に基いてその供養法則を說いたものである。二卷本と三卷本とがあるが、大東急記念文庫に藏する一本は二卷本であつて、その上卷の一帖が現存してゐる。この書は、下に縷述する如く、康平七年（一〇六四）の書寫加點に成るものであるが、近時洛西栂尾高山寺の經藏から同じ書の下卷一帖を見出し、本文・訓點を比較した處、兩者正に僚卷であることを確認したので茲にこのことを報告し、旁々同書の訓點を取上げて、その國語史學の資料としての價値に言及したいと思ふ。尙本稿を草するに際しては、大東急記念文庫竝に高山寺の當局より格別のご厚情を忝うし、度重る調査に御便宜を與へられた。又、小林芳規氏は調査を共にせられ、幾多の有益な敎示を垂れられた。茲に深甚の謝意を表し奉る次第である。

大東急記念文庫所藏の蘇悉地羯羅供養法卷第一（內題による）（24 152—978）一帖は、粘葉裝、薄手の白色楮紙、天地約二二・五糎、幅約一五・五糎、近時全面的に補修を施したが、以前は蟲損が極めて甚しかつた。外題には、表紙中央に「蘇悉地儀軌卷上」と墨書し、表紙左袖にこれと同筆で「僧睿快」と記してゐる。又、表紙右上には「眞第五箱」なる朱書がある。本文は白界を施し一面七行に記してゐる。奥には、

（墨）「康平七年潤五月四日午時於南泉房書了」

（朱）「同年八月□（八カ）日□（讀カ）了」（別墨）「一校了」

なる朱墨の奥書がある。本文には全册に亙つて朱筆の訓點があり、すべて一筆と認められる。一方、高山寺所藏本は第一五三箱第九八號で、內題は「蘇悉地羯羅供養法卷第二」と記し、粘葉裝一帖、薄手の白色楮紙、天地二二・五糎、幅一五・五糎であつて、大東急文庫本と全く同一の體裁である。蟲損が甚しいが、それは大東急文庫本の修理前の狀態と同樣である。外題には表紙中央に「□悉地儀軌卷下」、表紙左袖に「僧睿快」、表紙右上に「眞第五箱」と朱書があるが、これ亦大東急文庫本と同じ體裁である。更に奥には、

（墨）「康平七年壬五月十日申時□（於）南泉房書了」

（別墨）「八月十四日挍了」

（朱）「同年九月五日奉讀了」

とあり、大東急文庫本よりも六日後に書寫し、約一ヶ月後に讀了してゐることが判り、上卷と下卷との照應もよく適つてゐる。

これだけでも、兩者がもと一緒のものであつて、上卷だけが何時しか經藏から出たものであることは明であるが、更に內容に於ても書寫の筆蹟は同筆であり、それに加へられた訓點も全く同種のものであるから、このことは全く一點の疑を挿む餘地も無いのである。

以下この二帖を一括して、その國語史料としての價値を檢討して見たいと思ふ。

本書の訓點はヲコト點と假名とを用ゐてゐるが、そのヲコト點は第一圖の如くであつて、四角が左下隅から、ハ・ヲ・ニ・テの順となつてゐる奇異なものである。しかし後述の如く、このヲコト點は、第一群點（第二圖。四隅が左下からテ・ヲ・ニ・ハとなるもの）の變形と考へられるものであり、又そのことは、奥書に見える「南泉房」が比叡山の僧房の一であつて、叡山で第一群點（仁都波迦點など）が使用されてゐた[1]ことと重大な關係のあることであり、又、此の點は、同じく比叡山で使

用されてゐた寶幢院點(2)の成立に重要な示唆を與へるものであることに注目されるのである。

康平點のヲコト點を見ると、上述の如く、左下がハ、右下がテとなつてゐるが、これは恐らく、本來、左下にテ、右下にハとあつた第一群點を基として作られたもので、その星點を左右入替へて作成されたのがこの康平點であると考へられる。本來康平點の如き配置の星點を持つたヲコト點は他に存在した例が見られないのである。その上、康平點のヲコト點には、第一群點に屬するヲコト點である所の西墓點（第二圖）や仁都波迦點との間に次のやうな著しい類似點がある。

(一) 右中央の星點シは三者共通である（仁都波迦點は後世はこの位置の星點はトであるが、その初期にはシであつた(3)）。

(二) ‥といふ形（假に「複星點」と稱する）の符號を使用してゐる。この形は原則として天台宗のヲコト點だけに見出されるものであつた(4)。

(三) ヲコト點ではないが、字音の濁音を表す聲點に―といふ形の符號を用ゐてゐるが、これは當時主に天台宗關係の點本に用ゐられたものであつた(5)。

本書の識語の中には書寫者・加點者を表す記述が見られず、又、傳領者を示すらしい「睿快」なる僧についても、未だその經歷を知ることが出來ないが、奧書に見える「南泉房」については、當時の他の點本にも若干の所見がある。

○步擲金剛修行儀軌　一帖　東寺金剛藏（寶幢院點本）(6)

寬德二年（一〇四五）二月二日於南泉房池上阿闍梨（皇慶）奉受了　覺尋

○兩部許可（無題）　一卷　泰門庵(7)

寬德三年（一〇四六）正月廿日於南泉房池上阿闍梨奉受被示之

○三昧流口傳集　二卷　南溪藏(8)

寬德三年正月廿日於南泉房池上阿闍梨奉受了被示之祕中最祕

○如意心陀羅尼經　一帖　吉水藏(9)

天喜四年（一〇五六）五月……於南泉房書了　安慶本

第一圖　蘇悉地羯羅供養法康平七年點所用ヲコト點圖

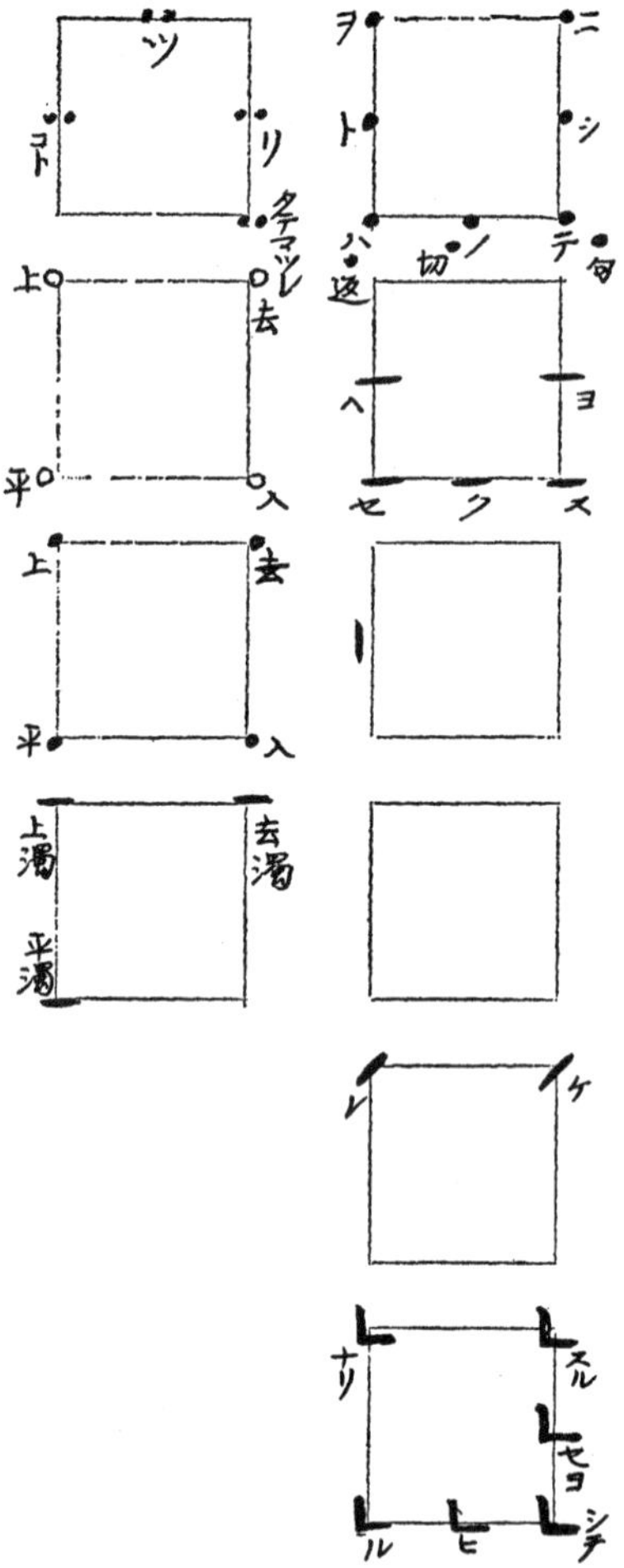

第二圖　西墓點（第一群點）の星點

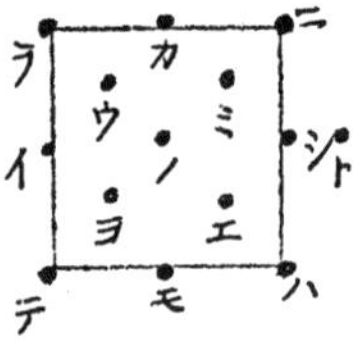

○金剛頂瑜伽三十七尊出生義　一帖　吉水藏(10)
承保四年（一〇七七）……奉點了　同日於南泉房奉受了

○金剛寶樓閣一切瑜伽瑜祇經　一帖　高山寺（仁都波迦點本）(11)
本云承暦二年（一〇七八）四月四日於南泉房奉受了同十三日奉移點了　良祐（後略）

○金剛頂略出經卷第四　一帖　三寶院(12)
（上略）當卷於南泉房更奉讀了承暦二年七月十四日也　同聽良祐供奉澄嚴、、　暦承（承暦カ）四年庚申七月十八日請勝林院上總（綱カ）大師御本點校了　比丘範胤

○七十提婆供法　一卷　曼殊院(13)
件法承暦四年（一〇八〇）庚申四月廿日於南泉房奉受了……範胤記云云

○十六尊幷二十天印相　一帖　石山寺（仁都波迦點本）(14)
應德元年（一〇八四）甲子八月廿四日南泉房以祖師定心院供奉本書寫移點畢　次日奉受了　九月二日受印了也　比丘範胤記　祖師者明靖供奉

これらの記事から推察すると、南泉房は、寛德二年（一〇四五）から應德元年（一〇八四）にかけて、池上阿闍梨皇慶・覺尋・安慶・良祐・澄嚴・範胤などが住し、他に寶幢院點、仁都波迦點のヲコト點が使用されてゐたことを知るのであつて、これらの學侶の學統から、南泉房は天台宗比叡山の中の塔頭であつたことを確認することが出來るのである。

假名字體は第三圖に示す如くである。現行の字體と比較すると、ウ（第二體）、ケ（第一體）、ホ、ワなどが聊か古體であるが、全體としては概して古體は少い。寧ろ注目すべきは、t及びŋを表す符號である。何れも漢字音表記の爲に案出されたものであつて、この種の符號としては古い時代に屬する。本文中の實例は次の如くである（印刷の都合上、∨を「ン」、宀を

第三圖　蘇悉地羯羅供養法康平七年點所用假名字體表

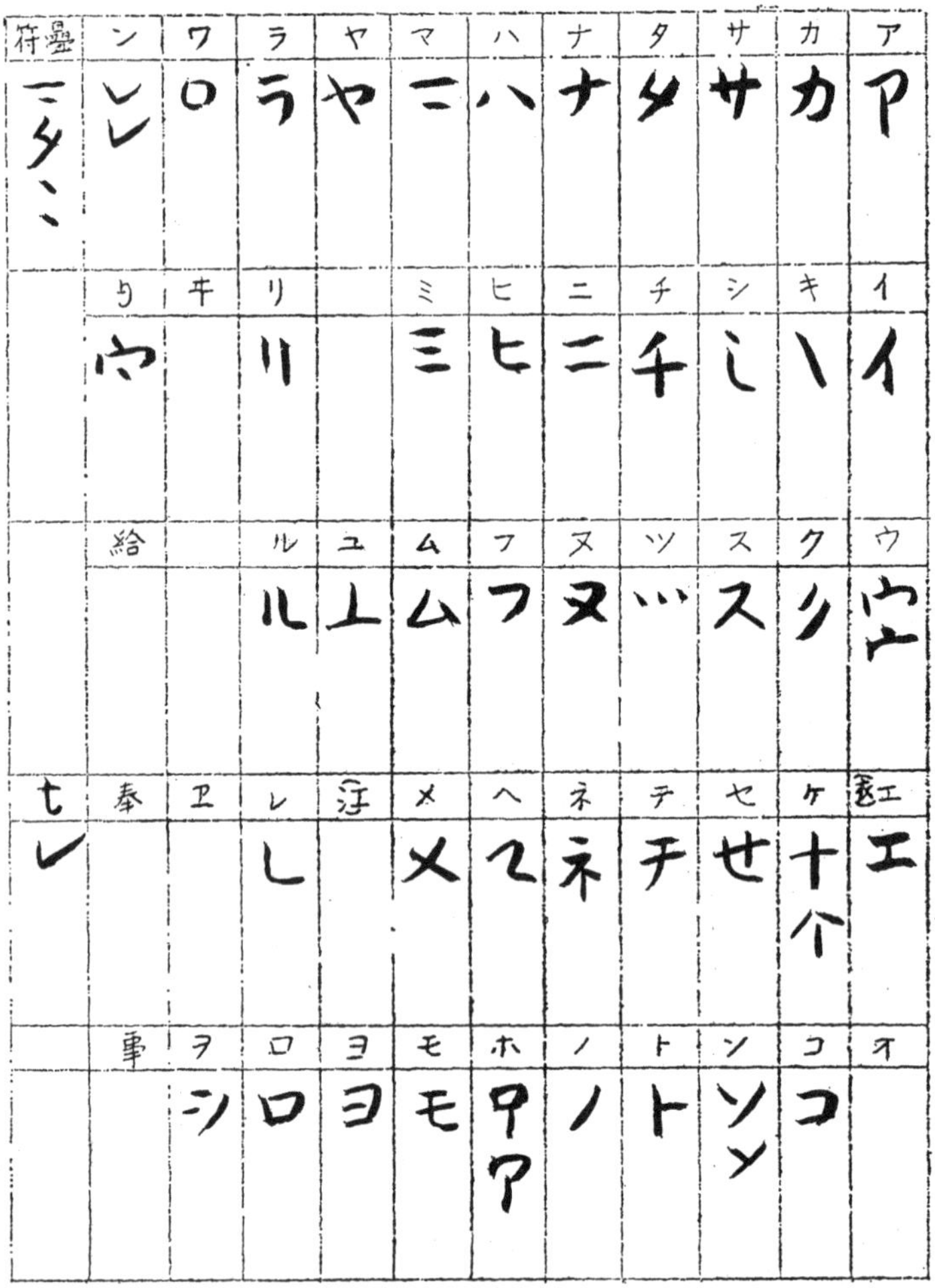

「〇」で示す)。

(tの例) 蘇《ソ》悉《シン》地《チ》　矜《コ》〇羯《カン》尼《ニ》

(ŋの例) 他尾特《ド》夢《ホ》〇《ニ》合　矜《コ》〇羯《カン》尼《ニ》網(以上上巻)　你報《ボ》〇闇《エム》(下巻)

又、漢字の字音を示すのに「—六」といふ文字を使用してゐるが、これは「音」の略字であつて、「省《セイ六》略」「爐《ロ六》神」「寶《サン六》」「燒祀《シ六》」「騎《キ六》乘」(上巻)の如く使はれる。院政時代の點本には多く見られる手法であるが、これはその夙い例として注目すべきである。

更にこの符號を「嚩《バ》弭《ミ》囉蟲の窠《ス六》」(上巻)のやうに、和訓の「ス」に附した例がある。この字の音と誤認したものであらう。

濁音を示すのに、片假名の右肩に、を一つ附してゐる。この符號の初見は、大東急記念文庫藏金剛界儀軌の永延元年(九八七)點であつて、[15]十一世紀頃には若干の用例があるが、本書の例もその重要な一つに數へられる。

字音の假名附けの例も、その大部分は陀羅尼の部分である。その中には

作《シア》　羯《キア》　刧《キア》(上)　迦《キア》囉　灑《シア》(下)

のやうに、拗音を「—ア」で表記した例が多い。當時の陀羅尼の假名には他にも多い例であるが、かやうな表記法は平安初期の資料に多く見え、[16]その名殘と考へてよいと思ふが、それが陀羅尼の中にだけ殊に多いことは注目に價しよう。

舌內入聲尾(-t)に∨の符號を用ゐるが(前述)、これは舌內撥音尾(-n)と同じ符號である。かやうに-tと-nとに同じ符號を使ふことは、石山寺本法華義疏長保四年(一〇〇二)點(共に∨を用ゐる)その他にも見える所であつて、共に舌內音といふ共通性によるものであらう。尙、この符號は、國語音の表記にも適用されてゐる。卽ち、

把∨テ指を相ひ捻せよ(把相捻指)(上)

のやうに、ニギリテの第五音節の音便を示すのにも用ゐられてゐる。これは恐らく促音の音節の表記であつて、當時の他の資料としては、高山寺藏金剛頂瑜伽經康平六年（一〇六三）點に「昇ノホンテ」の例が見られる。

序に國語音の音便について言ふならば、

木履を著《ハ》イテ（著木履）　木履(を)脱《ノ》イテ（脱木履）（上）

の二例がある。何れもカ行四段のイ音便であるが、第二の例はヌイデが音通でノイデとなつた例としても注目すべきものである。その他國語の語法として、

密《キビ》シク作(て)風ヲシテ門に入(ら)令ムル(こと)勿レ（密作勿令風入門）（上）

のやうに「キビシ」は既にク活用でなくシク活用になつてゐるし、又、

本尊方所に在《マシマ》スに隨て（本尊隨在方所）（上）

の「在」字に對する「マシマス」の訓も貴重である。又、

先つ須く辟除す[須]し（先須辟除）（上）

は「須」を「スベカラク……ベシ」と再讀した例として古いものであらう。

語彙の面で、

頭端尖《スルト》ニシテ杵(の)形を爲《つく》(れ)（頭端尖爲杵形）（下）

のやうに、スルドニシテといふ古形が見られるのも注目される。

以上極く概略この文獻の國語學的紹介を了へる。尚、文中、片假名は原文の假名、平假名は原文のヲコト點、（）内に示したのは筆者の補讀であることをお斷りしておく。

注

（1）中田祝夫『古點本の國語學的研究總論篇』二九〇頁。

（2）注（1）文獻四七二頁。

（3）築島裕『平安時代語新論』五一頁。

（4）築島裕「天台宗のヲコト點について」（『訓點語と訓點資料』第三二輯、昭四一・二）。

（5）築島裕「濁點の起源」（『東大人文科學科紀要』第三二輯、昭三九・四）。

（6）注（1）文獻四七六頁。

（7）澁谷亮泰『昭和現存天台書籍綜合目錄』五五〇頁。

（8）注（7）文獻六二〇頁。

（9）注（7）文獻七一四頁。

（10）注（7）文獻八四三頁。

（11）注（1）文獻二九六頁。

（12）吉澤義則『點本書目』一九頁。

（13）注（7）文獻八一七頁。

（14）注（1）文獻二九三頁。

（15）注（5）文獻

（16）春日政治『西大寺本金光明最勝王經古點の國語學的研究研究篇』五六頁。
同『古訓點の研究』一四二頁、一九八頁。
注（3）文獻四二五頁。

（『かがみ』十五號　昭和四十六年三月）

大東急記念文庫藏本百論天安點の點法史上の位置について

大東急記念文庫藏本の百論一巻が原色版で同文庫より複製頒布され、一本を惠與された。原本に加へられた平安時代初期の白書の訓點を寫眞によつても解讀し得る精巧な寫眞版であつて、この種の企として蓋し最初のものであらう。斯界の爲洵に御同慶の至である。文庫長西村清博士より一文を物するやうに御依賴を頂いたが、本文獻の白點について、二三小見を開陳して責を塞ぎたく思ふ。但し外遊を控へて多忙の昨今のこととて、意を盡さぬことが多いが、何卒お許しを願ひたい。

百論は三世紀中葉に提婆菩薩の造る所で、四世紀前半と推定される婆藪開士の釋が附せられ、漢土に將來されて、姚秦弘始六年（西暦四〇四年）鳩摩羅什によつて譯出せられた。三寶に對する歸敬序に始り、一捨罪福品、二破神品、三破一品、四破異品、五破情品、六破塵品、七破因中有果品、八破因中無果品、九破常品、十破空品の十品に分れ、龍樹菩薩の空觀の立場に立つて、數論、勝論等の外道諸派の世界觀等を破斥しつつ佛敎の正見を顯すといふ。漢譯後は、中論・十二論と合せて三論と稱せられ、嘉祥大師吉藏によつて三論宗が大成されて以後は、三論宗の根本聖典の一となつた。(1)

百論が本邦に將來せられたのが何時であるか、未だ詳でない。

三論宗の傳來は、嘉祥大師の弟子高麗の惠灌僧正が推古天皇二十三年（六一五）に本邦に渡來してこの宗を傳へたと言はれるが、[2]三論宗の所依經典の一たる百論も、その時將來された可能性は大であらう。但し文獻の上にその書目が現れるのは、正倉院文書中の天平八年（七三六）九月二十九日寫經請本帳に、

○百論一卷送下（但し全文抹消）

とあるのが最も早い例であらう。[3]次いで同じく正倉院文書中の天平十六年十二月二十四日頃と推定される寫疏所解（八ノ五二九頁）の中にも

一百論　二卷　卅七紙

の記事が見え、更に、天平勝寶七歳經疏出納帳（四ノ九〇）の中にも

百論　一部二卷

と見えてゐる。尙、嘉祥大師には百論疏三卷の撰があるが、この書も旣に天平十八年（七）五月十七日寫經疏校帳中に

百論疏中卷用五十八　○一校丸部村公　○二校原白万呂

の如くその名稱を見る。

諸宗經疏目錄によれば、三論宗の項に、元興寺安遠律師錄より出づとして

百論二卷　提婆菩薩　造

百論疏三卷

と見えるが、安遠律師は延喜八年（九〇八）に唯摩會の講師に擧げられた人で、その年に六十四歳であつたから、[4]承和十二年（八四五）の生れの筈であるが、延長二年（九二四）に八十一歳で入滅したとも見えるから[5]一年の差がある。何れにせよ九世紀末より十世紀初にかけて存した人である。

大東急記念文庫藏本百論一卷は卷子本一軸で料紙は黃色、墨界線を施し、平安時代初期の書寫と認められる。二十四紙

を存し、一紙二十六行、一行十七字に書し、全卷に亙つて白書の訓點を施す。百論の古寫本の現存するものは極めて稀のやうであつて、本書は恐らく現存最古の寫經であらうと思はれる。この後のものとしては、石山寺一切經の中に收められてゐるものがある。一切經第四〇函第一號及び第二號の上下二帖（卷子本を折本に改裝）である。院政期の寫本であつて、奥書は卷下に「一交了」とあるだけであるが、恐らく念西勸進の一切經の一部であらうから、仁平（一一五一～一一五四）前後の寫經であることは略々疑無い所である。この寫經には訓點は一切附せられてゐないのであつて、[6]大東急記念文庫本は、現存する殆ど唯一の古點本としても極めて貴重であると言はなければならない。

大東急記念文庫藏本百論の古訓點については、既に斯學の諸先達によつて論及されて來た。最初にこの文獻を紹介されたのは、故吉澤義則博士であつて、大正九年十一月發行の「藝文」誌上に、「見るにしたがひて」と題して、當時久原文庫藏本であつた本書について、その白點を中心に論ぜられ、點圖（第一圖）を示して、これが石山寺藏本大智度論の乙點卽ち天安二年（八五八）の白點と同族の點であつて、東大寺點卽ち三論宗點の一數であることを指摘された（後に『國語國文の研究』所收）。後、春日政治博士は「國語資料としての訓點の位置」（『國語國文』第五卷第二號、昭和十年二月）において、本書の本文に白書で記入された片假名交り文「住セルカ時ニ求ムルニ初ハ知ルトハ因成ル」のあることを指摘された（後に『古訓點の研究』所收）。中田祝夫博士は、『古點本の國語學的研究總論篇』の中で本書を取上げ、奥書に見える「見了矣」の意味、本點が中田博士の所謂第三群點の中で年代を明記した最古の例であることなどを論ぜられた。[7]大坪併治博士は本點を總體的に取上げて記述し、ヲコト點、假名字體、語法、語彙等に亙つて精緻な調査報告を行はれ、その中で、吉澤博士の說を訂補し、大智度論乙點は天安二年點でなく、元慶元年點であることを指摘修正された（『國語國文』第二十七卷第十一號、昭和三十三年十一月。後に『訓點語の研究』に所收）。以上の如き諸研究を踏へ、若干の小見を述べて見たい。

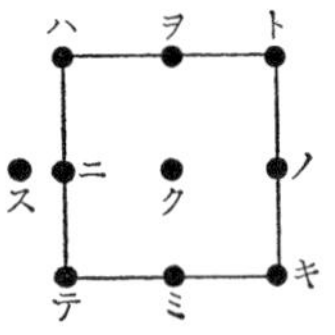

（第一圖）

本書は、尾題に「百論序」とあるけれども、既に指摘されてゐる如く、[8] 百論上下二巻の內の巻上の部分に相當するのであつて、しかも巻首の書出が「百論捨罪福品第一」とあり、鳩摩羅什の序が存在しない。第二品以下は「破神品第二」「破一品第三」の如く「百論」の二字を冠してをらず、右の「百論捨罪福品第一」は本來本巻の冒頭であるかとも思はれる。しかし一方、前述の石山寺一切經藏本では內題に「百論序」及び「百論經捨罪福品第一巻上」と見えてをり、この點から考へると、本巻にはもと序の部分が存したのに後にそれが失はれたと見る可能性もあらう。而して內容は「破異品第四」に終つてゐるのであつて、尾題は正しくは「百論上巻」（石山寺藏本）又は「百論巻上」とでもあるべき處であるのに、何故か「百論序」と記されてゐる。忖度するに、「上」と「序」とを不用意に書誤つたのか、或いは又別に、「序」を巻尾に書寫する豫定で、題だけ記したが、何等かの事情で序の本文は書寫せずに了つてしまつたのか、何れかであらうと思はれる。

巻尾の題「百論序」の直下に、白書を以て

天安二年正月五日見了矣

なる識語が見える。本文の白書訓點と同一の筆であつて、白點が天安二年（八五八）のものであることは疑無い所である。所でこの「見了」の語は、後世の識語に屢々見られる「移點了」などの語と大いに意味が異るものである。このことは、既に中田博士の詳論があり、聽聞者が講義を聞きながら匆匆の間に記入して行つたのではなく、講者自身が自らの訓讀の仕方を白書によつて注記して行つたことを示すものと解してをられるが、[9] 蓋し從ふべきであらう。同處で中田博士も引用されてゐる例であるが、興福寺藏本因明入正理論疏（建武三年〈一三三六〉寫本）に祖本に在つた明詮大僧都の奥書を轉記した識語があつて、その中に

以天長六年（八二九）十二月略見竟

とあり、これは百論の場合とよく類似してゐることに注目すべきであらう。

所用のヲコト點の形式は、先學の指摘された如く、星點の左下がテ、左邊中央がニ、左上がハと續くもので、點圖集の諸本に「東大寺點」「東大寺」「東大寺三論宗東南院點」「東南院」などと稱せられてゐるヲコト點と同じ類に屬するものである。（尙、「東南院」と稱するのは、東大寺圖書館藏本「星點」などの呼稱であつて、大東急記念文庫藏本延應本「點圖」などにいふ「東大寺東南院」は、これとは別種のヲコト點であるから、混同してはならないと思ふ。）即ち中田博士の所謂第三群點に屬するものである。この種のヲコト點は、平安初期の古點本に數多く見出されてゐるのであるが、訓點に關する識語を有するものは數少く、しかもその中に寺名や僧名を含むものは、平安初期には未だ一も發見されてゐない。平安中期天曆九年（九五一）に及び、小川正巳氏藏本大乘掌珍論卷上の識語に至つて初めて寺名、僧名が現れる。

（表紙見返）東大寺圓實宗沙門信祐之本

（奥書）天曆九年三月四日念佛院講論講師觀理已講

長元四年四月廿四日得書也他人不可取用文也東大寺住僧花嚴宗香《ママ》像大師宗僧《?》信祐

と見えるものである。觀理は東大寺三論宗の僧であつて、この識語により、第三群點は古く東大寺邊で使用されたものといふ推定が下された[10]。

本書はいふまでもなく三論宗學の所依の經論であるから、訓點も三論宗の僧侶の手に成つた可能性が大であらう。所で、平安初期の頃、三論宗が行はれてゐたのは、どのやうな寺であつたらうか。試に「三會定一記」により、和銅三年（七一〇）から昌泰三年（九〇〇）まで（但し弘仁四年〈八一三〉以前は毎年でなく計七回）毎年の唯摩會講師を、その肩書によつて分類して見ると、次の如き表を得る（第一表）。これは、當時の學僧全體から見れば、その一部に過ぎないではあらうが、最も傑出した僧の出身の宗派と寺院との一覽と見得るであらうから、それなりの意義は認められるであらう。更に「僧綱補任」によつて右と同じ期間の記事の中から、三論宗と注せられた僧侶とその寺とを拔出して見ると、第二表のやうになる。

（第一表）

	法相宗	三論宗	華嚴宗	天台宗	計
興福寺	19	1			20
薬師寺	7		2		9
東大寺	5		7		12
元興寺	14	7			21
西大寺	4	2			6
大安寺	3	5			8
法隆寺	1	2			3
延暦寺				2	2
計	53	17	9	2	81

（第二表）

元興寺　八人　歲榮、願曉、俊賀、惠聰、壽仙（元興寺鵜原寺）、道唱（道昌も同人か）、圓宗、隆海
大安寺　四人　勤操、平法、安海、玄澄
法隆寺　二人　道詮、長賢
西大寺　二人　實敏、平恩
鵜原寺　一人　壽仙（元興寺鵜原寺）
東大寺　一人　聖寶
不明　一人　護□

右の第一表と第二表とは、大體符合するのであつて、元興寺、大安寺などは多く、東大寺は少いのである。三論宗は平安初期の頃、學者が少かつたらしく、日本後紀卷十二延暦廿三年正月七日勅に「如レ聞。諸寺學生。就二三論一者少。趣二法相一者多。遂使二阿黨凌辱一。其道疎淺。宜二年分度者一。毎レ年宗別五人爲レ定」と見えてゐる。日本後紀大同元年正月六日勅によれば、年分度者十二人を華嚴・天台・律・三論・法相の五宗に配し、その內三論に三人を充ててゐる。後、三論宗は隆盛に赴いたものと見え、續日本後紀十二月十七日勅制によれば、「天台華嚴。分レ轡竝馳。三論法相。學レ翅競飛。演說者衆。諳誦者寡。」と見える。記錄に見える限りで、最勝會の講師に三論宗の僧が選ばれたのは、延喜以前では貞觀元年元興寺道昌、同四年法隆寺長賢、同十二年元興寺圓宗、同十七年灌海、元慶六年大安寺安海、仁和元年元興寺延保などがあるが、東大寺三論宗は見えてゐない（三代實錄元慶五年十月十三日條に、高岳親王は「住二東大寺一。……受二三論宗義於律師道詮一。」とあるが、道詮は元興寺の僧であつた〈僧綱補任貞觀六年條〉）。又、唯摩會講師の內、東大寺三論宗の僧が任ぜられたのは、延喜十

一年（九一一）の延僘が初見であり、「僧綱補任」に見える僧の中でも、寛平六年（八九四）に聖寶が權律師に任ぜられたのが初見である。

又、東大寺別當次第を見ても、三論宗の僧侶の別當は延長二年（九二四）延僘が最初であつて、それ以前には三論宗は絶えて見えず、華嚴宗、眞言宗、法相宗、律宗などばかりである。延僘以後は三論宗が增加し、試に延喜元年（九〇一）から長保二年（一〇〇〇）までの百年間に補せられた別當十七人の內譯は、三論宗五人、眞言宗五人、法相宗四人、華嚴宗三人となつてゐる。又、「東大寺要錄」卷第五諸宗章第六の三論宗の項を見るに、惠觀、福亮、神泰、宣融、玄耀などを擧げてゐるが、福亮・神泰は元興寺の僧であり、他も東大寺の僧であつた證は見出されない。一方、平安中期に入ると、東大寺三論宗は隆昌に赴いたやうで、延喜元年（九〇一）から長保二年（一〇〇〇）までの百年間に唯摩會講師は十三名に上つてゐる。推測するに、東大寺では平安初期までは未だ三論宗は盛でなく、元興寺・大安寺邊に盛であつて、平安中期以降に及んで盛になつたのではないかと思はれる。尙後考を俟ちたい。

かやうな點から考へると、天安二年の頃に三論宗は、東大寺よりも寧ろ元興寺、大安寺、西大寺、法隆寺などに盛であつたやうであり、從つて、本書の加點者も、これらの寺院に在つた學僧の可能性が大であらう。

一方、點法の面から見ると、第三群點に屬するヲコト點を加點した點本は、平安初期に少くないが、本書の他に次のやうなものが主なものである。

○金剛波若經集驗記　二卷　石山寺・天理圖書館

表面の白點が第三群點。それより古い朱點（特殊點、但し第三群點と關係あるか）あり。

○大唐三藏玄奘法師表啓　一卷　知恩院

紙背に華嚴五敎孔目章あり。表面の朱點が第三群點。

○金光明最勝王經卷第六　一卷　唐招提寺
白點。第三群點。
○妙法蓮華經化城喩品　一卷　京都國立博物館（守屋コレクション）
白點。第三群點。
○地藏十輪經　八卷　聖語藏・東大寺圖書館
卷第一奧書に「元慶七年（八八三）九月三日丙寅日交進旣了」の白書あり、白點の第三群點を附す。
○大智度論　石山寺他
卷第五十八の奧書に「以上卅三卷　元慶元年□□□□大德□□」とあり、點圖集にいふ「東大寺三論宗點」と同じヲコト點を使用してゐる。

一方、三論宗關係の古點本の現存するものは少いのであるが、管見に入つたものに次の如きがある。
○十二門論　一卷　京都國立博物館
全卷に白點を施す。第二圖のやうなヲコト點を持つ。この形式は特異なものであるが、第三群點と通ずる點を持つてゐる（テニハが一邊上に竝ぶこと等）。
○十二門論　一卷　東京大學國語研究室
二種の白點を施してある。第一次點は第三群點、第二次點は第六群點である。共に平安初〜中期の加點と考へられる。

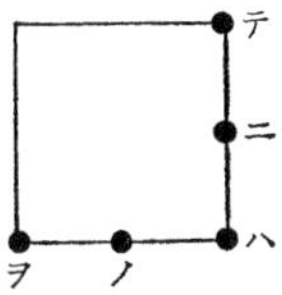

（第二圖）

○中論　一卷
平安中期頃の白點を施してあり、ヲコト點は點圖集通りの東大寺三論宗點である。

○大智度論　石山寺他

もと百巻の書であるが、現在では若干巻を缺いてをり、その多くは石山寺に現存する。大坪併治博士の論考があり、(11) 第一次は第一群點（天安二年、山階寺大詮大徳講）、第二次點は第三群點に屬する東大寺三論宗點（元慶元年）、第三次點は第四群點、第四次點以下にも若干のものがあることが報告されてゐる。

○大乘廣百論釋論　一巻　大東急記念文庫

白點と朱點とが施されてをり、ヲコト點は第一群點である。巻尾に「承和八年（八四一）七月八日」の白書の奥書がある。

抑々平安初期におけるヲコト點の種類と加點者との關係は、資料が乏しくて必ずしも分明でないが、

第一群點……興福寺大詮、同法相宗忠寂、藥師寺、東大寺明一の資（?）、法隆寺（?）

第二群點……元興寺法相宗明詮

などが知られるに過ぎない。

一方、上記三論宗關係の經疏に加點されたヲコト點を見るに、第三群點・第四群點・第六群點及び第一群點に亙つてゐるが、第四群點が第三群點と關係の深いことは明であり、又、第六群點を第三群點からの變形と見るならば、(12) 三論宗と第三群點との關係は淺くないものと推定することが出來よう。但し元興寺では、法相宗の明詮が第二群點を用ゐてゐたが、同じ元興寺の三論宗については、遺存する資料が少しも存せず、判明しない。又、大安寺についても、全く不明である。

以上の諸要素を考へると、本書の訓點は、三論宗の學僧、殊に元興寺・大安寺邊の僧の手に成つた可能性が大きいのではないかと思はれる。

次に本書のヲコト點の點法について、二三注意すべき事を述べたい。

ヲコト點を歸納した點圖は、大坪博士が精細なものを發表された。尚上の圖の他にも一二追補すべき點、私見と異る點

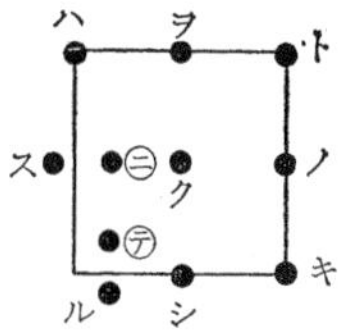

（第三圖）

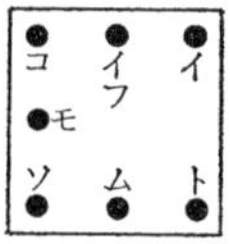

（第四圖）

などがあるが、それはさておき、第一に注意すべきは、左下のテと左中のニの二つの星點（・）が字畫の外邊でなく、少し中に入り込んでゐる（第三圖）ことである。このことは、吉澤博士は未だ氣附かれず、大坪博士が始めて指摘されたことである。このやうな點の位置は、他の點本では例の稀なものである。但し平安中期以降になれば寶幢院點（延暦寺所用）などにその例が若干ある（第四圖のソ・モ・コ・イフ・イ・ト・ムなど）ものの、平安初期にあつては非常に珍しいものである。殊に「テ」「ニ」のやうな重要な點は、字畫の外緣に在るのが普通であるのに、ここではその常例を破つてゐる。その原因を考へるに、多分字畫の外側に別の點（ニに對してス、テに對してル）があつて、それと紛れないやうにするために故意に少し內側に引込めたのであらうと思はれる。

更に又、右のス、ルの如く、字の外方に在る點といふものも、注目を惹く所である。この類で直ちに想起されるのは、

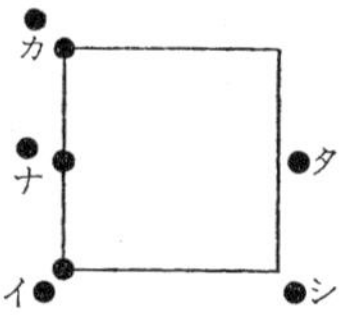

（第五圖）

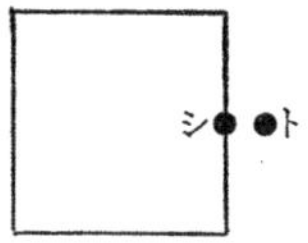

（第六圖）

この點と同じ第三群點の一種のヲコト點を加へてゐる所の、大唐三藏玄奘法師表啓古點である（第五圖）。この點圖に見られる如く、字畫の外方にイ・カ・タ・シなどの星點を持つてゐる。この他にも西大寺本金光明最勝王經白點に、右肩の外方の星點「オ」がある。平安中期以降には、この種の符號は多く衰へ、僅に西墓點（第六圖）におけるトなどに殘るだけとなつたが、ただ中院僧正點（これも第三群點の一）だけは、例外であつて第七圖のやうな字畫外の點を持つてゐる。中院僧正點は十世紀の末頃、興福寺眞興僧都の用ゐたものが最も古遺例であり、その來由は必ずしも詳でないが、第三群點の一であるから、相互に何等かの交渉や影響關係

があつたかも知れないと思はれる。この種の形式の星點は、字畫に接した普通の星點と極めて紛れ易いものであり、解讀の際には不分明に陷り易いものであるから、點法史上一般に發達しなかつたのは當然であつたと言へる。その中で本點、玄奘表啓古點、竝に中院僧正點などの間に一改點が見られることは、偶然の一致ではなく、相互に何等かの關係のある可能性があると見るべきであらう。そしてそれが何れも第三群點であることは、この群點を使用した學統の中で、かやうな點法を比較的よく使

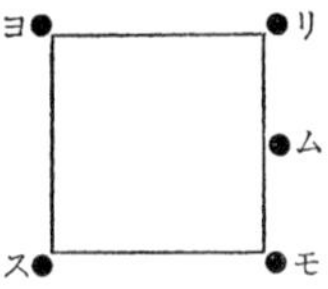

（第七圖）

用したといふ傾向があつたのかも知れない。

以上、本書の點法としては、極めて部分的な論考に止つたが、本點の性格究明のための一助ともならば幸である。

（四九・一〇・一三）

注

（1）『佛書解説大辭典』による。稻津紀三氏執筆。
（2）元亨釋書卷第一、東大寺雜集錄卷八等。
（3）石田茂作『寫經より見たる奈良朝佛教の研究』附錄「奈良朝現在一切經疏目錄」。
（4）「僧綱補任」二、「三會定一記」一。
（5）「僧綱補任」二、「三會定一記」一。
（6）石山寺一切經藏「百論」は小林芳規氏の調査に據る。
（7）中田祝夫『古點本の國語學的研究總論篇』一〇六・三三六・五二五頁。
（8）大坪併治『訓點語の研究』四六六頁。
（9）注（7）文獻一〇五頁。

(10) 注(7)文献三三七〜三三八頁。
(11) 大坪併治「石山寺本大智度論加點經緯考」(『國語國文』第十一巻第一號、昭和十六年一月)。
(12) 築島裕『平安時代語新論』八四頁。

(『かがみ』十九號　昭和五十年三月)

大唐大慈恩寺三藏法師傳古點・南海寄歸內法傳古點訓點解説

大唐大慈恩寺三藏法師傳古點

『大唐大慈恩寺三藏法師傳』十巻は、唐の玄奘三藏の傳記であって、慧立が巻第一から巻第五までを撰し、更に彥悰が後を繼いで巻第六から巻第十までを成した。本館藏古鈔本は、その內の巻第一の一巻のみを存し、而も巻首が缺失している。『天理圖書館稀書目錄和漢書之部第三』六九頁（五六三號）に記載されている。巻首は彥悰の手に成る序文から始るが、この序文の巻首五十六行の部分にのみ、朱書及び墨書による古訓點が存する。本文には墨書の假名が僅に存するのみで、訓點は殆ど存しない。

朱書の訓點は、假名とヲコト點より成る。その所用の假名字體とヲコト點とは、夫々第一圖・第二圖に掲げる通りである。ヲコト點は「圓堂點」である。墨點は、假名のみより成る。その字體は第三圖に掲げる通りである。これらの假名字體は、平安時代末期に一般に行われたものであり、既に現代のものに近づいていて、殊にいうべきことはない。又、ヲコト點も點圖集所載の「圓堂點」に合致するもので、これ亦注意すべきこともない。巻尾を缺き、朱點も墨點も、加點の識語が見られないので、詳細な年代や加點者については明でないが、年代は、假名字體やヲコト點の形式より見て、平安時

〔第一圖〕　大唐大慈恩寺三藏法師傳卷第一　古點　朱點　所用假名字體表

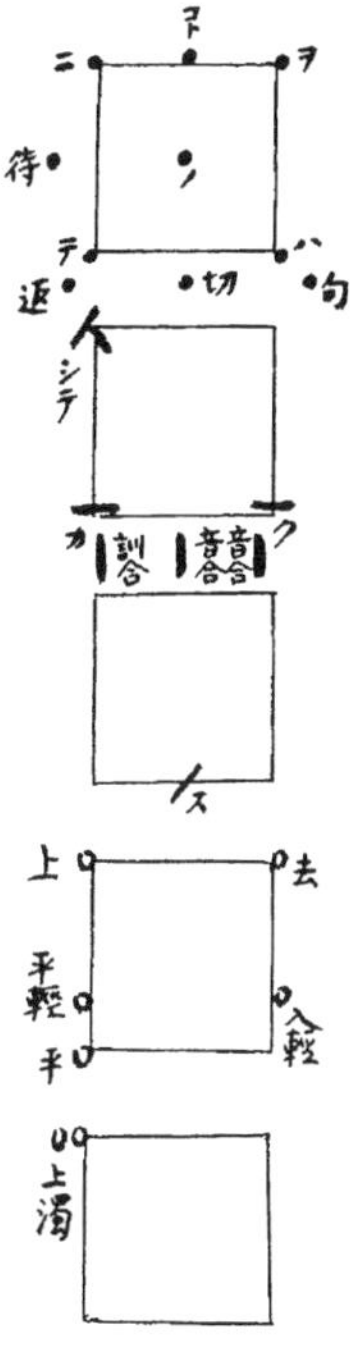

〔第二圖〕　大唐大慈恩寺三藏法師傳卷第一　朱點　所用ヲコト點圖（圓堂點）

代末、院政期十二世紀の中頃（一一五〇年前後）と推定することが出來る。又、ヲコト點は圓堂點であるが、この型式は、平安時代後半以後、眞言宗仁和寺及びその系列を承けた諸流の中で使用されたものであることが知られているから、本書の加點者も、亦右の如く推測することが出來よう。

本書には卷首內題の下に「高山寺」の單廓朱長方印及び「讀杜艸堂」の單廓朱方印が押捺されており、もと洛西栂尾高山寺の藏本であったことを示している。高山寺經藏に現存する『高山寺聖敎目錄』（建長二年寫本と推定される）には「第五十四甲」の函に「慈恩傳二部各十卷一部佐法印御房進」とあり、現に經藏には第四部第一六六函、一七七函に、その包紙、表紙が存する（「甲五十四」と表書があるのでそれと確められる）。高山寺の藏本、就中その訓點本の概要については、暫く前に述べたことがあり[1]、中に平安時代の加點本が多く存し、ヲコト點としては、この圓堂點が最も多數を占めていることを言った。院政時代の頃の圓

堂點本も數多いが、それらの中では、

靜定房—林寛—樂生房—辨眞
解脱房（良禪）
成蓮房—金剛峯寺小田原別所
大法房（實任）—寛幸…玄證
覺印—覺禪
觀音院大僧都（寛意）—平等房—玄證
鳴瀧信濃阿闍梨—性如
南岳房律師—永意

などの僧名が拾い出される（一々の文獻名は煩を厭うて省略する）。これらの中には、解脱房・覺印・觀音院大僧都など、高野山に關係ある僧が多く見える。

〔第三圖〕　大唐大慈恩寺三藏法師傳卷第一　古點　墨點　所用假名字體表

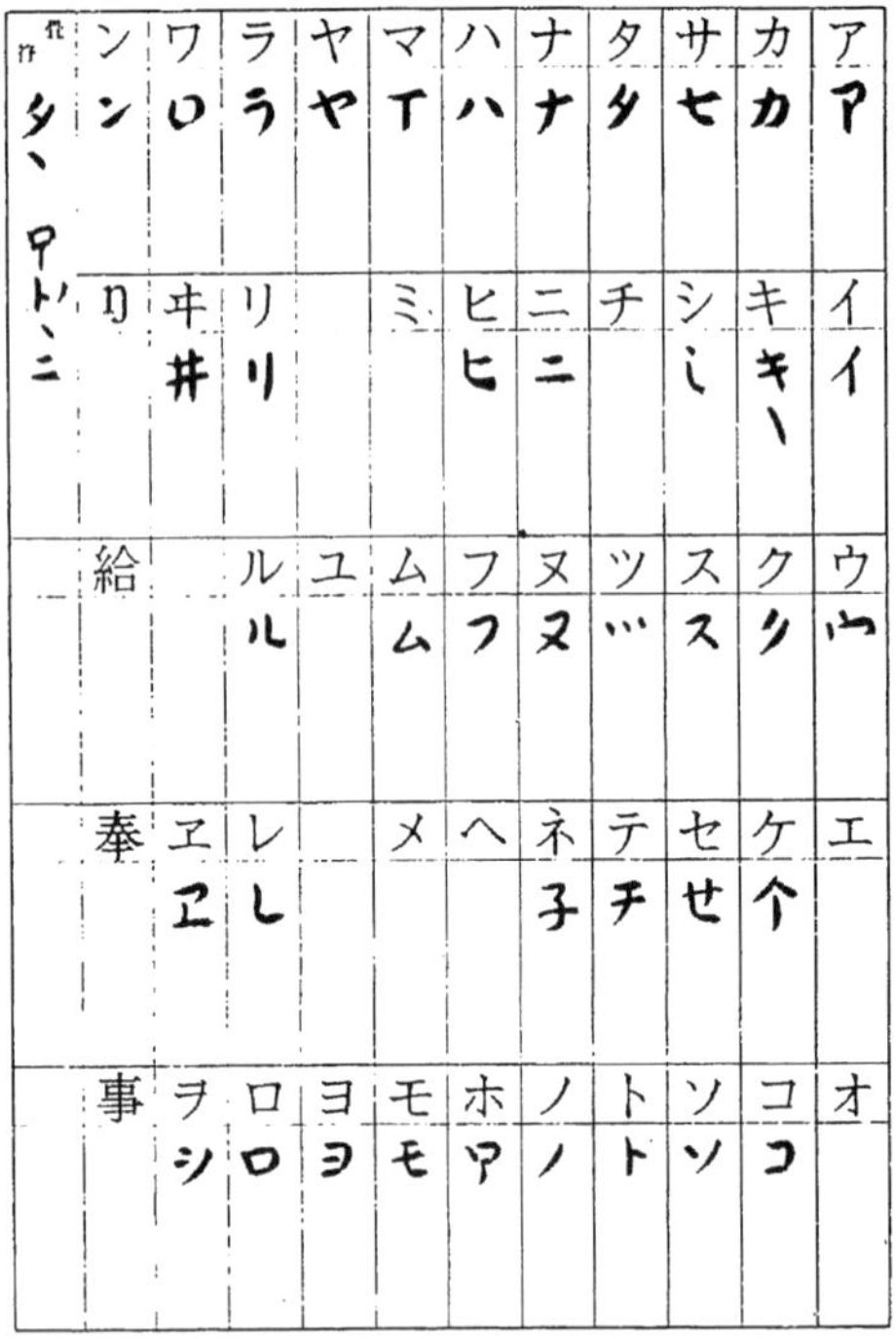

高山寺經藏には、高野山の證印・玄證などの傳持本が多數見られ、現にこの圓堂點本の中でも、玄證傳持本は十餘點に上っている。確認は出來ないけれども、この『三藏法師傳』も、高野山あたりで書寫加點された可能性は大きいと言うことが出來る。

本書の訓點については、以前に小著に於て取上げた(2)ことがあるが、その加點狀態は詳細であって、よく全文を解讀することが出來、院政時代において、眞言宗派の中での訓法の實態を知ることが出來る。『三藏法師傳』には、この他に興福寺本、法隆寺本などの古點本が現存していて、何れも南都古宗の間に傳えられた訓法を示しているが、本書の眞言系の訓法は、それらと若干の相違點が見出される。又、本書中の朱點と墨點とは、恐らく異傳を區別したものと思われ、所々、墨を以て朱を消してある所があるのは、二者相異する場合に、朱を捨てて墨に就くべきことを示している所があるようである。例えば

○履レ險を若《至也》《如》夷《タヒラカ》に（一七八頁）（「至也」を墨で消す）

は、「夷《タヒラカ》ナルガ如シ」と訓ませようとしたのであろうし、

○累載《トシ》捜購《リマヒナヒテ》《「ツノテ」》 近《コノコロ》 乃獲《「リ」》レ全《「ヲ」》（一八〇頁）（「マヒナヒテ」を墨で消す）（「　」は墨點の假名を示す）

は、「累《カサ》ナレル載《トシ》捜リ購《ツノ》ツテ、近《コノコロ》 乃チ全キコトヲ獲タリ」と訓ませようとしたのであろう。

傍訓として注意すべきものが若干ある。

法師懸レ弭《ユムハスをムマレシに》 誕辰（一七七頁）

「弭」を「ユムハス」と訓じている。『新撰字鏡』には「弭」を「弓波受」と訓じており、觀智院本『類聚名義抄』には「ユミハス」「ユムハス」兩形が見える。本例は「ユムハス」の古例と見られる。

○佩《ヲフテ「クシリヲ」ヒト、ナリシ》レ觿《キリヲ》 登《「成人□也」》 歳《「セイ」に》 心苻《カナヘリ》二 妙德之誠《「マ」（コト）に》一（一七七頁）

「觿」は『和名抄』に「觿、唐韻云觿許規反和名玖之利角錐童子佩觿說文云角銳端可以解結者也」（道圓本十五ノ十四オ）とある。「觿」は角製の先の尖った道具で、結び目を解くものという。「童子佩觿」の句は、『毛詩』巻第三、「衞風芄蘭」に在り、『毛傳』に「雖二童子一、猶佩レ觿、早成二其德一」とあるように、幼くして德を備える意のようである。一方、『和名抄』には、「錐、毛詩云童子佩錐職追反和名岐利」（道圓本十五ノ十三ウ）ともあって、「佩觿」は「佩錐」とも記されたことがあるらしく、キリは金屬製の道具であって本來クジリとは異ったものであろうが、兩者を混同したのかも知れない。

この他「終古」を「トコシナヘニ」（一八〇頁）と訓じたり、「糅」を「カツルニ」（交えるの意）（一八一頁）と訓じたりし

た例は、古語資料として有用である。又、「慮」に「オモハカル」（一八〇頁）、「翰」に「フテ」（一八一頁）と附訓しているが、恐らく夫々「オモヒハカル」「フミテ」からの音便形であって、「オモムハカル」「フムテ」のように、「ム」表記の方が當時としては一般的であり、現にこの中でも、「暨」を「ヲヨム（テ）」（一七五頁）、「逯」を「ヲヨムテ」（一七六頁）、「百」を「ハケムテ」（一七九頁）のように「ム」表記をしたものもある。

序の最後の部分を本書の訓法と興福寺本の訓法とを比較して示す。興福寺本は延久三年（一〇七一）の寫本で、この部分の訓點は朱書で喜多院點を用い、院政初期の加點である。

（原文）　因命余以序之。迫余以次之。余撫己缺然。拒而不應。因又謂余曰。佛法之事。豈預俗徒。况乃當仁。苦爲辭讓。余再懷慚退沉吟。久之執紙操翰。汍瀾腷臆。方乃參犬羊以虎豹。糅瓦石以琳璆。錯綜本文。分爲十卷。庶後之覽者无或嗤焉。

（天理本訓讀）　因（リ）て余に命（シテ）以（テ）之を序《「ツイツ」》セシメ。余を迫（メ）て以（テ）之（ヲ）次《ツ》カシム。余、己か缺然を撫《オサ》へテ拒《フセ》イテ〔而〕應（セ）不。因（リ）「テ」又余「ニ」《ツカシム》謂《「カタ」》「テ」曰（ク）、佛法（ノ）〔之〕事、豈（ニ）俗徒（ニ）預《「カ」》（ケムヤ）。况（ヤ）乃（シ）仁に當（レリ）、苦に辭《「ネ」》讓「スルコトヲ」爲《「ス」》。余再《「フ」（タ、）》（ヒ）慚《ハチ》を懷（キ）退《シリソ》イて沉吟「ス」。久（シク）して〔之〕紙「ヲ」執（リ）、翰《フテ》を操《ト》リ、腷臆《ヒヲクヨク》（に）汍《「六」》瀾《クワン 水流貌也（上）「涙也」》す。方（ニ）乃（シ）犬羊を參《マシ》フルに虎豹《コハウ》（ヲ）以（テシ）、瓦石（ニ）糅《カ》ツルニ琳璆《キウ 玉名也》を以（テス）、本文を錯《「サク」》綜《マシヘスヘテ》（シテ）分（チ）て十卷（ト）爲《（ス）》。庶（ハクハ）後に之を覽る者、嗤《アサケ》ルコト或《「ア」》「ルコト」无（ケム）〔焉〕（原文の假名は片假名、ヲコト點は平假名、句點は「。」、不讀字は〔　〕に、補讀は（　）に包んで示す。墨點は「　」に包んで示し、返點、聲點は省略した。以下同斷。）

（興福寺本訓讀）　因（リ）て余《ヨ六》に命して以て之を序《ツ》キ、余を迫《セ》メて以て之を次《ツイ》テシム、余己《オノ》か缺然を撫《オサ》へて拒《コハ フセイテ》ムて〔而〕應《キヨウ コタヘ》（セ）不、因（リテ）又余に謂（ヒ）て曰（ク）。「佛法（ノ）〔之〕事、豈（ニ）俗徒に預けとや《（む）》、况（ヤ）乃（シ）仁に當レリ、苦《ネムコロ》に辭讓《シジヤウ》を爲《ナ》サムヤ」、余再ヒ懷慚して退《シリソ》イて沈吟す、久シクして《スルコトヤ、ヒサシクス》〔之〕紙を執リ翰《フテ》を採《ト》リて、腷《フク六》臆《ヨク六》「ハラ也ムネ也」に汍《クワン六》瀾《ラン六》「浪也小浪也」す、方に乃(シ)犬《ケン六》羊に參《マシ》フルに虎《コ六》豹《ハウ六》「トラヘウ」を以てし、瓦《クワ六》石《セキ六》に糅《タ》ツルニ琳《リム六》璆《キウ六》「玉名也」を以てす、本文に錯《マシ》へ綜《フサ》ネテ分(チ)て十巻と爲《す》、庶《コヒネカ》ハクハ後の〔之〕覽《ミ》ム者《もの》、或《モシ》《アルイハ》ク(ハ)嗤《アサケ》ルこと無(カ)レ〔焉〕。(「六」は「音」の略字で、字音を示す)

注

(1) 築島裕「高山寺經藏古訓點本の調査研究—古訓點研究の方法についての一試論—」(『國語學』第一〇九集、昭和五十二年六月)。

(2) 築島裕『興福寺本大慈恩寺三藏法師傳古點の國語學的研究研究篇』(八一頁以下)。

南海寄歸內法傳古點

『南海寄歸內法傳』四巻は、唐の義淨の撰する所であって、義淨が印度及び南海諸國に滯在している間に實見した僧尼の實生活を記述したものである。天理圖書館には、巻第一、第二の二巻の古鈔本を存するが、互に僚巻であって、本文は一筆であり、奈良時代の名寫經である。巻第一は巻首を缺き、巻第二は巻首・巻尾を缺いている。これと僚巻を成す巻第四の殘簡一巻が、京都國立博物館守屋コレクションの中に存する。巻第一は昭和二十四年五月三十日、巻第二は昭和十年四月三十日に國寶に指定せられ、更に昭和二十八年三月三十一日附を以て新國寶に指定されている。巻第四は昭和十一年五月六日に國寶に指定せられ、現在重要文化財である。

又、白鶴美術館藏『古筆手鑑』の中には、「山門慈覺大師」なる極札を附して、「飮食亡味」から「調停萬無一失」に至る五行の殘簡一紙を存する。これは卷第三の一部（大正藏經では第五十四卷二一四頁中段一行〜六行）であるが、これ亦僚卷であって、恐らくもとは四卷全部を存したものが、後に散々になったものと見るべきであろう。

本書はもと近江石山寺の什物であったと推定される。卷第二の奥（三三六頁）に、隨心院門跡智滿の筆で、明治廿六年の夏に石山寺法輪院主から贈られたものであり、もと同寺一切經の中のものであったと誌されている。

石山寺一切經は、平安時代の末、久安四年（一一四八）から保元年間（一一五六〜一一五九）にかけての頃に、僧念西等の勸進によって行われたものであり、更に、江戸時代天明年間に僧尊賢によって修補が加えられた[1]。尊賢は、卷子本をすべて折本裝に改裝して、橙色の厚紙の表紙を加えたが、この『南海寄歸傳』は、卷第二に改裝の跡はあるが尊賢の改裝とは異るようで、尊賢の一切經には入っていなかったものと思われる（尊賢の改裝本は、大體天地二三・九糎に斷截されているが、本書は天地二六・二糎を存している）。

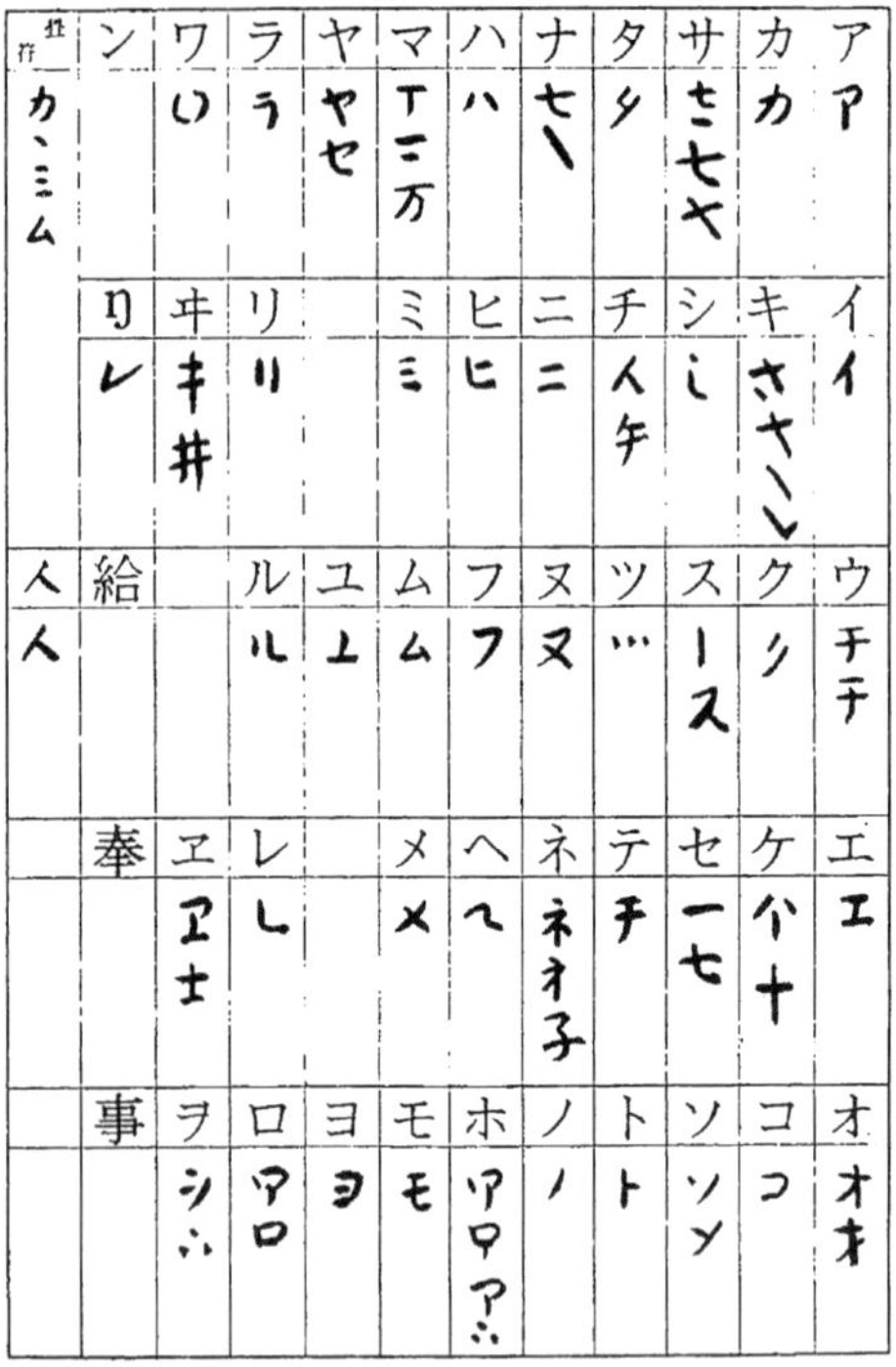

〔第四圖〕　南海寄歸內法傳卷第一・二　朱點　所用假名字體表

卷第一・第二・第四及び斷簡を通してすべて一筆の朱書の訓點が加えられている。これは假名とヲコト點より成り、平安後期、十一世紀前半頃のもので、大體一〇二〇年前後のものと推定される。ヲコト點は寶幢院點を使用している。この同種の訓點が存することによっても、これらの諸卷が僚卷であること

〔第五圖〕　南海寄歸內法傳巻第一・二　朱點　所用ヲコト點圖（寶幢院點）

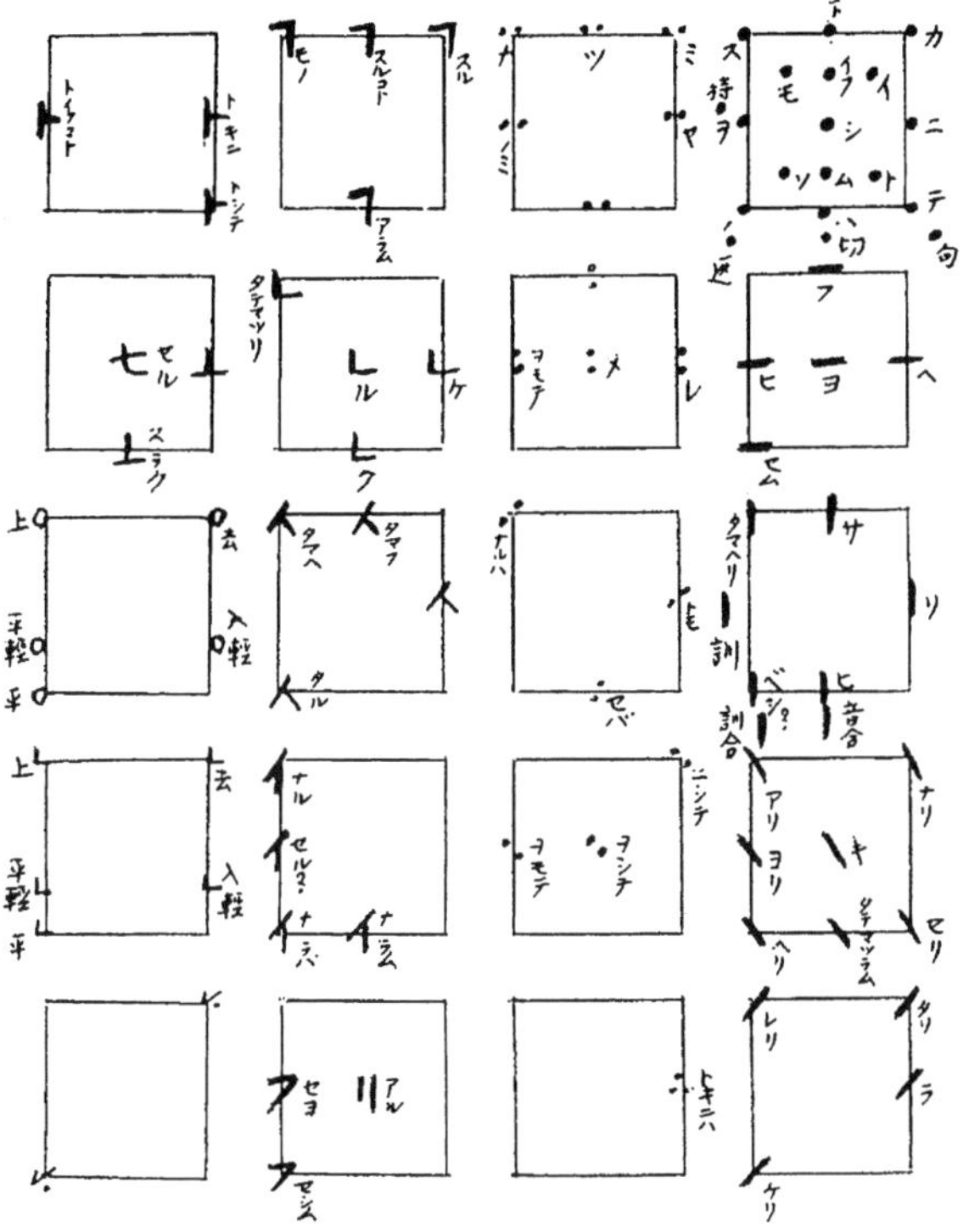

は裏附けられるのである。この假名字體（第四圖）とヲコト點圖（第五圖）とを掲げる。假名字體について、大坪博士は、僅少の例として「ナ」（タ）、「ア」（ミ）の二字體を擧げられた。この他に更に、巻第一には墨書の訓點があり、巻第二には淡い朱書の訓點がある。墨書の訓點は、假名點のみであって、ヲコト點は存しない。その假名字體は第六圖に示す通りである。巻第二に存する朱點は、假名とヲコト點とから成る。假名は第七圖に示す如き字體を有する。ヲコト點は第八圖の如くで、中田祝夫博士の第一群點に相當し、點圖集所載の點圖では西墓點に近いけれども、それと全同ではないらしい。前述の朱點がこの淡い朱點を消してその上から加點している所があるから、恐らくこの淡朱點は平安中期末乃至は平安後期の初、十世紀末から、十一世紀初頃のものかと思われる。

さて、巻第一には、奥書に墨筆で「僧成禪之本」と見えるが、この成禪は、『傳法灌頂師資相承血脈』によれば、小野僧正仁海の弟子であり、辨成房上人と號し、「叡山住侶　後住上醍醐」と注せられているから、天台眞言兼學の僧であったと

〔第六圖〕　南海寄歸內法傳卷第一　墨點　所用假名字體表

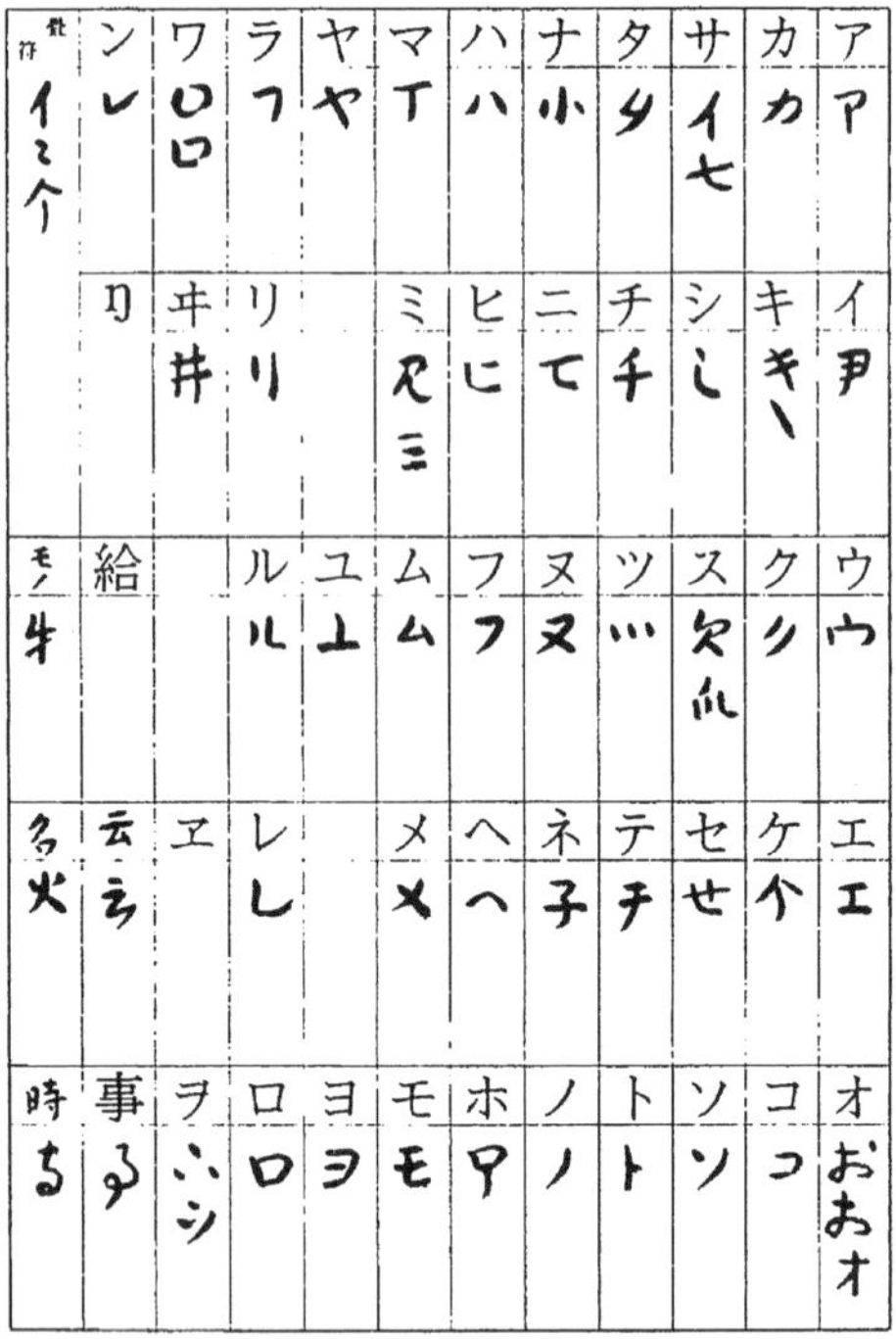

見える。『血脈類聚記』巻三には、仁海付法の弟子として

成禪辨成房上人、長元九年（一〇三六）十一月十一日受之

と記している。更に、石山寺一切經藏（第三五函第一一號）の菩薩戒經一帖には、長和五年（一〇一六）の朱書の訓點があるが、これが成禪の加點本である。この點本は、ヲコト點に寶幢院點を用い、假名字體は第九圖の如きものである（小林芳規氏の調査による）。奥書には

（朱書）長和五秊十月十三日於大和國興福寺傳讀

了僧成禪／于時師朝匠殼斷

更に裏書として

求法沙門僧成禪之本

僧成禪之本

天台山東塔院求法沙門成禪之□

と記されている（『石山寺の研究　一切經篇』三一六頁）。本書は奈良時代の寫本で料紙は黄麻紙を用い、この點もこの『南海寄歸內法傳』とも一脈相通ずる所が見られる。

成禪は、右の裏書により、比叡山東塔の僧であり、南都興福寺で菩薩戒經を學び、又、同じく戒律のことを多く記して

〔第七圖〕　南海寄歸內法傳卷第二　淡朱點　所用假名字體表

ア	イ	ウ	エ	オ
カ　カ	キ　ヽ	ク　ク	ケ　个	コ
サ　さ	シ　し	ス	セ　せ　一	ソ　ソ
タ　タ	チ	ツ　⺍	テ	ト
ナ	ニ　ニ(?)	ヌ　ヌ	ネ	ノ
ハ　ハ(?)	ヒ　ヒ	フ　フ	ヘ　へ	ホ　ア
マ　T	ミ　ミ	ム	メ　メ	モ　モ(?)　し(?)
ヤ　ヤ		ユ		ヨ　ヨ
ラ　ラ　ラ(?)	リ　リ	ル　ル	レ　レ	ロ　ロ
ワ	井		ヱ	ヲ
ン	り	給	奉	事
畳符				

〔第八圖〕　南海寄歸內法傳卷第二　淡朱點　所用ヲコト點圖（第一群點）

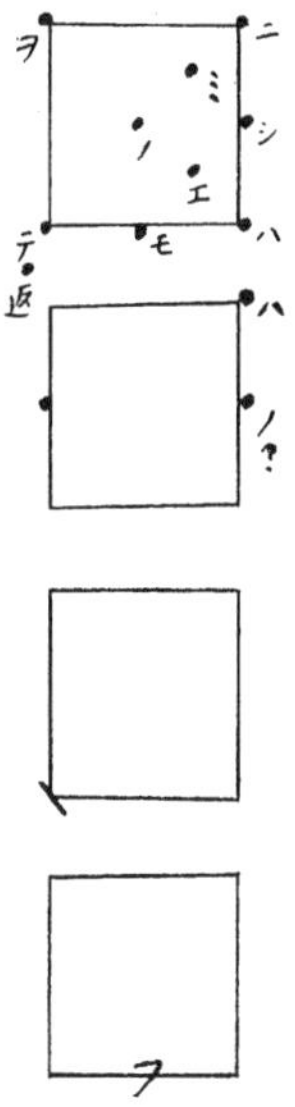

あるこの『南海寄歸內法傳』に加點したのであって、この點でも一連の關聯が感ぜられるのである。この『南海寄歸傳』の寫本も、右の菩薩戒經と同樣に、南都興福寺から石山寺へ移ったとの推測も可能であろう。

　菩薩戒經長和點の假名字體（第九圖）では「さ」（サ）、「ー」（ス）、「一」（セ）、「人」（チ）、「七」（ナ）、「ネ」（ネ）のように、『南海寄歸傳』古點と合致するものが多い（但し、ヱの「宀」は一致しない）。多分成禪という共通の加點者によるからであろう。成禪の生沒年代は未詳であるが、右の加點識語や『血脈類聚記』の記事から見て、長和五年（一〇一六）～長和九年（一〇三六）頃の人であることが明であり、『南海寄歸傳』の加點年代も、大體この時期の頃と推定して大過ないであろう。又、ヲコト點は前掲の如く、寶幢院點を用いているが、この點は、專ら比叡山延曆寺で使用された點であるから、成禪所用と見て、法脈も共にふさわしいのである。

〔第九圖〕　石山寺藏本　菩薩戒經長和五年成禪點　所用假名字體表
（小林芳規氏による）

更に考えるに、成禪は長元九年に仁海より付法されており、上醍醐に住するようになったのも、多分その頃以後と考えられるから、その後に使用したヲコト點は、東大寺三論宗點などの可能性が強い。本書に寶幢院點を用いているのは、恐らく天台宗の僧侶であった時期であって、右よりも以前である可能性が大である。

この朱點にはヲコト點と併せて、聲點をも併用されているが、この聲點には、第五圖に示すように、。の形の他に、⌞ く ⌞⌞ などの種々の形が見られる。。や⌞は、平・上・去・入及び平輕・入輕の六聲を區別している。しかし、これらの異った符號が、何を表すのか、未だ分明でない。傳承の異說を示すものではないかとも考えられるが、それを證することは出來ない。又、假名字體にも•印の聲點が加えられた所がある。

卷第二に加えられた淡朱點は、木下正俊氏、大坪併治氏共に西墓點と認められたが、どうも西墓點だけでは解讀し切れない所があるようで、或いは西墓點以外の第一群點と認めた方が良いのかも知れない。西墓點ならば、十世紀初頭以來、天台宗寺門派園城寺の系統で專用されて來た點（2）であるから、上述のように、興福寺と關係のあった天台宗山門派の僧成禪の加點と想定するときは、この鈔本の傳來史の上で理解に苦しむことになる。第一群點とすれば、南都では第一群點は平安初期以來行われていたものであるから、この點では矛盾を來さないことになるわけである。

巻第一に加えられた墨點は、假名のみであるが、その假名字體の中には、

尹（イ）　お（オ）　イ（サ）　小（ナ）　て（ニ）　え（ミ）

のような特異なものがある。この字體は、石山寺の流の文獻の中で時折見出されるものだが、その源は恐らく淳祐内供（八九〇〜九五三）に遡るもので、平安中期の字體を殘しているものと思われる。但し、「オ」「七」（サ）「三」のような、比較的新しい字體も併用しており、平安後期頃當時の字體風も併せ反映していると見るべきであろう。

これらの點を綜合して考えると、本書は奈良時代に、恐らく南都に於て書寫されたものであろうが、平安時代半ごろまでに天台宗の僧によって（或いは興福寺あたりで）朱點が加點され、更に石山寺へ轉じて淳祐の末資によって墨點の假名が加えられて後世に及んだ、という推定が可能であろう。

本書については、古くからその名品たることが知られていたが、巻第二の一巻は、大正十三年七月、當時の所藏者であった熊谷直之氏によって、神田信暢氏の解説を附して玻璃版で印行された。又、巻第四の殘簡については、昭和十八年六月、古典保存會より、田山信郎氏の解説を附して刊行された。訓點關係の論文としては、先ず、大坪併治博士の「國寶南海寄歸内法傳の訓點」（『島根大學論集』人文科學第五號、昭和三十年二月）が發表され、これと殆ど時を同じうして、昭和三十年十月、木下正俊氏の「元鳩居堂藏本南海寄歸内法傳に見える寶幢院點と西墓點との關係考證」（『訓點語と訓點資料』第四輯）が公刊された。巻第二の玻璃版によって、西墓點と寶幢院點とが併せ加點されていることを述べられたものである。次いで昭和三十一年十月、『ビブリア』第七號に、小林芳規氏と筆者とが連名で「天理圖書館藏南海寄歸内法傳の訓點」と題する小文を掲載した。これは、巻第一・二が、共に天理圖書館に收藏されて間もなくの頃である。昭和四十三年六月に至って、大坪併治博士によって『訓點資料の研究』が刊行され、龍光院藏本の『妙法蓮華經』七巻と併せて、『南海寄歸内法傳』三巻の現存部分の全部

の寫眞、譯文竝に國語學的研究が、索引を添えて刊行された。但し譯文の中には、朱點の聲點、墨點は省略されており、その抜書が、巻末に注記されている。

本點の內容については、既に大坪博士の詳論が在るが、注意すべき訓法について、一二私見を述べて見たい。

先ず訓點表記に關することであるが、和訓の注記に際して、第一音節の假名だけを記して、以下の音節は、、、の形で略記するものがある。（以下、原文の假名は片假名で、ヲコト點は平假名で、補讀は（　）で括って示す。又聲點・合符は省略した場合がある。又、墨點は「　」で括って示す。）

○竟-夜ヨ、、、、ニ（巻第一、二四二頁）
○良-久ヤ、、、、、（巻第一、二四七頁）
○羅フ、、（ルヒ）（巻第一、二四九頁）
○自み畜タ、、、たり（巻第一、二五二頁）
○親マ、、、、（巻第一、二六二頁）
○詳ツ、、、、に（巻第一、二七〇頁）
○不る順シ、、、か（巻第二、二九七頁）

他に例を見ない珍しい點法であるが、前述の菩薩戒經長和點にも「淨」に「イ、、、」（イサギヨク、別に「く」のヲコト點あり）のような例があり、成禪という僧の個人的な性癖かと見られる節もあるが、やはり起源としては、古い點法の影響なのではなかろうかと思う。平安初期には、

○族ヤ（ヤカラ）　○沙イサ土ツ（イサゴッチ）　○音ミ（ミコヱ）　○妄イッ欺アサ（イッハリアザムキ）（東大寺諷誦文稿）

のように、最初の音節だけを略記する方式が屢々見出され、平安中期以降も、漢籍の訓點などに一部殘存が見られるが、

本點の場合も、多分これと揆を一にするものであって、省略部分を、、の形で表記したものではないかと思われる。

次に、漢字音の表記に關して、舌內撥音尾（-n）と唇內撥音尾（-m）とは區別されているが、朱點では前者に「―ニ」の假名を用いることが多い。

○豆麵メニ（巻第一、二四二頁）

○盆ホニ罐クワニ（巻第一、二四七頁）

○葛カチ-蔓マニを（巻第一、二五四頁）

○自-眞-鱗リニ-陁-龍（巻第一、二六四頁）

○五袠クニ六副フク-袠（巻第二、二八一頁）

○氈セニ-褥ニク（巻第二、二八二頁）

○螻ロウ-蚓イニ（巻第二、二八五頁）

○蟬セニ-聯レニ（巻第二、三〇五頁）

舌內撥音尾を「ニ」で表記するのは、平安初期中期の點本では、屢々見られる所であるが、平安後期に及んで尙この方式を用いるのは例が少い。恐らくこれも訓點の古い形を繼承した結果であろう。菩薩戒經長和點にも、これと同一の手法が見出される（「諠クワニ譁火反」）。或いは興福寺に傳えられた古い訓法が現れているのかも知れない。

語法・語彙の點から見ても、『南海寄歸傳』の古點の中には、古風な訓法を殘すと見られる點がある。先ず第一に、古代の助詞イの用例がある。

○夏に依て請を受ケムイ|ハ盜の過《トガ》生す容《ベ》（し）（依夏受請盜過容生）（巻第一、二三二頁）

○直《タヽ》是(の)闊《ヒロ》キ布い丨、兩尋をもて腰に繞《マツ》フて抹《マヘタレ》を下《タ》レたり（直是闊布兩尋繞腰下抹）（巻第二、三〇〇頁）
○然(る)を生を護るい丨、水を取(る)こと多種不同なり（然護生取水多種不同）（巻第一、二四九頁）
○持律の者《もの》《「ヒト」》、分彊《キヤウ》《「キヤウヲ」》(ヲ)識《「シル」》(ル)こと頗《スクナ》《「スクナミ」》ミ流漫の者《もの》一概に雷同す（持律者頗識分彊流漫者雷同一概）（巻第一、二三七頁）
（聲點、合符を省略）

右の中で「者」をヒトと訓ずることは、平安中期以前の通例であり、モノと訓ずるようになるのは、それ以後の新形である。[3]この點、墨點が古く、朱點が新しい訓法といえよう。又、「スクナミ」は「スクナシ」の語幹「スクナ」に「ミ」の附いた形で、所謂ミ語法であるが、訓點の中でこの語法が行われたのは、平安初期までであって、平安後期の點本にも二三見出される[4]のは、寧ろ例外的な古形殘存と見られるものである。尙、朱點の中でも、「者」をヒトと訓じた例もある。

○少壯者任《ワカクサカリなるヒトはホシマヽに》取嚼《てカメ》レ之《を》。耆丨宿者《のヒトハ》、乃搥《て》レ頭《を》使《よ》レ碎。（巻第一、二五四頁）

又、本點の中には、やはり古風な訓法の一つの表れとして、接尾語・助詞等を用いて、和文的な語彙を形成する例がある。

○履《ハイモノナカラ(サ)れ》丨屣不レ旋《ら》二佛塔《を》一（巻第一、二三三頁）

右の「ハイモノ」は「ハキモノ」の音便である。「履物をはいたまゝで」を「ハイモノナガラ」と表現しているが、このような「ナガラ」の用法は、古訓點では一般に「シカシナガラ」「イケナガラ」「ウマレナガラ」など、二三の固定した語のみに偏っていたようである。

○目擊《メクハスハカリニシテ》是非《する》（巻第一、二三五頁）

「メクハス」という語の例も貴重であるが、「バカリ」という助詞を併用したのも珍しい。

○蟲、若、毛端《のハシハカリモスラは》必須存《す》レ念《ひを》（巻第一、二四七頁）

○衣《は》纔蔽《にカクスハカリ》レ躰《を》、食《は》但支《サ、フハカリウツケタルを》レ懸（巻第二、三〇七頁）
○兩指《の》結《をもて》作《してナセ》二同心《ヒトツサマニ》一（巻第二、三〇八頁）
○寺外《の》池《の》內《にして》連《コロコメニ》衣《に》浴《す》（巻第二、三二五頁）

右の例は「コロモゴメニ」が音便で「コロンゴメニ」となった形と思われるが、語彙としても珍しいものである。

○有暇《サリヌヘクハ》《「サリヌヘクハ」》手《れ》執《に「レ」》二觸瓶幷革屣《て》袋《カクシタイを》一（巻第一、二四五頁）

右の例、「ヌベク」という助動詞の連續は、和文には多いけれども、訓讀では例が少い。

次に、漢字二字の熟語を和語一語で訓ずる例が多い。

○大歸《オホムネ》（巻第一、二二五頁）
○憑據《ヨトコロ》（巻第一、二三二頁。「ヨトコロ」は「ヨリドコロ」の音便「ヨンドコロ」）
○應《し》二詳審《ツハヒラカニス》一（巻第一、二三二頁）
○應レ在《る》二一邊《カタツカタに》一（巻第一、二三八頁）
○竝無《に》二效驗《ケムシルシ》一（巻第一、二三八頁）
○每日旦朝《のアシタニ》（巻第一、二五二頁）
○一頭緩《カタハシヒロク（シ）て》（巻第一、二五三頁）
○汝憐《アハレフヤ》二愛兒子《を》一乎（巻第一、二六〇頁）
○不二來啓白《てマウサ》一（巻第一、二六九頁）
○屛私《カクシニシテ》執務《せ（む）ときには》隨《て》レ意反《に（カヘサ）マニトレ》抄（巻第二、三〇九頁）
○驟雨《ムラサメするときには》（巻第二、三一〇頁）

○設告《（ぐ）ることネムコロナリトモ》　慇懃　誰《か》能《く（れ）》見レ用《むやひ》（卷第二、三一六頁）
○斯《は》亦漫《ミタリに》　爲《するなり》二　傷-急《アツカフコトヲ》一　矣（卷第二、三三〇頁）
又、この一類の熟語を訓ずるに當って所謂「文選讀」とした例がある。
○（墨）徒-衆、儼《ケム》-然トオコソカニシテ誠（ヲ）極旨（ニ）欽《（ツ、シ）》（ム）（徒衆儼然欽誠極旨）（卷第一、二二七頁）
朱點が「オコソカにして」と點してあるのを、墨書で消して右のように訓んでいる。墨點は「ゲム（ゼン）」と字音でよみ、更に「オゴソカ」と和訓で續けている。
○全ク解脱に乖《ソ（ム）》（キ）て簫-然とカスカナルニ順か《シ、、、》（ハ）不る者乎《ものか》（全乖解脱不順簫然者乎）（卷第二、二九七頁）
右は、「簫然《（セウゼン）》」と音讀して、それを更に「カスカナル」と訓讀した例である。

本書の傍訓の中には、他の文獻に用例の稀なものが尠くない。これらは國語史研究の上で、有益な資料となるものである。その中の一斑を掲げる。
○朧コナカキ（平・平・平・上の聲點あり）（墨點「コナカキ」）（卷第一、二三七頁）
○羹（墨）「コナカキ」（卷第一、二三七頁）
○鳥喩月經雅《マサカニ》「マサカニ」　當《レリ》二れり其況《のに》一（卷第一、二四五〜二四六頁）
○熟《ネリキヌノタカハカリ》-絹　笏-尺四尺（卷第一、二四八頁）
○六月七日其《の》蟲更細《にクタ〳〵シクして》　不レ同《ら》二餘時《のに》一（卷第一、二五〇頁）
○涎唾必《「ヨタリツワキ」》（ス）外に弃《（ス）》（ツ）須《（べ）》（シ）（涎唾必須外弃）（卷第一、二四一頁）
右は「ツハキ」がハ行轉呼音によって「ツワキ」となった例を明瞭に示す例である。

○角《スチカへに》(墨)「スチカへ二」褔《ヒタメ(ニシ)て》二(墨)「ヒタメ」兩頭《つのハシを》對《へる》處《より》縫《ひ》-合《せよ》「ヌヒアハセヨ」（巻第一、二四五頁）

右の「スヂカへ」・「ヒダメ」なども、他例の稀な語である。

○或取《て》二竹-木薄《のアクヒエ》一（巻第一、二五三頁）

○可二小條《きシツエタヲ》截《キて》爲《ツクル》一（巻第一、二五四頁）

○胡-菜根《ナモミノネ》（巻第一、二五四頁）

○令《て》レ盡苦《サアツキ》湯《をもて》淨漱《くウカへ》（巻第一、二五五頁）

「ウガフ」の命令形「ウガへ」の例である。「ウガヒ」が連用形の名詞化形であることが確められる。

○素畫《キヌハシにカイて》二母-形《を》一（巻第一、二六一頁）

○无レ宜《き》二更煑《にカシク》一（巻第一、二六二頁）

○稠《マメツキ》-豆臛《コナカキ》（巻第一、二六五頁）

○必其貧窶《すのくツ、セキは》及《て》二食罷《ヤムにすること》一行《を》レ儭隨《ふ》二力所《のに》レ能《タヘタル》（巻第一、二六七頁）

○濾-羅《ミツフルヒヲ》（巻第一、二六九頁）

○卽須二羅《ミツフルヒをもてシタム》濾一（巻第二、二九一頁）

○將《て》レ絇《ワヒホウカて》穿《に》レ孔向《へて》レ外《トニ》（巻第二、三〇八頁）

○餘-時《は》但可《(べか)らく》レ塔《ウチカク》レ肩《にの》而-已《み》（巻第二、三〇九頁）

○形《チ》如《し》二小-箒《コシタミ(ノ)》一也（巻第二、三一八頁）

○當-日-轝《にアムタへて》向二燒-處《に》一（巻第二、三二四頁）

○置《て》二塼-石《カハラを》一以充《つ》二坐-物《を》一（巻第二、三二五頁）

○直《タヽ》是闊《ヒロキ》　布《い》兩‐尋《をもてマツフて》繞レ　腰《に》下レ《タシたりマヘタレを》　抹　（巻第二、三〇〇頁）

○男女咸皆《く》赤‐體《アカハタカなり》　（巻第二、三〇〇頁）

最後に、傍訓中、假名に聲點（・の印）を加えてアクセント（聲調）を示した例が若干ある。この種の例は、古くは十世紀末から見られるものであるが、本書の例は、少數ながらその古い事例に屬するもので、平安時代中期の國語のアクセント資料として貴重視すべきである。その聲點の位置は假名の左下（平聲）と左上（上聲）との二ヵ所のようである。又、單點のみで、複點••は用いられない。••が一般化するのは、少し時代が下って、十二世紀に入ってからのようである。

○若不《は》二隨一分《ナフサナフサに》　經‐求《セ》一活《すること》レ　命《を》無レ路《ケムトコロ》　（巻第二、三三二頁）

のナフサナフサに「.ナ.フ.サナ.フ.サ.（上上上平平平）」のように聲點を加えている。以下、その一例を示すが印刷の便を慮り、（上）（平）とのみ記すことにする。

○臛コナカキ（平平平上）（巻第一、二三七頁）

○目に驗ウツラ（平平上）損すレ蟲を（巻第二、二八六頁）

○太《は》‐事として嚴ク科ツミナフ（平平上平）（巻第二、二八八頁）

○或方ケタニ（平上上）或圓マロニして雙フタナカラ亦無レ損（巻第二、三一五頁）

○片カタサキ（平平平平）有二別なる處一（巻第二、三一八頁）

○或柱二ツキ（上平）哭杖一を（巻第二、三二三頁）

○棚一車ヤカタ（平平平）クルマニ輿ノセテレ像を（巻第二、三三三頁）

以上、本點について概略を述べたが、國語史の資料として、今後一層の活用が期待されることを申し添えて、この稿を

綴じたい。（五五・九・一一）

注

（1）田中稔「石山寺一切經について」（『石山寺の研究一切經篇』八八三頁以下）。

（2）中田祝夫『古點本の國語學的研究總論篇』二七四頁以下。

（3）門前正彦「漢文訓讀史上の一問題㈡―「ヒト」より「モノ」へ―」（『訓點語と訓點資料』第十一輯、昭和三十四年三月）。

（4）大坪併治『訓點語の研究』一四二頁以下。

（附記）本稿執筆に當っては、小林芳規博士・月本雅幸氏より、資料調査について多くの御援助を頂いた。各位の御芳情に対し、厚く御禮申し上げたい。

（「西域求法高僧傳集」『天理圖書館善本叢書・漢書の部』第五巻　八木書店　昭和五十五年十一月）

（東京大學國語研究室藏書解題）

佛母大孔雀明王經　巻上中下　三卷

「佛母大孔雀明王經」三卷は、「佛母大金曜孔雀明王經」「大孔雀明王經」「孔雀明王經」「孔雀經」等とも稱し、唐の不空三藏（七〇五～七七四）の譯に係る。孔雀明王は一頭四臂の菩薩形で孔雀に駕する故に此の名が有るといふ。昔莎底比丘が大黒蛇に螫されて悶絶した時、佛が阿難に大孔雀佛母明王陀羅尼を教へて誦せしめてその難を救つたことを説き、更にこの陀羅尼に大威力があつて能く一切の諸毒怖畏災惱を滅し、一切有情を攝受し覆育する旨を説いた經である。

本經は奈良時代の記録には未だ見えず、弘法大師空海の「御請來目錄」に「大孔雀明王經三卷　五十紙」とあり、又圓仁の「入唐新求聖教目錄」に「佛母大孔雀明王經三卷不空」と見えてゐるから、平安時代初期に本邦に將來されたと認められる。

東京大學國語研究室藏本（㊕1 11、L54848～54850）は、巻上中下の三巻を具備する巻子本で、平安時代後期の書寫に係る完本である。全巻一筆で、一行十七字の端麗な書風で記され、一紙毎に二十二行を記し、巻上は二十紙、巻中は二十五紙、巻下は十六紙を算する。料紙には斐紙を用ゐ、墨界を施し、紙高二七・二糎、界高二一・六糎、界幅二・四糎を算する。巻下には、六ケ所に亙つて、朱書による異本の校合があり、これを紙背に記してゐる。全巻に亙つて朱書の字音聲點と、墨書の字音假名が書加へられてゐる。朱書は恐らく奥書と同筆で、清音を•又は。、濁音を••又は∘∘で表してをり、平安時代康平六年（一〇六三）の筆と認められるが、墨書の假名は當時のものではなく、鎌倉時代中後期の筆で、假名及び聲點

〔佛母大孔雀明王經古點所用假名字體表〕

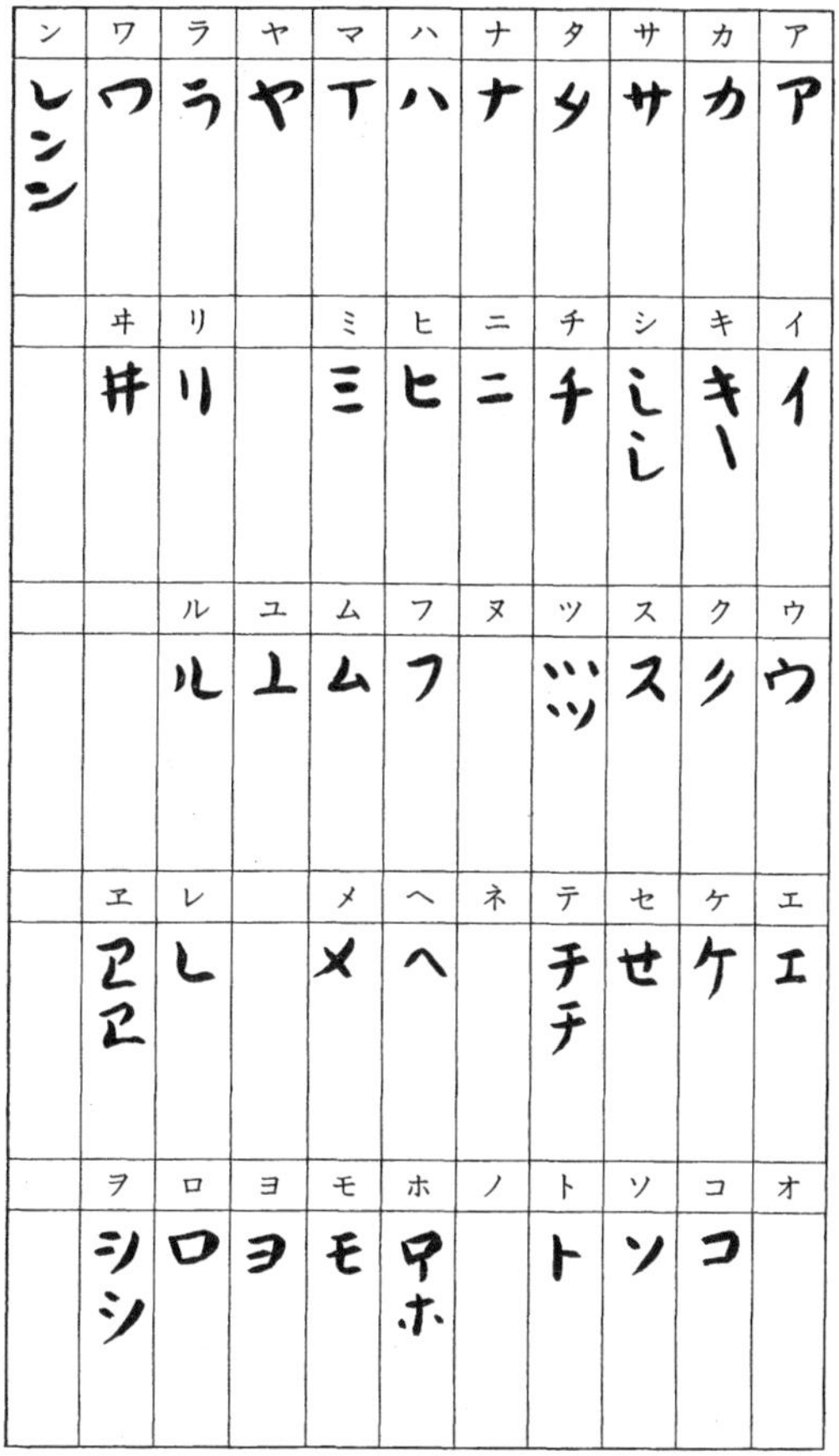

〔佛母大孔雀明王經古點所用聲點圖〕

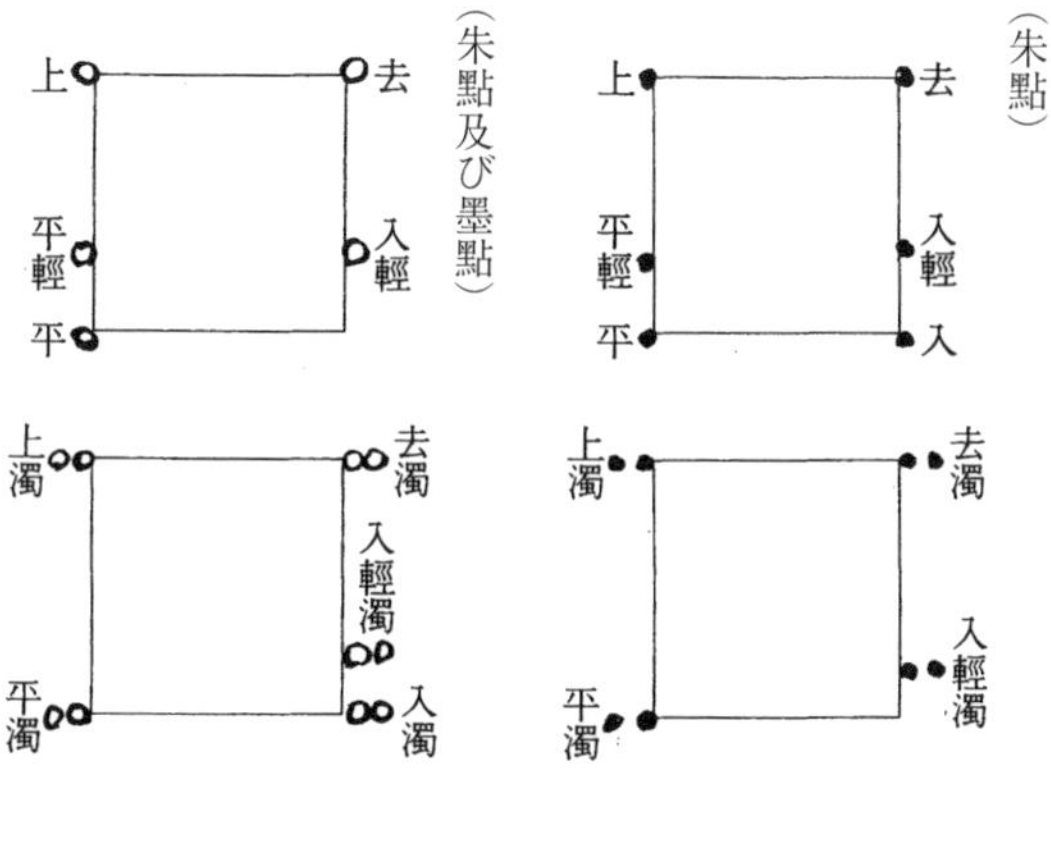

（∘及び∘∘）を使用してゐる。又、更に後代の墨書が若干加へられてゐるやうである。聲點は六聲の體系の聲調を反映してゐると見られ、漢音系統の字音である。[1] 本書所用の假名字體表と聲點圖とを右に掲げる。

尚、表紙は金銀箔を散し、貼題簽を附してをり「大孔雀明王經　上（中・下）」の外題を記してゐるが、卷中の外題の下に、「康平六年號奥書アリ同年ヨリ／明治二十四年至ル凡九百年」と記してゐるから、この表紙は恐らく明治三十四年の頃の新補であらう。水晶の軸も、恐らく同じ時に加へられたものと考へられる。

奥書は次の如く見られる。

(巻上)(朱書)康平六年(一〇六三)二月廿五日丁酉□□書寫供養已了/偏不他爲蜜《ママ》敎興隆廣作佛(「法」脫カ)也大法師

覺[成]

(巻中)(朱書)康平六年二月廿五日丁酉午時書寫供養已了/偏爲滅罪生善蜜《ママ》敎興隆也傳燈大法師覺成

(巻下)(奥書ナシ)

本書は巻首の本文の前に「讀誦佛母大孔雀明王經前啓請法」を附加し(本書五～一一頁)、次に「佛母大孔雀明王經巻上《クエン(墨書)》」の內題を有する。文中の眞言は竹筆による能筆の梵字によつて記され、その左傍に墨書によつて音譯の漢字を併記してゐる。巻尾には「佛母大孔雀明王經巻上」の尾題を記す(巻中・下の內題・尾題は、共に巻上に準ずる)。

奥書に見える覺成については、未だその傳を詳にしない。仁和寺保壽院大僧正覺成(一一二六～一一九八)、天台宗覺成(一一三五～一一六〇以後)[2]とは同名別人であらう。

本書は、田中塊堂氏「古寫經綜鑒」(昭和十七年刊、三一一頁)に紹介され、その增訂版「日本寫經綜鑒」(昭和二十八年刊)でも三四七頁に掲載されてゐる。右著では島田乾三郎氏舊藏となつてゐるが、後、古書肆を經由して本研究室の藏書となつたものである。

「佛母大孔雀明王經」の古鈔本としては、仁和寺藏本(甲本)巻中・下二巻(平安時代初期寫、平安時代中期加點、重要文化財)、大東急記念文庫藏巻下一巻(平安時代後期刊、寛治五年〈一〇九一〉・保安三年〈一一二二〉加點)、高山寺藏本(甲本)巻下一巻(平安時代後期寫、院政末期加點)、同(乙本)巻中一巻(平安時代後期寫、院政末期～鎌倉時代中期加點)、仁和寺藏本(乙本)三巻(平安時代寫本、建久八年〈一一九七〉頃加點)、京都國立博物館藏本三巻(平安時代後期寫、鎌倉時代心尊加點)などが知られてゐる。[3]

これらの點は何れも字音直讀で、その字音は何れも漢音系であり、その性格については、沼本克明博士の著[4]に詳論があるのでそれに譲るが、概言すれば、唇内撥音尾（-m）と舌内撥音尾（-n）の區別は大體保たれてをり（稀に「間《カム》」〈一八四頁〉の如き混亂もある）、クヰ・クヱの所謂カ行合拗音も保存されてゐる（「胸《クヰヨウ》」〈一六頁〉、「危《クヰ》」〈二〇四頁〉、「況《クヱイ》《クヰヤウ》」〈二〇一頁〉等）から、鎌倉時代中期頃の體系を反映してゐると見ることが許されるであらう。但し「得《ト》《トツ歟》迦」（八六頁）のやうな喉内入聲尾の舌内化の例の見えることも併せ注目すべきであらう。(5)

注

（1）沼本克明『平安鎌倉時代に於る日本漢字音に就ての研究』一〇三八頁。

（2）松本光隆「高山寺經藏覺成本について」（『昭和五十九年度高山寺典籍文書綜合調査團研究報告論集』、昭和六十年三月）。

（3）注（1）文獻一〇六三頁。

（4）注（1）文獻。

（5）築島裕「東大國語研究室所藏訓點資料書目（その二）」（『國語研究室』第三號、昭和三十九年七月）。

不空羂索神咒心經　一卷

「不空羂索神咒心經」は、唐の玄奘の譯に係り、顯慶四年（六五九）に譯出せられた經典で、闍那崛多が唐の長壽二年（六九三）に譯した「不空羂索咒心經」、菩提流支（五七二～七二七）の譯した「不空羂索咒經」と同じ內容の異譯本である。內容は觀世音菩薩の不空羂索王呪、竝にその功德を說いた經で、本邦には夙く將來せられ、旣に正倉院文書の「寫經目錄」の天平八年（七三六）九月の條に「不空羂索經一卷胡桃紙十四」[1]、天平十年（七三八）の「寫經返納注文」に「不空羂索神咒心經一十三紙」の名が見えてゐる。[2]又、西大寺には奈良時代書寫の名寫經一卷（寛德二年〈一〇四五〉加點）が現藏されてゐるのを始として、陽明文庫・醍醐寺・東寺・石山寺等に奈良時代の寫經が傳存してをり、古くから多く書寫されたことが知られる。

東京大學國語研究室藏本（22F37、L90801）は、平安時代承德三年（一〇九九）の書寫に係り、卷子本一卷、黃檗染の楮交り斐紙を用ゐ、全卷裏打修理を施してゐる。黑地無文の後補表紙を用ゐ、貼題簽に「不空羂索經」とあるが、この筆跡は古風であつて、原表紙に記した外題を切取つて貼り附けたものかと思はれる。一行約十七字、一紙二十八行に記し、凡て十一紙を算する。紙高二五・六糎、一紙長五三・二糎、墨界を施し、界高一九・八糎、界幅一・九糎を算する。奥書には墨書で、

承德三年（一〇九九）南呂（八）月八日戊寅一日之内書／寫供養了

（朱書）仁平元年（一一五一）七月二十日以大□（法カ）房本移點了　興然

と見える。本文と墨書奥書とは同筆で、本文は承德三年の書寫と認められる。朱書の訓點は詳密で、假名及びヲコト點を用ゐ、ヲコト點は東大寺（三論宗）點を使用してゐる。これは奥書の朱書と同筆で、仁平元年興然の筆と認められる。墨書の訓點は、卷首に僅かばかりと眞言の部分及び聲點に使用されてゐる。この墨點も恐らく朱點と同筆で、仁平元年當時のものと考へられる。又、上欄外に字注がある。第一紙の本文「茲敎動捊《「フ」テ》《「トルアツム」》」（「」は墨書）の「捊」に對して、その上欄外に墨書で「桴《ハチ》（平濁・平）《フ 若コノ字》」と記し、手偏でなく木偏ではないかと注してゐる。「ハチ」の假名聲點の附例も注目される。欄外の注はこの他にも二三見

える。

又、紙背に墨書の注が四ケ所ほどある。第一は「安車」（第一紙）の注で、「||乘老人車名也」とある。「禮記」曲禮上に「大夫七十而致仕（中略）適二四方一乘二安車一」に對する疏に、「古者乘二四馬之車一、立乘、此臣既老、故乘二一馬小車一、坐乘也」等の記事に據つたものであらう。第二は、「羯羅鼻羅木」（第九紙）に對して「陀羅尼集經云迦羅毗羅樹／此云羊躑躅」とあるもので、「佛說陀羅尼集經巻第八」（大正藏第十八巻八五八頁中）に見える記事である。第三は「擔山撅」（第九紙）の裏書で、「擔山撅　儀軌幷卅巻經云佉地羅木〻〻〻〻此云紫畺木／集經說也有云、、、此云堅木又云、、、唐云五柯木倭云宇古妓異譯云紫檀木」とあるものである。ここに言ふ「儀軌」とは「佛說不空羂索陀羅尼儀軌經」巻上（大正藏第二十巻四三六頁上）を、「卅巻經」とは「不空羂索神變眞言經」巻第一の記事（大正藏第二十巻二三一頁下）を、又「集經說」といふのは「陀羅尼集經」巻第八（大正藏第五十巻八五八頁中）にある記事を指すものと思はれる。尚文末の「倭云宇古妓」云々の記事は「本草和名」「和名抄」に見えず、「倭云」の語を用ゐてゐる所から見ると、平安時代中期以前の古辭書音義類を引用したものかとも思はれるが、詳でない。因に「ウコギ」の語は康頼本草に見えてゐる。第四は「華撥」（第九紙）の注に「華撥和名／云和。多。〻。。非（平・平・平・上濁）」とあるもので、これは道圓本和名鈔に「蒟醤　本草云蒟醤一名華蕟必發二音和名和太〻非」（巻二十ノ十ウ）とあるのと大同である。

移點奥書に見える興然（一一二一～一二〇三）は本の名を智海と云ひ、勸修寺慈尊院の第二代として理明房阿闍梨・慈尊院阿闍梨と號し、仁平三年（一一五三）勸修寺勝福院において念範に從つて傳法灌頂を受け、又、保元二年（一一五七）には大法房實任より重受、更に應保二年醍醐山西光院道場で仁和寺亮恵より具支灌頂を受けた。更に又、實範（?～一一四四）よりも受法してゐる。高辨・榮然・性憲・定眞・文覺等多數の弟子を有し慈尊院流の祖となつた（血脈類聚記五・七）。高山寺には興然の奥書を有する本が多く、ヲコト點は本書と同じく東大寺（三論宗）點であるが、この點法は興然の頃、勸修寺で最も廣く行はれてゐたものである。

本書の訓點は詳密で、全文を解讀することが可能であり、國語資料として價値が高い。主な音訓の注記として、次のやうな例がある。

○夷《タヰラカナル》《「イ」》　路（本影印本二一三頁、以下數字のみで示す。「　」は墨點で、本體と異つた訓法・記法を記すのに用ゐてゐる。又、平假名は原本のヲコト點を示す。「(平)」などは聲點の位置を示す。）　○殲《ホロホシ「ロホス」》《「セム」「ツクス」》　殃（二一三）　○咸《コト、、》　用《もて》取《トリ》則《ノトリ》（二一四）

○膺《アタルコノ》二茲稱《に》一（二一四）　○群《クン》(平)藉《セキ》（二一四）　○庶《コヒネカハクハ》　諸鑑《のカ、ミムトモカラサトレ》　徒、悟《イ》二夷《ケム》險《ノ》之殊《ナルコトヲミチ》レ　徑・矣（二一五）

○耽《タム「タム」》　摩羅樹（二一六）　○整《シヤウ》二理《ヲセム》　衣服《を》一（二一七）　○斷《コウカク》《ハシ、アキ》腭　（二二一）　○腰脊《シヤク「セキ」》《セナカ》。(入)（二二一）

○陰臆《オムロ丸反尻也》　（二二一）　○癧癖《レンヒヤク（「シ」の上に「ク」）と重書）》　（二二一）　○諸疥《「ケ」》《「ハタケカサ」》　癬《セン》（二二一）　○癬《「セン」》《「カタネ」》　（二二一）

○復審《アキラカニ》　思二惟《し》此《の》咒《の》章句《を》一（二二三）　○不《し》レ畏《オソレ》二惡龍霜雹風雨《に》一（二二六）　○咒詛蠱《「コ」》《「マシモノ」》道（二二七）（聲點、「上・上濁・平・平」）

○不《し》二敷《シハ、、》　現行一（二二七）　○戇《「タウ」》《「コウ」》（上欄外）陟《チヨクかう》　降反（二三九）　○蛇蠍《カツ》等《に》之所《れはシヨシヤク（セ）》二蛆螫一　（二四〇）

○然《トモシて》　置《け》二四隅《に》一（二四二）　○撝《マネカハ》二　風等《を》一便止（二四六）　○專精《イサキヨク》　（二四七）

上述した神咒心經の諸本には訓點を加へたものが多く、流派によつて異る訓法を傳へるやうであるが、その系脈は、今後の研究課題として期待される所である。(3)

本書所用の假名字體表とヲコト點圖とを次に掲げる。

〔不空羂索神咒心經古點所用假名字體表〕

符疊	ン	ワ	ラ	ヤ	マ	ハ	ナ	タ	サ	カ	ア
コ、ロ コトヽ ウ、 モロヽ	レ	口	う	ヤ ヤ	丁	八 八	ナ	夕 夕	七 七	カ カ	ア ア
	ŋ	井	リ		ミ	ヒ	ニ	チ	シ	キ	イ
		井	リ		三	ヒ	ニ	チ	こ こ	＼キ ＼	イ
有	給		ル	ユ	ム	フ	ヌ	ツ	ス	ク	ウ
			ル ル		ム ム	フ		ヽヽヽ ヽヽヽ	ス	ク ク	宀 宀
事	奉	ヱ	レ		メ	ヘ	ネ	テ	セ	ケ	エ
	上		レ		メ	ヘ	ネ	チ	セ セ	ケ ケ	エ
時	テシ	ヲ	ロ	ヨ	モ	ホ	ノ	ト	ソ	コ	オ
		シ シ	ロ	ヲ	モ	ホ 尸	乃 ノ	ト ト	ソ	コ	オ

〔不空羂索神咒心經古點所用ヲコト點圖〕（東大寺點）

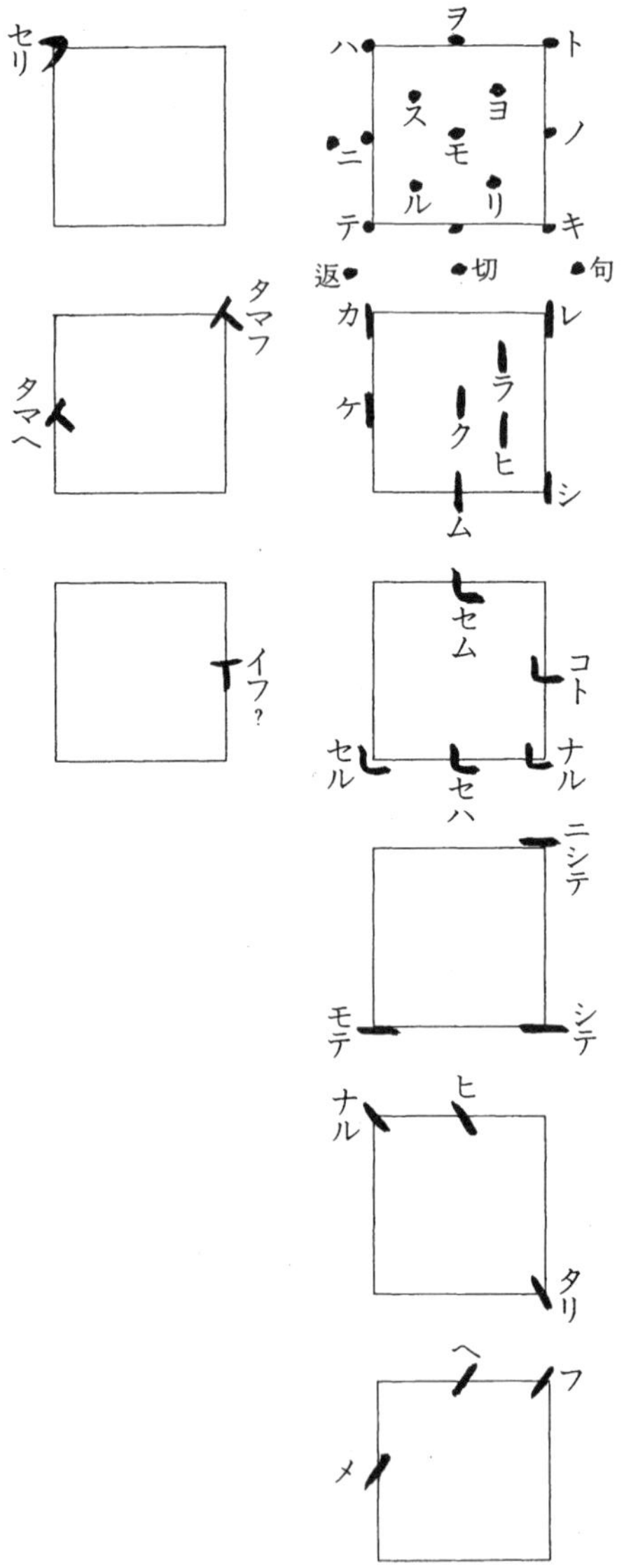

注

（1）『大日本古文書』七（追加一）二六頁。

（2）『大日本古文書』七（追加一）一九一頁。

（3）築島裕「東大國語研究室所藏訓點資料書目（その四）」（『國語研究室』第五號、昭和四十二年七月）。

釋迦譜　一帖

「釋迦譜」は、梁の僧祐（四四五～五一八）の撰で、五巻或いは十巻より成り、大小乘の經律の中から、釋迦牟尼佛に關する事蹟を集め、項目に分つて記述した書で、中國撰述の最古の佛傳として著名な書である。『大正新修大藏經』（第五十巻、No. 2040）他、諸種の大藏經に收められてゐる。本邦にも夙くから傳來し、既に奈良時代天平勝寶三年（七五一）九月二十日の「寫書布施勘定帳」（正倉院文書）に

釋迦譜十巻（別有五巻本 與此廣略異）[1]

と見えてゐる。又、平安時代以降の佛教説話の源泉とも考へられるが、古寫本の現存するものは尠く、管見に入つた限りでは、石山寺一切經藏に、院政期の寫本十帖（折本装、但し巻子本改装）と、本研究室の巻三の一帖が在るに過ぎない。石山寺本は十巻本で、多分久安四年（一一四八）に念西の發願した際に書寫された本ではないかと思はれ、巻第六の奥書に「一交了／朗澄五十八才」とあるが、朗澄（一一三二～一二〇八）は勸修寺から石山寺に移つて文泉房律師と稱せられた學僧であり（因に本研究室所藏の佛説陀羅尼集經には長寛二年〈一一六四〉朗澄の加點がある）、その五十八歳の年といふのは文治四年（一一八八）に當り、この折に多分朗澄が他本と校合して朱書で注記を加へたものと思はれる。この石山寺本は「釋迦譜」の完本としては最古の寫本と考へられるが、訓點は加へられてゐない。

東京大學國語研究室藏本（L95783）は、巻第三の巻末十一丁のみを存する零本であるが、奥書によつて康和三年（一一〇

二）の書寫本であることが明であり、石山寺本よりも恐らく數十年遡るもので、零本ながら現存最古の寫本と稱することが出來る。しかもこの寫本は、石山寺本とは異系統の五巻本で、「釋迦祇洹精舍緣起第二十」の途中「於兜率天沒現於佛前」（大正藏第五十巻六六頁中）から「釋迦留影在石室記第廿六」の終（巻第三の巻末）までを存してゐる。粘葉裝、楮交り斐紙を用ゐ、押界を施し、一頁七行に記す。原表紙は缺失してゐるが、共紙の裏表紙は存してゐる（近時の修補の際に新補の表紙・裏表紙を加へた）。全巻に亙つて、朱書及び墨書の訓點を附してゐる。その訓點は、さほど詳密ではないが、「釋迦譜」の古點本としては管見唯一の書である。訓點には、朱書で假名・ヲコト點、竝に合點、稀に漢字を、墨書で假名竝に若干の漢文注書入が見られる。ヲコト點は僅少であるが、「喜多院點」と推定され、奥書に見える覺印（法隆寺僧）の加點と考へられる。法量は縱二五・八糎、横一五・四糎、界高二〇・七糎、界幅一・五糎を算する。巻末に次の奥書がある。

（墨書）康和三年六月七日書了爲令法久住往生極樂也見聞觸知共成佛道增覺敬白

（墨書別筆）（右の墨書奥書の前に在り）

一校了

（朱書）弟子覺印傳譜之一見校點已了

長承三年甲寅正月晦日僧（草名）

奥書に見える增覺については未だ詳でない。別筆の奥書が續いて「弟子覺印」とある所を見ると、覺印の師であつたやうにも解せられるが、「弟子」は「金剛弟子」の意と見ることも可能であるから、必ずしも右のやうに斷定は出來ない。しかし何れにせよ、覺印は法隆寺の住僧で、他にも多くの訓點を遺してゐる學僧であるから、本書も法隆寺に傳來した可能性が大である。

尙、增覺なる僧は、他に一二所見がある。東寺藏「天台血脈」に

皇慶―延快―增覺

なる法脈が見え、年代も當時の頃と見られるが、この法脈は天台宗延暦寺系で、ヲコト點に喜多院點を使用してゐたことは自然でない。

又、天台宗三井寺に伊世公又は櫻井伊世殿增覺なる僧が在り、その本を勸修寺興然が嘉應二年（一一七〇）に書寫した例がある。高山寺藏本の「于（宇）賀神將供養次第」（③185・八一31）、「變成就法次第三井傳」（③230）、「修三摩波多」（四〇33）、「不動御修法次第」（七九95）等がそれである。この內、「變成就法次第」の本奥書には、仁安二年（一一六七）正月五日に月上房（高野山）の御本で書寫傳受した旨の增覺の識語があり、「修三摩波多」は仁平元年（一一五一）に衡陽房御本で書寫した旨の增覺の識語があつて、康和三年から五六十年後であるから、恐らくこれも別人であらう。

因に、前田育德會藏本「冥報記」一帖には、次のやうな奥書がある。

長治二年（一一〇五）八月十五日書了爲令法久住往生極樂也／□□之

この願文は偶々本書と同文である上、ヲコト點も同じく喜多院點であり、書寫年代も近いから、異筆ではあるが、互に何等かの近い關係を有するものかも知れない。

尙この「釋迦譜」は、或いはもと「法隆寺一切經」の內の一本であつたかも知れない。但しこれはあくまでも推測の域を出るものではない。

本書の訓點には、

○求《ツヽリ》神仙（二六四）　○或臥炭塠《ヲツ》（二六四）　○有群庶《ソ》（二六四）　○氣力欝-悒《シケク》（二六四）　○勅諸妖女《エウ六》（二六五）
○預《アツケ》大臣《ニ》（二六五）　○有所圖《アサケル》（二六五）　○便諫《イマシメテ》須《ヘシ》待七日（二六五）　○善客誘《アサムク》吾、伎女妻妾縦《ヲトル》情《コヽロミ》自恣
事露《アラハナリ》（二六六）　○作倡《アソヒ》伎樂（二六七）　○何以面欺《イツハリ》不見不聞不快樂耶（二六八）　○乃得惶《ヲソレ》（二六九）

○信反白王（朱）「使也」（二七二）

などの例があり、康和頃の國語資料として有益である。

本書所用の假名字體表とヲコト點圖を次に掲げる。

〔釋迦譜長承三年點所用假名字體表〕

ア	カ	サ	タ	ナ	ハ	マ	ヤ	ラ	ワ	ン	符疊
ア	カ	サ	タ	ナ	ハ	ニ		ラ			い、り
イ	キ	シ	チ	ニ	ヒ	ミ		リ	井	[illegible]	
イ	＼	し		ニ	ヒ	ミ		リ			
ウ	ク	ス	ツ	ヌ	フ	ム	ユ	ル		給	音
宀	ク		ツ			ム		ル			六
エ	ケ	セ	テ	ネ	ヘ	メ		レ	ヱ	奉	事
エ	介		チ		ヘ	メ		し			
オ	コ	ソ	ト	ノ	ホ	モ	ヨ	ロ	ヲ	テシ	時
	コ	ソ	ト	ノ				ロ	シ		

〔釋迦譜所用ヲコト點圖〕（喜多院點）

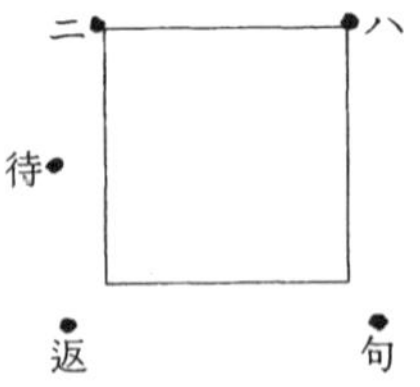

注

（1）『大日本古文書』十二（追加六）五九頁。

大乘本生心地觀經　一卷

「大乘本生心地觀經」八卷は、唐の般若の譯に係り、般若・維摩・法華等の思想を本とし、唯心說・唯識說の理論を立て、三密の修行を勸めた經である。本邦への傳來時期は明でないが、平安時代の古鈔本が數點傳存してゐる。石山寺一切經（七七函30 31號）には卷第一・八の二卷を藏するが、共に平安時代初期の寫本で、平安時代中期の白點（第三群點）が存する。又、醍醐寺藏本の卷第二の一卷は、院政初期の寫本で、東大寺（三論宗）點が加點されてゐる。又、宮內廳書陵部藏本の卷第八の一卷は、院政期の寫本で、平假名本位の朱點（ヲコト點は第五群點）が加へられてゐる。[1] さらに高山寺藏本には、卷第五～八の四卷（④三三2～5、承曆四年〈一〇八〇〉寫本、訓點なし）、卷第三の一卷（②166、院政期寫本、訓點なし）、卷第二～八の六卷（②438、④三三6～11、院政期寫本、治承四年〈一一八〇〉加點〈圓堂點〉）、卷第二・八の二卷（④三四5 11、院政期寫本、訓點なし）の四種十三卷が存する。

東京大學國語研究室藏本（22F10）は卷第八の卷子本一卷で、右の何れとも別の本のやうである。料紙には楮交り斐紙を用ゐ、墨界を施し、院政期の書寫で、朱書及び墨書による訓點を加へてゐる。朱書は假名、ヲコト點を用ゐ、ヲコト點には圓堂點を使用してゐる。奥書により、治承四年（一一八〇）の加點であることが判明する。墨點は假名のみであるが、恐らく朱點と同筆と考へられる。表紙には近世と覺しき素紙の後補表紙を加へ、貼題簽を施す。題簽には「大乘本生心地觀經觀心品」と墨書の外題があるが、殆ど摩滅してゐる。その下には「信山」（?）の單廓朱方印を押す。又、巻首の內題下には「皇□浦／□□□／□□」無廓朱方印竝に「□印／□□」の陰刻朱方印各一顆を捺してゐる。卷首は端麗な和風書體であるが、卷尾は右下りの速筆の風である。一行十七字、一紙二十六行に記し、一紙長五〇・三糎、十七紙を存する。天地二七・三糎、界高一八・九糎、界幅一・九糎を算する。內題には「大乘本生心地觀經觀心品第十八」、尾題には「大乘本生心地觀經卷第八」と記す。奧書には朱書で

治承四年二月十五日　天王寺於別所交點之

とある。高山寺藏本と偶々同年であるが、僚巻でないことは、巻第八（④三三11）と重複してゐることから明である。「天王寺」は「昭和現存天台書籍綜合目錄」などには多數見えてゐるが、治承に近い頃の例を拾ふと、「阿彌陀中川」一卷の本奧書に「承安五年（一一七五）五月十一日於天王寺念佛三昧院宿所以東寺本書之政春」（承久二年〈一二二〇〉契昭寫本）があり、又、高山寺藏本の「毗沙門天王祕法」一通（④一七二8［4］）には覺經（高野山僧）の筆で「元久年中書之／此法者殊天王寺習之云、又臨／終正念印用之人在歟」といふ奧書がある。「中川」といひ「東寺」といひ、又覺經といひ、何れも眞言宗と關係があるもので、天王寺は攝津の四天王寺で天台宗寺門派の流を承けてゐるとはいひながら、眞言宗と關係を有したものと推測される。尚、「天王寺舊記」(2)承安三年（一一七三）條には「當寺法印叡覺」の名が見えるが、叡覺は

勝覺―定海―覺鏡―林海（琳イ）―叡覺(3)中納言律ー「建仁元十二廿八　六口」

といふ三寶院流の法脈を受けてゐる人である。これも、本寺と眞言宗との關係の密なることを推定させる一資料である。

訓點はヲコト點が多く、假名は少いが、大體は訓下し可能である。假名の音訓の主なものには

○銷《ケス》一切衆生《の》諸惡業果《を》（二八七）　○都《スヘテ》不可得《なり》（二八九）　○飛蛾《ヒヽル》（二九二）　○更互《に》相叉《ひアサヘて》（二九九）　胸臆《クウオクの》《ムネ》

上（三〇四）　〇冥目《フサイテを》（三〇四）　〇皮膚潤澤《カハハタエニムタクセむ》（三二五）

などが見られる。(4)

本書所用の假名字體表とヲコト點圖を次に掲げる。

〔大乘本生心地觀經治承四年點所用假名字體表〕（上段朱書、下段墨書）

〔大乘本生心地觀經治承四年點所用ヲコト點圖〕（圓堂點）

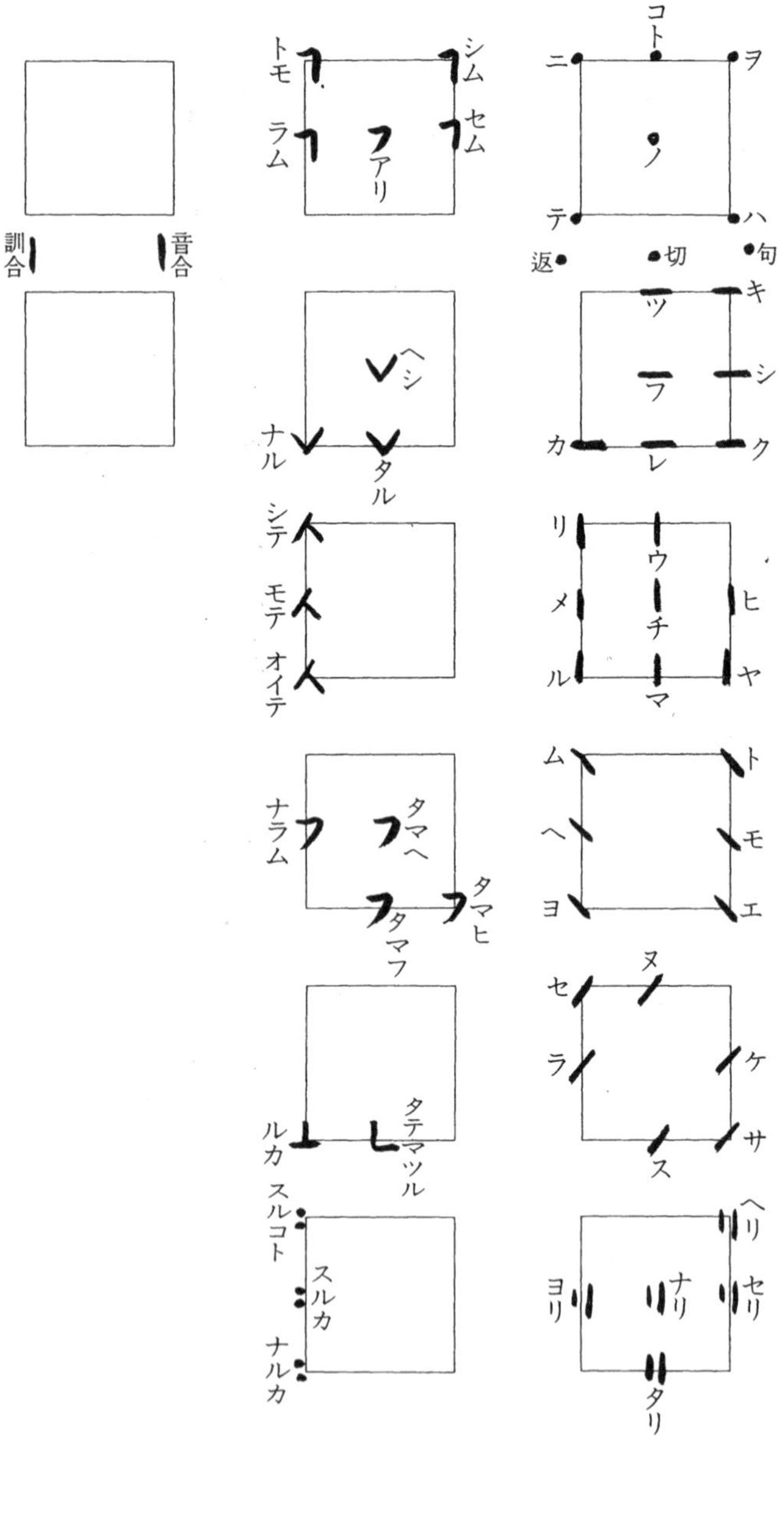

注

（1）小林芳規「平安時代の平假名文の表記様式―語の漢字表記を主として―」（『國語學』第四十四・四十五輯、昭和三十六年三・六月)。
同『平安鎌倉時代に於ける漢籍訓讀の國語史的研究』七四四・一三〇三頁他。
(2)『續群書類從』第二十七輯下三三六頁。
(3)「醍醐寺藏傳法灌頂師資相承血脈」による。『血脈類聚記』四には阿闍梨、少納言と注する。
(4)築島裕「東大國語研究室所藏訓點資料書目(その一)」(『國語研究室』第二號、昭和三十八年十月)。

大般若波羅蜜多經　巻第一　一帖

「大般若波羅蜜多經」六百卷は、唐の玄奘三藏の手により、龍朔三年(六六三)に翻譯完成されたもので、般若部諸經の集大成として、夙く本邦にも將來され、和銅五年(七一二)の長屋王願經が多數卷現存するのを始として、廣く書寫讀誦されたことは、あまりにも著名な事實である。古鈔本の現存するものも、奈良時代以降諸經の中で恐らく最も多數に上ると思はれるが、訓點を施したものは案外に少く、それでも字音直讀の訓みを記したものは若干存するが、和讀の訓點を加へたものは、非常に稀である。

東京大學國語研究室藏本(㊕22D40、L26709)は、巻第一の一帖を存するのみであるが、巻首に添へられた「大唐三藏聖教序」には詳密な和讀の訓點が加へられてをり、又、經本文には、字音直讀であるが、呉音系の多數の假名が加へられてゐて、國語資料として有益なものである。

本寫本は、卷子本を一頁四行毎の折本裝に改裝した本で、料紙には黄色の楮交り斐紙を用ゐ、墨界を施す。紙高二五・一糎、一紙長五四・七糎、界高二〇・二糎、界幅一・八糎を算する。本文は鎌倉時代初期の書寫で、朱書及び墨書による訓點があり、共に鎌倉時代建長六年（一二五四）頃の筆と見られる。朱點は句切及び聲點（四聲）を、墨點は假名・返點・合點を記すのに用ゐられてゐる。表紙には丁子を散した茶灰色の厚紙を附し、外題に「大般若經卷第一」と墨書し、それと同筆で右下に「仲峯山」と記す。卷末に次のやうな奥書がある。

（奥書）　　　　　　　　　　　　　　　　一交了

　　建長六年甲寅二月廿八日以四室本一校了僧延實

（別筆一）切句　指聲　付假名畢　僧春慶

（別筆二）此經得買所本願主勢州一志之郡小野里人／源氏永盛之

　　　　應永十五年戊子六月八日下深河之菴室書之

（別筆三）（建長六年の奥書の前に在り）

　　神野山　大明神御經

本文の書寫年代は、鎌倉時代初期と推定され、訓點も詳しく見ると必ずしも一筆ではないやうであるが、大體は右と同じ頃の筆と判斷される。尙、應永十五年の識語に「書之」とあるが、これは本文の書寫ではなく、識語を書寫したといふ意に解すべきであらう。

本書の僚卷が、大東急記念文庫に所藏されてゐる。計五百八十三帖の大部を擁し、建暦二年（一二一二）から貞應三年（一二二四）にかけての書寫奥書を有する卷々があるから、この卷第一についても、恐らく右と同じ頃鎌倉時代初期の書寫と認めて差支無いと思はれる。諸卷の書寫校合奥書に見える、延實・延範・覺圓・順阿・永心・永盛・琳覺等の僧について、未だ詳にし得ないのを遺憾とする。ただ巻第百十の奥書に「筆師僧圓長」と見える「圓長」は、醍醐寺本傳法灌頂師資相承血脈に見える、

興然—光寶—圓長

なる法脈の僧に相當するかも知れない。さすれば、眞言宗勸修寺流の系統に屬する僧といふことになる。

延實（或いは「延玄」か）校合の奥書は、巻第一以外にも見え、建長五年から同七年にかけて行つたことが明である。川瀬一馬博士は、本經はもと興福寺から出たのが後に買得せられたものと推定されてゐる。又、奥書に見える「神野山大明神」といふのは、巻第三百二その他の奥書によつて、大和國山邊郡東山內に在つたことが判明し、又、その納經の識語の年次も、南北朝時代康暦二年（一三八〇）から至徳二年（一三八五）にかけてであることが明である。[1]

大東急記念文庫の藏本は、何れも假名による字音傍記があり、それも巻によつて精粗區々であるが、本研究室藏本は、巻第一を存し、訓點も他巻に比し殊に稠密である。

次に和訓・字音で注意されるものを若干抄書して置く。字音は序文の部分は漢音系、本文の部分は呉音系で、脣內撥音尾（-m）と舌內撥音尾（-n）の區別は序文の部分では失はれてゐて、

○闡《セムスルコト》（三四二）　○微《ヒ》（上濁）言《ケムヲ》（平濁）（三四二）　○八川《セムニ》（三四四）　○萬區《ハムク》（三四五）　○潤《シムヲ》（三四六）

○夷簡《カンニ》（三四五）　○洞《ホカラカニシテ》レ陽《ヲ》（三三七）　○無《ク》レ上《ハシメ》（三三七）　○歷二千劫《ヲ》一而不レ古《トコメツラナリ》（三三七）

○連二百福《ヲ》一而長《イヤメツラナリ》レ令（三三七）　○基《モトキシテ》二乎西土《ニ》一（三三八）　○空端《クカクス》二四八之相《ヲ》一（三三八）

○神《タマシヒハカテ》測　未レ形《アラハレ》（三三九）　○乘《テ》レ危《アヤウキニ》　遠邁《クユキ》、杖　策　孤征《ツエツキムチウテヒトリユク》（三四〇）　○驚砂《ケイ》（三四〇）

○百《ハク》（入輕）重《チヨウノ》　寒暑（三四〇）　○微《ヒ》（平濁）物《フツ》不レ能レ累《ワツラワスルコト》（三四一）　○垂《テ》レ拱《コマヌキヲ》（三四四）

○豈謂《イハユルチヨウ》　重（平）眠之夜燭《トモシ》二慧炬之光《ヲ》一、火宅之朝降《クタス》二法雨之澤《ウルヲヒヲ》一（三四四）　○栖二《スマシテヲモヒヲ》息　三禪《ニ》一（三四五）

のやうに、舌音尾を「ム」「ン」の兩者で表記する例が見えるが、本文の部分では區別が保たれてゐるやうで、

〔脣內撥音尾〕○梵《ホム》（平濁）（三四七）　○擔《タム》（三四七）　○深《シム》（三四九）

〔舌內撥音尾〕○漢《カン》（平）（三四七）　○盡《シン》（平濁）（三四七）　○辨《ヘン》（平濁）（三四七）

のやうな例が見られる。一方、脣內入聲尾が無聲子音の直前で舌內入聲尾に轉ずる例も見えてゐて、

○業《コツ》（入濁）障《シヤウ》（去）（三四九）　○獨《トツ》（入濁）覺（三四九）　○法《ホツ》（入）性（三五一）　○北《ホツ》（入）方（三七六）

の如くである。又、カ行合拗音のクヰ・クヱも存してをり、次の如き例を見る。

○項《クヰヤウ》（平）（三五五）　○暉《クヰ》（平）（三六二）　○迥《クヰヤウ》（三六二）　○毀《クヰ》（平）（三七〇）　○貨《クヱ》（平）（三六四）

○誨《クヱ》（平）（三六九）　○還《クヱン》（去濁）（三七一）　○眷《クヱン》（平）屬《ソク》（入濁）（三九〇）

本書所用の假名字體表を次に掲げる。

〔大般若波羅蜜多經古點所用假名字體表〕

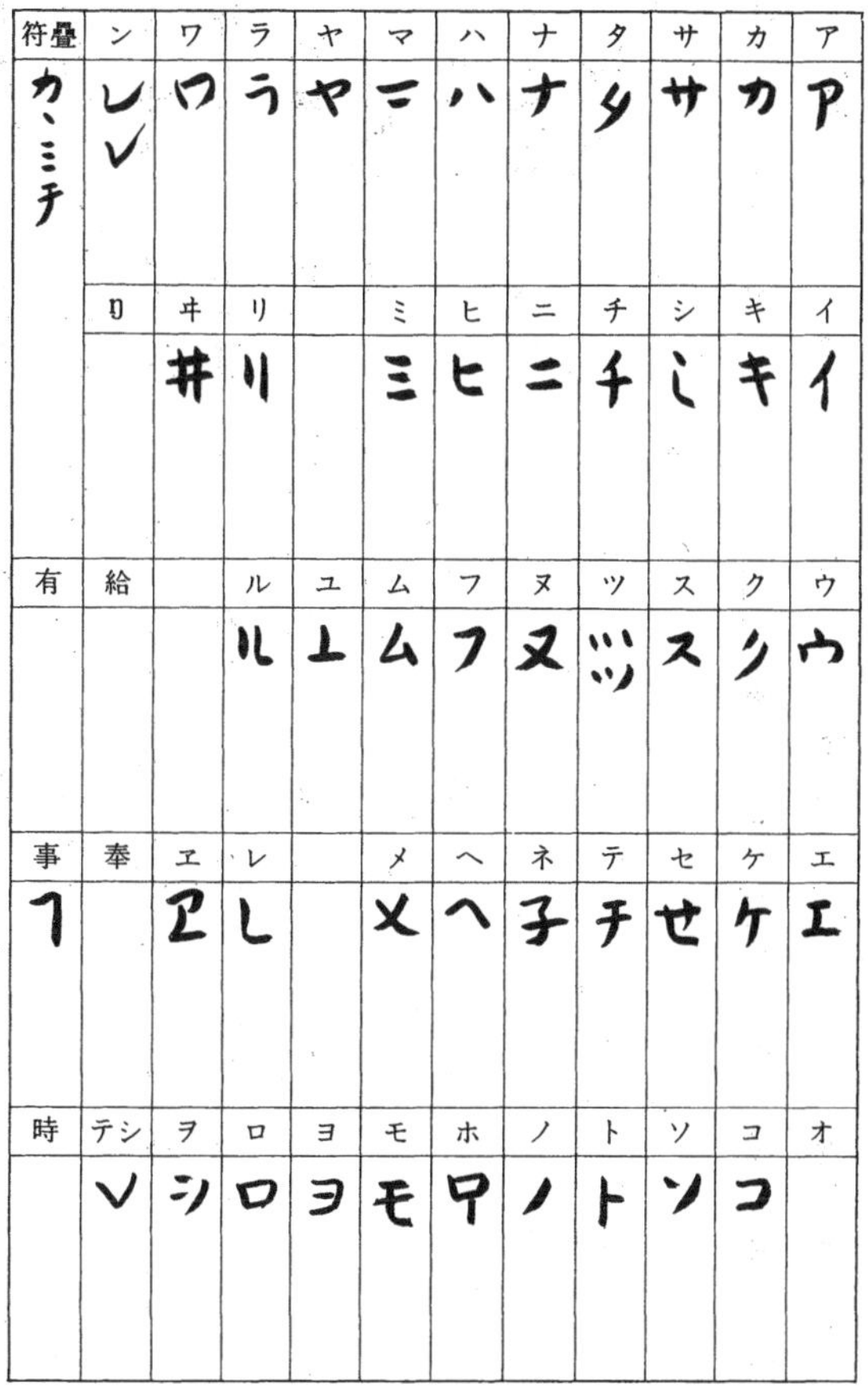

注

（1）　川瀬一馬『大東急記念文庫貴重書解題　佛書之部』七〇頁。

涅槃講式　一巻

「涅槃講式」は、「十六羅漢講式」「如來遺跡講式」「舍利講式」と竝んで、「四座講式」の一である。栂尾明惠上人高辨（一一七三〜一二三二）の作で、建保三年（一二一五）にこれを草した。眞言宗では現在に至るまで常樂會四座講にこの式を用ゐてゐる。四座講式は、釋迦如來入滅の相を述べ、その遺跡と舍利との功徳を嘆じ、又弟子羅漢の神力利益等を嘆ずるものである。その文章は巧みで、よく釋尊追慕の情を陳べてゐると言はれる。

この四座講式は、建保三年、明惠上人が四十三歳の折に、栂尾高山寺で製作されたものだが、その日時は奥書によると

舍利講式　建保三年正月廿七日夜丑剋（千手院本・高山寺本）
如來遺跡講式　建保三年正月廿二日亥剋（千手院本・高山寺本）
羅漢講式　建保三年正月廿四日亥剋（高山寺本）
涅槃講式　建保三年正月廿九日酉剋（千手院本・高山寺本）

であるが、これに先立つて、自作の「十無盡院舍利講式」を前年の建保二年二月二十五日の涅槃會で讀んでをり、この本は高山寺現藏本（②463）一巻かとも考へられる。又、この年に遺跡講式と舍利講式を著すと傳へられてをり、又これに先立つこと七年、元久二年（一二〇五）七月六日には、明惠の弟子喜海が「十六羅漢講式」を書寫してゐる（高山寺經藏③34）から、これら四座講式は、建保三年正月に一時に成立したとするよりも、以前から草案又は既作のものがあり、それらを整

備して一具のものとしたといふ方が事實に近いのかも知れない。(1)

東京大學國語研究室藏本（㊕22F36、L99806）は巻子本一巻で、書寫奥書は無いけれども、筆跡書風より見て南北朝時代の書寫と考へられる。「西大寺大慈院」の複廓朱方印、「清淨院」單廓朱方印を巻首内題の下に、又前者は巻末にも押捺してゐる。朱書・墨書の訓點があり、朱書は聲點・假名を、墨書は假名を記してゐる。又、墨書の節博士が加へられてゐるが、これら訓點・節博士は何れも本文と同じ頃、南北朝時代の加點と考へられる。

奥書には

本云　建保三年（一二一五）正月廿九日酉剋

なる識語があるが、これは高辨が本文を製作した折の日時を記したものである。

内題の下には「大慈院高觀相傳」といふ識語があるが、恐らく後人の筆であらう。又、巻首の紙背には「明惠上人」の墨書が存する。作者を注記したものであらう。

本書は全二十三紙より成り、紙高二八・一糎、一紙に十二行乃至十三行を記し、一紙長二八・三糎、墨界の界高二六・○糎、界幅二・三糎を算する。全巻に亙つて詳細な墨書の假名があり、その右傍に更に節博士（一〈角〉及び／〈徴〉）を加へてゐる。又、處々に濁音符○○を假名に附してゐる。

「西大寺大慈院」については、未勘である。「西大寺資財流記帳」「南都七大寺巡禮記」「思圓上人一期形像記」「二中歴」などの古記録にも見えず、又『日本寺院綜覽』にも記載が無い。太田博太郎氏『南都七大寺の歴史と年表』にも記述が見當らない。或いは中世に造られた西大寺の塔頭の一つででもあつたらうか。高山寺經藏の聖教類の中に「大慈房」の名の見えるものがあるが（④五三244及び327）、院政・鎌倉時代初期の寫本であり、多分無關係であらう。又、「高觀」なる僧についても遺憾乍ら未だ所見が無い。

本書の書誌・內容については、金田一春彦博士の詳細な記述がある。(2) 博士によれば、他の傳本と比較すると、墨譜の大多數が文字の右側にあること、曲節指示の方法や場所も他と異ること、などを指摘され、進流・新義派以外の他の流派で使用したものと推定された。尙博士の調査された當時は、山田忠雄氏の所藏であつたが、後、本研究室に收藏された。

西大寺は本來、奈良時代に孝謙天皇の勅願によつて建立された寺院であるが、平安遷都後急速に衰へ、鎌倉時代文暦二年(一二三五)に叡尊が住して以後、復興に盡力した。叡尊(一二〇一～一二九〇)は、眞言律宗の中興として西大寺流の祖となつた人で、醍醐寺叡賢、高野山西谷慧操、醍醐寺金剛王院圓明・能尊、その他眞言の小野流等諸流の諸師から受法した。(3) 西大寺には金剛界・胎藏界の曼荼羅供養(正嘉二年〈一二五八〉及び文應元年〈一二六〇〉)や、東寺の眞言八祖・十二天屛風の模寫(正元元年〈一二五九〉)などが傳存し、密教的要素の強い寺風であつたわけで、同じ眞言宗小野流を稟けた明惠の四座講式が西大寺に傳へられたことも故なしとしない。

又、嘉慶元年(一三八七)には西大寺で叡空が「傳法灌頂仁和寺」一帖を書寫してゐる(高山寺經藏④九一12本奥書)。又德治二年(一三〇七)に高野山大樂院で寂した信日は、二十一歳の時に西大寺で具足戒を受けたが、この大樂院で信日は「永正不退之四座講式」を始行したと傳へられてゐる。(4) このやうな經緯からして、「四座講式」の一本が西大寺に傳へられたのは、決して偶然でないことが知られるであらう。

四座講式には寫本が多く、高辨自筆と稱せられる千手院本を始として、高山寺・高野山寶龜院等に寫本が藏せられる。高辨自筆といはれる「千手院本」は、既に每日新聞社版『重要文化財21』(昭和五十二年一月刊)八四頁や京都國立博物館『明惠上人沒後七五〇年高山寺展目錄』一三一頁などに一部の寫眞が收錄されてゐるが、朱書の訓點が附せられてゐるのみで、節博士は加へられてゐない。千手院本の書寫年代についてはともかく、節博士附の涅槃講式としては、本研究室本は現存最古の寫本として貴重である。尙、奥書の文言について、千手院本では「建保三年正月廿九日酉剋/草之畢　沙門高辨」

とあり、高山寺藏本（④一一三4）（江戸時代末期寫本、嘉永三年〈一八五〇〉慧友校合識語、同七年〈一八五四〉密護加點識語）にも、右と大同（但し「畢」を「了」に作る）の奥書を有してをり、本研究室本は「草之畢　沙門高辨」の部分が缺失したと判斷される。

本書所用の假名字體表を次に掲げる。

〔涅槃講式所用假名字體表〕

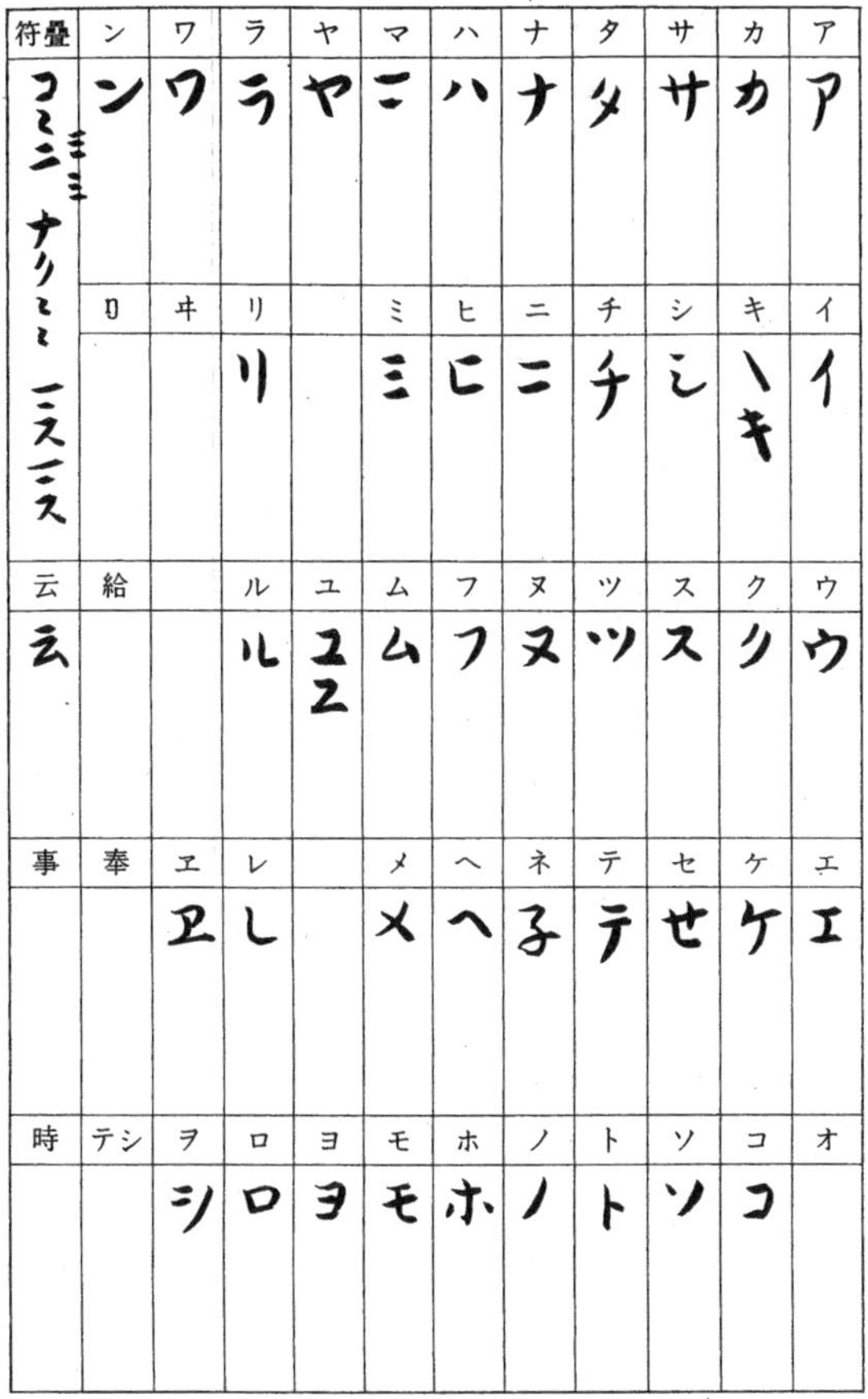

注

（1）「明惠上人行狀」（假名行狀）上（『高山寺資料叢書』第一册・明惠上人資料第一）四九頁。
「明惠上人資料」（漢文行狀）中（同）一一五頁、下（同）一三〇頁。
田中久夫『明惠』一〇一頁。
奥田勳『明惠―遍歴と夢―』五五・八三・三〇六頁。

（2）金田一春彦『四座講式の研究』昭和三十九年三月刊。

（3）「醍醐寺本傳法灌頂師資相承血脈」による。

（4）「高野春秋編年輯錄卷弟九」（『大日本佛敎全書』一九一頁）。

（後記）本解說の執筆に當っては、東京大學國語研究室の山口明穗敎授、古田啓前助手、久保田篤助手、汲古書院の坂本健彥社長、石川力氏、齋藤明美氏より多くの助力を得た。記して深い謝意を表する。

（『東京大學國語研究室資料叢書』第十五卷　汲古書院　昭和六十一年四月）

『平安假名書狀集』の裏面の典籍類に加へられた古訓點について

今般刊行された『平安假名書狀集』の裏面の典籍類については、既に久曾神昇博士『平安時代假名書狀の研究』（昭和四十三年十月）の中で觸れられて居り、更に多くを加へることも無いのであるが、主として國語學的な見地からの知見を含め、二三の補說を試みることとする。

一　「代宗朝贈司空大辨正廣智三藏和上表制集」の訓點

青蓮院舊藏の「代宗朝贈司空大辨正廣智三藏和上表制集」は、全六巻の內、巻第一・二・三・四の四巻を存するが、現存の全巻に亙つて朱書による訓點がある。假名やヲコト點は見えず、漢字の右下にある句點と、左下にある返點とだけであるが、返點の存在により、訓讀されたことは明である。各巻の表紙の外題の下に、「青蓮藏本」と記されてゐる。「青蓮藏」は多分青蓮坊僧都琳豪の藏本であらう。「門葉記卷第百四十二　雜決三」に「青蓮院稱號者。琳豪僧都之遺跡也。」とあり、次のやうな血脈を載せる。

明快――良眞――琳豪――行玄――覺快――慈鎭

青蓮藏本は現在も青蓮院吉水藏の中の大きな部分を占めてをり、聖教類の中にも屢々その名が見える。

○胎藏緣起　一帖　吉水藏（三7）（仁都波迦點加點）

（奥書）慶德元ー（一〇八四）十月廿九日谷房傳了　勝豪／（表紙）「青蓮藏」

○金剛界次第　一帖　吉水藏（四2）（假名點加點）

（奥書）寛治三年（一〇八九）十二月十日辰時書了

（別筆）「於相隆寺又受了／延暦寺之僧勝眞」／（表紙）「青蓮藏」

山外の本にも間々見られる。

○梵字悉曇字母釋義　一帖　馬渕和夫博士（遍照寺點加點）

（奥書）承保三年（一〇七六）正月廿八日巳時書畢／（表紙）「青蓮藏」

卷第一・三・四の三卷には、次のやうな奥書がある。

（卷第一奥書）（朱書）「寛治二年七月七日下書了　文字甚錯謬
相□□□（校他本）可正之　良祐」

（卷第三奥書）寛治元年六月廿日寫了　筆者俊超
寫本云天長四年（八二七）六月一日東寺寫了〔云〻〕

（朱書）「文字頗不快也以他本可正之」

（卷第四奥書）寛治元年六月廿五日寫了　筆者俊超

卷第一と卷第三とに見える朱書の奥書は、久曾神博士の御說の通り、同筆で良祐の筆であらう。良祐（一〇七八存～一一二六頃寂か）(1)は、周知の如く、皇慶——長宴——良祐と天台宗山門の流を承け、三昧阿闍梨と號し、三昧流の祖となつた名僧である。吉水藏には良祐から傳受した加點本が多數現存し、その多くは、ヲコト點に仁都波迦點を使用してゐる。(2)尚、筆者俊超については、未だ知見を得ない。

本書の朱點は卷第二・四の奥書の朱書と同筆と見て、良祐の加點としてよいかと思はれる。

因に「代宗朝贈司空大辨正廣智三藏和上表制集」には、この他に平安時代の加點本が現存する。

（1）石山寺藏本（重書13號）重要文化財。

卷第三、一卷。平安時代初期書寫。訓點なし。

（2）國藏本（東京國立博物館保管）重要文化財。

卷第一、一卷。石山寺舊藏本。（1）と僚卷。平安時代初期書寫。訓點なし。

（3）上野淳一氏藏本　重要文化財。

卷第二・四、二卷。石山寺舊藏本。（1）と僚卷。平安時代初期書寫。訓點なし。

（4）五島美術館藏本　重要文化財。

卷第六、一卷。石山寺舊藏本。（1）と僚卷。平安時代初期書寫。訓點なし。(3)

（5）高山寺藏本（第一部第239號）重要文化財。

全六卷。院政期書寫。朱點及び墨點を附す。共に院政期の筆で、全卷完備し、しかも訓點を加へた本としては、現存最古のものである。

（6）高山寺藏本（第四部第一七六函1號）重要文化財。

卷第一・二・三・四・五、五卷。鎌倉時代中期書寫。卷第一・二には鎌倉時代中期筆の墨書訓點があり、假名を加點してゐる。又、卷第五には鎌倉時代中期筆の朱點があり、ヲコト點には圓堂點を使用してゐる。

（7）石山寺藏本（一切經附115號）

卷第二、一卷。南北朝時代書寫。南北朝時代筆の朱訓點があり、ヲコト點には圓堂點を使用してゐる。

（8）高山寺藏本（第四部第一八〇函34號）重要文化財。

卷第一、一卷。南北朝時代書寫。南北朝時代筆の朱墨訓點あり、朱點で聲點を、墨點で假名を加點してゐる。

これら（1）から（8）まで見渡して考へるに、遺憾ながら加點の奥書を持つた例が無いので、詳しいことは明でないが、（6）（7）に圓堂點が使用されてゐることから見て、少くともこれらが眞言宗系統の訓點であることは、推測するに難くない。本書が、空海請來であることを考へれば、自然の現象とも言へようが、これに對して、この青蓮院舊藏本の訓點は明に天台宗系のものであり、本書の訓點としては、若干異色を有すると見てよいのではなからうか。

この他にも平安時代の古寫本として、御茶の水圖書館成簣堂文庫藏本一卷があり、平安朝中期寫本の由である（「成簣堂善本書目」七五頁所載）が、筆者未見である。

二　「灌頂阿闍梨宣旨官牒」の訓點

本文は平安時代末期の寫本であり、外題に「灌頂阿闍梨宣旨官牒　上　延暦寺」とあり、その下に「桂林藏本」とある。東寺觀智院藏本「天台血脈」には「良祐（長宴の弟子）三昧阿闍梨　桂林房」「潤慶（長宴の弟子）桂林房阿、、定任子大和守」と見え、「明匠略傳」には「良祐阿闍梨　桂林房。三昧阿闍梨。」、「阿娑縛三國明匠略記」には「良祐　大原弟子。號三昧阿闍梨。仍三昧流元《祖イ》師也。」「桂林院　潤慶阿闍梨。大和守定任子。大原弟子也。」等と見えてゐるが、「門葉記」所載の血脈には、

桂林房阿闍梨潤慶——三昧阿闍梨良祐——行玄——覺快——慈鎮
　　　　　　　　　　　　　　　　　　　　└桂林房座主大僧正全玄┘

のやうに記してゐるから、恐らく潤慶又は全玄の藏本を指すのであらう。

又、巻首見返には「以定心房御藏本寫了」なる端書がある。「天台血脈」には、「行誓　定心院供僧」「明達　同供僧」（共に第十四代天台座主義海の弟子）などを記してゐるが、何れも平安時代中期以前の人であり、未だ特定することが出來ない。因に「天台血脈」によれば、行誓、明達と良祐との間は、次のやうな法系があるから、「定心房御藏本」が吉水藏に傳つたことは、自然の成行きであらう。

尊意——平燈——靜眞——皇慶——長宴——良祐
　　├行誓
　　└明達

本書の本文は殆ど漢文ばかりであるが、第二七一行以降に、朱書の加點が見える。但し、訓點は句切點と返點とのみであり、その加點年代も明確ではないが、平安時代院政期頃の筆致と見られる。

三　「諸佛菩薩釋義」の訓點

（一）

久曾神博士の解説によれば、本書は、もと袋綴裝であつたのを、紙背にあつた假名文書を裏返して表とし、巻子本に改装された由である。原装では一册であつて、第一册の（表紙）の右下に「青蓮房」の記があり、第一册の見返には、目錄（本文とは別筆か）があつて、「一釋迦　二藥師」に始り、「廿九延命　三十曼陀羅供略作法」に終つてゐる。裏打を施したため、「諸佛菩薩釋義」の字面が明確に解讀しにくい箇所がある。各册の内容は

第一册　「一釋迦」から「十十一面觀音」まで
第二册　「十一准提觀音」から、「廿一御前法華御讀經發願作法」の途中まで
第三册　「廿一御前法華御讀經發願作法」の途中から「廿七尊勝」まで
第四册　「廿八法華」から「三十曼荼（目錄は「陀」に作る）羅供略作法」まで

の如くである。

「青蓮房」については上述の如く、琳豪阿闍梨の住房を指すと思はれるが、その祖師（三昧阿闍梨良祐—良眞—琳豪）からの傳承によるものであらう。聖教の奧書には屢々「青蓮房」の名が見える。

○火吽供養儀軌　一帖　吉水藏（二五17）
（奧書）元永元年八月廿五日於青蓮房／以三昧阿闍梨御本書了
（朱書）「同年同月廿七日移點了　金剛佛子良實」

○牟梨曼荼羅經　一帖　吉水藏（一六7）
（奧書）元永元季十月五日於青蓮房從大教房（最嚴、良祐の弟子）傳受了／佛子良實／同聽大輔公

○金剛界私記　一帖　吉水藏（五9）
（奧書）元永元季十二月十一日於青蓮房／以三昧阿闍梨本書寫了

本文の内容は、夫々の修法について、その作法の要目を記述した記事もあるが、多くはそれら修法の際に使用すべき願

文、表白の類を收錄したものが主體を成してゐる。筆跡は四卷を通じて殆ど一筆であり、一行二十二字前後に書寫されてをり、その多くの部分に墨書の訓點が加へられてゐるが、この訓點は、恐らく本文と同筆と考へられる。加點の狀態は一樣でなく、所によつて詳密な部分や粗なる部分が混在してゐる。卷第三・四には比較的加點が少い。本文の書寫及び加點の時期は明確でないが、平安時代末期、院政期の頃と推定される。第三卷の第五九行から第六七行までは、他の部分よりも大型の文字で、一行十五字前後に書かれ、筆跡も他の部分と異るかと思はれる。

又、大部分は漢文であるが、その中には、後述のやうに諸處に和習が存し、時に片假名交り文も混在してゐる。

これらの文の作者については、大部分は未詳であるが、一二の文には、次のやうに作者の名を注記した所がある。卽ち、第四卷「曼荼羅開眼」の願文の末に「谷御作」とあり（第144行）、この一文は谷阿闍梨皇慶（九七七〜一〇四九）の手に成つた文であることを知る。又、同卷の「夫兩部曼荼羅大日如來」に始る一文の末（第114行）、及び、第四卷の最末尾の「兩部大曼荼羅」に始る一文の末（第175行）には、「僧正御房御草」と見える。この「僧正御房」が誰を指すのか、未詳であるが、嘉保頃の成立と見るならば、「僧綱補任」によると、そのころ天台宗で僧正の地位に在つた僧には、第三十七代天台座主仁覺（一〇四五〜一一〇二）がある。「華頂要略」卷第一には、「嘉保三丙子年二月京極殿十種供養（法華經供養）」と見える。

卷第二（161行以下）に「御前法華御讀經發願作法」と題する一文があり。その文の末に「嘉保ム年ム月ム日行事大法師云〻」とあるが、「中右記」嘉保二年十月三十日條に「法華御讀經結願」とあり、同三年三月十九日條に「今日於御前被如法經御讀經」、「後二條師通記」の同日の條に「法華法以不動寺法印《無歟》（仁源）修之」とあり、この時のものかも知れない。

各冊に亙り、全部一筆の墨書による假名の訓點が施されてゐる。その筆跡は、本文と同筆であり、その書寫年代は、平安時代末期の頃と推定される。

使用された片假名の字體は、第一圖に示した如くである。

第一圖　諸佛菩薩釋義古點所用假名字體表

『平安假名書狀集』の裏面の典籍類に加へられた古訓點について

畳符	ン	ワ	ラ	ヤ	マ	ハ	ナ	タ	サ	カ	ア
イチ、 ニチ、 ニナ、々	レ (ン)	ロ (ワ)	ラ (ラ)	ヤ (ヤ)	二 (マ)	ハ (ハ)	ナ (ナ)	タ (タ)	サ (サ)	カ (カ)	ア (ア)
	(シテ)	井 (キ)	リ (リ)		三 (ミ)	ヒ (ヒ)	二 (ニ)	チ (チ)	シ (シ)	(キ)	イ (イ)
事		ル (ル)	上 (ユ)		ム (ム)	フ (フ)	ヌ (ヌ)	⋯ (ツ)	ス (ス)	ク (ク)	ウ (ウ)
給	卫 (エ)	レ (レ)			メ (メ)	へ (ヘ)	子 子 (ネ)	チ チ (テ)	せ (セ)	个 (ケ)	エ (エ)
奉		シ (ヲ)	ロ (ロ)	ヨ (ヨ)	モ (モ)	尸 (ホ)	ノ (ノ)	ト (ト)	ソ (ソ)	コ (コ)	オ (オ)

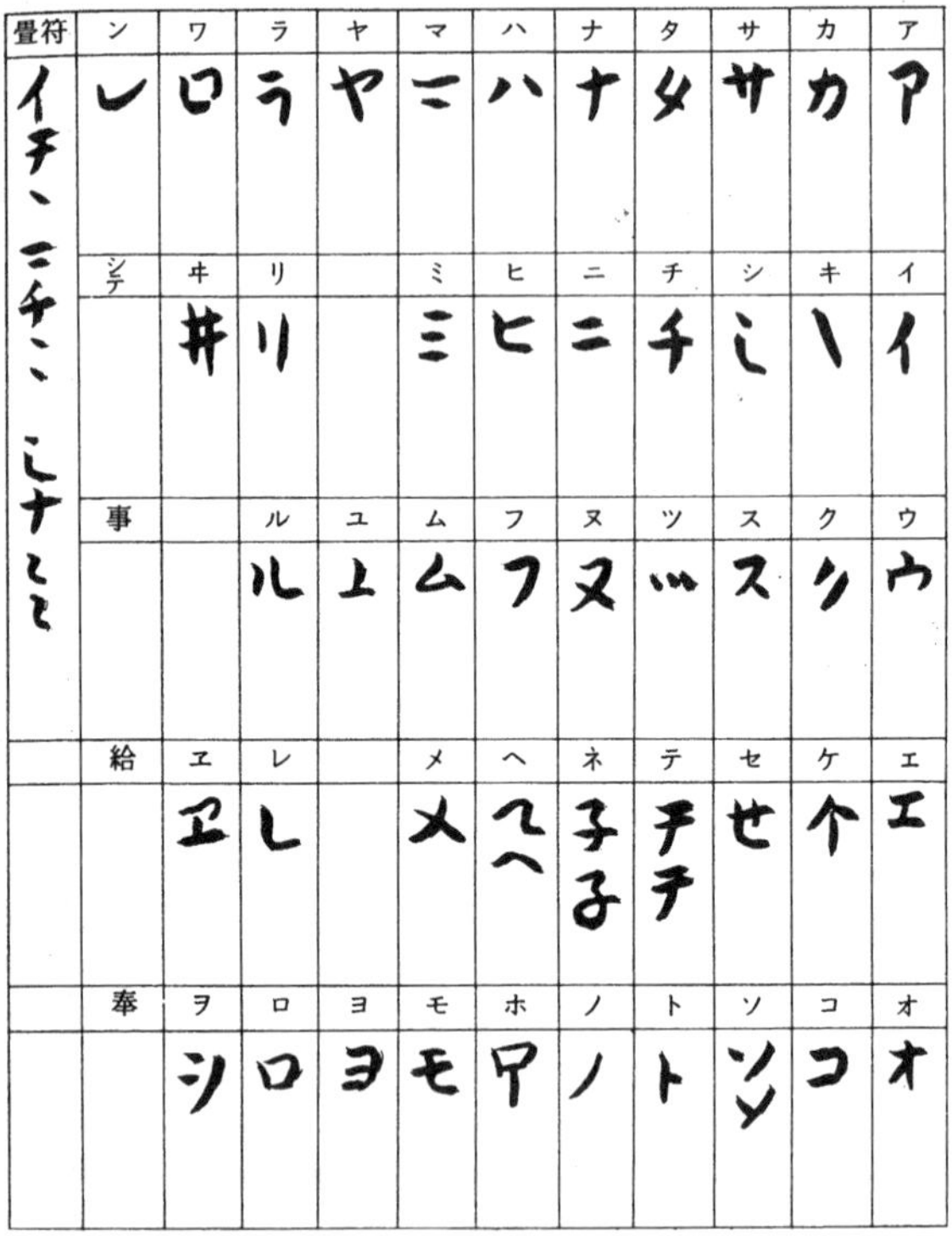

諸佛菩薩釋義古點所用句切點返點聲點表

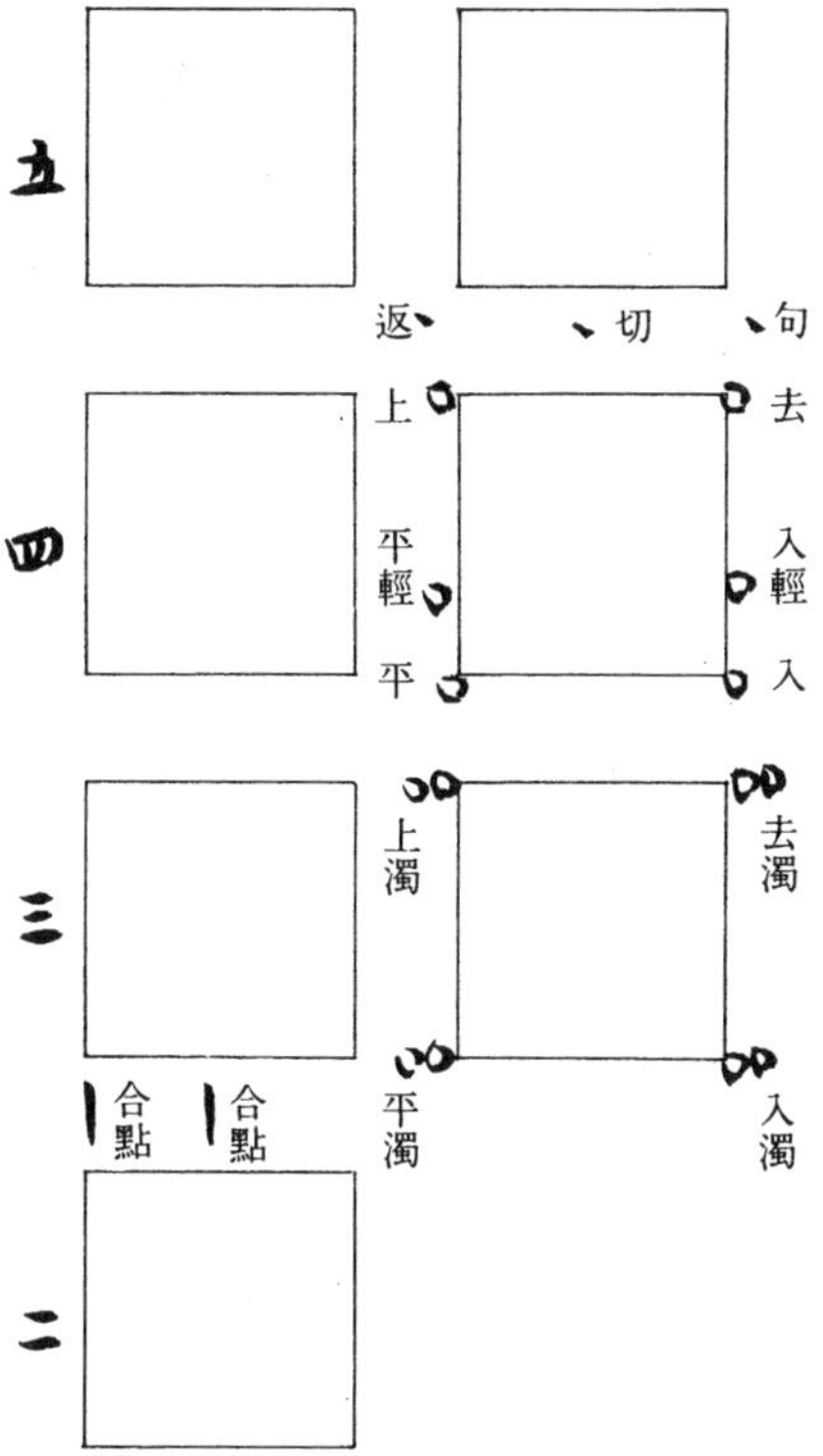

(二)

音韻について、先づ國語音の音便では、イ音便・ウ音便・促音便・撥音便の四種が見られる。これは平安時代後半期の點本一般に見られる例である。

○イ音便

キ・ギ・シからイに轉じた例が見える。特にシからイに轉じた例の多いことが注意される。又、イ音便の次の音節は、「テ」の他、「爲《マシマ》イシ時」「輝《カヽヤ》カイ給ヘリ」のやうに、「シ」「給」に續く場合も見られる。

［キ↓イ］　影《エイ》水（ノ）［之］金（ヲ）瑩《ミカ》イテ（瑩影水之金）一—85　齡《ヨハヒ》既《ステ》ニ傾《カタフ》イテ（齡既傾）一—103

樣〻ニ威-儀《カシツ》イテ（樣〻威儀）一—129　腦《ナツキ》ヲ斫《クタ》イテ（斫腦）一—171　毒《ドク》（入?）-鼓《コ》（上濁）ヲ叩《タ、》イテ（叩毒鼓）一—224

毒ヲ吐《ハ》イテ地ニ岐《ハ》ウモ（吐毒岐地）二—129　艤《フナハタ》ヲ叩《タタ》イテ（叩艤）二—131　〻（卷）數ヲ卷《マ》イテ（卷〻數）二—222

天帝尺ノ請ニ赴《ム》イテ（赴天帝尺請）三—123　風水忽《タチマチ》ニ乖《ソム》イテ（風水忽乖）四—63

［ギ↓イ］　柔和忍辱（ノ）［之］衣《コロモ》ヲ脱《ヌ》イテ（脱柔和忍辱之衣）一—204

［シ↓イ］　信心ヲ凝《コラ》イテ（凝信心）一—60　往-昔ノ誓願ヲ出《（イタ）》イテ（出往昔誓願）一—61　志（ヲ）致《イタ》イテ（致志）一—111

昔シ法藏決定（ニ）爲《マシマ》イシ時（昔爲法藏決定時）一—119　世間所有ノ財寶豐《ユタ》カニ在《マシマ》イテ（世間所有財寶豐在）一—163

利益群生ニ施《ホトコ》イテ（利益施群生）二—13　千餘ノ聖衆・光ヲ輝《カ、ヤ》カイ給ヘリ。（千餘聖衆輝光給）四—153

一乘妙典ヲ寫《ウツ》イテ（寫一乘妙典）四—159

○ウ音便

ハ行四段活用動詞の連用形語尾のウ音便は、「フ」表記を取つてゐる。

［ヒ↓フ］　法如〻ノ境ニ契《カナ》フテ（契法如〻境）一—15　世間ノ端無《アチキナ》キコトヲ厭《イト》フテ（厭世間無端）一—85

三熱（ノ）［之］苦ヲ救《スク》フテ（救三熱之苦）一—98　誓《チカ》フテ無畏ヲ施シ（誓施無畏）一—142

皮《カハ》ヲ剝《ハ》キ菓《コノミ》ヲ拾《ヒロ》フテ（剝皮拾菓）一—144　裸形黑瘦（ノ）［之］膚《ハタヘ》ニ覆《オホ》フテ（覆裸形黑瘦之膚）一—204

他に、「カガフル」「カミヘ」「マケ」から轉じたと見られる「カウブル」「カウベ」「マウク」の例がある。

［ガ↓ウ］　適《タマ、、》彌陀（ノ）引攝ヲ蒙《カウフ》ル者《モノ》ハ（適蒙彌陀引攝者）一—83　彌陀（ノ）［之］引攝ヲ蒙《カウフ》テ（蒙彌陀之引攝）一—87

遍ク二十五萬衆生ニ被《カウフ》ラシメタリ（遍被二十五萬衆生）一—215　忽ニ靈德ヲ蒙《カウフ》ル（忽蒙靈德）三—37

日域漢土ニ利益ヲ蒙《カウフ》ル者課《モノクヒス》ヲ繼《ツ》キ（日域漢土蒙利益者繼課）三—53

[ミ↓ウ] 頭《カウヘ》ニ十一面ヲ戴《イタヽ》キタマヘリ（頭戴十一面）一—235
[無音節↓ウ] 六度不退之教《ノ》ヲ設《マウ》ケ（設六度不退之教）二—49

○促音便

タ行及びラ行四段活用動詞の連用形語尾、及びハ行四段活用動詞の連體形語尾（「イフハ」↓「イハ」）の促音便がある。

[チ↓無表記] 形ヲ[於]六道ニ分《ワカ》テ（分形於六道）一—180　淨（平濁）財（去濁）ヲ抛《ナケウ》テ（抛淨財）二—67
佛ノ禁戒ヲ持《タモ》テヨリ以-來《コノカタ》（持佛禁戒以來）四—156
[リ↓無表記] 衆病悉ク除《ノソコ》テ（衆病悉除）一—50　時ニ當《アタ》テ（當時）一—54　世擧《ヨコソ》テ（擧世）一—118
契《チキ》リ有《ア》テ（有契）一—142　髓《スイ》ニ徹《トホ》テ（徹髓）一—153　震旦日域ニ傳《ツタ》ハテヨリ以-來《コノカタ》（傳震旦日域以來）二—104
耳ヲ縒《ヨ》テ嘶《イハ》エ（縒耳嘶）二—130　佛前ニ到《イタ》テ（到佛前）二—162　計《ハカ》リ知《シ》ヌ（計知）三—107
一切衆生(ノ)[之]身ニ備《ソナ》ハテ（備一切衆生之身）四—173
[フ↓無表記] 某來迎之願トイハ[者]（其來迎之願者）一—121　如意珠王身トイハ[者]（如意珠王身者）一—156　大慈ト者《イ》ハ（大慈者）一—201

○撥音便

マ行音から撥音化した音節は「ム」表記、ナ行音から撥音化した音節は無表記又は「ン」表記として、區別されてゐる。

□ム表記の例

[ミ↓ム] 悲ヒノ涙《ナムタ》（悲涙）一—104　紫《シ》毫《カウ》ノフムテヲ染《ソ》メテ（染紫毫）四—66
[モ↓ム] 志ヲ懇《ネムコロ》ニシテ（懇志）一—91　志(ヲ)懇《ネムコロ》ニシ誠ヲ運(フ)者《ノ》ハ（懇志運誠者）一—149
至《イタ》レル誠《マコト》懇《ネムコロ》ナル志ヲ以テ（以至誠懇志）一—151　苦《ネムコロ》ニ形像ヲ預(リ)テ（苦預形像）二—55

但苦《ネムコロ》ナル清淨ノ御誡自《ヨ》リ起レリ（但起自苦清淨御誡）四―164

□無表記の例

［ニ→無表記］何《ナ》ソ疑《ウタカ》ハム（何疑）一―88　何《ナ》ソ罪障ヲ滅シテ淨土ニ往生セ不《サ》ラム乎（何不滅罪障往生淨土乎）二―56

勇猛潔白ノ御志ヲ專《モハラ》シテ（專勇猛潔白御志）三―34

□ン表記の例

［ニ→ン］其ノ御願（ノ）趣《オモムキイカン》何者トナラハ（其御願趣何者）二―175　奈-何《ナン》トモ不《セス》シテ（不奈何）四―125

「ハ行轉呼音」の例は、「ワ」と「ハ」、「ヰ」と「ヒ」、「フ」と「ウ」、「ヱ」と「ヘ」の例が見える。

［ワ→ハ］生死ノ定《サタ》マレル理《コトハリ》ヲ（生死定理）四―65

［ヰ→ヒ］涙、思ニ先《サキ》タチ紅《クレナヒ》ナリ［也］（涙先思紅也）一―103

［フ→ウ］地ニ岐《ハ》ウモ（岐地）二―129

［ヱ→ヘ］其ノ所《ユ》-以者《ヘハ》（其所以者）一―26　往生ノ素因ヲ殖《ウ》ヘムカ爲ニ（爲殖往生素因）一―39

飢《ウヘ》ヲ助《タス》クル（助飢）一―171

「オ」と「ヲ」とは兩用で、混同もある。

自《オノツカ》ラ心ヲナクサメツヘシ（自心）一―102　自《オノツ》カラ來《キタ》リ（自來）一―113

［オ→ヲ］親《ヲヤ》モ無（ク）家《イヘ》モ無クシテ（無親無家）一―49　必ス極樂淨刹ニ送《ヲク》リ奉《ツ》リ給ヘ（必奉送極樂淨刹給）四―50

悲歎抑《ヲサ》ヘ難シ（悲歎難抑）四―65

（三）

次に、漢字音について見ると、先づ唇内撥音尾-mは「ム」、舌内撥音尾-nは「ン」と區別して表記されるのが原則で、その混用は殆ど無い。

［ムの正用例］金《キム》(平)-容(平)　一—40　感《カム》ス　一—110　黄《クワウ》(平)金《キム》　一—157　嚴《ケム》(平濁)廂《サウ》(平)金(平)屋《ヲク》(入輕)　二—177

　驗《ケム》(去濁)ヲ施ス　三—23　浸食《シムショク》　四—63

［ンの正用例］人《シン》(平濁)-間《カン》(平濁)　一—38　仙《セン》術　一—54　神《シン》(平)農《ノウ》(平)　一—62　韻《ヰン》シテ　一—79

　欄《ラン》(去)-楯《シユン》(入濁、ママ)　一—80　終焉《シユウエン》　一—88　兩《リヤウ》(平)肩《ケン》(平)　一—93　飢饉《ケコン》　一—98　遊-魂《コン》　一—106

　眼《カン》(上濁)-前《セン》(平濁)　一—110　萬《ハン》(去濁)-機《キ》(上)　二—4　遐《カ》(平)算《サン》(去)　二—58　鳧鴈鴛鴦《フカンヱンアウ》　二—111

　繁《ハン》(去)　二—126　百(入輕)-神《シン》　三—7　紅(平)顔《カン》(平濁)之躰《スカタ》　四—63

唯、一例のみであるが、「刪《サン》(平)-提《タイ》(去濁)嵐《ランラム》(平)-國」（一—72）のやうに、覃韻（-m）の「嵐」にムとンとを併記したものがある。

ワ行合拗音では、クヰの例に「榮《ヱイ》(平)-暉《クヰ》」（四—124）があり、ヱの例に「鐵《テツ》(入輕)-縣《クヱン》(去)」（一—53）、「花《クヱ》(去)他《タ》(上)」（一—62）の例を見る。「クヰ」と「キ」、「クヱ」と「ケ」の混用例は見られない。

止攝合口字の韻尾の表記は、古例の通り、「ウ列音＋イ」で表記され、「ウ列音＋ヰ」の例は見えない。

　畜生杖《チヤウ》(去濁)捶《スイ》(平)之患《ウレヘ》　一—99　隨《スイ》(平濁)朝《テウ》(平)　一—132　髓《スイ》(上濁)ニ　一—153

通攝三等字の韻尾の表記は、「イ列音＋ウ」の形である。

　十重《チウ》(上濁)　一—19　終焉《シウエン》　一—88

喩母三四等の字の假名表記には「ヱ」が用ゐられ、「榮」に「ヱイ」と附訓した例が見える。

榮《エイ》耀榮花　一—114　榮《エイ》樂　三—39　榮《エイ》(平)-暉《クヰ》　四—124

「方」字の字音は、從來說のある所であるが、本書には「方法」の意味に「ホウ」と假名附けした例がある。

除災與樂(ノ)[之]妙ナル方《ホウ》ハ　(除災與樂之妙方)　二—176

一般に呉音が多く、「麥」を「ミヤク」、「皃」を「メウ」、「飢」を「ケ」等と訓んだ例がある。

□《ロウ》(平)-麥《ミヤク》(平)許《ハカ》リノ佛像ヲ造《ツク》(リ)　(造□麥許佛像)　一—41　容《ヨウ》-皃《メウ》　一—231　飢《ケ》-餓《カ》(平濁)　二—86

しかし一方、漢音系と見られる要素も少くない。「目」を「ホク」、「重」を「チヨウ」と訓んだのなどは、その典型的な例であらう。

閉《ヘイ》-目《ホク》之夕《ユフヘニ》　一—133　九《キフ》(入、ママ)-重《チヨウ》(平)　一—156　驪《リ》-龍《リヨウ》　一—156　黃《クワウ》(平)-金《キム》　一—157

一-日萬《ハン》(去濁)-機《キ》(上)之政《マツリコト》　二—4　嚴《ケム》(平濁)重《チヨウナルコトヲ》(去濁)　二—180

稀にではあるが、誤讀かと見られる例がある。

種〻ニ誘《ヰ》(平)喩シ　一—129

右の「誘」に「ヰ」と附音したのは、「イウ」又は「ユ」の誤點かと見られる。「ヰ（ウ）」の省記と見るのは、他に「イ」と「ヰ」との混用例が見えないことからして、無理であろう。

(四)

語法として、特に述ぶべきことは多くない。動詞、助詞の一二について觸れておく。

動詞「漏る」は、四段活用であり、まだ下二段にはなつてゐない。

十方ノ如來ノ利生方便ニ漏《モ》レリ（漏十方如來利生方便）一—31

在世五十餘年ノ利益ニ漏《モ》レルコトハ（漏在世五十餘年利益）一—36

「恐る」は、連用形の名詞化した「オソリ」の例があり、上二段活用と認められる。

輙《タヤス》ク演《ノ》ヘ申サムニ恐リ有リ（輙演申有恐）四—98

動詞「報ず」は、その前の目的語に助詞「ヲ」を取る例がある。

寧ロ慈父ノ片《カタ》-時《トキ》ノ恩ヲ報セムヤ[乎]（寧報慈父片時恩乎）一—93

助詞の中には、「スラ」「ダモ」「マレ」のやうな、平安時代末期に漢文訓讀を中心に用ゐられた語が見られる。

小罪スラ尙シ滅（シ）難（シ）、況（ヤ）重罪ヲヤ[乎]（小罪尙難滅況重罪乎）三—126

餓鬼ノ報ヲ受（ケ）テ、萬五千歲ノ間《タ》、飲食ノ名字ヲタモ聞《キ》カ不《サ》ル者ニハ（受餓鬼報萬五千歲間不聞飲食名字者）一—206

世間ニ、若ハ貴キモ、若ハ賤キモ、若ハ上ニマレ、若ハ下ニマレ（世間若貴若賤若上若下）一—117

（五）

附訓の語彙には、國語史上、有益なものが多く見られる。

特に注意したいのは、副詞の類の中には、一般の點本には全附訓のあるものが少いが、本書には次に擧げるやうに、全訓を附したものがあり、貴重な資料を提供してゐる。

[イカニイハムヤ]何《イカ》ニ況《イハム》ヤ（文末不明）一—55

[イハユル]所謂《イハユ》ル法身・報身・應身（ナリ）[也]。（所謂法身報身應身也）一—9

[ケダシ]大悲胎藏（ノ）[之]名、略シテ蓋《ケタ》シ此ノ意ヲ存（ス）（大悲胎藏之名略蓋存此意）四—109

『平安假名書狀集』の裏面の典籍類に加へられた古訓點について

[コ、ニ] 爰《コ、》ニ有爲(ノ)[之]悲《カナシミ》ヒ(ニ)(?)迷《マト》ハムヨリハ無上菩薩ニ導《ミチヒ》カムト思《オホ》シ食《メ》シテ（爰迷有爲之悲導無上菩提思食）四—65

[スベカラク] 須《スヘカラ》ク委《クハ》シク尺シ申スヘシト雖《ト》モ、本從(リ)才(平)-智(上)堪(ヘ)不《ス》シテ陳《ノ》ヘ申スコト能(ハ)不《ス》（須委雖尺申從本才智不堪不能陳申）四—96

[タヾニ] 啻《タ、》(ニ)世間ノ財寶ノミニ非ス（非啻世間財寶）一—159

又、漢字の訓として一般的でないものが、二三見られる。次に示す「天」を「ソラ」、「具」を「フサヌ」と訓ずるなどが、その例である。

[カタドル] 利物ノ方便區《マチ、、》ニ、分レテ、姿《スカタ》ヲ[於]天上ニ方《カタト》リタマヘリ（利物方便區分方姿於天上）二—14

[サク] 銅(去)柱(平)鐵(入)牀(去)腐《シ、ムラ》ヲ碎《サ》カル、時ニモ（銅柱鐵牀碎腐時）二—84

[シ、ムラ] 火-聚ニ腐《シ、ムラ》ヲ焦《コカ》ス（火聚焦腐）一—170　大焦熱ノ猛火ノ底ニ腐《シ、ムラ》ヲ焦《コカ》シ（大焦熱猛火底焦腐）一—189

銅(去)柱(平)鐵(入)牀(去)腐《シ、ムラ》ヲ碎《サ》カル、時ニモ（銅柱鐵牀碎腐時）二—84

[ソラ] 宛(モ)天《ソラ》ノ月ノ池ニ浮《ウカ》フニ似《ニ》タリ（宛似天月浮池）三—24

[タケル] 群(平濁)-牛ノ角《ツノ》ヲ傾《カタフ》ケテ吠《タ》ケルモ（群牛傾角吠）二—130

[フサヌ] 故ニ具《フサ》ネテ妙法蓮花經序品第一(ト)言(フ)（故具言妙法蓮花經序品第一）二—152

[ミヤコ] 寂光ノ宮《ミヤコ》従《ヨ》リ迹《アト》ヲ垂《タ》レ（從寂光宮垂迹）一—140

動詞の連用形が名詞化した例がある。この中には、漢文訓讀のみに用ゐられる語も多く含まれてゐる。

[ウレヘ] 畜生杖《チヤウ》(去濁)捶《スイ》(平)(ノ)[之]患《ウレヘ》ニ預《アツカ》リ（預畜生杖捶之患）一—99

親《オヤ》ノ子ニ先《サキ》タツコトハ憂《ウレヘ》ナレトモ（親先子憂）一—102

別シテハ修羅闘諍(ノ)[之]憂《ウレヘ》・一日三時(ノ)[之]苦ヲ救《スク》ヒ（別救修羅闘諍之憂一日三時之苦）一—229

[カナシビ] 子《コ》ノ親ニ別《ワカ》レタル悲《カナ》シヒ（子別親悲）一―102
[キザミ] 終焉《シウエン》(ノ)[之]剋《キサミ》・往生何《ナ》ソ疑《ウタカ》ハム（終焉之剋往生何疑）一―88
一期運-命窮《キハマ》リ給《タマ》ハム剋《キサミ》ニハ、正-念ニ安-住シテ淨土ニ往生(セ)令(メ)給ヘ（一期運命窮給剋安住正念令往生淨土給）二―59
[クルシミ] 何《イカ》ナル苦《クル》シミカ之ヲ除(カ)不(ラム)（何苦不除之）一―57
[サダマリ] 和光同塵、垂迹定《サタマ》リ無《ナ》ク（和光同塵垂迹無定）一―219
[チカヒ] 彌陀(ノ)[之]誓《チカ》ヒニ牽《ヒ》カレテ（牽彌陀之誓）一―78
[ツトメ] 遊-魂《コン》ノ往生(ノ)[之]勤《ツト》メト爲《セ》ムニハ（爲遊魂往生之勤）一―106
バ行音の音節とマ行音の音節との交替した例がある。
[アハレブ] 傍《カタハラ》ニ修羅鬪諍ノ苦ヲ憐《アハレ》ヒ（傍憐修羅鬪諍苦）一―234
[カタブク] 腰《コシ》ヲ曲《タハ》メ首ヲ稽《カタフ》ケ（「稽」の右傍に「□（抹消）テ」あり）（曲腰稽首）一―127
[シラム] 大乘ノ功德ヲ調《シラ》メテ（調大乘功德）一―129
[トモシ] 世間ノ飮食ニ乏《トモ》シキ者《モノ》ニハ（乏世間飮食者）一―202
[ヱビ] 青蓮咲《ヱヒ》ヲ含《フヽ》ミ（青蓮含咲）一―230
以下、語彙として注意されるものを列擧する。
[アヂキナシ] 世間ノ端《アチキナ》 無キコトヲ厭《イト》フテ（厭世間無端）一―85
[アナウラ] 頭《カウヘ》 自《ヨ》リ趺《アナウラ》 ニ至《イタ》リ（自頭至趺）一―153
[イクソバクゾヤ] 五十六億七千萬歲・年序幾《イクソハク》 許ソヤ[哉]（五十六億七千萬歲年序幾許哉）二―70

[イタヾク] 頭《カウヘ》ニ十一面ヲ戴《イタ、》キタマヘリ（頭戴十一面）一―236
[イツクシクス] 威力ヲ嚴《イツク》シク（シ）靈驗ヲ施（シ）テ（嚴威力施靈驗）三―26
[イバユ] 駿（去）-馬（上）ノ縒《ヨ》テ耳ヲ嘶《イハ》エ（駿馬縒耳嘶）二―130
[イロクヅ] 艤《フナハタ》ヲ叩《タ、》イテ鱗《イロクツ》ヲ惱《ナヤ》マス（叩艤惱鱗）二―131
[オトガヒ] 驪《リ》-龍《リヨウ》ノ頤《オトカヒ》ノ下《シタ》ニ如意珠有《ア》リ（驪龍頤下有如意珠）一―156
[オマシマス] 一代聖教ノ中ニ勝《スク》レタマヘル妙法蓮花經ヲ轉-讀シオマシマス所《ロ》（ナリ）[也]（所轉讀一代聖教中勝妙法蓮花經也）二―178
[カタ〴〵] 十一面ノ利益、旁《カタ、、》ニ分レタレトモ（十一面利益旁分）一―243
[カタトキ] 寧ロ慈父ノ片《カタ》-時《トキ》ノ恩ヲ報セムヤ[乎]（寧報慈父片時恩乎）一―93
片《カタ》-時《トキ》-利-那モ離《ハナ》レ給（ハ）不《ス》シテ、之ヲ將-導シ之ヲ利-益シ給フ（片時刹那不離給將導之利益之給）二―36
[クスシ] 醫《クスシ》モ無（ク）藥モ無ク（無醫無藥）一―49
[クビス] 日域漢土ニ利益ヲ蒙《カウフ》ル者踝《モノクヒス》ヲ繼《ツ》キ（日域漢土蒙利益者繼踝）三―54
[コシラフ] 後ニ終《ツヒ》ニ永《ナカ》ク無上菩提（ノ）[之]道ニ誘《コシラ》ヘ入《イ》レ給フ（後終永誘入無上菩提之道給）二―8
[コノミ] 皮《カハ》ヲ剝《ハ》キ菓《コノミ》ヲ拾《ヒロ》フテ（剝皮拾菓）一―144
[コマヤカ] 烏-琵緣《ミトリコマ》濃ヤカニシテ（烏琵緣濃）一―230
[サヘヅル] 根力覺道（ノ）[之]功德ヲ囀《サヘツ》ル（囀根力覺道之功德）一―80
[サユ] 嚴-寒（ノ）[之]中ニ寒《サ》エ-氷《コホ》ラム時ニモ（嚴寒之中寒氷時）一―190
[シカシナガラ] 法界ノ群類、併《シカシナカ》ラ無上菩提ヲ證セ不《ス》トイフコト無《ナ》シ（法界群類併無不證無上菩提）二―128

造起塔ノ功德、併《シカシナカ》　ラ佛道ノ種子ナリ（造起塔功德併佛道種子）二—141

［シナ〴〵］隨類化現ノ影、差《シナ、、》ゝニ浮《ウカ》フ（隨類化現影差ゝ浮）二—15

［スガタ］紅（平）顔《カン》（平濁）（ノ）［之］躰《スカタ》　旣ニ盛《サカリ》　ナリ（紅顔之躰旣盛）四—63

［タハブル］奇《キ》（去）鳥（上）波（ニ）戲《タハフ》　レ（テ）《(?)》（奇鳥戲波）一—79

［タブサ］百福莊嚴（ノ）［之］腕《タフサ》　ヲ申ヘ《ノ》テ（申百福莊嚴之腕）一—198

［ツラ〳〵］倩《ツラ、、》　生死不定ナルコトヲ思《オモ》ヒ（倩思生死不定）一—85

［トコシナヘ］鎭《トコシナヘ》　ニ寂滅無爲快樂ヲ受《ウ》ケ乍《ナカ》ラ（鎭乍受寂滅無爲快樂）一—233

［トナリ］功德隣《トナリア》　有リ（功德有隣）一—177

［トラク］方便漸ク蕩《トラ》ケ・圓機已ニ熟シテ（方便漸蕩圓機已熟）二—121

［ナゲウツ］淨（平濁）-財（去濁）ヲ抛《ナケウ》　テ金-容ヲ瑩《ミカ》キ（抛淨財瑩金容）二—67

［ナゾラフ］沒-後ノ七-ゝノ忌《キ》-景《ケイ》ニ准《ナソラ》　ヘテ（准沒後七ゝ忌景）一—112

［ナヅキ］自-手《テ》ツカラ腦《ナツキ》　ヲ斫《クタ》イテ羸《ツカレ》　ヲ補《フ》シ（自手斫腦補羸）一—171

［ナノル］現在ニ歡喜藏摩尼寶積佛ト名《ナ》ノリタマヘリ（現在名歡喜藏摩尼寶積佛）二—50

［ヌキイヅ］忠節（ヲ）致シ懇《コン》志《シ》ヲ抽《ヌキイ》　テ（致忠節抽懇志）一—134

［ノス］鵶（去）梟（上）鵰（去濁）鷲（平濁）ノ、翼《ハネ》ヲ熨《ノ》シテ□《カケ》（「翔」カ）リ（鵶梟鵰鷲熨翼□（「翔」カ））二—128

［フナバタ］艫《フナハタ》　ヲ叩《タ、》イテ鱗《イロクツ》　ヲ惱《ナヤ》マス（叩艫惱鱗）二—131

［フヽム］（四段）青蓮咲《エヒ》ヲ含《フ、》ミ（青蓮含咲）一—230

［フヽム］（下二段）飢餓窮衰（ノ）［之］口《チ》ニ哺《フ、》メテ（哺飢餓窮衰之口）一—206

『平安假名書狀集』の裏面の典籍類に加へられた古訓點について

［フムデ］紫《シ》毫《カウ》ノフムテヲ染メテ、一乘ノ妙典ヲ寫（シ）タマヘリ（染紫毫寫一乘妙典）四―66

［マチ〳〵］諸佛菩薩ノ名號、區〻《マチ、、》ニ分レタル中ニ（諸佛菩薩名號區〻分中）一―58

隨類化現ノ方便、區《マチ、、》（ニ）分（レ）テ（隨類化現方便區分）一―214

［マヌカル］水火刀杖（ノ）患ヲ免《マヌカ》ル（免水火刀杖患）一―147

［ミギリ］忽シテハ功德善根（ノ）［之］處・供佛施僧（ノ）［之］砌《ミキリ》ニ、形ヲ蔽《ヤツ》シ姿《スカタ》ヲ改《アラタ》メテ（忽功德善根之處供佛施僧之砌蔽形改姿）二―52

［モダス］仍（テ）默《モタ》シテ止（ム）コト能（ハ）不シテ、梗概《カウカイ》許《ハカ》リ演（ヘ）申（ス）所（ナリ）［也］（仍不能默止梗概許所演申也）三―85

［ヤツス］形ヲ蔽《ヤツ》シ姿《スカタ》ヲ改《アラタ》メテ（蔽形改姿）二―52

［ユル、カ］緩《ユル、》カ（ニ）行者ノ前（ニ）來（リ）タマフ時《キ》（緩來行者前時）一―126

［ヨソ］一期（ノ）［之］暮《ユフヘ》ニハ背《ヨソ》ニ三途（ノ）［之］故-鄕ヲ見《ミ》テ（一期之暮背見三途之故鄕）二―44

［ワシル］聚落田里ニ、世路《セイロ》ヲ趍《ワシ》ル者《モノ》ニハ（聚落田里趍世路者）二―4

［ヰル］卽（チ）帝尺、善住天子ヲ將《キ》テ、倶（ニ）佛所ニ往詣（シ）（卽帝尺將善住天子倶往詣佛所）三―146

（六）

本書の漢文には「和習」の要素が含まれてゐる。同時に、傍訓の中にも一般の漢文の訓讀には用ゐられない語彙が二三見られる。そして更に、僅かではあるが、片假名交り文の混用がある。これが何れも平安時代末期の願文表白の類に屢々見られる現象であることは、近時の研究によつて述べられてゐる所である。(4)

先づ、敬語の類に和習が多く見られるのは、古代以來の漢文の和習の流れを引いたものと見てよいであらう。

「御誠」「御志」「御願」「御前」のやうに、名詞に接頭語「御」を附した例が多く見られる。

清淨(ノ)[之]御誠《マコト》ヲ抽《ヌ》キテ、潔白(ノ)[之]御志ヲ致《イタ》シ（抽清淨之御誠致潔白之御志）二—173

清淨無二ノ御誠ヲ凝シ、勇猛潔白ノ御志ヲ專《モハラ》シテ（凝清淨無二御誠專勇猛潔白御志）三—34

其ノ御願趣《オモム》キ何《イカン》者トナラハ（其御願趣何者）二—175

[於]施自在王如來ノ御前《ミマヘ》ニシテ、來迎引攝(ノ)[之]願ヲ發(シ)給ヘリ（於施自在王如來御前發來迎引攝之願給）一—120

他方、本來の漢文の方式通り、「前」と記して、「ミマヘ」と附訓した例もある。

如來ノ前《ミマヘ》ニシテ誓願ヲ發(シ)給(フ)（如來前發誓願給）一—182

一心(ノ)[之]誠《マコト》ヲ以(テ)、三寶ノ前《ミマヘ》ニ白シ給フ旨《ネ》ハ（以一心之誠白三寶之前給旨）四—61

尊敬を表す接尾語「タマフ」は、本來の漢文では表記されず、訓讀に際して「タマフ」と補讀されるのが通例であり、本書にも次のやうな例がある。

吾等衆生(ヲ)愍《アハレ》ミタマフ[之]佛《ケ》(ナリ)[也]（愍吾等衆生之佛也）一—30

女大施主隨時(ノ)子ヲ悲ヒタマフ[之]志ヲ愍(ヒ)（愍女大施主隨時悲子之志）一—107

然るに、この語を「給」の漢字で表記した例が多數存する。

決定シテ圓-滿シ給《タマ》ハム（決定圓滿給）一—45

速ニ消除解脱シ給《タマ》ハムコト疑《ウタカ》ヒ無シ（速消除解脱給無疑）一—68

彌陀如來・速ニ大慈大悲ヲ垂《タ》レ給(ヒ)テ、出離解脱(セ)令《シ》メ給ヘ（彌陀如來速垂大慈大悲給令出離解脱給）一—99

一心(ノ)[之]誠《マコト》ヲ以(テ)、三寶ノ前《ミマヘ》ニ白シ給フ旨《ネ》ハ（以一心之誠白三寶之前給旨）四—61

次の「所〜給」は、傍訓の通り「レタマフ」といふ尊敬表現を示すものと認められ、注目される。

『平安假名書狀集』の裏面の典籍類に加へられた古訓點について

隨緣感見應身如來（ノ）［之］顯《アラ》ハ所《サ》レ給《タマ》ヘル（ナリ）［也］（隨緣感見應身如來之所顯給也）一—29

「御」が「最高敬語」として、天皇の行爲について動詞の下に附記された例がある。恐らく「オハシマス」と訓ぜられたのであらう。この用法が現れるのは、平安時代末期以後である。

（略）玉躰安隱ニ持《(タモ)》チ御シ、（略）寶壽長遠ニ持チ御サムカ爲《メ》ニ（爲（略）玉躰安隱持御（略）寶壽長遠持御）二—177

玉躰安隱（ニ）寶壽長遠（ニ）持チ御シ（玉躰安隱寶壽長遠持御）二—233

「最高敬語」の動詞である「オボシメス」は、「思食」又は「欲」と表記され、「オホシメス」と附訓された例がある。

爰《コヽ》ニ有爲（ノ）［之］悲《カナシミ》ヒ（ニ）《(?)》迷《マト》ハムヨリハ無上菩提ニ導《ミチヒ》カムト思《オホ》シ食《メ》シテ（爰迷有爲之悲導無上菩提思食）四—66

長壽無畏ノ利益ヲ施（サムト）欲《メ》スカ爲ニ（爲欲施長壽無畏利益）四—81

謙讓表現の「タテマツル」は、本來の漢文では補讀される筈であるが、本書では「奉」で表記したと見られる例がある。「奉〜給」の形で尊敬と併用された例もある。

開眼供養（シ）奉《ツ》リ給フ（奉開眼供養給）一—40

必ス極樂淨刹ニ送《ヲク》リ奉《ツ》リ給へ（必奉送極樂淨刹給）四—50

晝夜ニ加被護念（シ）奉（リ）給（ヒ）テ、二世（ノ）大願必（ス）圓滿（セ）令（メ）奉（リ）給へ（晝夜奉加被護念給二世大願必奉令圓滿給）三—52

同じく謙讓表現の「申」も、漢文では表記されない字である。

輙《タヤス》ク演《ノ》へ申サムニ恐リ有リ（輙演申有恐）四—98

「カシヅク」は一般の漢文の訓讀には用ゐられない語彙である。

寶壽長遠（ニ）玉躰堅固ニ奉《ツ》リ守リ威《カシツ》キ給へ（寶壽長遠玉躰堅固奉守威給）三—9

「カシヅク」は、石山寺藏本「大唐西域記」長寛元年（一一六三）點に見え、又、「法華經單字」にも「威」字の訓としてあるが、他には殆ど見ない訓である。

「假染」「無情」の字面に加へられた「カリソメ」「ナサケナシ」の和訓も和風である。

假《カリ》-染《ソメ》ニモ藥師如來ノ名號ヲ聞《キ》ク者《モノ》ハ（假染聞藥師如來名號者）一—52

丁寧ニ沙汰シテ情《ナサケ》無《ナ》ク之ヲ彈-呵シ（丁寧沙汰無情彈呵之）一—222

動詞が目的語の下に來る例、「雖」が句頭に來ずに句中に在る例なども少くない。

爰《コ、》ニ有爲(ノ)[之]悲《カナシミ》ヒ(ニ)(?)迷《マト》ハムヨリハ、無上菩提ニ導《ミチヒ》カムト思《オホ》シ食《メ》シテ（爰迷有爲之悲導無上菩提思食）四—66

須《スヘカラ》ク委《クハ》シク尺シ申スヘシト雖《ト》モ、本從(リ)才(平)-智(上)堪(ヘ)不《ス》シテ、陳《ノ》ヘ申スコト能(ハ)不《ス》（須委雖尺申從本才智不堪不能陳申）四—96

次の例は、表現自體が非漢文的である。

親《オヤ》ノ子ニ先《サキ》タツコトハ憂《ウレヘ》ナレトモ（親先子憂）一—102

片假名交り文が文中に混用された例に、次のやうなものがある。割行の片假名書きも含まれてゐる。

寄事《ヨセテコトヲ》於老-衰自《ニヲノツカ》ラ心ヲナクサメツヘシ　一—102

齢《ヨハイ》盛サカナルヲ思フニ・涙《ナムタ》、先《サキタテ》思紅《ニクレナヒナリ》也　一—102／103

謹撥願ト云テ次一打　二—189

敬祀常住三寶トイフマヽニ祀盤ヨリ下テ佛前ニ立テリ　二—195

以下は敎化、諷誦の類であつて、片假名交り文の含まれるのが常道である。

佛則兩《ハチ》部《ノ》曼荼羅・大悲利生憑《タノミ》無止《キヤムコト》物ナリケリ。經亦《ハタ》一乘《ノ》妙典・頓證菩提道《ノ》無疑《ナク》コソ候□（ケ？）レ。四—91／92

次諷誦句／諷誦ノ鍾ヲ驚テ三寳ノ願界ニソ白シ給ケル。嚴親ノ苦ネムコロナル誠、導テ九品ノ餝カサリヲ增マシ給トコソ候ケレ。四―93～95

（七）

訓法としては、「擧世」を「ヨコソテ」と訓じた例（一―118）がある。この種の訓法は、正規の漢文にも時折見られるものである。

文選讀と見られる例が一つある。

紫《シ》毫《カウ》ノフムテヲ染《ソ》メテ（染紫毫）四―66

「此云」は本來中國において、外國語に對して自國語である中國語を指した表現であるが、日本では、梵語その他の外國語に對して、漢語を指して云ふのが一般的である。本書には、「コ、ニハ～トイフ」と加點した例が二三見られる。

梵-音ニ郯《ヒ》（去濁）輸《主》（上濁）跋（入濁）陀（上濁）ト名（ク）、此《コ、》ニハ普賢ト云《イ》フ（梵音名郯輸跋陀此云普賢）二―29

文殊師利菩薩、亦ハ曼殊室利ト名（ケ）奉（ル）、是レ則チ梵音不同（ナリ）［也］。此《コ、》ニハ妙德ト云《イ》フ（文殊師利菩薩亦奉名曼殊室利是則梵音不同也此云妙德）二―46

外國ニ（ハ）修多羅ト名ク、此《コ、》ニハ翻シテ經ト爲《ス》（外國名修多羅此翻爲經）二―150

注

（1）中田祝夫『古點本の國語學的研究總論篇』二九六頁。良祐の生沒年代は未詳であるが、高山寺藏本「瑜祇經」（④―24）の本奥書に「本云／承暦二年（一〇七八）四月四日於南泉房奉受了　同／十三日奉移點了　良祐」、吉水藏本「觀自在自身陀羅尼經」の奥書に「大治二年（一一二七）十一月廿九日中御門京極壇所以故三昧／阿闍梨（良祐）御本移點了　金剛佛子良實」とあるによる。

（2）築島裕「仁都波迦點の展開」（『訓點語と訓點資料』第九十輯、平成五年一月）。
（3）文化廳監修『重要文化財20』（毎日新聞社、昭和五十年十一月）一三七・一三八頁。
（4）築島裕「高山寺本表白集の研究」（『高山寺本古往來　表白集』高山寺資料叢書第二冊、昭和五十二年三月）。
築島裕「醍醐寺藏本表白集について」（『醍醐寺文化財研究所研究紀要』第六號、昭和五十九年三月）。

山本眞吾「『高山寺本表白集』所收の表白の文體」（『鎌倉時代語研究』第九輯、昭和六十一年九月）。

山本眞吾「高山寺經藏に傳存する鎌倉時代の表白文の文體について」（『國文學攷』一二三號、平成元年九月）。

（『不空三藏表制集他二種』汲古書院　平成五年五月）

古文尚書訓點解說

本冊に収められた天理圖書館所藏の『古文尚書』の古鈔本三種には、何れも、鎌倉後期、南北朝時代の古訓點が加えられている。卽ち、次の如くである。

㈠古文尚書卷第四　一卷　鎌倉後期寫、元亨三年頃點（藤原長賴筆）、文和三年點、中原家本、藤原式家本（經點、紀點）

㈡古文尚書卷第十一　一卷　鎌倉後期寫、點（經點）

㈢古文尚書卷第十一（觀智院本）　一卷　鎌倉後期寫、元亨三年點（藤原長賴筆）、文和三年點（喜久壽丸筆）、中原家本・藤原式家本（經點・紀點）

この內、㈢の觀智院本については、既に學界に知られているが、㈠と㈡とは今回始めて世に知られるものである。殊に㈠については、恐らく㈢と互に僚卷を成すと考えられるが、大東急記念文庫に在る『古文尚書』卷第十三の一卷が、既に㈢の僚卷として知られており、茲に全十三卷の內ではあるが、更に僚卷一卷を加えることが出來たことになる。

『古文尚書』の古訓點本には、數種のものが現存している。先ず、東山御文庫・東洋文庫・神田喜一郎博士所藏の僚卷三卷があり、いずれも平安中期延喜頃の加點で、朱書・角筆の點がある。ヲコト點は中田祝夫博士の所謂第五群點の一種で、恐らく博士家のヲコト點の最古の資料と考えられる。四周の星點がテニヲハの點であるが、細部に至っては、他に類例のない特異なもので、確證はないが、明經道關係の點法かと推測される。

右の他には、平安時代の加點本は現存しないが、院政初期頃の成立と見られる『圖書寮本類聚名義抄』には「書」と注して、『古文尙書』の傍訓六十餘例が引用されている。これらは、鎌倉時代以後の古點本の訓（例えば皎亭文庫本）と比較すると、その多くが一致しており、これらの古點本の訓が、古く平安時代に遡ることが推測される。(1)

鎌倉時代以後になると、次のような古訓點本が現存する。

一、神宮徵古館藏本　十三卷……正和元・二年（一三一二・一三一三）書寫加點（經點）

二、天理圖書館藏本（卷第四・十一）・大東急記念文庫藏本（卷第十三）三卷……鎌倉後期書寫、元亨三年（一三二三）加點、文和三年（一三五四）加點（經點・紀點）

三、東洋文庫藏本　卷第六　一卷……元德二年（一三三〇）書寫加點（經點）

四、天理圖書館藏本　卷第十一（觀智院舊藏本）一卷……鎌倉後期書寫加點（經點）

五、靜嘉堂文庫藏本（皎亭文庫本）十三卷六帖……鎌倉時代後期書寫加點（經點）

六、兩足院藏本　十三卷六冊……永正十〜十三年（一五一三〜一五一六）書寫加點（經點）

七、京都大學附屬圖書館藏本　卷第七・十　二冊……永正十一年（一四一四）書寫加點（經點）

八、宮內廳書陵部藏本『尙書正義』二十冊……嘉元二年（一三〇四）加點（經點）

九、宮內廳書陵部藏『群書治要』卷第一・二『尙書』二卷……建長五・七年（一二五三・一二五五）加點（經點）

これらの內、大部分がヲコト點に經點を用い、淸原家の流を傳えている中に在って、二の元亨三年本は、經點と紀點とを併用し、奧書によって、中原家と藤原式家の說とを傳えていることが明である。これは他に例の少いものとして、訓說・點法の歷史上、殊に注目すべき文獻であるといえよう。

一　古文尙書　卷第四　鎌倉後期點

『古文尙書』卷第四の一卷は、卷子本裝、鎌倉時代後期の書寫に係り、料紙は楮交り斐紙を用いる、卷首は

尙書太甲上第五　商書　孔子傳

の行から始るが、第一紙は僅か三行で紙繼目となって第二紙となっており、第二紙以下は各紙一紙十八行を存する所を見ると、卷首は缺失したものと認むべきであろう。卷尾には

尙書卷第四

なる尾題があり、それに續いて、本文と同筆で

以中家之祕本移點早
　　左衞門權佐長賴

なる加點の奥書がある。その後、四行の空白を隔てて、更に次の奥書があるが、この方は右と別筆と認められる。

文和三年（一三五四）二月廿日以式家說移點了
　（朱書）「同廿二日以朱勘了
　　　　　同廿六日一校了」
式家本奥云
弘安九年四月十八日雨中書寫了　　散位藤原相房
丁亥曆五月廿四日一校了　　英房
己丑仲冬十日談了

この奥書によれば、左衞門權佐長賴が中家の祕本を以て移點し、次いで文和三年に式家の說を移點したが、その式家の

本には、弘安九年（一二八六）の藤原相房の書寫奥書、丁亥暦の英房の奥書があった旨が記されている。この左衛門權佐長賴の奥書は、巻第十一（觀智院本）の奥書と同筆であり、それによって、この巻第四も、巻第十一と同じく、元亨三年頃の加點と推定することが出來る。又、文和三年の奥書も、巻第十一の喜久壽丸筆の奥書と同筆であり、巻第四も喜久壽丸なる人物の筆と推定することが出來る。

右の奥書に見える「左衛門權佐長賴」は、『尊卑分脈』に藤原家の中で、

第五内大臣高藤七代孫大藏卿爲房二男按察使顯隆孫

顯隆—顯賴—光賴—宗賴—宗方—資賴—季賴—賴親—賴藤—長隆┬長賴（従四下 左衛門權佐 母）
　　　　　　　　　　　　　　　　　　　　　　　　　　├長光
　　　　　　　　　　　　　　　　　　　　　　　　　　└長顯

とある藤原長賴であろうか。藤原家の中でも勸修寺家の流で、近親の中に、殊に博士職關係の人なども見當らず、不審ではあるが、「左衛門權佐」という肩書と時代とが合うので、可能性はあるかと思われる。

又、同じ元亨三年の奥書に見える「中家」は博士家の一である中原家を、「式家」は同じく藤原式家を指すものであることは言うまでもない。藤原式家は、式部卿宇合の後で、代々學者が輩出し、右の識語に見える英房は、『尊卑分脈』によれば

藤原明衡—敦基—合明—敦綱—保綱—基長—長英┬英房
　　　　　　　　　　　　　　　　　　　　　└師英

のような系譜に在る人であって、本書の奥書の他にも、二三の古點本に加點奥書を殘している。即ち、成簣堂文庫藏本『遊仙窟』の奥書に

文保三年（一三一九）四月十四日授申圓禪序畢／文章生英房

とあり、(2) 又、宮內廳書陵部藏本『史記』の奥書に

（封禪書第六奥書）本云戊子結夏日點了　英房

永正十五（一五一八）十月五日了

（河渠書第七奥書）本云戊子孟夏（四月）十五日雨中點了英房印

永正十五小春（十月）初七終書功了

（平準書第八奥書）本云／戊子孟夏十六日點之十表八書一閲之次加點未及再三須有抵梧耳英房印　樞翁印

（太史公自序第七十奥書）本云／着擁（戊子）困敦之曆仲秋月夕天臨鶴髮五旬有六載之頽齡終馬史／一百三十篇之點寫細書欺老

永正十五十十六了

眼苦學樂貧身而已　英房

上章（庚）蕤念點早

と見える。(3) 右の戊子の年を貞和四年（一三四八）とすると、この時英房は五十六歳であったというから、『遊仙窟』の奥書に見える文保三年には二十七歳であったことになる。そして、本書に見える「丁亥曆」を、貞和三年（一三四七）と見ると、『史記』加點の前年に當ることになる。

次に本書の奥書に見える藤原相房であるが、『尊卑分脈』には見えないけれども、東山御文庫藏本の九條本『文選』巻第一の奥書に

本云／弘安八年（一二八五）六月廿五日以菅江兩家證本校合書寫了／散位藤原相房

とあり、この本奥書に續いて、正應五年（一二九二）の藤原長英の奥書があって、十二三歳の時に嚴君の説を受け了ったと

記し、更に次いで、長英の子師英（英房の弟）が正慶五年（一三三六）に書寫した旨の奥書があるので、これらから推測すると、相房というのは、長英の父である基長の別名ではあるまいかと想像される。若しそうとすれば、相房は英房から祖父に當る人となる。これらから見ると、本書の訓點には中原家のものと、藤原式家のものとが併載されていることになる。

所で、本書の訓點には、返點、片假名及びヲコト點が用いられていて、博士家點に一般に見られる朱墨兩點の形式を備えており、大部分は墨點による假名と、朱書によるヲコト點を用いているが、仔細に見ると、極く僅かではあるが墨點によるヲコト點も見えている。

それは

二三頁三行　底　中央下・（す）

二五頁五行　贊　左下・（て）

などである。墨書の假名の字體は、別掲の第一圖に示す如くであって、鎌倉後期の加點としてふさわしい字體である。（サ）、（ス）、（ノ）、（ホ）、（ミ）、（ヨ）などは、異體の字であるが、これらは、中世以來、博士家の點本では一般に見られる所で、殊に言うべきことも無い。オに「お」の平假名字體が見えるが、これも博士家點に古く見えたもので、その名殘と見られるものである。尚二三、本文より淡い墨書の假名がある（第一圖で＊印を附したもの）が、同じ頃の加點であろうかと思われる。

次に、ヲコト點であるが、これは第二圖に示したようなもので、點圖集に所載の「紀點」（「紀傳」とも稱する）を主として使用している。このヲコト點は、私見によれば、平安時代の博士家の點本にはその例が見られず、鎌倉時代に至って初めて姿を現す、新出のヲコト點であって（4）、テ・ニ・ヲ・ハ等の星點（・）は、他の博士家點（古紀傳點・經點等）と同じであるが、線點（一╱「など）が獨自の符號を持っている。この「紀點」の古い例としては、猿投神社藏本『古文孝經』の見返

第一圖　古文尚書卷第四　鎌倉後期點　所用假名字體表
＊は別筆墨書

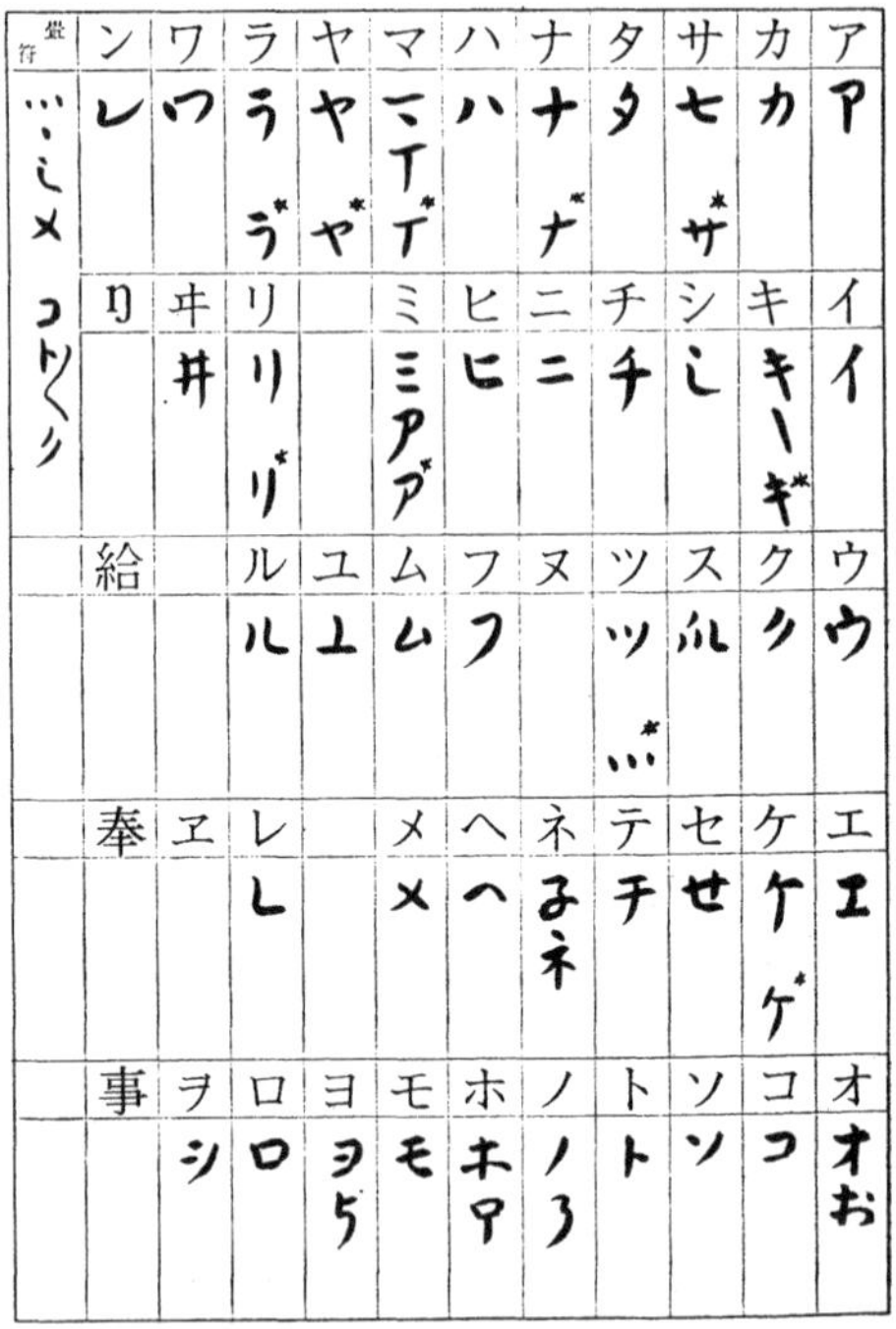

に記された點圖がある。この本の本文は、建久六年（一一九五）の寫本であって、訓點もその當時のものであるが、ヲコト點は經點を使用している。東山御文庫藏本の九條本『文選』は、鎌倉後期の加點であるが、これには紀點が施されており、本書と竝んで、その最古の例と認められる。

所で、本書の訓點を精しく見ると、僅かではあるが、この「紀點」に一致しないものがある。それは、第二圖の中の下部に示したようなもので、これを點圖と照合して見ると、「經點」といわれるものに相當する。しかも、この點が見える際には、多く、同じ訓法の紀點が別に加えられており、しかもその紀點に合點が附けられているという現象がある。例えば、

○常《ツネスルときは》《にときは》二厥《ノ》悳《を》一保《タツ》二厥《ノ》位《を》一（厥ノ悳を常《ツネ》にスルときは《ときは》厥ノ位を保《タ（モ）》ツ）（一九3）

において、「常」字の右下に「‾|」（經點トキハ）と左下に「|‾」（紀點トキハ）の二つの點を加え、後者に合點を加えて紀點によって「常《ツネ》にスルときは」と訓むべきことを示している。又、

○不《シ》レ安《セ》二桀《か》所《を》レ爲《する》《する》（桀が爲《す》《する》る所を安（ン）セ不《シ》）（二〇1）

において、「爲」字の左下「|‾」（經點スル）と中下に「∟」（紀點スル）の二つの點を加え、後者に合點を加えて、紀點によっ

第二圖　古文尚書巻第四　鎌倉後期點　所用ヲコト點圖（紀點・經點）

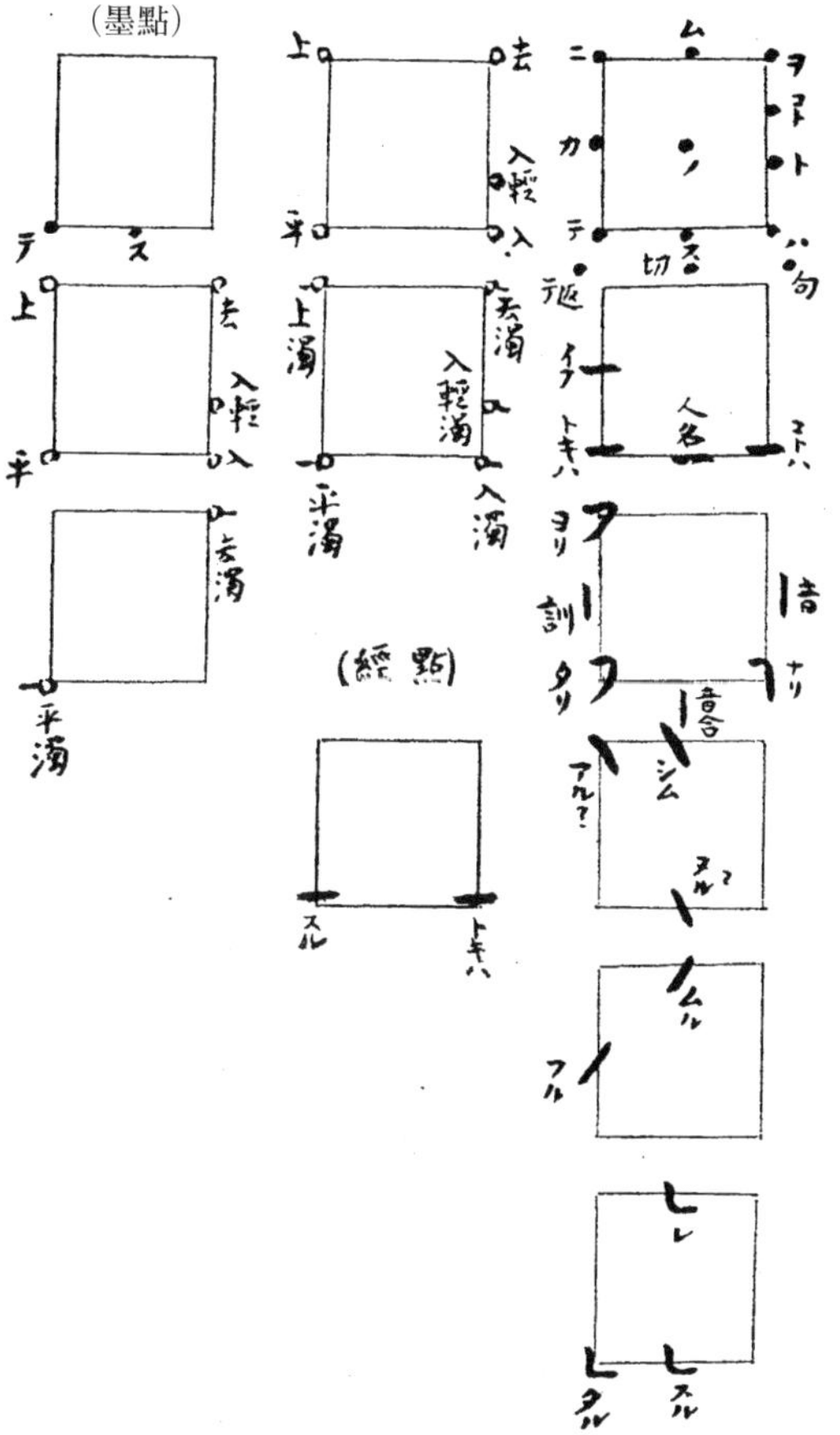

て「為《す》る」と訓むべきことを示している。

本巻では經點が見られるのはこのように極く僅かな例であるが、後述の巻第十一（観智院本）においても、全く同様な現象が窺われる。巻第十一の方は、巻第四よりも經點の例が多くて明瞭である。多分、點者は、この場合、經點を捨てて紀點を採る方針で臨み、もと經點の存した所は、假令訓法は同じであっても、紀點の符號を更に加えて、それに合點を加えたものと考えてよかろう。

所で、本書における紀點の由來は、その祖點が中原家に在るためであろうと思われる。中原家は、清原家と竝んで、明經博士の職を代々襲った家柄であり、そのことについては、夙く足利衍述氏の『鎌倉室町時代之儒敎』（八〇頁）に記述があって、『論語集解』の文永七年（一二七〇）鈔本と高山寺藏本の嘉元元年（一三〇三）鈔本とが、中原家の傳本であることを指摘されている。又、桃裕行氏は『上代學制の研究』の中で、任官の經緯などを中心として、中原家の明經道における位置を論ぜられている。又小林芳規博士は『平安鎌倉時代に於ける漢籍訓讀の國語史的研究』において、中原家流の加點本として、中

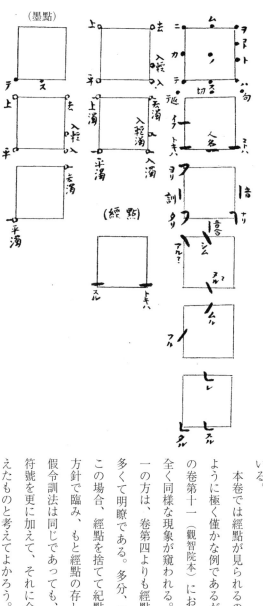

原師弘加點の『古文尚書』二巻（巻第十一の東寺觀智院藏本〈天理圖書館現藏〉と、これと僚巻である巻第十三の大東急記念文庫藏本）、中原康隆加點の『古文尚書』巻第六、竝に高山寺藏本の『論語集解』とを擧げ、更に他家の點本の中に引用されたものその他の資料に見られる中原家の訓法を蒐集し、それらの中から中原家の訓における語學的特徴を抽出して論ぜられた。

又、中田祝夫博士は、醍醐寺及び東洋文庫所藏の『論語集解』二巻の、文永七年中原師秀の訓點によって中原家が明經家でありながら、紀傳の流の點を用いていたことを指摘された(5)。

高山寺藏本の『論語集解』の內、巻第四・第八の二巻は鎌倉後期嘉元元年の書寫加點本であって、寛元元年（一二四三）の中原師有の本奥書があるが、この本の訓點は、古く紀傳關係の點本に廣く見られる「古紀傳點」であることが判明した(6)。これらの例から推測すると、中原家では、嘉元の頃までは、古來の古紀傳點を使用していたが、それ以後間もなく、新しく改作された紀傳點の方に乘替えたものかと思われる。この新しい「紀點」は、誰の改作か判明しないが、藤原式家か又は中原家かの何れかの人物ではないかと想像される。因に右の師秀と師有とは、中原系圖（『續群書類從』一六五）によれば、次のような家系の中に在る人である。（後節の參考のために餘分に掲げる）。

中原師清（直講少外記從五位下）―師直（大外記正五位上　攝津守局務）―師方（大外記正五位上　博士局務）―師朝（穀倉院別當博士造酒正　大外記正五位上）

師弘△△（頭倉院別當造酒正　博士大外記局務）―師冬（造酒正博士大外記　正〔從イ〕五位上）―師緒（造酒正局務大外記　從四〔五イ〕位下）―師利△△（內匠頭　直講大外記從五位下局務）

師弘―師淳（博士大隅守大外記　正五位上）―師夏

師有◦◦　助教大學助　正五位下
　師種△△　博士音博士助教　兵庫頭正五位上
　　師國△△　助教正五位下
　　　師言△△
　　師夏△△　刑部少輔主計頭助教　直講兵庫頭正五位下
師秀◦◦　主殿助大藏〔民部イ〕少輔　正五位下

右の內、傍點◦を加えたのは、本書卷第四の奥書に見えるものであり、傍點△を加えたのは、後節の卷第十一觀智院本の奥書に見える人物である（右の系圖の內、師言のみは『續群書類從』本には見えず、卷第十一の奥書によって加えたものである）。

本訓點に見られる國語の現象について見るに、先ず、-m と-n との二つの撥音韻尾は、もはや區別されておらず、一律にンと表記されている。「監《カン》」（六4）はもと唇內撥音韻尾（-m）で、古くはカムであったが、「爽顯《サウケン》」（八2）「困窮《コン》」（一三3）など舌內撥音韻尾（-n）と同じく、ンで表記されている。國語音の推量の助動詞ムも、ンと表記されている。「懌《ヨロコハン》」（九3）「訓《オシヘン》」（一〇1）などはその例である（推量の助動詞はヲコト點では「む」で表している）。「安《ヤスンセシム》」（六5）や「乃《ナンチ》」（八5）などのンも、古くはム表記であった。

語法・語彙で注目すべきものは多くないが、ウレへという名詞の例（「居《て》レ憂《ウレヘに》」一〇3）は、この動詞がハ行下二段活用の古例を未だに保っていることに注目すべきであろう。南北朝時代からこの動詞には上二段活用（ウレヒ）の例が現れ始めるからである。又、

○虞機《クキ》の張《ハ》リて徃括《マツヤサキ》を〔于〕度に省《ミ》て〔則〕釋《ハナ》ツか若シ（若虞機張徃省括于度則釋）（八6）（別訓は省略した）

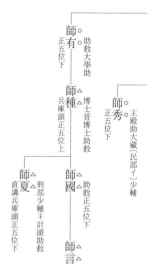

におけるヤサキの語は他例少いものとして注意すべきであろう。観智院本『類聚名義抄』には語例がある。

二　古文尚書　巻第十一　鎌倉中期點

『古文尚書』巻第十一は、巻尾を欠く殘一巻であり、識語を有しないから、確なことは言えないが、その紙質、書風より見て、鎌倉時代後期の書寫と考えられる。全巻に亙って朱墨兩點が施されているが、その加點年代は、その點法よりして、本文書寫時と大體同じ頃、鎌倉時代後期と推定される。

第三圖　古文尚書巻第十一　鎌倉後期點　所用假名字體表
＊は朱書　△は別筆墨書

朱書の訓點は、橙色がかったすこし淡い色で、主としてヲコト點に用いられている。このヲコト點は、點圖集に「經點」「經傳」などの名稱で載せられているもので、平安末期以降、明經博士の家柄である清原家を中心として用いられたものであるから、このヲコト點が加點されていることにより、この訓點は清原家の流のものであることが推定される。墨書の訓點は、すべて假名の音訓を注記するのに使用されており、朱點と同時に互に相補うべきものとして加點されたと認められる。但し二三の後人による別筆

第四圖　古文尚書巻第十一　鎌倉後期點　所用ヲコト點圖（經點）

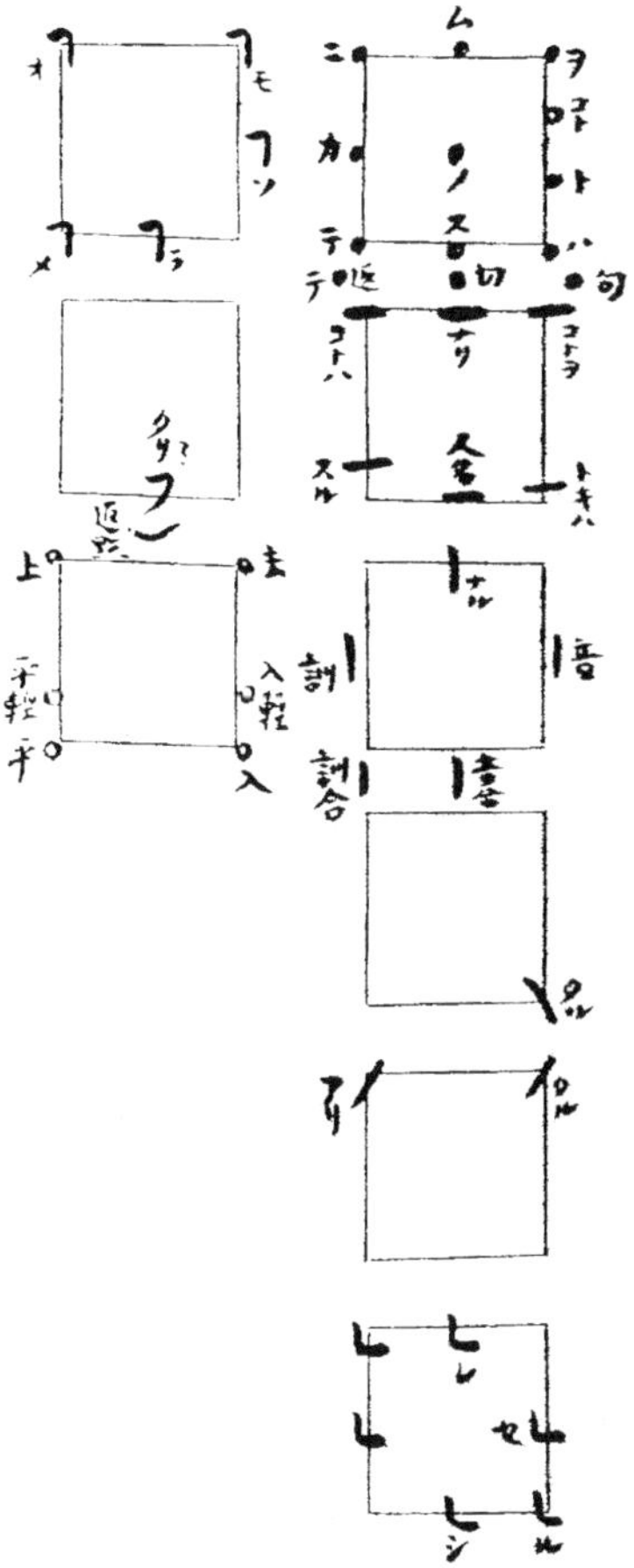

の墨書がある。第三圖は假名字體表で、その內、△印を加えたのは、別筆墨書所用のものである。又第四圖は所用のヲコト點圖である。

本訓點の內、國語學的に留意すべき點としては、大凡次の如きことが認められる。

先ず漢字音に於ては、舌內撥音韻尾（-n）を「—ム」と表記している。

○準二擬《シュムキし》　夏-殷一《に》（三五6）

○人有二頑《ラはクワムキムにして》嚚《て》　不レ喩《サトラ》・汝當《に》レ《し》訓《ヲシフ》之（四九2）

右の「準」「頑」「嚚」は何れも古くは「—ン」と表記した文字である。唇內撥音韻尾（-m）の例が無いので確認は出來ないが、恐らく兩者混用しているのであろう。

カ行合拗音字については、

○内《には》有百。揆《キン(?)》四岳。（三四5～6）

における「揆」の字音は古くはクヰと表記した例があり（例えば興福寺藏『大慈恩寺三藏法師傳』巻第一の平安後期點に「一揆《クヰ六なり》」とある）、それをキと表記するのは、中世に下ってクヰと混一した例である。

○狃《ナラヒ》《女九反》于姦宄《六軌に》（四八6）

右の「六軌」の「六」は「音」の略字である。

○言（フコ、ロ）は法有（リ）とイハムトソ（言有法）（三四7）

○言（フコ、ロ）は有德乃（シ）堪《タ》フトイフトソ〔之〕（言有德乃堪之）（三六2）

右の「…トソ」で文を言い切る形は、「…トナリ」と竝んで古來訓讀に用いられた形であり、「ソ」は終助詞であるが、指定の表現を擔っているものである。

○爾ノ卿士を戒《シ》ムラク・功の崇《タカ》イことは惟（レ）志《(訓)》なり。業（ノ）廣（キ）ことは惟（レ）勤メなり。惟（レ）克（ク）・果斷《丁亂反》するときは乃（シ）後の艱《アカムル ナヤミ》罔（シ）（戒爾卿士功崇惟志業廣惟勤惟克果斷乃罔後艱）（四〇4～5）

「イマシムラク」は「イマシム」のク語法で、引用文を導くものであるが、文の結びの形は、補讀が無いため不明である。

語彙としては次のようなものが注意される。

〔ヤスムズ〕

○厥（ノ）兆民を綏《ヤス》ムす（綏厥兆民）（三三7～三四1）

「ヤスミス」の音便の形であり、漢文訓讀のみに用いられる語彙である。

〔スコシキ〕

○〔于〕姦宄《六軌》に狃《ナラ》ヒ《女九反》・常を敗リ・俗を亂《られ(?)》(ルハ)三《ミツ》ナカラ細《スコシ》キナリトモ《とも》宥《ユル》サ不れ（狃于姦宄敗常亂俗三細不宥）（四八6）

スコシキナリは所謂形容動詞で、僅小・細小の意、これも古代の訓點の用語であった。ミツナガラも珍しい語例と見られる。

〔トキナフ〕

○司空邦土を掌(リ)て四民を居《お》(キ)て地の利を時《トキ》ナフ（司空掌邦土居四民時地利）（三八1）

トキナフも珍しい語で、時節に順應するの意に用いられている。

訓法全體として見た場合、靜嘉堂文庫藏本の皎亭文庫本（室町初期加點）と比べると、漢字と附訓との關係などに至るまで、相當に近いことが知られる（本文の字體は後者に古文が多く、相違する）。

（天理本）　今・予小子・祗《ツヽシムて》　勤于德《を》《て》　夙夜《スレト》　不逮《オヨハ》　仰惟前代《アの》《を》時《れにシタカフ》《て》若　・訓《シタカフてフム》　迪厥官《を》（三五4〜5）

（皎亭文庫本）　今・予小子・㞋《ツヽシンて》　勤丂德《を》《れとも》夙夜弗逮《ハ》　仰惟前代《ア》《て》旹《をコレにシタカフ》若　・訓《シタカてフム》　迪氒官《を》（六ノ二オ一〜四）

（天理本〈觀智院本〉）　今予《ワレ》《れ》小子・祗《ツヽシムて》　勤二《ツトメ》丂意一《悳欤トクを》《て》　夙夜弗逮《すオヨハ》《て》　仰二《アフ》惟前代《の》《を》《て》一旹《コレ》《コ、》若《シタカフ》　・訓《シタカ□てフム》　迪二厥官一《を》（五七1〜3）

觀智院本は淸家訓を含んでいるのかも知れず、尙今後の精査が望まれる所である。

三　古文尙書　卷第十一　觀智院本　古點

『古文尙書』卷第十一（觀智院本）は卷子本一卷であるが、卷首を缺いている。その缺失部分は、內容から推して、多分一紙程であろうと思われる。因に前述の『古文尙書』卷第十一について見ると、卷首十六行分が存しないことを知る。

本卷は全卷に亙って朱墨兩點の加點がある。朱書はヲコト點、聲點、合點を記し、墨書は主として假名による音訓、反切等を記入しているが、稀にヲコト點、聲點を記した所がある。又、墨書の假名を朱書によって抹消している部分がある。

本書については、夙く『經籍訪古志』に記述があり、又、その訓點については既に中田祝夫博士の言及があって、古梓堂文庫の巻第十三と僚巻であることを言われたが、その古梓堂文庫は、現在大東急記念文庫に藏せられており、長澤規矩也博士による解說がある。(7) この巻第十三の巻末には、

元亨三年十一月廿一日。以祕本書寫之／移點了／馳愚筆了

重校了　　長賴

なる識語があるが、長澤博士は、この本は元亨鈔本ではあるまいと述べられている。

所で、本巻は、もと東寺觀智院に傳來したもので、近時天理圖書館の藏に歸したのであるが、藍色の桐葉の紋を押した後補の表紙は、江戶時代延享の頃、同寺の賢賀僧正の修補に係るものであることを示しており、外題の「古文尙書元亨三年寫本」、左半のみ認められる「觀智院」の文字は、賢賀の自筆である。

本書には巻末に長文の奥書が存する。卽ち左の通りである。先ず、

元亨三年九月十六日以中家之祕本／〔×書寫□之？〕馳筆了／則移點了／左衞門權佐長賴

とあり、恐らく元亨の頃の書寫で、それに元亨三年に移點したことを示すものと考えられる。

右に續いて、これと同筆で次のような奥書がある。

本云

文曆二年六月廿五日以家之祕說／奉授納言尊閤家了／造酒正中原師弘

貞應三年三月廿二日見合家本／勘付了／于時落花紛〻／中原師弘

仁治三年四月十三日以累家之說／奉授大炊御門亞將閤下畢／正五位下行造酒正中臣朝臣師弘

建長四年四月九日以家說奉授／一條中師家了／助教中原師弘

弘安第四之歳季秋十三之天以累祖／祕說授愚息筑前權守師國了／助教中原師種

正應元年六月廿九日前左衞門佐顯家　奉輪讀合了／兵庫頭兼助教中原師種

永仁五年卯月七日以累家祕說／授愚息師言訖／散位正五位下中原師國

同六年正月十日以家之訓說／授申堀川大師殿兼敎　訖／大學權助中原師夏

元亨三年八月廿六日以家說候／中務卿親王御讀訖／內匠頭中原師利〔×□〕

以上が一筆で、以下は別筆となる。

文和三年七月二日以式家之祕說墨點了／喜久壽丸

（朱書）「□（同）四日朱勘竝點了」

（追筆）「同五日一校早」

彼本云

貞和三年六月廿一日交合了　□（英）房

同六年正月廿七日談了

右の奥書の內、文曆二年の奥書に見える中原師弘は、前に引いた中原系圖の中に見え、「頭倉院別當造酒正博士大外記局務」とある。又、同じ奥書の中に見える「納言尊閣家」は特定出來ないが、或いは右の長賴の流である、葉室流の家をいうのかも知れない。その祖宗賴は權大納言、資賴は文曆二年八月に權中納言に上っている。又同じ師弘の仁治三年（一二四二）の奥書に見える「大炊御門亞將閣下」は、權中納言藤原冬忠を指すと思はれる。亞將は近衞中少將の唐名であるが、冬忠は嘉禎三年（一二三七）七月十三日に左中將に任ぜられている。彼は大炊御門流で、『尊卑分脈』に

師實—經實—經宗—賴實—師經—家嗣—冬忠

と見え、正二位左右大將内大臣に至り、文永五年（一二六八）九月九日五十一歳で薨じた。

正應元年（一二八八）中原師種の奥書に見える前左衞門佐顯家は、四條流の藤原顯家を指すと見られる。『公卿補任』によれば、文永十一年（一二七四）六月一日左衞門佐、弘安六年（一二八三）三月十三日止佐と見え、參議正三位に至って德治元年（一三〇六）三月十日薨じている。

又永仁六年（一二九八）中原師夏の奥書に見える堀河大師殿兼教は藤原兼教を指すであろうか。但し兼教は近衞流であり、又大師は太政大臣又は東宮傅を言うようであるのに、兼教の閲歴の中に見えず、不審である。

元亨三年（一三二三）の中原師利の奥書に見える中務卿親王は、後二條院の皇子邦良親王の子、康仁親王（一三〇六～一三二五）のことかと思われる。或いは後宇多院の皇子恆明親王の子全仁親王も二品中務卿とある。

尚、大東急記念文庫藏本卷第十三は、本書の僚卷であるが、その奥書は次の通りである。

元亨三年十一月廿一日。以祕本書寫之／移點早／馳愚筆了／長賴

（追筆）「重校了」

本云

建長四年六月九日以家説奉授一條中師家了　助教中原師弘

文曆二年七月十六日以累家奥説一部／十三卷奉授大宮納言尊閣家了／正五位以下行良醞（造酒）中原朝臣師弘

貞應三年四月廿三日見合家祕本／付勘者幷候名等了／少外記兼大舍人權助中原師弘

弘安五年九月十八日以累祖之祕説一部／十三卷授愚息師國早／助教中原師種

正應元年八月十三日以傳受之祕説授申／前左衞門佐顯家訖／兵庫頭兼助教中原師種

第五圖　古文尚書巻第十一　観智院本元亨三年點　所用假名字體表

＊は朱書

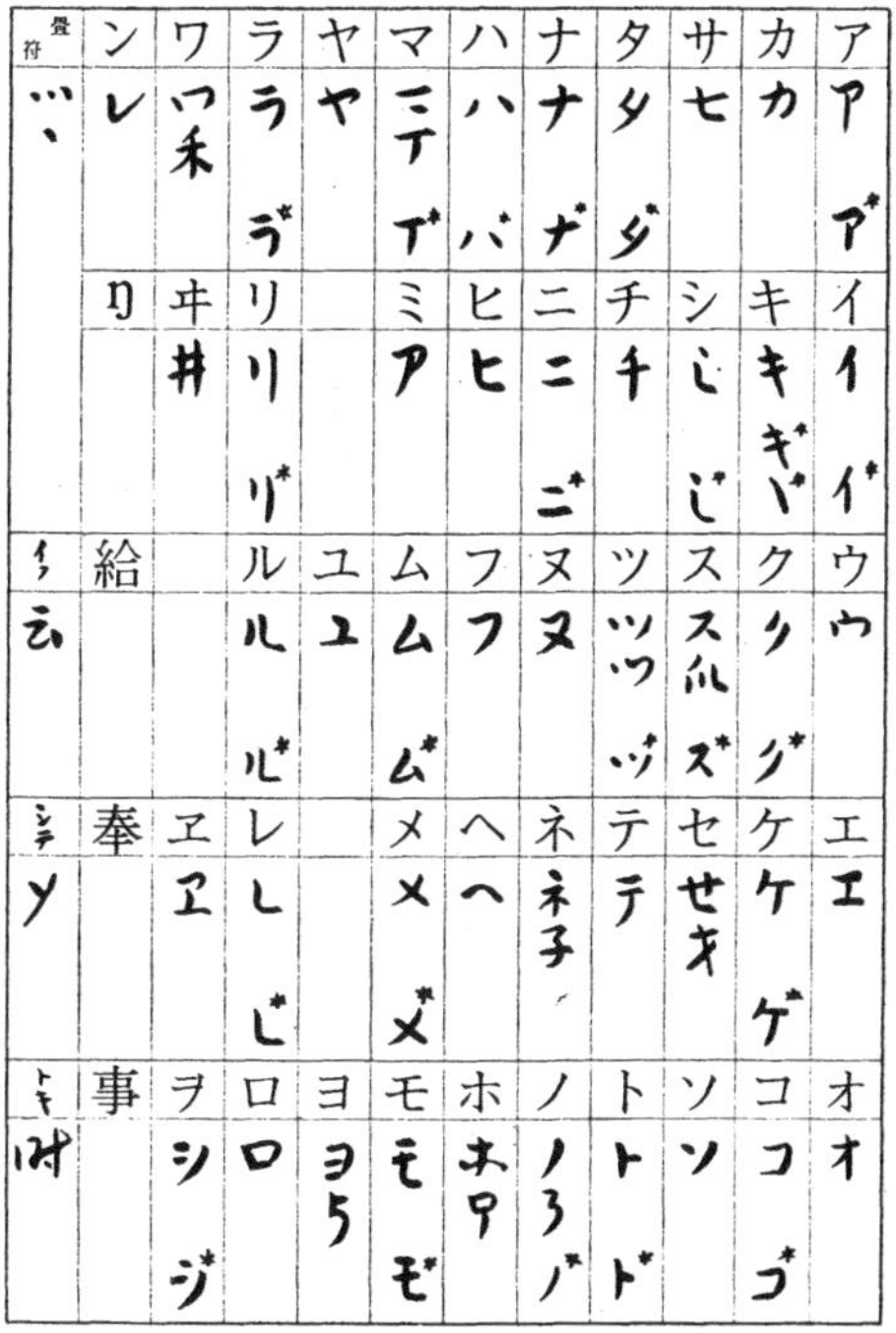

（元亨三年の奥書の上部に）

凡十三巻之內／十一巻者自筆書改了／二巻ハ不朽損之間用之了／七巻ハ或僧馳了／代ゝ（傳脱カ）相本大畧朽損之間／所書改也／二巻校合祕本之處無相違之

この巻には式家の奥書は載せられていないが、中原家關係については、巻第十一と大體竝行的な記述を見ることが出來る。

所で、本書の墨點の假名字體は、第五圖に示した通りで、前二書と同様、鎌倉末期の博士家點本の様相を示していて、殊に變った點も見られない。七（サ）、爪（ス）、オ（セ）、ろ（ノ）、ヤ（ホ）、ア（ミ）、ら（ヨ）、禾（ワ）などの異體字があるが、これらもこの種の訓點には通用のものであった。

一方、本訓點のヲコト點は、巻第四と同類の形態を備えている。先ず朱點について見ると、星點（・）は博士家の點で問題は無いが、線點（一「／など）を見ると、經點のものと紀點のものとの兩者が併用されている。この他に、僅かではあるが、墨點のヲコト點があって、それを見ると、紀點のようである。第六圖に示した點圖の內、第二・三・四壺は經點、第五・六・七壺は紀傳點と見られるものである。この紀點は、前述の巻第四に見られた、改作された新しい紀點である。そのことは、テリ（左下の／）、フル（左中の／）、セル（右上の「）などの符號によって確められる。

第六圖　古文尚書巻第十一　觀智院本元亨三年點　所用ヲコト點圖（經點・紀點）

(墨點)

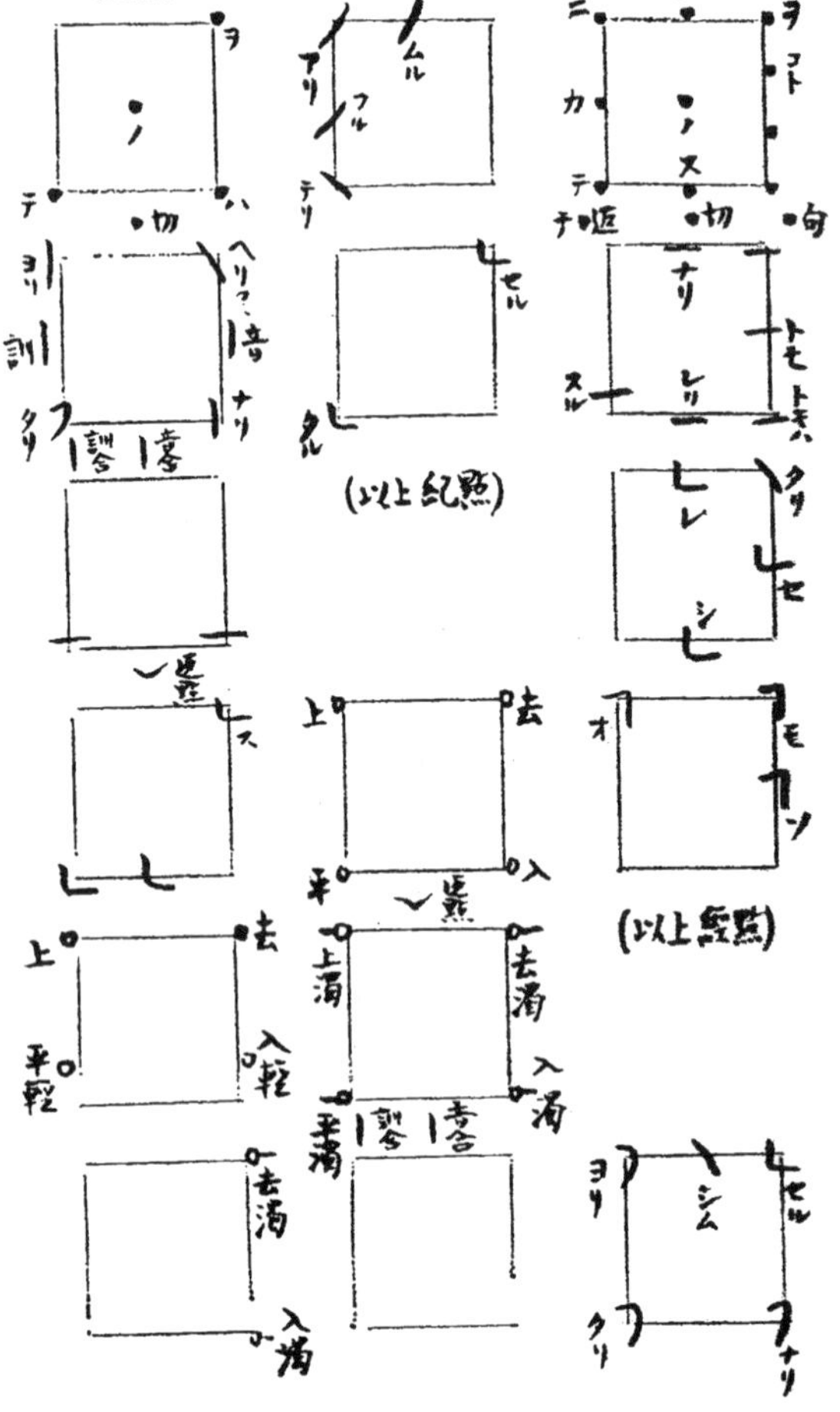

このように、同一の本文に對して二種のヲコト點が加えられているのは、その點法に二つの別々の源流があった故と見ることが自然であろう。本巻の奥書を見ると、先ず元亨三年（一三二三）に中原家の本を以て書寫加點し、その後に約三十年を隔てて、文和三年（一三五四）に式家の說を墨點によって加點したとある。墨點のヲコト點が紀點である所を見ると、多分これは式家のものと見られよう。一方、朱點のヲコト點は、上述のように二種類あるわけだが、これが中原家の點と式家の點の兩者を反映しているのか、それとも中原本の祖本自體に兩者が併用されていたのかは、遽に定め難い所である。但し強いて想像を逞しうするならば、後者の可能性も大きいと見られる節がある。それは、本巻と僚巻たる巻第十三の大東急記念文庫本の點法を見るのに、本巻と同じく經點と紀點との併用である。然るにこの巻には、中原家の識語のみ在って式家の

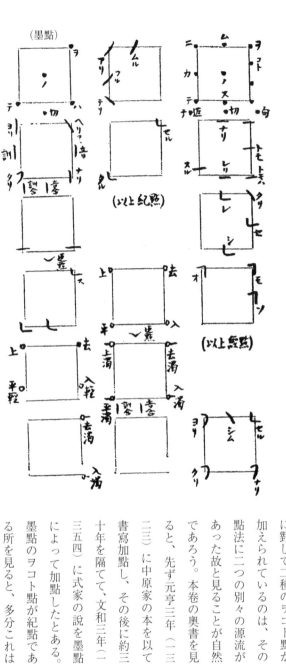

識語が存しない（偶々その識語を記さなかっただけで、實際は式家の點法が加筆されているかも知れないが、それは、これからだけでは立證出來ないことである）。若しこの巻には式家點が無く、中原家點だけであるとすれば、中原家點自體が、經點と紀點を併用していたことになり、巻第十一の方も、同じ事情と推定することが出來るかと思われる。

中原家の點本の中でも、東洋文庫藏本の『古文尚書』巻第六は、中原康富の點があるが、これには經點が用いられている。又、鈴鹿三七氏藏本の『古文孝經』一巻は、本奥書に「正和二年（一三一三）林鐘上旬之候以家說授申之訖／散位中原在判」とあって、經點を使用しているが、[8] このように中原家においても經點を用いた場合もあったと思われるのである。そして、この『古文尚書』において、兩方の點があるのは、中原家の中で、その學問の流に既に複數のものがあったことを示すのかも知れない。同じ中原家でも康富が師遠などとは別流であって、清原家から受學していることについては、坂本良太郎氏の高說があるが、[9] 同じ明經博士の家系であって、相互に交渉があったらしいことは、小林芳規博士の蒐集指摘された資料[10]によっても、窺い知ることが出來る。

漢字音では、唇內撥音韻尾（-m）と舌內撥音韻尾（-n）との混用が見られる。ム表記とン表記との混用によってそのことが知られる。

（ム表記）（唇內）（例なし）
（舌內）姦《カム》慝（五九4）　大訔《キム》（七五4）　戰《セム》慄《六栗》（七五5）　干《カム》戈（七七3）　半《ハム》圭《ケイ》（八四7）

（ン表記）（唇內）恭儉《ケン》（六二6）
（舌內）洮盥《タウクワン》（七三5）　處賁《ホン》《六奔》氏（七四3）

カ行合拗音のクヰ・クヱの類は、その表記が見られるけれども、一方でキ・ケと記した例もあり、既に混同していると思われる。

唇内入聲韻尾フが、無聲子音で始まる字音の前に來た時に、ツの形に變ずることは、鎌倉初期以來の現象である。このことは小松英雄博士の明にされた所であるが、(11)本巻の點にもその例が見える。

(クヰ・クヱの例) 癸酉《クヰイウ》(七八1) 大嘗《クヰム》(七九5) 癸瞿《クヰク》(八二1) 兇嘗《クヰン》(八三7)

(キ・ケの例) 姦宄《六軌》《キ》(七〇3) 大嘗《キム》(七五4)

雜《サツ》-繪《ソウ》(七八4) 荅《タツ》拜(八五4)

の二例である。夫々古くはサフソウ・タフハイとあった筈の所が、舌内入聲韻尾に轉じているのである。

語法の上では、前節にも觸れたことだが、動詞のウレフの下二段活用の連用形ウレへの例が見える。

○用て厥(ノ)若(キ)ことを奉《シタカフニ》ケ郵《ウレ》へテ鞠子の羞《ハチ》を遺《ノコ》スコト亡《(ナカ)》レ (用奉郵厥若亡遺鞠子羞)(九〇7)

○其(ノ)行ヒ順(フ)所《ノ》を道を奉《ウ》ケ憂《ウレ》へテ (奉憂其所行順道)(九一1)

オソラクハという副詞が見られるが、オソルの四段活用の例と見られよう。

○恐ラクは斷言を獲《エ》弗《(サ)》(ラ)《ラ》むことを《ンコトヲ》と (恐弗獲斷言)(七四5)

オソルは古く上二段、下二段、四段などの活用があったが、後世には下二段が多く傳った。

又動詞タツトブの上二段活用 (命令形タトビヨ) の例がある。

○先人(ノ)〔之〕美を崇《タト》ヒヨ〔也〕 (崇先人之美也)(八八5)

この語は古く上二段活用の例が一般であった。

注意すべき語彙として、ミギリ(右)の例がある。

○應門を入(リ)て右《ミキリ》 なり (入應門右)(八六6)

「なり」の點が二箇、經點のものと紀點のものとがあり、後者に合點が附けられている。そしてミキリのリを朱書で抹消し

ている。ミギリの語について山田忠雄氏の詳細な考證がある。(12)

この他、全體的に觀て、清家點と中原家、式家點との異同などについても觸れるべきであるが、その一斑については、小林芳規博士の研究（注10文獻）にも觸れられている所であり、今回は割愛に從うこととする。

注

（1）築島裕『平安時代の漢文訓讀語につきての研究』九五八頁以下。

（2）平井秀文「成簣堂文庫本遊仙窟譯文稿」（『福岡學藝大學紀要』六號）『成簣堂善本書目』三六頁所載。

（3）『宮內廳書陵部和漢書分類目錄』下一〇二七頁所載。
『圖書寮典籍解題』漢籍篇一二五頁。

（4）築島裕『平安時代語新論』一〇三頁。

（5）中田祝夫『古點本の國語學的研究總論篇』四五六頁。但しここでは貞應三年中原師弘點としておられる。

（6）小林芳規「醍醐寺藏論語卷第七文永五年點」（『醍醐寺文化財研究所研究紀要』第二號、昭和五十四年三月）。

（7）長澤規矩也『大東急記念文庫貴重書解題第一卷總說・漢籍』六頁。尙、大東急記念文庫には、卷第十一の江戶時代摹寫本も存することに觸れられている。

（8）注（5）文獻四五七頁。

（9）坂本良太郎「中原康富の學問」（『文化』十ノ十一、昭和十八年十一月）。

（10）小林芳規『平安鎌倉時代に於ける漢籍訓讀の國語史的研究』一二三二頁。

（11）小松英雄「日本字音における唇內入聲韻尾の促音化と舌內入聲音への合流過程—中世博士家訓點資料からの跡付け—」（『國語學』二一

十五集、昭和三十一年七月）。

（12）山田忠雄「ミギとミギリ」（『金田一博士古稀記念言語民俗論叢』昭和二十八年六月）。

（附記）引用文には、印刷の便を慮って、聲點・合符・合點・返點及び別訓などを省略した所がある。尚、原文の假名は片假名で、原文のヲコト點は平假名で表記し、筆者の補讀は（　）に括って示した。

校正中、金谷治氏の御稿を拝見し、靜嘉堂文庫藏『古文尚書』に、元亨の跋文あることを教示された。それによって、小稿の一部を訂正した。記して御禮申上げたい。（五六・一一・二七）

（『天理圖書館善本叢書・漢書の部』第一巻　八木書店　昭和五十七年一月）

靜嘉堂文庫藏本毛詩鄭箋古點解說

靜嘉堂文庫藏本の『毛詩鄭箋』二十卷は、米山寅太郎氏の解說に明な如く、淸原家累代相傳の證本であり、毛詩の古寫本の中でも屈指の名品であるが、更に、本書においては、全卷に亙り詳細精密な訓點が記入されてをり、それは名儒淸原宣賢の自筆の訓點であると共に、淸家所傳の古點を忠實に傳承した文獻として、國語史學研究の上からも重要な資料となるものと認められる。以下、この訓點について、聊か所見を述べたいと思ふ。

一　總　說

本書の訓點は、奥書によれば、環翠軒宗尤郎ち淸原宣賢が、室町時代永正十八年（一五二一）から天文四年（一五三五）にかけて講じたもので、恐らくその際に加點されたものと考へられる。然して、卷第一の卷末には、多くの本奥書を記載するが、その最古の年紀は承安四年（一一七四）九月十九日で、假字反音等を加へたといふ大外史淸の奥書がある。この大外史とは、淸原賴業（一一二二〜一一八九）を指すかと思はれるが、さうとすれば、この訓點は賴業の說を傳へたものと解される。承安四年に淸原賴業は五十二歲であつた。

訓點は恐らく數回の傳寫を經たものと思はれるが、其の內容は全卷に亙つて精密で、卷第一は特に詳しく、傳寫による誤寫と思しきものは極めて稀である。これは、淸原家歷代の努力も勿論であるが、それを受けて整備した宣賢の學識が反映してゐるかも知れない。淸原家累代の家系については、米山氏の御論考に讓ることとしたい。

『群書治要』は、その卷第三の一卷に『毛詩』二十卷を抄錄してゐる。宮內廳書陵部藏本（金澤文庫本）の『群書治要』には、淸原敎隆の奧書があり、建長五年（一二五三）に加點した旨が記されてゐる。本叢書に影印が收められ、小林芳規博士の解說がある。靜嘉堂文庫藏本と重複する部分について訓點を比較して見ると、本體の部分については、靜嘉堂文庫藏本が宮內廳書陵部藏本を忠實に傳承してゐる一方、靜嘉堂文庫藏本には、大江家の說などが多數追加されてゐることが知られる。

○素《ソ》-絲《シ》《ノ「ケ」》ヲモテ「イ」紕《クミ》《クミスル「ケ」》スルカコトクシて「イ」[之]良-馬四《ヨ》《ヨツヲス「ケ」》ツヲセン「イ」[之]（素絲紕之良馬四之）（③148）

この部分を『群書治要』では

○素《ソ》-絲《シ》《ノ「ケ」》ヲモテ「イ」紕《クミ》《クミスル「ケ」》スルカコトクシテ「イ」[之]・良-馬四《ヨ》《ヨツヲス「ケ」》ツヲセン「イ」[之]（素絲紕之良馬四之）（卷第三82）

と加點してをり、全く同一の訓法を傳へてゐることを知る。詳細な比較檢討は別の機會を俟ちたいが、卷頭の「[之]邦-國に用ウ（用之邦國）」の「モチウ」といふ中世的な新しい語形が兩者一致してゐることなども、注意すべき一例であらう。

靜嘉堂文庫藏本には、誤點の例が極めて少いが、強ひて一二を擧げれば、「將《ネカ》《コフ「ケ」》ハクハ「イ」子怒(る)こと無シ。將は願也。箋云、將は請也。（將子無怒將願也箋云將請也）」（③265）の「無シ」の「シ」は「レ」の誤、「觀《ミモノ》ヲ節《ツ、マヤニスル》-所《ユヘノ》以なり者《ナリ》。（所以節觀者）」（⑯347）の「ツ、マヤニスル」は、「ツ、マヤカニスル」の「カ」の誤脫、又は「ツ、マカニスル」の誤寫であらう。又、「我暇《イトマ》アルに迨《オヨ》ムて[矣]此の湑《シヨ》を飲《ノ》マシ[矣]（迨我暇矣飲此湑矣）」（⑨126）の「ノマシ」は「ノマン」の誤寫であらう。

二　研究史

靜嘉堂文庫藏本『毛詩鄭箋』については、夙く山田英雄氏の論があり(1)、又その訓點に關して筆者が嘗て圖書寮本類聚名義抄との關係があることを述べたことがある。卽ち、本書の卷第一の中に見える和訓に、圖書寮本類聚名義抄に「詩」として引用されてゐるものと一致するもののあることを指摘し、本書の訓が平安時代の訓說を忠實に傳へてゐる旨を推定した(2)。その後小林芳規博士は、『平安鎌倉時代に於ける漢籍訓讀の國語史的研究』において、數カ所に亙つて本訓點を引用されてをり、その一部については、後述の小論の中で言及する豫定である。又、外山映次氏は「『毛詩抄』解說」(3)において、本寫本に觸れられてゐる。更に、大英圖書館に『毛詩鄭箋』二十卷合一册が藏せられてをり、それについての稻垣瑞穗氏の紹介がある。稻垣氏は大英圖書館所藏『毛詩鄭箋』の卷第一について、その全文を譯讀し、それに靜嘉堂文庫本の異同を傍記されてゐる(4)。

本訓點は室町時代の加點であるから、當然のことながら中世の國語の樣相を示してゐる面がある。しかし大筋から見ると、古代の訓法をよく傳へるばかりでなく、表記の面から見ても、古代的要素を保持してゐることが窺はれる。この意味で、本訓點は、古代國語の研究についても非常に有益な資料を提供すると考へられる。

三　假名・ヲコト點

假名字體は第一圖に示した通りであつて、墨點にあつては「ア」「ウ」「ワ」などの終畫が長く伸びてゐること、「シ」の

第一圖　靜嘉堂文庫藏本毛詩鄭箋清原宣賢加點所用假名字體表
（上欄は墨點・下欄は朱點）

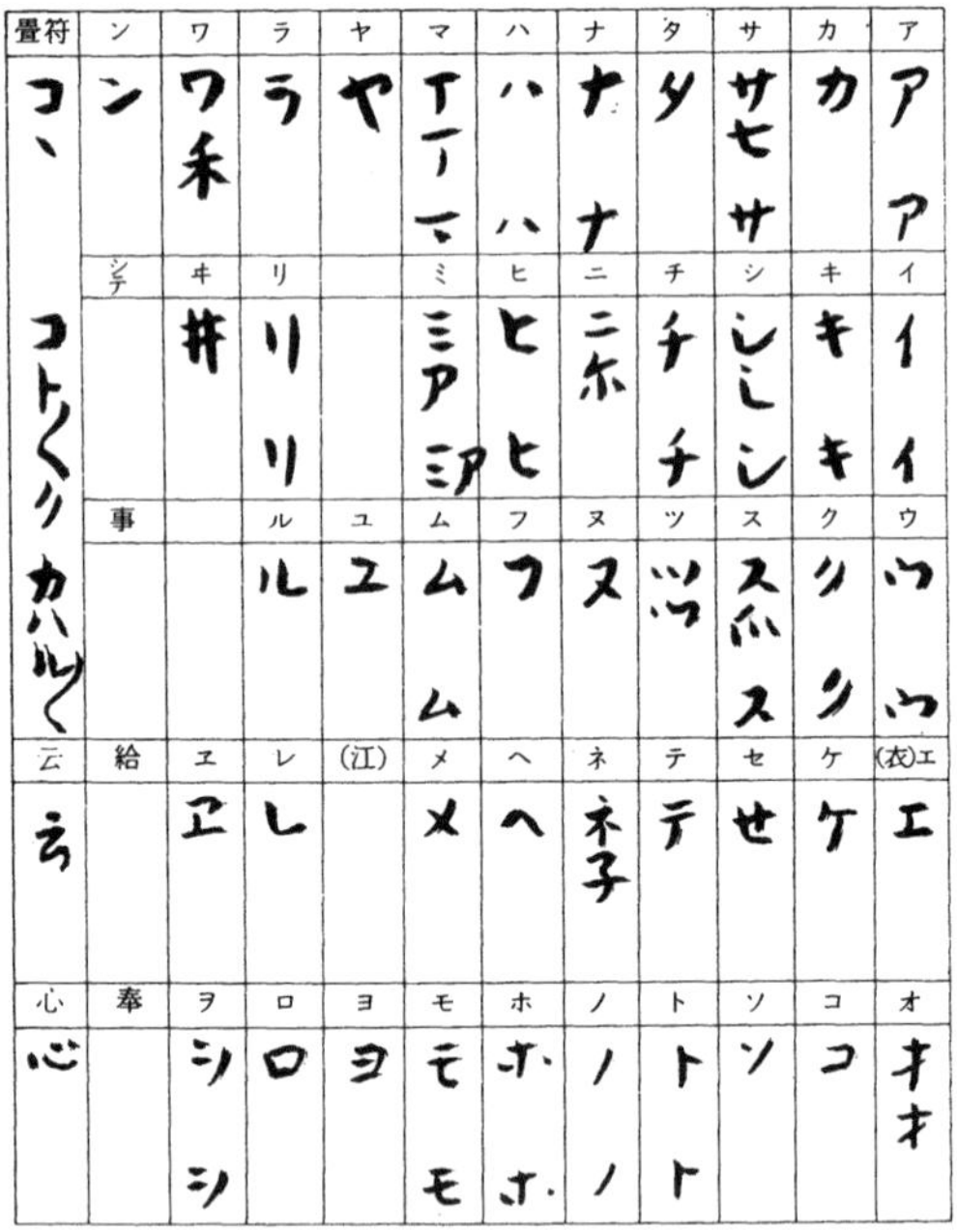

終畫が右上に向つてゐること、「ユ」、「ヱ」の字體が現在のものに近いことなどが擧げられるが、一方、「サ」に「七」、「ス」に「爪」、「二」に「尓」、「ミ」に「ア」、「ワ」に「禾」などの異體字が使用されてゐるのは、博士家點本の中世以降の特徴を備へてゐるといへよう。唯、「サ」「ス」「二」「ミ」「ワ」のやうな通用字體も多く併用されてゐるのであり、これは、やはり中世的樣相が濃いためと見るべきであらうか。尚、朱點については、假名の用例の少いためか、この種の異體字の例は見えない。濁點として「◦◦」が用ゐられてゐるが、これは室町時代の書記形式の反映であらう。濁點の例を次に示す。

○人の[之]言を信すること無れ。人實《マコト》に女《チ》を迋《タブ（濁）》《アサムク》ラサン迋は誑《キャウ》也（無信人之言人實迋女迋誑也）（④385）

○遊–敖《ガ（濁）ウ》す。（遊敖）（⑤152）

○予《ワレ》は王之爪《サウ》（上）–牙《ガ（濁）》（平濁）なり。（予王之爪牙）（⑪82）

極く僅であるが、後筆の墨書がある。「髦《ホウ》（平濁）」（③8）はその例である。

漢字の聲點は四聲を區別してゐる。その圈點を細い圓形の資材、多分細い竹を切斷した切口に墨を附けて押捺したもの

第二圖　靜嘉堂文庫藏本毛詩鄭箋清原宣賢加點所用ヲコト點圖
（「ヲ」「コト」「カ」の星點は、時に若干位置を上下せることあり）

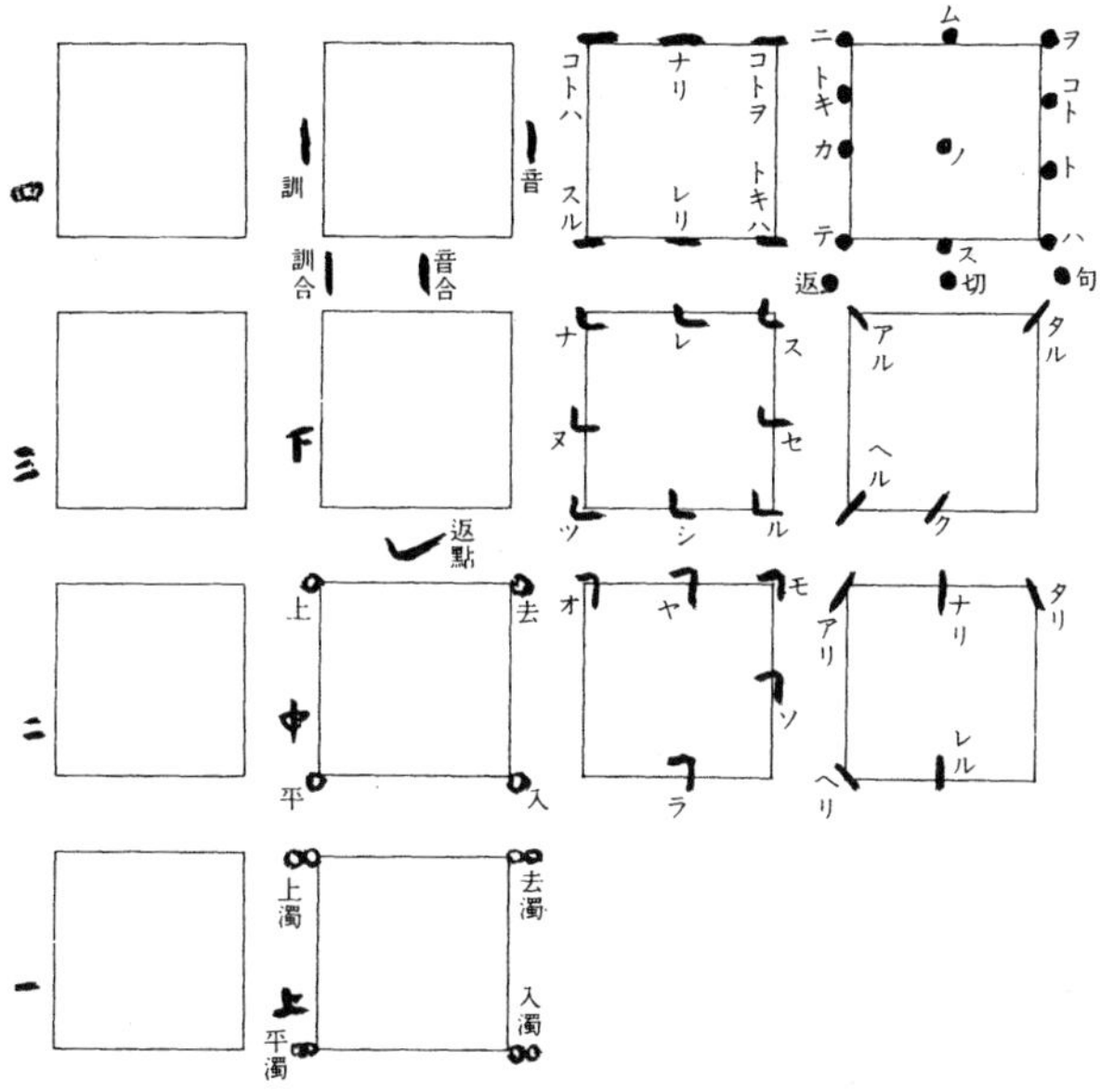

らしい。清音は一個、濁音は二個を押してゐる。他に例の稀な、珍しいものである。石山寺藏本胎藏界念誦次第（知一四〇―三）の室町時代中期加點本に「乞叉泥尾」のやうな例を見出してゐる。

假名に「・」の形の聲點を加へた例が二三ある。

○我が馬・玄《クロカシ(平上平上)キ(上)》　黄《キナリ キニナリンタリ》ニナンヌ（上平〇上）（我馬玄黄）（①109）

○于《ア》嗟・闊《サカ(上上)》　ンヌ（平上）［兮］。（于嗟闊兮）（②129）

○赫《カク》たること渥《アツクツ》ケ（上上平平上）たる赭《ニ》の如（し）。赫然と（し）て厚ク傳《ツ》ケタル丹《ニ》の如（し）（赫如渥赭赫然如厚傳丹）（②286）

右のやうに、平聲點と上聲點との二種が見える。例數が少いので、確かではないが、その聲調體系は觀智院本類聚名義抄などと同樣のやうである。

ヲコト點は第二圖に記した如くである。點圖集などに「經傳」「俗點」「俗家點」「經」「篸河敎隆點」などと記載されてゐるものに相當する。その內、星點の「コト」「ト」の位置については、若干搖れてゐるやうで、「コト」が右邊の中央にある場合もあるが、少し上部に存するものも見られる。「ト」も右邊の中央から少し下つた位置の場合もある。點圖集でも寫本により不安定であつて、古くからこのやうな狀態であつたのであらう。

左邊の上隅と中央との間の星點に「トキ」と訓まれるものがある。

○叔か田《カリ》に于《ユ》クときに・乘-黄に乘る（叔于田乘乘黄）（④205）

○父・卒《スキツ》シタルときに、母の爲に皆《本无》三年す。（父卒爲母皆三年）（⑦133注）

○賓(の)[之]初メ・筵《ムシロ》ニツクときに・左-右《ニ》スルコト秩《チツ》-秩たり（賓之初筵左右秩秩）（⑭228）

この星點は「經傳」の點圖にはなく、「紀傳」[5]が紛れ込んだものとも見られるが、東洋文庫藏本春秋經傳集解の保延五年（一一三九）點（清原頼業加點）には使用されてゐるから、「經傳」の點に本來備つて傳承されたと考へてよいのであらう。

四　訓　法

和訓には、注文によって附したと見られるものが多いが、毛傳の説と鄭箋の説とが異る場合には、屢々その兩者を併記してゐる。その際には毛傳の説を右傍に、鄭箋の説を左傍に記すことが多い。

○將《ネカ》《コフ「ケ」》ハクハ「イ」子怒(る)こと無シ（「レ」の誤）。將は願(なり)[也]。箋(に)云(く)、將は請(なり)[也]（將子無怒將願也箋云將請也）（③265）

右の例では、「將」の訓に、毛傳の「願也」によって「ネカハクハ」、鄭箋の「請也」によって「コフ」の訓を定めてをり、和訓の後に夫々「イ」（「傳」の略字）、「ケ」（「箋」の略字）の注記を朱書してゐる。次の例も同類である。

○槃を考(へ)て陸《リク》に在(り)。碩-人の[之]軸《ス、》《ヤメルナリ「ケ」》ムナリ「イ」軸は進也。箋云、軸《チク》(入)は病也（考槃在陸碩人之軸軸進也箋云軸病也）（③223）

○以て茹《ハカ》ル可(から)不茹《ショ》(去)は度《タク》(入)也（不可以茄茄度也）（②12）

○我を譏《ス》《ニクムコト「ケ」》ツル　「イ」（こと）無れ［兮］。譏《シウ》（平）は棄《キ》也。箋云譏は亦惡（去）也。（無我譏兮譏棄也箋云譏亦惡也）（④252）

右のやうに、注の字は全て音讀してゐたやうである。

○蔽《ヘイ》（去）-芾《ヒ》（去）甘《アマ》《「アマナシ」》-棠・勿《れ》《ナキリソ》翦《キ》《レ》ルこと・勿《れ》《ナキリソ》伐《ウツこと》《レ》〔江云廣澄説　或云有象説〕（蔽芾甘棠勿翦勿伐）（①296）

「ナキリソ」といふ表現は和文的であり、この部分については既に小林芳規博士の言及があつて、(6)廣澄を清原氏、有象を中原（十市）氏に比定されている。江説が他家の傳を注記することの意味についても究明の餘地があるが、清原廣澄（九三四〜一〇〇九）は大外記正五位下、中原有象は治部卿算博士で、生沒年代は不明であるが、從弟の以忠が助教（九一八〜九八一）である（尊卑文脈・中原系圖）から、恐らく十世紀の中後期の人と推測される。問題は、このやうな訓説の説者が十世紀にあることであり、一歩進めて推測するならば、大江家の訓法が他の家の學者の説を取入れつつ、この頃から起つたと見る可能性が反映してゐるのではないか。

毛詩の文選讀については、既に壽岳章子氏、(7)小林芳規博士(8)の論がある。

○彼の崔《サイ》（平）-嵬《クワイ》（平）に陟《ノホ》リ、我か馬・虺《クワイ》《クワイ》（平）-隤《イ》《タイトヤミヌ江》（平）シヌ（陟彼崔嵬我馬虺隤）（①103）

○爾に子-孫に宜（し）く・振《シム》（平）-振たり《トコ、ロヨシ》《トヲトナシ》［兮］（宜爾子孫振振兮）（①134）

○螽-斯の羽あり。揖《シフ》-揖たり《トアヒアツマレリ》［兮］（螽斯羽揖揖兮）（①137）

○爾（に）子-孫に宜（しく）。蟄《シフ》（入）-蟄たり《トヤハラキアツマレリ》［兮］（宜爾子孫蟄蟄兮）（①137）

○旱《ヒテ》リ既に太（去）-甚（なり）。蘊《ウントアツク》（上）-隆《リウ》《リウトイカツチアリ》・蟲-蟲たり《トアツシ》（旱旣太甚蘊隆蟲蟲）（⑱248）

しかし、本點の文選讀は案外少く、以上の例くらゐしか見られない。「毛詩抄」にいふやうに、江家の訓法に比較的多かつたのであらう。近世の道春點などのやうな煩雜な程の文選讀は、恐らく後世の作爲的な訓法であらう。因に有名な「關關雎鳩」の句は、本點では次のやうに訓じている。

○關-關たる雎-鳩（平）・河（の）[之]洲《ス》に在リ（關關雎鳩在河之洲）（①44）

○窈-窕（たる）淑-女・君-子《シ「ケ」》ノ「イ」好《ヨ》《ヨミス「ケ」》キ「イ」逑《タクヒ》《タクヒヲ「ケ」》ナリ「イ」（窈窕淑女君子好逑）（①48）

漢字二字の熟語を和語一語で讀むことがある。次のやうに「如晦」を「クラケレトモ」、「左右」を「タスケテ」と訓じた例がある。

○風-雨・如-晦《クラケレトモ江》（去）なり。鷄鳴・已《ヤ》マ不《す》（風雨如晦鷄鳴不已）（④363）

○參-差荇-菜を、左《サ》-右《イウ》《タスケテ「ケ」》ニ「イ」采《ト》《トル「ケ」》ラム「イ」[之]（參差荇菜左右采之）（①59）

因に觀智院本類聚名義抄では「左右」を「タスケタスク」と訓じた例がある。

次に、「不讀」と注記した例がある。

○南に喬（平）-木有（り）・休ス「ケ」／江-息《ス「ケ」江說不讀》（す）可（から）不（南有喬木不可休息）（①177）

○日《ヒ》居《不讀》、月《ツキ》諸《不讀》・下-土を照-臨す（日居月諸照臨下土）（②72）

第二の例は「居」「諸」を虛字と解して讀まないとするのであらう。第一の例については、右傍に「竝加〻古本皆爾或作休思此意改也」とあり、異文があるために訓讀を避けたらしい。

再讀字としては、一般の例の他に、「謂」を二度讀んだ例がある。

○皆謂《オモ》ハク、雀（の）[之]屋を穿（つ）こと・角有（る）者《オ无》に似レリと[謂]ヘリ（皆謂雀之穿屋似有角者）（①313注）

「者」の訓には、古い「ヒト」と新しい「モノ」とが併用されてゐる。

○我を知《シ》レル者《モノ》《ヒトハ江》ハ、我を心の憂《ウレ》ヘアリと謂《イ》《オモフ》フ（知我者謂我心憂）（④12）

○箋云、留氏(の)[之]子《コ》は思フ者《ヒト》《モノ》に於《お》(い)ては・[則]朋友(の)[之]子《コ》なり。(箋云留氏之子於思者則朋友之子)(④146注)
因に、國名などの次の「人」は「何ヒト」と讀んだ例がある。
○清人《ヒト》・彭《ハウ》(平)に在(り)。(清人在彭)(④224)

五　音　韻

(一)　漢字音

[唇內撥音尾と舌內撥音尾]　この二者の區別は、完全に混同してゐる。

{-mを「ン」と表記した例}

○兩驂《サン》(④200)　○子衿《キン》(④367)

{-nを「ム」と表記した例}

○纊《クワウ》(平)綖《エム》(平)(①83)　○鬒《シム》(上)髮《ハツ》(③43)　○載《サイ》芟《サム》(平)(⑲317)　○曼《マム》は長(なり)[也](曼長也)(⑳187)

[止攝合音の表記]　多くは、「—イ」であるが、稀に「—ヰ」の用例がある。

{「イ」で表記した例}

○綏《スイ》(平)シ・纓《エイ》す(③10)　○綏《スイ》(平)綏たり(③368)　○爾《ノ「ケ」》ニ「イ」類《ヨ》《ルイヲ「ケ」》キ「イ」ことを錫フ(錫爾類)(⑰140)

{「ヰ」で表記した例}

○緜《メン》緜たる葛藟《ルヰ》(④98)　○冠《クワン》(平)緌《スヰ》(平)(⑤85)　翽翽たるは[者]雖《スヰ》なり(⑨37)

[カ行拗音の表記]　「クヰ」「クヱ」を用ゐた表記と、「クイ」「クエ」を用ゐた表記とがある。この加點時期としては、「キ」

「ケ」と同音となつてゐたはずであるから、「クヰ」「クヱ」は傳統的な古い表記を襲用してゐるのであらうが、「クイ」「クエ」は中途半端な傳統的表記と見るべきであらう。

〔「クヰ」「クヱ」の表記例〕

○副《フ》(去)-褘《クヰ》(平)（①90注）　○垝《クヰ》-垣《エム》(平)（③267）　○饋《クヰ》(去)を陳《ツラ》ネタル・八-簋《クヰ》(上)（陳饋八簋）（⑨116）　○騤《クヰ》(平)騤たり（⑱152）　○四-牡・騤《クヰ》(平)-騤たり（⑱402）　○有レ驈《クヰツ》《戶橘反》（⑳11）　○旣(に)匡《タヽ》《クヰヤウニシテ「ケ」》シ「イ」旣(に)勑《カタ》《チヨクス「ケ」》ク「イ」す（⑬260）　○矍《クヰヤク》《クワク》-相(去)（⑰100）　○顒《クヰヨウ》(平濁)-顒・卬《カウ》(平濁)-卬と(し)て圭の如(し)（顒顒卬卬如圭）（⑰308）　○三-百-囷《クヰン》ナル〔兮〕。（⑤259）　○隕《エン》(平)は均《クヰン》(平)(なり)〔也〕（隕均也）（⑳282）　○卷《クヱン》(上)-耳(上濁)（①96）　○文-王・蹶の生(音)を蹶《ウコ》カす蹶《クエイ》(去)は動也（文王蹶厥生蹶動也）（⑯156）

〔「クイ」「クエ」の表記例〕

○嘒《クエイ》-嘒たる管の聲あり。（嘒嘒管聲）（⑳210）　○闋《クエツ》-翟（③39）　○瑟たり〔兮〕・僩たり・赫たり〔兮〕・咺《クエン》〔兮〕（瑟兮僩兮赫兮咺兮）（③202）　○觼《クエツタフ》-軜(入)（⑥229）　○碩(入)大にして且《マ》タ・卷《クエン》なり（⑦112）　○繾《ケン》-綣《クエン》を謹(め)ヨ（謹繾綣）（⑰366）

〔サ行合拗音の表記〕「スヰ」を用ゐて表記した新方式と、「シユ」を用ゐて表記した舊方式とが併用されている。

〔「スヰ」を用ゐて表記した例〕

○父・卒《スヰツ》シタルときに母の爲《本无》に・皆・三年す。（父卒爲母皆三年）（⑦133注）　○維れ其れ卒《スヰツタリ「ケ」》フ《ヲ》「イ」（維其卒）（⑮286）　○洵《スヰン》(平)-直にして（④237）　○漘《スヰン》は水-隒《ケン》(上)也（④385）

〔「シユ」を用ゐて表記した例〕

○出《シユツ》-其-東-門（④390）　○蟋《シツ》-蟀《シユツ》（⑥4）　○出《シユツ》《スイ》(入)(去)-車は還レル卒《スイ》を勞《ネキラ》へリ〔也〕（出車勞還卒也）（⑨203）

○遵《シユン》（平）-大-路は君-子を思へり

○山冢崒《ミネシユツ》（入）たり、崩《クツ》ル（⑫152）　○縣《カヽ》レル鶉《シユン》（平）有ル[兮]（有縣鶉兮）（⑤260）

（遵大路思君子）（④246）　○犉《シユン》（平）-牡《ホ》（⑲362）　○濬《シユン》「俊」-哲ナルカナ維れ商。（⑳281）

[「方」の字音]

○萬-邦之方《ノリ》「イ」なり ムカフトコロナリ「ケ」ホウナリ「ケ」（⑯303）

[豪韻唇子音の字音]

○矇《モウ》-矇（⑯352）

[エウ・ヨウの混同]

○招《シヨウ》（平）-招たる舟-子アリ。（②190）　○禮-儀・陵《レウ》-遅《チ》して（④119）　○要《ヨウ》（音）（平）す[之]・（⑤180）

我れ歌《カ》（音）して且・謠《ヨウ》（音）（平）す（別筆か）（⑤207）

（二）國語音

[イ音便]

（キ→イ）○昔シ我往《ユ》イシトキには[矣]・黍-稷・方に華《ハナ》サカムトシキ。（昔我往矣黍稷方華）（⑨222）

[促音便]

（リ→無表記）○三-歳婦（音）爲《タ》シカトモ・室の勞《イタハ》リ靡《ナ》カリキ[矣]（三歳爲婦靡室勞矣）（③290）

[撥音便]

（ニ→ン・ム）○焉《イツク》ムか諼《クエン》（平）-草を得む（焉得諼草）（③360）

（ミ→ン・ム）○扁《ヘン》タルこと有ル、斯れ石（訓）なり。履《フ》ンシヒト[之]・卑《イヤ》シ[兮]（有扁斯石履之卑兮）（⑮232）

○巳《ヤ》ムヌルカナ[焉哉]（③305）

（「ン」の無表記）○几を授（く）ルに・緝《シフ》《ツイテ「ケ」》「イ」-御タル《ハヘルコト「ケ」》「イ」こと有（り）（授几有緝御）（⑰90）

○我か行《ユ》《カウ》クサキ・永く-久し。飲《ノマシムルニ》《ノマシメテ》（音）（去）スルトキニ諸-友に御《ス、》《ヲ》《ハンヘラシム「ケ」》ム「イ」（我行永久飲御諸友）（⑩160）（「ハヘリ」「ハンヘリ」の兩形あり）

〔個別的音韻變化の例〕

（アナヅル→アナドル）　鎌倉時代中期頃から「アナヅル」は「アナドル」に轉じた。本點では何れも新形「アナドル」を用ゐてゐる。

○侮《アナト》リを受（け）タルこと・少《スクナ》カラ不（受侮不少）（②23）

○憂フル-心愈-愈たり。是（を）-以（て）侮《アナト》ルことを爲《す》（憂心愈愈是以爲侮）（⑫70）

○四-方・以て侮《アナト》ルこと無（し）（四方以無侮）（⑯319）

○賓を序（す）ルに・侮《アナト》ラ不（る）を以（て）す（序賓以不侮）（⑰107）

○矜-寡ヲモ侮《アナト》ラ不（不侮矜寡）（⑱387）

○兄-弟・[于]牆《カキ》に鬩《セメ》《セメケトモ》ク。外には其の務《アナト》リを禦《フセ》ク（兄弟鬩于牆外禦其務）（⑨80）

（ウツクシブ・ウツクシム・ウツクシンズ）　中世からイツクシ～に轉ずるが、本點では古いウツクシ～の形を保つてゐる。

○[於]禮儀に止《ト、》マルは・先王（の）[之]澤《ウツク》（音）シヒナリ江（止於禮儀先王之澤）（①28）

○斯《コレ》ヲ恩《ウツク》《ネン》シムシ《コロニシ「ケ」》「イ」・斯《コレ》ヲ勤《ヲ》《ネンコロニス「ケ」》シム「イ」。恩（平）は愛なり（恩斯勤斯恩愛）（⑧93）

○百-辟の鄉-士・[于]天-子を媚《ウツク》シフ（百辟鄉士媚于天子）（⑰202）

○維れ君‐子・［于］天‐子を媚《コ》ヒ《＼ウツクシムセ》使《シ》ム（維君子使媚于天子）（⑰316）

○既に敬《ツヽシ》《イマシメ「ケ」》ミ「イ」・既に戒《イマシ》《イ》メ《ミ》て此の南‐國を恵《ウツク》《セヨ》シフ（既敬既戒恵此南國）（⑱529）

○茲の一‐人を媚《ウツク》シフ。（媚茲一人）（⑯369）

○誕《ヲホイ》ナルかな、［之］隘《於懈反》‐巷に寘《ヲ》クこと。牛‐羊腓《サ》リて字《ウツク》《ス》シム［之］（誕寘之隘巷牛羊腓字之）（⑰28）

○汔《アヤウ》《ホト、、「ケ」》シ「イ」、小《スコ》シ康《ヤス》《ヤスカル「ケ」》ムス「イ」可《ヘ》《ヘケンヤ》シ。此の中‐國を恵《ウツク》シムて［以］四‐方を綏《＼ヤス》《シメヨ》ムセヨ（汔可小康恵此中國以綏四方）（⑰338）

○昊‐天を瞻《ミ》‐仰《アフ》ク。［則］我を恵《メク》《ウツクシセ》マ不。（瞻仰昊天則我不恵）（⑱566）

○我を恵《ウツク》シフこと・疆リ無し。（恵我無疆）（⑲41）

○其の婦を媚《ウツク》シフことを思（ふ）。（思媚其婦）（⑲328）

（オホホル→オボル）「オホホル」は鎌倉時代中期ころから「オボル」に轉じた。その新形が見える。

○其れ何《ナ》ソ・能（く）淑《ヨ》キ、載《ス（なは）》（ち）胥《ア》ヒ‐及《トモ》に溺《オホ》レテ（其何能淑載胥及溺）（⑱174）

（ツバヒラカ→ツマヒラカ）「ツバヒラカ」は鎌倉時代中期ころから「ツマヒラカ」に轉ずるが、本點では新古兩形が見える。

○喜《ヨロコ》《ヨミシ》ン而詳《てツハヒ》ラカラにす［之也］。（喜而詳之也）（⑨235注）

○顧と（いふ）は、［之］曲《ツマヒ》ラカに道‐義を顧（音）（す）ル（なり）［也］（顧之曲顧道義也）（⑱452注）

（ムスボホル→ムスボル）『萬葉集』にムスボルがあるが、平安時代の例は殆どムスボホルであり、ムスボホル→ムスボルと轉じた可能性がある。本點には兩形が見える。

○心（の）［之］憂あり［矣］。結《ムスホ、》レタルこと或《ア》ルか如し［之］。（心之憂矣如或結之）（⑫106）

○結《ムスホ》レタルを解《ト》ク所‐以なり。（所以解結）（③328注）

○其の儀・一《ヒト》ツなり[兮]。心・結《ムスボ》レたる(か)如し[兮]（其儀一兮心如結兮）（⑦212）

六　語法

（一）動詞の活用

[イコフ]　古く下二段活用であつた。

○伊れ・余か來《ワ》(り)シトキに塈《イコ》ヘシことを（伊余來塈）（②239）

[ウレフ]　南北朝時代から上二段活用が起つたが、この訓點では古い下二段活用の形を保つてゐる。

○憂《ウレ》へ《フル江》-者《ヒト》(の)[之]興(去)なり[也]（憂者之興也）（①100注）

○我を知《シ》レル者《モノ》《ヒトハ江》ハ、我を心の憂《ウレ》へアリと謂《オモフ》〈イ〉フ（知我者謂我心憂）（④12）

○淫-亂に至ラ使《シ》メ、二-國の患《ウレ》へ(を)爲《ナ》セルを…惡《ニク》ム[焉]（惡…使至淫亂爲二國患焉）（⑤123）

○晉-人・其の在-位(の)[之]人、其の民を恤《ウレ》へ不ルことを刺る[也]（晉人刺其在位之人不恤其民也）（⑥99）

○父-母に罹《ウレ》へを詒《ノコ》スこと無(か)れ（無父母詒罹）（⑪181）

○天-下・[於]王-化の復(去)行ハレて、百-姓憂《ウレ》へ見《ラ》ル、ことを喜フ（天下喜於王化復行百姓見憂）（⑱238）

[タノシブ・タノシム]　前者の方が比較的古いかとは思はれるが、この訓點には兩形が見える。

○今《イマ》者樂《タノ》シハ不・逝《ユ》《ユカハ》ク-者《ヒト》其れ耋《ヲ》ヒナン（今者不樂逝者其耋）（⑥190）

○縞《カウ》(上)-衣綦《キ》(平)-巾《キン》あり。聊《ネカ》《シハラク「ケ」》ハク「イ」は我を樂《タノシ》《タノシヘ江》マヌカ[員]（縞衣綦巾聊樂我員）（④396）

[マナブ]　古い上二段活用の例が見える。

○君-子(の)[之]學《マナ》《カクハ江》フルは文を以て友を會(音)す。(君子之學以文會友)(④377)

[ムラガル]　古く下二段活用であつた。本點はその傳統を受繼いでゐる。

○敦《アツ》《ムラカレテ「ケ」》イ「イ」ことを淮-濆《フン》に鋪《シ》《シキ「ケ」》　イ「イ」(鋪敦淮濆)(⑱547)

○振は羣《ムラカ》　レ-飛フ貌。(振羣飛貌)(⑲171注)

[モチヰル]　古く上一段活用であつた。その古形が見られる。

○帝命(音)シて育《イク》《ヤシナフ「ケ」》「イ」(こと)を率《モチ》《シタカヒ「ケ」》ヰル「イ」。(帝命率育)(⑲126)

[ヨロコブ]　下二段活用と四段活用との兩者の例が見える。

○女-曰、鶏-明は德(を)說《ヨロコ》ヒ不ルことを刺レリ[也]。(女曰鷄明刺不說德也)(④256)

○既に君-子を見《ミ》ては・云《コ、》に胡《な》そ・夷《ヨロコ》ヒ不ラむ夷は說(入)(なり)[也](既見君子云胡不夷夷說也)(④360)

○既に君-子を見《ミ》《ミツ》ては・云《コ、》に胡《ナ》ソ・喜《ヨロコ》ヒ不ラン(既見君子云胡不喜)(④364)

○男-女相-說《ヨロコ》ムて(男女相說)(⑦103)

[カヘンセズ]　[不肯の訓法]　古くは「カヘニス」「カヘンズ」であつたが、中世以來「カヘンゼズ」と轉じた。この訓點では新形が用ゐられてゐる。

○此の邦《クニ》の[之]人《ヒト》・我を穀《ヨ》ミシ肯《カエ》ンせ不(此邦之人不我肯穀)(⑪111)

○飲(去)-食(去)シ・教-載《サイ》し肯《カエ》ンせ不[之](不肯飲食教載之)(⑮238)

[オフ(老)]　表記上の問題ながら、ヤ行上一段活用からハ行上二段活用が生じたと見られるが、本點にはその後者の例が存する。

○君-子與・偕に老《ヲ》フ宜《ヘ》キことを陳《ノ》へたり[也](陳宜與君子偕老也)(③31)

○宜《ウヘ》《ヨロシイカナ　サカナアラハ江》ナルカナ、言《ワレ》《ワレ江》酒を飲(み)て子(音)與・偕に老《オ》《ヲイム》フルこと（宜言飲酒與子偕老）（④263）

（二）動詞「ス」の補讀

○何《ナ》ノ斯《コ、》《コ、ナシヲ江》ニカトスレは斯《コ、》を違セリ（何斯違斯）（①341）

○魚《ウホ》の網《アミ》の[之]設《マウケ》ヲシキ。（魚網之設）（②380）

○素-絲ヲ《ノ「ケ」》モテ「イ」組《クミ》《クミスル「ケ」》スルカコトクシ「イ」[之]て良-馬五《イツ、》《イツ、ヲス「ケ」》ヲセン「イ」[之]（素絲組之良馬五之）（③154）

（三）形容詞

「カマビスシ」は古くク活用であつたが、中世以降シク活用に轉じた。その新しい形が見られる。

○烝(平)-烝・皇《(去)「ケ」》(平)「イ」-皇たり。吳《アヤマ》《カマヒスシカラ「ケ」》タ「イ」不・揚《ヤフ》《ヲトタカ、ラ「ケ」》ラ「イ」不。（烝烝皇皇不吳不揚）（⑳81）

未然形語尾＋推量の助動詞ケムの形に、「ナケム」「オホケン」の例がある。

○實に維我か特《タクヒ》なり・死に之(き)て・矢は慝《ヨコシマ》靡ケむ（實維我特之死矢靡慝）（③13）

○我か衆-人に命スラク、乃《(そ)》の錢(上)-鎛《ハク》《「百》を庤《ソナ》《ソナヘシム》へて奄《ヒサ》シク(し)て銍《チツ》(入)-艾《カイ》(去)觀《オホ》ケン（命我衆人庤乃錢鎛奄觀銍艾）（⑲149）

（四）接尾語・助動詞

「ラル」を可能の意に用ゐた例がある。

○耿《カウ》(上)耿たる寐《イ》ネラレ不・隱《イタ》ミ-憂(ふる)こと有(る)か如(し)（耿耿不寐如有隱憂）（②9）

○寤《サ》メて言《ワレ》《として》・寐《イ》ネラレ不（寤言不寐）（②101）

指定の助動詞「タリ」の例は多く、和語の名詞の次にも現れる。

○國を危《アヤ》フメ・師を亡《ホロホ》《ウシナフ》ス[之]本《モト》タルことを悪《ニク》(去)ム。(悪危國亡師之本)(④222)
○上《カミ》タルときに愼《ツヽシ》メ旃哉。(上愼旃哉)(⑤231)
○楹《エイ》を旅《ツラ》《リヨ「ケ」》ヌル「イ」こと・閑(音)タルこと有(り)(旅楹有閑)(⑳357)
「ベシ」を補讀した例がある。
○死-喪(平)(の)[之]威《オツ》(音)ルヘキをは、兄-弟・孔《ハ(なは)》タ・懐《オモ》フ(死喪之威兄弟孔懐)(⑨72)
打消の「ジ」を次のやうに用ゐた例がある。
○招《ショウ》(平)-招たる舟-子アリ・人は渉《ワタ》《レトモ》ルトモ・予《ワレ》は否《ワタ》《ワタラス》ラシ(招招舟子人渉予否)(②190)
推量の「ラン」は訓點では比較的例が少い。
○聊《シハラ》ク以て國に行《ユ》《ユクラン》ク(聊以行國)(⑤216)
推量の「ナラシ」の例があるが、訓點では他に例が少い。小林芳規博士の論がある。(9)
○蓋シ黍稷を以(テ)すと云《イ》フナラシ(蓋以黍稷云)(①291注)
○蓋(-)諸-侯(の)[之]從(去)ヘル-者、十-有八-國・ナラシ[焉](蓋諸侯之從者十有八國焉)(⑰221注)
何れも「ケダシ」の結びとして用ゐられてゐる。
「ゴトシ」を補讀した例がある。
○素-絲《ノ「ケ」》ヲモテ「イ」祝《ヲ》《ツケタル「ケ」》レルカコトクシ「イ」[之]て良-馬六《ム》《ヲス「ケ」》ツヲセン「イ」[之]祝は織也(素絲祝之良馬六之祝織也)(③157)

(五) ク語法

「マク欲ス」「マクノミ・ラクノミ」のやうな古形を傳へる例がある一方、「トフラク」のやうな、四段活用に「ラク」を添へた、中世以降の新しい形がある。

○我か諸-姑を問《ト》フラク・遂に伯-姊《シ》(上)に及ハム（問我諸姑遂及伯姊）（②308）

○株-林に之《ユ》イて憂(上)-氏の子-南か[之]母に從フ、淫-泆を爲《セ》《スルニ》ントには非(す)[之行]。自《ヲ(のつか)》(ら)・他人に之《ユ》《ユカマク》クラク・耳《ノミ》。

（非之株林從憂氏子南之母爲淫泆之行自之他人耳）（⑦96注）

○民事・平《タヒラ》キヌルときは禮を以て飮-食して相樂《タノ》シフラク而-已（民事平以禮飮食相樂而已）（⑨152注）

○征-人・鼓を伐(つ)ことを言(ふ)ことは・互《タカ》へて言《イ》《イヘラク》フラク爾《ノミ》。（言征人伐鼓互言爾）（⑩190注）

○文-公・惡《ニク》ム(て)[而]遠《サ》(去)ケマク欲スレトモ[之]・高-克を(し)て、兵に將(音)(去)して[而]狄を[于]竟《サカヒ》に禦《フセ》カ使(むる)こと能《アタ》ハ不（文公惡而欲遠之不能使高克將兵而禦狄于竟）（④218）

○賢-者忽與・國(の)[之]政-事を圖《ハカ》ラマク欲(音)(す)（賢者欲與忽圖國之政事）（④314注）

○其の袂《ソテ》を擥《ト》リ-持《ト》リて[而]留《トヽ》メマク欲す[之]（欲擥持其袂而留之）（④249注）

但し、「ノミ」の直前には「ク」の無い場合もあつたらしい。

○身を全《マタ》ウして害に遠サカル・而-已《ノミ》（全身遠害而已）（④39）

「ノタウバク」は「ノタマハク」の音便形で、平安時代末から例があるが、漢籍の訓讀に多く用ゐられた。

○舜の云《ノタウ》ハク・予古人(の)[之]象を觀《シメ》サンと欲《ヲモ》フ（舜云予欲觀古人之象）（③39注）

(六)　助　詞

「ガ」を準體助詞に用ゐた例があるが、訓點では例の少いものである。

○丘-中に麻《アサ》有(り)。彼の留《リウ》(平)子-嗟《サ》《セルナリ江》(平)ガなり（丘中有麻彼留子嗟）（④138）（「ガ」に濁點がある）

○丘‐中に麥《ハク》《ムギ》有(り)。彼の留子‐國カなり《セルナリ江》（丘中有麥彼留子國）（④141）

「ト」について、「アリトアル」の例がある。これも訓點には稀である。

○維れ熊あり、維れ羆アリトアルは男‐子(の)[之]祥(音)なり。（維熊維羆男子之祥）（⑪170）

「ヤ」については、「コ、ニヤヲラム」といふ疑問語を伴はない文中の係助詞の例が注目される。

○爰《イツク》《イツコニカ》《コ、ニヤ》か居《オ》ラむ・爰《イツク》か處《オ》ラむ。爰《イ(ツク)》か其の馬を喪《ウシナ》ヘラむ（爰居爰處爰喪其馬）（②122）

又、「ザレヤ」「ナレヤ」など、已然形に直接した例がある。

○揚《アカ》ル[之]水あり。束‐薪を流《ナカ》サ不《サ／サレヤ「イ」》《ス「ケ」》ランヤ（揚之水不流束薪）（④53）

○揚《アカ》ル[之]水あり。束‐楚を流《ナカ》サ不《サ／サレヤ「イ」》《ス「ケ」》ランヤ（揚之水不流束楚）（④59）

○揚《アカ》ル[之]水あり。束‐蒲《ホ》を流《ナカ》サ不《サ／サレヤ「イ」》《ス「ケ」》ランヤ（揚之水不流束蒲）（④61）

○縱《タト》ヒ我往《レユ》カ不《ス》トモ・子(音)・寧《ムシ》ロ・音を嗣《ナラ》《ツカ「ケ」》ハ「イ」不《サ》《サレヤ》ランヤ（縱我不往子寧不嗣音）（④371）

○競《コハ》イことを執《ト》レル・武‐王・競《コハ》イこと無(か)《ランヤ》レヤ・維れ烈(音)。顯ナラ不《サ》《ランヤ》レヤ・成《ナ》シ‐康《ヤス》ンスルこと。（執競武王無競維烈不顯成康）（⑲108）

「アニ（豈）」を受けて文末を結ぶ例が多い。

○豈、敢て愛《ストナランヤ》《セントナレヤ》ストナレヤ[之]・我父‐母に畏《ヲソ》リてなり（豈敢愛之畏我父母）（④175）

○豈、居ル‐人無《ナ》カレヤ。叔に如《シ》カ不《シ》[也]（豈無居人不如叔也）（④191）

○子(音)・我を思《オモ》ハ不《す》。豈、他‐人無(か)レヤ（子不我思豈無他人）（④324）

○豈・他‐人無(か)レヤ。維れ子(音)(の)[之]好《ヨシヒ》(去)なり（豈無他人維子之好）（⑥106）

○豈・衣《コロモ》の七《ナ、》ツアル（こと）無《ナ》シと曰《イ》ヘヤ［兮］（豈曰無衣七兮）⑥128

○豈・衣《コロモ》無《ナ》シ《クハ「ケ」》「イ」と曰《イ》ヘヤ。子（音）與《と》・袍（音）（平）を同（しく）セン《セント「ケ」》「イ」（豈曰無衣與子同袍）⑥315

○豈、歸《カヘ》ラむことを懷《オモ》ハ不《サ》レヤ（豈不懷歸）⑨29

○豈・歸（ら）むことを懷（は）不レヤ・（豈不懷歸）⑨33

「ナゾヤ」の用法も、訓點には珍しい。

○謂《ツト》《ツトメント》ムルこと［之］何《ナ》《ナニコトモ》ソヤ［哉］（謂之何哉）②326

「ゾ」は文末において、指示語として頻用される。

○箋云、［于］公-所に獻（る）と（いふ）は・［於］君に進《ス、》《タテマツルソ》ムルソ［也］（箋云獻于公所進於君也）④203注

「シモ」は「カナラズシモ」以外の例は訓點に少い。

○以て喩フ・君の臣を任（音）すること・何（そ）必（す）シモ聖-人《ナルシモアラン》ヲシモセン。（以喩君任臣何必聖人）⑦37注

「モガ」は上代の終助詞であるが、稀に訓點に殘存してゐることについては、小林芳規博士の論がある。(10)

○尨《イヌ》を使《シ》て［也］吠《ホ》エ［使《シ》］ムルこと無《ナ》クモカ（無使尨也吠）①408

○君-子役（に）于（く）。・苟《シハラ》クも・飢-渴《ケン》無《ナ》クモカ（君子于役苟無飢渴）④35

觀智院本類聚名義抄（佛下末五一4）に「無ナクモカ（去平上上）」とあるのは、多分この訓の引用であらう。

七　和訓・類聚名義抄との關係

毛詩の和訓が類聚名義抄に大幅に採錄されてゐることは、既に明にされてゐることであるが、圖書寮本類聚名義抄には

「詩」と注してあり、疑問の餘地が無い。しかし、觀智院本等の場合は、特に出典の記載が無いから、確實に證明することは出來ないが、圖書寮本類聚名義抄と內容上重なる部分（法上と法中）では觀智院本も同訓の例が多いこと、それ以外の部分についても、同様の採錄の方針があつたことが推測されること、そして、それ以外の部分にも、他の內外諸文獻の訓點に稀な和訓が毛詩古點と類聚名義抄との間に共通する例が多數見られること、などから見て、毛詩古點が全面的に類聚名義抄に導入されたことは、先づ容認してよいであらう。

次に問題となるのは、この採錄が毛詩のどのやうな種類の本文の訓點なのか、どのやうな系統の訓點か、そして毛詩の全卷からなのか、又はその一部分に限られるのか、などの問題がある。更に、この採錄の事實が國語史上どのやうな意味を持つのかといふ問題もある。これらについては、更に詳細な調査を必要とするので、今回は、その見通しの大要を述べるに止めて置きたい。

最初に、採錄された毛詩の本文であるが、次の例を見ると、靜嘉堂文庫本と異る本文からの部分があるのではないかといふことがある。また、訓點の系統には、時に二訓を併記した例があり、その中に淸原家傳來の訓點が含まれてゐることは確かであるが、併せて大江家の點もあるやうである。又、採錄の範圍は、恐らく毛詩の全卷に亙つてゐるやうであるが、「ヌカ」を含む特異な訓は、卷第一などの最初の部分だけに限られるらしい。更に、この古點法が忠實に室町時代まで傳承されてゐるといふことは、尙、種々の面から檢討される餘地を殘してゐよう。

○害《イツレ「イ」》《イツレカ「ケ」》をか澣《アラ》《アラハレ「ケ」》ヒ「イ」・害《イツレ「イ」》《イツレカ「ケ」》をか否《アラ》《アラハレサラム「ケ」アラハサラム江》ハサル「イ」（害澣害否）（①91）

の例は、觀智院本類聚名義抄（佛中三四6）の「曷澣曷｜（否）イツレヲカ アラヒ イツレヲカアラハサラム」と和訓が一致し、しかも大江家の訓であることが見られるが、本文は毛詩と「曷」と「害」とが一致しない。しかし此の二字は通用するとされてをり（「經傳釋詞四」に曷、何也、常語也、字亦作害、詩葛覃曰、害澣害否とあり）、類聚名義抄は毛詩の古い本文を引いてゐるのかも知れない。

○石《ツチ》の山の土《イシ》(を)戴ケルを・砠《シヨ》と曰(ふ)（石山戴土曰砠）（①113注）

この例は、圖書寮本類聚名義抄に「石ツチ(平平)見出字注」（一四七2）及び「土イシ(上平)ノ山之ノ戴ケル石ツチ(平平)ヲ者也　詩注」（二一三2）と「石ツチ」「土イシ」といふ異様な和訓が一致してゐて、何等かの關係があるやうであるが、本文に異同がある。これも或は古い本文の殘存かも知れない。

○中-心に恕《オモ》《オモハカル》フ（ヲ）謂（フ）[之]（謂中心恕之）（①42注）

は、圖書寮本類聚名義抄の「恕オモハカル(平去平平上)詩　オモフ(平平上)」（二四二4）の出典と見られよう。この類は、他にも多數の例が見える。

○悠《オモ》《オモフツ江》《オモフカナ》フ　哉・悠《オモ》フ哉・輾(上)-轉(上)反-側《ソク》(入)シツ《シツ》、（悠哉悠哉輾轉反側）（①58）
[圖書寮本類聚名義抄二七〇7]　悠オモフラム(平平上平平)詩　オモフカナ(平平上平上)／オモフツヤ(平平上上上)

これは毛詩の複數の訓を併記引用した例であり、「詩」といふ出典表示はその上の訓だけでなく、下の訓にもかかつてゐるものと思はれる。この他、圖書寮本類聚名義抄に「詩」と注して引用した例を二三擧げておく。

○南に樛-木有(り)。葛-藟縈《メク》《マツハレリ江》《マツヘリ》レリ　[之]（南有樛木葛藟縈之）（①127）
[圖書寮本類聚名義抄三一四2]　縈メクル(上上濁平)　マツハレリ(上上上平上)詩

○未タ君-子を見[未《サ》]レは・惄《テキ》《オモフコト「ケ」》(入)タル「イ」こと調《アシタ》に《ノ》-飢《ウ》《ウヘノ江》　へたるか如し（未見君子惄如調飢）（①198）
[圖書寮本類聚名義抄二七五1]　惄オモフ詩

○之の子于(き)-歸(る)ときに・百-兩あり・將《オク》ル[之]將は送也（之子于歸百兩將之將送也）（①233）
[圖書寮本類聚名義抄六八5]　將オクル(上上平)詩　オコナフ(上上上平)

○羔-羊の[之]皮《カハ》《カハコロモ江》あり。素《シロ》キ絲《イト》《クミヲモテ江》ヲモて五《イツ》(トコロ)紽《スチ》《ヌヒメセリ江》ニセリ（羔羊之皮素絲五紽）（①326）

［圖書寮本類聚名義抄三〇二2］五（イツ）トコロ紕ヌヒメ（平平平）セリ　詩

○參（平）‐差（平）たる荇（去）‐菜（去）を、左《サ》（上）‐右《イウ》（上）ニ「イ」《タスケテ「ケ」》流《モト》《モトム「ケ」》メム「イ」［之］（參差荇菜左右流之）（①52）

圖書寮本類聚名義抄の「流」の項目には「モトム」の訓は見えないが、觀智院本類聚名義抄には「流モトム（平平上）」（法上三九6）と見える。或は增補の段階でも毛詩訓が新に加へられたのかも知れない。

○女（音）有（り）て春を懷《オモ》フ。吉‐士誘《ミチヒ》カヌカ［之］（有女懷春吉士誘之）（①400）

［圖書寮本類聚名義抄九四7］誘ミチヒカヌカ（平上上濁上上平）詩

○頃‐筐《キヤウ》に盈《ミ》タ不《ス》《ヌカ江》（不盈頃筐）（①100）

［觀智院本類聚名義抄僧下一〇八8］｜（不）盈ミタヌカ（平平上〇）

○嗟《ア》・我・人を懷《オモ》フ。彼の周‐行に寘《オ》カヌカ（嗟我懷人寘彼周行）（①102）

［觀智院本類聚名義抄法下四五5］寘オカヌカ（上上上平）

「ヌカ」なる語は訓點としては異樣である。既に小林芳規博士の指摘された通り(11)、漢籍に相當數の例を見るが、毛詩の訓には殊に多い。以上の他、觀智院本類聚名義抄のみにある例も恐らく毛詩の訓點であらう。

○我を求（むる）・庶‐士・其《ソノ》に迨《ヲヨ》《ヲヨハヌカ》ムて謂《カタ》ラヌカ「イ」《ツトメヌカ「ケ」ツトメニ江說》［之］（求我庶士迨其謂之）（①360）

［圖書寮本類聚名義抄九〇4］謂ツトメ（平平平）詩

のやうに、「ヌカ」を省略したかと見られる例もある。又、「ヌカ」の訓は毛詩全卷に見えるが、類聚名義抄に引用された例は、毛詩の內の卷第一など、卷首の部分を主としてゐるやうである。

以下は類聚名義抄に見えない「ヌカ」の例である。左以外にも數例がある。

○我れ・姑《シハラ》ク・彼の金‐罍《ライ》に酌《ク》マヌカ（我姑酌彼金罍）（①106）

○舒《オモ》《シツカシ／オモフルニシテ江》ムルに(して)[而] 脫《タイ》(去)-脫タラヌカ[兮]（舒而脫脫兮）①405

○馬を驅《ハ》スルこと悠-悠タラヌカ。言《ワレ》・[于]漕に至らむ（驅馬悠悠言至于漕）③170

○彼の留子-嗟・將《マサ》に其れ來ラントキに施《シ》(平)-施タラン《タラヌカ「ケ」》「イ」（彼留子嗟將其來施施）④140

○彼の留(の)[之]子(音)・我に佩-玖を貽《ヲク》《ヲクラヌカ「ケ」》レリ 「イ」（彼留之子貽我佩玖）④145

○緇-衣(の)[之]宜《ヨロ》シキあり[兮]。敝《〈ヤ／ヤフレナ》レナハ予又改メ-爲《セ》《ツクラン「ケ」》ヌカ「イ」[兮]（緇衣之宜兮敝予又改爲兮）④156

○子(音)か[之]館(去)に適《ユ》イ[兮]て還《カヘ》ランに予れ子に[之]粲《サン》(去)を授《サツ》《ケン「ケ」》ケヌカ「イ」[兮]（適子之館兮還予授子之粲兮）④158

○子(音)(の)[之]昌(音)(平)たる[兮]・我を[乎]堂に俟《マ》《マツ江》タヌカ[兮]（子之昌我俟乎堂兮）④337

○縞《カウ》(上)-衣綦《キ》(平)-巾《キン》あり。聊《ネカ》《シハラク「ケ」》ハク「イ」は我《レ》を樂《タノ》《タノシヘ江》シマヌカ[員]（縞衣綦巾聊樂我員）④396

○行(き)て子(音)與《と》・逝《〈ヲヨ／ヲヨハン》《ヲヨハヌカ》ヒナン[兮]（行與子逝兮）⑤241

○庶《ネカ》ハクは素-衣を見ヌカ[兮]（庶見素衣兮）⑦139

○皎《ケウ》《古了反》(上)-皎たる白-駒・我場《ニハ／チヤウ》の苗《ナエ》を食《ハ》マヌカ（皎皎白駒食我場苗）⑪93

右の他、觀智院本類聚名義抄に引用されたと推定される毛詩の一端を掲げる。特に二訓を併せ引用した例が多いことは、毛詩訓引用の可能性を強くするものである。

[キル・ト、ノフ] 絺《「ケ」(朱書)》(に)爲《シ》《ツクリ》・綌に《「ケキ」(朱書)》爲《す》《ツクル》・服《ト、ノヘテ「ケ」／キルコト江》(音)シて「イ」[之] 斁《イト》フこと無(かれ)（爲絺爲綌服之無斁）①82

[觀智院本類聚名義抄佛中一三三4] 服キル(上平) ト、ノフ(平平上○)

[觀智院本類聚名義抄僧中五○1] 斁イトフ(平平上)

［トビノボル・トビクダル］燕‐燕于‐飛。頡《ケフ》《トヒノホリ》(入)し［之］・頏《カウ》《トヒクダル》(平)す［之］（燕燕于飛頡之頏之）（②58）

［観智院本類聚名義抄佛下本二五2］頡トヒノホル（上平〇〇）｜頏《トヒカヘリ(ママ)》《トヒクタル》下 トヒ

［ネガハクハ・シバラク］孌《レン》たる彼の諸‐姫・聊《ネカ》《シハラク「ケ」》ハクは「イ」之與《れと》・謀ラむ聊《レウ》(平)は願(去)也。箋云、聊は且《シヤ》(上)‐略之辭なり。（孌彼諸姫聊與之謀聊願也箋云聊且略之辭）（②302）

［観智院本類聚名義抄佛中五2］聊ネカハクハ（〇平濁〇〇〇）シハラク

［ウレハシ・ヤム］我か僕・痛《ヤ》ミヌ［矣］。云《コヽ》に何《ナ》そ吁《ウレ》ハシキ［矣］（我僕痛矣云何吁矣）（①113）

［観智院本類聚名義抄法下一一四4］痛ヤミヌ（平上上）

［同佛中五三4］吁ウレハシキ（平平平平上）

［エラブ］參‐差たる荇‐菜を、左《サ》《タスケテ「ケ」》‐右《イウ》ニ「イ」芼《エラ》《エラフ「ケ」》ハム「イ」［之］（參差荇菜左右芼之）（①63）

［観智院本類聚名義抄僧上二六7］芼エラフ

［オツ］摽《オ》ツルモノ梅(訓)有(り)。其の實《ミ》七ツ［兮］摽は落也（摽有梅其實七兮摽落也）（①353）

［観智院本類聚名義抄佛下本一〇二5］摽オツル勿

［オホフ］南に樛‐木有(り)。葛‐藟荒《オホ》へり［之］（南有樛木葛藟荒之）（①125）

［観智院本類聚名義抄僧上八1］荒オホフ（平平〇）

［ヤツヤツシ］終《ツイ》に窶《ヤツ〳〵》シウシて且《マタ》・貧シ（終窶且貧）（②323）

［観智院本類聚名義抄法下四七4］窶ヤツ〳〵シ（平平〇〇〇）

［ヤマシ］閔《ヤマ》シキに覯《ア》フこと・既に多し。閔《ヒン》（上）病也（覯閔既多閔病也）（②22）

［観智院本類聚名義抄法下七九3］閔ヤマシ（平平平）病

八　語彙

以上の他にも、他に例の少い多くの和訓語彙の例がある。（同字同訓が観智院本類聚名義抄に見えるものは（觀・法下一四三５）のやうにその所在を附記した。）

［アザムク］　男-女別無し。遂に相奔-誘《アサム》ク。（男女無別遂相奔誘）（③256）

［アタフ］　祖-妣に烝《ス、》メ畀《アタ》（去）フ。（烝畀祖妣）（⑲181）（觀・佛中一一一３）

［アツクツク］　顔《ヲモテ》《カホハ》は渥《アツ》クツケたる丹《ニ》の如し顔-色は厚《アツ》ク漬《ツ》ケタル［之］丹の如し。言（ふこゝろ）は赤（く）して［而］澤《ナタ》ラカナルそ［也］（顔如渥丹顔色如厚漬之丹言赤而澤也）（⑥270）（觀・佛下本四８「渥アツクツケタル丹ニ」）

［アハカル］　八-月に其れ穫《アハ》カル。穫《クワク》は禾《アハ》（平）の穫《カ》ル可（き）そ［也］（八月其穫穫禾可穫也）（⑧37）

［アマネウス］　王召-虎に命シて來《キタ「イ」》《ツトメテ「ケ」》（り）て旬《アマネ》《イトナミ「ケ」》ウシ「イ」　來《キタ「イ」》《ツトメテ「ケ」》（り）て宣《ノ》《アマネクス「ケ」》ヘシム「イ」（王命召虎來旬來宣）（⑱498）（觀・法下五八２）

［アマネシ］　時《コレ》を敷《アマネ》《シキ》　ウシて繹《ツラ》《ノヘ》ネて-思フ。（敷時繹思）（⑲404）

［アメフル］　其レ雨《アメ》フリナン・其レ雨（ふり）ナントイヘトモ・杲《カウ》-杲と（し）て出（つ）ル-日《ヒ》あり（其雨其雨杲杲出日）（③356）（觀・法下六五８）

［アラキヲクフ・オロカンズ］　彼（の）疏《アラ》《ヲロカスヘキハ「ケ」》キヲクウヘキハ「イ」斯れ粺《ハイヲス「イ」》《ホソ》《ハナイナリ「ケ」（ママ）》クス。（彼疏斯粺）（⑱642）

［イトフ］　［於］人に射《イト》ハル、こと無し（無射於人）（⑲13）（觀・法下一四三５）

［イナクサアリ］　稂《イナクサ》　アラ不・莠《ハクサ》　アラ不（不稂不莠）（⑭54）（觀・法下二二４）

［ウネニカゾフ・ウネナガラニス］　秬-秠を恆《アマネ》（缺畫）（去）クす［之］。是《コ、》に穫《カ》リ是を畝《ウネ》《ウネニカソフ》《ウネナカラニス》にす。（恆之秬秠是穫是畝）（⑰54）

[ウヲトル]　維れ魚《ウホ》トルトミ[矣]・旐《テウ》ありて維れ旗《ヨ》《あり》アリトミル[矣]（維魚矣旐維旗矣）⑪202

[オホイ]　湯《タウ》《タウノ》-孫《ソム「イ」》《ムマコ「ケ」ノ》、假《オホヒ》《キヨストミ》《ホレルヲ「ケ」》ナル「イ」を奏す。（湯孫奏假）⑳203

[オモノ]　青-青たる子(音)佩《ヲモノ》 あり。悠-悠たる我か思《オモヒ》 あり（青青子佩悠悠我思）④372（觀・佛上二八2「佩オム牛」）

[オモムル]　佼《カウ》(上)-人・僚《レウ》たり[兮]。舒《オモムル》《シツカニシ》 にして窈《ヨウ》(上)-糾《ケウ》(去)たり[兮]（佼人僚兮舒窈糾兮）⑦86（觀・僧下一〇二3）

[カク]　白-圭(の)[之]玷《カ》(上)ケタルをは、尙《ナヲ》・磨《ミカ》ク可し[也]。（白圭之玷尙可磨也）⑱87（觀・法中一三8「玷カケ(上平)タリ」）

[カクバカリ]　其の樂《タノ》シヒ・只《シ》-且《ハラ》《カクハカリナり江》クナリ（其樂只且）④43・47）（觀・佛中九七5）

[カタシ]　假《カタ》イ哉《かな》・天命(に)して商孫-子を有《タモ》タシムルこと（假哉天命有商孫子）⑯26）（觀・佛上三三5「假カタシ(上上〇)」）

[カタハネ]　大-鳥來(り)て一《ヒト》《カタハネヲモテ》ツの翼《ハネ》ヲモて覆《ヲホ》《ヒ》フ[之]・一《ヒト》《カタハネヲモテ》ツの翼ヲモて藉《シ》ク[之]（大鳥來一翼覆之一翼藉之）⑰33注）

[カタハラホネ]　[于]右の髃《カタハラホネ》《トホ》　に達る（達于右髃）⑩231注）

[カツテ]　民(の)[之]訛-言を、寧《カツ》て懲《ヤ》ムルこと莫レ[之]（民之訛言寧莫之懲）⑫88）（觀・法下四八4）

[カドノウチニス]　薄《コ、》に我を送《ヲク》ルこと畿《カトノウチニス》(音)(平)マテニす畿、門-內(なり)[也]（薄送我畿畿門內也）②209）

[カムヅツミス・フサツク]　亦櫛《カシラケツ》　リ・纚《カムツ、ミ》シ・笄《カンサシ(シ)》、　・總《フサ》ツケ（亦櫛纚笄總）③10注）（觀・法中一二九5「纚カムツ、ミル(ス)」、法中一一三6「總フサ(平平)ツク」）

[カムヅツミス]　東-方明《ア》《アケヌルトキニ》ケて　[則]夫-人・纚《カンツ、ミ》　し笄《カンサシ》　して[而]朝(音)(平)す（東方明則夫人纚笄而朝）⑤9注）（觀・法中一二九5）

[カレイヒオクル・カレヒオクル]　我か婦-子・彼の南-畝に饁《カレイヒオク》　ル。（我婦子饁彼南畝）⑧14）

婦-子來(り)て饁《カレイヲク》　ル-者を謂(ふ)[也]（謂婦子來饁者也）⑲354）

田-畯・至(り)て喜《ヨロコ》《シス「ケ」》　フ「イ」。其の左-右を攘《ヲ「イ」ハラ》《ニ「ケ」カレイヲクル「ケ」》フ「イ」（田畯至喜攘其左右）⑭27）（觀・僧上一一三2「饁カレイヒオ(平平平平上)クル」）

［キヅクリス］　木を伐《キ》ル《コルトキニ》・掎《キ》（上）す《キツクリス》［矣］。薪を析《サ》クこと・杝《チ》《キメヲミル》（去）す［矣］（伐木掎矣析薪杝矣）（⑫348）

［キリミ、］　嶠-嶠たる虎-臣・泮に在（り）て馘《キリミ、》《トキニ》を獻《タテマツ》ル。（嶠嶠虎臣在泮獻馘）（⑳76）（觀・僧中四三1）

［クサハラフ・モトウヅム］　或は耘《ウン》《クサハラヒ》シ・或は耔《シ》《モトウツム》す（或耘或耔）（⑭13）

［クル］　蟋-蟀・堂（音）に在（り）。歲聿《トシツヰ》に其れ莫《ク》（去）レナム（蟋蟀在堂歲聿其莫）（⑥9）

［ケヤキニス・ツツミヤキニス］　兔の斯《コ》《シロキ「ケ」》ノ「イ」首《カシラ》有（り）。炮《ハウ》《ケヤキニシ ツ、ミヤキニシ》にし［之］・燔《ハン》《ヤキモノニス》にす［之］（有兔斯首炮之燔之）（⑮266）（觀・佛下末五一1「炮ツ、ミヤキ」）

［コナカキ］　其の蔌《ソク》《コナカキ》（入）・維れ何《な》そ。（其蔌維何）（⑱439）

［コハシ］　競《コハ》イこと無（から）ムヤ・維（れ）人アラントキ・四-方を其れ訓《オシ》《ス》（去）フ［之］。（無競維人四方其訓之）（⑱61）（觀・佛下末一七5）

［コロス］　殷に勝（去）（ち）て劉《コロ》スことを遏《ヤ》ム（勝殷遏劉）（⑲255）（觀・僧上九〇8）

［シカク］　胡《ナン》ソ然《シカ》ク・［而］天のコトク（なる）［也］（胡然而天也）（③46）

［シカルヒト］　抑《シカ》ルヒトをして磬《ケイ》《ハセ》（去）-控《コウ》《ト、メ江》す［忌］。抑《シカ》ルヒトをして縱《シヨウ》《ハナチ》（去）-送《ソウ》《ヲクル江》（去）す［忌］（抑磬控忌抑縱送忌）（④209）（觀・佛下本七八3）

［シタクヒ］　狼（平）・其の胡《シタクヒ》を跋《フ》ム。（狼跋其胡）（⑧204）（觀・佛下本二九5）

［シタム・ヒトヨサケツクル］　酒有（る）ときは・我に湑《シタ》ム。酒無（き）ときは・我に酤《コス「イ」 ヒトヨサケツク》《カフ「ケ」》ル「イ」（有酒湑我無酒酤我）（⑨122）

［シバラク］　縞-衣茹《シヨ》-藘《リヨ》あり。聊《ネカ》《シハラク「ケ」》ハク「イ」は與《トモ》に娯《タノ》シフ可（し）（縞衣茹藘聊可與娯）（④403）

［シラ、カ］　揚にして且《マ》タ［之］皙《セキ》《シラ、》 カナリ［也］（揚且之皙也）（③46）（觀・佛中一〇三5「白皙シラ、カナリ」）

［シリウコトキタナシ］　噂《ソン》《シリウコトキタナクシテ》-沓《タフ》として背《ソム》イては憎《ニク》ム。（噂沓背憎）（⑫181）（觀・佛中四二8）

［ススム］　鐘-鼓・既に設(け)たり。一-朝に右《ス、》ム「イ」《ミキニス「ケ」》［之］（鐘鼓既設一朝右之）⑩93）

［スミヤカ］　孔《ハ(なは)》(た)・棘《スミヤ》カナルカナ・我圃《キヨ》《ホトリナル》(上)ナル「イ」《フセクコト「ケ」》こと（孔棘我圃）⑱167）

［ソヘモノニス］　弋《イ》て言《ワレ》・加《ソエモノニセン》(音)(平)セン［之］（弋言加之）④262）（觀・僧上八四3）

［タキタカシ］　頎は長《タキタカ》キ貌。（頎長貌）③230注）（觀・佛下本三三1）

猗《ア》-嗟《、》・昌《サカン》なり［兮］。頎《キ》にして［而］長《タキタカ》シ［兮］（猗嗟昌兮頎而長兮）⑤157）

［ツカネトル］　以て遠-揚を伐《キ》ル。彼の女-桑を猗《ツカネト》(去)ル（以伐遠揚猗彼女桑）⑧30）

［ツツモノ］　厥の苞《ツ、モノ》は橘-柚トイヘリ（厥苞橘柚）③386注）

［ツトム］　方に爾か悪(音)(入)を茂《ツト》ムルトキに・爾《ナムチ》か矛《ホコ》を相《ミ》(去)ル［矣］（方茂爾悪相爾矛矣）⑫48）（觀・僧上三三2）

［ツネ］　彼れ徂《ユ》ク［矣］。岐に夷《ツネノ》(音)(の)［之］行《ミチ》(平)有(り)（彼徂矣岐有夷之行）⑲61）（觀・僧下一〇七5）

［トキナフ］　夜《ヨル》を辰《トキ》ナフルこと能(は)不《す》。夙《ハヤ》《スミヤカ》ウセ不して［則］莫《オソ》(去)クす（不能辰夜不夙則莫）⑤69）（觀・佛中八六5「晨トキナフルコト」）

［トグラ］　鶏《ニハトリ》・［于］桀《ケツ》《トクラニ江》(入)に棲《ス》ム。（鶏棲于桀）④34）

［トコロ］　水-中の居(る)可キ・者《モノ》《トコロ》を洲(と)曰(ふ)（水中可居者曰洲）①45注）

［ノガラフ］　公《コウ》《コウ》-孫《ソム》《ノカラヘテ「ケ」》「イ」・碩《オホキ》《セキ「ケ」》「イ」膚《ヨク》《フヲ「ケ」》シ「イ」て赤《アカ》キ-舃《セキ》《キツ》(入)・几《キ》(入)-几たり（公孫碩膚赤舃几几）⑧207）

［ノボル］　彼の垝《クヰ》-垣《エム》(平)(に)乘《ノホ》(り)て、以て復(入)-關を望む（乘彼垝垣以望復關）③267）（觀・法下四〇6）

［ハカル］　予を將《タス》ケて就《ツ》ケ［之］。猶《ミチ》《ハカル「ケ」》ニ「イ」繼《ツ》《ツイテ「ケ」》クニ「イ」判-渙《ヲ「ケ」》(去)ス「イ」（將予就之繼猶判渙）⑲276）

［ハグサ］　甫-田を田(音)すること無(か)レ。維れ莠《ハグ(濁)》・驕《サケウ》(平)-驕たり（無田甫田維莠驕驕）⑤104）（觀・僧上三〇4）

［ハジム］　令《＼ヨ》《ヨキヲモテ「ケ」》ク「イ」終《ヲヘ＼ヲ》《ヲヘテ「ケ」》フルコト「イ」俶《＼ハシメ「イ」ハシ》《アツイコト「ケ」》ムルコト有(り)〔有(ら)令《シ》メ〕。(令終有俶)(⑰129)(觀・佛上一四8)

［ハヅカシ］　言(ふこゝろ)は［之］辱《カタシケナ》《ハツカシ》シ　［也］(言之辱也)(③28)(觀・法下一〇九3)

［ハナル］　獨(り)斯《コ》《ハナレ「ケ」》ノ「イ」畏ル、こと無(か)れ(無獨斯畏)(⑰414)

［ハリカハ］　箋云、擧は［者］・鵠を擧ケて［而］・［之於］負中《ハリカハノウチニツクルソ》に　棲《ヲ》クソ［也］(箋云擧者擧鵠而棲之於負中也)(⑭237注)

［ヒツジノコ］　誕《オホイ》ナルかな、厥の月を彌《ヲ》へて、先(つ)・達《ヒツシノコノ「ケ」》(音)「イ」生(する)こと(誕彌厥月先生達)(⑰21)

［ヒト〳〵シ］　敖-敖は長《ヒト〳〵》シキ貌。(敖敖長貌)(③240)

［ヒネモスニ・ヒネムスニ］　終《ヒネムス》《ヒネモス》に風《カセ》フイテ且《マ》夕暴《ナリ江》(音)(去)す箋云、既に竟《ヒネ　モス》-日に風《カセ》フイ［矣］て又暴-疾(入)なり(終風且暴箋云既竟日風矣又暴疾)(②92)
終《ヒネモス》-日に候《コウ》(音)を射《イ》(入)ルに・正(音)(平)ヨリ出《イタ》サ不《す》［兮］(終日射候不出正兮)(⑤161)

［ヒボトル・ヒボサス］　薄に言・袺《ケツ》《ヒホトル》(入)す［之］・…薄に言・襭《ケツ》《ヒホサス》(入)す［之］(薄言袺之…薄言襭之)(①170)

［ヒミユ］　終に風(ふい)て且《マ》(た)曀《エイ》(去)す。日《ヒ》アラ不して有《ヒ》《ミ》《エ》《マ》夕・曀《エイ》(去)す(終風且曀不日有曀)(②99)

［ホトリ］　緜-緜たる葛-藟・河(音)の［之］滸《ホトリ》に在(り)(緜緜葛藟在河之滸)(④106)

［ミヅアヒ］　鳧-鷖・潨《ミツアヒ》(音)(平)に在(り)(鳧鷖在潨)(⑰172)(觀・法上三四3)

［ミヤビカ］　洵《マコト》に美にして且《マ》夕都《ミヤヒ》カなり(洵美且都)(④281)(觀・法中三六5)

［ムクユ］　鐘-鼓・既に設(け)たり。一-朝《ムク》《シウス「ケ」》醻ユ「イ」［之］(鐘鼓既設一朝醻之)(⑩96)(觀・僧下五七4)

［ムシロニツク］　賓の［之］初メ・筵《ムシロ》ニツクときに・左-右スルコト秩《ニ》-秩たり(賓之初筵左右秩秩)(⑭228)

［モタリ］　或は其の餱《カレイ》を負《＼ヲ》《モタリ》へり(或負其餱)(⑪194)(cf.「ヨミス」の項)

[モノゴト]　物《モノコト》《モノ》に其れ多し[矣]（物其多矣）（⑨273）

[ヤドル]　心の[之]憂あり[矣]。於《イツク》か我帰《ヨ》《れ》リ説《ヤト》（去）ラン（心之憂矣於我歸説）（⑦187）

[ヤミワスル]　弭《ヤ》《或説ヤミワスル》ム《辭也》忘可（から）不（不可弭忘）（⑪54）

[ユガケ]　童-子にして韘《ユカケ》を佩へリ（童子佩韘）（③335）（觀・僧中八一5）

[ユヒサス]　敢て指《ユヒ》サスこと莫《ナ》《ナシ》カレ[之]（莫之敢指）（③120）（觀・佛下本三九3）

[ユクサキ]　我か行《ユクサキ》《カウ》・永く-久し。飲《ノマシムルニ》《ノマシメテ》（音）（去）スルトキニ諸-友に御《ス、》《ヲハンヘラシム「ケ」》ム「イ」（我行永久飲御諸友）（⑩160）

[ユヒツク]　其（の）縄（音）・則直《ナシ》《＼タ、》《ナホシ》シ。版《イタ》に縮《ユヒツ》ケて以て載《ノ》す。（其縄則直縮版以載）（⑯132）（觀・法中一二五7）

[ユミハズ]　四-牡・翼-翼たり。象《キサ》の弭《ユミハス》・魚《ウホ》（音）ノ服《ヤナクヒ》（入）あり（四牡翼翼象弭魚服）（⑨191）

[ユミハリ]　月の[之]恆《ユミハリ》（缺畫）ナルか如し。（如月之恆）（⑨154）（觀・法中一〇〇7）

[ユミブクロンス]　抑《シカルヒト》をして掤《ヤナクヒ》を釋《ト》ク[忌]。抑をして弓（訓）を鬯《ユミフクロ》ンす[忌]（抑釋掤忌抑鬯弓忌）（④214）

[ヨコサマニス・ヨコシマニス]　麻《アサ》を蓺《ウ》フルこと・如-之-何。其の畝《ウネ》を衡《ヨコシマ》《＼ヨコサマニシ》ニシ-従《タ、サマ》にす（蓺麻如之何衡從其畝）（⑤89）（觀・佛上四〇「衡従ヨコシマ《サ》タ、シマ《サ》」）

[ヨメヅカヒス]　曰《コ、》に[于]京に嬪《ヨメツカヒ》す（曰嬪于京）（⑯60）（觀・佛中一三4「嬪ヨメツカヘ」）

[ヨミス]　我（か）老（い）未（る）ヲ嘉《ヨ》ミシテカ。我方ニ将《サカ》ナルヲ鮮《ヨ》ミシテカ（嘉我未老鮮我方將）（⑬143）（觀・僧下一〇八3）
或は肆《ツラネ》（音）シ・或は將《ト、トフ》《＼ヒト》《モタリ「ケ」》シクス「イ」・（或肆或將）（⑬234）

[ヨモスカラマテニス]　明-發《ヨモスカラマテニシテ》マテに寐《イ》ネラレ不《す》（明發不寐）（⑫285）

[ワザハヒ]　婦（音）、長キ舌有（れ）は・維（れ）、厲《ハサハイ》（の）[之]階《ハシ》なり。（婦有長舌維厲之階）（⑱580）（觀・法下一〇七5）

[ワヅラヒ]　[于]爾(の)邦に封《オホヒ》ナル‐靡《ワヅラ》ヒ無《ナクハ「ケ」》(き)コトハ「イ」・維れ王・其れ崇《アツムセン「ケ」》ツ《タ》「イ」[之]（無封靡于爾邦維王其崇之）(⑲44)

[ヲサム]　王・爾の成(音)を釐《オサ》ム。來(り)て咨《ハカ》リ・來(り)て茹《ハカ》レ（王釐爾成來咨來茹）(⑲137)（觀・僧下一〇三7）

九

この他、後世まで廣く通用した、イデオム的な表現がある。

○夙《ツト》に興《オ》キ夜《ヨハ》に寐《イ》ネて朝《アシタ》有(る)こと靡《ナ》カリキ・[矣]（夙興夜寐靡有朝矣）(③292)

○夙《ツト》に興《オ》(平)キ夜《ヨハ》に寐《イ》ネて廷‐內を洒《サイ》(去)‐掃することは・維れ民(の)[之]章《ノリ》なり（夙興夜寐洒掃廷內維民之章）(⑱77)

○王‐事盬《モロ》イこと靡し（王事靡盬）(⑥115)

世俗諺文（鎌倉中期加點）に毛詩を引いて、同じ訓を施してゐる。

○寤《サ》メテモ寐《イ》ネテモ爲《ス》ルこと無し（寤寐無爲）(⑦109)

○手の[之]舞《マ》ヒ[之]・足の[之]踏《フ》ムコトを知(ら)不《す》[也]。（不知手之舞之足之踏也）(①10)

この他述ぶべき點は盡きないが、以上氣附いた點を列擧して擱筆することとする。大方の叱正を期待したい。

注

（1）　山田英雄「清原宣賢について」（『國語と國文學』第三十四巻第十號、昭和三十六年十月）。

（2）　築島裕「訓讀史上の圖書寮本類聚名義抄」（『國語學』第三十七輯、昭和三十四年六月、『平安時代の漢文訓讀語につきての研究』所收）。

（3）外山映次「「毛詩抄」解說」（『抄物大系　毛詩抄下』、昭和四十七年二月）。

（4）稲垣瑞穗「大英圖書館所藏の訓點資料より―卷第一譯文追考―」（『訓點語と訓點資料』第八十八輯、平成四年三月）。

稲垣瑞穗「大英圖書館所藏毛詩鄭箋訓點の奥書」（『訓點語と訓點資料』第九十輯、平成五年一月）。

（5）中田祝夫『古點本の國語學的研究總論篇』ヲコト點圖錄第四十七圖。

（6）小林芳規『平安鎌倉時代に於ける漢籍訓讀の國語史的研究』一二三四頁。大東急記念文庫本には「ナキリ」とあるとあり。

（7）壽岳章子「抄物の文選讀」（『國語國文』第二十二卷第十號、昭和二十八年十月）。

（8）小林芳規『平安鎌倉時代に於ける漢籍訓讀の國語史的研究』一一二四頁。

（9）小林芳規『平安鎌倉時代に於ける漢籍訓讀の國語史的研究』五〇五頁。

（10）小林芳規『平安鎌倉時代に於ける漢籍訓讀の國語史的研究』四二〇・五〇四頁。

（11）小林芳規『平安鎌倉時代に於ける漢籍訓讀の國語史的研究』五〇四頁。

奥書・法量一覽

卷第一　紙高三四・四糎、界高二〇・八糎、界幅三・〇糎、一紙長五一・一糎、二七紙、見返三四・四糎、全長（本紙遊紙共・見返を含まず）一三八二・五糎

（外題）毛詩卷第一　（內題）毛詩卷第一　（尾題）毛詩卷第一

（奥書）

承安四年（一一七四）九月十九日朝間詁老眼加假字反音等了
毛鄭之說既以分別好
事之徒何不悅乎　大外史清　判

文永十年閏十月十四日見合或古本了　大外史　判

嘉禎二年三月十八日授良尙了　大外史清原　判

文永十年八月十三日於燈下授良ー〔枝〕了　大外史清原　判

永仁元年十一月十五日於燈下授宗尙了　助教清原　判

正安二年七月廿五日重授宗尙了　判

嘉元三年九月六日晡時授賴元了　大外史　判

元亨四年六月九日晡時授良兼了　判

嘉曆二年九月廿四日授良氏了　判

曆應三年十月十九日授宗枝了　沙彌　判

貞治二年八月廿日授良ー〔賢〕了　博士　判

明德元年十一月三日授賴季了　判

（以上本奥書）

永正十八年五月六日於月露寺亞相亭講尺了［六ケ度］　從三位
清原宣賢

（上欄外）（文永十年八月奥書の次行）一一一一一一一一一一一（十一度）
（正安二年奥書の行）　宗尙

一一一一一一一一一一一（十一度）
（嘉元三年奥書の次行）宗尙　自正厂五年始之
一一一一一一一一（八度）
頼元　自德治三年始之
一一一一一一一一一（九度）
（嘉暦二年奥書の次行）良氏　此外多在他本
一一一一一一（六度）
（貞治二年奥書の行）宗枝
一一一一一一一一一一（十度）
（明德元年奥書の行）良賢
一（一度）
業｜〔忠〕
一（一度）

巻第二　紙高三四・四糎、界高二〇・七糎、界幅三・〇糎、一紙長
五一・五糎、二五紙（遊紙一紙共）、見返三四・四糎、全長一
二七五・九糎
（外題）毛詩巻第二　（内題）毛詩巻第二（各字左傍朱點）
（尾題）毛詩巻第二
（奥書）

元應二年三月廿六日以家祕本終夜見合畢曉鐘之間終功而已
朝議大夫行直學士清原眞人判
同十一月三日加一見了
良｜〔賢〕
一一一一一一一（七度）一王一一一（朱書七度）一（一度）一（朱書一度）一一
干（四度）一一（朱書二度）一一（二度）一（朱書一度）一一一（三度）
一（朱書一度）十（一度）一一（朱書三度）一一一一一（五度）干（朱
書二度）一一一一一一一一王一一一一一一一王一一一一一一一王一一一一一一一王一（四十
二度）
業｜〔忠〕
一一一（朱書五度）
宗枝　十　廿
一一一一一一一一一一一一一一一一一（十七度）一一（朱書三度）一一一一（五度）
良氏
一一一一一王一一一（十五度）
大永元年十月九日於月露寺亞相亭講尺了［四ケ度］　從三位清
原宣賢

巻第三　紙高三四・四糎、界高二〇・九糎、界幅三・〇糎、一紙長
五一・二糎、二四紙、見返二五・四糎、全長一二一七・四糎

（外題）毛詩卷第三　（内題）毛詩卷第三　（尾題）毛詩卷第三
（奥書）なし
宣賢一（一度）

卷第四　紙高三四・四糎、界高二〇・九糎、界幅三・〇糎、一紙長
五一・一糎、二七紙、見返二五・四糎、全長一三八六・三糎
（外題）毛詩卷第四　（内題）毛詩卷第四　（尾題）毛詩卷第四
宣賢一（一度）
（奥書）天文四年六月廿一日講了

卷第五　紙高三四・五糎、界高二〇・九糎、界幅三・〇糎、一紙長
五一・二糎、一八紙、見返二五・一糎、全長八九五・四糎、裏
書アリ
（外題）毛詩卷第五　（内題）毛詩卷第五　（尾題）毛詩卷第五
宣賢一（一度）
（奥書）天文四年六月廿七日講了　三ケ度

卷第六　紙高三四・四糎、界高二〇・八糎、界幅三・〇糎、一紙長
五一・三糎、二一紙、見返二五・三糎、全長一〇七七・六糎
（外題）毛詩　六　（内題）毛詩卷第六　（尾題）毛詩卷第六
宣賢一（一度）

卷第七　紙高三四・五糎、界高二〇・六糎、界幅三・〇糎、一紙長
五一・五糎、一五紙、見返二五・四糎、全長七七〇・〇糎
（外題）毛詩卷第七　（内題）毛詩卷第七　（尾題）毛詩卷第七
（奥書）享祿四年九月廿日　廿三日　廿五日　三ケ度講之（墨消）
「環翠軒宗尤」

卷第八　紙高三四・五糎、界高二〇・八糎、界幅三・〇糎、一紙長
五一・一糎、一四紙、見返二三・八糎、全長七一七・二糎
（外題）毛詩卷第八　（内題）毛詩卷第八　（尾題）毛詩卷第八
（奥書）享祿四年九月廿八日　十月三日　同六日　三ケ度講之
環翠軒宗尤

卷第九　紙高三四・五糎、界高二〇・八糎、界幅三・〇糎、一紙長
五一・二糎、一八紙、見返二五・五糎、全長九二一・〇糎
（外題）毛詩第九　（内題）毛詩卷第九　（尾題）毛詩卷第九
（奥書）奥書云
文和四年十一月八日感得之畢令相傳嫡孫主水正良｜〔賢〕
者也　沙門眞性〔御判〕

享祿四年十月十三日十五日十一月二日　三ケ度講之　環翠軒宗尤（花押）

卷第十　紙高三四・四糎、界高二〇・八糎、界幅三・〇糎、一紙長五一・五糎、一七紙（遊紙一紙共）、見返二五・四糎、全長八七二・四糎

（外題）毛詩卷第十　（內題）毛詩卷第十　（尾題）毛詩卷第十

（奥書）享祿四年十一月四日六日八日　三ケ度講之　環翠軒宗尤

卷第十一　紙高三四・七糎、界高二〇・八糎、界幅三・〇糎、一紙長五一・六糎、一三紙、見返二五・四糎、全長六六八・一糎

（外題）毛詩卷第十一　（內題）毛詩卷第十一　（尾題）毛詩卷第十一

（奥書）享祿五年五月七日九日兩度講之　環翠軒宗尤（單廓朱方印）「東」

卷第十二　紙高三四・三糎、界高二〇・八糎、界幅三・〇糎、一紙長五一・三糎、三〇紙（遊紙一紙共）、見返二五・〇糎、全長一五一四・二糎

（外題）毛詩十二　（內題）毛詩卷第十二　（尾題）毛詩卷第十二

（奥書）享祿五年五月十一日十三日十五日十八日四ケ度講之　環翠軒宗尤（單廓朱方印）「東」

卷第十三　紙高三四・五糎、界高二〇・八糎、界幅三・〇糎、一紙長五一・六糎、二〇紙、見返二四・一糎、全長一〇〇一・二糎

（外題）毛詩第十三

（內題）毛詩卷第十三（各字左傍朱圈點）「六字才无」

（尾題）毛詩卷第十三

（奥書）應永廿七年後正月十三日授良｜〔宣〕了　常｜〔宗〕〔御判〕

良賢

一（朱書一度）一一一一一一一一（九度）

業忠

一一一（三度）

享祿五年五月廿二日廿四日廿六日三ケ度講之　環翠軒宗尤（單廓朱方印）「東」

卷第十四　紙高三四・六糎、界高二〇・七糎、界幅三・〇糎、一紙長五一・三糎、一八紙、見返二五・七糎、全長九二四・〇糎

（外題）毛詩卷第十四　（內題）毛詩卷第十四　（尾題）毛詩卷第

十四
（奥書）享祿五年五月朔日三日五日三ケ度講畢　環翠軒宗尤（單廓朱方印）「東」

巻第十五　紙高三四・五糎、界高二〇・七糎、界幅三・〇糎、一紙長五一・三糎、二一紙、見返二五・九糎、全長一〇五三・五糎
（外題）毛詩巻第十五　（內題）毛詩巻第十五　（尾題）毛詩巻第十五
（奥書）享祿五　六　、　天文二　正　廿五　同廿七日　三ケ度講之　環翠軒宗尤（花押）

巻第十六　紙高三四・五糎、界高二〇・七糎、界幅三・〇糎、一紙長五一・〇糎、二五紙、他ニ遊紙一紙、見返二五・九糎、全長一三〇九・七糎
（外題）毛詩巻第十六　（內題）毛詩巻第十六　（尾題）毛詩巻第十六
（奥書）元應二年十一月十三日授申書儒了　大外史［判］
曆應四年二月八日授申直講殿畢　直講清原宗尤
（以上本奥書）
天文二年正月卅日二月二日同五日同九日　四ケ度講之
環翠軒宗尤（花押）

巻第十七　紙高三四・五糎、界高二〇・六糎、界幅三・〇糎、一紙長五一・三糎、二六紙、見返二五・八糎、全長一三三六・九糎
（外題）□□（毛詩）巻第十七　（內題）毛詩巻第十七（各字左傍朱圏點）　（尾題）毛詩巻第十七
（奥書）
業｜〔忠〕　一一一（四度）
良｜〔賢〕　一一一一一一一一一一一一一一一（十七度）
天文三年三月　五ケ度講之　環翠軒宗尤

巻第十八　紙高三四・五糎、界高二〇・六糎、界幅三・〇糎、一紙長五一・三糎、四〇紙、見返二五・八糎、全長二〇五四・五糎
（外題）毛詩巻第十八　（內題）毛詩巻第十八　（尾題）毛詩巻第十八
（奥書）天文三年五月十一日講於　五ケ度　環翠軒宗尤

巻第十九　紙高三四・六糎、界高二〇・七糎、界幅三・〇糎、一紙長五一・七糎、二五紙、他ニ遊紙一紙、表紙缺、全長一三一

二・六糎
（外題）毛詩巻第十九　（内題）毛詩巻第十九　（尾題）毛詩巻第十九
（奥書）なし

巻第二十　紙高三四・六糎、界高二〇・七糎、界幅三・〇糎、一紙長五一・二糎、二三紙、見返二六・〇糎、全長一一七八・一糎
（外題）毛詩巻第二十　（内題）毛詩巻第二十　（尾題）毛詩巻第二十
（奥書）天文四年五月廿日此巻講畢　環翠軒宗尤

（附記）本稿執筆に際しては、原本閲覧について、靜嘉堂文庫長米山寅太郎先生を始め同文庫の各位より、種々御高配、御指導を賜り、又、汲古書院の坂本社長には、多くの御配慮を頂いた。編集部の大江英夫氏、小林詔子氏からは、原本調査及び校正についても多大の御援助を頂いた。記して心から御禮を申上げたい。

（『古典研究會叢書・漢籍之部』第三巻　汲古書院　平成六年九月）

本邦史記傳承史上における高山寺本史記の位置

一

『史記』百三十巻は、漢の司馬遷（紀元前一四五生、沒年未詳）の撰に係り、上は黄帝より始り、下は漢の武帝（前一四〇〜前八六在位）に至る記事を錄した史書であつて、十二本紀・十表・八書・三十世家・七十列傳に分たれる。その內、本來は孝景本紀・孝武本紀・禮書・樂書・兵書・漢興以來將相名臣年表・三王世家・日者傳・龜策傳・傅靳蒯成傳の十篇を缺いたが、漢の褚少孫が之を補つた。南朝宋（四二〇〜四七九）の裴駰が集解を作り、唐の司馬貞が索隱を作り、張守節が正義を作つた。

本邦の記錄において『史記』の初めて現れるのは、『續日本紀』であつて、その神護景雲二年（七六八）九月十一日の條に載せた勅に、同年七月に白烏・白龜赤眼、青馬白髮尾を獻じた者のあることを述べ、史記を引用して、

史記曰、神龜者、天下之寶也、與物變化、四時變色、居而自匿、伏而不食、春蒼夏赤

と述べてゐる。但し史記龜策傳には「神龜者」を「龜者是」に、「夏赤」を「夏黃」に作つてゐる。又、同三年十月十日には、大宰府が「此府人物殷繁、天下之一都會也、子弟之徒、學者稍衆、而府庫但蓄五經、未有三史正本、涉獵之人、其道

不廣、伏乞、列代諸史、各給一本、傳習管內、以興學業」と上奏したのに應じて、史記、漢書、後漢書、三國志、晉書各一部を賜つたと記してゐる。「三史」の語は、これより先、天平寶字元年（七五七）十一月九日の勅に、「其須講經生者三經、傳生者三史、醫生者大素（ママ）、甲乙、脉經、本草、（下略）」とあるのが古い。これについては、桃裕行氏が既に取上げられた如く、扶桑略記第六や清行意見封事に、吉備眞備（六九三〜七七五）が入唐修學すること十九年、天平七年（七三五）に歸朝して、諸學生に傳學した記事の中に「三史」が始めて現れることを指摘し、それが文章科の教科書とされたものと考へられ、「單なる典籍としての傳來は既にこの以前にあるとしても、大學教科に採用する意圖を以て、始めてこれを傳學したのは吉備眞備であつたと思はれるのである」と論ぜられた。(1)

「三史」の內容について、上代の記錄には見當らないが、天祿元年（九七〇）に源爲憲が藤原爲光（後に太政大臣）の長子松雄君のために撰した教科書『口遊』には、「書籍門廾五曲」の條に「史記漢書後漢書謂之三史」とある。又、『二中歷』には、「經史」の卷の中に「三史、史記　漢書　後漢書、一云　史記　漢書　東觀漢記見史記發題吉備大臣三史横入此三史」と見えてをり、その中に史記が含まれてゐることは先づ疑ない。

平安時代に入ると、三史・史記の記事は豐富に現れて來る。『續日本後紀』によると、承和九年（八四二）九月五日の勅に、相模、武藏、常陸、上野、下野、陸奥等の國に三史を寫進せしめよとある。又『日本三代實錄』には、貞觀五年（八六三）五月朔、參議刑部卿正四位下兼行越前權守正躬王卒去の記事の中に、「涉讀史漢、善屬文」と見え、同八年（八六六）正月廿四日、從四位上行下野權守利基王卒去の記事の中に、「少年入學、頗涉史漢、承和末年爲文章生」とある。又同十七年（八七五）四月廿八日の記事には、「是日帝（清和）始讀史記、參議從三位行左衞門督近江權守大江朝臣音人侍讀、少內記正七位下惟良宿禰高尚爲都講、參議民部卿正四位下兼行伊豫守藤原朝臣冬緒、特被喚侍講席」と見えてゐる。この後、(2)『類聚符宣抄』によれば、昌泰二年（八九九）には文章博士藤原菅根に史記を講ぜしめ、翌三年六月十三日には文章博士三善淸行をして菅根の讀み遺した所の史記を講じ竟へしめてゐる。後の記事は『日本紀略』にも見え、同書には延喜元年（九〇一）五月十五日には北堂（卽ち文章道院）で史記竟宴が行はれてゐる。延長三年（九二五）には五月八日に伊豫權守橘公統が史記を北堂に講じてゐるが（紀略）、『扶桑略記』では「文章博士橘公統」と見える。又、式部大輔藤原菅根は醍醐天皇に史記を授け奉つてゐる。

寛平年間（八八九〜八九八）の撰進とされる藤原佐世の『日本國見在書目錄』にはその「十一、正史家」の項に、史記關係の書が次の如く載せられてゐる。

史記八十巻漢中書令司馬遷宋南中郎外兵參軍裴駰集解　〻〻音三巻梁輕車錄事參軍鄒誕生撰　〻〻音義廿巻唐太中大夫劉伯莊撰　〻〻索隱卅巻唐朝散大夫司馬貞撰　〻〻新論五巻強蒙撰　太史公史記問一巻

平安中期承平年間（九三一〜九三八）成立と考へられる源順撰『倭名類聚抄』には「史記」の引用がある。

暴風　史記云暴風雷雨（道圓本一ノ五オ）

相工　史記云長安中有相工田文者相工俗云相人相音去聲丙丞相韋丞相魏丞相微賤時會於客宇田文曰此君皆丞相也其後三人竟爲丞相也（同二ノ八ウ）

吭　史記云絕亢而死亢音胡郞反又去聲亦唐韻從口作吭訓上同俗云乃無止布江（同三ノ六オ）

屣履　史記注云屣所綺反與徙同漢語抄云屣履久都〻計乃阿之太一云屐子履之屬也（同十二ノ二十七ウ）

屩　史記注云屩居灼反與脚同字亦作屫和名和良久豆草扉也（同十二ノ二十七ウ）

偶人　史記云土偶人木偶人偶音五狗反俗云人形（同十三ノ七オ）

強飯　史記云廉頗強飯斗酒食肉十斤飯音符萬反亦作餅飰強飯和名古八伊比（同十六ノ十三オ）

『貞信公記』天慶二年（九三九）十一月十四日條には、この日御讀書始に當つて、藤原在衡朝臣を博士とし、三統元夏を尙復として史記を讀んだことを記してゐる。

又、『御堂關白記』には、寛弘六年（一〇〇九）十一月廿五日條に、皇子降誕に當つて、東宮學士菅原宣義が後漢書章帝紀を讀み、その夕、東宮學士藤原廣業が史記五帝本紀を讀んだ記事が見える。更に、十二月二日には廣業が史記五帝本紀帝堯篇を讀んでゐる。又、寛仁二年（一〇一八）二月十六日には道長の息長家が、弓削公頼を師として史記一卷を讀み了り、然るべき文人七八人許を召して詩を賦し、大江通直が序を作つた旨を記してゐる。又、寛弘七年（一〇一〇）八月廿八日條には、棚厨子を作つて、「三史八代史、文選、文集、（修文殿）御覽、道〻書、日本記具書等、令・律・式等具、幷二千餘卷」を収めたとあり、道長は非常な蒐書家であつたことが窺はれる。

下つて『本朝文粹』九には、後江相公大江朝綱（八八六～九五七）作る所の「春日侍三前鎭西都督大王讀二史記一應レ敎」の一文を載せてをり、文中「鎭西都督大王受二史記於吏部江侍郎一（大江匡衡）」とある。

『後二條師通記』には、寛治六年（一〇九二）七月二十日條に史記を見る旨、又永長元年（一〇九六）十一月廿三日條には、伊賀守惟宗朝臣から史記本記《ママ》第七を先年一部讀み受け了つたのを覆勘したと見える。又同年十二月十四日には史記本紀第十卷を左府（源俊房）の許から借り請けた旨の記事がある。

『台記』、康治二年の年末の條には、筆者藤原頼長がそれまでに修學した漢籍類を列擧してあるが、その中に「史記五十一卷、保延三年、本紀一至レ六、世家一至二十七一、列傳一至二卅八一」と記している。

尙、平安末頃に成立したと見られる『二中歷』（前田本）には「史記目錄」「史記卷錄」と題して、詳細な内容一覽を記してゐる。その最初に「本百三十篇複爲八帙八十《三イナ》卷、大史公撰、裴駰集解」と注してをり、現存古鈔本何れも集解本であり、これが當時の通行の本であつたことを示すものであらう。

これらの記録から見て、平安初期以來、史記に關する學者としては、正躬王、利基王、參議大江音人、都講惟良高尙、文章生源順、侍講藤原冬緒、文章博士式部大輔藤原佐世、式部大輔藤原菅根、博士藤原在衡、文章博士三善清行、文章博士橘公統、尙復三統元夏、東宮學士藤原廣業、弓削公頼、大江通直、參議大江朝綱（音人の孫）、文章博士大江匡衡、惟宗朝臣、などの名が見られ、大江、藤原などを中心とする紀傳關係の中で多く行はれてゐたことを知るのである。

平安中期以降の假名文學の中にも、『史記』の名は屢々現れる。『宇津保物語』おきつしら波の巻には、「右大辨、かけづかさ右近少將、式部丞、もんじやうはかせ（文章博士）、春宮のがくし」が「うち・とうぐう・院の殿上」を許されて、「大がくのす卅人ばかり、よき人のこどもに、がく生ども十人ばかり、ふみなどよ」み、又すさい（秀才）四人が參つて物語などをする會話の中に、「このしき（史記）のかうしよ（講書）も、いまゝでつかうまつり侍らずなどおほせら（ママ）るなりつれば、まづ、かのかうしよのことはてゝなむみ（ママ）らうの上のことはものすべき」などの語句が見えてゐる。ここでも、多分、文章博士、秀才（文章得業生）など、紀傳關係の人物が登場してゐる。

『枕草子』にも「ふみは文集、文選、新賦、史記、五帝本紀」とあり、『源氏物語』少女巻にも夕霧の就學について「たゞ四五月のうちに史記などいふ文は讀み果て給ひてけり」と見えてゐる。『紫式部日記』には、寛弘五年（一〇〇八）九月十一日皇子誕生の折、文章博士藤原廣業が、勾欄のもとに立つて史記の一巻を讀み、又夕時の御湯殿では大江擧周（大江匡衡の子、後に東宮學士、大學頭）が史記文帝の巻を讀んだ旨を記してゐる。又同じ日記の中で、作者の幼時に、その兄式部丞藤原惟規（藤原爲時の子）が書を讀む時に旁で聞き習つたといふ記事があるが、本文の「書」の傍注に「史記といふふみ」と記したテキストがある。

これらの記事からも、何れも、藤原、大江など紀傳道に關係した人物が中心をなしてゐることを知る。

『源氏物語』には、又、史記からの引用が何ヶ所か見出される。殊に、葵巻の中で、頭辨の誦じた句を寫した一節は「白虹日をつらぬけり、太子をぢたり」といとゆるらかにうちずじたるを（三六二―6―7）

と記されてをり、史記、前漢書、文選の「白虹貫日、太子畏之」の漢文の訓讀の文そのままと見られるものである。「之」は動詞の下に位する助辭であつて、現代の訓讀では多く「コレヲ」と訓ずるが、平安時代の漢籍では、このやうな場合の「之」は一般に不讀とされたのであつて、その訓法のそのままの形が、この『源氏物語』の文にも表現されてゐると見ることが出來る。

この他、賢木の巻には、源氏の誦詠の句として

「文王の子武王のおとうと」、うちずじ給へる御なのりさへぞげにめでたき。成王のなにとかの給はむとすらむ、そればかりやまた心もとなからむ（三七四9—11）

とあるが、これは史記、魯周公世家の「我文王子、武王弟、成王伯父」とあるものの訓讀文そのままと見てよいと思はれる。

二

史記の古鈔本で現存するものは少くない。それらについての學者の研究も、既に江戸時代の末から行はれた。澁谷全善・森立之著す所の『經籍訪古志』を參看するに、史記の古鈔本として

①史記零本一巻舊鈔巻子本　京都□□□　裴駰集解、河渠書一巻
②又舊鈔巻子本　求古樓藏　夏本紀一巻
③又舊鈔巻子本　求古樓藏　孝景本紀一巻
④又舊鈔巻子本　求古樓藏　孝文本記《（ママ）》一巻、未見

⑤又正和五年惟宗康俊鈔巻子本　崇蘭館藏　五帝周秦孝武本紀四巻、未見
⑥又舊鈔巻子本（屋代氏イアリ）不忍文庫藏　一巻、未見
⑦史記零本二巻舊鈔巻子本　高山寺藏　周秦本紀二巻、未見
⑧史記七十巻宋槧本　京師飛鳥井家藏　司馬貞索隱、未見
⑨又元槧本　昌平學藏
⑩史記一百三十巻宋槧本　米澤上杉氏藏現存七十二巻缺凡五十八巻
⑪又明王延喆翻刻宋本　求古樓藏
⑫又元至元戊子刊本　求古樓藏　四十二本、缺三十一巻

の十二種を掲げてゐる。この中、②は東洋文庫現藏、③は大東急記念文庫現藏、④は東北大學現藏、⑦は高山寺現藏（但し正しくは殷周本紀二巻）、⑨は宮內廳書陵部現藏、⑩は上杉家舊藏、現在國所有（文化廳保管）の宋版史記（黄善夫刊本、九十册、國寶指定）であつて、①⑤⑥⑧⑪⑫は所在が明確でない。この他、數篇の古鈔本の存在が知られてゐることは、後に述べる通りである。

小林芳規博士は、その著『平安鎌倉時代に於ける漢籍訓讀の國語史的研究』の中で、諸寺や諸圖書館を歴訪して漢籍の古點本資料を多く求め、史記については、次のやうな諸本を列擧し、更にその所用のヲコト點・訓法の系統などに言及し、更にそれらに見られる識語、師說などを集録された。

○呂后本紀一軸　毛利家藏　延久五年（一〇七三）大江家國加點。
○孝文本紀一軸　東北大學圖書館藏　右と僚巻。
○孝景本紀一軸　大東急記念文庫藏　右と僚巻。

○孝景本紀一軸　山岸徳平博士藏　大治二年（一一二七）點　菅原家訓法。
○東洋文庫藏夏本紀　殘一軸　鎌倉初期訓法　菅家訓法か。
○高山寺藏殷本紀　殘一軸　建暦元年點　ヲコト點は星點のみ。藤原家訓法。
○高山寺藏周本紀　殘一軸　鎌倉初期點　紀傳點　菅原家訓法。
○書陵部藏范雎蔡澤列傳　殘一軸　鎌倉初期點　紀傳點。
○金澤文庫本群書治要巻第十一・十二（抜萃）　建治二年（一二七六）點　紀傳點　本奥によれば藤原茂範の點送本を移點（巻第十一は無點）。
○書陵部藏高祖本紀一軸　摹寫本（原本は鎌倉時代）　紀傳點。（鎌倉時代以降は省略）

今、これらの業績を踏まへ、無點本の寫本をも加へて、史記の古寫本について略説すれば、次の如くである。（以下⦿は國寶、◎は重要文化財指定を示す。）

⦿張丞相列傳第卅六・史記九十六・酈生陸賈列傳第卅七　史記九十七　一巻（巻首及び九十七の途中一紙缺）　石山寺（重書類6）

奈良時代後期書寫の巻子本一巻で、現存最古の寫本として貴重である。料紙は麻紙、墨界を施し、一行十四字、注は雙行で一行十九字に記す。奥書・訓點は無く、紙背に、平安後期寫の金剛界次第（淳祐筆と傳へられる）を記す。石山寺には他に漢書高帝紀下・列傳第四の二巻を藏するが、これも紙背には金剛界念誦私記（淳祐内供の弟子元杲〈九一四～九九五〉の著）を書寫してをり、これら紙背の聖教を主として傳へられて來たものと思はれる（以上、石山寺文化財綜合調査團編『石山寺の研究一切經篇』八三九、九〇六頁參照）。

次に、呂后本紀・孝文本紀・孝景本紀の三巻がある。僚巻であるが、この内、孝文本紀は、『經籍訪古志』にいふ④に當り、孝景本紀はその③に當ると思はれる。延久五年（一〇七三）の書寫加點本であり、この部分については現存最古の寫本であるばかりでなく、古訓點本としてもその最古の文獻であつて、學術研究資料としての價値は極めて高いものである。

⦿呂后本紀第九　一卷　防府毛利報公會

斐駰集解の古寫本で、延久五年一月大江家國の書寫加點に係り、後、家行、時通などが傳領加筆して行つた文章博士大江家の家本である。奥書は次の如くである。

延五正廿四辰書了／同年同月廿九日點合了
延五四一受訓了／學生大江家國
（別墨）康和三年正月廿七日以祕本見合了家行之本也
同年同月廿九日讀了
（又別墨）建久七年十二月十八日黄昏讀移了／拾遺（花押、時通）

⦿孝文本紀　一卷　東北大學圖書館

（奥書）延五二七夜於燈下書了／同年同月九〔×八〕巳剋點合了／學生大江家國之本／延久五年四月四日受訓了
（別墨）康和三年二月三日○（巳時許）以祕本見合了／家行
同年同月十二日未尅許訓了
（又別墨）建久七年十二月十九日黄昏讀移／時通
（又々別墨）建仁二年十月六日於燈下／一見矣（花押）

⦿孝景本紀　一卷　大東急記念文庫（久原文庫舊藏）

（奥書）延五暮春十二晡時執筆同剋書了／學生大江家國同月同日於燈下合了

同年四月受訓了

（別墨）康和三年二月廿日晡時見合了　家行之本也

同年同月□（同カ）日子時許受了

（又別墨）建久七年十二月十九日於燈下讀移了（花押）

延久本史記三巻は本文、訓點共に共通の筆である。訓點は所謂「朱墨兩點」の方式で、主としてヲコト點を朱書で、假名を墨書で記してゐる。假名には、延久當時の一般通用の字體に加へて、平假名體を多く混用してをり、一時代前の博士家點本の傳統を遺してゐるかと思はれる。又、ヲコト點を見ると次の如くである。

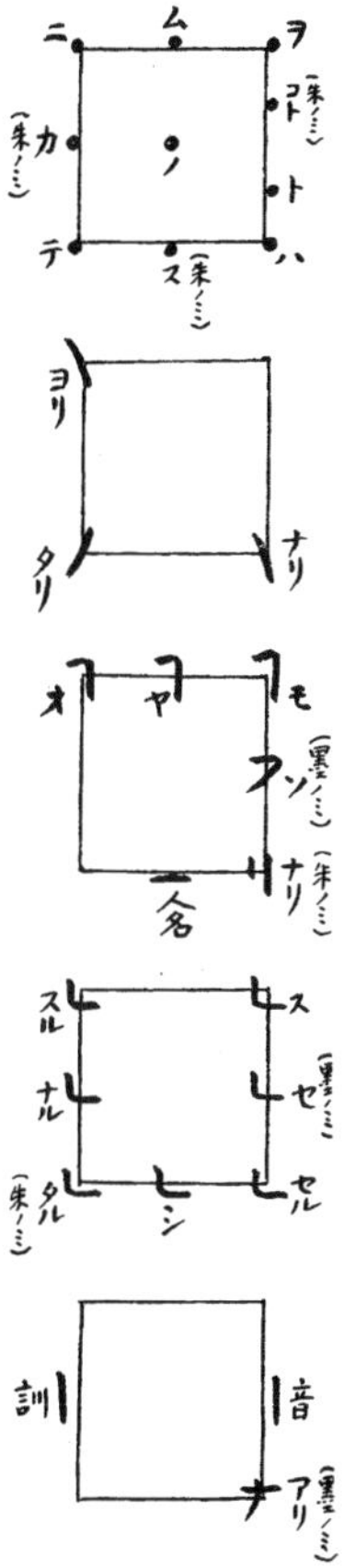

このヲコト點は、大東急記念文庫藏本『點圖』（延應元年〈一二三九〉奥書）に「俗家點」とあるものと、恐らく同一のものと推定される。「俗家點」は誤寫が多く、又、多分歸納によつて作られた點圖であらうが、その段階での誤もあると考へられる（例へば、同じ符號の同じ訓法が二回記してあつたり、同じ符號に異る訓法が別々に附けられてゐたり、明らかに符號の位置がずれてゐたりしてゐる）。このヲコト點を、中田博士は、「丙點圖」と命名されたが、私はこれが平安時代の紀傳道關係の點本に用ゐられてゐたものと見て、「古紀傳點」と假稱した。(3) この見地からすると、史記延久點所用のヲコト點は、正にこの「古紀傳點」であると推定されるのである。

このヲコト點は、平安中期から院政期にかけての漢籍の內、漢書楊雄傳天曆二年（九四八）點（藤原良佐加點）、漢書高帝紀平安中期點（角筆點）、漢書周勃傳平安中期點（墨點竝に角筆點）、白氏文集天永四年（一一一三）點（藤原茂明加點）、五臣注文選平安後期點、文選康和元年（一〇九九）點などに用ゐられたヲコト點と大同である。これらの典籍は何れも紀傳關係に傳來したものと見られ、奥書によつて加點者の判明する限りでは、何れも大江・藤原の兩家に屬するものである。恐らくこの「古紀傳點」は、當時、紀傳道關係者を中心として漢籍加點の際に廣く用ゐられてゐたものと考へられる。

○孝景本紀卷第十一　一卷　山岸德平博士

卷子本一卷、黄楮紙で全六紙より成り、墨界を施す。卷尾に

大治二年（一一二七）九月二日申時書寫了

といふ奥書があり、これは書寫奥書であつて大治二年の寫本と認められる。更にその後に

文保元年（一三一七）四月二日請渡了／散位惟宗康俊

と記されてゐる。本文は斐駰集解本で、延久本と同じ系列の本文と考へられる。朱墨兩點を施し、ヲコト點は、

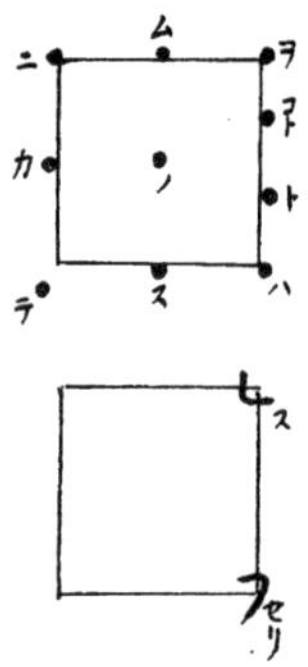

の形であつて、延久點と重なるから、やはりこの點も「古紀傳點」と考へられ、紀傳系の訓點と推定される。

延久本と比較すると、大治本の方が聲點、附音・附訓などは詳しいが、訓法そのものは合致する部分も、又合致しない部分もあつて、同系の訓法とは斷じ難い。大江家以外の紀傳系の家流とすれば、藤原家或いは菅原家の訓法と推定される

ことになる。小林芳規博士は、濁音符の使用状況により

◦◦—菅原家所用

◦—大江家・日野・式・南家所用

と區別し、本書が◦◦を専用することから、そして又、藤原英房點（書陵部藏本）及び延久點との比較によつて、菅家點本と推定された。

以上、平安鎌倉時代の古寫本について見ると、本文は何れも斐駰集解本で、その識語に見える限りでは、大江家の人々ばかりであるが、書陵部藏史記正義の永正七年（一五一〇）三條西實隆の加點本の記入の記事や奥書によれば、大江家點の他に、少くとも、橘家點、善（三善）氏點、菅家點、良氏（良岑氏か）點などの存在が推定される。卽ち、その五帝本紀第一の端書に

本云善清｜江匡｜橘直｜已上三説竝存

とあり、河渠書第七の奥書に

本云戊子孟夏十五日雨中點了英房印

とある。善清｜は三善清行、江匡｜は大江匡衡（又は匡房）、橘直｜は橘直幹、英房は藤原英房で、その奥書の戊子は恐らく正平三年（一三四八、英房五十六歳）と見られる。この他本書の訓點の中には「江」「江家點」「江說」「菅家」「菅說」「江菅說」「橘」「善」「良氏說」「良氏」「良家」「算家」「藤氏說」などの注記が見られる。

この他、史記には爛脫の說といふものが古くから傳へられてゐる。その最古の文獻は『中右記』寛治八年（一〇九四）九月六日條に見えるもので、

上卿○源道俊召予○藤原宗忠於仗座、言談世事次（中略）又問云、史記之中有亂脫之由、雖承未知何卷、如何、被答云、五帝本

紀三所、韓世家二所者、委ハ向本書可傳者、又問云、史記之中稱大史公、若大史談歟、將又司馬遷歟、如何、被答云、極祕事也、往年從師匠佐國（大江佐國）、口傳所聞也、大史公已非談幷遷二人、是云東方朔也、司馬遷作史記時、多以東方朔爲筆者也、仍以東方朔說、稱大史公也者、予答云、尤有興、更未知事也、不可外聞、但此事若見何書哉、將又只口傳歟、返報云、百詠之中、史詩注文已顯然也、此間更萬人不見付者、件倭漢事爲備後覽、以藤中納言說所記付也、

なる一文である。この記事によると、爛脫の件と「大史公」についての口傳を述べてゐるのであるが、文中の大江佐國（一〇四三年に在世）は延久本史記の加點者家國の父に當る人であり、その「大史公」についての說があつたといふのである。

『江談抄』は大江匡房（一〇四一～一一一一）の言談を筆錄した書であるが、その中に

史記亂達ハ只三卷也本紀第一第四弟子傳也 後漢書ニハ廿八將論也共所注別紙（神田喜一郎博士藏本による。類從本では「弟子」を「第五」に作る）

と見える。『中右記』によると五帝本紀三ヶ所、江談抄によると本紀第一（五帝本紀）、第四（周本紀）、第五（秦本紀）に在るといふのだが、書陵部藏史記正義四十三冊、高山寺藏周本紀、東洋文庫藏秦本紀を見ても、爛脫の注記は見出されない。ただ『史記抄』の冒頭に、史記集解序の一部の爛脫の注記があるが、中古の博士家の訓法とは無關係のやうに思はれるが、未だ詳でない。(4)

この他、平安時代の史記の古訓點を記載した文獻としては、『圖書寮本類聚名義抄』殘一帖がある。この本には、掲出語句の注文に「史記」「史記世界」「史記列傳」「列傳」「列疏」などと冠した引用が見られる。

濆　史記作濺に　（一三3）（平假名はヲコト點）

蹻脚　史記作翹・（一一五4）

三塗　山名在陸障南史記歟 春秋歟　（一二一1）

錯續　史記（ママ）ㅣ事後素《をノチにシロきを》・　（一九六3）

一襲　广〻史記賜衣一ㅣ.音衣　禪□□複具爲一ㅣ.　（三三六6）

詳譽《イツハテホムルマネス》　太子《ヲ》史記世界　（「ホムルマネス」に聲點平平上上平輕）（九九4）

汗　史記（ママ）列傳〻糞土之墻不可ㅣ.　（一四7）

出　男子謂姉（妹）未之子一爲ㅣと.列傳　（一四五3）

背面ㅣ（住）茲〻背謂疎遠義.面謂親向義.謂以智.觀理.如鏡鑒面.背生死.向涅槃云〻　列疏　（一三九4）（この項存疑）

この他、「記」と注して引用された和訓百三例、「列」「列傳」と注して引用された和訓三十三例は、史記の古訓と考へられる。

『圖書寮本類聚名義抄』の記事は、一般に、出典の原典に忠實であつたと考へられるから、これらの引用語句や和訓は、平安時代の史記の本文及び訓法を傳へるものとして、貴重な資料となるものと認められる。

三

高山寺藏本の史記殷本紀第三、周本紀第四の二巻は、このやうな流れの中で、鎌倉初期に書寫加點されたものである。鎌倉中期書寫の『高山寺聖教目錄』には二部計二十二巻を記載してゐるが、現藏されるのは僅に二部に過ぎない。しかし山外所藏の高山寺藏本として、東洋文庫所藏の夏本紀、秦本紀計二巻が知られてゐる。

右の高山寺經藏本『高山寺聖教目錄』（重文第一部244號）一帖は、巻尾を缺く粘葉裝本であり、建長二年（一二五〇）の書寫と推定されてゐるが、その中、「第九十六乙」の函の中に

史記十二卷　史記十卷不具

と記されてゐる。この內、十二卷とあるのは、本紀十二卷のことかと思はれる。又、次に十卷とあるのは、表十卷のことかとも思はれるが、「不具」の語が「十卷」だけに係るならば不審である。史記全部百三十卷の內、本紀・表のみといふ意味かも知れない。建長目錄の中には、他にも「十地論義記四卷不具」（十四卷本）「勝鬘寶嘔四卷不具」（六卷本）など「不具」の注や「法花義疏十卷闕本」「大乘義章十一卷闕本」など「闕本」といふ注がある。『二中歷』の「史記目錄」の項には「第一帙本紀十二卷」「第二帙表十卷」と見えてゐる。

高山寺經藏に現存するのは、殷本紀第三の一卷と周本紀第四の一卷と、合計二卷である。この二卷は互に別筆であるが、一括して夙に昭和二年二月二十五日に國寶（當時）に指定され、現在重要文化財として認定されてゐる。今回本册にその全文の影印と、訓み下し文と、訓み下し文による總索引とを收めた。內容の詳細は本文によつて見られる通りであるが、今その大略を述べておく。

◎史記卷第三　殷本紀　一卷

卷子本一卷で、卷尾に次のやうな奧書がある。

（墨書）建曆元年（一二一一）七月十五日受之同日卽讀了 ≡≡≡≡

これは傳受の奧書であるが、書寫年代も大略この頃、鎌倉初期と認められる。又、端裏書に「第九十六乙」とあり、第二紙端裏書に「九十六箱」とあつて、上述の建長の聖敎目錄の函番號と一致してゐる。全卷に朱書のヲコト點と墨書のヲコト點・假名とが存する。それらは本書第二部の凡例に示した通りであつて、ヲコト點は上述の「古紀傳點」に合致するものである。

右の建曆の奧書は、本書の傳受を示すもので、その下に記された九條の橫線は讀んだ回數を示すものであらう。

本文には全般に亙つて訓點が加へられてゐるが、割行の注文には殆ど點が存しない。このことは、次に述べる周本紀も同様であるが、本書の僚巻かと見られる東洋文庫藏本の夏本紀・秦本紀では、共に注文にも全般的に加點があり、この點問題があるが、尙、後日の詳査を期したいと思ふ。

史記巻第四周本紀は、巻子本一巻で、識語はないが、右と同じく鎌倉初期の書寫と認められる。全巻に朱墨の訓點があるが、その形式は上掲の通りで、ヲコト點はやはり「古紀傳點」に合致するのである。その筆致形式などから見て、加點年代は殷本紀と同じく鎌倉初期と認められる。本文・訓點ともにその筆蹟は殷本紀とは別筆であるが、寄合書として一具のものであつた可能性はある。次に述べる東洋文庫本の夏本紀は、この周本紀と類似の筆蹟であるが、同じく東洋文庫藏本の秦本紀の方は、夏・周本紀とも別筆であり、又、殷本紀とも別筆であつて、若しこれらのものを一具のものとすれば、少くとも三種の筆があつたことになる。秦本紀には平安末期天養二年（一一四五）の年號があり、他の三巻よりも古い書寫であるから、高山寺で整へられた際に既に別系のものが取合せられたのかも知れない。

何れにせよ、そのヲコト點の形式からして殷本紀・周本紀は共に紀傳系統の訓點であることが推定されるが、更にその傍證となる資料を得てゐないので、これは推測に止まることであり、又、何家の流であるかも未だ詳にするに至つてゐない。

◎夏本紀・秦本記　二巻　東洋文庫

東洋文庫本の夏本紀・秦本紀二巻については、夙に和田維四郎氏の『訪書餘錄』に記載あり（本文篇九七頁）、圖版として秦本紀の巻首一葉、巻尾一葉（圖錄篇第十四號）が収められてゐる。その訓點を見るに、夏本紀は大體一筆で、殷本紀と近い筆致のやうだが、秦本紀の方は、本文も訓點も全く別筆であり、訓點も何筆かに亙つてゐる。

東洋文庫編『岩崎文庫和漢書目錄』（昭和九年十二月刊）には、廣橋本の項の下に登錄されてをり（四八五頁）、

史記夏本紀第二、秦本紀第五、宋裴駰集解　寫本（天養二年書寫）二軸
兩巻共ニ「高山寺」ノ印記アリ。コノ兩巻ハ同筆ナラズ。秦本紀ニハ三種ノ假名ガ加ヘラレ、巻末ニ「天養二年八月八日書寫訖之八月十二日移點了」トアリ。夏本紀ニハ奥書ナケレドモ、書寫年代ハ略前者ト同時代ノモノト推定セラル。

のやうな簡潔な解説が附せられてゐる。この兩本は又、毎日新聞社刊『重要文化財』第十九巻の五六頁にも、各巻首巻末の寫眞が載せられてをり、その解説に、秦本紀には三種の假名を加へてゐる旨記されてゐる。

この二本は、共に巻首に「高山寺」の單廓朱印があつて、もと高山寺より出たものであることは明である。内容の上でも、訓點は大體本文だけに限られ、注には訓點が附せられてゐないことも、高山寺現藏の殷本紀・周本紀と同様である。

夏本紀には、奥書はないが平安時代末期又は鎌倉初期の書寫と見られる。

秦本紀は院政期の書寫で、巻尾に次のやうな奥書がある。

天養二年（一一四五）八月八日書寫就之
八月十二日移點了
永萬元年（一一六五）十二月廿六日傳取之畢
以吉本可比挍之歟（以上一行抹消）
嘉應二年（一一七〇）應鐘十二日日《ママ》南於崇仁坊殿以家說及授／了（花押）

これによつて天養二年の書寫加點本であることを知る。

秦本紀のヲコト點は次の如くであつて、前述の「古紀傳點」に相當し、紀傳系統の訓點であることを示してゐる。

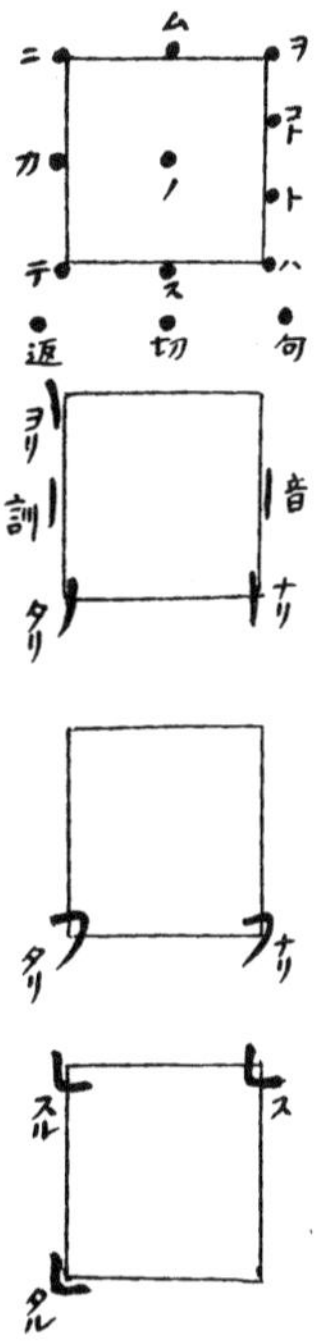

夏本紀のヲコト點は、星點のみで次のやうなものだが、恐らく右と同系と見て大過無いであらう。

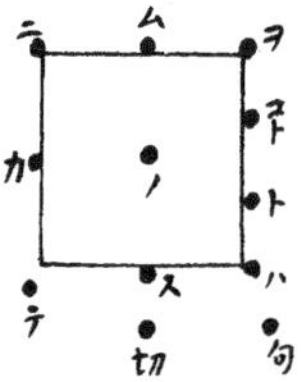

○范睢蔡澤列傳第十九　一巻　宮內廳書陵部　鎌倉時代寫

『和漢書圖書分類目錄』一〇二八頁、『圖書寮典籍解題解說篇』一二六頁所載。

斐駰集解本で、上杉家藏本の南宋刊本史記と同じ墨印があるので、もと同じ人の所藏であつたと說かれてゐる。

○高祖本紀　一巻　宮內廳書陵部　江戸時代寫

『和漢書圖書分類目錄』一〇二七頁、『圖書寮典籍解題解說篇』一二六頁所載。

斐駰集解本で、古寫本を蟲食の痕まで寫した精寫本であり、ヲコト點、假名を附すと說かれてゐる。

○群書治要巻第十一・十二　二巻　宮內廳書陵部　建治二年寫

群書治要五十巻は唐の魏徵の撰する所であるが、その內、巻第十一と第十二とは、夫々史記上（本紀・世家）と史記下（呉

越春秋）とより成つてゐる。共に史記の中からの抄錄であるが、巻第十一は奥に

建治二年（一二七六）五月廿一日○〔以康有之本〕令書／寫了當巻紛失之故也／抑康有本者以予之本／先年所書寫之（花押、清原教隆）

本奥云／文永五年（一二六八）六月廿四日校／合了

本云／弘長三年（一二六三）十二月卅日藤京／兆被點送了盖是去年／春之比依誂置也

とあつて、建治二年の書寫了であるが、奥書は弘長二年まで遡るものである。但し、本巻には訓點は加へられてゐない。巻第十二には奥書がないが、全巻に粗ではあるが朱墨兩點がある。その加點には少くとも二種あり、第一次點は、ヲコト點が次の圖の如くであり、加點年代は鎌倉中期と認められる。

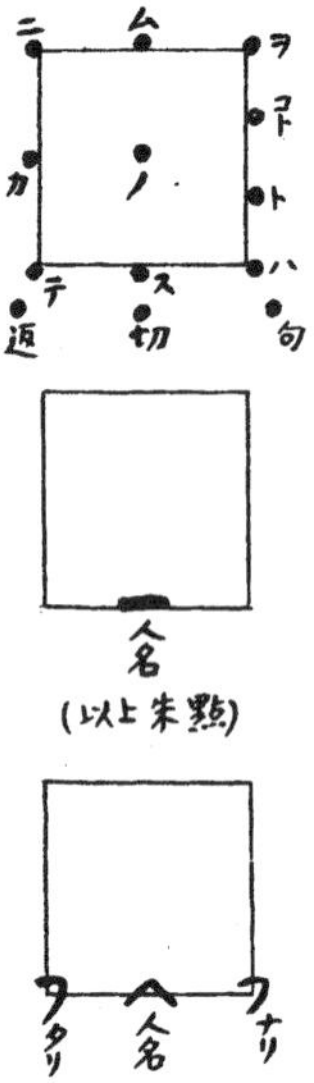

このヲコト點は、古紀傳點と相重るものである。尚、第二次點は、巻の中頃以後にまばらに加へられた假名の墨點で、室町中期の頃と考へられるものである。

この巻第十一、十二の二巻は、小林芳規博士によれば、藤原南家の訓說を記したものであつて、これに續く巻第十四〜十九の漢書六巻と一連のものとされてゐる。康有は出自が明でないが、小林博士はその訓法の內容から、右の如く推定されたやうである。群書治要は抄錄本であるが、その原となつたのは多分家傳本であり、史記の場合も、これによつて、南家の點本が傳存したと見てよいのであらう。

以上、現存する史記の古鈔本で見る限り、何れも紀傳系統の訓點を傳へてゐることを見た。この後、中世以降について

は、書陵部藏本の宋刊本史記正義（永正七年〈一五一〇〉三條西實隆加點本）があり、藤原英房の點を傳へたことが奥書によつて知られるが、その訓法は高山寺本のそれと必ずしも一致してゐない。これらをめぐつての詳細な調査は、後の機會に譲らなければならない。

注

（1）桃裕行『上代學制の研究』三〇頁以下。
（2）以下、藤原菅根の項まで、注（1）文獻の指摘による。
（3）築島裕『平安時代語新論』一〇三頁。
（4）築島裕『平安時代の漢文訓讀語につきての研究』二九六頁以下。但し二三修訂を要する部分がある。

（『高山寺資料叢書』第九册　東京大學出版會　昭和五十五年二月）

日本における『漢書』の傳承

『漢書』は中國の前漢時代、すなわち西暦紀元前二世紀から紀元前一世紀までの約二百年間、今から約二千年前の歴史を、中國で書いた本で、漢文で記されている。松本市所藏の宋版『漢書』六十册は、中國の南宋時代の慶元年間（一一九五～一二〇〇）、今から約八百年前に、中國で出版された本であるが、この版本は、日本で他に一部、中國に一部、合せて世界中に三部しか殘っていないという、貴重な本である。重要文化財に指定（昭和五十五年六月六日附）されて、國の保護を受けており、まさに日本の國の寶である。今回、松本市の市制百周年を記念して、初めて全巻が廣く一般に公開されることになったが、誠に喜ばしい限りであり、今後、この分野を含む學問的研究が大いに進展し、惹いては、日本文化の高揚の一助にもなることと思われる。この一文では、『漢書』という本が、日本において、過去千年あまりの間にどのように受け入れられて來たかについて大まかに述べ、松本本『漢書』が、日本文化の歴史の中で極めて深い意味を持っていることについて考えて見たいと思う。

日本では、古くから文化の先進國として、中國を模範として來た。大きな困難を克服して、多くの留學生を派遣し、多數の圖書を持ち歸って來た。その書物の中には、佛教關係の「佛典」も多かったが、中國で著作された、哲學、歴史學、文學、醫學など、多面に亙っている――これらは「漢籍」と總稱される――が、中でも歴史に關する書物は、最も重視されたものの一つであった。『漢書』は『史記』『後漢書』と竝んで「三史」と呼ばれ、古くから政府の最高學府であった「大學」

の教科書として指定され、知識人たちの教養の基礎となった。菅原道眞のような學者は勿論、藤原道長なども『漢書』を讀んでおり、『源氏物語』その他の文學作品にも、しばしば登場している。

しかし一方、『漢書』は相當に難解な漢文であり、これを解讀するには、高度な學識が必要であった。漢文を讀むには、日本では古くから「訓讀」という方式が考え出され、漢文の字句の順序を日本語の順に直して讀むことが起ったが、更に、「訓點」という形式により、もとの漢文の字面の上に、區切り點、返り點、振り假名などを書き加えて、日本語として讀み下すことが行われた。これらの活動の一つの中心となったのが前述の「大學」であり、その教授職である「博士」であった。『漢書』など歴史關係の書物については、菅原氏、大江氏、藤原氏などが多く關わっていたが、これらの氏族の出身者が「博士」の地位を獨占するようになり、平安時代から「博士家」が出現した。それぞれの「博士家」で漢籍の訓讀や訓點の記入が行われ、それが後世まで傳えられて行った。

古くは、書物は筆で手書きをするのが普通であり、漢籍については、紙を繼いで巻物にして書くことが多かった。これを巻子本（かんすぼん）といった。中國の北宋時代の末頃から印刷が盛んになり、冊子の形にして綴じるものが現れた。「博士家」の管轄した類は、大抵、巻子本であったが、手書きではどうしても誤寫などが起り勝ちである。これに對して印刷本は、字句の內容をよく檢討して正しい本文としたものが多く、この點でも貴重な文獻とされた。これら印刷本は、中國の南宋の時代から盛んになって「宋版」と呼ばれ、日本にも輸入されて珍重されたが、松本本『漢書』は、この宋版の本文の字面に博士家の傳統を受け繼いだ由緒ある訓點が書き込まれているという、多彩な價値を持つ書物なのである。

以下、解說の文は簡明を旨とし、典據の原文などは、文末の注の欄の中に詳しく記することにした。

一

日本に大陸から書物や文字が傳來したことについては、古く『古事記』や『日本書紀』に記録があるが、實際の年代は、西暦紀元五世紀の初めごろと考えられている。當時の百濟（今の韓國の西南部）の聖明王は、阿知岐師（あちきし）、王仁（わに）を遣わして『論語』十卷、『千字文』一巻を獻上したと傳えられている。これは、書物や文字が公式に傳來したことを反映した記事と見られる。

『漢書』は、中國の王朝である前漢時代（西暦紀元前二〇二年〜後八年）の歴史を記した書で、後漢の班固（三二〜九二）の著であり、西暦八二年ころに成立した。それまでの歴史書は「編年體」といって、年代順に事實を記されたものであったが、『漢書』は紀傳體といって、本紀（帝王の一代記）、列傳（個人等の傳記）、志（特定分野の記録）、表（制度一覽）に分類して記述した歴史書で、『史記』に次いで最古の史書の一つであり、日本では顏師古（五八一〜六四五）の注を附した百二十巻の本が主に用いられた。『後漢書』に對して『前漢書』とも呼ばれた。

七世紀の初めに、聖德太子が「憲法十七條」を作り、その全文が『日本書紀』の推古天皇十二年（六〇四）の條に記載されている。その中には、『文選』、『孝經』、『左傳』、『毛詩』（詩經）、『尙書』（書經）、『論語』、『禮記』、『孟子』、『韓非子』など、多くの漢籍が引用されているが、第十六條の「春より秋に至るまでに、農桑の節なり。民を使ふべからず」とあるのは、『漢書』からの引用とされている。(1)

奈良時代八世紀の初めに作られた『日本書紀』にも、多くの漢籍が引用されているが、『漢書』は、同じ時期についての記録を含む『史記』に優越して多くの引用があると見られている。(2)

又、同じ時期に記された「正倉院文書」の中には、『孝經』、『論語』、『千字文』、『白虎通』、『文選』などと竝んで、『漢書』の書名が見える。(3)

奈良時代について記された史書『續日本紀』の中にも、幾つかの記録が見える。

○天平寶字元年（七五七）十一月九日には、三史（『史記』『漢書』『後漢書』の三つの中國の歴史書をいう、後述）を讀む者は、諸國の博士に任用するとの勅が出されている。(4)

○神護景雲三年（七六九）十月十日には、九州の大宰府から、五經はあるが、三史が無いので、一本を賜りたいと申し出たため、詔して、『史記』・『漢書』・『後漢書』・『三國志』・『晉書』各一部を賜った。(5)

○寶龜六年（七七五）十月二日に、吉備眞備が薨じたが、稱德天皇は、眞備を師として、『禮記』と『漢書』とを習學した。(6)

平安時代に入り、寛平年間（八八九～八九八）に藤原佐世が撰述した『日本國見在書目錄』には、一五七九部、一六七九〇巻の漢籍が記載されている。(7) この本は、貞觀十七年（八七五）正月廿八日に冷然（泉）院が燒失した後に記録されたものといわれるが、この說については、太田晶二郎氏の反論の通りで、信賴し難いものである。(8)

『日本國見在書目錄』の記事は、「十一　正史家」の下に『漢書』とその注釋書類が十二部揭げられている。(9) この目錄によると、『漢書』には「太山守應劭集解」の百十五巻本と、「顏師古注」の百廿巻本が存在したことが知られる。そして、『漢書』の音義（本文の中から語句を抄出して、發音や意味を注記した、注釋書の一種）として、『漢書音義』十二巻、『漢書音』十二巻、『漢書訓纂』卅巻、『漢書音義』三巻、『漢書音義』十三巻があり、その他の注釋書として、『漢書古今集義』廿巻、『漢書問答』十巻、『漢書序例』一巻、『漢書贊』九巻、『漢書私記』七巻などがあったことが知られるが、これらの音義・注釋書の類の多くは現在では失われてしまっており、又、『漢書』の本文も、顏師古の注の本が現存するだけで、『太山守

應劭集解』の百十五巻本なるものも、今では失われた書物となって見ることの出來ない本である。(補1)

この他、平安時代初期九世紀には、『漢書』についての史書に見える記事は、若干のものを拾うことが出來る。

『續日本後紀』承和十四年（八四七）五月廿七日に、天皇から文章博士春澄宿禰善縄が清涼殿に召されて、『漢書』を讀んだという記事がある。(10) これは、文章博士が天皇の侍講として、公式の場において『漢書』が讀まれたという記録である。文章博士は、大學の紀傳道の最高の地位に在った人であり、史學、文學を教授する任務を持っていた。この侍講の例は、この後にも寛平三年（八九一）四月九日に紀長谷雄が宇多天皇に對し、又、圖書頭藤原篤茂が村上天皇に對して行ったなど、幾つかの例がある。(11)

續いて、『日本三代實録』の記録がある。(12)

○貞觀三年（八六一）九月廿四日に、豐階眞人安人が卒した。好學で早くから著名であった。廣く史傳を讀み、最も『漢書』に詳しかった。

○貞觀八年（八六六）十月十五日に、大枝朝臣氏雄等が、奏上して、漢書に「枝が幹よりも大きくなると、折れなければ必ず廣がって、根幹が摧けやぶれる」とあり、祖先からの傳統が絶えてしまうので、「枝」を「江」と改めて頂きたいと請願して許されている。

○貞觀十年（八六八）二月廿五日、公卿・儒者に詔して、山陵の火災と禮制について議論を行わせたが、その折に、文章博士巨勢文雄が、漢書の記事を引いて、武帝の建武六年四月の高園殿便殿火事の際には、帝は素服（白地の喪服）を五日間着用すること、その他の例が記されていることを擧げ、山陵の失火については故實を見ないと進言している。

○元慶八年（八八四）五月廿九日に、文章博士菅原道眞が奏議し、「太政大臣は史傳の中で何の職に相當するかについて、漢書の表には、「相國（太政大臣）は天子の命を承けて政治全般を助け治める、丞相もこれと同じである」とあると述べ、又、少外記大藏善行は、漢書百官公卿表を引いて、「官吏は各諸般の事を分擔する云々」のような趣旨を述べている。公の講說は前述のように、承和十四年以降、何回か行われ、時には、その終了後に「竟宴」と稱して、宴會が行われ、漢詩が讀まれるという催しもあった。その記錄は次のように見える。[13]

○天安元年（八五七）八月廿九日から貞觀六年六月三日まで　漢書講說・講師菅原是善（公卿補任）
○貞觀十四年（八七二）春　漢書講說・講師菅原道眞（菅家文草）
○元慶八年（八八四）五月九日　漢書竟宴（菅家文草）
○延喜五年（九〇五）十一月某日　大學寮北堂　漢書竟宴之詩（日本紀略後一・扶桑集）
○延喜十年（九一〇）十月廿九日　藏人所　漢書竟宴（貞信公記・西宮記）
○延長元年（九二三）三月七日　大學北堂　漢書竟宴（日本紀略）
○天曆（九四七～九五七）　漢書講說・講師圖書頭藤原篤茂、尙復學生藤原忠時（西宮記）

『漢書』が大學などの教科書として用いられたことについては、大寶令には特に規程が見えないが、三善淸行の『意見十二箇條』に、天平時代に吉備眞備が學生四百人に「五經三史」を習わせたとの記事がある。[14]又、大學弘仁式に、「凡そ講說すべきは、三史・文選は各中經に准ず（四百八十日か）」とあり、[15]『延喜大學式』にも「三史・文選は各大經に准ず（七百七十日か）」となっており、[16]『三史』『文選』を文章道の教科書としたことが知られる。又、幼年者のための教科書として、當時の碩學であった源爲憲は藤原爲光の長子松雄君のために天祿元年（九七〇）に記した『口遊』の中に、「三史」の一として『漢書』があり、[17]同じ源爲憲が藤原道長の子賴通のために、寬弘四年（一〇〇七）に作ったという『世俗諺文』には、『漢書』の引用が十條ばかり見える。[18]

當時の漢詩文を收録した『本朝文粋』には、紀在昌が「北堂漢書竟宴詠史得二蘇武一」詩序一首があり、(19)『續本朝文粋』には、「勘申　敦光朝臣　變異疾疫飢饉盜賊等事」の文の中に、「漢書曰」として、宣帝本始元年云々の記事を引用している。(20)

又、說話集の、『今昔物語集』には、天台宗寺門派の高僧である智證大師圓珍（八一四〜八九一）が、十歳の時に、『毛詩』（詩經）・『論語』・『漢書』・『文選』等の俗書（漢籍）を讀み、ただ一度開いて見て、續いて聲を擧げて誦したが、驚くべき事だと述べている。(21)

以上のような記録から見て、平安時代初期から中期にかけて『漢書』が讀まれていたこと、具體的には文章博士菅原道眞を始め、圖書頭藤原篤茂、大枝（江）朝臣氏雄などの人々が『漢書』を讀み、それを引用して上奏文を記し、又、『漢書』の講義があり、その後の竟宴で『漢書』の內容に因んだ漢詩を詠じたことなどが知られる。しかし、平安時代初期の時代の『漢書』の訓點資料は現存していないから、その當時の訓法がどのようであったかについては、殆ど具體的な形を知ることが出來ない。しかし平安時代中期以後になると、一部分ながら、訓法の實態を知ることが出來る。

平安時代後半に入り、藤原道長の日記『御堂關白記』には、寛弘六年（一〇〇九）十一月廿七日に『漢書』の文帝紀・昭帝紀・成帝紀を讀んだこと、(22)藤原實資の日記『小右記』には、長和五年（一〇一六）十二月に『漢書』の帝紀の文に「寛仁愛人」とあることを記している。(23)

院政期には、讀書家として有名であった左大臣藤原賴長が、その日記『台記』の中で、康治二年（一一四三）九月廿九日の條に、今日までに見た書物の目録一千三十巻を載せた中に、『漢書』九十二巻の內、本紀、霍光傳、馮奉世傳、敍傳下を、先師（源師賴、生年未詳〜一一三九存）の說等によって、保延三年（一一三七）十月三日から始めて、翌四年十二月二日終えたこと、又『漢書』の敍例一巻を保延四年に讀んだことを記している。又、この件に關しては、後述の『古今著聞集』や『今鏡』にも見え、師賴は大江匡房（一〇四一〜一一一一）から讀み授かったことを、橋本義彦氏は指摘されている。(補2)又、藤原兼實の日記『玉葉』には、嘉應三年（一一七一）四月十日の記事に、今月五日に熒惑（火星の別名、災厄や戰亂の前兆とされた）が西北星を犯したとして、占いの文に不吉な兆候が重いと言い、『漢書天文志』の文もこれを助けるものであって、恐るべきことだと言っている。(24) 又、同年の承安元年（一一七一）四月廿一日にも、天變のことを質問したのについて、『漢書』の天文志には見えないことを述べている。(25) 安元元年（一一七五）七月廿八日には、文章博士藤原光範、俊經の奏上により、『漢書』の記事によって「安元」と改元されたことを記している。(26) 又、治承四年（一一八〇）五月四日には、陰陽（寮）大允安倍泰茂が占の結果として、『漢書』の天文志や天地瑞祥志を引用して、天變地異は政治の得失の反映である旨を奏上したと記している。(27)

「漢書の屏風」というものがあった。『枕草子』に、次のように見える。

坤元錄（こんげんろく）の御屏風こそ、をかしうおぼゆれ。漢書の屏風はをゝしくぞ聞えたる。月次（つきなみ）の御屏風もをかし。（三巻本二九七段）

『江家次第』第八に、「相撲召仰」に、「東方御簾西邊に、五尺の漢書御屏風を立てわたす」とあるものも、これと同じもので『江談抄』にも記事が見え、『漢書』の本文を記して、下にその人物の像を描いたものという。(28)

鎌倉時代に入ると、『曾我物語』には、『漢書』の東方朔傳の「水至清則于魚、人至察則無徒」の文を引いて、「水いたつてきよければ底に魚すまず、人いたつてせんなれば內に徒もなし」と述べている。又、『古今著聞集』では、「左中辨源師能は、漢書の文帝紀を失って嘆いていたところ、夢に先親東宮大夫師賴が在處を敎えられた」との說話を載せている。(29) 又、「漢書の說は近頃はよみ傳えている人が稀になっているが、源師賴（生年未詳～一一三九存）は江家（大江家）の說を傳えられていたので、內府（藤原賴長）が習學された」とも述べている。(30) 『漢書』が一時餘り讀まれなくなった時期があったことが察せられる。一時期、『漢書』の説が衰えたことについては、他にも記事があって、『本朝文粋』には、長德二年（九九六）四月二日に、文章博士大江匡衡は、「三史・文選の師の説が漸く絶え、文章の美しさを世人が重んじなくなった。學問の道の衰えたことは、專らかような風潮によるものだ」と述べている。(31) 又、大江匡房（一〇四一～一一一一）は『江談抄』の中で、この語句を引用しており、(32) この書の中には諸所に『漢書』の引用が見られる。

二

『漢書』は古くから「三史」の一つに數えられている。もともと「三史」とは、中國では古く六朝時代（二二〇～五八九）には『史記』・『漢書』・『東觀漢記』の三書を指していたが、唐以後には、『史記』・『漢書』・『後漢書』を指すようになった。その他、『戰國策』・『史記』・『漢書』を指す例もあったが、日本では殆ど『史記』・『漢書』・『後漢書』を指すのが普通であった。時には『史記』・『漢書』・『東觀漢記』を指すこともあったようで、後述のように、『二中歴』の異傳にはその例が擧げられているが、一般的ではなかったようである。日本での「三史」ということばの最古の例は、奈良時代の『續日本紀』であろうが（注4の例參照）、以後大略は『史記』・『漢書』・『後漢書』を指していたと考えて差支えないであろう。

「三史」の語は、この後も多くの文獻に見える。弘法大師空海の『三敎指歸』には「龜毛先生は、九經三史を心の中に全部取り込み、易占についてすべて心に暗記している」という文章がある。又、同じく空海の詩文を集めた『遍照發揮性靈集』にも「三史」の語がある。(33)

『口遊』の例は上述した（注17參照）。

『源氏物語』の帚木の巻に、左馬頭の男女の間柄について、三史五經みち〳〵しきかたを、あきらかにさとりあかさんこと、あいぎやうなからめ（三史や五經などの本格的な漢文の書物を、はっきりと理解していいあらわすのこそ、かわいげがなく、人附き合いのよくないことだ。）(34)

と述べているところがあり、これについて、鎌倉時代初期の學者である藤原定家は、その注釋の中で、「三史」とは「史記　漢書　後漢書」であると述べている。(35)

慈圓（一一五五〜一二二五）の『愚管抄』には「紀傳ノ三史、八代史、乃至文選・貞觀政要」といい、前田育德會尊經閣文庫藏『二中歴』は、鎌倉時代末期の後醍醐天皇の頃の成立と考えられている百科辭書であるが、その中に「三史、史記　漢書　後漢書、一云、史記　漢書　東觀漢記」とあり、又、「漢書　十二帝紀　八表　十志　七十列傳／分成百十五卷、顏師古注」、「漢書訓纂卅卷姚察撰」「舊義音義廿卷顧胤撰」「音義蕭該」のような記事が見える。(36)この內、「漢書訓纂卅卷」は『日本國見在書目錄』の「漢書訓纂卅卷陳吏部尙書姚察撰」を、「舊義音義廿卷」は「漢書古今集義廿卷顧胤撰」を、「音義」は「漢書音義十二卷隋國子博士蕭該撰」を、それぞれ指し、これら三部の注釋書の類は、少くとも鎌倉時代までは傳わっていたのであろう。

鎌倉時代末期の百科辭書である洞院公賢の『拾芥抄』には「史記（中略）前漢書（中略）後漢書（中略）已上謂之三史」とあり、『漢書』を『前漢書』と稱した記事としては、古い例と見られる。(37)

室町時代以後の文獻にも『漢書』の名はしばしば見えており、特に辭書の類の中には、例えば、

○運歩色葉集　漢書《カンジョ》　百卅卷、史記八十卷（三三五7）
○頓要集　第六十六俗書部　漢書　百卅卷（四一7）
○易林本節用集　漢書《カンジョ》　文（七九3）

のように、「カンジョ」と振り假名を附けたものも見える。

三

以上のように、奈良時代から鎌倉時代まで、『漢書』が讀まれて來たことが知られるが、具體的に『漢書』の語句をどのような國語で訓讀したかについては、古い時代については、殆ど知ることが出來ない。奈良時代から平安時代初期（九〜十世紀）には、『漢書』に當時の訓點を附記した「訓點資料」は全く殘存していない。僅かに知り得るのは、『和名類聚抄』に引用された「漢書師說」で、それも唯二例が知られているだけである(38)。

『和名類聚抄』は、平安中期の承平年間（九三一〜九三八）に、當時の一流の學者であった源順（みなもとのしたごう）が編纂した漢和辭書であるが、その中に「漢書の師の說」というものが引用されている。それは「篝火」という言葉についてであって、『漢書』の陳勝傳に「夜篝火」とある語句について、「師の說」に「火をかがりにす」と讀むというのである。又、同じ『和名類聚抄』に、「繒」という文字の解釋として、『漢書』に「灌嬰販繒」とあり、師の說に「穛」と同じく「かとり」と讀むと述べている。この「師の說」というのは、『漢書』についての或る師匠の說としての讀み方ということであり、この頃、『漢書』の和訓での讀み方が、このような形で傳えられ、何等かの社會的な權威を備えたものであったものと推定されるのである(39)。この「師」というのが具體的に誰であるかは、判斷できないが、右に述べた文章博士などの地位に在った人と推測することは出來よう。

『和名類聚抄』には、「師說」として、この他にも「日本書紀師說」「後漢書師說」「文選師說」などが多數引用されているが、「漢書師說」は、ただこの二ヶ所だけしか記載されていない。唯、『漢書』の本文の引用は、「律曆志」「養性志」など約十例に及び、更に「漢書注云」の引例が約九例、「應劭漢書注」が一例、『漢書音義』が四例など、『漢書』關係の書籍の引用が見出される。「應劭漢書注」は『日本國見在書目録』に見える「漢書百十五巻太山守應劭集解」、『漢書音義』は同書目の四種類の內の一つに當るかと思われるが、確かでない(40)。

宮內廳書陵部藏本の『圖書寮本類聚名義抄』は、平安時代後半期の十一世紀末頃に、奈良興福寺邊の僧侶が編纂した漢和辭書であるが、右の『和名類聚抄』の記事を多く引用しており、右に述べた「漢書師說」も「繒」という文字の箇所が記載されている(41)。

四

平安時代中期（十世紀）になると、『漢書』の古寫本に、當時の訓點を記入した本で、現在まで傳存しているものが何點かある。その最も古いものは、唐時代に書寫され、天曆二年（九四八）に加點された『漢書楊雄傳』一巻で、早く國寶に指定されている。

○『漢書楊雄傳』第五十七　一巻　上野淳一氏（國寶）

本書は顏師古の注を有し、唐時代の寫本で、「民」「淵」字の缺畫（時の皇帝の名などの字を憚って、その字の畫の一部分を書かないで省略することで、これによって、その書寫の時代が判明することがある）がある。巻首を一部缺くが、二十六紙を存し、巻末に

天曆二年五月廿一日點了　藤原良佐

のような墨書の奥書があり、更に後筆の奥書「享德二年（一四五三）癸酉春之比自二花山院殿一／奉三拜二領之一了、三井清尊（花押）」がある。本文には天曆二年の加點が施され、朱點・墨點・角點・白點などによる、詳細な訓點があり、ヲコト點を併

用している。ヲコト點とは、平安時代以來、漢文の訓點に用いられた符號で、古い漢籍の訓點では、ほとんど例外なく用いられており、字の傍に記した假名と相補って、漢文の讀み方を示し、例えば、漢字の左下の隅に「・」の形の點を加えると「テ」、左上の隅では「ニ」、右上の隅では「ヲ」、右下の隅では「ハ」のように、讀み方が定められていた。平安時代中期（十世紀）には、數十種類の違った形式のヲコト點があり、佛敎の流派や、儒者の家によって、それぞれに違った形式が行われていた。當時の文章博士の藤原家・大江家などでは、「古紀傳點」と呼ばれる、上記のような形式が用いられていた。『漢書楊雄傳』の天暦の訓點にも、この「古紀傳點」が主に用いられており、字音・和訓の注ばかりでなく、漢文による字義注なども多く記され、國語資料としても、非常に重要な文獻であって、この面からも特に貴重な資料とされている。この本については、既に寫眞複製本も出版されており、吉澤義則博士・大坪併治博士・石塚晴通氏・小助川貞次氏・松本光隆博士・小林芳規博士等による研究があり(42)、松本本『漢書』の訓點との關係については、沼本克明博士の詳細な研究が本書に收錄されているから、それらの業績に讓って詳しくは觸れないことにする。唯、本書は文章博士の一中心であった藤原家關係の最古の遺品であり、以上述べたような『漢書』の傳來の歷史の中で、一つの大きな節目をなしていることを強調して置きたい。

○『漢書高帝紀下』・『列傳第四殘卷』二卷　石山寺（重書5）（國寶）

顏師古（唐代初期の學者）の注がある。「民」「治」字に缺畫があり、唐寫本といわれて來たが、恐らく奈良時代天平年間（七二九〜七四九）の書寫であろうとされている。本文が一部傳來の本と異るので、研究資料として貴重である。

この書の紙背には佛書である『金剛界念誦次第私記』が記されている。この本は、石山寺眞言宗の僧元杲（九一一〜九九五）の著作であり、元杲は石山內供淳祐（八九〇〜九五三・著名な學僧で、文章博士菅原道眞の孫）の弟子であり、平安時代中期にはこの二卷が石山寺に揃って所藏されていたことが判る。

高帝紀下は、内題の次に「祕書監上護軍琅邪縣開國子顏師古注」とあり、五年（前二〇二）冬十月から八年（前一九九）春三月と、十一年（前一九六）後半・贊とを收める。又、列傳第四は卷首を缺き、英布傳の中途から盧綰傳・吳芮傳までを收める。石山寺典籍文書綜合調査團編『石山寺の研究一切經篇』（八三八〜八三九頁）に、詳しい目錄が記載されている。平安中期の角筆の訓點があり、小林芳規博士の詳細な研究がある。(43) この角點も「古紀傳點」に近い形式のヲコト點を使用しているが、奧書は無く、字音や和訓の注記はさほど多くない。古典保存會による影印本複製本（昭和十六年）があり、靜嘉堂文庫には、嘉永六年（一八五三）に記された忠實な模寫本がある。(44)

尙、石山寺藏本の『漢書』については、古く近藤正齋（一七七一〜一八二九）の『正齋書籍考』（卷三・『近藤正齋全集』第二・七四頁）『右文故事』（卷之三・同一四五頁）にも記事があり、原本を石山寺で閱覽したことや、『史記抄』の「未師行」（後述）のことなどにも言及している。

○『漢書食貨志』一卷　眞福寺寶生院（國寶）

顏師古（唐代初期の學者）の注がある。「民」字の缺畫がある。奈良時代の書寫で、二十紙から成り、卷末尾題の上に「式部省印」が押捺されており、式部省が大學を管轄した役所であるから、上記の文章博士などが用いた本の類と思われる。(45) 紙背には、聰肇（そうちょう）法師の撰した『阿彌陀經義疏』が書寫されている。その末尾に、嘉保二年（一〇九五）に僧慧海（えかい）が書寫したという奧書が書き加えられており、更に、別筆の奧書で、保延元年（一一三五）十二月十二日にこの筆者である耀光房慧海が祇園で自害したことを記している。(46) 恐らく、極樂往生を遂げたものと思われる。

本書は『經籍訪古志』『古逸叢書』に載錄され、「橘逸勢眞跡」という古筆の極札が附されている。古典保存會による影印本複製本（昭和三年）がある。

○『漢書周勃傳殘闕』一卷　高野山大明王院（重要文化財）

奈良時代の書寫で、平安時代中期の筆と見られる、墨點（ヲコト點は「古紀傳點」）と角點とが加えられている。紙背には「六種火壇圖」が記されている。(47)

以上が『漢書』の平安時代の書寫本で現存するものであるが、『漢書楊雄傳』以外のものには、何れも紙背に佛書が記されている。これは、これらの『漢書』が、或る時期に紙背の佛書として書寫讀誦されたことを示している。平安時代に書寫された佛敎の古書が數千點以上も現存するのに對して、同じ時期の漢籍の古寫本は、僅かに二十點餘りが傳存するに過ぎない。これは、漢籍の多くが俗間に在って、火災や戰亂などで滅失する機會が多かったのに對して、上記の漢籍は、その多くが都心を離れた山中にあって、この種の災害に遭う機會が少かったためではなかろうか。當時は紙は貴重品であったから、漢籍の裏を使って佛書を書寫したのであろうが、表面の漢籍は反故としてではなく、佛寺でも讀まれる折もあったようである。當時の學僧の中には、宮廷の貴族階級やその子弟などが寺に入った者も多く、又、平安時代後半期になると、僧侶自身が法會のための願文や表白などの漢文を作文する機會が多くなったといわれており、そのためにも、漢籍は有用で貴重な文獻であったと思われる。

鎌倉時代に入ると、『漢書』の古寫本は遺存するものを聞かない。辛うじて、宮內廳書陵部藏本の『群書治要』四十七卷の中に、漢書から拔粹した卷があり、漢書の全文ではないが、その一部分を知ることが出來る。『群書治要』の卷第十三から卷第廿までの八卷が漢書であるが、生憎、卷第十三と卷第廿の二卷が缺失し、六卷が現存している。その各卷に、後に執權となった金澤貞顯（一二七八～一三三三）の奥書がある。(48)それによると、卷第十五以下は文永十一年（一二七四）に燒失したが、その燒失本は、先年京都で書寫され、右京兆・藤三品茂範の加點があった本で、その後、左衞門權佐康有の本で書寫加點したと理解される。小林芳規博士は右京兆・藤三品茂範は、藤原南家の人で、文章博士大學頭孝範の孫、文章博士經範の子、刑部卿明範(一二四〇〜一三一四)の兄とされている。(49) 康有は明でないが、『尊卑分脈』に「左衛門尉康有」とある人(藤原爲範〈〜一二〇二〉の五代裔)ではないかと推測される。何れにせよ、この本が現存するのは、好學であった執權北條實時(一二二四〜一二七六)の緣で京都から下って來た文章博士淸原敎隆(一一九九〜一二六五)に關係する漢籍が、京都から離れた關東武藏國の稱名寺金澤文庫に傳り、それが紅葉山文庫に移されたためである。

五

漢籍について、「施(師)行(しぎょう)」「未施(師)行(みしぎょう)」という二種類の區別を立てることがあった。この話は室町時代から言われ出したことで、『漢書』は「未施行」の書であったとの說がある。漢籍は、朝廷から「施行」の命があって、初めて用いることが出來たと言い、『史記』と『後漢書』とは「師行」したので、博士家の點本があるが、『前漢書』は「未師行」なので、博士家の點本は無いという趣旨が唱えられて來た。これに對して、太田晶二郎氏の克明な考證がある。(50) それに從うと、「施行」「未施行」のことは、確實性の高い事實であり、平安時代末期にまで遡り得ることであって、公的な力を持ったもので、講書のみに限らず、「未施行」の書は公事に無效であったことを解明された。

室町時代の禪僧桃源瑞仙(一四三〇〜一四八九)の『史記抄』には、「漢書については諸儒は祕して點を加えない」と述べている。(51) これがもとになって、かような說が廣まったものと思われる。しかし、上述のように、『漢書』は平安時代の早いころから、天皇への侍讀や講書が行われており、公的な場所で讀まれていたことは、疑いない事實である。又、これも上述のように、平安時代中期以降の『漢書』の訓點を施した數點の古寫本が、現在まで傳來している。又、沼本克明博士の研究によると、平安時代中期の訓點が、室町時代に加點された松本本『漢書』の訓點に引き繼がれていることが明にされている。これらの諸點から見ると、『漢書』は明確にいわゆる「施行」の書であって、「未施行」の書であったとする說は、到底認めることは出來ず、全く否定すべきである。

それでは、何故にこのような「未施行」說が現れたのであろうか。それについては、はっきりした理由を擧げることは困難であるが、一つには、中世には『漢書』の訓點が衰えて、讀むのが難しかったというような『古今著聞集』にあるような傳承が、大袈裟に廣まったのではないか、又、一つには、『漢書』の本文は、『史記』などと比較して、非常に難解な語句が多く、訓讀には格別の學識と努力が必要であったことなどが原因になっているのではないかとも思われる。

室町時代以後、五山の僧を中心として、漢籍の研修が興隆し、『漢書』の場合も例外でなく、鎌倉時代以後には宋版の輸入なども盛んになり、その訓讀なども再び盛んになった。この間の事情については、尾崎康、沼本克明兩氏によって、詳しく考證された結果が本書に收錄されているので、そちらに讓ることとする。

又、「抄物（しょうもの）」と言われる口語體などを含んだ注釋書も作られるようになり、『漢書』についても清原宣賢等の『漢書抄』、『漢書列傳竺桃抄』などが現れた。(52) 壽岳章子、大塚光信、柳田征司等の諸氏の研究があり、室町時代の國語資料としての價値を顯彰した業績であるが、平安時代以降の博士家の訓點から江戸時代の版本などに至る架け橋としての解明は、今後になお多くの問題を殘していると思われる。松本本『漢書』は、この面でも肝要な資料を提供するものと期待される。

最後に、『漢書』に限らず、漢籍全般についての展望であるが、中國から傳來した漢籍について、本邦の學者は、上代以來それを解讀したり引用したりすることにのみ集中して、漢籍の本文自體についての考證は、室町時代まで、「抄物」などを除いては、遂に全く起らなかった。佛教界では、奈良時代以前から、佛典の本文そのものについての研究が相次いで行われ、平安時代以後も各時代に亙って、多數の注釋書が作られたことと比べて、非常に大きな相違點である。江戸時代近世に入って、漸く漢籍本文の檢討が起り、版本も開版されたという歴史があるが、本邦での出版の最初は、江戸時代初期寛永五年（一六二八）が最初で、一般に明暦三年（一六五七）の評林本五十册が通行しているが、附刻された訓點は、菅原家傳來の古點に手を加えたものと言われている。[53]

松本本『漢書』は、その間に位置して、日本漢籍受容の歴史の上で、他に比類の無い重要な位置を占めていることを強調して、この稿を終えることとしたい。（〇六・〇九・二一）

注

（1） 漢書五行志に「使㆑民以㆑時務在㆑勸㆓農桑㆒」とある。

（2） 小島憲之執筆『日本書紀　上　解說』（日本古典文學大系、昭和四十二年三月）一九頁。

（3） 石田茂作『寫經より見たる奈良朝佛敎の研究』奈良朝現在一切經疏目錄（昭和五年五月）一五二頁。

○寫書雜用帳正倉院文書（漢書・卷次不明）（『大日本古文書一』天平二年七月四日・三九三頁）

紙　　軸五十五用

漢書表紙九十張用

○皇后宮職移正倉院文書（漢書二帙）（『大日本古文書一』天平三年八月十日・四四四頁）

少初位下秦雙竹（中略）寫紙五拾陸《三百卌二》正法華經三卷 紙五十六張 文選下帙五卷 紙一百卄 漢書二帙五卷 紙一百六十六

（4） 『續日本紀』

日本における『漢書』の傳承

○天平寶字元年十一月癸未（九日）、勅云、如聞・頃年諸國博士醫師、（中略）其須レ講經生者三經、傳生三史、（中略）天文生者天官書、漢晉天文志、（略）曆算生者漢晉律曆志（中略）竝應二任用一、

（5）『續日本紀』

○神護景雲三年十月甲辰（十日）、大宰府言、此府人物殷繁、天下之一都會也、子弟之徒、學者稍衆、而府庫但畜二五經一、未有二三史正本一、涉獵之人、其道不レ廣、伏乞、列代諸史、各給二一本一、傳二習管內一、以興二學業一、詔賜二史記、漢書、後漢書、三國志、晉書各一部一、

（6）『續日本紀』

○寶龜六年（七七五）十月壬戌（二日）、吉備朝臣眞備薨（中略）高野天皇、師レ之、受二禮記及漢書一、恩寵甚渥、賜二姓吉備朝臣一、

（下略）

（7）本文は東京國立博物館藏本・室生寺舊藏本による。又、注は長谷部惠吉『日本國見在書目錄解說稿』による。

（8）太田晶二郎「日本漢籍史札記」（『季刊圖書館學』第二卷第四號、昭和十年七月、『太田晶二郎著作集』第一冊、平成三年八月所收）。

（9）『日本國見在書目錄』

○十一　正史家

漢書百十五卷漢護軍班固撰太山守應劭集解

漢書百廿卷唐祕書監《ケン》顏師古注

々々（漢書）音義十二卷隋國子博士蕭該撰

々々（漢書）晉十二卷隋廢太子男令包愷《ハウカイ》等撰（當作二勇令包愷《ハウカイ》等一）

々々（漢書）訓纂卅卷陳吏部尚書姚察撰

々々（漢書）音義三卷

々々（漢書）音義十三卷顏師古

々々（漢書）古今集義廿卷顧胤撰

々々（漢書）問答十卷沈遵行撰

々々（漢書）序例一卷顔師古撰

々々（漢書）贊九卷

々々（漢書）私記七卷

なお、この次に續けて「東觀漢記百卌三卷起光武訖靈帝長水校尉劉珍等撰」が擧げられているが、『東觀漢記』は、『後漢書』の始めの部分と同じ時期の記事であり、「三史」の中に『史記』『漢書』『東觀漢記』と竝んで數えられることがあるので、參考までに記した。

(10)『續日本後紀』

○承和十四年（八四七）五月辛卯（廿七日）

皇帝引二文章博士春澄宿禰善繩一於二清涼殿一始二讀漢書一、（仁明天皇）

(11)『日本紀略』前篇

○寛平三年（八九一）四月九日、文章博士紀長谷雄始二讀漢書一、（宇多天皇）

『西宮記』

○臨時二　藏人所講所事

藏人頭式部權大輔藤原朝臣菅根仰云、始レ自二來月三日一、令下文章生藤原諸蔭講中漢書上、即令二所人勤讀一、其後自二來九月一、毎旬試二其所學生一、三度以上及第者、加二褒賞一、落第者奪勞三日者、／延喜三年（九〇三）七月廿八日出納左衛門少志御春有レ輔レ奉レ之、（醍醐天皇）

天曆（九四七～九五七）以二圖書頭藤原篤茂一爲二講師一、以二學生藤原忠時一爲二尙復一、講二漢書一、（村上天皇）

(12)『日本三代實錄』

○貞觀三年（八六一）九月廿四日乙未、河俣公御影、（中略）以二好學一早知レ名、涉二讀史傳一、最精二漢書一

○貞觀八年（八六六）十月十五日丙戌、先レ是參議大枝朝臣音人、散位大枝朝臣氏雄等上レ表曰、（中略）謹案、春秋曰、國家之立也、本大而末小、漢書曰、枝大二於幹一、不レ折必披、是知、枝條已大、根幹由レ其摧殘、（中略）但將下以二枝字一爲上レ江、然則一門危樹、去二鳴柯一而永レ春、（中略）詔許レ之、

○貞觀十年（八六八）二月廿五日乙丑、文章博士巨勢朝臣文雄議曰、漢書曰、武帝建元六年四月、高園便殿火、帝素服五日、（中略）山陵失火、未レ見二故實一、

○元慶八年（八八四）五月廿九日戊子、式部少輔兼文章博士菅原朝臣道眞奏議曰、（中略）謹案、漢書表曰、相國掌下承二天子一、助中理萬機上、丞相同レ之、大尉大師大保皆在二其下一、

○元慶八年（八八四）五月廿九日戊子、少外記大藏善行奏議曰、（中略）漢書百官公卿表曰、周禮天官冢宰、地官司徒、春官宗伯、夏官司馬、秋官司寇、冬官司空、是爲二六卿一、各有二徒屬職一、分用二於百事一、

（13）『公卿補任』

○貞觀十四年（八七二）

從四位上　菅原是善　天安元年八月廿九日始講二漢書一（中略）貞觀六（中略）六月三日漢書講畢、

『日本紀略後篇一』

○延喜五年（九〇五）十一月某日、大學寮北堂有二漢書竟宴之詩一、

『西宮記』

○延長元年（九二三）三月七日辛巳、大學北堂有二漢書竟宴一、

『貞信公記』

○延喜十年（九一〇）十月廿九日、今日藏人所行二漢書竟宴事一、

○延喜十年十月廿九日己酉、藏人所有二漢書「立」（消）竟宴一、

『菅家文草』

○漢書竟宴、詠史得二司馬遷一

少日纔知レ誦二古文一、何圖祖業得二相分一、毎思劉向稱二良史一、再拜龍門一片雲、（卷第一・詩一63）

○勸學院漢書竟宴詠史得二叔孫通一

遊魚得レ水幾波濤、命矣孫通遇二漢高一、暗記二龍顔奇在レ骨、先知二虎口利如レ刀、諛言不レ謝加二新印一、降見無レ嫌變二舊袍一、太史公雖レ稱二大直一、直慙去就甚二鴻毛一、（卷第二・詩二145）

『田氏家集』

○卷上　菅著作、講二漢書一、門人會成レ禮、各詠レ史、（群書類從卷第百卅・八一三頁）

(14)　『三善清行意見十二箇條』

○至二于天平之代一、右大臣吉備眞備、恢二弘道藝一、親自傳受、卽令下學生四百人、習中五經三史、明法算術、音韻籀篆等六道上、（群書類從卷第四百七十四・百二十頁）

(15)　『大學弘仁式』（紅葉山文庫本令義解紙背）

○凡應二講說一者、春秋・禮記各限二七百七十日一、周禮・儀禮・毛詩・律各四百六十日、（中略）三史・文選各准二中經一、（日本思想大系『律令』補注7・五九五頁）

(16)　『延喜大學式』

○凡應二講說一者（中略）三史文選各准二大經一（七百七十日）、（『新訂増補國史大系延喜式』五二三頁）

(17)　『口遊』

○史記　漢書　後漢書謂之三史

(18)　『世俗諺文』は三卷の內上卷のみ現存する。東寺觀智院舊藏、天理圖書館藏。

(19)　『新訂増補國史大系本朝文粹』卷第九・二二四頁。

(20)　『新訂増補國史大系續本朝文粹』卷第二・二四頁。

（21）『今昔物語集』巻第十一　智證大師亙唐傳顯蜜法歸來語第十二（「日本古典文學大系」二三）八三頁。

今昔、文德天皇ノ御代ニ、智證大師ト申ス聖在マシケリ、（中略）十歳ト云フニ、毛詩・論語・漢書・文選等ノ俗書ヲ讀（ム）ニ、只一度披見テ、次ニ音ヲ擧テ誦シ上グ、是奇異也、

（22）『御堂關白記』

○寛弘六年十一月廿七日、讀書、（中略）夕宣義、漢書文帝紀、

○寛弘六年十一月廿九日、讀書宣義、漢書昭帝紀、

○寛弘六年十二月一日、讀書宣義、漢書成帝紀、

（23）『小右記』

○長和五年十二月廿五日、予云、漢書帝紀文云、寛仁愛レ人、意額《ママ》如也、相府驚取二遣帝紀一、開二見其文一（大日本古記錄『小右記』一一・一八〇頁）

（24）『玉葉』

○嘉應三年四月十日、云二古文一、（中略）漢書天文志云、誅成、資二此文一、尤可レ恐云々、

（25）『玉葉』

○承安元年四月廿一日、問二天變等事一、大略同二先日一、（中略）是不レ見二漢書天文志文一歟、今日改元定、

（26）『玉葉』

○安元元年七月廿八日、安元／漢書云、除二民害一安レ元、／右依二宣旨一勘申如レ件、／右大辨兼周防權守藤原朝臣俊經、

（27）『玉葉』

○治承四年五月四日、乙巳占云、（中略）漢書天文志云、迅雷風妖怪雲變氣、此皆陰陽之精、其本在レ地、而上發レ天者也、政失二於此一、則變見二於彼一、猶二景之象レ形、卿之應レ聲師古云、卿讀曰レ嚮、天地瑞祥志云、准南子曰、人主之精通二于天一、故誅レ暴卽多二飄風一、（中略）／治承四年五月四日　陰陽大允　安倍泰茂、

(28)『江家次第』第八

○相撲召合装束、東方御簾西邊、立二五尺漢書御屏風一、（前田本巻第八・七月・一七五頁）

『江談抄』

○又云、諸御屏風等有二其員一、所レ謂漢書、打毬、坤元錄、變天、圖賢、山水等御屏風等之類是也、隨レ時立レ之、委事見二裝束司記文一歟、（水原鈔三九ウ）

川口久雄・奈良正一『江談抄注』（昭和五十九年十月）三〇六頁。

(29)『古今著聞集』巻第八・三〇七話

○左中辨師能の夢に先親師賴逸書の所在を告ぐる事

師能（の）辨、漢書の文帝紀を《お》きを失ひてなげき思（ひ）けるに、先親東宮大夫師賴夢の中に彼（の）書のあり所を告（げ）られたりけり。次（の）日其（の）所より求め出して侍りけり。あはれなる事也。（「日本古典文學大系」二四五頁）

(30)『古今著聞集』巻第八・三〇六話

○宇治內大臣賴長師恩を重んずる事

漢書（の）説は近代よみ傳（へ）たる人まれに侍（る）に、彼（の）大夫東宮大夫師賴江家の説をつたへられたりければ、內府習（ひ）給（ひ）けり。師をおもんずる禮、いみじくぞ侍る。（「日本古典文學大系」二四五頁）

(31)『本朝文粹』巻第六・『新訂増補國史大系本朝文粹』一四〇頁。

○奏狀

請特蒙二天恩一因准二先例一兼任二備中介闕一狀　大江匡衡、（中略）然間、三史文選師說漸絕、詞華翰藻、人以不レ重、道之陵遲、莫レ不レ由レ茲、（中略）／長德二年（九九六）四月二日　正五位下式部權少輔兼文章博士大江朝臣匡衡、

(32)『江談抄』六　長句

○三史文選師說漸絕事

三史文選師說漸絕、詞華翰藻、人以不レ重之句、菅宣義見レ之、文道宗匠、足下一人歟、宣義カ無之時、可レ被レ書之句也云、匡衡答云、足下達令レ坐レハ巨曾、漸トハ書ト云々、（水原鈔三七ウ）

(33)『遍照發揮性靈集』

○龜毛先生（略）九經三史、括二囊心藏一、三墳八索、諳二憶意府一（「日本古典文學大系」八七頁）

○右九經九流、三玄三史、七略七代、若文、若筆等書中、若音、若訓、或句讀、或通義（卷第十・四二五頁）

(34)『源氏物語大成』帚木・六一頁9行。

(35)『奥入』（定家自筆本）

○三史　史記　漢書《ショ》　後漢書

五經　毛詩《モウシ》　禮記《ライキ》　左傳《テム》　周易《シュヤク》　尙書《上ショ》

三道　紀傳《テム》　明《ミヤウ》經　明法（『源氏物語大成』資料篇九一頁）。

(36)『二中歷』

○第十一　經史

三史　史記　漢書　後漢書

一云　史記　漢書　東觀漢記見二史記發題一吉備大臣三史櫃入二此三史一（前田育德會藏本・一ウ）

漢書十二帝紀　八表　十志　七十列傳　分成二百十五卷一　顔師古注　（二一ウ）

／漢書訓纂卅卷姚察撰

／舊義音義廿卷顧胤撰　音義蕭該　（二七オ）

(37)『拾芥抄』

○經史部第二十三

史記（略）

前漢書
十二帝紀（高祖 恵帝 文帝 景帝 武帝 昭帝 宣帝 元帝 成帝 哀帝 平帝 孺子） 八表 十志 七十列傳（已上百三十八巻也、イ本 已上謂二之三史一、或説二史記漢書一（ママ））
後漢書（略）
已上謂二之三史一（前田育徳會藏本・二六オ）

(38) 小林芳規『平安鎌倉時代に於ける漢籍訓讀の國語史的研究』（昭和四十二年三月）一五四六頁。

(39)『和名類聚抄』
○篝火 漢書陳勝傳云、夜篝火（師説云、比乎加々利邇須、今案、漁者以レ鐵作レ篝、盛火照レ水者、名二之此類一乎）（二十巻本・巻第十二・一一ウ）
○縑 毛詩注云、綃（所交反、又音消、和名加止利）縑也、釋名云、縑（音兼）其絲細緻、數兼二於綃一也、漢書云、灌嬰敗レ繒（疾陵反、師説上讀同、今案、又布帛物名見二説文一）（同・巻第十二・十五ウ）
『類聚名義抄』圖書寮本
○繒纊（茲云、疾陵反 云、漢書師説、讀與レ縑同）（中略）川（順） （二九四頁5）

(40)「螌 應劭漢書注云、蝥（丑略反、又乎各反）螌也」（二十巻本和名類聚抄・巻第十九・二九オ）とある例だが、狩谷棭齋は、「所レ引田儋傳注文、按、説文、蝥、螌也、應劭蓋依レ之」（箋注倭名類聚抄巻八・百二オ）と述べている。

(41) 小林芳規『平安鎌倉時代に於ける漢籍訓讀の國語史的研究』（昭和四十二年三月）一五四六頁。

(42) 影印本は『京都帝國大學文學部景印舊鈔本第二集』（昭和十年）に收録。
吉澤義則「井々竹添先生遺愛唐鈔漢書楊雄傳訓點」『内藤博士頌壽記念史學論叢』（昭和五年）・『國語説鈴』（昭和六年）所收。

大坪併治「漢書楊雄傳天暦點解讀文」（『岡山大學法文學部學術紀要』三十六、昭和五十一年十一月）。

石塚晴通・小助川貞次「上野本漢書楊雄傳訓點の問題點」（第五十二回訓點語學會・昭和六十年五月）。

松本光隆「漢書楊雄傳天暦二年點における訓讀の方法」（『國語學』一二八集、昭和五十七年三月）。

小助川貞次「上野本漢書楊雄傳訓點の性格—中國側注釋書との關係—」（『訓點語と訓點資料』第七十七輯、昭和六十二年三月）。

小林芳規『角筆文獻の國語學的研究』（昭和六十二年七月）六九三頁他。
(43) 小林芳規『角筆文獻の國語學的研究』三五二頁。
(44) 山田孝雄「石山寺藏　漢書　解說」（古典保存會影印本　昭和十六年十一月）。
「漢書（高帝紀下、列傳第四殘卷）」（文化財保護委員會『國寶事典』昭和三十六年七月・八五頁）。
(45) 「漢書（食貨志第四）」（文化財保護委員會『國寶事典』昭和三十六年七月・八五頁）。
山田孝雄「眞福寺藏　漢書　解說」（古典保存會影印本　昭和三年）。
黑板勝美『眞福寺善本目錄（續）』（昭和十年十月）一頁。
(46) 『漢書食貨志』
（奥書）嘉保二年（一〇九五）乙亥九月廿六日書寫畢　釋慧海生年三十三／極樂具書之內
願以二此功德一、普及二於一切一、我等與二衆生一、皆共成二佛道一／南無阿彌陀佛
（別筆）「勘云、保延元年（一一三五）乙亥十二月十二日甲戌未尅耀光房慧海、爲二祇園一自害生年七十三癸卯生康平六年（一〇六三）癸卯也」
(47) 小林芳規『角筆文獻の國語學的研究』八七頁。
(48) 『群書治要』四十七卷の內　宮內廳書陵部
○卷第十三　漢書一（缺卷）
○卷第十四　漢書二
（奥書）德治二年（一三〇七）正月廿七日以二左衞門權／佐光經本一、書寫點校訖、／從五位上行越後守平朝臣貞顯
（追筆）「同二月八日重校合畢／正五位下行越後守平朝臣貞顯」
○卷第十五　漢書三
（奥書）此書一部先年於二京都一／書寫了、而當卷誂二右／京兆茂範一加點了、爰／去文永七年十二月、當／卷已下少〻燒失了、然間／以二康有之本一重書寫點／校了、康有本者以二予／之燒失之本一所二書寫一也、／于レ時建治二年（一二七六）八月廿五／日　越

州刺史（花押）
本奥云、／本云、正元〻年（一二五九）極月廿八日／右京兆點給了、蓋是去比／依二謗申一也

○巻第十六　漢書四

（奥書）當巻先年所持之本者、／右京兆所二加點一也、而燒／失了、而以二件本勾勘／康有一書寫了、仍今以二／康有之本一、所レ補二其闕一／者也、于レ時文永十一年（一二七四）／四月十日／越州刺史（花押）

○巻第十七　漢書五

（奥書）建治元年（一二七五）六月二日以二勾勘本一書／寫點校終レ功、抑此書一部事、先年／後藤壹州爲二大番一在レ洛之日、予／依レ令レ誂二書寫下一也、而於二當巻一／者、假二藤三品茂範之手一、令二加點一／畢、爰去文永七年（一二七〇）極月、回祿成／レ孽化二灰燼一畢、今本者炎上以／前以二予本一　勾勘令二書寫一之間、還／又以二件本一重令二書寫一者也、／越州刺史平（花押）

○巻第十八　漢書六

（奥書）當巻先年所持之本者、右／京兆茂範所二加點一也、而件／本回祿成レ孽、爰以二當本一／勾勘康有書寫了、然間／以二康有之本一、所二補闕一者也、／于レ時文永十一之暦（一二七四）初（「中」をミセケチ）夏／上旬之日／越州刺史（花押）

○巻第十九　漢書七

（奥書）當巻炎上之間、以二勾勘之本一／書寫點校了、抑勾勘本／者、炎上以前以二愚本一所レ書／寫也、于レ時文永十二年（一二七五）四／月四日／越州刺史（花押）
勾勘本奥云／本云／文永三年（一二六六）七月二日藤翰／林被レ點送了、蓋是先年／依二誂置一也／越後守平在之

○巻第廿　漢書八（缺巻）

(49) 小林芳規「群書治要解題」（『群書治要（七）』平成三年八月）。

(50) 太田晶二郎「漢籍の「施行」」（『日本學士院紀要』第七巻第三號、昭和二十四年十一月、『太田晶二郎著作集第一冊』平成三年八月所收・二七五頁）。

（51）『史記抄』內閣文庫本（六・七オ～ウ、一七八頁下、『抄物資料集成』第一卷）
○史記乃太公作二于先一、而本朝菅江良算家之名儒、承レ之加レ點者也、漢書者、班固述、于後而諸儒又祕不可點者也、

（52）壽岳章子「抄物目錄Ⅱ」（『國語國文』第二十四卷第一號、昭和三十年一月）。
大塚光信「漢書抄について」（『國語學』第三十六集、昭和三十四年三月）。
柳田征司『室町時代語資料としての抄物の研究』平成十年十月・二五二頁）。

（53）長澤規矩也「漢書」（『國史大事典』昭和五十八年二月）。

（補1）右の內、『漢書古今集義』『漢書訓纂』は、後述の漢書楊雄傳天曆の訓點にそれぞれ「集」、「訓」又は「察」としてその一部が引用されていることが、沼本克明博士『平安鎌倉時代に於る日本漢字音に就ての研究』（昭和五十七年三月）六四七頁他に指摘されている。

（補2）藤原賴長の經史等の講讀については、橋本義彥氏の詳細な考說がある。『藤原賴長』（人物叢書、昭和三十九年九月）三三一頁以下。

（追記）本稿を成すに當って、大江英夫氏から有益な助言を頂いた。記して感謝の意を表する。

（『重要文化財　宋版漢書　慶元刊本』汲古書院　平成十九年三月）

猿投神社藏本文選卷第一弘安點

一　文選古點本の諸本

『文選』の古訓點本で現在知られているものは必ずしも多くない。管見の及ぶ限では、天理圖書館藏本・東山御文庫藏本（九條家本）・大東急記念文庫藏本・東寺観智院藏本・上野本・宮内廳書陵部藏本・足利學校遺蹟圖書館藏本などがある。天理圖書館藏本の『五臣註文選』は三條家舊藏、平安後期頃、多分院政時代より少し遡るかと考えられる頃の加點で、訓點の年代としては現存最古と認められるが、惜しむらくは卷第二十の一卷を傳えるのみである。

東山御文庫藏本（九條家本）文選は、現に二十二卷を存する（内卷第十四は二部ある）が、取合せ本であって、卷第二十一と二十二との二卷は無點本であるが、それ以外にはすべて訓點があり、殆ど各卷に識語があって、その最古のものは卷第十九で「康和元年（一〇九九）九月廿日巳刻書了」の識語を有するものであり、次いで卷第十七の「保延二年（一一三六）正月廿三日午時許讀了」及び「保元二年（一一五七）二月廿三(?)、日入合讀(?)本了」の識語を有つものなどであるが、卷第一の奥書には

本云

猿投神社藏本文選卷第一弘安點

猿投神社藏本文選卷第一弘安點

弘安八年（一二八五）六月廿五日以菅江兩家證本校合書寫了／

散位藤原相房／

正應五年（一二九二）五月九日點了文選十二三歲之時多年以／自筆令書寫受嚴君之說了而先年甘繩回祿之時／皆以爲灰燼了仍爲授幼稚所令校點了　散位藤原長英／

正慶五年（一三三六）二月十四日書寫了　散位藤原師英／

翌朝寫朱墨兩點斟（勘カ）物了　師英／

とあって、藤原師英が正慶五年に書寫加點した鈔本を更に書寫したものと考えられるのであり、その書寫年代は確定し得ないが、凡そ南北朝時代の交と認められるものであって、卷第一の訓點本として從來紹介されたものとしては、後述の「正安本」を除いては本書が最古であったと考えられる。本書の識語は全卷の分について小林芳規博士『平安鎌倉時代に於ける漢籍訓讀の國語史的研究』（一四九三頁以下）に收録されている。又、本書の本文の性格については斯波六郎「舊鈔本文選集注卷第八校勘記」（『文選索引』附錄）に詳説されている。

大東急記念文庫藏本は卷第三の首尾缺の一卷で、鎌倉中期の寫本であり、同じく鎌倉中期の朱墨兩點による詳細な訓點がある。長澤規矩也博士執筆の『大東急記念文庫貴重書解題第一卷』三一〜三二頁に詳説されている。

東寺觀智院藏の『文選』は卷第二十六の一卷で、奥に「元德二曆（一三三〇）中春／於莊嚴寺書畢」の識語があり、全卷に朱墨兩點に依る詳細な訓點がある。

宮内廳書陵部藏本は宋版本六十一册で、應永三十二年（一四二五）、同三十四年（一四二七）の加點識語があり、更に安元三年（一一七七）の本奥書がある（『圖書寮典籍解題　漢籍編』一〇一頁）。又、足利學校遺蹟圖書館藏本は、南宋紹興年間の刊本二十一册で、永祿三年（一五六〇）の寄進識語を有する。その識語は『金澤文庫古書目錄』（八二頁以下）に収載されている。

二　弘安五年本文選

愛知縣西賀茂郡猿投町に在る古社猿投神社には、計三點の『文選』の古鈔本が藏せられている。東京大學史料編纂所所藏の猿投神社書目に、

文選卷第一

弘安伍年十月廿六日書寫畢交了

（卷子木軸、無卦）

とあるのはその中の一つであって、この記載を手蔓として、私は、小林芳規博士と共に、去る昭和三十五年七月に猿投神社を訪れ、宮司白鳳秀夫氏の御厚意によって、右の弘安本を始として、他に多くの古鈔本を調査することを得たのであるが、それらの中で更に二種の文選の古鈔本を、小林氏と共に發見した。その一は、正安四年（一三〇二）の奥書のある鎌倉時代の寫本の卷第一の一卷であり、この本については、小林博士が『訓點語と訓點資料』第十四・十六・十八・二十一輯（昭和三五・一〇、三六・四、三六・一〇、三七・四）誌上でその解說と詳細な全文翻刻とを行われた。他の一本は、奥書は無いが鎌倉時代の寫本で「序」の一部二丁の斷片であり、これについては私が簡單な解說とその全文とを『訓點語と訓點資料』第十四輯（昭三五・一〇）誌上に掲載した。

本稿で述べようとする一本「弘安本」は、上掲の東京大學史料編纂所の目錄に掲げられているものであるが、昭和三十五年に私共が調査した折には、卷尾に近い部分を除き各紙糊附が離れてバラ〳〵になっていたのを、順序を正して一往整

備し假に糊附をしたのであった。その後本巻は修補を施され、昭和四十二年六月十五日附告示を以て重要文化財に指定された。又その全巻寫眞は、太田正弘氏によって頒布され、又『愛知縣史料叢刊』には、その題跋（第五册一五頁）及び略解説（第六册九頁）が收められている。内容についての研究は、小林芳規博士がその著『平安鎌倉時代に於ける漢籍訓讀の國語史的研究』に於て取上げられたものが唯一の例と思われる。卽ち、本書所用のヲコト點が紀傳點であること（一八五頁）、文選讀が多いこと（四八〇頁）、聲點附和訓が二十八例あること（五五六頁）、その聲點附和訓の中には、和名抄師説と一致するものがあること（六二二頁）、「師説」を引くこと（六四一頁）、本書は藤家の點本であろうかとの推定（一一〇七頁）、江家訓を引くこと（一一〇七頁）などに亙って論ぜられている。本稿に於ては、主として國語史學の立場から、本書に加えられた訓點を中心として、その價値を論じようとするものである。

本書は巻子本、一巻一軸、料紙には白色の楮紙を用い、紙數は現存四十七紙。一紙は原則として十四行（第二十九紙十一行、第三十紙三行）、一行十五字詰。天地約二八糎、押界を施し、その界高約二四糎、上欄外の高さ約二・五糎、下欄外の高さ約一・五糎、界幅は約三・一糎。惜しむらくは巻首を缺くが、巻中、殊に巻尾附近には相當の蟲損は有り乍ら、巻首以外の本文は殆ど完全である。巻首の缺損部が如何許であったかと推測するに、恐らく第一紙の最初の三行を空白として、都合四紙を巻首に於て缺失したのが現存弘安本の形と見て良いのではないかと思われる。本書の現存部分は「文選序」の中途「之道著桑間濮上」から始っており、次に「文選巻第一」となって「兩都賦序」に續いて行くのであって、この本の「序」の缺失部分はその前半三百四十八字であるが、弘安本は一行十五字詰、一紙十四行であるから、若し缺失部が「序」だけと假定すると、二十三行と三字という半端が出て不審である（三字は恐らく脱字等で實際の「序」の本文は二十三行であったろうが、標題を含めて二十四行としても二紙に四行餘白となる）。所で猿投神社所藏の他の一本たる正安本に於ては、この「文選序」の直前に更に「上文選註表」百六十九字が存する。弘安本にも同じくこれが存したものと推定すると、弘安本では二十五行に當り、それにその後記三行、標目一行、計二十九行、それに曩の「序」の二十四行を加えると總計五十三行となり、四紙として巻首の三行を餘白とするという計算になるのである。

内容は前述の如く「文選序」の途中から始り、「序」は現存第三紙の末に至って終る。次に

文選巻第一　賦甲イ　　梁昭明太子撰《此六字イニハ无》

・（朱）京都上《一イ（朱）》

班《イ无（朱）》孟堅兩都賦二首　幷《セテ》序《アハセタリ》

張《イ无（朱）》平子西京賦一首

賦甲《此二字イ无（朱）》　兩都賦序　班孟堅

或《ル人の》曰賦者《は》古詩之流也《なり》昔《シ》成康没《シて》而頌《の》

……（以下本文）

と續き、次いで

西都賦一首（第六紙）

東都賦一首（第十七紙）

明堂詩（第二十五紙）

壁雍詩（第二十六紙）

靈臺詩（同右）

寶鼎詩（同右）

白雉詩（同右）

猿投神社藏本文選巻第一弘安點

と列なって第四十七紙に至り、尾題が

西京賦一首（第二十七紙）

文選卷第一

とあり、二行置いて、恐らく本文と同筆で

弘安伍年十月廿六日書寫畢

という識語がある。尙、尾題の直下に小さく、「交早」の墨書を見る。軸は白木の合せ軸でこれは恐らく原装の儘と考えられる。一行十五字詰、一紙十四行で、四角張った、一寸癖のある、あまり能筆ではない書體である。けれども本書は、全卷に朱書と墨書とに依って詳細な訓點が施されて居り、卷首の缺失はあり乍ら、尙諸種の點で貴重な訓點資料と目すべきである。

抑々文選卷第一は、文選序、兩都賦、西京賦などを含み、文選の中でも古來殊に著名な諸篇を收め、本邦に於てもその古訓は既に相當古くから傳承されていたものと思われる。既に『和名類聚抄』の中で「文選師說」と注して引用した例が相當數あるが、その中で文選卷第一のものが多數を占めているようであり、又、『圖書寮本類聚名義抄（院政期寫本）』に引用されている文選の古訓も、その大部分は文選卷第一に出自を有するものである。然るに卷第一の訓點について見ると、從來は九條家本の南北朝時代の訓點が、知り得る最古のものであったが、これに對して、本書は弘安五年（一二八二）の加點であって、それよりも約百年間遡るのであり、正に現存最古の訓點本となるのである。此の點に於て、本書の訓點は重要な意義を有するものである。

しかし、この弘安本には、難點も無い譯ではない。奥書が簡單であって、その傳來の事情が明確でないという憾がある。又、或る祖本からの轉寫本と推定されるが、誤寫が尠くないことも擧げられよう。ただ、猿投神社は、もと眞言宗に屬した佛寺であり、古くから高野山との關係が深かった（『猿投神社誌』）由である。そしてこの神社には、文選の他、外典として、古文孝經・白氏文集・本朝文粹等の寫本を藏するのであるが、これらは恐らく往時の寺僧の修學の爲に寫されたものと推察されるのであり、他の寫本類の識語にも、年號はあってもその本の傳來などを記したものは割合に尠い。寺僧にとっては、點本そのものが必要だったのであって、その傳來などは必ずしも重視しなかったのかも知れない。

本書の本文の系統については、未だ十分に詳にしていない。ただ一二注目すべき點が存するので、それについて述べることとする。

第一に、本書の本文は、同じく猿投神社に藏せられる「文選序」の本文と、極めて近い關係に在ることである。「文選序」の詳細は、前に述べた通りであって、僅か二丁（四頁）を存するに過ぎず、これを以て全體を推すことは、警戒すべきかとも考えられるが、この部分を、それと對應する弘安本、卽ち第二紙第六行「集其清英」から、第三紙第八行「義歸乎翰藻故」までの十七行に亙って比較して見ると、漢字は一字も異ることなく全同であり、訓點も、字傍の音訓、聲點、ヲコト點、返點、注記、合點に至るまで殆ど同一であって、その出入は極めて稀である。ただ、一二、一方が誤脱を有するかと見られる點があるに止まるのであり、ただ、弘安本の方に他本との異文注記が二三存することだけが異っている。殊に「翰藻」の「藻」の傍訓を兩者共に「サラ」と訓まれる字體に作っているが、これは明に「サウ」とあるべき所であり、このような誤記までが符合していることは、兩者の間の關係が極めて緊密であることを示唆しているものと思われる。その關係については、遽に斷案を下すことは容易でないが、私の感じでは「文選序」の方が先であって、それを忠實に轉寫したのが「弘安本」であり、弘安本は更に別本を以て校合して校異を記入したのではないかと思われる。

弘安本と九條本とを比較して見ると、その本文は同系のものではないことが明に看取される。その最も顯著な相違は、序文の次、本文の卷頭の體裁であって、弘安本では、上述の如く、

猿投神社藏本文選卷第一弘安點

文選卷第一 賦甲イ　此六字イ二八无 梁昭明太子撰

「・」京都上「一イ」

「イ无」班孟堅兩都賦二首　幷序

「イ无」張平子西京賦一首

賦甲「此二字イ无」　兩都賦序　班孟堅（「　」は朱筆、訓點省略、以下同斷）

とあるのに對し、九條本では

文選卷第一 賦甲—乙也　梁昭明太子撰

京都上

班孟堅兩都賦二首幷序

張平子西京賦一首

京都上

兩都賦序　班孟堅

とある。更に猿投神社本文選（正安本）では

文（缺損）賦甲

京都上一イ　イ无班孟堅兩都賦二首幷序

イ无張平子西京賦一首

兩都賦序　班孟堅

とあって、正安本の方が遙に九條本に近い體裁を示している。又、本文について見ても、その一例を示せば次の如くである。（以下、例えば「1／2」は弘安本の第1紙第2行のように、紙數と行數とを示す。）

	（弘安本）	（九條本）	（正安本）
1／2	蚤粲イ＼然	粲然	（缺）
1／5	分鑣。驪イ	分鑣	分驪
1／5	竝駈。驅イ	竝驅	＝竝驅
1／7	惣成	總成	惣總イ成
1／8	戒則。出	戒出	＝戒出
1／11	餞記之列。	餞記之別	＝餞記之別《レツ》
1／12	悲哀	悲哀	哀（上）悲イ
2／1	葢云備矣	蓋云備矣	＝盖云備矣
2／5	辥人	詞人	辭詞人
2／6	翊緗イ襄帙イ	緗帙	＝緗帙
2／7	而欲	蓋欲	而欲
2／8	大半	太半	＝太半
2／9	奧。寔イ孝敬	奧孝敬	奧寔イ无孝敬
2／9	重直以	重以	重直以
2／12	杭直	抗直	＝抗直
2／13	善美イ話	善話	美（下）善イ話
3／3	傍出	旁出	傍出

3／5	弗取	不取	□取
3／6	同異	異同	同異
3／10	名之（曰此字或本有無）。文選	名曰文選	名之（曰此字或本無或有）。文選
3／11	文體	文之體	＝文之體

以上「序」の部分のみを示したが、これによって見ても、九條本とは相當に懸隔があり、寧ろ正安本と近いことが看取される。本文中「イ」と記したのは多く正安本と一致し、逆に正安本で「イ」と記したのは、この弘安本に一致する點が多い。

九條本は字體の上で今體を用い、弘安本・正安本は古體を用いるという對立もある。或いは九條本は宋版本との關係があるかとも想像される。

三　訓　法

本書の訓點は、恐らく他の前行の點本から移點したものである。その移點の態度を推測するに、必ずしも嚴密なものではなかったように見える。というのは、誤寫と考えられる箇所が相當數に上り、又古い語形でなくして弘安當時の新しい語形と認められるものが交っているからである。

しかし本書の依據した原本がどのような性格のものであったか、明にすることは容易でない。ただ訓點の中に「江」と注記したものが五例あり、それらは恐らく大江家傳來の訓の意と考えられる。

郊《（平軽）》野之冨《トミ》・號《ヨハテ》《ナツケ江》し、爲《す》近蜀《と》・　8／10〜8／11（ヨハテ・ナツク兩者に合點あり。以下本文の引用に際しては、原文の假名を片假名で表し、ヲコト點を平假名で表し、原文の句讀點・返點・聲點等の符號は差支無い限り省略することにする）

然後《てに》・收禽《ヲサメを》・會《アツメ江》衆《シを》論《（平）》功《シを》賜胙《サク江を》《ソ》　15／6〜15／7

論《と（き）には》《スルニ江》《トキハ》（去）功《を》仁聖《の》之事・既該《にソナハて》而　19／10〜19／11

（識）□函《カン》谷之《の》可關《ことをセキト江》《と》《て》而　25／1

於《ア》・皇《ヲホキニ江》《オホイナル》・樂《タノシヒキ》《タノシム》《タノシヒアリ語助也》胥《シヨヲ》　26／7〜26／8

從って、本訓點の中核が江家點以外の何物かであることは明である。

小林芳規博士は、文選の古點本を涉獵して、それらの中に、大江家本・藤原式家本・菅原家本の存在したことを論證された（上掲書一一〇七・一二三〇・一二三五頁）。卽ち、

大江家本………九條本の奥書竝に引用訓、猿投神社藏弘安本、同藏正安本、大東急記念文庫本、書陵部藏六臣註文選の引用訓による。

藤原式家本……九條本、猿投神社藏弘安本（推定）

菅家本…………九條本卷第二十朱訓、天理圖書館藏本五臣注文選、大東急記念文庫藏本、猿投神社藏正安本

中原家本………書陵部藏應永二十九年點（卷第廿六）

の如くである。

九條家本文選卷第一の奥書（前掲）によれば、藤原相房が弘安八年に書寫した文選があったが、その原本は「以菅江兩家

證本校合書寫」した本であったという。又、圖書寮本文選宋刊本の巻第三十四の奥書には「正和二年（一三一三）十一月十五日專以我家祕說授申武州大守而從二位行式部大輔菅原在輔」とあり（圖書寮漢籍善本書目下）、正和の頃には菅家の文選が存したことを知る。更に圖書寮本文選巻第二十六の奥書には「舊本云安元三年（一一七七）三月五日以文章博士敦周朝臣家本移點校合畢正五位下行助教中原朝臣師直（以下略）」とあり（『假名遣及假名字體沿革史料』四四面、小林博士前掲書一四九六頁）、「敦周」は藤原茂明の子で文章博士に至った藤原敦周なるべく、藤原式家、中原家に文選の傳本の存したことが知られる。斯くして、文選の傳本は大江家の他にも少くとも菅原・藤原・中原などの諸家に存したことを知るのである。尙、同じく猿投神社所藏の文選正安點の訓點について、小林博士は、菅原家系のものといわれている。この本は弘安本と必ずしも一致せず、例えば反切の註に弘安本は一般に「某某切」とあるのに對して、正安本は「某某反」を用いる。一方、弘安本の左傍の訓（第二訓）は正安本に於て右傍の訓（第一訓）に合致するような事實もあり、互に全く無關係とも斷じ難い面が窺われる。

所で九條家本は藤原家に傳來した點本であるが、本書と比較すると、九條家本の方がヲコト點の鉤點や漢文の注（これの多くは五臣註などからの引用らしい）などは多いけれども、訓そのものは一致する點が多いように認められる。弘安本は或いは九條家本と同じく藤原家系統の本ではないかとも考えられる。

本來ならば全文の翻字を公刊してその上でその研究を述べるのが本筋であるが、本稿では紙數の制約もある故、次に見本として一部分の訓讀文の例を示すに止める。西京賦の一部、弘安本の第三十六紙第八行から第十三行に至る。（漢字の異體は出來るだけ現行字體に改めた。翻字の記號の約束は上述の通り。）

〔原文〕　瑰貨方至、鳥集鱗萃。鬻者兼贏、求者不匱。爾乃、商賈百族、裨販夫婦、鬻良雜苦、蚩眩邊鄙。何必昏於作勞、耶贏優而足恃。彼肆人之男女、麗靡奢乎許史。若夫、翁伯濁質張里之家、擊鍾鼎食、連騎相過。

〔弘安本譯讀〕瑰《クワイ》〔アヤシキ〕貨〔（タカ）ラ〕・方《カタ〳〵》・至《（イ）タ》リて鳥（ノ）コトク集マリ・鱗（ノコトク）萃《アツマ》レ（リ）〔レリ〕．鬻《ヒサ》ク者《（モ）ノ》ハ〔は〕贏《□サク》〔クフサ・エイ〕（ヲ）兼《カ》ネ、求ムル者ハ賈《ノはトモ》しから不．爾（シ）て乃（シ）・商賈《コ》ノアキヒト・百族《モ、ヤカラ》ニ〔に〕シて、裨《ヒ》販《ハン》ノヒサキヒト・夫《ヲツト（ト）メ》、婦ト、良《ヨ》キを鬻《ヒサ》キ〔ヒサイテ〕・苦《ア》シキを雜《カ》テ、邊鄙《ヒ》ノアツマヒト（ヲ）蚩《アサム》キ〔アナツリ〕眩《カ、ヤ》カス〔す〕．何ソ必（ス）シモ《於》作勞を昏《ツト》メ（ム）．耶《ヨコシマ》ナル〔邪〕贏《クフサ》〔「クフサ」に圏點の聲點「上・上濁・平」あり、以差切・エイ〕・優《ユタカに》ニシ而侍《てタノ》ムに足レリ．彼の・肆《シ》の《之》男《ナム》女、麗《ウルハ》シク〔こと〕靡《ウルハ》シキこと、《乎》許史ヨリモ奢《ヲコ》レリ．若《モ》シ夫レ、翁《ヲウ》伯ノアフラヒサキ〔アフラヒサキ〕・濁《タク》ノホシウリ〔＼ツク〕・質ノサヤマキ・張里ノムマクスシの《之》家モ〔ハ・に〕・鍾を撃《ウ》て鼎《＼カナヘ》ニシテ〔（ノ）コトク〕食《ハ》ム．騎を連《（ツ）ラ》ネ相過《ス》ク．（〔 〕は別訓、《 》は不讀字を示す）

尚同處を正安本の訓點により解讀して見ると次の如くで、二者の相違の程度を知り得るであろう。

〔正安本訓讀〕瑰《アヤ》シキ貨《タカラ》〔クワイクワ〕・方《カタ〳〵》・至て、鳥のコトクに集リ・鱗《イロクツ》ノ〔の〕コトクニ萃《アツマ》レリ、鬻《ヒサ》ク者《の》は贏《クフサ》ヲ兼《カ》（ネ）、求（ムル）者は賈《トモ》シキ（ニアラ）不．爾シて乃（シ）・商《ウ》賈《コ》（ノ）アキヒト百族《コ、ヤカラ》（「コ、」は「モ、」の誤）（ニシ）て裨販《ハン》〔ヒサキヒト〕夫《ヲ（ト）（ヲム）ナ》婦、良《ヨ》キ〔コキ〕を鬻《ヒサ》クニ〔に〕苦《ア》シキを雜《カ》テ、、邊鄙《ヘムヒ》ノアツマヒトを蚩《アサム》キ眩《カ、ヤ》カス〔す〕．何ソ必（ス）シモ・《於》作勞を昏《ツト》メム．邪《ヨコサマ》ナル〔シヤ〕贏《クフサ》〔エイ〕・優《ユタカ》にシて《而》侍《タノ》ムに足レリ．彼の肆人（ノ）《之》男女・麗《ウルワ》シク靡《ウルハ》シキコト《こと》《乎》許史《キヨシ》に〔ヨリ〕奢《ヲコ》レリ、若（シ）夫（レ）・翁《ヲウ》伯〔アフラヒサキ〕・濁《タク》〔ホシウリ〕、質〔サヤマキ〕・張里〔ムマクスシ〕《之》家ハ〔には〕、鐘を撃《ウ》て鼎《カナヘ》ニ〔に〕シテ食《ハ》ム、騎〔を〕連《ツ（ラ）》（ネ）て相過《ヨキ》ル〔スク〕．（〔墨合〕は墨筆の合點で、音合・訓合の區別無く中央に在るもの。「音合」は朱筆の合點で中央、「訓合」は朱筆の合點で左寄の合符を示す）

又、九條本では、次のようになっている。

〔九條本訓讀〕瓌貨・方々《（カタ〳〵）》〔々は假名の疊符〕至《イ（タ）》（リ）て鳥の（コトク）に集まり・鱗の（コトク）に萃《アツ》まる．鬻《ヒサク》者《（モ）の》は贏《クフサ》を兼《カ》ネ・

求むる者《(モ)の》 は匱《トモ》シカラ不．爾（シ）て乃《古(朱)「ノ」アキ人モ、ヤカラに》（シ）・商《行日―坐日―(訓合)類也》。賈・百族ニシて裨《必彌(朱)「ノ」ヒサキヒトオトメ》《益也(音合)》。販・夫婦《(訓合)》あり．良《ヨ》キを鬻《ヒサ》クに苦シキを雜《カ》テ、邊《遠人也(音合)邊邑也》。鄙「ノ」《(朱)》アツマヒトを蚩《アサム(訓合)カ、ヤ》《侮也欺也》キ 眩《縣惑也亂也》カす．何（ソ）・必す（シ）モ《於》作勞を昏《ツト》メむ．邪《(音合)(平)》贏。・優《ユタカに》《善也》ニシ而恃《タノ》ムに足れり．彼の。

肆人《(音合)》（ノ）《之》男女は・麗《ウルハ》シク美《ウルハ》《(訓合)》 シキこと、《乎》許史《(人名)(人名)》（ヨリモ）奢れり．〈（上欄）良曰許・皇后史良娣宣成二帝時皆恣爲奢僣〉若（シ）夫（レ）・翁伯《(朱)》「ノ」《販脂》アフラヒサキ・濁《(入)》《―氏賣脯》。「ノ」《(朱)》ホシ、、ウリ・質《(入)》《―氏洒削》。「ノ」《(朱)》サヤマキシ・張里《(音合)》「ノ」《(朱)》ムマクスシ〈（上欄）善曰如淳曰洗削作刀劍張里之名〉（ノ）《之》家は鐘《(平)》。擊て鼎（ニ）シて食《ハ》ム・騎を連ネて相（ヒ）《(訓合)》過《ヨキ》ル．

かような比較をした上で考えられることは、文選の訓の中でも或る部分は諸家に共通なものが相當存したのではなかろうかという推定である。右の文で言えば、贏＝クフサ、邊鄙＝アツマヒト、蚩眩＝アサムキカ、ヤカス、翁伯＝アフラヒサキ、質＝サヤマキ、張里＝ムマクスシ、などの例である。これらは何れも觀智院本類聚名義抄の和訓の中にも見出すことが出來る。名義抄の訓では觀智院本ばかりでなく、その一段階前の形態と見られる圖書寮本に於て既に文選の古訓を極めて多量に採入れていることは明であり（築島裕「漢文訓讀史上の圖書寮本類聚名義抄」『國語學』三十七、昭三十四・六。『平安時代の漢文訓讀語につきての研究』所收）、その源となった文選の點本が果して何家に傳來した本であるかは未詳であるけれども、とにかく現存諸本に共通して含まれている訓が多く、それが名義抄に反映していることは、否定し難い事實である。

次に訓法上の問題點を一二指摘しておく。

「秦人」「齊人」のように國名若しくは地名の下に「人」の來る際の訓法は、現在の漢文で「シンヒト」「セイヒト」のように「―ヒト」と訓讀するが、この由來は遠いもので、院政時代にまで遡り得るのである。例えば大東急記念文庫藏大日經義釋演密鈔長承三年（一一三四）點に「郢人《エイヒト》」の例があったが、本點に於ても

子《(訓)》・實《マ(コト)に》・秦《(平)(音合)》。人《ヒトナレハ》 矜《ホコリヲコて》二夸《ヲコリ》。館。室一保《タモチサカヘリ(音合)に》《(訓合)》 界河山一《を》《○(平輕)》 17／5

という例が見える。「秦」に平聲の圈點があるから「シンヒト」と讀んだのであろう。本書と殆ど同時代の金澤文庫藏弘決

外典鈔弘安七年（一二八四）點には「魯人《ヒト》」「蒙人《モウヒト》」「超人《テウヒト》」などの例がある。

文選讀については極めて多くの用例があり、約二百十八例を拾うことが出來る。文選讀については以前に小見を述べたことがあるが（『平安時代の漢文訓讀語につきての研究』二六一頁以下）、本點の例の中には幾つかの注意すべきものが含まれている。次にその例を示す。

皇漢之初《メ》、經營《トイトナムシトキに》（音合）（平輕・平）（平）也　6／5

街衢《カイクノチマタ》（音合）洞達《タツト、ヲリヒラケ》（音合）（入輕）閭閻《リヨウエムノサト》（平）且千《トチ、ハカリナリ》（音合）（平）　7／9

陂池《ヒ　チトカタクツレニシテ》（平輕）（音合）連二乎蜀（入）（音合）漢一に　9／4

磌礉《センセキノサ、レイシ》（入輕）綵緻《サイチトイロキヒシウシて》（音合）琳珉《リムヒンノタマ》（音合）青熒《ケイトアヲヤカナリ》と（平輕）（音合）　11／1

右のように、文選讀の典型的な型は

街衢《ガイ（音）クノチマタ（訓）》（漢字二字）……□ノ□（體言）

經營《ケイ（音）エイトイトナム（訓）》（漢字二字）、……□ト□（用言）

のように、漢字二字の字音語を、先ず字音でよみ、次に助詞ノ（下が體言の場合）又はト（下が用言の場合）を附け、次に體言又は用言の和訓を續けるのである。かような典型的な例の他に、弘安點には次のような特異な型がある。その一は、

煥《クワントテレルこと》若《コトシ》二列（音合）宿《シウの》紫（音合）（平）宮一　10／4

聲激越《シてクワウトナリキ》（入輕）（音合）謍（入輕）大也　16／3

色《イロ》(訓)・紛《温イ》(平輕)(音合)紜《たり》、煥《クワントテリ》《と》・其《レ》・炳《ヘイトテレリ》《と》　26／11
粄《ハントテリ》私照也・赫《キク》戯《トサカリニシテ》許宜切　31／10
神明《ノトノ》嵓《トサカリニシ(テ)》　34／2
神(音合)山(平)崔《クワイトタカクサカシウシテ》魏(平輕)(音合)欻《キツトタチマチニシテ》《と》虚勿切　從背《セナカヨリ》・見《ミユ》　43／14

の如く、漢字が一字である場合である。何れもトを受けて連用修飾語―用言と連った例である。又、

載《ノセタリ》獫《ケンカ》(音合)猲《ケチ》《ツ》(音合)獢《ケウノイヌを》艶切結許苗切　39／12

のように、三字の漢字の文選讀の例、

欝《(入輕)》(音合)蓊《ヲウ》薆(音合)對《タイトモ(クサカナリ)》《と》、橚《シク》(入輕)椞《シムトイヨ、カナリ》・橚《セウ》槮《ヤ》(平輕)(音合)　38／3

のように四字の漢字の文選讀らしい例がある。

又、文選讀のもとの漢語は、普通名詞であるのが一般であるのに、次のように地名・人名等の固有名詞の例がある。

二(音合)華ノヤマ　28／4　太一(音合)ノヤマ　28／7　翁《ヲウ》(音合)(平輕・平)伯ノアフラヒサキ濁《タク》(入)ノホシウリ質(入輕)ノサヤマキックリ張(音合)(平)里ノムマクスシ　36／12

又、表記形態について見ても、多くは最初に掲げたような形態、卽ち右傍に字音と和訓とを一行に連記したものであり、從って多くの場合、餘白が少い爲に、和訓は極めて窮屈に詰めて書かれるのであり、しかもこれが平安時代以來の文選讀の一般的な表記法だったのであるが（前掲拙著）、これに對して、次のように字音を右に和訓を左に分割して表記する例が一二見えている。例えば

翡(音合)翠《エイ》舍采《はサイ(音合)》《ノカサリ》飾《シヨク》・纖(平)縟(音合)《シヨクトマタラカシテ》　32／6

に於ける「釆飾」や

武士赫（入輕）（音合）怒《サカリニイカテ》ト　40／4

に於ける「赫怒」の如き例である。これらは醍醐寺本遊仙窟康永三年（一三四四）點に多く見られる形態であって、しかもそれは比較的新しい形なのであり、本點の如きはその過渡の狀態を呈していると見るべきであろう。

四　假名字體・ヲコト點

本書に用いられた假名字體及びヲコト點は次に掲げるが如くである。この二つの圖表は何れも墨筆・朱筆共通である。卽ち假名字體には墨筆の假名と朱書の假名とがあるが、共に同一の字體を用いて居り、又ヲコト點も朱筆と墨筆との二種があるが、何れも同一のヲコト點を用いているのである。

實は本書の墨點は一種だけではなく、二種乃至三種の異筆が存するようである。そしてその中の多くはさほど年代の隔るものではなく、率ね弘安頃のものと認められるが、中には少し下る時代のものかと考えられるものも混じている（その假名は圖表には採らなかった）。墨筆は、假名や漢字の注記の他、各所にヲコト點（星點・鉤點とも）を書加えている。しかしかような現象は古訓點には決して珍しいことではない。朱筆は殆どヲコト點であるが、稀に假名も加えている。又、全般的に朱のヲコト點と墨の假名とは大體に於て相補って訓讀されるように附せられている。この體裁は所謂朱墨兩點であって、鎌倉時代の多くの漢籍の點本において最も一般的なものである。

假名字體に關しては特に述べることはない。異體として、サ・ネ・マ・ワ・ヰ・ン（各字體は表參照）などを用いていることは、當時の點本の例である。「オ」は殆どなく、大部分は「ヲ」である。「オ」を用いたのは「巨オホイナル」（43／13）位のもので、極く僅である。

疊符は、一字は普通「〻」であるが、時に「唯〻井〳〵」（6／9）「猗〻イ〳〵」（15／12）の如く「〳〵」を用いることがあり、又二字は普通「〳〵」であるが、時に「幾ホトヽヽ」（18／2）の如く「ヽヽ」を用いることがある。この「〳〵」

猿投神社藏本文選巻第一　弘安五年點　所用假名字體表

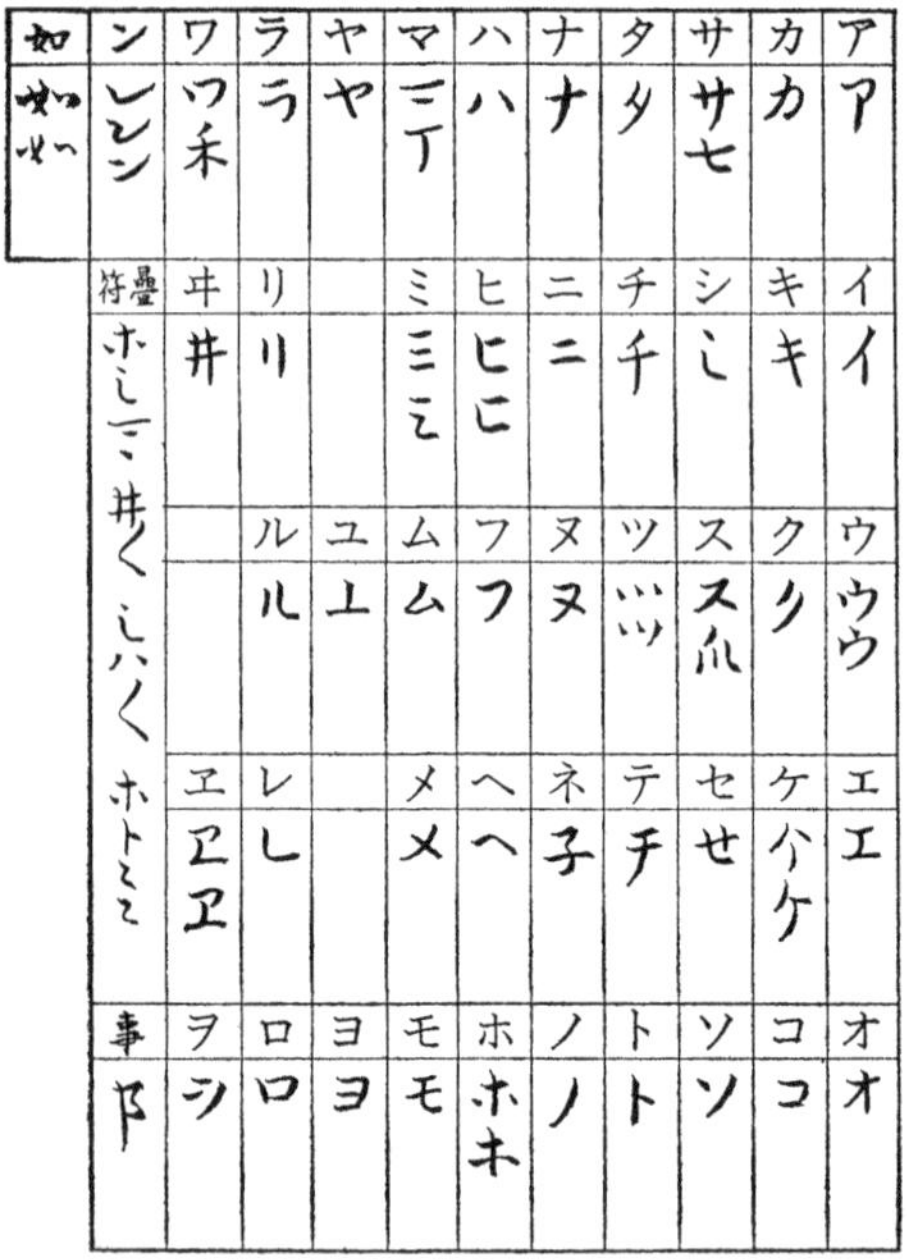

猿投神社藏本文選巻第一　弘安五年點　所用ヲコト點圖（朱點）

同右（墨點）

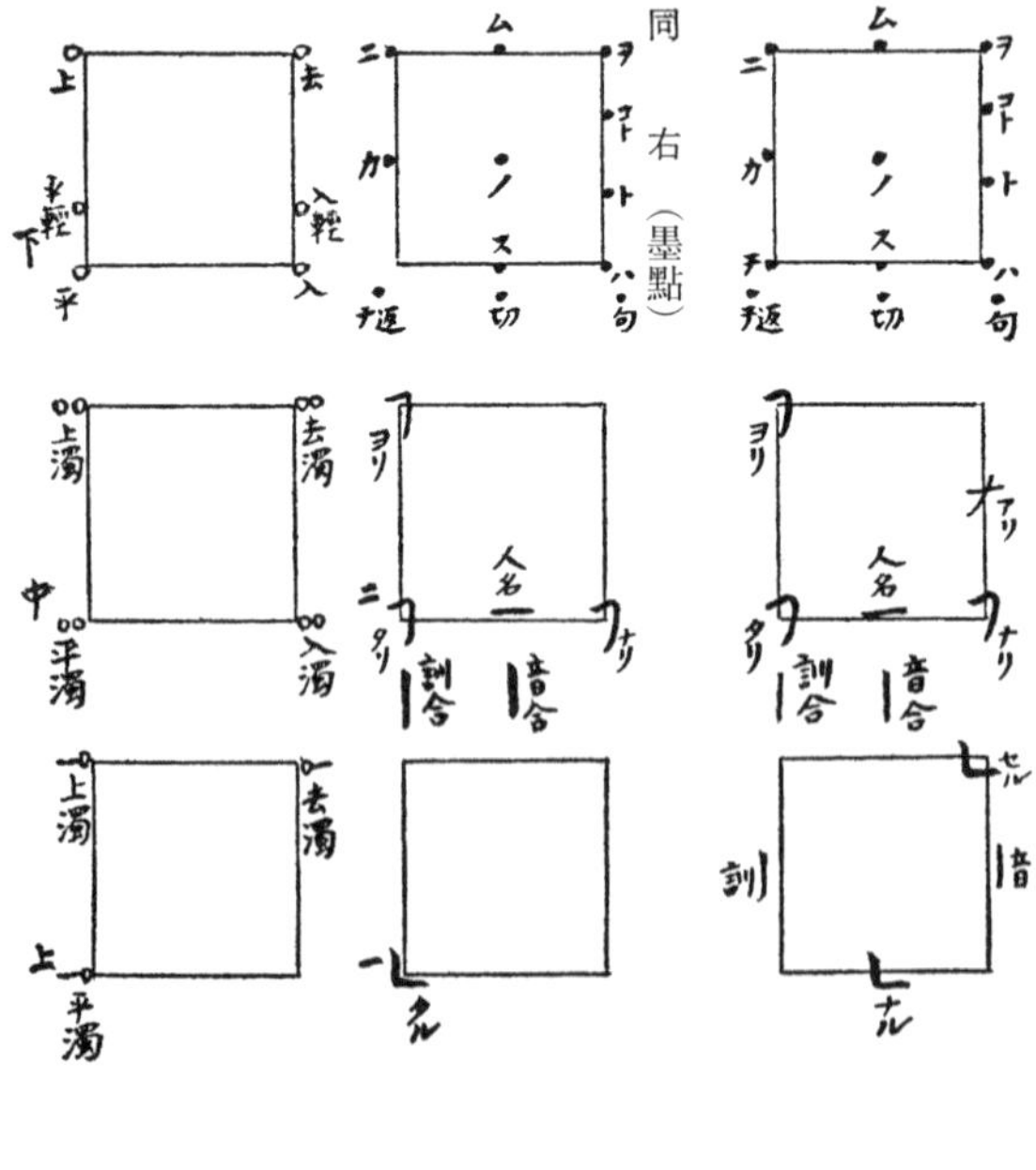

を一字の反覆に用いるのは平安時代には例を見なかった所であって（中田祝夫『古點本の國語學的研究總論篇』六〇五〜六二五頁）、鎌倉時代の訓點の特徴を現しているものと見られよう。

ヲコト點は前述の如く朱點と墨點によって示されているが、その多くは朱點である。ヲコト點は簡略であって、その種類の決定は困難であるが、多分中田博士の言われる「丙點圖」（私のいう「古紀傳點」で古く紀傳道所用であったと推定されるもの）かと思われる。「紀傳點」とも合う部分があるが、それとは斷定出來ない。

漢字の四聲の聲點はすべて墨筆で附せられているが、清音は∘の形の符號で六聲、濁音は∘∘及び-∘又は∘-の符號で四聲を區別しているようである。この型の濁音符については、小林芳規博士の論があり（上掲著書一二七四頁）、

菅原家・清原家……………………∘∘
藤原式家・藤原日野家・藤原南家……∘-（藤原南家は推定）
中原家……………………………∘∘∘-兩者交用

のように使分けがあるとされている。弘安點は兩者が交用されていて、この點では何家の系統かを推定することが困難であり、小林博士も交用文獻の例も存在することを指摘して、移點の際の改變によるものとされている。但し弘安本の場合、∘-が存することによって藤原家の訓點と推定する時は、確實に藤原家の訓點である所の九條本の訓點と必ずしも合致しない。その一例を示せば次の如くである。

	（弘安本）	（九條本）	（弘安本）	（九條本）
1／1	∘∘∘風雅	風雅	∘∘——	ナシ
1／2	∘蚤-然∘∘（粲イ）	粲-然	∘∘——	ナシ
1／4	四-言∘∘	四言	∘∘——	ナシ

1／5 九-言	九言	○○——ナシ
1／6 穆-若	穆-若	○○——○
1／9 精-微《ヒなり》	精-微	○‖○
1／10 清—潤《なり》	清-潤	○○——○
1／13 文	文	○○——○
1／14 源-流	源流	○——ナシ
2／2 監《カム》-撫	監撫	○——ナシ
2／4 眇焉《エントシ》	眇-焉《と(シ)て》	○○——○
2／5 辞-人	詞人	○——ナシ
2／5 飛文	飛-文	○‖○
2／6 無-穢《エイ》（一は○の誤寫か）	蕪穢	—‖○
2／11 文	文	○——ナシ
3／1 曲-逆《ケキ》	曲-逆	○‖○

右は巻首三十行の例を示したものであるが、兩者合致するのは二割強に過ぎないことが判る。本文について見ると、弘安本と九條本とは明に別系であって、若し弘安本に藤原家點が移されているとしても、それは、

㈠　他家點が既に存したものの上に更に加えられたものか、
㈡　藤原家の中にも更に異流の訓法が傳えられていたのか、
㈢　九條本が祖本から省略又は改めて移點したのか

などの事情を想定しなければならないであろう。

尚、假名にも聲點を附した所があるが、これについては後章に於て詳述する。

又一例であるが、墨筆の假名に朱で右肩に二點の濁點を加えた例がある。卽ち「舡《アゲ》レ鼎《カナエ》」（43／6）の「アゲ」の右肩の濁點ゝだけ朱で加えてあるのである。

五　國語音

國語音で、ア行、ハ行、ワ行に亙る假名の混同は、相當廣い範圍に行われている。但し本點では前述の如くオが殆ど用いられていないので、オ列音の混同としては、オ＞ヲが極めて多數である以外は、ホ＞ヲ・ヲ＞ホの混同例だけに止り、ホ＞オ・ヲ＞オの例は全く見られない。又、イ列音はイとヒとに關する例だけ（イ＞ヒとヒ＞イだけ）であって、ヰに關するもの（イ＞ヰ・ヒ＞ヰ・ヰ＞イ・ヰ＞ヒ）は全く見出されない。しかしこれは一つには本來ヰを含む語彙が少い爲でもあろうが、イ・ヒをヰに誤る例は室町以後には屢々見る所であり、本書の如き狀態は右に比すれば未だ古い形を存する點と見てよいであろう。

○歷史的假名遣で「ハ」と記す部分を「ワ」と記した例（以下、「ハをワと記した例」のように略記する）……

精《クワシウシ》　24／4。嫿《タワフレを》　42／8。卽《ケルコトワ》　19／6（助詞ハ→ワ）。勒《コトワ》スル（コ）とはレ戊を　19／9（同上）。

○ワをハと記した例……弱《ヨハ|ウシ》　8／6。彌《ハ|タシ》　35／4。侲《シン》僮《トウノハ|ラハヘ》　44／9。

○イをヒと記した例……大《ヲホヒ|モ》　27／10。橫《ホシヒ|マ、ニシ》　17／9。縱《ホシヒ|マニシ》　45／6（マ誤脫）。

○ヒをイと記した例……遂《ツイ|ニ》　16／6。都盧《テラツ、キマイ|》　34／8。

○ウをフと記した例……樹《ウフル》 38／8（フは後補）。峨《〻トタカフシ》 43／8。

○フをウと記した例……誨《ヲシウル》 11／10。噬《クラウモノ》 14／14。考《カムカウ》 20／2。慘《ウレウルトキ》 27／9。

○エをへと記した例……逾《コヘ》 2／5。超《コヘ》 41／9。絶《ヘ》 22／1。

○エをヱと記した例……見《ミヱテ》 3／3。滅《キヱ》 23／11。踰《コヱ》 24／12。獲《ヱ》 26／14。

○へをエと記した例……前《マエニハ》 16／6。鼎《カナエ》 43／6。

○へをヱと記した例……後《シリヱニス》 13／4。

○ヱをエと記した例……聲《コエセ》 23／12（エはヱかも知れず。蟲損の爲未詳）。

○ヱをへと記した例……所以《ユヘナリ》 1／5。故《ヘに》 3／8。所《ユヘ》 25／7。樹《ウヘ》 31／12。坐《スヘタリ》《ヱ》 31／13。音《ヘ》 25／2。

○オをヲと記した例……發《ヲコル》 1／10。發《ヲコシ》 3／1。概《ヲホムネ》 3／2。不作《ヲコラ》 4／5。その他極めて多いので省略。

○ホをヲと記した例……猶《ヲ》 28／5。猶《ヲ》 33／1。長《トヲキトキ》 46／5。

○ヲをホと記した例……十《(ト)ホカ》二《ッ》三《ッ》 14／7。什《トホカ》七《ナ、ッ》 40／12。竿《サホ》 41／5。

右は、オ∨ヲの他は、見出したすべての例であるが、全體から見れば比較的少數の混同例と見るべきであろう。又この中で「ハタシ」「ハラハヘ」の如く、語頭のワをハと誤った例のあることは、その比較的早い例として注意すべきであろう。

この他、アフグをアヲグと記した例が三つある。

仰《アヲケは》 11／3。俛《フシ》仰《アヲク》 16／5。煽《アヲイテ》 20／3。

鎌倉中期にはアフグをアホグ・アヲグと表記した例は他にも相當に見出すことが出來る。

望陽アホキメナリ（春秋經傳集解弘安點）（『假名遣及假名字體沿革史料』第三七面第八行）

仰アヲ《フ》く（古文孝經仁治點第十六紙第十八行）

又アフヒのアフをアヲ又はアホとしたのも同類であろう。これは更に年代が遡る。

蜀アホヒ（東寺藏尊勝念誦儀軌承暦三年〈一〇七九〉點）

葵アヲヰ（東寺藏慈氏菩薩修愈誐法元永元年〈一一一八〉點）

又、「僵タウフレタル」（40／10）の例も「タヲレタル」の誤寫か、或いはもと「タウ《フ》レタル」という形であったものが一行に誤寫されたかであろう。

これらの例は au が ao（又は auo）のように轉じて發音されたことを示すのであろう。そして、これがやがて ɔː に轉ずる前兆であろうことは、夙に橋本進吉博士の述べられた所である（『國語音韻の研究』八九頁）。

この種の混淆は國語音ばかりでなく漢字音にも及ぶようである。

傲ケフ 12／2（正しくはケウ）

蛤カウ 42／14（正しくはカフ）

縈エイ 13／2（正しくはヱイ）

營エイ 14／2（正しくはヱイ）

などその例である（「營ヱィ 45／9」は正しい例である）。

音便も種々見える。概說すると、イ音便・ウ音便・促音便・撥音便に分たれるが、この中、撥音便はンとムとの區別をしていないようである。

一、イ音便

(1) カ行四段動詞連用形語尾キ↓イの例……涌《ワイて》 2／13。繼《ツイテ》 4／8。懐《イタイテ》 5／13。聞《イテ》 6／6。發《ヒライテ》 6／8。開《ヒライて》 7／9。注《ソ、イて》 8／9。（他略）

(2) ガ行四段動詞連用形語尾ギ↓イの例……浸《ス、イて》 35／9。祖裼《タンセキトカタヌイ(テ)》 41／5。

(3) 形容詞連體形語尾キ↓イの例……痛乎《イタイカナ》 17／4。猗與《ヨイカナ》 25／11。

(4) 助動詞ベシの連體形ベイの例……宜《ムヘナリ》《ルカナ》 其《レ》可《ヘイコト》三定《メて》以《モて》爲《ス》二天邑《イフと》一 29／5。

二、ウ音便（ウ表記又はフ表記）

(1) 形容詞連用形語尾ク↓ウの例……浚《フカウシ》 5／12。強《コハウシ》 8／5。弱《ヨハウシて》 8／6。崔嵬《サイクワイトタカクサカシウシテ》 10／7。（他例略）

(2) ハ行四段動詞連用形語尾ヒ↓ウの例……謳《ウタウて》 16／3。

(3) ハ行四段動詞連用形語尾ヒ↓フの例……復《カヘサフテ》 19／8（撥音便の例とも見られる。フの右に∨印を記す。）

三、促音便（無表記又はツ表記）

(1) タ行四段動詞連用形語尾チ↓無表記の例……裁《タテ》 9／13。

(2) ラ行四段動詞連用形語尾リ↓無表記の例……輟《ト、マテ》 6／5。度《ハカテ》 7／5。繇《ヨテ》 17／8。慓《ヲソテ》 34／8。（ソテの右にリと併記。）

(3) もとフと表記された音節が促音化したと考えられるものに、タトフ・タトシの例がある。もとタフトフ・タフトシと表記された語である。

崇《タトヒ》 4／6（タトの右にフを併記）。尙《タトフ》 23／7。尊《タトキ》 44／13。

又更に「夫《ヲツト》36／9」の例がある。語源はヲヒトで、もとヲフトと書かれた語である。促音をツで表記することは古訓點本に於て院政時代頃からぼつ〳〵その例を見るが、本書では右の他、字音であるが「緝《シツ》」の例がある（後述）。

四、撥音便は最も複雑であって、無表記・ン表記・ム表記の三種があるが、同じ語がン・ム両者で記されていたり、ン・無表記両者であったりして、結局、少くとも國語音においては、-nと-mとの區別は最早行われていないように看取される。例えばサカン（盛）という語は次のようにサカ・サカン・サカムの三種の表記法がある。

「サカ」の例……煌〻《サカナリ》25／10。

「サカン」の例……隆《サカンなり》10／11。壯《サカンナル》13／12。壯《サカンナル》35／2。

「サカム」の例……榮《サカムナリ》9／2。盛《サカムナルカナ》24／2。

又、カンガフという語は、カムカフ・カンカフ・カウカフの三種の表記法がある。

「カムカフ」の例……講《カムカヘルこと》20／9。考《カムカフ》21／12。考《カムカウ》20／2。

「カンカフ」の例……考《カンカフルか》20／10。稽《カンカフルは》5／9。挍《カンカフ》42／9。講《カンカフ》13／13。

「カウカフ」の例……挍《カウカヘ》19／10。

又、「ナンゾ（何）」という語は「ナンソ」「ナムソ」両種の表記法がある。

何《ナンソ》《ナムソ》 42／12。何《ナンソ》36／1。

-nと-mとの混同と言えば、助動詞ムをンと表記した例がある。

遡《ムカヒ》レ風に而て欲《す》レ翔《カケラント》33／14。

勞逸齊《ヒトシクナムヌルトキに》《シカラントスル》大輅鳴《ラシ》レ鑾《ランを》15／8。

猿投神社藏本文選巻第一弘安點

これ以外の所ではすべて片假名「ム」又はヲコト點「む」で表している。

字音に於ても舌内撥音尾-nと唇内撥音尾-mとの混淆が相當に（約一割強）存することは後述の如くであるが、恐らく當時の口頭語では一般に-nと-mとの區別を失っており、字音では先行の點本その他で辛うじて不十分乍ら區別を保っていたというのが實狀だったのではなかろうか。

尚次に上以外に撥音便の無表記・ン表記・ム表記の例を列擧しておく。

(1) ニ→無表記の例……惡イックソ 17／6。墄シナ〳〵シ 31／3。纖縟ショクトマタラカシ 32／6。逞ホシマヽシ 45／11。綺カハタノ如 8／14。何イカソ 42／12

(2) ニ→ン表記の例……罷ツカレンタリ 23／1。孰イカン 24／7。易若イカン 24／11。昭ア（キ）ラカンシ 26／12。挍スミヤカンス 42／9。何（イッ）クンソ 42／12。焉イックンソ 43／3。

(3) リ→無表記の例……畢ヲハヌ 22／12。定サタマヌル時ハ 43／3。

(4) リ→ム表記の例……齊ヒトシクナムヌル時ニ 15／8。

(5) ヒ→無表記の例……想ヲモハカリテ 2／3。號ヨハテ 8／11。繡ヌモノ 15／12。

(6) ヒ→ン表記の例……復カヘサフ《ン》テ カヘサフシテ 19／8。

(7) ヒ→ム表記の例……商（アキ）ムト 16／12。盧《（ママ）》ヲモムハカル 29／5。

(8) フ→ツ表記の例……跨アトコ《ツ》フ 29／9。

(9) ミ→無表記の例……踛踽トフハタカリ 41／5。

(10) ミ→ン表記の例……祝カンナキ 44／7。

(11) ミ→ム表記の例……陋イヤシムスル 5／14。經營トイトナムシトキ 6／5。綴ヤムテ 6／5。寧ヤスムスル 13／12。怱ッ、ムヤキ　15／7。重《ヲモムシ》　37／1。孕《ハラムテ》《コウムテ》　44／2。

⑿　ビ→ン表記の例……號《サケンテ》　18／5。說《ヨロコンて》　28／13。

⒀　ビ→ム表記の例……箇《エラムテ》　20／9。結《ムスムテ》　30／2。說《ヨロコムテ》　42／4。

ただ次の例は注目される。卽ち、

降《ヲ》〉レ階《ハシ》より慄《テフ》然《トシて》音《へ》下《クタル》　25／2。

のヲ〉は或いはヲリの誤寫かも知れない。このままならばラ行四段動詞の撥音便の例となる。又

所《に》レ惡《ニクミムスル》　37／6。

はニクミスとニクムスと二種の訓があったのを移點の際に一行に記したか、又はスが濁音化してその前にわたりの音で鼻音が插入されたかであろう。又、「條《テイ》」はテキのキがイ音便であるのか、疑問である。

バ行とマ行との通用することは古點本に例が多いが、本點にもその例を見る。卽ち、「マミレ」の「ミ」が「ビ」に轉じて「マビレ」となった例である。

草木塗《マヒレ(訓)に》レ地・山川反覆《ハンフクす》　14／6。

長音の例には次の二例がある。何れも動詞「見る」の連用形「ミ」が「ミイ」となった例である。

歷《アマネク》・觀《ミイ》二文。囿《のソノを》一　2／2。睎《ミイ》秦《ハミ(平)》《ノソミ》。嶺一睋《ミル》二北《(音合)》。阜《フを》一　7／4。

○國語アクセントに就いて

本書には片假名に。又は•の聲點を附して國語のアクセントを示した所が二十九例ばかりある。その例は

接《ツク》　溝《ミソ》

の如きもので、以下便宜上、例えば右の例は

接、ツク（上・平濁）溝、ミソ（上・平）

のように示すことにし、次に全用例を列擧する。

尙聲點には•と◦との二種があるが、これは別段、音韻的性格乃至は典據が異るというようなものではなくて、濁點を示すのに••とせずに◦◦を用いてあり、それに伴って濁音を含む語は多く◦を用い、•は濁音を含まない語に多く用いるという程度の使分けらしい。•を用いても濁音だけ◦◦を用いた語もある。∴のように見えるのも實は◦◦の變形と解してよさそうである。標目番號の次に示す•◦は夫々所用の點の形態である。又、〔圖〕は『圖書寮本類聚名義抄』、〔觀〕は『觀智院本類聚名義抄』の略稱である。

①•煽、アヲイテ（平・平平輕か・上・上濁）煽《サカリニシ》《アヲイテ》二巍々《タルを》一 20／3〔圖〕ナシ、〔觀〕平・平・上濁（一致か）
②•未、イマタシ（上・上・平濁三點・平）6／7〔圖〕ナシ、〔觀〕平・平・平・上（不一致）
③◦威、ヲトシ（上・上・上）13／13〔圖〕〔觀〕オトス上・上濁・平（一致）
④◦闓、キル（上・平）順《シタカて》二陰陽《に》一以開《ヒラキキル》闓 12／8〔圖〕ナシ、〔觀〕上・◯（一致）
⑤•鏕、クツハミ（上・平・平濁三點・平）1／5〔圖〕ナシ、〔觀〕上・上・上濁・上（不一致、但し平板型である點では一致）
⑥◦羸、クフサ（上・上濁・平）36／11〔圖〕〔觀〕ナシ（不明）
⑦◦璫、コシリ（平・上濁・上）31／1〔圖〕〔觀〕平・平濁・平（不一致）
⑧•僻、サカリ（上・上・上）僻《サカリ》二界西戎一 24／6〔圖〕ナシ、〔觀〕サカル上・上・平（一致か）
⑨◦陜、サキ（上・平）43／6〔圖〕ナシ、〔觀〕サシ上・平（一致）
⑩•隰、サハ（上・上）原隰《ハラサハ》 9／1〔圖〕〔觀〕上・上（一致）

⑪◦軼、スキ（上・上又は平輕か）軼《スキ》二雲雨《を》於大半《に》一 12／11〔圖〕スク平・上〔觀〕上・上濁、平・平濁、平・上濁（不一致）

⑫•忲、タナヒタリ（上疑存・上疑存・上濁・〇・〇）心参體忲《タナヒタリ》　タの左上とナの左上の聲點を抹消したらしく、ヒの上聲濁點だけを殘す。27／5〔圖〕上・上・平濁・平・上〔觀〕タナヒナリ上・上・平濁・〇・〇（一致か）

⑬◦狂、タフレタル（上・上・上・平・平）狂《タフレタル》兕《シ》 14／13〔圖〕ナシ、〔觀〕タフル上・上濁・平（一致）

⑭◦要、タヘ（上・平）要《タヘ》レ趺《ハシルを》　追《ヌ》《アト》レ縱《ニクルを》 14／8〔圖〕ナシ、〔觀〕要ー平歟《タヘ》趺《ハシルヲオフニクルヲ》（ママ）追縱　（不明）

⑮◦弟、ツイツ（上・上・上）弟《ツイツ》二從臣之《の》嘉頌《ヲ》一《を》 16／10〔圖〕〔觀〕上・上・平濁（一致か）

⑯◦衡、ツキ（上・上）衡《ツキ》レ陝《サキ》鷁《ツハクラメノ》　濯《カハアムルカコトクニシテ》《に》 43／6〔圖〕〔觀〕ツク上・平（一致）

⑰◦接、ツク（上・平濁）接《ツク》二漢緒《シヨに》一 18／11〔圖〕〔觀〕ツク上・平濁（一致）

⑱◦亞、ツケリ（上・上濁・〇）名亞《ツケリスキン》二春陵《に》一 7／14〔圖〕〔觀〕ツク上・平濁（一致か）

⑲◦瑱、ツミイシ（平又は上か・上・上・平又は平輕か）9／13〔圖〕〔觀〕平・平・平・上（不一致）

⑳•倶、トモに（上・上）2／8〔圖〕トモ上・上及び上・平〔觀〕上・上及び平・平（一致）

㉑•軒、ノキスケ（上・上・上・上）31／2〔圖〕ナシ、〔觀〕上・上・上濁・平（一致）

㉒•梍、ノキスケ（上・上・上・平濁濁のみ圈點）31／2（一致）

㉓◦鬐、ハタ（上・上）34／6〔圖〕ナシ、〔觀〕上・上（一致）

㉔•崇、マス（上・平）世《ヨ、》增《マシて》レ飾《カサリを》　以崇《マス》レ麗《ウルハシキことを》　7／6〔圖〕〔觀〕上・平（一致）

㉕•溝、ミソ（上・平）8／14〔圖〕上・上濁及び上・平濁〔觀〕上・上濁（一致）

㉖◦渠、ミソ（上・平濁）9／1（ソの聲點は二つの中、右の一つが平輕の位置にあるかとも見える）（一致）

㉗•泄、モリ（平・上）士怒《のイカリサルにモリ》　未レ泄《ツキ》 21／10〔圖〕〔觀〕平・上（一致）

㉘•衡、ヨコタヘ（上・上・上・平）10／3〔圖〕ナシ、〔觀〕ヨコタヘ上・上・上・平（一致）

㉙◦絲、ヲニ（上・上）（ニは助詞）鳥驚《はオト(ロイ)て》觸《フル》レ絲《ヲニ》14／9〔圖〕〔觀〕ヲ上（一致）

周く認められているように、『圖書寮本類聚名義抄』の和訓に附せられている聲點は、院政時代の國語アクセントを表しているものと認められるが、それと本書のアクセントとを比較して見ると、一致するもの（一致すると認められるものを含む）十三例、一致しないもの三例、不明のもの十三例である（動詞の活用形の型については問題があるが、これについては後述する）。又、鎌倉中期の寫本である『觀智院本類聚名義抄』所載のアクセントと比較すると、一致するもの（一致すると認められるものを含む）二十一例、一致しないもの六例、不明のもの二例である。但し、圖書寮本・觀智院本と一致すると言った中で、動詞の活用形の型の一致しないように見えるものが認められる。それは

	A（弘安本）	B（圖書寮本）	C（觀智院本）
③威	ヲトシ 上上上	オドス 上上平	オドス 上上平

BCでは連用形オドシは多分「上上平°」であったと考えられるのに（築島裕「淨辨本拾遺和歌集所載のアクセントに就いて」『國語アクセント論叢』所收）、Aでは「上上上°」である。

⑧僻	サカリ 上上上	ナシ	サカル 上上平

Cでは連用形サカリは多分「上上平°」であったと考えられるのにAでは「上上上°」である。

⑫怺	タナビタリ 上上上（?）（?）	タナビタリ 上上平平上	タナビナリ（ママ） 上上平

BCでは「上上平°」であるのにAでは「上上上°」である。

⑬狂	タフレタル 上上上平平	ナシ	タブル 上上平

Cでは連用形タフレは多分「上上平°」であったと考えられるのにAでは「上上上°」である。

⑯　衝　ツキ上上　ツク上平　ツク上平

BCでは連用形ツキは多分「上平。」であったと考えられるのにAでは「上上。」である。

⑱　亞　ツゲリ上上○　ツグ上平　ツグ上平

BCでは已然形「ツゲ」は多分「上平。」であったと考えられるのにAでは「上上」である。

の六例であって、何れも、金田一春彦博士の所謂第一類の動詞（「上」で始る動詞）である（第二類〈「平」で始る動詞〉では異同ないらしい）。しかもその連用形・已然形の、名義抄では「上平」・「上上平。」とある筈の所が、弘安本では「上上。」「上上。」になるという規則的な對應である。又、⑮弟ッィッはBCの形と同じく弘安本も終止形であるのに、BCが「上上平。」であるのに對しAは「上上上。」であることも關聯があるように考えられる。これらの現象は、或いはアクセントの歴史的變遷を反映しているのかも知れないが、今回はこれ以上立入る餘裕がないので、右に止めておくこととする。

古訓點本の和訓に聲點の加えられた例は少くない。小林博士は、「正統的な根據ある訓、從って師說の如き平安初期の訓が、後世の點本に、典據ある訓として傳存され、それを明示する爲に、聲點を差したかと考えられる」（前掲書五五二頁）とし、その論據を詳述された。右の說につき、そのすべての例が「平安初期の訓」と斷ずることについては、尙考慮の餘地があるかと愚考するが、少くとも、その聲點が加えられた段階に於て、それがその當時新に設けられたものでなく、祖本から傳承したものであろうこと、その聲調及び（濁點を清點と區別する文獻に在っては）清濁の區別が、和訓の音節の音價に附隨して規範的價値を擔っていたであろうこと、などは、推定して良いように思われる。卽ち、場合によっては、當時の通用の聲調と、傳承の聲調とが異るというようなこともあったのではないかと推測される。その一つの例を次に示す。

『圖書寮本類聚名義抄』の和訓の中で、「文選師說」と注したものが二例ある。その一つは、

溝文選師說ミソ（聲點、上・平濁）（二三三頁六行）

所が丁度これと同じ訓が弘安本8／14に見える。その聲點は「上・平」であって、ソに濁點は無いけれども、圖書寮本の右の例と合致する。所が「ミゾ」という語のアクセントは『圖書寮本名義抄』には他に二例見え、

溝川〻…禾、美曾（上・上濁）（一三頁五行）

減ミソ詩（上・上濁）（三五頁二行）

共に「上・上濁」であって、文選師説の「上・平濁」と相違する。所が、當時の「ミゾ」のアクセントは一般的に「上・上」であったらしい。例えば、『法華經單字』保延二年（一一三六）寫本にも

渠ミソ（上・上濁）（五三オ）

と「上・上濁」である。又、鎌倉時代初期の寫と見られる無窮會本『大般若經音義』でも

溝ミソ（上・上濁）（二二ウ三、第三十三帙ノ十）

渠ミソ（上・上濁）（五〇オ五、第四十五帙ノ四）

と同じく「上・上濁」である。鎌倉時代中期の寫と見られる『觀智院本類聚名義抄』では「渠」「瀲」「隍」三字についてすべて「上・上濁」であり、圖書寮本に基づいたと見られる『觀智院本類聚名義抄』も、

溝ミソ（上・上濁）（法上四二）

のように圖書寮本と異り「上・上濁」となっている。

これらを通覽して考えると、ミゾが「上・上濁」であるのは院政鎌倉時代の通常のアクセントであり、それに對して「上・平濁」の方は「師說」として傳えられた（或いは一時代前の）形ではないか、そしてそのような異った形であるが爲にこの弘安本の訓點にアクセント符號が殊に注記された、というような事情があったのではなかろうか。これは僅か一例のことであるから、偶然とも考えられるが、一つの臆說として提出する。

ただ同じく「文選師説」とあるものでも「瑠コシリ（平・上濁・上）」の例は、『圖書寮本類聚名義抄』に於ける「瑠文選師説古之利（平・平濁・平）」（一六三頁一行）と一致せず、『観智院本名義抄』の例も同じく「平・平濁・平」なのであるが、この圖書寮本の例は恐らく『和名抄』からの孫引であって、「溝ミゾ」の例とは別のケースとも考えられる。

六　漢字音

漢字音の注記には、「侔、六ホウ」（27／2）（「六」は「音」の略字）の如き假名表記、「箴、六針」（1／8）の如き類音表記、更に「褒、布毛切」（4／12）の如き反切表記の三種がある。第二の類音表記では「音」を「六」又は「乙」の如く省記し、「食、六異」「其、乙綦」のように表記している。反切表記には、「〇〇反」のように「反」を用いたものと、「〇〇切」のように「切」を用いたものとがあるが、「反」を用いたものは少數であって、「傑、寄哲反」（7／14）「歊、許高反」（26／10）「話、故邁反」（2／13）など、二三の例に過ぎず、大部分は「切」を用いている。その中には、

芟決所衡切（2／9）　涌決弘童切（2／13）　寑決七稔切（4／5）　署決時庶切（4／7）　麟決力仁切（4／9）

のように「決」を冠したものが多い。これは『日本國見在書目録』に見える「文選音決」の略稱ではないかと思われる。尚、「浚決思俊也」（5／12）のように「也」とあるのは「反」の誤寫か。又、「隧」の左傍に「隧決乚遂」（7／8）とあるように、「乚（音）某」として引用した例も見える。又、「論力頓切（1／9）」のように、「決」を冠しないものもある。「文選音決」は『日本國見在書目録』に「文選音決十公孫羅撰」と見えるものであろうか、尚考えたい。

猿投神社藏本の「文選序」については、私が以前に内容を翻刻したことがあるが（『訓點語と訓點資料』第十四輯）、兩者訓點は殆ど同一であって（前述）、その中には、弘安本と同様に「決」と冠した音注の例も若干ある。

奧決烏古切（一オ三）、妟決所衡切（一オ四）、涌決以童切（一ウ四）

漢字音の系統は大體に於て漢音系と認められるが、中に「男《ナム》女」（36/11）のように呉音系と見られるものも混じている。

漢字音で注意すべきことは、先ず第一に、舌內撥音尾（-n尾）と脣內撥音尾（-m尾）とを區別している例が多いことである（以下［ ］は字畫一部缺損の文字を示す）。

○ 舌內撥音尾（-n）の例

紛紜《ウン》21/1。耕《カウ》耘《ウン》23/7。渕《エン》雲8/13。所息宴《エンスル》10/8。闒［エ］ン尹《ヰン》12/1。宴《エン》饗《キヤウ》25/10。鴛《エン》鸞10/10。廣衍《エンタル》28/12。延《エン》閣34/13。敷《フ》衍《エン》38/6。巨狿《エン》41/5。鰋《エン》鮋《イウ》42/11。蚳《チ》蝝《エン》43/2。嬿《エン》婉《ヱン》45/2。嬋《セン》蜎《エン》45/5。染翰《カン》2/6。篇翰《カン》3/6。井幹《カン》12/13。井幹《カン》34/3。文竿《カン》16/4。白鷴《カン》16/4。豻《カン》兂《クヰ》31/5。神豻《カン》40/1。閈《カン》庭34/14。趫《ケウ》悍《カン》37/2。覲《キンシ》二明堂に一21/11。朱《シウ》垠《キン》22/1。恨《キン》鍔《カク》39/6。兒《ケイ》寬《クワン》4/14。間館《クワン》10/4。煥《クワントテレルこと》10/4。闤《クワン》闠《クヱツ》33/13。闤《クワン》36/7。目觀《クワン》41/12。盤桓《クワン》41/5。翫《クワン》好39/13。轔《リン》囷《クヰン》44/2。黿［ ］ン鼉《タ》38/11。紘《クヱン》轉12/13。勳《クンす》18/11。五軍《クン》42/1。群《クン》臣22/14。眹《ケン》16/12。獻《ケンシ》17/10。建《ケン》武17/13。乾《ケン》符18/6。乾《ケン》巛《コン》21/13。汧《ケン》雍28/6。鳳騫《ケンハ》33/13。蹇《ケン》產《サン》35/2。牽《ケン》牛38/9。重劚《ケン》41/8。棧《サン》嶢《ケン》（巉《ケン》）31/4。坤《コン》靈9/10。坤《コン》珍《チン》18/7。闍《コン》寺《シ》12/1。煇《コン》《コン》〱32/8。鴻鶤《コン》38/13。山《サン》靈20/13。棧《サン》嶢《ケン》31/4。蹇《ケン》產《サン》35/2。戈鋋《サン》21/1。粲《サン》乎《コ》16/13。海脣《スヰン》《シンヲ》21/14。殷賑《シン》37/7。蜃《シン》蛤《カウ》42/14。侲《シン》僮《トウ》44/8。刄《シン》14/8。春《スヰン》秋24/4。逡《スヰン》巡《スヰン》25/2。駿《スヰン》駮《ハク》39/9。純《スヰン》精27/1。鶉《スヰン》首《シウ》29/1。瑌《セン》碱《セキ》11/1。羨《セン》門35/13。瑑《セン》弁39

／9。虹旆《セン》39／11。僊《音仙》《セン》倡《六昌》《シヤウ》43／9。便《ヘン》旋《セン》44／14。嬋《セン》蜎《エン》45／5。端《タン》闈10／2。一端《タン》17／1。差《サ》歎《タン》24／1。澶《タン》漫《マン》28／9。丹《タン》墀《チ》31／3。袒《タン》（ｨ禮《タン》）裼《セキ》41／5。談《タン》1／6。鎮《チン》瘞《エフシテ》15／6。坤《コン》珍《チン》18／7。屯《トン》聚《シウ》14／1。年《ネン》紀4／11。繁《ハン》華11／4。反《ハン》覆《フクす》14／7。粄《ハントテリ》31／10。遐《カ》坂《ハン》35／3。增《ソウ》盤《ハン》10／6。百蠻《ハン》22／6。蕃《ハン》蕪《フ》26／7。棘藩《ハン》41／6。琳《リム》珉《ヒンノタマ》11／1。墳《フン》籍3／3。棼《フン》撩《ラウ》9／12。棼《フン》楣《ヒイ》12／12。虎賁《フン》12／1。枌《フン》橑29／7。雰《フン》埃《アイ》34／5。紛《フン》陌39／5。戲文《フン》24／3。俛《ヘン》仰《キヤウ》16／5。梗《ヘン》楓38／3。便《ヘン》旋《セン》44／14。澶《タン》漫《マン》28／9。紹《セウ》爛《ラン》10／7。和《クワ》鑾《ラン》20／13。鑾《ラン》15／9。重欒《ラン》34／4。麒《キ》麟《リン》10／6。蹂《シウ》躪《リン》14／7。隱轔《リン》28／7。轔《リン》囷《クヰン》44／2。鱗《リン》峋31／4。海鱗《リン》44／2。輦《レン》10／8。閹［エ］ン尹《ヰン》12／1。蝹《ヰンヽ》44／3。宛《エン》虹34／6。蜿《ヱンヽ》〳〵44／3。嬿《エン》婉《ヱン》45／2。宣溫《ヲン》10／5。溫《ヲン》調《テウ》31／7。

○　唇内撥音尾（-m）の例

燗《エム》朗9／14。澹《タム》淡《エム》16／2。閭《リヨウ》閻《エム》7／9。閭《リヨ》閻《エム》44／14。監《カム》撫2／2。函《カム》谷6／10。殽《カウ》函《カム》28／3。咸《カム》陽28／3。含《カム》章31／10。嵒《カム》齬35／8。礸《セム》巖《カム》15／2。禁《キム》怵《マイ》22／12。衿《キム》帶《タイ》46／4。涯《カイ》嗛《ケム》31／4。篸《サム》《シム》象《シヤウ》21／13。巉《サム》嶮《ケム》31／4。嶃《サム》巖35／8。毚《サム》兔《ト》40／13。別寢《シム》10／4。斟《シム》酌《シヤクス》15／7。葴《シム》莎《サ》38／4。篸《シム》差《シ》43／8。露寢《シム》31／11。林岑《シム》35／7。慘《シム》冽《レイ》39／2。織紝《シム》《チム》23／7。纖《シム》《セム》纚《シム》43／11。礸《セム》巖《カム》15／2。潛《セム》通《トウ》35／4。潛《セム》牛42／12。蟾《セム》蜍《シヨ》44／4。澹《タム》淡《エムトシて》16／2。百里《テム》7／11。男《ナム》女36／11。椶《ソウ》楠《ナム・音南》38／2。汎《ハム》灑《サ》20／14。范《ハム》氏21／7。濫《ラムセリ》42／12。琳《リム》珉《ヒン》11／1。棽《リム》灑《リ》20／12。

けれども一方、混淆の例も見出される。

○-mをンと誤ったもの

蔭《イン》蔚《ヰ》15／11（但しインは後筆）。淫《イン》業23／5。櫺《レイ》檻《カン》12／14。函《カン》谷25／1。感《カンセシメ》42／10。巌《カン》峻《スキン》13／7。巌《カン》險46／4。儉《ケンは》不ㇾ能ㇾ侈《ヲコトコト》20／5。獫《ケン》猲《ケチツ》獢《ケウ》39／12。丸劔《ケン》43／7。纖《セン》靡23／8。漸《セン》臺35／5。藍《ラン》田28／8。

○-nをムと誤ったもの。

飫《ヨ》宴《エム》23／14。窳《イウ》酸《サム》41／6。蓁《シム》〻26／7。雕《テウ》軫《シム》39／8。承《ウケ》ㇾ震《シムを》39／11。京《ケイ》薪《シム》40／3。神僊《セ》〔ム〕31／9（セの下の假名はルの上部のようにも見え、下半缺）。展《テム》季45／8。棼《フム》橑《ラウ》30／3。流眄《メム》45／8。欒《ラム》大35／11。

以上を綜合すると、次の如くなる。

-nを正しくンと記した例……　一三三
-nを誤ってムと記した例……　一一
-mを正しくムと記した例……　四四
-mを誤ってンと記した例……　一三

正しい例合計……一七七（A）
誤った例合計……　二四（B）

$\frac{B}{A+B}$（誤の全體に對する比率）約一一・九％

尙この他-n尾を省記したかと見られる例がある。

讙《クワ》16／9。踆〻《スキ》〈《トヲリアリク》44／2（「スヰンスヰントヲドリアリク」であろう）。

又、-n尾をツで表した例がある。

云《ウツ》爲17／6。（觀《ミムヤ》二大漢《の》之云《ウツ》爲《ヲ》を一）

これらは-n尾表記の例として平安時代の點本に往々にして見られるものであり、古形の殘存かも知れない。

漢字音の唇內撥音尾（-m）と舌內撥音尾（-n）との使分けについては、中田祝夫博士の高說があって、平安時代から鎌倉時代初期にかけては、一般に區別が行われているが、鎌倉時代中期から混亂が次第に多くなって行くことを例證された。そして、鎌倉時代以降に於て兩者の區別を失った例として、東寺藏蒙求建保六年（一二一八）點、東大寺宗性筆の春華秋月抄（嘉祿元年〈一二二五〉頃から寬元元年〈一二四三〉頃まで）、日蓮上人（一二二二～一二八二）眞蹟と言われる貞觀政要古點、清原教隆加點の群書治要（建長五年〈一二五三〉～正嘉元年〈一二五七〉）などの文獻を擧げられた（『古點本の國語學的研究總論篇』九八九頁以下）。又、小林芳規博士は、院政末期の法華百座聞書抄、鎌倉初期の寶物集では原則的に區別されて例外は少く、文曆二年（一二三五）書寫の却癈忘記でも區別があるが、正嘉元年（一二五七）寫本の新樂府注や正元元年（一二五九）の光言句義釋聽集記では混用が一般であることを指摘されている（「中世片假名文の國語史的研究」『廣島大學文學部紀要』特輯號3一〇五頁）。本點本はこれらより更に下るものであって、かような混亂狀態は、當時一般のものであったと考えてよいであろう。

效攝外轉（豪韻・晧韻・號韻）の唇音がホウ・ボウ・モウであって、ハウ・バウ・マウでないことは有坂秀世博士の說（「帽子」等の假名遣について」『國語音韻史の研究』所收）の如くであるが、本資料もその例に外れないことを示している。

鳵《ホウ》音保鵙《ケキ》15／13。鴰《クワツ》鴇《ホウ》38／13。翟《テキ》葆《ホウ》音保42／8。羽旄《ホウ》21／1。蜺《ケイ》旄《ホウ》39／11。翠帽《ホウ》莫報切39／9。

入聲音に表記に關して一二觸れると、唇內入聲「―フ」が舌內入聲「―ツ」に轉じた例が見出される。

接《ツク》セツス二山川に一16／9（接、セフ→セツ）。

緝《フ》シツ濫《キイニ》25／11（濫を煕と訂す）（緝、シフ→シツ）。

この問題については、小松英雄氏の論文「日本字音における唇内入聲韻尾の促音化と舌內入聲音への合流過程—中世博士家訓點資料からの跡付け—」（『國語學』第二十五輯、昭三十一・七）に於て詳論されており、

a、一字の漢語として、サ變動詞の語幹になる場合が極めて多いこと（接・攝・揖等）

b、使用の範圍が、無聲子音に續く場合に殆ど限定されていること（颯等）

のような事實を指摘し、それに對する解釋を下されている。本書の例の中、第一の「接」の例は、正にaの項に該當するものであり、第二の例はbの項に該當するものと考えられ、氏の論を裏附けるものとなる。

又、舌內入聲尾をンで表した例がある。

率《スキン》土25／11。

次に、音韻の添加の例を一二述べる。

「孔父《フンノ》之書」（2／8）は、「父《フ》」（遇攝）の語尾に撥音の添加した例と認められる。恐らく直後の「ノ」の子音の影響によるものであろう。又所謂長音の例、卽ち韻尾に母音の添加した例を擧げる。

豐灞《ハア》7／4。華旗《キイ》16／2。緝《シッ》熙《キイニシテ》25／11。靡《ヒイ》迤《イ》28／10。螭《チ》魅《ヒイ》蝄《ハウ》蜽《リヤウモ》40／1。閭《リヨウ》

閻《エム》7／9。娯《クウ》樂《ラク》7／12。歘《フチ》冕《ヘエン》8／3。

エウ韻をヨウ韻と記した例が二三存する。

所二眩《クヱン》曜《ヨウスル》一（エウ→ヨウ）6／2。

拚《セウ》《シヨフ》風披香（セウ→シヨフ）10／9（セウに合點あり）。

この類は院政時代頃からぼつ〳〵見え始めるものであって、將門記承德三年（一〇九九）點の「末葉《ハチヨウ》」などを始として、鎌倉時代に入ると多くの例があることが報告されている（小林芳規「鎌倉時代語史料としての草稿本敎行信證古點」『東洋大學大學院

紀要』二集、昭四十・四。同『中世片假名文の國語史的研究』〈上掲〉一〇八頁）。

所謂カ行合拗音クヰ・クヱの表記は未だキ・ケと轉ずることなく、古形クヰ・クヱが保たれているのが一般的のようである。

不二詭《クヰ》遇《クセ》一21／7。歸《クヰ》（セムコトヲ）29／7。姧《カン》宄《クヰ》31／5。煇《クヰ》煌《クワウトテレル》31／11。睢《クヰ》盱《ク》40／5。騤《クヰ》瞿《ク》40／7。跬《クヰ》踽《クウ》41／5。䠙《ヒ》彙《クヰヲ》41／6。嘉《カ》卉《クヰ》38／3。莪《シウ》葵《クヰ》38／5。沸卉《クヰ》38／14。百卉《クヰ》39／2。魏《クヰ》邴《ヘイ》11／6。怳々《クヰヤウ》〳〵12／14。狂《クヰヤウ》簡25／7。矍《クワク》《クヰヤク》然25／2。供《クヰヨウ》16／8（不レ改メレ供《クヰヨウ》を）。供《クヰヨウ》悵す22／6。州郡《クヰン》8／4。鈞《クヰン》天28／13。萬鈞《クヰンシ》31／6。石菌《クヰンヲ》35／9。麟《リン》囷《クヰン》44／2。蕙《クヱイ》草10／10。闤《クワン》闠《クヱツ》33／13。洞穴《クヱツ》41／8。紘《クヱン》轉12／13。

又、一方ではクワをクハと記したものがある。

鵁《カウ》鸛《クハン》《音貫》15／13。煇《クヰ》煌《クワウトテレル》《クハウト》31／11。

一方、クワをカに誤ったかと見える例は

樅《シヨク》栝《カツ》《クワツ》38／2。萓《カン》蔽《クワイ》38／5。

のカツ（栝）とカン（萓）との二例である。この內、カンの方は後筆らしいが、さりとて近世までも下ったというようには見えない。又、カツの方は左側にクワツと正しい音が記してあって、それには合點が附してあり、共に弘安の筆のように見える。

思うに、この二例のみを以て、本訓點が全體的にカとクワとを混同したと見ることは出來ない。カとクワとの混淆は既に平安時代から例が見られるとされており、弘安頃にも皆無ではなく、偶々その僅な例外的用例が見えていると解すべきであろう。

又、齒音・牙音の合轉の文字には、現在のように「シユ」「チユ」で統一されることなく、「シヰ」「スヰ」「チユヰ」「ツヰ」などの表記法が行われていた。

序述《シヰツ》3／7。准《シヰン》式《シヨク》2／9。踆《スヰ》〱44／2。岥《シウ》崒《スヰチ》13／7。崔《サイ》崪《スヰツ》28／7。奉春《スヰン》7／2。春《スヰン》陵7／14。巖《カン》峻《スヰン》13／7。峻《スヰン》崕《キ》15／2。海潸《スヰン》《シン》21／14。春《スヰン》秋24／4。浚《スヰン》巡《スヰン》シ25／2。率《スヰン》土25／11。駿《スヰン》駮《ハク》39／9。純《スヰン》精27／1。鶉《スヰン》首《シウ》29／1。筍《スヰン》業31／6。怵《ツヰチ》《チユヰツ》悼《タウ》慄《リツ》34／8（チユヰツは後筆）。盩《チウ》室《ツヰチ・チツ》《知栗切》37／10。荒《クワウ》屯《ツヰン》《トン》18／9。

この種の字音表記については、有坂秀世『上代音韻攷』（二七三頁）、小林芳規「訓點における拗音表記の沿革」（『王朝文學』第九號、昭三十八・十）、築島裕『興福寺本大慈恩寺三藏法師傳古點の國語學的研究研究篇』（一九〇頁）等の論考があり、平安中期以降その例の尠からぬことが知られている。これら種々の表記が「シユッ」「シユン」の類に統一されるに至った時期について、小林博士は「第三期（拗音表記が假名表記のみとなる時期、鎌倉時代以後）になると一般にはヤ行表記に落着いて來る」として、鎌倉初期の草稿本教行信證を統一された表記を有つ古い例として指摘しておられるが、尚、鎌倉時代の資料を、位相的見地を含めて精査する要があろう。尚「永和四（一三七八）戊午正月十一日初藤原光能書後沙門心空書」の奥書ある「法華經音義」（東京大學國語研究室藏本・室町初期書寫）には「シユム」（七字楯順忖旬純淳村）「シユッ」（一字出）のように掲出しており、この頃には既に「シユン」「シユッ」のような表記法が一般化していたことを示すものであろう。

七　語　法

紙數の餘裕も無いので、以下は主として鎌倉時代語法の特徴に絞って略述するに止める。

動詞の二段活用が一般活用化したかと考えられる例がある。卽ち

簡《エラムテシヤトを》二車《キヨ》徒一以講《てカムカヘルと（き）には》レ武《アト》〔則〕必臨《すノソムにコレを》レ之以二王《シ》制一考《カンカフルに》レ之以二風《テス》雅《を》一 20／9

に於ける「カムカヘ|ルと（キ）には」の例は、正しくは「カムカフ|ル」であろうが、下一段化して「カムカヘ|ル」となったものかと考えられる。（カムカヘタルの夕が脱落したと考えられないこともないが。）

動詞の活用で後世と異るものがあって、「ムラガル」「イコフ」「ネギラフ」「カカハル」などは後世は何れも四段活用であるのに、本資料では何れも下二段活用となっている。

鳥群《ムラカレカケリ》　翔 16／3

若《シ》下鷺《ク》鶴《の》〔之〕群《ムラカレシリソクか》　罷上 45／6

息《イコヘて》二　行夫《を》一展《トヽノフ》二　車馬《を》一 41／13

割《サイてアサラケキを》レ鮮　野《ツラヌ ニシて》　饗、搞《ネキラヘツトメタルをシヤウす》レ　勤　賞レ　功《アルを》 42／1

何《イノ》禮《ニカ》〔之〕拘《カヽハレム に》 45／12

右の內、ムラカレは二例ともレの上をリとなぞって四段活用とした跡があり、この頃は一般に四段活用化しつつあったことを示すのかも知れない。管見によれば藥師寺藏大乘法苑義林章巻第五「聚《ムラカリヲルヲ》　名二淡陰一《と》」とあり、奧書に「嘉應二年（一一〇七）點了」とあるが、後筆の虜ある筆跡である。又金澤文庫藏弘決外典鈔弘安七年（一二八四）點には「藁《カリ》」とあり四段活用を示している。イコフ・ネギラフ・カカハルの下二段形は何れも古點本に用例の見えるものである。

又形容詞の「イチジルシ」「カマビスシ」などは後世はシク活用であるが古くク活用であった。そしてそのク活用の例が本資料に見出される。

豫章《の》珍館褐焉《ケチ トイチシルウシテ》　中峙《にタテリ》 38／9

囂《カマヒスキ》　聲震《フルフ》二海浦《ホに》一 40／5

ミスという動詞はそれ自身他動詞であるのに、更にその上に使役のシムが附いてミセシムとなった例がある。

隆《サカリニシ》二　上都一而觀《てミセシムトナリ》二　萬國《に》一也　8／6

八　語　彙

語彙には他の資料に例の少いものが多いが、殊に注意されるものについて略述する。

○ アフドコブ（跨）

アフトコフ又はアツトコフの形で見られる。

遂超《にコエて》二大河《を》一跨《アフトコフ》二　北岳《に》一 18／8

上林禁苑　跨《アてコエ》《ツ》《アフトコヒ》レ　谷彌《をワタレリヲカを》レ　阜　37／11

覽《ミ》二秦制《ノツクリをアトコフ》一　跨二　周法《ノ》一 29／9

この語については吉田金彦氏の詳論があり（『訓點語と訓點資料』十）、大野晉博士（「奈良朝語訓釋斷片―訓點語の利用による―」『國文學』〈關西大學〉五、昭二十六・九）、大坪併治博士（『訓點語の研究』七九三頁）も論及されている。又、小考を述べたこともある（『興福寺本大慈恩寺三藏法師傳古點の國語學的研究研究篇』六一七頁）が、更に蛇足を加えたい。

『圖書寮本名義抄』には「跨アフ一トコフ巽」（アフトコフに上・上・上濁（但し存疑）・上・平濁の聲點があり、三字目の一は存疑）とある。觀智院本では明にトに濁點を附しているから、古くアフドコブと發音したと推測される。

この語は古く『新撰字鏡』にアフトコムの形で見える。

躇跨 上市柯反下共依反齊足而踊之皃又越也阿不止己牟又乎止留（天治本巻第十二ノ二三オ五）

この他古點本類にも用例が多い。

越三界《といは》〔者〕慧踰《コエ》二生滅《を》一、道跨二三有《を》一也（下欄アフトクナリ、アフトコフナリ）（石山寺藏法華義疏長保四年〈一〇〇二〉點、中田博士釋文三五三頁）

先皇道跨《アフトコヒ》二金輪《ニ》一、聲《名也》振《フ》二玉鼓《ニ》一（興福寺藏大慈恩寺三藏法師傳巻第七第二八一行承徳三年〈一〇九九〉點）

詳玄造微之功跨《アフトコヒ》二生融《ユウニ》一（同右巻第十第一九八行）

跨《アフトコヒ》（石山寺藏高僧傳長寛元年〈一一六三〉點）

矜《ホコ》二其所能《に》一、以自侉《ヲアフトコヒ》大如レ此（東洋文庫本古文尚書鎌倉時代點、コ存疑）

跨《アフトコヘリ》（書陵部藏春秋經傳集解弘安元年〈一二七八〉點）

又大唐三藏玄奘法師表啓平安初期點では

跨《アフツクムて》二千古《に》一以飛《はし》レ聲《名を》

とあり、跨字に「アフツクムて」と附訓してあるが、恐らくアフヅクムテと訓ずべきであり、アフヅクミテ又はアフヅクビテの音便と考えられる。從って古くはアフヅクム（アフヅクブ）／アフドコム／アフドコブの形が存したものと見られる所が一方院政時代以後、アムトコフ・アトコフの形も多く見えて來る。

〔アムトコフの例〕

皆跨《アムトコヒヨリテ》二枕《カム》巖《カクニ》壑一（大慈恩寺三藏法師傳巻第九第四一〇行承徳點）

〔アトコフの例〕

猿投神社藏本文選巻第一弘安點

猿投神社藏本文選巻第一弘安點

跨《アトコヒ》競自媒《テミ(ラ)ナカタチテ》而獲《タルヲ》㆓搢紳《シンシン》之推仰《ヲ》㆒也（大慈恩寺三藏法師傳巻第八第一一九行承德點）（但しこの後に加えた〈但し同年代〉朱點は、アとトとの間にフを朱筆で插入してアフトコヒと訓ませている）

跨《アトコヒ》（石山寺藏高僧傳長寛點）

紀生磐《のオヒイハ》宿禰、跨《アトコヒヨリ》據㆓任那《に》㆒交《カヨフ》㆑通高麗《コマに》㆒（書陵部藏顯宗紀院政期點一七ウ三）

汝《イマシオヤタチ》祖等渡㆓蒼海《アヲウナハラを》㆒跨《アトコヒ》㆓萬里《トホキミチを》㆒（同舒明紀九オ五）（但しアとトとの間に蟲損箇所がありこの部分にフなどが存したのかも知れない）

弘安點では右に示したように「アフトコフ」「アト《ツ》コフ」（ツは右傍に補記）の例があり、正安本でも

遂《ツヒニ》超《コエテ》㆓大河《カヲを》㆒跨《アトラフ》㆓北岳《を》㆒21／7（アトラフはアトコフの誤であろう）

乃《チ》覧《に》㆓秦制《のを》㆒跨《アフトコフ》㆓周法《のに》㆒32／5

の如くアフトコフ・アトコフの兩形が見える。かような諸資料から見ると、少くとも院政時代以後に恐らくattokobuのような促音を含む形が存したことと推測される。既に吉田氏の指摘されるように、addokobuとトが濁音の形は考えにくいであろう。アムトコフの表す形は、attokobuとも考えられるが、又andokobuのような撥音を含む可能性もある。何れにしてもアフトコフaΦudokobuから轉じた形なのであろう。

文選應永點には下二段活用の例がある由、吉田氏は報告されているし、『沿革史料』によれば老子道德經天正六年（一五七八）點にも「跨《アツトコフル》者」「跨《アツトコフルトキハ》」の例が見え、室町時代には下二段活用も存したのであろうが、鎌倉以前は四段活用の例のみのようであり、恐らく下二段は新しい形であろう（コユル（越）などの聯想が働いたのかも知れない）。

この語源については『大言海』が「足跡越《アト》ゆノ義」としているが、古くアフドコブ又はアフドコム等であるから、この説は遽に信ぜられない。『日本釋名』や『類聚名物考』の「足越ゆる」義と解したのも勿論從えない。大野博士は「足恚《アフツク》

ム」の意と解せられた。特に述べるべき私案も無いが、アフはアフグ・アフノクなどのアフと關係があるかも知れない（アクセントも共に一致して高く始り、矛盾しない）。又ドはタチドなどのト（所・跡）かも知れないが確認は出來ない。又法華義疏長保點にアフトクの形があるが、多分アフドコブと同源の語であろう。ウク―ウカブ、エル―エラブ、ナル―ナラブ、オユ―オヨブなどと同じくアフドク―アフドカブのような形があって、それが更にアフドコブと轉じたとすれば、ブ（又はコブも）は接尾語になるかも知れない。

何れにせよ、語義は、前の諸例から歸納される所では「乘越える」「渡り過ぎる」の意に用いられた語のようである。（この語の清濁について舊稿に於て（『訓點語と訓點資料』四）アフヅクフとしたのは誤であり、アフヅクブとすべきである。既に吉田氏もこの誤を指摘されたが、ここで自ら訂正する次第である。）

○　アブリモノ（殐）

殐　炰　𣨛《アフリモノツ、ムヤミヲホウシテ》　清酤敊《ヲホシ》　42／3

『和名抄』に「炙、之夜反、又之石反、阿布利毛乃」とあり、燒肉の意であるらしい。『觀智院本類聚名義抄』には「煉」「炙」「燔」「𣩠」「炰」「熬」「羳」を夫々「アフリモノ」と訓じている。『字鏡集』にも用例が多い。

○　イヨ、カ（櫹槮）

櫹《シク》　楱　櫹《セウ》　槮《シムトイヨ、カナリ》《ヤ》　38／4

注に「綜曰皆草木盛貌也」とある。イヨ、カという語は、『新撰字鏡』に

森〻所金反木長皃今取至意伊与〻加尓（巻第十二ノ十四ウ八）

とあるのが古く、『觀智院本類聚名義抄』に「槮」「森」「竦」などの字を訓じており、『前田本色葉字類抄』には「森イヨ〻カ又イヨ〻シ　巍同又イカメシ」と見える。訓點本には

森然《イヨ、カ》（仁和寺藏大日經疏嘉保二年〈一〇九五〉點）（中田博士教示）
森槮《トイヨ、カナル》（書陵部藏文選應永點）

などの例がある。正安本では同じ箇所を「イヨ、カムナリ」と訓じている。恐らく訛形であろう。ただ弘安點の傍記にあるイヨヤカの形は、他例を見ることが出來なかった。イヨ、カのヨカを、頻度の多いヤカに類推的に變形したのではあるまいか。又、『前田本仁德紀（前紀）』に「風姿」をミヤヒイコヨカニマシマスと訓じているが、これもイヨ、カの誤であろう。

イヨ、カの意味は、草木の生い茂っている様を言うようであり、他例の「森」「欝」などすべてこの意に合うようである。語源はイヨ、にカが附いたものかと見える（字類抄のイヨ、シもイヨ、にシの附いた形容詞であろう）が、そのイヨヨは「いよいよ」の意のイヨヨであろうか、しかしそれでは意味の關聯が緊密でないようであり、尙後考を俟ちたい。

○ウサギノミチ（迒）・カノミチ（蹊）

結《ム(スヒ)てアミを》二 罝百里《に》一迒《ウサキノミチフサカリカノミチフサカル》 杜 蹊 塞 39／7

注には「良曰、罝網也、迒蹊皆獸徑也」とあるだけで、「ウサギ」「シカ」の意は示していないが、「迒」は『爾雅』に「兔、其迹迒」、疏に「迒、兔道也」とあるのによってこの和訓を定めたのであろう。又「蹊」の訓の出自は未詳であるが、恐らく「鹿の道」の意であろう。『觀智院本類聚名義抄』に「迒ウサキノミチ」（佛上五五）「蹊カノミチ」（法上八一）と見えるが、これは恐らく文選の訓から採ったものであろう（但し後者の例、圖書寮本には見えない）。とにかく、漢字の注に從って和訓を作り上げた好い例であろう。

○カ、ヤカス（眩）

裨販夫婦、鬻《ヒサキ》《ヒサイテ》レ良 雜レ苦、蚩《アナツリ》二眩《ヨキをカテ、アシキをアサムキカ、ヤカす》 邊鄙《ヒノアツマヒト》一 36／11

『観智院本類聚名義抄』に

蚩｜(眩)アサムキカ、ヤカス(佛中六六)

とあるのは明に文選のこの箇所からの引用であろう。和名抄にも見えることは前述した。「眩」字はここでは「胡魔化す」の意に用いている。寛文板本では「アザムキマドワス」と訓じ、注に「綜曰(中略)欺惑下土之人」と云い、「廣雅曰眩亂也」とあるのがこれを裏附けている。これをカ、ヤカスと訓じているのだが、恐らく國語本來の意としてはカ、ヤカスはカ、ヤクの他動詞形で「光り輝かせる」の意しか無かったものであろう。それが偶々「眩」に「光り輝かせる」のような意味があって、その意味に用いられた際にカ、ヤカスと訓ずる所から、この訓を敷衍してカ、ヤカスを「亂す」「惑わす」の意に押及したもので、國語としては特異な用法と見てよいであろう。

○ **クスヌク**(捔)

竿殳《レチシユノホコ》之所㆓揘《ツキ》《サシ》觳《クスヌク》㆒ 叉蔟《ササクノヒシノ》之所㆓攙捔《サシクスヌク》㆒ 40／11

「觳」は板本「畢」に作り同訓。注に「向曰、揘觳猶擊刺也」「綜曰、攙捔貫刺之」「濟曰、叉蔟攙捔皆貫穿也」とあり、「さしつらぬく」の意であることが知られる。

「クスヌク」は「串(クス)貫(ヌ)く」の意であろう。『觀智院本名義抄』では「觳」「揘」「攙」「絺」「闕」「𧤗」などの字をクスヌクと訓じて居り、『黑川本色葉字類抄』にも略々同様の文字をクスヌクと訓んでいるが、古點本類には他に用例を見ない語である。

○ **クフサ**(贏)

鬻《ヒサク》者《ノハ》兼《カネ》㆑贏《ヒサク》《エイ》《クフサ》求《ムル》者《ノハ》不㆑賈《トモシカラ》 36／9

「贏」字は半ば蟲損であるが、他本により補った。注に「綜曰、贏利也」とある。

「クフサ」の語は他に「クボサ」の形でも現れる。この語の他の例としては、『觀智院本類聚名義抄』に「贏」及び「𣎆」字の訓として「クフサ」がある他、古點本には、

頃治㆑訟者《をヒト、モ》得《て》㆑利《クホサを》爲《シ》㆑常《と》（東洋文庫本推古紀平安中期朱點）

其留㆑臣《を》而用則《は》爲㆑國《の》有㆑利《ナムクホサ》（同右）

贏《クフサヲ》（書陵部藏春秋經傳集解弘安點）

鬻《ヒサク》《フクサ》者《ノハ》兼《カネ》㆑贏《クフサヲ》（書陵部藏文選應永點）

などの例が見られる。

クフサ・クホサの語源としては、『大言海』が『松屋筆記』の「クボサチ（窪幸）」の下略という說を擧げているが、從えない。さりとて遺憾ながら今の所妥當な代案も考え附かない。

○ サマタル（酲）

於是衆、變盡《ツキて》、心酲《サマタレエヒヌ》《晉呈》　醉 44／12

「酲」は注に「綜曰、酲飽也」とあり、『新撰字鏡』には「酒病也」とあって、酩酊する意のようである。サマタルという語は、新撰字鏡（巻第四ノ二十三ウ六）に

酩酊上莫回反下丁挺反竝上惠比佐萬太留

とあり、『觀智院本類聚名義抄』では「酲」字をサマタルと訓じ、「怢」「慢」をサマタレタリと訓じている。圖書寮本武烈紀院政期點に

日夜常與《に》㆓宮人《ヲムナトモ》㆒沈《醉サマタレテ》㆓湎于酒㆒（マタの二字破損）

と訓じている。尙『今昔物語』に

此ノ君達一人直キ者モ无ク醉樣垂テ、褊タル人共ノ簾ノ内ヲ臨ク時ニ（二十八ノ四）

とある。『大日本國語辭典』や『大言海』ではサマダルと濁っているが、名義抄の訓には聲點がなく、清濁は定められない。語源は「樣垂る」と解しているが、遽に可否を決し難い。或いはサミダルの轉で、サは接頭語か、尙考うべきであろう。

○スヾミ（雀）

大雀踆〻《ナルス、ミスヰ〱トヲ（ド）リアリク》　44／2

『古事記』に「須受米」、『和名抄』に「雀、音且畧反、古字與爵通、和名須〻米」（道圓本十八ノ八ウ）とあって、古くからスヾメであったようだが、一方スヾミの形も『本草和名』（雀卵、和名須〻美〈下一一オ〉。雀鷹、和名須〻美乃都保〈下二二ウ〉）、『和名抄』（雀鷂、漢語抄云、須〻美多加或云豆美）（道圓本十八ノ四オ）に見え、『名義抄』ではスヾメ・スヾミ兩形が見える。古點本にも、やはり兩形がある。スヾメの例としては「雀《ス、メ》」（法隆寺藏法苑珠林長承三年〈一一三四〉點）、「中獵箭之雀鳥焉《シ、ヤオヘルス、メノコトシ》」（前田本敏達紀院政期點）など、スヾミの例としては、『觀智院本世俗諺文』鎌倉期點に「雀《ス、ミ》」、『高山寺本莊子』巻第二十六鎌倉期點に「雀《ス、ミ》」、『北野本敏達紀』室町期點の右と同じ箇所に「シ、ヤヲヘルス、ミノコトシ」と附訓がある。正安本文選もこの部分にス、ミと點している。『日葡辭書』ではスヾメのみでスヾミを載せず、思うにスヾミはスヾメに對して一時期の間だけ表われた重複形だったのであろう。

○スヱトル（抄）

抄《スエトリ》二木末一獲《トル》二獑猢《セムコを》一、超《コヘテ》二殊榛《を》一擗二飛鼯《を》一　41／8

正安本にも「抄《スヘトリ》二木末《に》一」と訓じている。「抄」は注に「綜曰、杪猶表也」とあり（抄の手偏は木偏の誤か）、本來は梢の意であるが、此處では動詞化して「梢をかすめる」「梢に及ぶ」のような意で用いているらしい。獑猢とは猿の類で白色、腰より前が黒色で、梢に在るものの由、注に述べている。それを梢にまで至って捕獲するというのであろう。スヱトルは「末取る」であり「木末に於て獲る」の意であろうが、他には全く例を見ない語であって、恐らく文選のこの文を訓讀する爲に案出された新語であったろうと考える。

○ **タナヒタリ**（忲）

有二憑《ヒヨウ》虚公子《とイフモノ》者一、心奓《ヲコリ》體忲《タナヒタリ》　27／5

注に「奓忲、言、公子生於貴戚、心志奓溢、體安驕泰也」とあり、正字通に「忲、與忲通」とあって、「忲」と同じであるが「忲」は集韻に「奢也」、後漢書西南夷傳の注に「忲、奢侈也」とあるように、オゴルの意である。

タナヒタリという語は、現行の諸辭書には所見がない。『圖書寮本類聚名義抄』に「忲類云時世反串タナヒタリ　忲音太晌云奢」（タナヒタリに聲點上・上・平濁・平・上あり）とあり、リの左に「下歟」と注があるが、これは「タナヒタリ」の訓が下の「忲」字の訓かとの意であろう。觀智院本にも「忲タナヒク　タナヒナリ」（法中七九）とある（タナヒナリはタナヒタリの誤寫であろう）。

タナヒタリは恐らくタナブという上二段活用動詞に助動詞タリの附いた形であろう。この語の源は難解であるが、試に一案を述べるならば、タは接頭語で、ナブはナビヤカ・ナビラカ・ナビラケシなどのナビと同源の語ではあるまいか。『新撰字鏡』に「娨如託反女號奈比良介之」とあり、『觀智院本名義抄』に「祕」の訓にナヒタリ・ナヒヤカがある。字書には「祕」に「奢侈」の意は見當らないが、表立てないの意から、内々であり、形式張らないの意となって、ゆったりしているの意に用いられたものでないかと考えられる。

○ **タムナテウツ**（徒搏）

脫《ヲトシ》レ角《ツノを》挫《クタイて》レ脰《ウナシを》徒《ト》一搏《ハク》《とタムナテウテリ》獨殺　15／1

觀《ミルシヤ》下罝羅《ノアミの》之所《ロ》二罥結《カケムスフレチシ》一竿殳《ユノホコ》之所レ揑《サシ》《ツキ》鷺叉《クスヌク》蔟《サクノヒシノ》之所二攙搉《サシクスヌク》一徒《タムナテウツ》搏《カ》之所《ヲ》中種《を》挻《ウチウツ》上　40／12

注に「郭璞曰、空手執曰搏、翰曰、徒搏、空手搏也」とあり、空手で打つの意である。

タムナテウツの語は『觀智院本名義抄』に見える。卽ち「ー（徒）摶《トタムナテウテ》」（佛上三九）及び「徒摶《トタムナ》《ウテ》」（佛下本七二）である。後者の例は恐らくテの誤脱であろう。そして何れも文選讀であるのは、文選の例を引用した故であろう。タムナテの夕は接頭語であると『大日本國語辭典』・『大言海』で述べられているが、恐らく從うべきであろう。ムナテは「空手」であろう。タムナテという語は、北野本天武紀上の古訓に見える。

何无《て》二一人兵《の》一徒《タムナテに》　入レ東《アツマに》、臣恐事《は》不レ《むことをナラ》　就矣（五オ三）

又ムナテの語は神代紀下の古訓や山家集に見える。

弟取二兄鉤《のを》一入《て》レ海釣《に》レ魚、倶不レ得レ利《を》、空《ムナテ（ニシ）》　手《て》來歸（鴨脚本神代紀下十四ウ三）

取二兄鉤一、入《ノソム》レ海釣《ツル》レ魚《ウヲ》、倶不レ得レ利《サチ》、空手《ムナテシ（テ）》　來歸《リル》（水戶本神代紀下ノ下十三ウ五）

水湛ふ入江の眞菰刈兼てむなてにすつる五月雨の頃（山家集上）

この語はシク活用であるからムナシデとあるべき所で（又現に書紀古訓（例えば元祿八年板本）には「空手」にムナシデの訓があるが多分後世の形であろう）あるが、ムナデとあるのは、形容詞ムナシが古くク活用であったかと推定される根據にもなる。『萬葉集』（二〇ノ四四六五）に「牟奈許等」の例があり、他に「ムナクニ」（「膂完《ソシヽノ》　之空國《ムナクニ》」〈鴨脚本神代紀下一ウ七〉「膂完《ソシヽの》　空國《ムナクニ》」〈水戶本神代紀下ノ上十八オ三〉）「むなくるま」（宇津保・枕・賴政集）「むなゐ」（六百番歌合）などもこれと同類であろう。

タムナテウツはムナテを以てウツの意であろう。ただ夕というような接頭語を故らに附加した理由は必ずしも釋然としないものがある。

以上は、文選弘安本に見えた傍訓の中で、格別に奇異な特殊な數語を取上げたに過ぎないのである。この他にも論ずべき語は極めて多いのであるが、紙數の關係で今回は割愛することとし、その主な語彙だけを次に記すに止める。

ただ最後に一言して置きたいことは、文選の古訓というものの一般的性格に關してである。古く和名抄以來、文選の古訓は諸書に屢々引用され、長い年月傳承されて來たのであるが、これらの中には、他文獻に用例が見られないもの、又、見られても限られた種類（古訓點本・古辭書など）の文獻のみに現れるというものが非常に多いことである。文選は殊に難解な字句の多い漢籍であって、それを讀解する際に、一般には用いなかったような特異な語を、時には文選の訓讀の爲にわざわざ考案したようなことさえも多くあったことが推測されるのである。

遽アハテ40／7。檻ヲハシマ・ヲシマツキ31／2。折カタシトチヒク（チはテの誤）14／14。邐倚トカタ、カヒニシ(テ)35／2。嵾差トカタハカヒナリ（ハはタの誤か）43／8。磻カハス42／7。列卒ノカリコ14／3。嵒齬トキカヘリ35／8。不シて㆑儆サイキヲ40／8。編サミス27／10。陿サミシ29／10。墄シナ〳〵シて31／3。塞ソコ28／3。篕ソヘクルマ39／12。八ヤ屯タムロニシて32／2。皀ツ、ミヤキ・ツ、ムヤキ15／7。皀ツ、ムヤキ42／3。擢ヌキテたり13／8。拔ヌキテラレテ42／14。繡ヌモノ15／12、31／2。軒ノキスケ31／2。梍ノキスケ31／2。橦ハタホコ44／10。橦ハタホコノスヱ43／6。圏ハナツラヌク41／5。鼻ハナトリ41／5。胎ハラコモリ43／1。拏攫トヒコツラフ44／1。柩ヒツキ・ヒトキ18／3。離〻トフサナレリ43／8。貳フタコ、ロアル42／3。踛踽トフハタカリ41／5。不苟モ躍ホトハシラシメ40／9。跳ホトハシラシメ43／7。蟲マシモノ44／8。麀鹿ノメカ39／8。被ル㆑轢モマ40／9。攀ヨチ12／13。趨ワシル39／12。俓廷とヲコカマシ35／1。褐ケチ焉トイチシルウシテ38／9。十(ト)ホカ二ッ三ッ14／7。什トホカ七ナ、ッ八ヤッ40／12。

（追記）本稿の引用例の中、論旨に直接關係の無い符號や注記等は省略した場合がある。又、漢字の異體字を活字體に改めた所がある。原本の調査に當っては猿投神社宮司白鳳秀夫氏の格別の御高配を賜った。厚く御禮申上げたい。その際同道頂いた小林芳規博士にも大變御世話になった。併せて御禮申上げたい。（昭和四六・一〇・六）

（『日本漢文學史論考』岩波書店　昭和四十九年十一月）

文選・趙志集・白氏文集訓點解說

今回第二卷に收められて刊行される諸書の內、後に示す各書について、古代の訓點が施されている。言うまでもなく、これらの諸書は本來、別々に書寫され加點されて傳來したものであるから、その訓點に關しても、同じ源に發するものでないことは勿論である。しかし、古く本邦に在っては、この種の漢籍の類は、一般に大學の博士家の系列の中で主管され、平安時代末期以降に及んでは、時に佛家もこれを傳承讀解するという歷史を擔っているのであって、これら諸書に見られる古訓點も、夫々別々の型式・樣態を存し乍らも、他方では、種々の共通點が見受けられるのである。このことは、これら諸本の訓點を一括して述べることとした一つの理由でもあるのである。尙、記述の都合により、本文收載の順序と異ることを諒とせられたい。

一　五臣注文選卷第二十の訓點

先ずこれら諸本の訓點の內、最古のものと見られる、『五臣注文選』卷第二十の古點から始めたい。本書には、都合三種の訓點がある。第一は墨點、第二は朱點、第三は角點である。第一の墨點は、全卷に亙って存するもので、片假名の和訓・字音を記し附けており、更にヲコト點をも使用している。片假名はさほど多くはないが、ヲコト點は全文に亙って加えら

［第一圖］　文選巻第二十　平安後期點所用假名字體表（「　」は朱點）

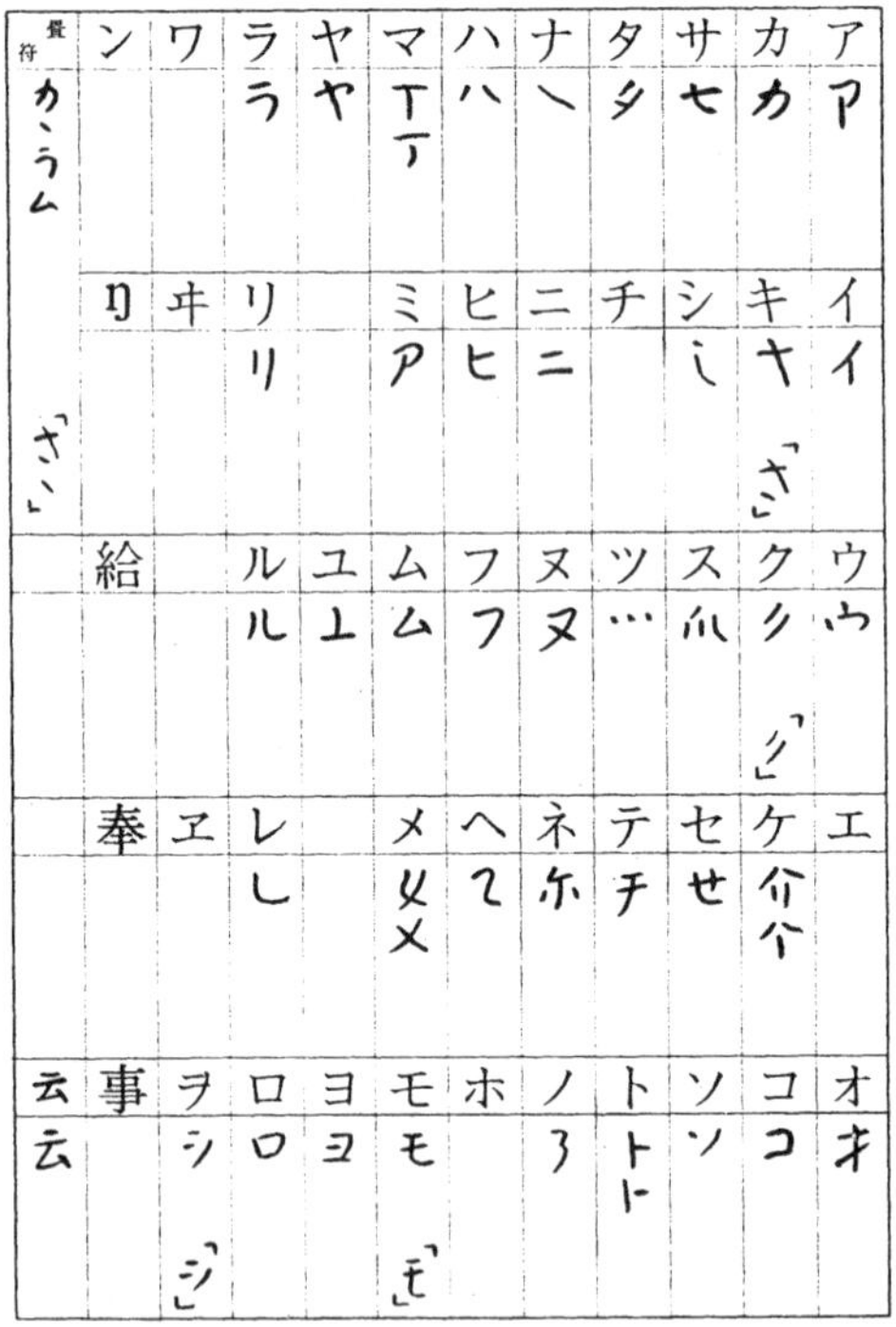

れており、漢字の字畫の墨書と重らぬよう、丹念に加點されているから、複製本によっても、略々完全に解讀することが出來る。巻首・巻尾を逸し、識語の類が見られないので、加點の年代を確定することは困難であるが、假名の字體・ヲコト點の型式より勘えて、多分十一世紀後半と認めることが出來よう。小林芳規博士は、その著『平安鎌倉時代に於ける漢籍訓讀の國語史的研究』に於て本古點に論及し、その墨點の加點年代を院政初期とされ、九條本『文選』（東山御文庫現藏）の訓法と比較した結果、菅家の訓法を傳えるものと推定された（同書一六九・一二三〇・一二九二頁。尚、以下この書を『漢研』と略稱して引用することにする）。

本點の假名字體を第一圖、ヲコト點を第二圖に示す。古體字として「ヤ」（キ）「セ」（サ）「爪」（ス）「丶」（ナ）「尓」（ネ）「ア」（ミ）「女」（メ）などが見え、平安後期の加點であることを示している。又ヲコト點は、點圖集に所載の無名の點法の一で、中田祝夫博士が「丙點圖」と命名され[2]、私が「古紀傳點」と假稱したものである[3]。私が斯く命名した理由は、この點法が、『漢書』楊雄傳天暦點、『史記』延久點、『白氏文集』天永點など、藤原家・大江家等の紀傳道關係の儒者の間に共通して使用されていたものと認められるからである。この點法から見て、本點は紀傳の關係の人の手に成ると推定される

［第二圖］　文選巻第二十　平安後期點所用ヲコト點圖（古紀傳點）

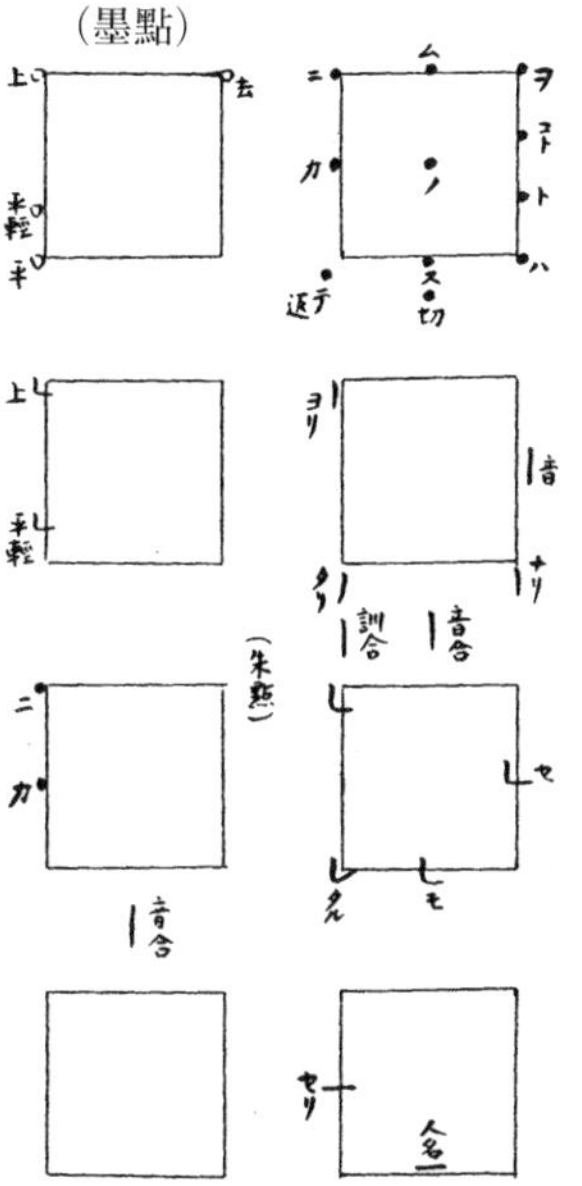

のであり『文選』という典籍の內容からも當然予想されることではあるが、その點が一層確められることになるのである。

上述の如く、本點はさほど精しい加點ではないけれども、「官《ミヤツカヘシ》　」（本叢書影印一一一頁6行、以下「一一一6」のように略記）、「不レ足レ侔《ヒトシムに》　」（一一四2、平假名はヲコト點、以下同）、「不レ奪《ムハ、レ》ニ乎衆多之口《に》ニ」（一一九5）、「弊《ツヒヤカシ》　」（一二八6）、「錯《タカヒに》出」（一三六3）、「伏想《テオモミルに》　」（一六五3）、「譬《ケム》ニ猶飛兔、流星超《ノ》レ山《を》越レ海《を》龍驤《ノ》所《ノコト》《の》レ不ニ敢追《て》ニ」（一六七3）のように、國語史上注目される用例が少くない。

第二の朱點は、第一・二圖に併記した如く、極く僅な假名とヲコト點が存するのみであるが、假名字體もヲコト點の形式も同一のようであるから、恐らく、墨點と同筆で、それを補うものとして追加加點されたものであろう。傍訓など殆ど存しない。

第三の角點は、先の尖った用具（角筆）を以て紙面を傷つけ凹みを附けて文字・符號を記したもので、(4)その假名字體とヲコト點は第三・四圖に示す通りである。明るい光線の下で料紙を斜に見て辛うじてその存在が認められるものであり、認めにくい箇所も少くないが、大體假名字體・ヲコト點共に墨點と近似している。加點は全巻に亙っているらしいが、密度は粗で、多分、墨點と同じ頃或いはそれより僅に前に加點したのではないかと思われる。假名字體は大形で、墨點と同じ訓を記しつけた所も多い。「淸《ハラ》道而後」（一二四1）、「騁《ハセ》丘墟」（同3）、「必脫《マヌカレシム》　」（一二八3）、「走《オモフ(ク)》　」（一二九1）など。しかし一方「弊《ツヒヤシ》」（一二八6墨點「ツヒヤカシ」）のように異った形もある。

［第三圖］　文選卷第二十　平安後期點（角點）所用假名字體表

ア	アア	イイ	ウ	エ	オオオ
カ	カカ	キささヤ	クク	ケ介	ココこ
サ	サセ	シし	ス爪	セせセ	ソソ
タ	タタ	チ	ツ小	テチ	トト
ナ	ナ丶ナ(?)	ニニ	ヌヌヌ	ネ	ノノ
ハ	ハハ	ヒ	フフ	ヘ	ホ丅(?)
マ	マ丅丁	ミ	ムム	メメ(?)	モモ
ヤ	ヤヤ		ユ		ヨヨ
ラ	ラう	リリリ	ルル	レしし	ロロロ
ワ	ワ	ヰ		ヱ	ヲ
ン	ン	リ	給	奉	事
疊符					

［第四圖］　文選卷第二十　平安後期點（角點）所用ヲコト點圖（古紀傳點）

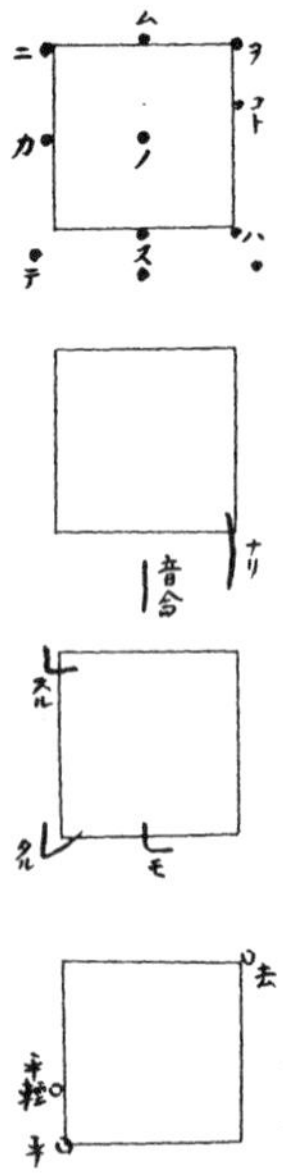

尙、これら三種の點を通じ、加點された部分は、『文選』の本文だけであって、注文の部分には及んでいない。このように、本文のみに加點して注文に加點しない例は、本邦の紀傳關係の古點本には廣く見られる所で、『史記』呂后本紀、孝文本紀、孝景本紀延久點、同夏本紀、殷本紀、周本紀、秦本紀鎌倉初期點などがその例である。同じ博士家古點でも、明經道系の經書類では、注文にも加點する例が多いようで、これは古代儒學の研學の內容に關する問題を含むかも知れない。

二　弘決外典鈔巻第一の訓點

『文選巻第二十』の紙背に『弘決外典鈔巻第二』を記すが、その巻首の部、全體の約三分の一程の部分に、朱書の訓點が施されている。この朱點は、假名及びヲコト點より成り、その假名字體表を第五圖に、ヲコト點圖を第六圖に示すが、このヲコト點は「寶幢院點《ほうどういん》」と呼ばれるものであり、十一世紀初頭以降、天台宗比叡山延暦寺に於て、盛に使用された型式である。(5) 本訓點には識語の類が見られないが、その假名字體より見て、平安時代院政初期、西暦一一〇〇年前後の筆と認められる。ケに「十」、スに「ト」「下」、ナに「T」、ホに「ア」「呆」を用いる點など、この時期の字體の性格を示している。その加點者は明でないが、ヲコト點の種類より見て、延暦寺の僧侶であることは略々確實である。卽ち本巻は、十一世紀後半、『文選』の字面に角點、墨點等の加點が行われて間もなく、大學の紀傳道關係の人から、叡山の學僧の手に渡り、その紙背に『弘決外典鈔』が書寫加點されたことが知られるのである。かように、漢籍が佛家の手に渡るのは、他にも古くから例を見る所で、後述の『趙志集』とその紙背の『唯識章』もその例であり、殊に平安末期以降、漢文學を嗜む佛家が增加するという文學史上の傾向と、何等かの關係を有する現象かも知れない。

さて、本點の假名の和訓には、「嘯《ウソムテ》」(一八四3)、「遣《マタ》レ使《シテを》」(一八七1)、「濫《ウカヘ》レ觴《サカツキヲ》」(一九一5)、「困而學之《クルシムテ(マナ)フルハ》」(一九二3)、「展《ノヘテン》」(一九九3)、「綾絹《(訓)カトリ》《ケン》」(二〇〇4)、「兩儀既判《ワカンテ》」(二一〇7)など、又、字音注記にも「雌《シイ》」(一九二7)、「兵刄《シイン》」(「刄」に上聲「ᅳ」の形の聲點)(一九四5)のような長音表記や、「雄傑《イウケン》」(二〇〇2)、「勃《ホン》海」(二一〇2)のような-t韻尾のン表記(原文は∨の形)など、國語史上注目すべき例が見える。

石山寺藏本『漢書』高帝紀下一巻は奈良時代の書寫であるが、その紙背には『金剛界念誦私記』を記し、その本文には朱書による訓點があって、そのヲコト點に寶幢院點を用いている。又同寺藏本の『漢書』列傳第四殘一巻は、やはり奈良時代の寫本だが、上記の高帝紀とは別の本である。然るにその紙背には、右と同筆の『金剛界念誦私記』を記し、同じく寶幢院點による朱點を加えている（『石山寺の研究一切經編』八三九頁）。漢籍の紙背に佛書の聖教が記され、しかも寶幢院點の加點が見られるという同じケースであって、平安後期以降に、延暦寺で漢籍が傳えられていたことについて、一證を加えることになる。

［第五圖］　弘決外典鈔巻第一　院政初期點所用假名字體表

［第六圖］　弘決外典鈔巻第一　院政初期點所用ヲコト點表（寶幢院點）

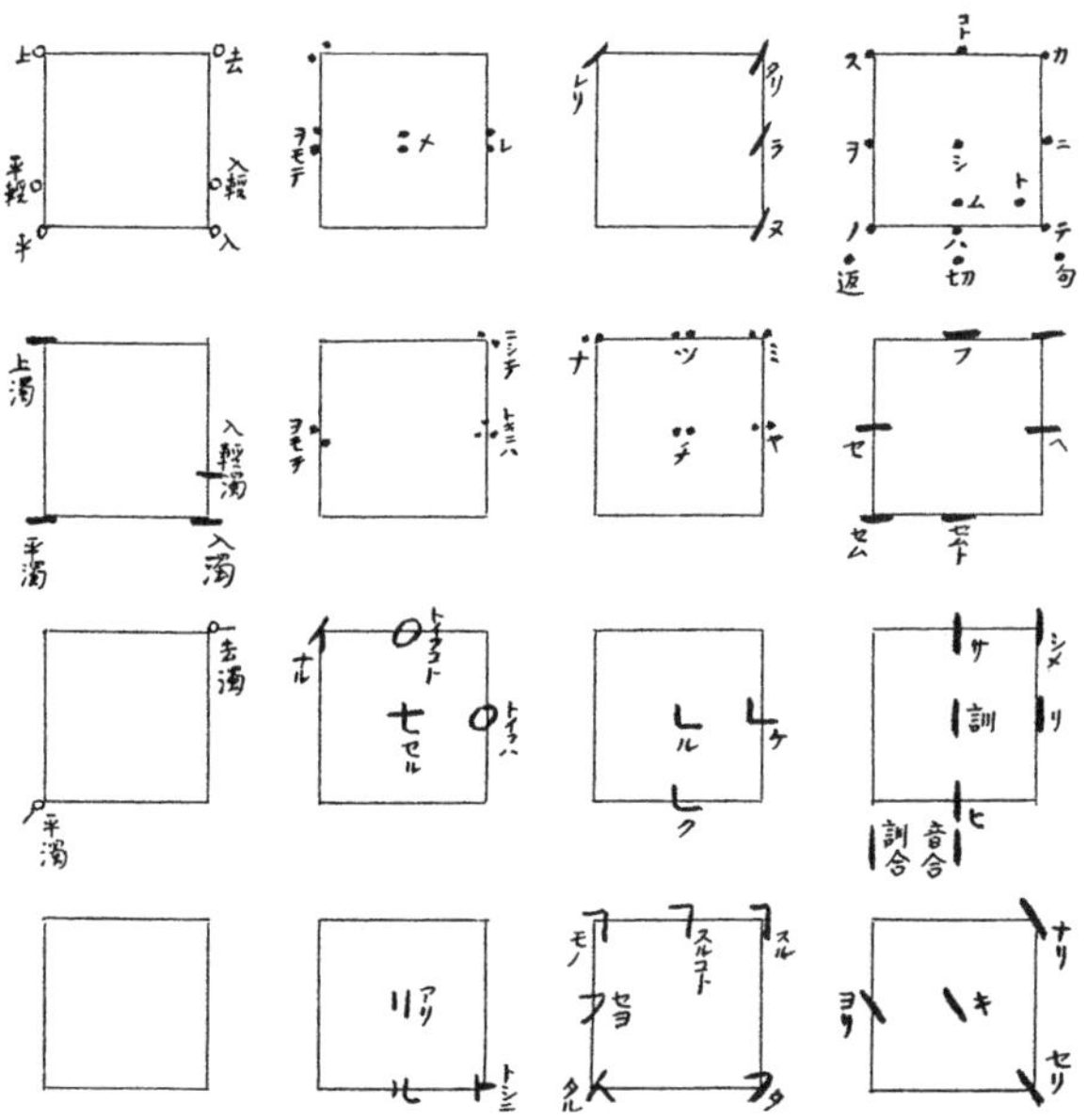

三　趙志集紙背唯識章の訓點

『趙志集』紙背の『唯識章』には、全巻に亙って朱の訓點が施されている。奥書に

廻向大菩提法界衆生得利益□／法相宗興福寺常住伽藍僧經暹本（?）
長元參年十月四日申尅書寫了／經暹自筆他（朱）「十一月一日點了」
五月十七日□□□□／是二人
（別筆）「承德三（年ナシ）五月十一日法隆寺常住僧覺春傳取了」

のようにある。右に見える經暹については本文解題參照、覺春については未勘である。『僧綱補任』には寛治七年（一〇九三）〜長治元年（一一〇四、五月廿九日、卒去於無動寺房）に經暹の名が見えるが、年代が隔り過ぎるから多分別人であろう。

［第七圖］　唯識章　長元三年點所用假名字體表（「　」は墨點）

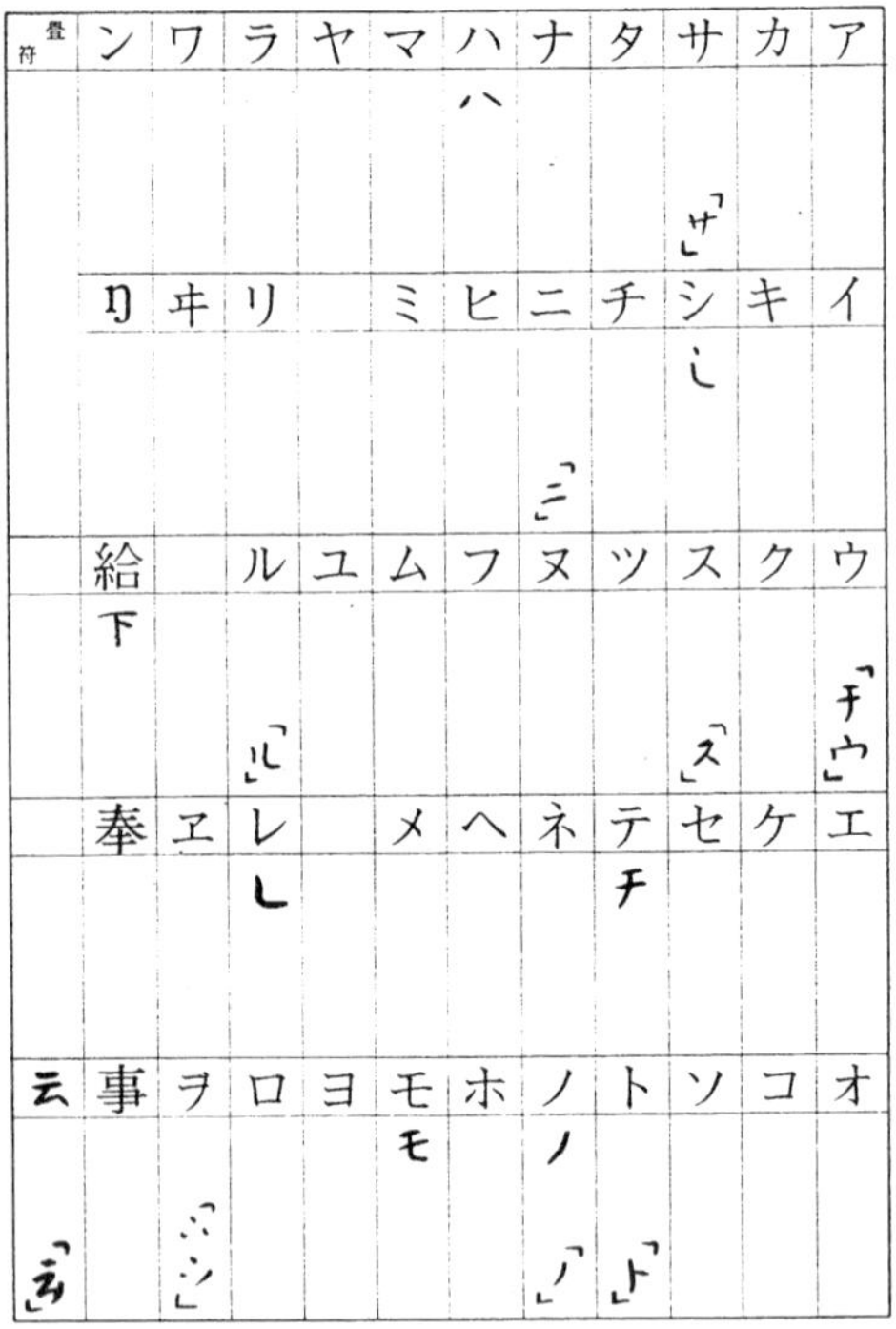

朱點には假名とヲコト點を用いる（第七・八圖）が、そのヲコト點は喜多院點《きたのいん》であって、十一世紀以降興福寺・法隆寺で使用されたものである。喜多院點は、平安初期、元興寺法相宗の明詮大僧都（七八九〜八六八）所用の點と推定されているが[6]、中頃から興福寺で使用されるようになった。その年代の明なものの初見は、興福寺藏本『成唯識論』巻十に見られる、治安三年（一〇二三）興福寺僧蓮範の訓點である。この『唯識章』長元點は、右に續いて二番目に古い例であり、點法史上注目すべき資料である。ただこの點は粗なもので、假名字體も稀であり、語彙・語法などで注目すべきものは見られない。

〔第八圖〕　唯識章　長元三年點所用ヲコト點圖（喜多院點）

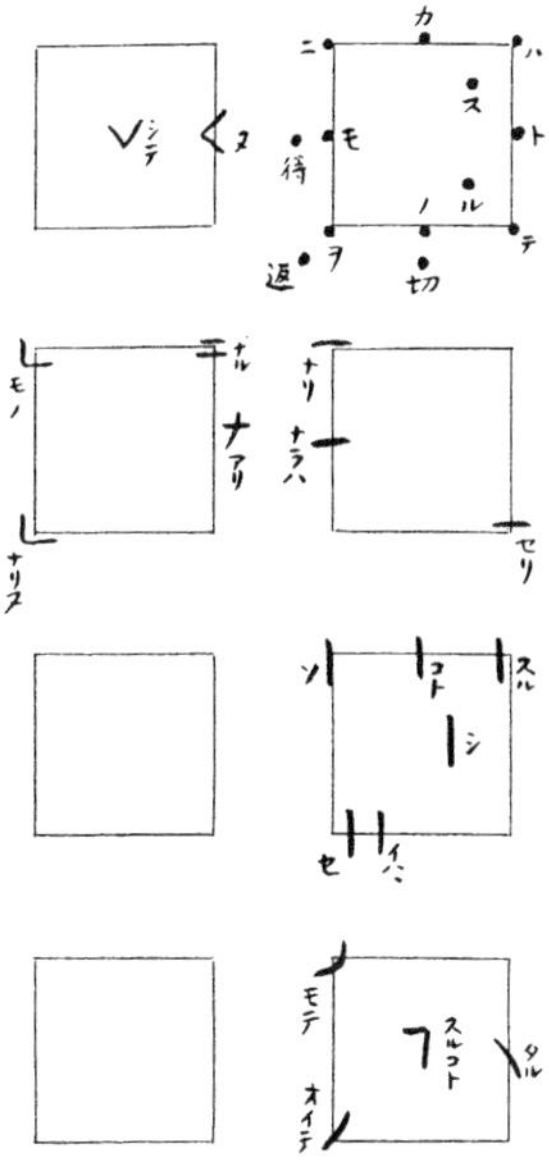

尙、右の朱點に加えて、僅ながら墨書の假名の訓點がある。多分これも長元の頃の點と考えてよいであろう。

表面の『趙志集』には卷首に「興福／傳法」の朱方印があり、興福寺に傳來したことが窺われるが、紙背の『唯識章』も亦、同じく興福寺の學僧によって書寫、加點されたものである。かように、漢籍を佛家が領したことは、前節の『五臣注文選』の場合と似たケースであって、この點も興味が抱かれるのである。

四　白氏文集卷第三十三の訓點

『文集』卷第三十三には、全卷に亙って朱書及び墨書の訓點が加えられている。朱書はすべてヲコト點であり、墨書は殆ど大部分が假名點である。但し、朱書にアリを示す「ナ」の形を假名の代りに用いた所があり、又、墨書にナリ・タリのヲコト點を使った箇所が見える。ヲコト點は、朱墨とも「古紀傳點」を使用している（第九・十圖）。かように、主としてヲコト點を朱書で、假名を墨書で示す方式を、古來「朱墨兩點」と稱し、平安後半期から以後、漢籍を中心とする訓點に多く見られる所であるが、本書の場合も正にその典型的な例である。

本書は金澤文庫舊藏本中の一卷で、僚卷が金澤文庫・大東急記念文庫その他に藏せられ、寛喜三年（一二三一）の書寫奥書、貞永元年（一二三二）の加點奥書が諸卷に見られる。(7)(8)(9) それらを綜合して考えると、寛喜三年から貞永二年（一二三三）に

［第九圖］　文集巻第三十三　貞永二年點所用假名字體表（「　」は朱點）

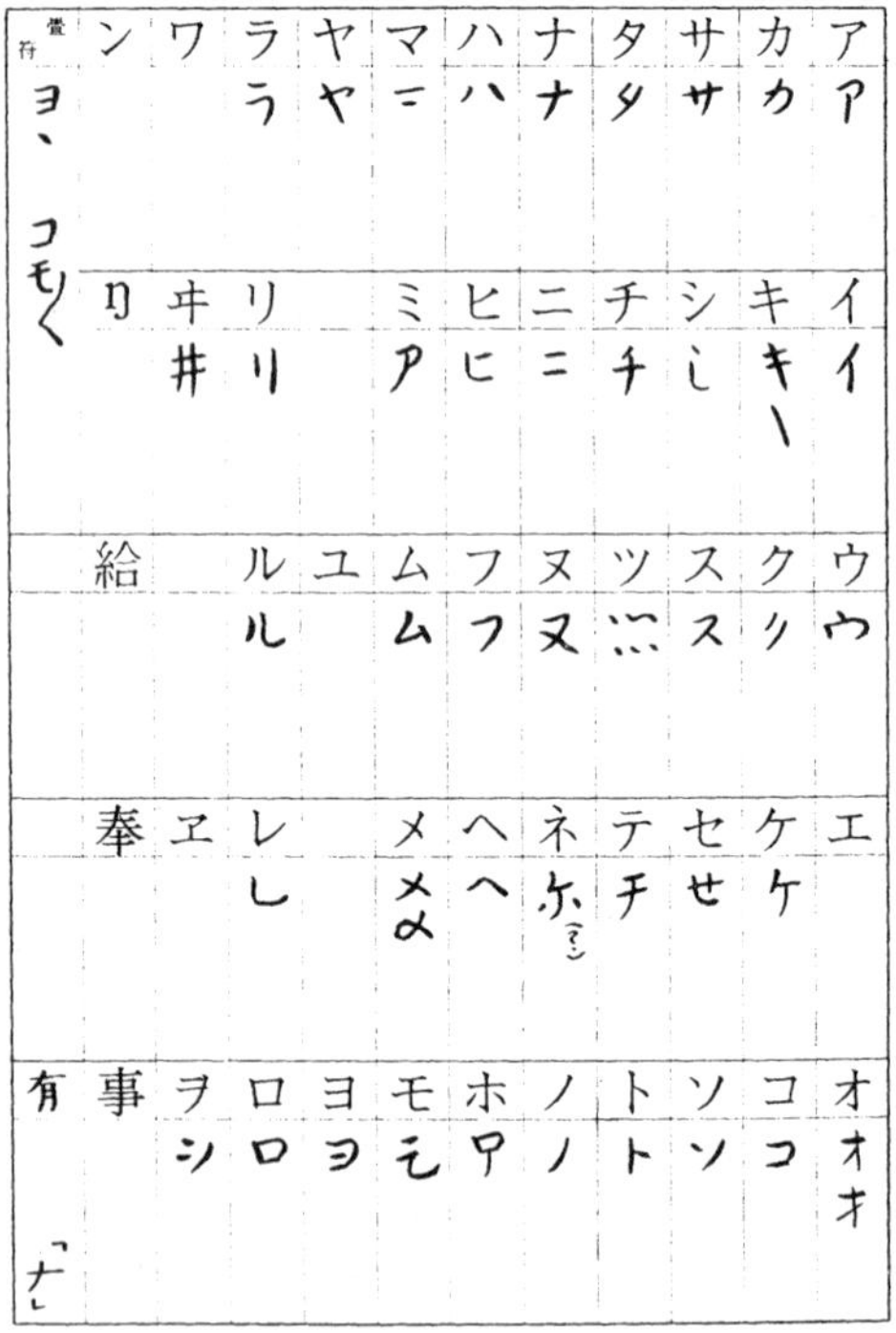

亙って、唯寂房寂有（後に融範と改む）が人々に書寫せしめ、次いで貞永元年～二年に右金吾（右衛門少尉）豊原奉重が加點したものである。そして、嘉禎二年（一二三六）に唐本を以て比校し、更に建長四年（一二五二）に至って、貴所（冷泉宮）之御本を以て移點している。

本書は、その中の一巻として書寫加點されたのであり、この訓點は、奥書によると、貞永元年のものと建長四年のものとが併存すると見られる。確に、墨點は一筆ではないようであるが、兩者僅に二十數年を隔てるのみであって、字體の上からだけでは、互に區別することは容易でない。訓法系統の内容から辨別出來る點があるかも知れないが、今後の調査に俟つべきであろう。所で、貞永元年の加點者豊原奉重は、東山御文庫藏本『類聚三代格』巻第五の奥書に「原内武衞」、内閣文庫藏本『令義解』巻第十の奥書に「原武衞奉政」と見えており、前者は文永三年（一二六六）十月三日に、後者は同年同月晦日に、何れも越州刺史北條實時が祖本として書寫加點している。『令義解』の訓點については日本思想大系『律令』附載の研究論文[10][11]に記される通り、俗家點ではあるが、特異な型式を持っており、この『文集』の所用の點法（古紀傳點）とは異っている。本書のヲコト點は、貞永の豊原奉重の點か、それとも建長の冷泉宮本の點か、確定は出來ないが、貞永のものとすれば、同じ奉重に二種の異った點法が存した可能性があること

［第十圖］　文集巻第三十三　貞永二年點所用ヲコト點圖（古紀傳點）

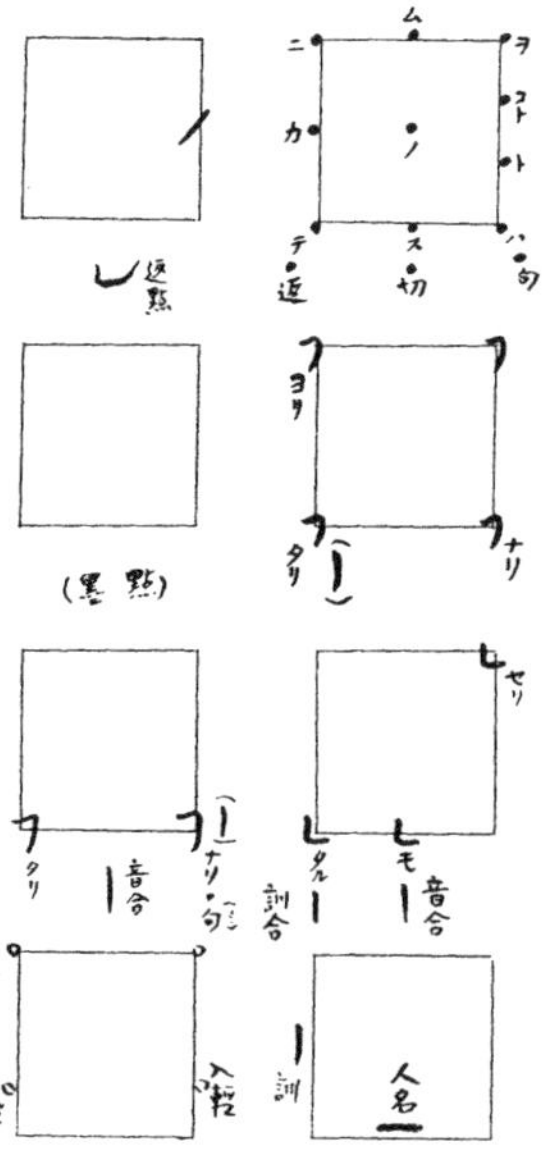

になる。しかしその場合でも、多分、『三代格』や『令義解』の場合と、『文集』の場合とで、典籍の内容により點法を異にしたと見て差支は無いであろう。

訓點の内容を見るに、假名字體の中では、「＼」（キ）「ワ」（ホ）「ア」（ミ）などの異體字を見るのみで、他は何れも現行通用のものと大差無く、鎌倉期一般の性格を示している。上記の異體字は、中世以降も漢籍の訓點にはよく見られるものである。假名の加點はさほど多くなく、國語史上注意すべきものも少いが、「綏《ヤスク》」（四八四7）、「較《カウカヘ》」（四八五1）、「京《オホヒ》」（オホイナリ、四八五2）、「恬《シツカ》」（四八七5）など、古訓が見られる。

五　白氏文集巻第四の訓點

『文集』巻第四の一巻は、奥書によって鎌倉時代正應二年（一二八九）の書寫と認められる。全巻に亙って、墨書の訓點があり、本文と同筆であるから、この訓點も同じく正應二年のものと見ることが出來る。

墨書の訓點は假名とヲコト點とより成る（第十一・十二圖）が、大部分は假名であって、ヲコト點は極く僅に過ぎない。そのヲコト點の形式は、例が少いので確定は出來ないが、恐らく、上述の「古紀傳點」と認めてよいであろう。

假名字體には、「＼」（キ）、「七」（サ）、「ル」（ス）、「ワ」（ホ）、「ア」（ミ）、などの異體字がある。他に「禾」（ネ）、「禾」

［第十一圖］　文集卷第四　正應二年點所用假名字體表

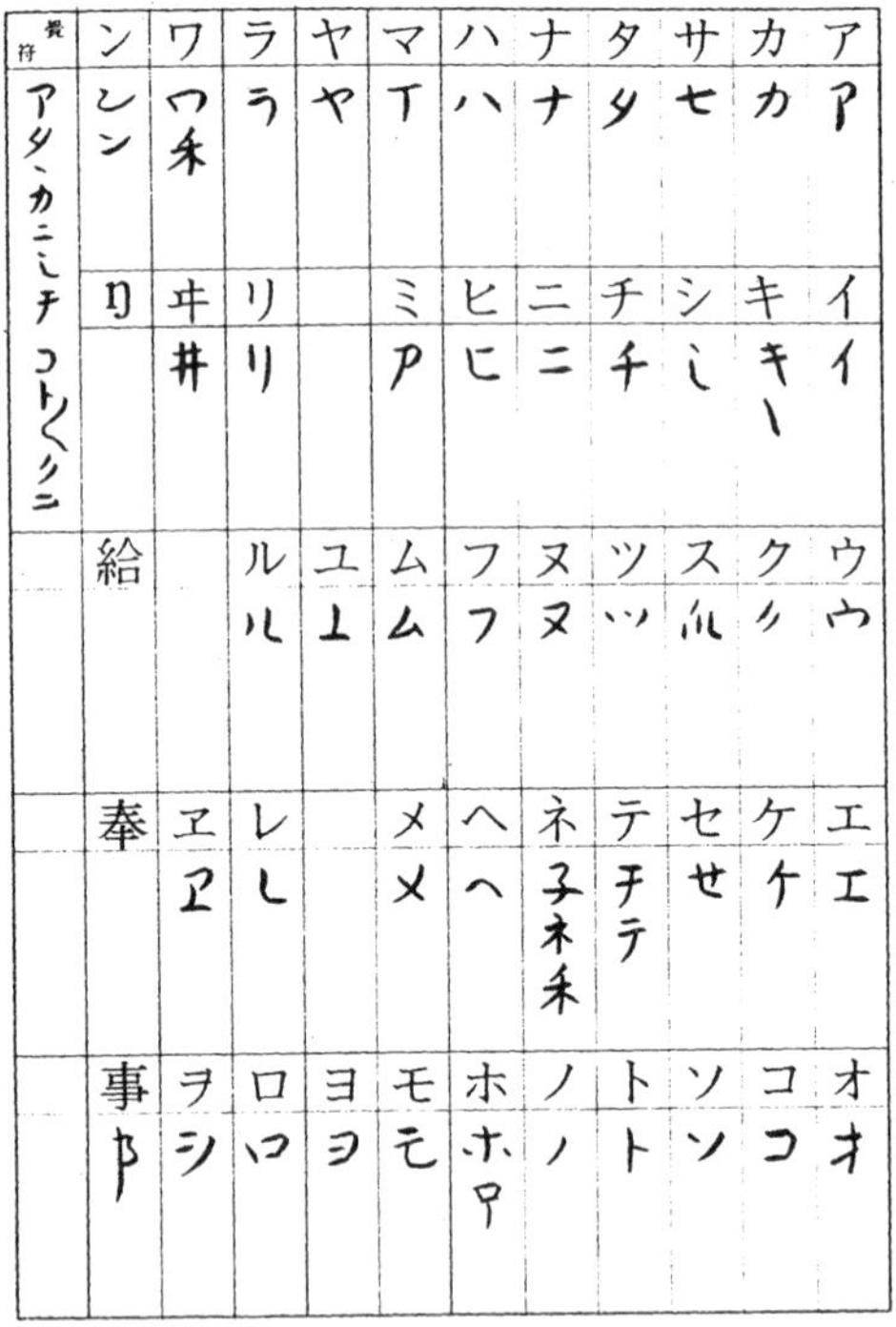

［第十二圖］　文集卷第四　正應二年點所用ヲコト點圖

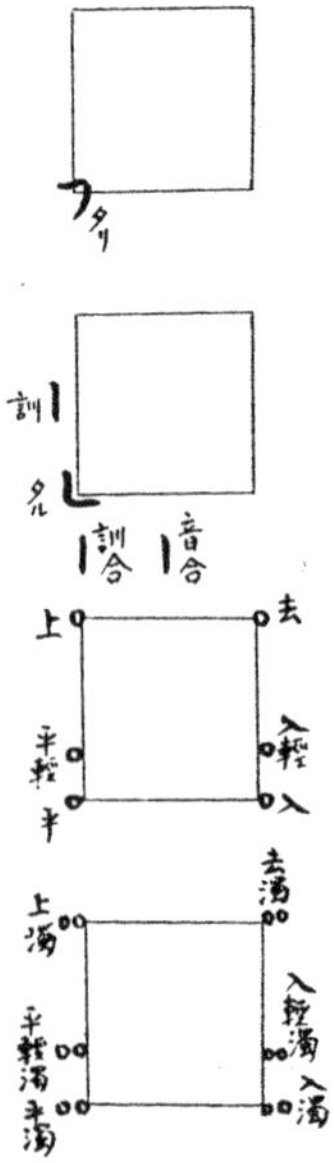

（ワ）などもあるが、夫々「子」「ネ」や「ワ」と併用されており、部分的に祖點の古形を遺したのであろう。又、假名の和訓には聲點を附するものがある。「毳」（四三九6）に「ニコケ（上・上・平濁）」、「釧」（四五三4）に「タマキ（平・平・上）」、「少入」（四五三6）の「少」に「スコシキ（平・平・平・平）」、「窮奢（四五五4）」の「奢」に「ヲコリ（上・上濁・上）」、「躬」（四五七4）に「ナコタルハ（上・上・○・○・○）」、「毫」（四五九4）に「サヲケヲ（平・平・上濁・平）」、「老」（四六三8）に「オイタリ（平・上・○・平）」等である。漢字の聲點には、清音に∘濁音に∘∘を使用している。

奥書に見える「嚴祐傳」については未だ勘えないが、「嚴祐」は恐らく佛家の人名であり、嚴祐が傳持した意とも解し得るが、多分同人が傳受して書寫加點したと見ることが出來よう。佛家が漢籍を訓讀することは、平安末以降に漸く盛になる所であって、本書もその一例を示すわけであるが、それらの中でも、古來の朱墨兩點を廢して、墨書の假名を中心に改めたものとしては、本書は古い方に屬すると考えられる。訓法そのものは古訓を傳えるけれども、表記の上では、中世以降の佛家點本に多用の假名點本の體裁を取るに至ったと見られよう。

本書については既に『漢研』に言及がある。「嚴祐書寫本」に「墨訓」ありとされている。文中に「房《＼フサアリ》《ハナフサ江》」（四三六3）、「白《スサマシ》院文殿點／小院文殿點／江本一説江家作／小チヒサウシテ」（四三六5上）など、「江」「江家」などの注記があるから、江家以外の家の本の流であることは確である。更に又、漢字の聲點に°°を専用している所から見ると、小林博士說に從うならば菅家の訓法の可能性が高いといえよう。

加點は非常に詳密であり、全卷をよく訓み下すことが出來る。豐富な音訓は國語史上有益な資料となろう。

六　白氏文集卷第三の訓點

『文集』卷第三には、永仁元年（一二九三）八月十七日鎌倉金剛壽福寺朝譽の書寫奧書を有する。全卷に亙って、朱墨兩點による加點がある。假名字體にはあまり特異なものは無く、僅に（ホ）の例が見えるに過ぎない（第十三圖）。ヲコト點は朱點であるが、星點、及び合符・人名・地名位であって、線點の類は見えないから、俗家點（テニヲハの點）であることだけは明だが、詳しい點種は決定し難い。聲點は淸音に。（六聲）、濁音に°°（四聲）を用い、前項の場合と同樣である（第十四圖）。

加點の奧書は存しないが、多分書寫と同時の加點と見てよいであろう。奧書の朝譽については、未だ詳しくは調べていないが、比叡山南溪藏本の『胎藏界灌頂手日記』には

文保二年（一三一八）戊午九月十四日於長福寺朝譽金剛九十歳

［第十三圖］　文集卷第三　永仁元年點所用假名字體表

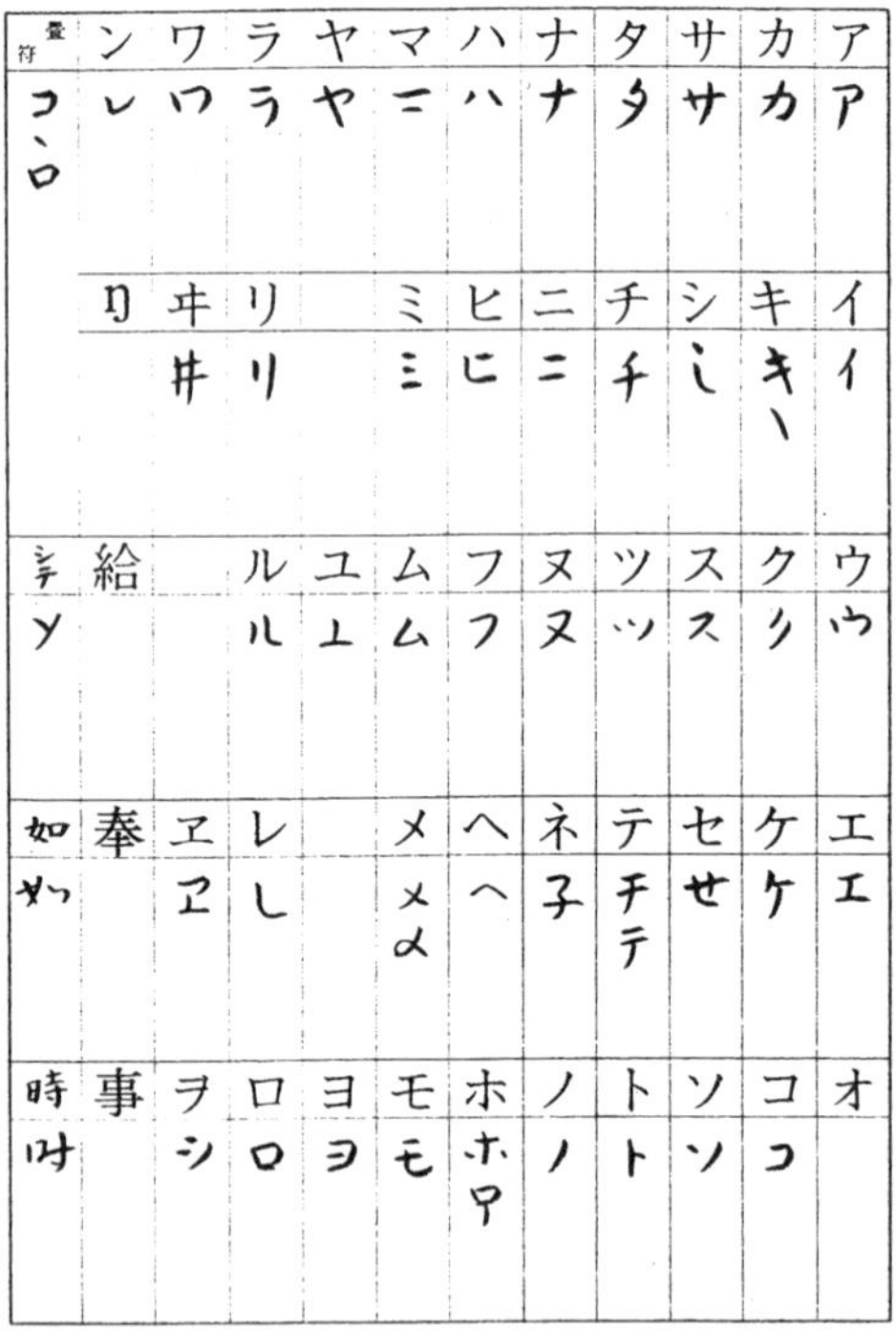

という奥書が見られ（『昭和現存天台書籍總合目録上』五〇五頁による）、兩者で年齢が一致するから、同人である可能性が大きい。金剛壽福寺は、鎌倉五山の一である壽福寺の謂であろう。又、右の長福寺は、同名の寺が多數在って、何れの寺か未調であるが、壽福寺と同系の臨濟宗建長寺派に屬するものの中に、神奈川縣厚木市在の長福寺がある。朝譽は禪僧であったかも知れないが、同時に天台又は眞言の密教を修めたのかも知れない。

本書の訓點は丹念な加點によっており、別筆による書入れ等も無く、全卷殆ど一訓のみによって訓下すことが出來る。その訓法は、宮内廳書陵部藏本の『文集』卷第三の元亨四年（一三二四）書寫の時賢の訓法等と比較して見ると、その本點、即ち菅家の訓法と見られるものと比較的多く符合するようである。しかし他家の訓を採った部分も尠からず、小林博士は本點について、諸本の訓の雜糅であり、大江家訓を多く收めると述べられている。(12)

本點は既に鎌倉末期の筆であり、漢字音の-nと-mの韻尾の混同も一般的であり、「易《（ヤス）カランことを》レ諭《サトリ》」（三七〇4）、「何《ナム》人《ツ》」（三七七7）のように、國語の-n・-mも混同している。又、「愍」を「カナシメリ」と訓ずる（三六六1）が、古例ではカナシへ（べ）リとある所で、語形の歴史的變化の一例ともなっている。

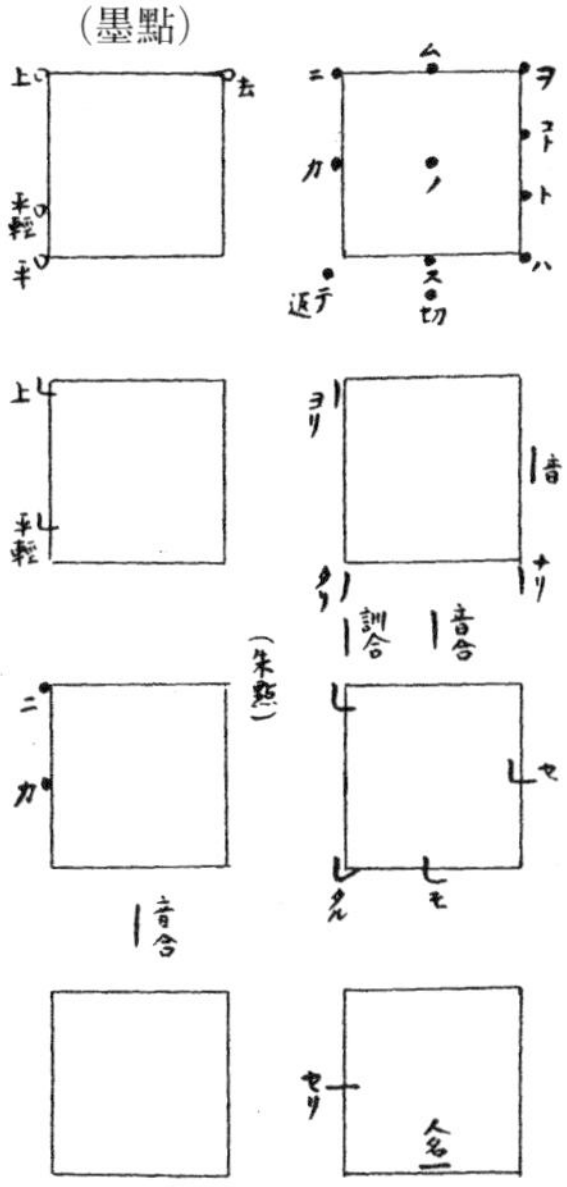

［第十四圖］ 文集卷第三 永仁元年點所用ヲコト點圖

七 文選卷第二十六の訓點

『文選』卷第二十六の一卷（卷首缺）は卷尾に

元德二曆中春／於庄嚴寺書畢
（又別筆）「本云」
（別筆）「□覽了」（抄カ）

の奥書がある。「元德二曆云々」の一文は本文と同筆で、書寫の際の奥書と見られる。全卷に朱墨兩點の訓法が在り、それについての識語の類は見られないが、恐らく本文と同時に加點したものがあると見てよいであろう。但し、墨書の訓點には二筆三筆があるようで、その辨別は容易な業ではない。更に又、本文を擦消して文字を訂正した箇所も多い。しかし大體同じ時期のものと見て大過無かろう。朱書によって主としてヲコト點の星點を、墨書によって主として假名を記してい

［第十五圖］　文選卷第二十六　元德二年點所用假名字體表（「　」は朱書）

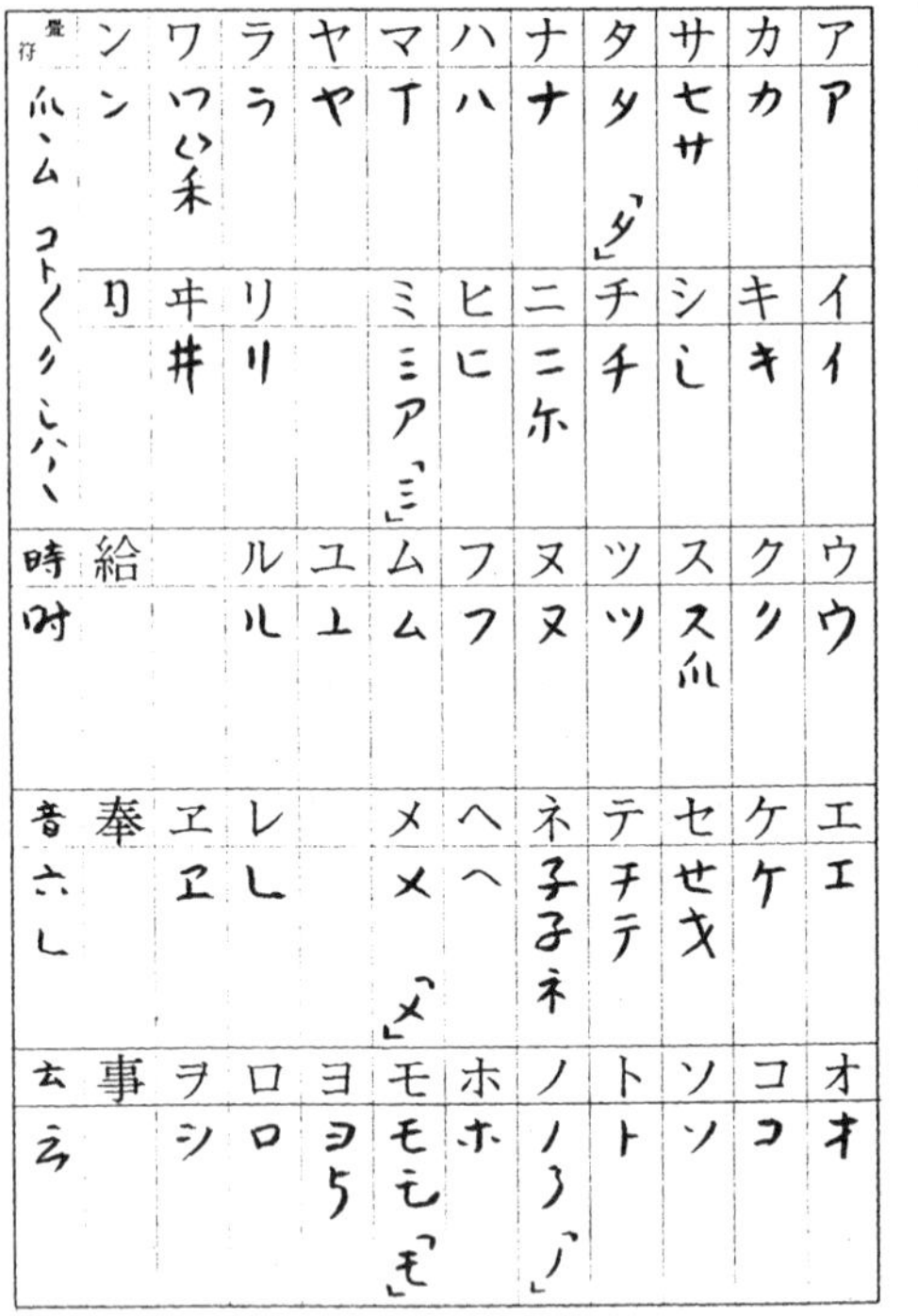

る。

奥書に見える「庄（莊カ）嚴寺」については未だ勘えない。『昭和現存天台書籍綜合目録』には、上州安中の莊嚴寺で文政の頃出版した刊本を擧げている(13)が、同一の寺かどうか、確でない。この寺については『大日本寺院綜覽』には、天台宗、等外とのみ記載がある。

所用の假名字體（第十五圖）の中には、「七」（サ）、「爪」（ス）、「ォ」（セ）、「尓」（ニ）、「ろ」（ノ）、「ア」（ミ）、「ち」（ヨ）、「禾」（ワ）などの異體字がある。尤もこれらは、用例數は必ずしも多からず、又、夫々「サ」「ス」「せ」「ニ」「ノ」「ミ」「ヨ」「ワ」などの通用字體と併用されている。恐らく、祖本に存した古體の假名を部分的に襲用したのであろう。朱書の假名が少數あるが、特に言うことはない。

ヲコト點は第十六圖に示す如くであって、星點（・）は、主として朱書により、線點（「フ」「レ」「一」など）は主として墨書により記しているが、例外的に、星點を墨書で記した所、線點を朱書で記した所が少し許り存する。而してこれらヲコト點の型式は、俗家點の中で、「紀點」と稱せられるものに該當する。大學の中の、紀傳道系統に傳えられたものであるが、平安時代に行われていた古い型式とは異り、中世以降に改められた方の型式である。その改められた點というのは、星點

［第十六圖］　文選巻第二十六　元徳二年點所用ヲコト點圖（紀點）

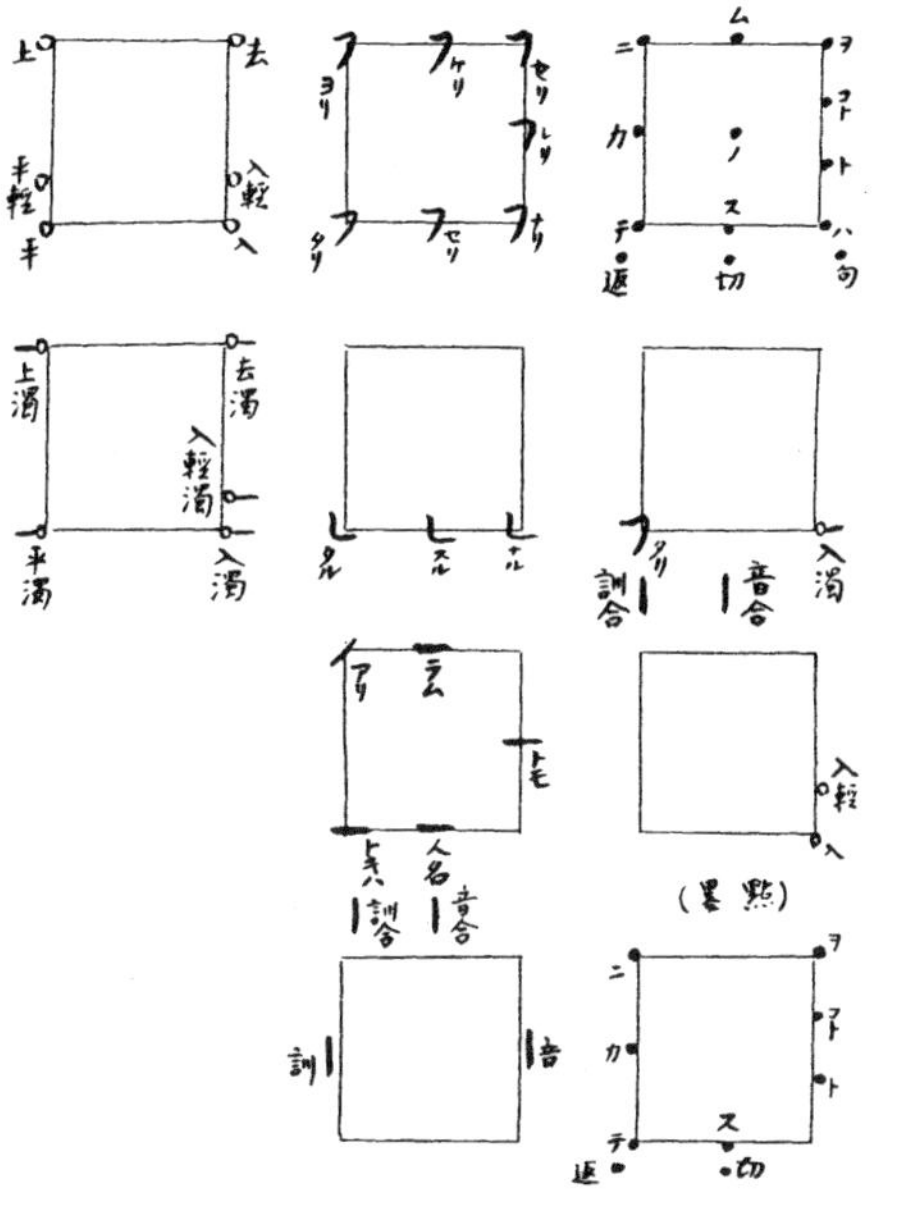

は變らないのであるが、線點の方で、「ニ」の形の諸點、「フ」の形の「セリ」「レリ」「ケリ」、「ノ」の型「アリ」等がそれである。この種の改められた「紀點」は、東山御文庫藏『文選』の正慶五年（一三三六）點（藤原師英點）や、陽明文庫藏『遊仙窟』の嘉慶三年（一三八九）點などに見られるもので、鎌倉後半期から多く現れるようだが、本書もその古例の一に數えられる。漢字の聲點には、清音に。を、濁音に∘∘を用いるが、濁音のこの符號は、藤南家等に主として行われたものとされている。[14] 訓法の系統については、その内容等を考え加えて、更に検討すべきであろう。又、和訓には•形の聲點を加えた所がある。「繹」（四〇５）の訓「ツイて」の「ツイ」に「上平」の點が附せられている。

訓法上では、「几《オシマツキ》」（二二2）、「佚《イルカセ》」（三四2、ユルガセの古語）など古訓を多く存し、又、『切韻』の引用なども多く、國語史上有益な資料である。

注

（1）小林芳規『平安鎌倉時代に於ける漢籍訓讀の國語史的研究』一〇八六頁。

（2）中田祝夫『古點本の國語學的研究總論篇』四二八頁。

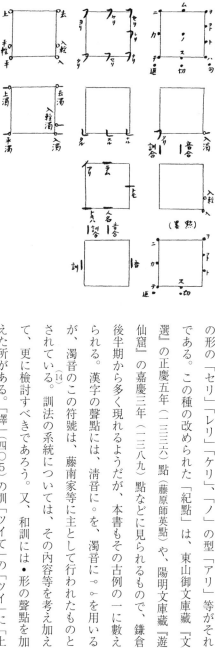

(3) 築島裕『平安時代語新論』一〇二頁。
(4) 角點については、小林芳規博士の諸論考がある。例えば注(1)文獻六九二頁以下、又、「角筆點資料における石山寺藏本の位置」(『石山寺の研究一切經篇』)九六二頁等。
(5) 注(2)文獻四七二頁以下。
(6) 注(2)文獻六四五頁以下。
(7) 關靖『金澤文庫古書目錄』七七頁。
(8) 『大東急記念文庫貴重書解題　第一巻總說・漢籍』二三頁。
(9) 注(1)文獻一四八八頁。
(10) 早川庄八、吉田孝「解題」(日本思想大系『律令』八二三頁)。
(11) 築島裕「律令の古訓點について」(同右、八一一頁)。
(12) 注(1)文獻九〇四頁。
(13) 澁谷亮泰『昭和現存天台書籍綜合目錄上』二四・二一五頁。
(14) 注(1)文獻一二七四頁。

(「文選・趙志集・白氏文集」『天理圖書館善本叢書・漢書の部』第二巻　八木書店　昭和五十五年五月)

五行大義元弘本の訓點

『五行大義』元弘本の書誌解題については、上記の石塚氏の記述に譲り、又、訓點の內、假名の字體と、ヲコト點についても、同氏の解說に盡されてゐるので、更に繰返さない。以下、主として、表記法、音韻、文法、語彙、訓法等につき、概略の記述を試みたい。時間の制約上、主として本文の訓點について述べ、紙背の訓點については、多くの省略に從ふこととする。〔以下、卷第一の第一二三行を（一123）、卷第一の紙背の第一五行を（一ウ15）のやうに記す。又、別筆の墨點―卷第一に特に多いが―に關しては、加點の時期が下るものとして、一切觸れないこととした。尙、原文の引用に當つては、原則として漢字・片假名の異體字は現行字體に改め、ヲコト點は平假名で記し、不讀字は［　］に、再讀字は〘　〙に、筆者の補讀は（　）に包んで記した。又、訓點の內、聲點、合符、他の音訓、異文の注記等は、必要な部分のみに止めて省略し、明な誤點は必ずしも一々斷らなかつた。適宜、影印本文を參照されたい。〕

一

先づ、假名字體の中で注意すべき點を、二三述べたい。その第一は、「ニ」の假名に「尓」の字體が用ゐられてゐることである。

精-像《尓》（一5）　曰《ヒ尓》（一121）　月《尓》（一122）　洪《コウ》範《ハン尓》（一203）　六-爻《尓》（一304）　所-以《尓》（一653）　斗《尓》（一820）　配《ス》《ル》之《尓》（二222）　經《尓》（三658）　治《ス》太微宮《尓》（五171）　竝《尓》（五398）　繁露《尓》（五409）　上帝《尓》（五245）

勿論、普通の「ニ」の字體が一般的であり、その中に、時折、このやうな古體の字が混用されてゐるのである。この字體は、博士家の古點本には、平安時代後半期には勿論、鎌倉時代にまで、その例が見られる。東山御文庫藏本の『文選』の正慶五年（一三三六）點等は、その一例である。

第二に「ミ」の假名に、「ア」の形をした例があることである。

閱《ケ》ア《スレハ》（一24）　見ア《ス》形《ヲ》（二201）　觀ア其色《を》（三98）

この字體も、博士家の訓點資料には、後世まで頻りに用ゐられた字體である。

第三に、「サ」の假名に「セ」の形を使用した例があることである。

交酢セ《クスル》（四23）　爲《ス》天庭尙書之曹セ《ウト》（四381）　收《ヲ》セ《メ》獲《タカル》（四413）　理《オ》セ《マリ》（四782）　司《ツカ》セ《ト》（五282）　圻セ《ケ》《タルハ》（五941）

第四に、「ヨ」の假名に「ら」の形を使用した例が一例見える。

閭《リ》ら門（四744）

第五に、「ス」の假名に「爪」の形を使用した例がある。

氏-向爪《ルコトヲ》（五152）　應爪《ルニ》（五196）

最後に、「セ」の假名に「キ」の形を使用した例がある。

妻《メアハ》キ《テ》（三371）　不《スシて》化キ（三491）　感《カン》キ《シム》（三636）

この「ォ」の字體は、「オ」と誤寫され易かつたと思しく、「オ」の形に書かれた例が、二三見える。

壅《ヨウ-》閼《アツオリ》（一765）不《ス》通《オ》（三393）

これら「ア」「七」「ち」「爪」「ォ」の字體は、何れも博士家の訓點の中で、平安時代中頃以後、中世、近世に至るまで、屢々用ゐられた形である。本書の訓點に、この特異な字體が、かやうに多數の例を持つのは、その祖點が博士家の點本に遡ることを示してゐるのであり、又「ォ」を「オ」と誤寫した例が見られるのは、この加點者が、博士家の內部の人でなく、佛徒であつたために、この字體に疎かつたことによるのかも知れない。

假名字體に關聯して、假名の誤寫の例について、觸れて置きたい。この訓點は、祖點から移點する際に、內容を十分に理解せずに、機械的に轉寫した部分があるらしく、所々に寫し誤りと見られる箇所がある。

「不容《イト》絲《をタモ》（四597）」の「ト」は、恐らく「レ」の誤であらう。下の「絲」の字に惹かれたのかも知れない。又、「侯《ウカラナリ》風（の）所《を》從《て》來《ル》（四580）」の「ラ」は、多分「、フ」の誤寫と見られる。「掌《ワカサトルハ》（五306）」の「ワ」は「ツ」の誤に違ひない。「亢《カウ》陽自《ヲ》消《ノヘテ》（三681）」の「ノ」も「キ」の古體字の誤りであらう。

この種の誤寫は、和語のみならず、字音語にも見られる。「核《カタは》以配《す》火《に》（三209）」の「タ」は「ク」の誤、「厥《ノ》罸《ハ》常《に》燠《イタナリト》（三690）」の「タ」は「ク」の誤、「蜜《シツ》羲（五194）」の「シ」も「ミ」の誤であらう。

二

漢字音は、原則として漢音が用ゐられてゐる。「京《ケイ》房《ハウ》（三599・609）」「聽《テイ》（三697）」「霧《ホウ》亂（三711）」「毛《ホウ》頭《トウ》（四453）」「慶《ケイ》賜《シ》（四777）」「罔《ハウ》罟《コ》（五191）」等は、その例である。しかし、時折、呉音と思しき例が散見する。「歴リ゜ヤ゜ク゜蝕（四466）」「掩《エン》捕《フ゜》（五99）」「逋《フ゜》亡《マ゜ウ゜》（五452）」等がそれである。一般に、この種の漢籍の本文については、字音に漢音を使用するのが例であることは、周知の事實であるが、中に稀に呉音が混用されるのも、皆無ではないやうであつて、その由來等については、尙今後の檢討が俟たれる問題である。

字音の音價については、先づ唇內撥音尾と、舌內撥音尾との混同が一般化してゐることが注意される。

○唇內撥音尾の例

〔ム（正用）の例〕參《シム》辰（一17）談《タムスルこと》（一43）闇《エム》茂《ホ》（一184）險《ケム》易（一746）臨《リム》卦（二442）勇敢《カムニシて》（三157）貪《タム》冒《ホウ》（三160）銜《カムナリ》（三190）鎌《レムナリ》（三190）玄參《シムは》（三198）潛《セム》流《リウシテ》（三638）歛《レムヲ》（三676）圖《ト》讖《シムニ》（五215）稟《ヒムス》（五450）

〔ン（誤用）の例〕含《カン》秀《シウ》（一141）深《シン》窟《コツシ》《クツ》（一186）洪《コウ》範《ハンニ》（一203）讒《サン》佞《ネイ》（一233）寢《シン》處《シヨ》（一240）沈潛《センナルトキ》（一693）邯《カン》鄲《タン》（二258）陰《ヲン》爻《ケウ》（二437）梟《ケウ》斬《サン》（二632）黯《アン》然（三13）沈《チン》靜《セイ》（三54）鹹《カン》（三190）含《カン》潤（三211）歛《レン》悶（三230）膽《タン》胃《キ》（三306）貪《タン》縱《シヨウ》（三496）感《カンセシム》（三636）倉廩《リン》（四406）壓《エン》死《ス》（四816）掩《エン》捕《フ》（五99）鬢髯《センアリテ》（五255）二監《カンヲ》（五305）嚚《キン》闇《アン》（五595）斬《サン》刈《カイヲ》（五812）

○舌內撥音尾の例

〔ン（正用）の例〕嶽《カク》鎭《チン》（一20）言演《エン》（一108）獻《ケン》酢《サクノ》（一218）祖（祖の誤）《タン》踊《ヨウノ》（二86）糞《フン》壤（二159）鉛《エン》錫《セキ》（二160）邯《カン》鄲《タン》（二259）芸《ウン》黄《ナラ》（二695）援《ヱン》神契《ケイ》（三15）姧《カン》謀（三160）鑽《サンナリ》（三168）延《エン》陵《リヨウ》（三560）韓《カン》詩（三566）讌《エン》飲（三567）辰《シン》（四46）冕《ヘン》（四190）遁《トン》甲（四193）旋《セン》機《キ》（四215）滿偃《エンシて》（四316）妃嬪《ヒン》（四387）匿《チヨク》屯《トン》（五131）併《ヘム》幹《カンニシテ》（五220）

〔ム（誤用）の例〕訊《シム》（一106）奮《フム》迅《シムシ》（一155）反《ヘムセル》（一207）悔《クワイ》悋《リム》（二376）遁《トムノ》卦（二456）分

均《クヰムなり》（三117）短《タム》（三151）奔《ホム》馬（三156）酸《サム》（三168）腎《シム》（三375）湊《シム》洧《キ》（三566）震《シムに》（三628）

斷《タムシ》（三634）申《シムと》（五11）申《シムは》（五51）

このやうな混用は、鎌倉時代中期以後の一般的現象であり、特に留意すべきほどのことでもない。

效攝三四等所屬の字の音尾を、本來「—イヨウ」と記したのを、「—エウ」と表記した例が見られる。

侵《シン》-凌《レウ》（一257）縱《セウ》横《クワウ》（一ウ15）

これも、平安時代後半期から見られる現象で、鎌倉時代中期以後には一般的になつてゐるのは、周知のことである。

脣内入聲尾の「—フ」が、その次に無聲子音が來る場合、舌内入聲尾化して、「—ツ」と記された例がある。

攝《セツ》-提《テイ》-格《カクト》（一173）執《シツ》-徐《シヨと》（一176）

この類で氣附いたのは、以上の二例のみで、本點本は、鎌倉期のものとは言ひながら、この新しい音韻變化は、まだそれほど普及してゐない狀態と言へよう。

止攝合音の字の音尾は、以前の歷史的字音假名遣では「—ヰ」としてゐたが、本書ではすべて「—イ」と記してゐる。これは、平安時代以來の古點本に、殆ど例外無しに見られる現象であることは、言ふまでもない。

邃《スイを》（一322）炊《スイ》烹《ハウナリ》（一663）碎《スイ》鐵（二161）萃《スイハ》（三203）遂《スイ》-古《ヨリ》已來《コノカタ》（五165）

次に、流攝の字音の表記が、本來は、イ列音＋ウであつたものが、この資料では、ウ列音＋ウの形で表記されてゐる例がある。

遊《ユウ》-激《ケキ》（五460）

次に、カ行拗音の問題がある。鎌倉時代中期以後の訓點資料においては、「クワ」以外の場合は、直音化も大分進んでゐたやうで、本書でも「クワ」については、すべて古來の形通り記されてゐるが、「クヰ・クヱ」については、次のやうに、「キ・ケ」と直音化した例がある。

〔クワの例〕　魁《クワイ》（四325）　六-畫《クワクシ》而《て》（四474）　獲《クワク》-麟《リムヲ》（五272）

〔キの例〕　狂《キヤウ》-僭《セム》（一718）　爲《シ》規《キト》（四314）

〔ケの例〕　禍-患《ケン》（一710）

しかし、一方、古態を存した「クヰ」の例の方が、寧ろ多數見られる。その例は、次の如くである。

〔クヰの例〕　盈《エイ》-虧《クヰシ》（一17）　撥《クヰ》-然（一144）　遂忌《クヰ》（二578）　奸《カン》-軌《クヰ》（三672）　諱《クヰヲ》（五317）

〔クヰムの例〕　分均《クヰムなり》（三117）

〔クヰヨウの例〕　垂《スイ》-拱《クヰヨウ》（一229）

ところが、「クヱ」については、何故か大部分が「クエ」の例ばかりで、「クヱ」の例は、後に示す二例しか見當らない。それも、その內の一例は、「ヱ」の假名の字體が、「エ」とも見えるものである。

〔クエの例〕　從-魁《クエ》（五43）

〔クエイの例〕　施《シ》-惠《クエイノ》之德（四544）

〔クエウの例〕　恭《クエウ》-莊（一104）

〔クエツの例〕　夬《クエツノ》卦（二450）　歃《クエツ》-事《ヲ》（五312）

〔クエムの例〕　權《クエム》-星（一815）

〔クエンの例〕　蚿《クエン》-蜩《クヰム》（三199）　元《クエン》間《カン》（四26）　元《クェン》一（五422）（以上「エ」を用ゐる）

〔クヱウの例〕　恭《クヱウ》-事《シス》（一711）（「ヱ」を用ゐる）

〔クヱンの例〕 爲《シ》權《クヱン》と（「ヱ」は「エ」とも見ゆ）（四315）

サ行拗音の表記について見るに、鎌倉時代中期以後の訓點資料における、一般の例と同じく、「シヰン」「スヰン」「スヰユン」等の表記は衰へ、「シユ」「シユツ」「シユン」等の表記が大勢を占めて來たやうで、本資料にも次のやうな例があるに止つてゐる。

〔シヰンの例〕 不《ス》二…純《シヰン》恪《カクナラ》一（四28）

〔スヰンの例〕 水準《スヰン》（一107）

〔シユの例〕 春の氣臑《シユニ》（四581） 收《シユ》の五藏（四595） 太衝《シユ》（五44）

〔シユツの例〕 戌《シユツ》は（一184） 卒《シユツナリ》（四7） 律は師《シユツ》他（四32）

〔シユムの例〕 和《クワ》閏《シユムシ》（三636）

〔シユンの例〕 巡《シユン》幸《カウ》（一219） 鷹《ヨウ》-隼《シユン》（一250） 準《シユンス》（五439） 駿《シユン》-足（五938）

併し、「シユン」「スヰン」と竝んで「シン」といふ比較的古いと見られる形も存する。

〔シンの例〕 潤《シン》-下（一203） 潤《シン》下（一261）

又、「シユク」は極く稀で、大部分は「シク」といふ古形を溫存してゐる。

〔シクの例〕 祝《シク》圄《キコト》（ママ）（三104） 作《ナす》肅《シクを》（三652） 則肅《シクナリ》（四765） 祝《シク》融《イウト》（五298）

〔シユクの例〕 熟《シユク》（一167）

唇音の子音を持つた豪韻の字音の頭音が、「ホウ」「ボウ」「モウ」の形を取ることは、夙に有坂秀世博士の明にされた所であるが、本書にあつても、その例は、次のやうに見られる。

冒《ホウ》（一84） 暴《ホウ》亂《ラン》（一252） 貪《タム》冒《ホウ》（三160） 覆《フク》冒《ホウ》（三615） 毛《ホウ》頭《トウ》（四453）

沈-冒《ホシ》（五324）

又、「ホ」の形を取る表記がある。これも當時の他の文獻に類例を見る。

三

國語音に於いても、鎌倉時代末期の一般的狀態を示してゐる。

先づ、「ハ」と「ワ」、「イ」と「ヒ」と「ヰ」、「エ」と「へ」と「ヱ」、「オ」と「ホ」と「ヲ」との區別は、夫々完全に混同してゐる。その例、

〔「ハ」と「ワ」の混同の例〕　昌《サカヘ》（一31）　母《ハワナリ》（二76）　桑《クワノ》椹《ミ》（二331）　陰陽之理《コトハリ》（二389）　⿰足參《サハカシ》（三330）　无《シ》菑《ワサワイ》（四321）

〔「イ」と「ヒ」と「ヰ」との混同の例〕　无《シ》菑《ワサワイ》（四321）　貪《リ》賂《マイナヒを》（四741）　江河潰《ツイエ》（五368）

〔「エ」と「へ」と「ヱ」との混同の例〕　季《スエツカタ》（一380）　季《スエ》（一797）　不《ルヲ》絶《タヘ》（二121）　消《キヘ》亡《ウセヌ》（二379）　上《ウエに》（二441）　杖《ツエには》（二561）　不《ス》越《コヘ》（二633）　聲《コエ》（三90）　蓄《タクハエを》（三115）　聲《コエアルハ》（三154）　所-以《ユヘナリ》（三189）　不《サル》堪《タエ》食《スルに》（三213）　所-以《コノ》故《ユヘに》（三231）　所-以《コノユヘニ》（四42）　所-以《ユヘ》（四348）　末《スヘに》（四694）　故《ユヘに》（四700）　不《ス》見《ヘ》也（四720）　音《コエ》（五193）　樹《ウヘ》（五339）　江河潰《ツイエ》（五368）　可《キカ》越《コヘヌ》（五561）　不《ス》可《ラ》復《タ》雕《エリヲ》（ママ）（五623）　末《スエ》（五868）

〔「オ」と「ヲ」と「ホ」との混同の例〕　競《キオヒ》（一33）　安《ヲク》（二53）　處《オリ》（二109）　葦《アシ》荻《オキ》（二154）　終《オハリ》而入虛門（二236）　終《オヘテ》歲之行《ヲ》（二430）　不《ス》獨《リ》治《オサメ》（二435）　收《オサマリ》藏《カクレて》（二467）　夫《オフ》

トは（二590）　訓《オシフル》子を之道（二595）　猶《ナヲシ》（二694）　質《スナヲナル》（三62）　於《ヲイテスレ》は士に（三124）　猶《ナヲ》（三225・五23）　以《ヲモヘラク》（三237・242）　戴《ヲコナフ》（三257）　興《ヲコル》（三237）　貶《ヲトス》（三634）　畏《ヲチ》而て（三660）　行《ヲコナハル、トキ》は（三675）　隕《ヲツ》石《イシ》于宋に（四269）　發《ヲコシ》智惠を（四644）　行《ヲコナ》て（四712）　理《オサマリ》（四782）　直《ナヲキ》面（五258）　處《ヲクコト》（五322）　不《ス》憍《ヲコラ》（五556）　解《ヲツ》（五942）　解《ヲトス》（五943）

以上の例は、所謂ハ行轉呼音の法則を含むものであるが、この法則は、國語音のみならず、漢字音にまで及び、脣內入聲尾の「—フ」を「—ウ」と記した例、梗攝等の影母合音の頭音を、古くは「ヱイ」等と記したのを「エイ」とした例がある。

〔脣內入聲尾を「—ウ」と表記した例〕　國邑《イウ》（一254）

〔宕攝韻尾を「—フ」と表記した例〕　壯《サフ》なること（二457）

〔梗攝の影母合音を「エイ」と表記した例〕　吟-詠《エイス》（三637）

音便としては、次のやうな諸例がある。

○イ音便

〔「キ」が「イ」に轉じた例〕　氣衝《ツイテ》（二618）　有《リ》剛《コハイコト》（三322）

〔「ギ」が「イ」に轉じた例〕　爲《ス》次《ツイテト》（三367）　仰《アフイテ》は（四471）　有《ルトキハ》序《ツイテ》（四731）　秩《ツイツ》下官の名《ヲ》（五430）

○ウ音便

〔「ク」が「ウ」に轉じた例（表記は「フ」とも）〕　而《ウシテ》（三110）　而《シカフシテ》て（五346）

〔「ガ」が「ウ」に轉じた例〕　被《カウフル》（四112）　被《カウフラシム》（五550）

〔「ヒ」が「ウ」に轉じた例（「ウ」無表記）〕　妹《イモト》の辛（三27）

〔「ヘ」が「ウ」に轉じた例〕　承《ツカウマツリ》（四281）　承《ツカウマツルニ》（五23）

○促音便

〔「チ」が促音に轉じた例（促音無表記）〕　伐《ウテ》周を（五269）

〔「ヒ」が促音に轉じた例（促音「フ」表記又は無表記）〕　從《フ》夫《ヲフト》に之義（二409）　夫《ヲフト》死《ヌレ》は（二420）　從《シタカテ》而《て》（五33）

〔「リ」が促音に轉じた例（促音無表記）〕　可《シ》形《カタトツ》（一14）　法《ノトリ》承《ウケ》（三118）　則《ノトリテ》而（三661）　下《クタリ》藏《ヲサマテ》（五61）　象《カタトテ》（五229）

「タフトブ」の語は、「タフトフ」「タトフ」兩方の表記がある。これは、平安時代以來の現象だが、實際の發音がどのような形であつたのかについては、輕々に判斷出來ない。taΦutobu, tautobu, tattobu, tatobu 等の諸段階が想定されるが、更に資料を求めて考へたい。

〔「タフトフ」と表記した例〕　尙《タフトフ》宮を（二410）　所《ロナルカ》宗《タフトフル》故に（三641）　尙《タフトフト》（四177）

〔「タトフ」と表記した例〕　尙《タトフ》左を（三572）

○撥音便

平安時代には、漢字音の撥音尾は勿論、國語音の場合にも、-mと-nとの區別が一般に存したが、この時期になると、この兩者の別は、既に喪失してゐたと認められる。本書の訓點では、「ム」「ン」兩表記が併用されてゐるが、その音價は、恐らく共に-nとなつてゐたものと考へられる。推量の助動詞「む」も「ン」と表記される例が多數見られ、最早、その發音は-mではなく、-nに轉じてゐたことと推測される。以下、「ム」「ン」兩表記を同音表記として扱つて、用例を列擧する。

〔「ニ」が撥音に轉じた例〕　何ナント（二33）　那ナンソ（二305）　何爲ナンスレソ爲反悪アシカラン（二558）　何ナムソ（二605）　焉イカ、（四704）　何イカントイフを（五296）　何イカンカ（五298）

〔「ミ」が撥音に轉じた例〕　哀カナシンテ（三92）　望ノソムテ（三666）　好コノムテ（四646）　可ク蹠フムツ（四702）　營イトナンテ洛-邑を（五291）　進ス、ンテ（五708）

〔「ビ」が撥音に轉じた例〕　運ハコムて（四12）

〔「ム」が撥音に轉じた例〕　筝タカンナニ（二562）　生ムマレントスルトキハ（二22）　欲ス其成ヒト、ナランコトヲ（二558）　教ナランヤ（二563）　何ノ所カアラン依ヨリ憑タノム（二567）　有ランには（三421）　況イハンヤ乎從ハムヲヤ其ノ令レイに也（三679）　出イテント（四86）　欲出イテナンと（四103）　君臨セント（四174）　發言セントシ（五535）　折サタン獄ウタヘを（五570）

最後の例は、マ行下二段の動詞の終止形「サダム」活用語尾の「ム」を「ン」と記した例と見られるものであつて、特異な表記例である。

又、「カムガフ」といふ語も、既にkangauと發音されてゐたらしく、「カムカフ」「カンカフ」の兩形が見えてゐる。

考カムカヘ（四19）　檢カンカフルニ（五931）

尚、假名に聲點を施した例が一例あるが、これは、國語のアクセントを表したものと認められる。

給アマネハス（上・上・上・上濁・平）トイヘリ天下に（二101）

「ハ」には、確かに濁點が加へられてゐる。因に『觀智院本類聚名義抄』では、「周」字の訓「アマネハス」に「平平上上平」の聲點があり、「ハ」には上聲の單點があつて（僧下一〇五）、聲調、清濁共に一致しない。

次に擧げる語彙は、歷史的に個別的な音韻變化を經た音節を含む例であるが、何れも鎌倉時代後半期といふ加點時期の形を示してゐる。

〔アナヅル（侮）〕（當時「アナドル」と並んで行はれた）
五常を狎《ナ》レ侮《アナツ》（りて）（狎侮五常）（一30）
鬼-神を漫《アナツ》リ（漫鬼神）（一270）
親老を侮《アナツ》リ（侮親老）（四734）
〔オキヌフ（補）〕（「オギナフ」の古形）
其の闕を補《オキヌ》へ[焉]（補其闕焉）（一51）
過《アヤマチ》（を）補《ヲキヌ》ハムことを思フ（思補過）（五563）
〔タガヘス（耕）〕（「タガヤス」の古形）
耦耜《コウシ》を牽《ヒ》キテ耕《タカヘ》ス[也]（牽耦耜耕也）（五900）
〔タキタカシ（長）〕（「タケタカシ」の古形）
其ノ人長《タキタカ》ク頭-面大ニシテ（其人長頭面大）（五253）
〔ツマヒラカ（詳）〕（「ツバヒラカ」の新形）
「於」蓍《シ》-策《サク》（の）[之]數に詳《ツマヒラ》カニす[也]（詳於蓍策之數也）（一285）

語法の上では、先づ、動詞の活用に關する問題點から述べる。

「ウレフ（憂）」は、後世は上二段活用となるが、この時期には、未だ下二段活用であつた。その名詞形「ウレヘ」の例が見える。

聚ルトキは［則］・憂ヘアリ　（聚則憂）（四452）

皆・水（の）［之］憂ヘナリ　（皆水之憂）（四836）

「オソル（恐）」には、下二段活用の例がある。當時は上二段活用と竝んで行はれてゐた時期である。

懼《ヲソ》レタルこと色は薄然と（し）て以（て）下《クタ》レリ　（懼色薄然以下）（三59）

「ウラム（怨）」「カナシブ（悲）」「タフトブ・タトブ（尊）」「ヨロコブ（喜）」には、夫々上二段活用、四段活用、上二段活用、四段活用の例が見える。

其（の）民怨ムレハナリ　（其民怨）（三80）

哀ヘル色は［則］黒シ　（哀色則黒）（三64）

羽を尙フルモ・亦タ然ナリ　（尙羽亦然）（三145）

商を尙フルコトハ亦タ以て牝牡は相ヒ和スレハナリ［也］　（尙商亦以牝牡相和也）（三148）

宗《タフト》フル所《ロ》ナルカ如シ　（如…所宗）（三641）

夫レ・喜ヘル色は［則］黄ナリ　（夫喜色則黄）（三63）

漢文訓讀特有の語法として、指定の「タリ」、「ク」語尾の用例などが注目される。先づ、指定の「タリ」については次のやうな例が見られる。

四季に王タレトモ　（王四季）（一401）

還(り)て相ヒ讎《アタ(タ)》、ルカ故(に)　(還相讎故)(二661)
水-德を以(て)王タリ　(以水德王)(四180)
命を受(け)而《て》王タルトキハ　(受命而王)(四774)
儼-然タルトキは人望《ヒトノソ》ムテ[而]畏ル[之]　(儼然人望而畏之)(三666)
雨滂《ハウ》-沱《タ(タ)》、ラ俾《シ》ムト[矣]　(雨俾滂沱矣)(四612)
〻(辰)ノ土ハ卯ノ木妻爲《タ》リ　(〻土爲卯木妻)(二680)
萬-物(の)[之]父爲《タ》リ　(爲萬物之父)(五123)
季ハ一時(の)[之]末《スエ》爲《タ》ルヲ以テ　(以季爲一時之末)(五867)
「ク」語尾の用法としては、「イハク」「論スラク」のやうに、引用文を導くものが多いことは、漢文訓讀文の常であるから、特に詳說はしないが、「マク欲ス」「クノミ」「ラクノミ」等で文を終止する例を二三示して置く。
此《コ、》に論スラク　(此論)(三575)
多ク崇《タ、リ》を爲《セ》マク欲ス　(多欲爲崇)(二563)
始(め)て入ルラクノミ[耳]　(始入耳)(一400)
五藏(の)[之]上下、之(を)次《ツイ》ツラクノミ[耳]　(五藏之上下次之耳)(三343)
中-氣・文に似《ニ》タラ耳《マクノミ》　(中氣似文耳)(四246)

訓法の點で、注意すべき事項を二三記して置く。

「則」字が接續詞として用ゐられる際には、全く附訓のない場合と、「ス」と振假名を施した場合とがある。傳統的な博士家の訓法では、不讀字とすることが多かつたやうだが、本書の訓點では、その原則に必ずしも添つてゐないものがある。これは、本書の加點者が、僧侶であることが關係してゐるのかも知れない。「則」に「ス」と附訓した例に、次のやうなものがある。

阿黨不平ナルトキハ則《ス》司冠之《を》ヲ誅す　（阿黨不平則司冠誅之）（二588）

木に於て則《ス》・南宮極震シ　（於木則南宮極震）（二615）

「應」を陳述副詞として使用した時には、後世のやうに「マサニ…ベシ」とは訓ぜず、唯「…ベシ」とだけ訓ずるが、これは古例に適つてゐる。

獨リ刑を受(く)應《へ》キ者《ノ》无シ　（无應獨受刑者）（二622）

「文選讀」の例が一例見られる。

[爲]山巨靈贔《キヨレイヒ》-屓《キ》トチカラヲコシシテ首《カウヘ》ニ靈山を頂《イタヽ》クトイフハ、蓬-萊-山ヲ負ヘルナリ　（爲山巨靈贔屓首頂靈山負蓬萊山）（五902）

「云尓」を「シカイフ」と訓じた例がある。「云」の左傍に「二」、「尓」の左傍に「一」の返點を加へてゐる。

故に尓云《シカイ》フ　（故云尓）（四105）

又、「者」字を「ヒト」と訓じた例がある。

天命を受(け)而《て》王タル者《ヒト》ハ・必ス・六-律を調へ而《（て）》正-朔を改メ　（受天命而王者必調六律而改正朔）（四175）

訓法の上で注意されるのは、漢籍の書名に振假名を添へた例が少くないことである。例へば、「釋名」を「セキメイ」（一

45)、「廣雅」を「クワウカ」（一106）、「曲禮」を「コクライ」（一ゥ14）、「鄭玄」を「テイケン」（一133朱書、一ゥ10）、「尒雅」を「シカ」（一173・190）、「越記」を「エツ（キ）」（三562）等である。又、人名その他にも、「范子」を「ハン（シ）」（三562）、「紫-微宮」を「シヒ（キウ）」（五19・44）と訓じた例等がある。固有名詞の讀法は古例が少く、貴重な資料といふべきであらう。本書の訓法を全體として見ると、鎌倉時代の國語の一面を反映してはゐるが、他面、平安時代以來の古訓法を殘した部分があることも、注意される。

六

語彙の上で、注意すべきものが多く見られる。その一端を次に列擧しておきたい。

先づ、十干十二支の語の和訓であるが、この類については、平安時代の古點本には、何故か例が非常に乏しい。『日本書紀』の岩崎本・圖書寮本・前田本・北野本等の平安時代の古點には、殆どその例が見られない（それら同じ寫本についても、中世の訓點の中には、附訓例がある）。これに對して、本書にその用例が二三見られるのは、この種の古い例として、貴重である。

〔キノエ（甲）〕　甲《キノエ》ノ上に置キ　（置甲上）（一618）

〔ヒツジ（未）〕　未《ヒツシ》に還す　（還未）（一612）

未《ヒツシ》は土の王　（未土王）（四146）

中央の土ヲ以て未《ヒツシ》に在《ヲ》ク　（以中央土在未）（四504）

未《ヒツシ》ヲ羊鷹鴈と爲（る）者　（未爲羊鷹鴈者）（五957）

更に、右の他にも、本書の訓點には、注目すべき國語の古訓が多數存するが、次に、その中から主立つたものを拔粹して列擧する。

〔アカハダカ（裸）〕　其ノ蟲ハ倮《アカハタカ》ナリ　（其蟲倮）（五774）
〔アカフ（贖）〕　之を贖《アカ》フ數《カス》　（贖之數）（二633）
〔アギトフ（咳）〕　子《コ》生レて三月に咳《アキト》フ　（子生三月咳）（一81）
〔アコエ（距）〕　角ヲ戴キ距《アコヘ》ヲ著《ツ》ケ　（戴角著距）（五742）
〔アタ（仇）〕　軍ヲ出シ仇《アタ》ヲ伏スルニ　（出軍伏仇）（五129）
〔アタマ（頭）〕　三年に(し)て顖《アタマ》合フ　（三年顖合）（五516）
〔アツシ（篤）〕　農《アツ》ク八‐政を用(ゐ)ル　（農用八政）（一595）
〔アツマル（集）〕　萬物・蔟《アツマ》而《て》未(た)出(て)〘未〙也　（萬物蔟而未出也）（四91）
萬物・棣‐通シテ[於]寅ニ蔟《アツマ》リ‐出ツ　（萬物棣通蔟出於寅）（四160）
〔アト（跡）〕　例《アト》多ケレハ且《シハラ》ク略ス　（例多且略）（二194）
〔アハヒ（交）〕　情‐性(の)[之]交《アハヒ》　（情性之交）（四597）
〔アヘギス（喘）〕　肺病《ヤ》ムトキ喘《アヘ》キシ　（肺病喘）（三382）
〔アフヒ（葵）〕　棗・葵《アフヒ》を食(ふ)に　（食…棗葵）（三276）
〔アメフル（雨）〕　常に雨《アメフ》リて罰(する)ことを爲《す》　（常雨爲罰）（四514）
〔アラハル（現）〕　[於]内に陽‐動(し)而未《てイ(ま)》(た)形《アラハ》レ〘未《ス》〙　（陽動於內而未形）（五85）
其ノ功已に見《アラハ》レ　（其功已見）（五87）

〔アラユル（所有）〕　所-有《アラユル》[之]物　（所有之物）（一375）

〔イサギヨシ（淸）〕　天は一を得て以て淸《イサキヨ》シ　（天得一以淸）（一351）

〔イタハシクス（勞）〕　[於]此に勞《イタハ》シクセ不《ス》　（不勞於此）（五155）

〔イヅクシ（嚴）〕　須ク之を用(ゐ)ルコト嚴《イツク》シカラ不(し)而《て》治(む)〖須〗《へ》シ　（須用之不嚴而治）（二623）
政《(マツリ)コト》嚴《イツク》シカラ不《ス》シテ[而]治マル　（政不嚴而治）（三678）

〔イノチナガシ（壽）〕　扶《タス》ケラル、者は壽《イノチナカ》シ　（扶者壽）（二548）
寒-氣ハ壽《イノチナカ》キコト多シ　（寒氣多壽）（五674）

〔イバユ（嘶）〕　又善《ヨ》ク鳴《イハ》ユル[之]馬と爲《ス》　（又爲善鳴之馬）（五846）

〔イハユル（所謂）〕　所-謂《イハユル》・妻ノ來ル[之]義ナリ　（所謂妻來之義）（二485）

〔イヒ（謂）〕　卽(ち)此ノ謂《イヒ》ナリ　（卽此謂）（二663）

〔イロクヅ（鱗）〕　其の蟲鱗《イロクツ》アリ　（其蟲鱗）（五772）

〔ウツクシビ（慈）〕　父其(の)慈《ウツクシヒ》を失フトキハ・子《コ》其ノ孝に違ヒ　（父失其慈子違其孝）（二676）

〔ウム（生）〕　庚に妻《メアハ》セテ庚ノ[之]化を受《ウ》マシム　（妻庚受庚之化）（三371）

〔ウヤ〳〵シ（恭）〕　恭《ウヤ〳〵》シキトキは・其ノ上《カミ》(ニ)事《(ツカマ)ツ》ルモノ[也]、敬アリ　（恭其事上也敬）（三654）

〔オイテス（於）〕　其レ五行に於《ヲイ》テスレハ、則《ス》・木ニハ覆《フク》-冒《ホウ》滋-繁有リ　（其於五行則木有覆冒滋繁）（三614）
其レ五經に於《ヲイ》テスレハ・則《ス》・仁は以て易に配(す)　（其於五經則仁以配易）（三622）

〔オコナフ（行）〕　土ハ既(に)中(に)居(て)惣(へて)四財を戴《ヲコナ》フ　（土旣居中惣戴四財）（三257）

〔オトガヒ（頤）〕　員《マトカ》ナル面、方ナル頤《ヲトカヒ》　（員面方頤）（五255）

〔オボロ（朧）〕　黒-黄に(し)て耳聾《ヲホロ》《シフ》ナリ　（黒黄耳聾）（三384）
〔カヾミル（鑒）〕　猶《ナヲ》心(に)之を鑒《カヽ》ミル　（猶心鑒之）（三420）
　情(に)善-惡を鑒《カヽ》ミル　（情鑒善惡）（五565）
〔カヽル（懸）〕　月・[于]畢に離《カヽ》リ　（月離于畢）（四611）
〔カク（缺）〈下二段〉〕　仁虧《カ》ケ・皀失シ　（仁虧皀失）（三601）
〔カゾフ（數）〕　九一竝に數《カソ》へテ太陽ノ[之]位ヨリ起ル　（九一竝數起太陽之位）（五721）
　八-卦に從(ひ)而數《てカソ》フ　（從八卦而數）（五685）
〔カタキナシ（一）〕・カタキアリ（兩）〕　皆天ニ參《カタキナ》ク、地ニ兩《カタキア》リ　（皆參天兩地）（四39）
〔カタドル（形）〕　盛-陽ノ炎-爓(の)[之]狀《カタチ》に象《カタト》ル[也]　（象盛陽炎爓之狀也）（三10）
　則《ノト》リテ[而]象《カタト》ル[之]　（則而象之）（三661）
〔カツ（勝）〕　武-王商に尅《カ》ツトキ　（武王尅商）（四137）
〔カニ（蟹）〕　蟹《カニ》ノ中《ナカ》亦黄《キ》ナリ　（蟹中亦黄）（五905）
〔カノツノ（鹿角）〕　仲-夏(の)[之]月・鹿《カ》ノ角《ツノ》解《ヲ》ツ　（仲夏之月鹿角解）（五942）
〔カヒゴ（卵）〕　雀の鷇《カヒコ》を探《サク》リ　（控雀鷇）（二678）
〔カムザシス（簪）〕　女子は十五に(し)而笄《てカムサシ(シ)》　、テ[而]嫁《カ》を許《ユル》ス　（女子十五而笄而許嫁）（五521）
〔カラエ（莖榦）〕　枝-條莖《カウ》-榦《カン》《カラエ》　（枝條莖榦）（一127）
〔カラス（烏）〕　仲春に楡-莢を殺《カ》ラシテ白シ[也]　（仲春殺楡莢白也）（二329）
〔カラスキ（犁）〕　犁《リ》鋤《ショ》《カラスキスキ》　（犁鋤・[上欄]　鋤在召反 耕器也）（二161）

〔カル（枯）〕　薺麥死《カ》ル　（薺麥死）（二488）
　草《クサ》霜を犯《ヲカ》シ而《テ》死《カ》レ不　（草犯霜而不死）（三692）

〔カロムズ（輕）〕　百姓（の）［之］命を輕《カロ》ムシ　（輕百姓之命）（一257）

〔キサス（萠）〕　萬-物將《マサ》に萌《キサ（サ）》、と〘將〙　（萬物將萌）（一594）

〔キハマリ（極）〕　九ナル所-以者・陽-數（の）［之］極《キハマ》リナレハナリ　（所以九者陽數之極）（四69）

〔キバム（黄）〕　脾病は口脣・黄《キ》ハミ┗乾《カハ》ク　（脾病口脣黄乾）（三383）

〔キハメテ（極）〕　極《キハ》メテ辛（き）こと无（し）　（无極辛）（三264）

〔キヨム（淨）〕　其ノ耻を雪《キヨ》ム　（雪其耻）（二603）

〔クヾセ（傴）〕　木-氣傴《ク、セ》　多（し）　（木氣多傴）（五672）

〔クジカ（麕）〕　晝（は）馬（と）爲（り）・暮（は）獐《シヤウ》《クシカ》　（と）爲（る）　（晝爲馬暮爲獐）（五877）

〔クチバシ（嘴）〕　虎の觜《クチハシヒケ》　鬚ノ間に在リ　（在虎觜鬚間）（四455）

〔クチモノクサシ（臭）〕　其ノ梟は朽《クチモノクサ》　シ　（其梟朽）（三186）

〔ケス（銷）〕　金を銷《ケ》セハ亦水と爲《ナ》ル　（銷金亦爲水）（二44）

〔ケタ（方）〕　著は員《マト》カニシテ卦は方《ケタ》ナリ　（著員卦方）（一697）
　陰は方《ケタ》ナルヲ以て節と爲《ス》　（陰以方爲節）（四36）
　其（の）人・方《ケタ》ナル類・直《ナヲ》キ面　（其人方類直面）（五258）

〔ケダシ（蓋）〕　蓋《ケタ》シ・父-母男-女を以（て）次《ツイテ》　と爲《ス》ル也《ナリ》　（蓋以父母男女爲次也）（一823）

〔ケミス（閲）〕　七德武を閱《ケミ》スルハ・此レ・人（の）［之］數（なり）［也］　（七德閱武此人之數也）（一24）

〔コカヒス（蠶）〕　王-后・親ラ蠶《コカイ》シて（王后親蠶）（一267）

〔コガレクサシ（焦）〕　其(の)梟は焦《コカレクサ》　シ（其梟焦）（三171）

〔コヽチアシ（心地惡）〕　人を令《(し)》て惡-心《コヽチア》シカラ〘令〙(めて)（令人惡心）（三290）

〔コト（語）〕　其ノ語《コト》異(ること)有リ（其語有異）（五829）

〔コト〲ク（悉）〕　萬-事・畢《コト〱》　ク理マル（萬事畢理）（一682）

百味悉《コト〱》　ク具《ソナ》フ（百味悉具）（五441）

〔コト〲クニ（悉）〕　萬物・咸《コト〱》　クに生-出(する)ことを得テ（萬物咸得生出）（四489）

萬物畢《コト〱》　クに生す（萬物畢生）（四511）

〔コトヽス（事）〕　功ヲ事《コト(ト)》ヽシテ[而]獨リ專ニセ不《ス》（事功而不獨專）（五345）

〔コナカキ（餗）・コボス（溢）〕　鼎《カナヘ》　足を折《ヲ》リテ公の餗《コナカキ》　を覆《コホ》ストイヘル（鼎折足覆公餗）（五372）

〔コヒアシ（腫）〕　濕-氣踵《コヒアシ》　多(し)（濕氣多踵）（五673）

〔コブ（瘤）〕　険-阻ノ[之]氣ハ瘻《コフ》多(し)（険阻之氣多瘻）（五673）

〔コミラ（韮）〕　韮《コミラ》　は酸く（韮酸）（三196）

〔コモ〲（交）〕　子に於て交《コモ〱》　心を遂《ト》ケ不（於子交不遂心）（二560）

〔コモル（籠）〕　秋-分に(し)而《て》蟄《コモ》ルは陰に隨(ひて)伏スルナリ[也]（秋分而蟄隨陰伏也）（五892）

〔コロモキル（衣）〕　衣《コロモ》　キテ[而]冠无キ者《ハ》（衣而无冠者）（五648）

〔サカフ（境）〕　陽は甲寅を界《サカ》フ（陽界甲寅）（二232）

〔サキ（鋒）〕　鋒《サキ》積(り)て刀刄(の)[之]浮ヘルか如シ（鋒積如刀刄之浮）（三20）

其の鋒《サキ》-芒《ノキ》ノ・纖-長ナルを取(る)（取其鋒芒纖長）（三205）

〔サキツカタ（先方）〕　舜自ヨリシテ已-前《サキツカタ》・五-行相承(け)て（自舜已前五行相承）（五184）

〔サキニス（先）〕　故に子(の)[之]位ヲ先《サキ》ニス（故先子之位）（四509）

〔サク（去）〈下二段〉〕　藏-中の伏熱を去《サ》ケムトナリ（去藏中伏熱）（三249）

〔サシ（狹）〕　水ノ流(の)長(くし)て[而]狹《サ》キに象ル[也]（象水流長而狹也）（三207）

〔サシカタ（差肩）〕　人(と)爲(り)白色アて差《サシ》-肩《カタ》ナリ（爲人白色差肩）（四828）

〔サハシ（狹）（存疑）〕　衣-冠亦・狹《サ》《サハク》ク長(き)ヲ尙フ（衣冠亦尙狹長）（五643）

〔サビ（銹）〕　去(けむと)欲(る)[之]時は苔ノ垢《サヒ》ノ如シ（欲去之時如苔垢）（三50）

〔サラ（盤）〕　赤は鷄《ニハトリ》ノ冠《サラ》の如(し)（赤如鷄冠）（三40）

〔サワカシ（騷）〕　心の性は躁《サハ》カシ（心性躁）（三330）

〔シカラズ（不然）〕　抑《オサ》ヘラル、者は否《シカ》ラス（抑者否）（二549）

〔シヾマル（縮）〕　其ノ聲・噍《シヽマ》リ以(て)殺《ソ》（ママ）カル（其聲噍以殺）（三85）

〔シナ〳〵（品）〕　品《シナ〳〵》ナル味《アチハ》ヒ・皆・地の產《ナ》ス所《ロ》ナリ（品味皆地所產）（三424）

〔シノグ（凌）〕　臣君を凌《シノ》ク[之]象ナリ[也]（臣凌君之象也）（四243）

〔シハヽユシ（鹵）〕　土ハ鹵《シハヽユ》(ク)シ而《て》片《ヘン》ナリ（土鹵而片）（一361）

冬(の)[之]日・其ノ味は鹹《シハヽユ》シ（冬之日其味鹹）（三186）

〔シモツカタ（以下）〕　天地自(り)・以-下《シモツカタ》（自天地以下）（一311）

丑未自(り)・已-下《シモツカタ》（自丑未已下）（一456）

〔スグ（過）〕　陰淫《ス》クルトキハ寒-疾ス（陰淫寒疾）（三309）
〔スコシキ（少）〕　小《スコ》シキは［於］艮ヨリ出《イ》ツ（小出於艮）（一715）
官位・微《スコ》　シキ移ルト雖《ヘト》　モ（雖官位微移）（一790）
以(て)鄭《ヤウヤクニ》か義に竝《ナラ》フルに・微《スコ》シキ・乖-張有リ（以竝鄭義微有乖張）（三237）
春の位は小《スコ》シキ前《ス、》ム（春位小前）（三345）
〔スタル（廢）〕　百-職廢《スタ》レ-壞《ヤフ》レテ（百職廢壞）（三689）
〔スルド（尖）〕　金-人方《ケタ》ナル面ヲモテ・兌《スルト》　ナル口アリ（金人方面兌口）（五633）
〔スヱツカタ（末方）〕　時(の)［之］季《スエツカタ》　に居テ（居時之季）（一380）
〔ソス（殺）〕　忠-諫《カン》を殺《ソ》サシ(ム)（殺忠諫）（一233）
其ノ聲・譙《シ、マ》　リ以(て)殺《ソ(ママ)》カル（其聲譙以殺）（三85）
〔タカヘス（耕）〕　天子・親《ミ(つか)》　ラ耕《タカ》ヘシて（天子親耕）（一267）
〔タグフ（類）〕　上ヲ以テ下ニ匹《タク》ヘテ（以上匹下）（五611）
〔タシム（嗜）〕　口嗜《タシ》ム而《て》飲-食ストモ［之］・多(かる)可(から)不(る)也（口嗜而飲食之不可多也）（三273）
〔タ、サマニス（縱）〕　一算を縱《タ、サマ》　ニシ（縱一算）（一617）
〔タヾシ（正）〕　行内《ヲサマ》　リ擧《タ、》縄シクシテ（行內擧縄）（五342）
〔タヾス（正）〕　事《コト》ヲ故《タ、》ストキハ［則］・黃龍見ユ（故事則黃龍見）（五800）
〔タテ（縱）〕　帝-嚳干《タテ》ヲ戴(く)（帝嚳戴干）（五217）
〔タナゴ、ロ（掌）〕　命《イ(のち)》、熊ノ蟠《タナコ、ロ》　を待《マ》チ（命待熊蟠）（二677）

〔タハブル（戲）〕　主戲《タハフ》レ-虞《タノシ》ムコトヲ以（てすること）・十八度　（主以戲虞十八度）（四423）

〔タヒラカ（平）〕　之の義を以（てすれ）ハ［則］・國成《タヒ》ラカナリ　（以之義則國成）（五382）

〔ツイヅ（次）〕　子の後ハ・丑に次《ツイ》ツ　（子後次丑）（一540）

〔ツカサ（司）〕　目ハ肝の使《ツカサ》ナリ　（目肝使）（三389）

〔ツカサドル（主）〕　決-斷（を）治ムルコトヲ典《ツカサト》ル　（典治決斷）（四408）

農-賦ヲ共《ツカサト》ル　（共農賦）（五433）

〔ツク（附）〕　此ノ神、［於］北斗に屬シ、皆［於］天に隷《ツ》ケル（か）故《ヘ》ナリ［也］　（此神屬於北斗皆隷於天故也）（五133）

〔ツヾマル（縮）〕　物・西-方に至（り）而《て》急に縮《ツヽ》マルか如（く）に　（如…物至西方急縮）（三214）

〔ツヾミ（鼓）〕　欲《ヨク》-諫《カン》ノ［之］鼓《ツヽミ》　（欲諫之鼓）（三695）

〔ツトム（務）〕　脾の性は力《ツト》メタリ　（脾性力）（三330）

自（ら）強《ツト》メて息《ヤ》マ不《ス》［也］　（自強不息也）（三520）

〔ツラフサ（豐）〕　火-人は小《チヒサ》キ頭《カシラ》アリ、豐《ツラ》-下《フサ》ニシテ短-小ナリ　（火人小頭豐下短小）（五632）

〔ツルブ（孳）〕　四を以て孳《ツル》《シス》へ　（以四孳）（一409）

此ノ四ツを以而《て》孳《ツル》《シスルトキハ》フ・數・乃（ち）極（り）無シ　（以此四而孳數乃無極）（一470）

〔トツグ（嫁）〈下二段〉〕　庚に嫁《トツ》ケて妻と爲《す》　（嫁庚爲妻）（二327）

〔トヽノホル（整）〕　百姓濟《トヽノホ》リテ［而］害无シ　（百姓濟而无害）（五315）

〔ナゾラフ（擬）〕　陰陽擬《ナソラ》フル所　（陰陽所擬）（二194）

〔ナツカシム（懷）〕　雌を以て木に嫁《ナツ》カシム　（以雌嫁木）（二490）

〔ナホス（直）〕　度-數を記《シル》シ-綴《ツヽ》（り）て　（記綴度數）（一676）

〔ナマグサシ（腥）〕　其ノ臭《カ》は羶《ナマクサ》《ナヲシ》シ　（其臭羶）（三166）

〔ナム〳〵ドス（垂）〕　當に《ニ》成《ナ》ム〳〵ト『當』《シ》テ成《ナ》ラ不　（當成不成）（二656）

〔ニハカニ（俄）〕　猝《ニハ》カニ光-明を蔽《カク》ス［之］象ナリ　（猝蔽光明之象）（四823）

〔ニラ（韮）〕　韮《ニラ》は苦シ　（韮苦）（三195）

〔ヌキイヅ（抽）〕　其ノ牙葉《ケ》を抽《ヌキイ》ツ　（抽其牙葉）（二446）

〔ノギ（芒）〕　其の鋒《サキ》-芒《ノキ》　（其鋒芒）（三205）

〔ノトル（則）〕　周-旋・則《ノト》ル可（し）　（周旋可則）（三663）

天地人（を）以（て）法《ノト》ルコトヲ爲《セ》リ　（以天地人爲法）（四173）

以て平-時に法《ノト》ル　（以法平時）（四415）

天（の）［之］明に則《ノト》リ　（則天之明）（四590）

能（く）・五行ニ法《ノト》ル　（能法五行）（四704）

五行に法《ノト》リて　（法五行）（四775）

四府與《ト》則《ノト》リ_用（ゐ）ラル　（與四府則用）（五459）

性-命形-骸（の）［之］易《カハ》ラ不ルニ則《ノト》ル［也］　（則性命形骸之不易也）（五578）（尙、三三二頁《本書六六〇頁》の用例參照）

〔ノリ（法）〕　父を敎（ふ）ル［之］方《ノリ》　（敎父之方）（二596）

繩《ノリ》に中《アタ》ル　（中繩）（五590）

〔ハカク（齒缺）〕　八歳に（し）て［而］缺《ハカ》ク　（八歳而缺）（五518）

〔ハカル（計）〕　出-入時《を》ヲ平《ハカ》ル　（出入平時）（四305）

〔ハナサク（花）〕　冬に當《ア(た)》（り）而《て》花《ハナ》サク　（當冬而花）（二486）

〔ハナダ（縹）〕　西方の間-色は縹《ハナタ》なり　（西方間色縹）（三30）

〔ハナヂ（鼻血）〕　喜《コノ》ムテ齜《ハナチ》ナ（「ア」の誤か）リ　（喜齜）（三263）

〔ハナツ（放）〕　火を縱《ハナ》ツこと無（き）トキハ［則］・火、人ノ用に順ス　（無縱火則火順人用）（四723）

〔ハラム（孕）〕　［於］酉に胎《ハラ》マレ・［於］戌に養（は）レ　（胎於酉養於戌）（二63）

乙、金氣を懷《ハラ》ム　（乙懷金氣）（二328）

〔ヒコバユ（孽）〕　萬物孽《ヒロ(「コ」の誤か)ハ》エナムト垂《ス》［也］　（萬物垂孽也）（一187）

〔ヒソカニ（潛）〕　陽氣・潛《ヒソ》カニ［於］黃泉（の）［之］下に動（く）　（陽氣潛動於黃泉之下）（四85）

〔ヒタヒシロシ（額白）〕　白頭的　額《ヒタヒシロ》キ［之］馬（と）爲《ス》トイヘリ　（白頭爲的額之馬）（五847）

〔ヒヅメ（蹄）〕　鹿ノ蹄《ヒツメ》ノ坼《サ》ケタルハ［者］以て陰を象レリ［也］　（鹿蹄坼者以象陰也）（五940）

〔ヒデリス（旱）〕　〻（勝）（つ）ときは［則］旱《ヒテ》リヌ（「ス」の誤か）　（〻（勝）則旱）（三682）

群-陰・附《ツ》（か）不《ス》・故に旱《ヒテ》リス　（群陰不附故旱）（四522）

〔ヒトシム（等）〕　十を以て鈞《ヒトシ》ムトイヘリ　（以十鈞）（一410）

平《ヒトシ》ムルニ六を以（て）シ　（平以六）（四18）

〔フサグ（塞）〕　土は能（く）水を塞《フサ》ク　（土能塞水）（二630）

〔ホシキマヽ（縱）〕　專ラ恣《ホシキマ、》に（し）而《て》氣盛ナリ　（專恣而氣盛）（三712）

〔ホシキマヽニス（縦）〕　意ヲ肆《ホシキマヽ》　ニ（せ）不《ス》　（不肆意）（五570）
〔マドカ（圓）〕　蓍は員《マト》カニシテ卦は方《ケタ》ナリ　（蓍員卦方）（一697）
〔マナジリ（眥）〕　目閇（ち）テ・眥《マナシリ》　青シ　（目閇眥青）（三383）
〔マメノハ（豆葉）〕　毳肉・藿《マメノハ》　を食（する）に宜し　（宜食…毳肉藿）（三277）
〔マレラ（稀）〕　徼《ウカヽヒ》《アキラメ》-究ムル者罕《マレ》ラナリ　（罕徼究者）（一38）
〔マロカル（團）〕　搏《タム》《マロカレタル》-精を四時と爲《シ》　（搏精爲四時）（一206）
〔ミチ（道）〕　無-名ハ・乃（ち）天地（の）［之］　始《ミチ》　（無名乃天地之始）（一79）
〔ミツ（滿）〕　色赤（くし）而《て》光《ミ》テリ　（色赤而光）（三324）
〔ミノル（實）〕　陽ヲ贊《タス》ケテ秀《ミノ》ラシム［也］　（贊陽秀也）（四29）
禾-稼登《ミノ》ラ不《ス》　（禾稼不登）（四816）
〔ミヽシヒ（聾）〕　風-氣ハ聾《ミヽシヒ》　多（し）　（風氣多聾）（五672）
〔ミヽト（聰）〕　孔-穴ヨリ・通す。故（に）聰《ミヽト》　ナリ　（孔穴通故聰）（四834）
〔ムシコモル（蟄）〕　執は蟄《チツ》《ムシコモル》　（なり）［也］　（執蟄也）（一176）
〔メアハス（妻）〕　女《イモウト》-弟乙を以て庚に妻《メア》ハス　（以女弟乙妻庚）（二168）
妹《イモト》　辛を以て［於］丙に妻《メア》ハス　（以妹辛妻於丙）（三27）
〔メグル（巡）〕　圜《メグ》（り）て宮と相ヒ-爲《ナ》ル　（圜相爲宮）（四134）
下《クダ》テ九宮に行《メク》ルコト　（下行九宮）（五36）
〔メド（蓍）〕　蓍《メト》ヲ用（ヰ）ル　（用蓍）（一ウ14）

〔モエクヒ（燼）〕　囚（はれたる）時には炭燼《モエクヒ》ト爲（る）　（囚時爲炭燼）（二157）
〔モシ（若）〕　木の光ｰ潤を生シテ・子實茂《モ》ク盛ナルか如シ　（如木生光潤子實茂盛）（三212）
林は茂《モ》ク盛リナルナリ［也］　（林茂盛也）（四110）
物皆・盛に茂《モ》クシテ　（物皆盛茂）（四111）
〔モトヅク（基）〈下二段〉〕　生を［於］巳《ミ》に本《モト》ツク　（本生於巳）（一614）
［乎］五行に本《モト》ツケ不トイフこと莫シ　（莫不本乎五行）（一626）
〔モノハミ（嗉）〕　朱ｰ鳥（の）［之］嗉《モノハミ》ト爲《ス》　（爲朱鳥之嗉）（四462）
〔モロトモ（諸共）〕　旅《モロトモ》ニシテ［而］支《サ、》フ［也］　（旅而支也）（四87）
〔ヤシナフ（養）〕　地・人を飴《ヤシナ》フニ五ｰ味を以テス　（地飴人以五味）（三422）
〔ヤツコマデニス（奴）〕　予則《ワレス》（ち）奴《ヤツコ》マテニセントイフハ　（予則奴）（五593）
〔ユバリブクロ（膀胱）〕　腎、膀ｰ胱《ユハリフクロ》に合ス　（腎合膀胱）（三437）
〔ヨコサマニス（横）〕　一算を横《ヨコサマ》ニシ　（横一算）（一618）
〔ヨミス（善）〕　好《ヨミ》スル所《ロ》多シ　（多所好）（四672）
善《ヨミ》スルか故に來ル　（善故來）（四822）
〔ヨモ（四）〕　黄ｰ氣四《ヨモ》に塞《フサカ》（り）て土ｰ精・舒《ノ》へリ　（黄氣四塞土精舒）（三22）
〔ヨル（依）〕　恆に焉《コレ》に放《ヨ》レ　（恆放焉）（三261）
〔ワカシ（若）〕　之を視ルニ穉《ワカ》シ　（視之穉）（五264）
〔ワザフル（沴）〕　五行の相（ひ）沴《ワサ》フルことを爲《ナ》ス者　（爲五行相沴者）（二613）

〔ワタリ（徑）〕　日の徑《ワタリ》千里　（日徑千里）（四226）

〔ヰ（豕）〕　白は豕《ヰ》ノ膏《アフラ》の如シ　（白如豕膏）（三41）

彘《ヰ》の禍《ハヒ》有リ　（有彘禍）（三703）

〔ヰナガラ（坐）〕　王者・坐《ヰ》ナカラ四-星の[之]中スルを視テ　（王者坐視四星之中）（四377）

〔ヲサム（治）〕　萬-人（の）[之]疾病を養《ヲサ》ムルコトヲ掌《ツカサト》ル　（掌養萬人之疾病）（三364）

〔ヲハル（終）〕　周《ヲハ》リ而《て》復タ始ル　（周而復始）（四315）

以上、本書の訓點の内容について、氣附いた點の一部を略述した。匆々の間の調査で、遺漏も尠くないことを虞れてゐる。識者の叱正を賜らば幸甚である。（一九九〇・一一・三〇）

（『古典研究會叢書・漢籍之部』第八巻　汲古書院　平成二年七月）

半井本醫心方の訓點について

一

文化廳藏本の『醫心方』三十卷一册は、久しく半井家の祕庫に藏せられてゐたが、先年、國によつて買取られ、昭和五十八年國寶に指定されて、國の保護の許に在る。右の內、卷第四の一卷は鎌倉時代の書寫であり、又、卷第二十二・二十五末の二卷、及び卷第二十八の一册は江戸時代の寫本であるが、他の二十七卷については、何れも平安時代の書寫本であり、しかもその內、卷第二十九を除く二十六卷に、平安時代當時の加點に係る古訓點が加へられてゐる。この古訓點は、國語史學の面から、古代國語の研究について、重要な資料を提供してゐるものであつて、近來殊に關係者によつて注目されつつある。

今更事新しく言ふまでもなく、この古鈔本は、千年に及ぶ永い歲月に亙つて、醫家に祕藏された所であつて、一般の人士の目に觸れることが無かつた。ただ、江戸時代の末年に、幕府の命によつて、その全卷の影寫本が作成され、その際の影寫本が、現在宮內廳書陵部に所藏されてゐる（函架番號四一五―一、目錄下一四七九頁）。又、この影寫本に基づいて、安政元年（一八五四）に模刻本が刊行され、『醫心方』三十卷として木版整刊本として巷間に流布し、據つて見ることを得る唯一の本文として尊重されて來た。この安政刊本は、昭和十年には『日本古典全集』の中に、凸版洋装本七冊として影印收錄され、一層廣く世に廣まつて戰後に及んだ。一方、昭和十二年には、成簣堂文庫藏本『醫心方』の卷第二十二の一巻が貴重圖書影印刊行會によつてコロタイプ複製刊行されたが、(1)この一巻は實は半井本の僚巻であつて、夙く巷間に出たものであることが、近時に及んで確認されるに至つた。

第二次大戰後には、その一部分についての解讀文や解說などの刊行もあり、又、海外での複刻本の刊行などもあり、更に又、昭和五十一年には、安政刊本が日本古醫學資料センターによつて平版三十册として再刊されることもあつたが、國語史學の上からはあまり顧みられることがなく、僅にその訓點の一部分が、和訓等の用例として引用されるに過ぎない狀態であつた。(2A)

安政の刊本は、本文の漢字の字體、竝に傍訓の假名の字體を相當程度忠實に模刻してゐるが、朱書のヲコト點はすべて省略されてをり、又、朱書も墨書と同様に墨書で一色に模刻されてゐる上、室町時代に補寫された後筆の假名も、他と區別なく同様に模刻されてゐる。

このやうな狀況であるから、安政の刊本（及びそれに基づいた平版の日本古典全集本等）は、國語史料としては不十分であると言はざるを得ない。從來はこのやうな缺陷を具へたテキストしか、學界には提供されてゐなかつたが、近時のオリエント社の寫眞複製本は、原本からの直接の影印であつて、右のやうな不備は大幅に改善されたことは喜ばしいことである。しかし、朱墨二筆の區別、朱書の濃淡の區別、形の小さい聲點、平安時代の墨書と室町時代の墨書の訓點の區別などは、原本を直接披見しなければ十分に判別出來ない點が殘つてゐるが、これは止むを得ないことである。

二

近年に至つて、『醫心方』の訓點そのものに關する本格的な研究が登場するに至つた。松本光隆氏の一連の研究がそれである。松本氏は、書陵部藏本の半井本の影寫本によつて検討を進め、それによつて半井本の原本の訓點に存する性格を推定した。(3) 松本氏は更に、書陵部藏本『醫心方』について、その訓法を克明に分析し、その中に見られる「則」「而」「令」「使」「當」「將」「宜」「猶」「欲」「耳」「而已」「之」「者」「及」「謂」などの助字の訓法を解明することによつて、この訓法の始原が、さほど古いものではないが、部分的には「者」を「ヒト」と訓ずるなど、平安時代中期頃にまで遡るかと見られる、比較的古い訓法を殘してゐることを明にされた。(4) 松本氏は更に、書陵部藏本『醫心方』の附訓の和訓が、『和名類聚抄』、『本草和名』の和訓との間に關係があることを實證し、平安時代の醫家の古訓の實態を大いに解明する所があつた。(5)

筆者は、先般、山本信吉氏（奈良國立博物館長、前文化廳文化財審議官）、湯山賢一氏（文化廳主任文化財調査官）の格別の御配慮によつて、親しく半井本の原本を閲覽する機會に惠まれ、その訓點の加點狀態について知見を得ることが出來た。その際の調査に基づいて、以下若干の卑見を述べることとしたいが、右の山本・湯山兩氏を始め、文化廳美術工藝課關係官各位の御高配御教示、調査を共に許された小林芳規博士、沼本克明博士、月本雅幸氏、松本光隆氏、鈴木恵氏の御協力に對して、衷心より御禮を申上げたい。又、この一文の執筆に當つては、特に松本氏の諸論文から多大の學恩を蒙つた。茲に重ねて謝意を表したいと思ふ。

三

本書の書寫・加點年代を窺ふことが出來るのは、巻第八の見返に貼附された紙片の記事が、最も大きい手掛りである。

天養二年二月以宇治入道太（ママ）相國本移點
移點少內記藤原中光比挍助教淸原定安
移點比挍之間所見及之不審直講中原師長
醫博士丹波知康重成等相共合醫家本畢
文殿所加之勘物師長以墨書之令朱合點

宇治本
初下點行盛朝臣　朱星點　墨假名
重加點重基朝臣于儒點　朱星點假字勘物又以朱點句
御本不改彼様令〇點移ㇾ之

右の識語は、上述の如く、本紙に直接記載されたものではなく、別の料紙に記されたものを見返に貼附けられてゐるのであり、その筆蹟から見て室町時代のものと考へられる。天養二年の筆でないことは遺憾であるが、その文章の様態は天養の記録と考へて不都合でなく、又、本文中の注記とも矛盾することが無いことは、松本光隆氏の研究(6)によつても確められる所であるから、右の記事は、恐らく天養の原文を忠實に移寫したものと見て、その內容を記載通り信じて良いと考へられる。又、この貼紙が、首巻たる巻第一でも、終巻たる巻第三十でもなく、途中の巻である巻第八に在ることについては、その理由が明確でないが、或いは他の巻に貼附すべき所を誤つてこの巻第八に附した可能性も無いとは言へない。何れにせよ、内容的に見ても、巻第八に記さなければならないといふ必然性は見當らない。

所で、右の識語によると、本書の訓點は、もと祖本である宇治入道太（ママ）相國の本から、藤原中光の手によつて移點され、清原定安が比校し、次いで不審の箇所を醫家の本によつて醫博士丹波知康等が校合し、更に直講中原師長が、文殿の勘物を加へたといふ。殊に宇治入道藤原忠實の本の訓點といふのは、藤原行盛（内麿流を承けた人物である）及び丹波重基が加へた二種類の訓點が在つたのを、朱墨を以て忠實に移點したものであると傳へてゐる。

宇治太相國といふのは、藤原忠實（一〇七八～一一六二）の謂であり、知足院、富家殿と號せられ、關白師通の長男に生れた。保延六年（一一四〇）に宇治平等院で出家して、法名を圓理と稱した。[7]

所で、その宇治本なる本の加點の狀況を整理して見ると、凡そ次のやうにならうかと考へられる。卽ち、大きく初點と次點の二つに分れ、夫々が次に記すやうな内容から成つてゐると見られるのである。

初點（初下點）
- 朱星點（朱ヲコト點）……………（藤原）行盛Ⓐ
- 墨假字（墨假名點）……………（藤原）行盛Ⓑ

次點（重加點）　朱星點假名勘物（朱ヲコト點、假名、注文）………（丹波）重基Ⓒ

そして、現存の加點本二十五巻の訓點を通觀すると、右のⒶⒷⒸの三種類の訓點が現に加點されてゐて、これらが訓點の中心を成してゐるのであるが、更にこの他に

Ⓓ綠點（假名、院政期）　松本氏によれば、丹波家の別種の訓點かとされる。

Ⓔ墨點（假名、朱引、室町時代）

の二種が存し、更に江戸時代の寫本（巻第二十八）にまで目を擴げれば、

Ⓕ墨點（假名、江戸時代）

の存することが認められる。半井本の訓點は、概觀すれば、朱書のヲコト點と墨點の假名とから成るが、稀にではあるが墨書のヲコト點も存し、又、右に述べたやうに綠點も施されてゐるのである。しかしこれらは例外的なものとして、天養の識語の中には、特に記錄されなかつたのであらう。又、同じ朱點の中にもⒶⒸの二種が存することになるが、松本氏の見解によれば、朱點には濃淡二種があり、濃いものがⒶ、淡いものがⒸに相當すると推定されてゐるが、朱書の假名の大部分はⒸと認められるとされてゐる。

本文を見ると、Ⓑ墨點の上にⒸ朱點を重書した箇所が屢々見出される。例へば「茈明」（十5a3）の右傍に墨書で「ハマアカナ」と點し、それに朱點で同じく「ハマアカナ」と重書してゐる。「蔓菁子」（十6b2）も同樣で、墨點「ナタネ」に朱書「ナタネ」が重書されてゐる。

所で、Ⓐ點とⒸ點との假名字體・ヲコト點圖を比較するに、恐らく同一の種類に屬せしめてよいものと考へられる。大要第一圖のやうに歸納される。

この內、第一壺の•印の點（星點）がヲコト點の大多數を占めてをり、第二壺以下の符號は使用されることが稀である。ただ卷第十九のみは例外で、第二壺以下の符號が比較的多く用ゐられてゐる。

このヲコト點の形式は、點圖集の中に「俗家點」「俗點又樣」「俗點」などと記されて、一部混雜してゐるものがある。中田祝夫博士は「丙點圖」と名附けられたが、筆者は「古紀傳點」と假稱した。(8) 蓋し、平安時代中期天曆頃から、この種のヲコト點が、博士家の中の紀傳道の藤原家、大江家などの訓點資料に見出され、これが後まで傳承されて行くことが知られたからである。（尤も、當初は必ずしも細部に至るまで未だ固定しない符號があつたが、十一世紀頃から大體一定して行くやうである。天養の點は、その固定したヲコト點の形式を使用してゐる。）

所で、本書にこの種のヲコト點が使用されてゐる理由は、この祖點本が藤原行盛のものであること、乃至は移點者が藤原中光であることによつて、藤原家に所傳のこのヲコト點が使用されてゐることに基づくのではないかと推定される。又、Ⓑ墨點の假名字體表・ヲコト點圖は、第二圖の如くで、ヲコト點は極く稀に見られるのみであるが、朱點と同じ種類のものと認められる。

又、第一圖のヲコト點に關して、その中に含まれる符號の內、第三圖に示した符號は、松本氏によれば、古紀傳點とは異り、點圖集にいふ「經傳」（明經點）の一部分であつて、明經家の一である淸原家の所用のヲコト點であり、本書の訓點を比校した淸原定安の影響によるものではないかと考へられてゐる。洵に妥當な推定とすべきであらう。

第四圖に綠點の假名字體表とヲコト點とを示した。

ⒶⒷⒸ及びⒹの點の假名字體は、全體として平安時代院政中期の通行のものが用ゐられてゐるが、當時博士家の加點本に一般に見られる字體が多く見える。七（サ）、爪（ス）、ヌ（セ）、ろ（ノ）、ア（ミ）、ち（ヨ）、禾（ワ）などがその例である。これは、本書が廣義において博士家の點本であることを示す一徵證と見ることが出來る。

假名字體の中には、僅乍ら「お」（オ）、「さ」「ヤ」（キ）、「之」（シ）「尓」（ニ）などの古體字が認められる。「ニ」の假名に「尓」を用ゐた所は、朱點の「黃色」に「ナルイロ尓ナルトキ」（二十三a8）、墨點の「煮」に「尓」（二十二28a2）、「溫」に「アタ、カ尓シテ」（二十一36a4）などの例である。又、「オ」の假名に平假名字體の「お」を用ゐた例は卷第十九に多く、「覺」に「おホエ」（十九19a5）、「思欲」に「おモフ」（十九29a2）、「大都」に「おホムネ」（十九31b7）などがある。これらは恐らく一時代前の訓點に用ゐられてゐた字體を部分的に傳へたものであつて、博士家の現存古點本の中にも、「尓」は『文選』卷第十九の康和元年（一〇九九）點、『文集』卷第三・四の天永四年（一一一三）點、『春秋經傳集解』保延五年（一一三九）點、『日本書紀』永治二年（一一四二）點などに見え、「お」も『史記』延久五年（一〇七

（第一圖）

文化廳藏醫心方古點（天養二年頃）所用假名字體表（朱點）

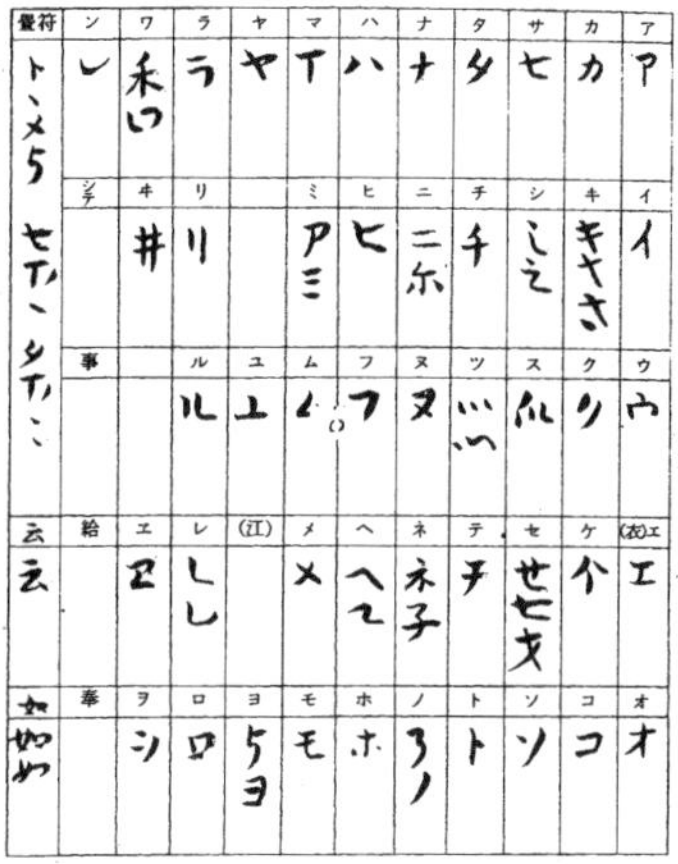

文化廳藏醫心方古點（天養二年頃）所用ヲコト點圖（朱點）

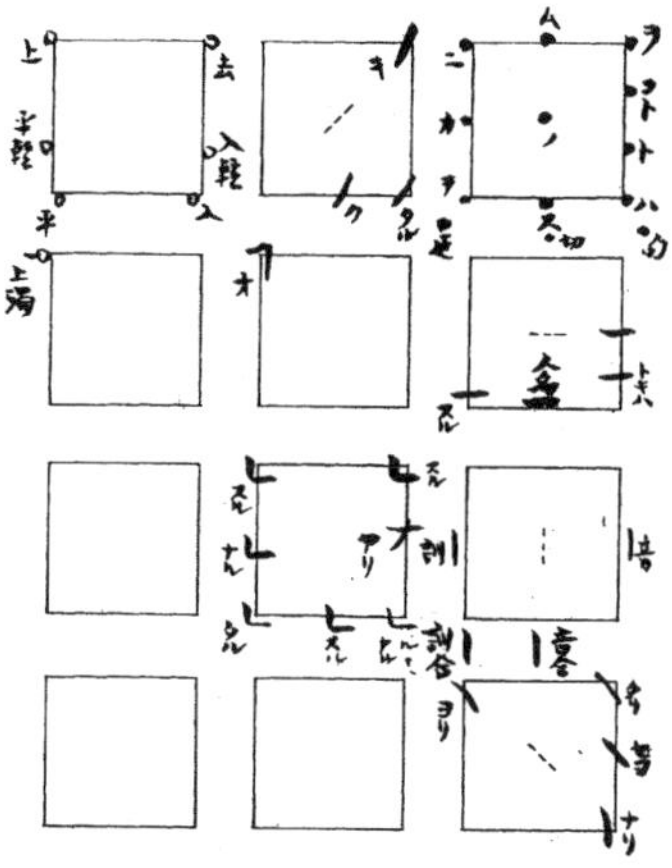

（第二圖）

文化廳藏醫心方古點（天養二年頃）所用假名字體表（墨點）

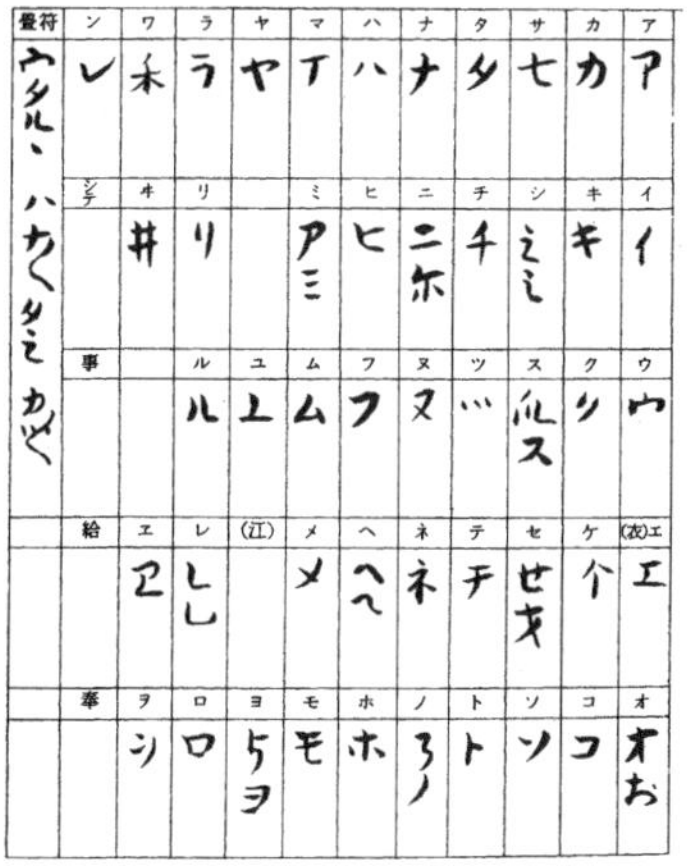

文化廳藏醫心方古點（天養二年頃）所用ヲコト點圖（墨點）

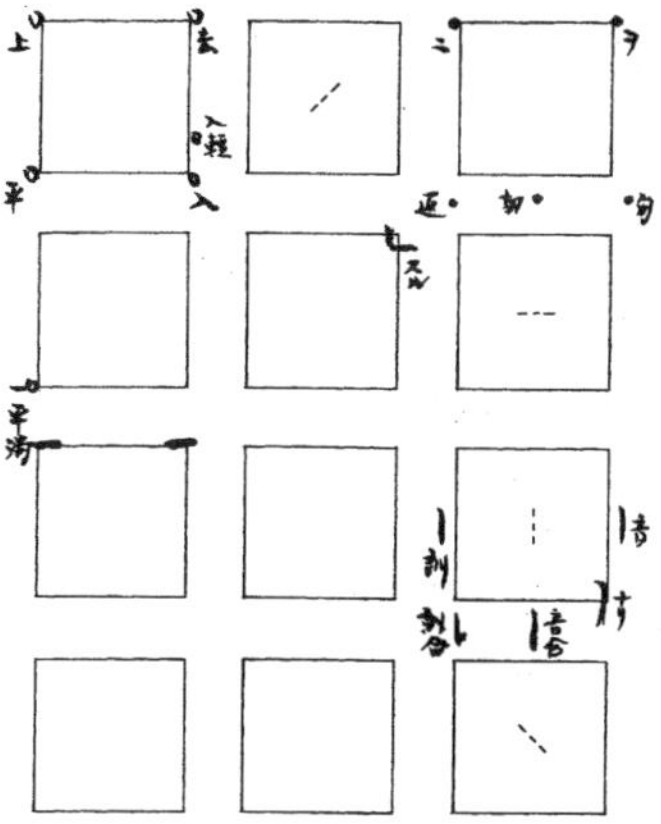

（第三圖）文化廳藏醫心方古點（天養二年頃）所用ヲコト點圖（朱點）

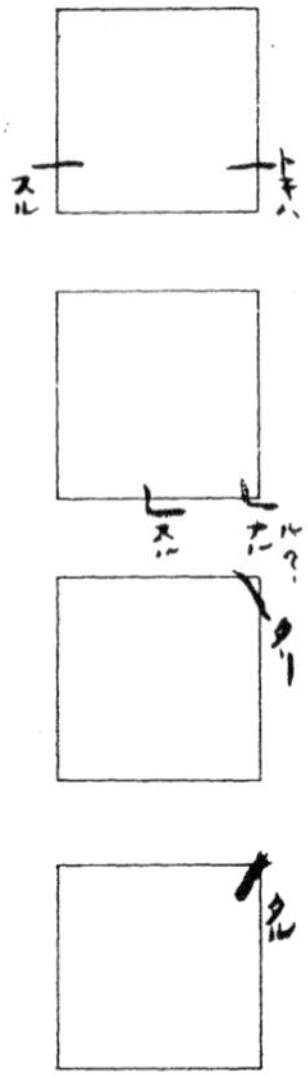

（第五圖）文化廳藏醫心方古點（室町時代頃）所用假名字體表（墨點）

（第四圖）文化廳藏醫心方古點（天養二年頃）所用假名字體表（綠點）

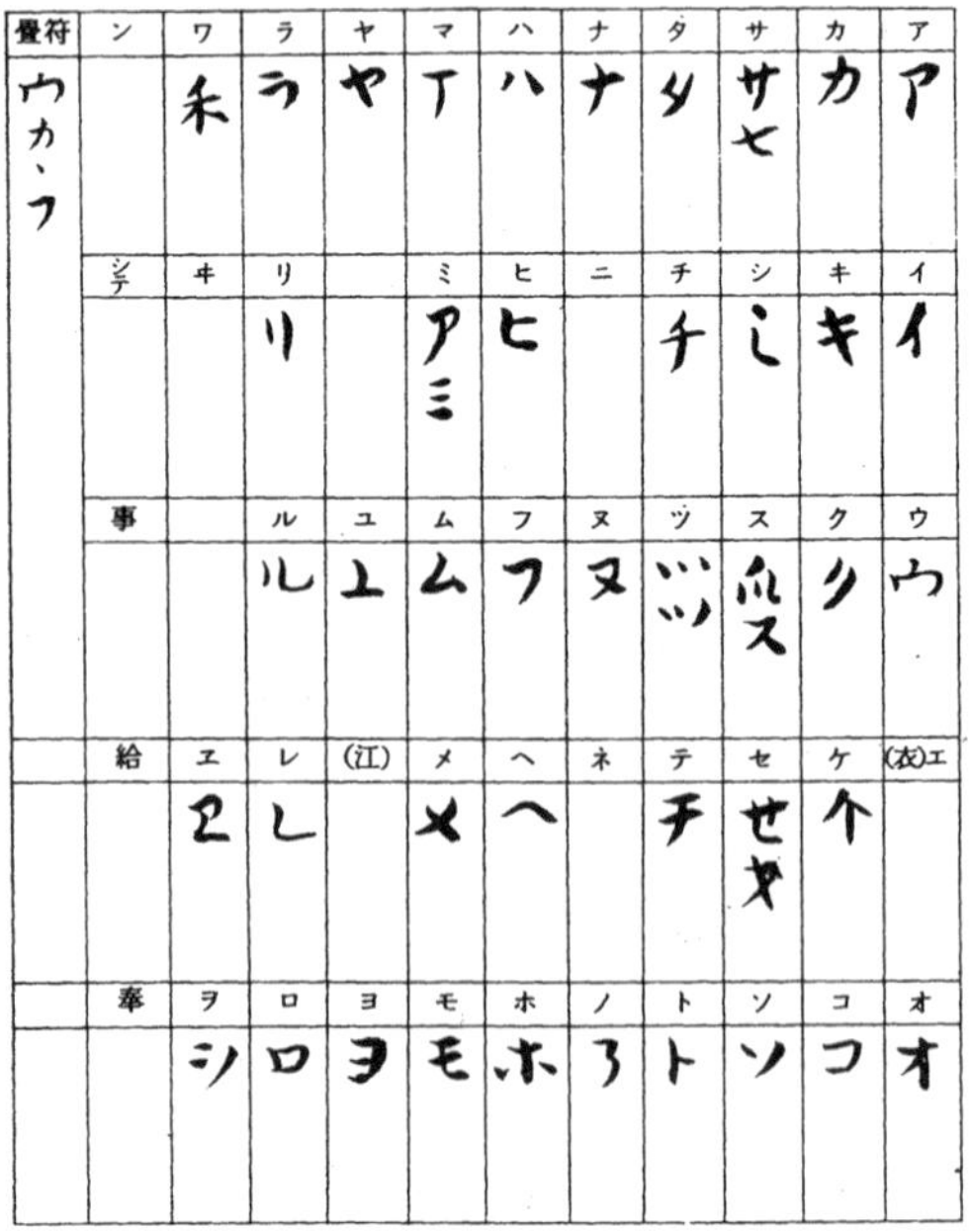

文化廳藏醫心方古點（天養二年頃）所用ヲコト點圖（綠點）

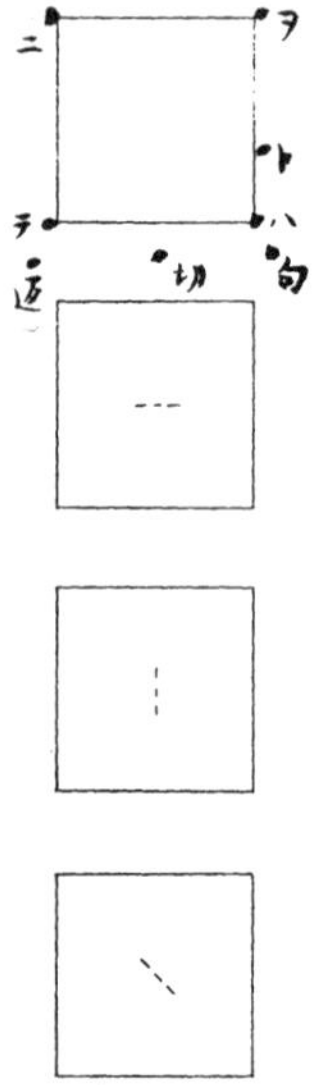

三）點、『文集』天永點、『春秋經傳集解』保延點などにその例を見るのであつて、『醫心方』の古訓點が、博士家點とこの面でも關聯のあることを思はせるのである。

　巻第八はキの假名に殆どすべて「ナ」の字體を使用してゐる。他に「ヤ」「キ」もあるが稀である。天養當時としては異例である。

　これらの異體字は、恐らく祖本の古體字を襲用したものであつて、十二世紀の古訓點資料には屢々見られる所である。このやうな字體は大體十一世紀中頃まで一般に使用されてゐたと見られるものであつて、換言すれば、天養より約百年又はそれ以前の時期の祖本の使用字體を襲用してゐると推定することが出來るのであるが、このやうに古い時期の字體を襲用したことは、それに伴つて訓法の內容もその加點年代よりも古い時代のものを繼承してゐる可能性が大きいと推測してよいと考へられる。

　尙、丹波家においては、右のものとは別の種類のヲコト點が行はれてゐたかと推定される。現存する資料は僅か一例しか知られてをらず、仁和寺藏『黃帝內經太素』二十三巻（國寶）がそれであるが、仁安二・三年（一一六七・一一六八）の書寫に係り、筆者は丹波賴基であつて、その所用のヲコト點は第六圖の如きものである。

　この點法は、中田祝夫博士の分類によれば、第五群點に屬するものの一つであるが、コトの星點が中央の下にあつたり、壺の內部にスヤルの星點があつたりして、第五群點の中でも古色を存したものと推測されるが、(9)右の書の本奧書によると、仁平元年（一一五一）の丹波憲基の本を移點した由であり、恐らく仁平の本も右と同じヲコト點を使用してゐたものと推測される。假名字體も、第六圖に示した如く、イに「ル」「い」、オに「お」、サに「さ」のやうな平假名體を用ゐたり、ユに「由」、ワに「和」のやうな萬葉假名字體、キに「支」、ナに「七」、マに「千」のやうな古體假名を使用してをり、恐らく平安時代中期（十世紀）頃の訓點を、少くとも部分的に傳承してゐることが推測されるのである。又同時に、サに「七」、スに「爪」、

（第六圖）仁和寺藏黃帝內經太素仁安二・三年點所用假名字體表（朱點・墨點）

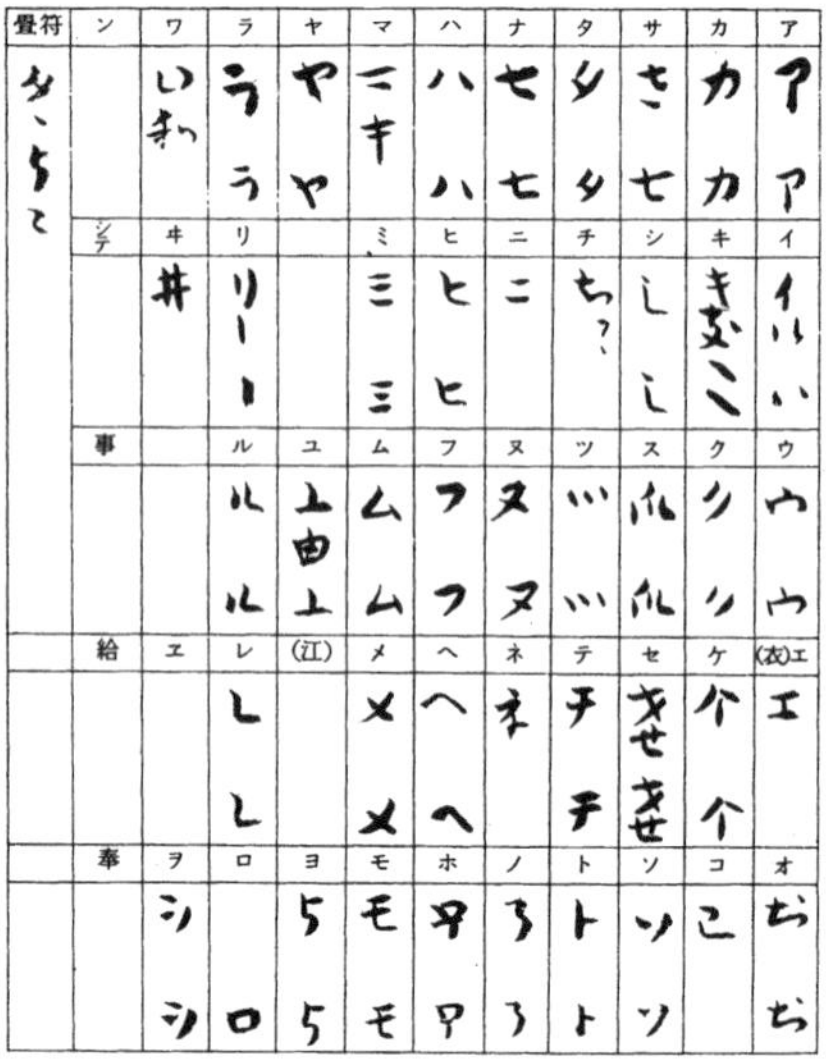

仁和寺藏黃帝內經太素仁安二・三年點所用ヲコト點圖（朱點・墨點）

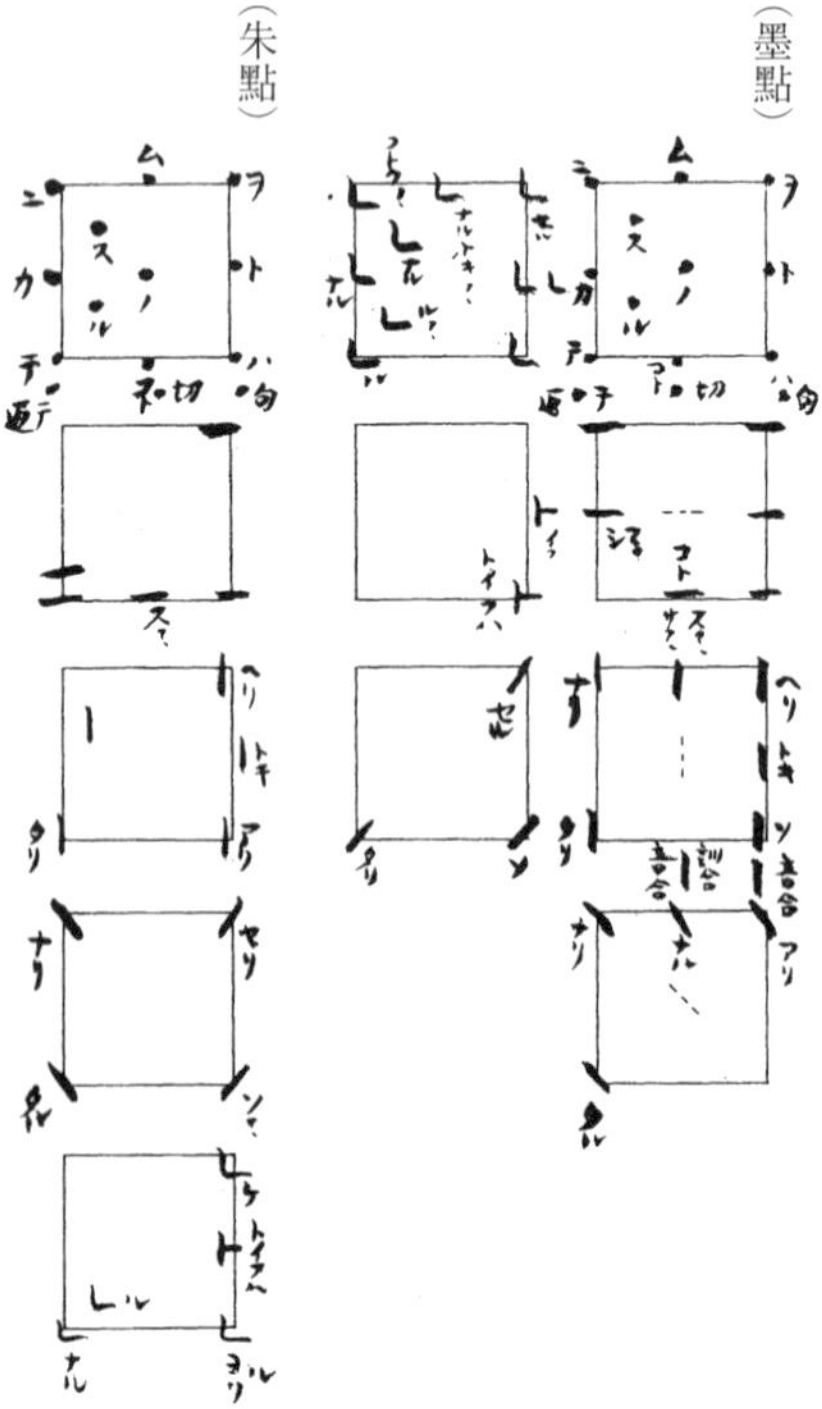

せに「[illegible]」、ノに「ろ」、ホに「[illegible]」、ヨに「ち」のやうな、博士家專用の假名字體も見られるので、紀傳・明經などの流との交流もあつたことが推測される。平假名字體の遺存も大江家の『史記』延久點などにも多く見られるところである。

卷第二十五本と卷第二十九との二卷は、本文は同じく平安時代の書寫であるが、紙背に保安三年（一一二二）から長承二年（一一三三）に至る文書が存する。他の卷には紙背文書が存せず、本文もこの二卷のみ他卷とは別筆であつて、しかも訓點は全く加へられてゐない。書寫年代は多分天養の頃と大差無いであらうが、一具の內ではあるが、一往、別類の寫本として扱ふべきであらう。

Ⓔの後筆の墨點は、恐らく室町時代の筆と見られる。その假名字體表を第五圖に示すが、その加點は巻によつて區々であり、巻第一のやうに詳密な所もあれば、巻第七のやうに極く稀な巻もあり、又、巻第十一・十二のやうに全く存しない巻さへもある。又平安時代の古點とは必ずしも合致しないのであり、後世の段階で、古點に拘泥せずに訓讀したものと見られる。巻第一の一部に「最勝王經云」として引用した本文がある（5b6〜6b9）が、この部分には平安時代の古點は全く施されてゐないのに、Ⓔ點は稠密に加點されてゐる。同じ巻第一の中に「南海傳云」の一節もある（7a1〜7a8）（「南海傳」は『南海寄歸内法傳』の略稱）が、この部分は朱書は句點だけしか無いのに、Ⓔ點は詳しい訓點が加へられてゐる。内容は共に醫學的な内容であるから、古點が施されても良ささうなものであるのに、それが無いのは何等かの理由によるのであらう。或いは、かやうな典籍の本文は、醫學に直接關り無しと考へて加點しなかつたのであらうか。又「南海傳云」の一節はその冒頭に「此文无宇治之本」とあるから、本來存した本文には見えない一節であつたのであらう。

第五圖にⒺ點の假名字體表を示した。

尙、巻第二十二・二十五末・二十八の三巻は江戸時代の補寫であつて、巻第二十二には訓點が無く、巻第二十五末には墨書の假名のみ、巻第二十八には朱書のヲコト點と僅少の墨書の假名とが存する。

以上、本書の各巻について、その書寫年代と訓點加點の狀態を表示すると、第一表の如くになる。

Ⓐ朱點　假名、ヲコト點（經傳、天養二年頃）
Ⓑ墨點　假名（天養二年頃）
Ⓒ朱點　假名（天養二年頃）
Ⓓ綠點　假名（天養二年頃）
Ⓔ墨點　假名（室町時代）

Ⓕ墨點　假名（江戸時代）

（第一表）

巻	書寫	訓點				
		平安				鎌倉以後
一	平安	Ⓐ	Ⓑ	Ⓒ	Ⓓ	Ⓔ（室町）殊ニ多シ
二	〃	Ⓐ	Ⓑ	Ⓒ	Ⓓ	
三	〃	Ⓐ	Ⓑ	Ⓒ		Ⓔ
四	〃	訓點ナシ				
五	〃	Ⓐ	Ⓑ	Ⓒ		Ⓔ
六	〃	Ⓐ	Ⓑ	Ⓒ	Ⓓ	Ⓔ
七	〃	Ⓐ	Ⓑ	Ⓒ	Ⓓ	Ⓔ
八	〃	Ⓐ	Ⓑ	Ⓒ	Ⓓ	Ⓔ
九	〃	Ⓐ	Ⓑ	Ⓒ	Ⓓ	Ⓔ
十	〃	Ⓐ	Ⓑ	Ⓒ		Ⓔ
十一	〃	Ⓐ	Ⓑ	Ⓒ		ナシ
十二	〃	Ⓐ	Ⓑ	Ⓒ		ナシ
十三	〃	Ⓐ	Ⓑ	Ⓒ（少シ）		
十四	〃	Ⓐ	Ⓑ	Ⓒ（少シ）		

巻	書寫	訓點 平安				訓點 鎌倉以後	
		Ⓐ	Ⓑ	Ⓒ	Ⓓ	Ⓔ	Ⓕ
十五	〃	Ⓐ	Ⓑ	Ⓒ			
十六	〃	Ⓐ	Ⓑ	Ⓒ			
十七	〃	Ⓐ	Ⓑ	Ⓒ			
十八	〃	Ⓐ	Ⓑ	Ⓒ			
十九	〃	Ⓐ	Ⓑ	Ⓒ		Ⓔ	
二十	〃	Ⓐ	Ⓑ	Ⓒ（少シ）		Ⓔ	
二十一	〃	Ⓐ	Ⓑ	Ⓒ（少シ）			
二十二	江戸	訓點ナシ					
二十三	平安	Ⓐ	Ⓑ	Ⓒ	Ⓓ		
二十四	〃	Ⓐ	Ⓑ	Ⓒ		Ⓔ	
二十五本	〃	訓點ナシ					
二十五末	江戸						Ⓕ
二十六	平安	Ⓐ	Ⓑ	Ⓒ		Ⓔ	
二十七	〃	Ⓐ	Ⓑ	Ⓒ	Ⓓ		
二十八	江戸						Ⓕ（江戸）墨點假名
二十九	平安					Ⓔ	
三十	〃	Ⓐ	Ⓑ	Ⓒ	Ⓓ（多シ）		

四

半井本の古文獻としての價値については、山本信吉氏等の執筆された別稿に讓ることとし、本稿では專ら國語史學の立場から、その訓注、古訓點の有する學術的意義について論じたい。

『醫心方』三十卷の本文は、針博士丹波康頼が、永觀二年（九八四）に撰述した書であつて、中國から傳來した多數の醫書本草書を類聚集成して、醫學の大系の書と爲したものである。その內容はすべて漢文體で記され、祖本となつた中國の醫書の文體を襲つてゐるが、その中に間々撰者康頼の手によつて、和名の注記が加へられてゐる。特に卷第一の卷末の部分の「諸藥和名第十」（一47b1）と題して存する一章には、この類の記述が集中してゐるのであつて、單に中國の書の抄出だけでなく、本邦の和語が併記されてゐることは、本書の文體の上から見逃すことの出來ない特徵である。その體裁は例へば

綠靑和名安予仁（平平平）出長門國（一47b6）

當歸和名宇末世利（平平上上）「一名也末世利（平平上平）」又於保世利（平上上上）「一名加波佐久（上上上平）」（一52b2）

の如きものであつて（以下、朱書の漢字・假名はすべて「　」に包んで記す。ヲコト點は平假名で記し、「　」は加へない。又聲點は（平）（上）の如く記し、同じく「　」を加へない）、漢文の注記も概して簡略であるが、和名の方は、全項目の內、八割近くの多くのものについて丹念に加へられてゐる。このやうな和名注記、殊に本草關係においては、本書の撰述よりも數十年遡つた、延喜十八年（九一八）に、大醫博士深根輔仁によつて撰せられた『本草和名』二卷に、その先縱がある。『本草和名』は遺憾乍ら古寫本の現存するものが知られてをらず、江戸時代寛政年間（一七八九〜一八〇一）に刊行されたもの（『日本古典全

集』第一期所收）が知られてゐるに過ぎないが、その內容の一部が夙く源順の『和名類聚抄』（承平年間〈九三一～九三八〉の成立と推定されてゐる）に數條の引用例があり、その記事を刊本と比較すると非常によく符合するので、刊本の記事はよく古體を存するものと推定することが出來る。(10)

所で、『醫心方』卷第一の卷末部分の記事を、『本草和名』のそれと比較して見ると、『本草和名』からの抄出であることが明に知られる。その一部を兩者比較して示せば、次の如くである。幸にして卷第一は、仁和寺經藏にも平安時代末の古寫本が現存し、國寶に指定されてをり（但しその卷末が少し許り缺失してゐる。但し缺失部分は多分約二丁程と推定される）、半井本と比較することが可能である。參考の爲に、この三者を竝記比較して見る。

（第二表）

（本草和名）	（仁和寺本醫心方）	（半井本醫心方）
雲母…和名岐良ゝ 出陸奥國 （上三オ）	雲母和名岐良ゝ （五五ウ二）	雲母和名岐良ゝ（平上上） 出近江陸奥國 （一47b8）
地膚（子）和名尓波久佐 一名末岐久佐 （上十九オ）	地膚子和名尓波久佐（上上上平） 又末岐久佐（平平上平） （六〇オ三）	地膚子和名尓波久佐（上上上平） 又末岐久佐（平平上平） （一51a9）

右に見られるやうに、その內容は完全に一致するわけではなく、若干の少異があるが、これは恐らく古寫本の書寫段階における異同であつて、基本的に見れば、『醫心方』の撰者が『本草和名』の記事を抄錄して纏めて一章としたことは疑無い事實である。

このことは、『本草和名』の本文が或る程度世上に流布してゐたか、又は醫家の中で深根家と丹波家との間に傳承關係があつたか、何れか又は雙方の原因が考へられよう。何れにせよこの和訓が大筋において一致することは、『本草和名』の段階で、醫家の說が或る程度成立固定してゐたことを推測させるに十分である。これらの本草關係の和訓が、すべて俗間の通用語として一般に流布してゐたとは考へにくいからであつて、學術的檢討の結果、これを「和名」として認定したものが多かつたと考へられる。中には「雲母、岐良ゝ」「落石、都多」の如く一般的な動植物、鑛物の名稱も少からず存するけれども、他方、「人參」を「加乃尓介久佐」、「桔梗」を「阿利乃比布岐」、「細辛」を「比岐乃比太比久佐」のやうに、本草學の專門的立場から新に作り出したと思はれる「和名」も少くない。そして、これらの「和名」が、『本草和名』に源を發し、それが『醫心方』にも傳承されて行くのである。(11)

これらの「和名」は、『本草和名』では萬葉假名で記され、漢文の注（それらは新修本草など漢土の書が多く基盤となつてゐが）の末尾に附加されてゐた。『醫心方』では、漢文注の部分が大幅に簡略化され、和名の部分がそのまま繼承されてゐるので、結果的に注の中で和訓の比重が高くなつてゐる。これは、醫心方に限らず、平安時代の他の音義を記した書、例へば大般若經音義などでも、同じやうな傾向が見られるもので、(12)この種の書の和風化變容の一側面を示したものと見られる。

この和訓は、萬葉假名が本來の形であつたが、平安時代中期に至ると、その字母が簡略な字體に置換へられ、更に時には平假名や片假名に改められるといふ現象が認められる。

菥蘆和名也末宇波良（平平上上平）「一名之ゝろ久比久佐（平平〇上上上〇）」（一55ａ3）

零羊角和名加末之ゝ乃ッ乃（平平平平平平平）（一61ａ7）

に見られる「ク」「ッ」に片假名を用ゐたやうな例はその一斑であつて、醫心方の寫本の中でも、半井本と仁和寺本との間で、共に平安時代末期の寫本でありながら、その間に若干の字體の異同が見られる。

本文中に記された和名は右に擧げた卷第一以外にも、卷第十二・三十などにも、本文の中に「和名」と冠して、萬葉假名の和訓を注記した部分がある。「今案濁家可食物」と題する一節で、

大麥本草云・主消渇和名不止牟支　（十二6a8）

河貝子崔禹云主消渇和名三奈　（十二7a4）

の類であつて、約十五行、計二十七語に及んでゐる。巻第三十の例は、文中・文末の訓注のやうなもので、

粳…今案損害物和名毛知乃与祢　（三十9a4）

辛夷…和名也末安良ゝ支　（三十48a3）

の如く、計約百十語の和名が記されてゐる。

これらの和名は、

大麥…和名布止牟岐　（本草和名下四十二ウ）

大麥…和名布土無岐一云加知加太　（和名抄十七ノ四オ）

河貝子…和名美奈　（本草和名下二十七ウ）

河貝子和名美奈　（和名抄十九ノ十二オ）

粳…和名毛知乃与祢　（和名抄十七ノ三オ）

辛夷…和名也末阿良ゝ岐　（本草和名上五十四オ）

辛夷…和名夜末阿良ゝ木　（和名抄十六ノ二十二ウ）

の如く、本草和名や和名抄から引用したと覺しきものが少くない。

傍訓の中にも、時に萬葉假名の和訓が見られることは、既に松本氏の指摘された通りであるが、この和訓の多くは朱書の訓點のやうである。これらも和名抄などに出自が求められる。

○鉛丹「和名多尓」／本草云―朱雀精也　（十二2b9）

○浮-石「和名加留以之」（十二12ｂ３）
○刺薊《アサミ》根「禾安佐美」（十二14ｂ８）
○黄蘗《キハタ／「加良牟之乃乎」》（十五19ａ６）
○紵根「加良牟之乃乎」（十五35ａ６）
○浸-淫-瘡「心美佐宇」（十七１ａ６）
○癬瘡《セニカサ》「千加佐」（十七７ａ５）
○蝦蟆《カヘル》「和名比支」（十八39ａ５）

和名抄などの例は

○浮石和名加留以之（和名抄一ノ十オ）
○大小薊根和名阿佐美（本草和名上三十五ウ）
○麻苧…苧和名加良無之（和名抄十四ノ十三オ）
○浸淫瘡…俗云心美佐宇（同三ノ二十五ウ）
○癬…俗云錢加佐（同三ノ二十六ウ）
○蝦蟇…和名比支（本草和名下二十オ）
○蟾蜍…和名比木似蝦蟇而大陸居者也（和名抄十九ノ二十四ウ）

の如くである。尚、この傍訓は多く朱書で、「和名」なる冠名まで忠實に記してゐる場合が多く、「心美佐宇」や「千加佐」は和名抄に「俗云」とあつて、「和名」とは無い場合には、傍訓にも「和名」を冠してゐないことが注意される。

「防風」の右傍に「本草防風和名ハマスカナ又ハマニカナ」と訓じた例がある（二十六30ａ６）。『本草和名』の原本には恐らく現存刊本の如く

防風（中略）和名波末須加奈、一名波末尓加奈（上十九ウ）

とあつたのを、引用する際に萬葉假名を片假名に改めたのではなからうか。醫心方巻第一には

防風和名波末須加奈（平平平上平）又波末尓加奈（平平平上平）（仁和寺本六十オ五）

防風和名波末須加奈（平平平上平）又波末尓加奈（平平平上平）（半井本一51ｂ２）

のやうに、和訓のみの抄書が見えるが、この部分から孫引した可能性もあらう。何れにせよ、この記事だけから『本草和名』に片假名本が存在したと考へるのは早計であらう。

五

訓點の中には、漢文の注文も多く含まれ、中國の諸文獻からの引用も少くない。その一斑を示す。

〔新修本草〕

○勿食生茹葉の「葉」の注「新修本草無此字」（一25ａ７）

〔説文〕

○髆《カタ》　補各反説文肩甲也（十三21ａ１）

〔古本玉篇〕

○麵《ヒ》　玉亡見反麥麩也蜀以桄榔木屑爲麵（一26ａ５）

○殗殜《エフエフ》　玉篇云／殗又作□／殗殜病也／上於劫反・下餘褔反／宋韻云殗／殜不動皃（十三20ｂ6上）

○鞕　玉篇云／牛更反堅／他又作硬（十六3ｂ3上）

○搯　玉篇云口洽反｜／抓也爪按曰｜（十六5ａ3上）

○臑　玉篇云如之反／煑熟（十九2ｂ4）

○憒「玉胡麥反／靜好也／亦明白皃」（十九21ａ4）

〔宋韻〕

○詺　宋韻云｜目或單作名／彌正反

○譫　宋韵如玉篇（二・背記）

〔孫愐切韻〕

○「藁　孫愐云禾／之稈也」（八30ｂ7上）

〔順和名〕

○芎《「オムナカツラクサ」》　本草云芎藭ユリクサ順和名オムナカツラ香草也（十三10ｂ6）

右はほんの一斑であつて、古本玉篇の引用など極めて多く、今後の精査が期待される點である。訓法としては、既に松本氏の論（前述、注4など）でも助辭類の訓法に關して精査論及されてゐるが、一二氣附いた例などを補足したい。

一つは、「者」を「ヒト」と訓じた例があることである。

○若（シ）・卒に・此（ノ）薬を得不（ル）者《ヒト》は・但・好キ生の麝香を帯（フ）可（シ）。（若卒不得此藥者但可帶好生麝香）（十八50ａ1）

他の一つは文選讀の例が一二存することである。

○其頤《オトカヒ》の下の宛-ゝトクホメル中を灸セヨ（灸其頤下宛ゝ中）（十四3b7）

○汁出(て)て浸淫トシルタル（汁出浸淫）（十七19a6）

文選讀が平安初期から佛書に見え、中期以降は漢籍にも見えることは既に知られてゐるが、醫書の訓としては他に殆ど例を見ない珍しいものと見て良いであらう。

六

音韻の表記に關しては、概略で意を盡さないが、氣附いた點を摘記するに止める。

イ音便は一般に「イ」で表記されるが、前の音節がイ列音である場合、「イ」を表記しない場合がある。(2B) 次はその例である。

○率《ヒ》テ《て》急に屈《カヽ》メ申《ノ》フルこと得不（率急不得屈申）（八34b5）

この場合、「ヒ」の發音は「ヒイ」のやうな長母音であつた可能性がある。

イの長音を表記するのに、「煮」の訓として「ニ」を「ニイ」と表記した例、又、「ヒイサグ」を「ヒサグ」(2B)と表記した例がある。

○豉《クキ》ノ汁を煮《ニイ》（煮豉汁）（一27a7）

○脚を挈《ヒサ》ケ〔(左傍)「掣ヒキ」〕下痛(キ)は（挈脚下痛）（六17b4）

その他、カ行・ガ行のものは少くないが、サ行のものも存する。

○沸《「ワカ」》「イ」て之(ヲ)漬」洗(ス)（沸漬洗之）（八29ａ8）

撥音便は、舌音を無表記、唇音をム表記とするのが一般であることは、當時の例に則してゐる。

○凍《「コ」》「イ」死《「シ」》「タル」を治(スル)方（治凍死方）（十四15ｂ4）

○一日・一夜・大に會《アツマ》ヌルときは（一日一夜大會）（十四36ｂ7）

○布帛(ノ)物に・裹《ツヽ》ムテ以て熨セヨ（布帛物裹以熨）（十17ａ4）

一方、唇音を無表記とした例が見える。

○豆を噉《クラ》ヒ・汁を飲《ノ》テ、良(シ)（噉豆飲汁良）（十一44ａ2）

又、助動詞の「ム」を「ン」と表記したと見られる例が一つある。

○嚏《ハナ》ヒン|は卽(チ)活(ク)（嚏卽活）（十四18ａ7）

促音便は、一般に無表記である。

○一は以て天に法《ノト》リ（一以法天）（二49ａ4）

和語の促音に「ツ」を用ゐた例がある。

○一百餘梳《「ケツ」》「ラムコト」得(ム)と欲《「ホツ」》「セヨ」（欲得一百餘梳）（八7ｂ5）

「欲」に「ホツス」と假名附けしてゐる。「ホス」が多いが、稀に右のやうな例を見る。「ツ」を和語の促音表記に用ゐた例は、十一世紀末から見られるが、十二世紀には未だ稀である(2C)。

萬葉假名や片假名で本文に加へられた和訓に、その聲調を示すために聲點を附せられた例がある。萬葉假名では、卷第一の卷末に記された本草名の例に多く見られるが、本文の墨書に朱書で聲點を加點されたものを始め、本文に朱書で加筆されたものに、朱書で加點したもの、又、時には朱書で加筆されたものに墨書で加點されたものなどがある。その例、

○王不留行和名須ゞ久佐（上上上平）「一名加佐久佐（上上上平）」（一51ｂ5）

○地楡和名阿也女多牟又衣比須祢（上上上上）「又衣比須久佐（上上上平）」（一53ｂ6）

又、片假名の場合には、墨書の假名に朱書又は墨書で加へたもの、朱書の假名に朱書で加へたものなどの例がある。

○狼毒《ヤマサク》（「ヤマサク」に墨書「平平平平」）（一45ａ5）

○栢子《「ヒノミ」》（「ヒノミ」に朱點「去平上」）（一42ｂ7）

右の例示の中にも見られるやうに、假名に加へられた聲點は「平」「上」「去」の三種の區別が認められる。「去」聲の聲點が在るのは、平安時代の聲調體系に據つてゐることを示してゐる。

七

傍訓の中には、從來の國語辭典に登載されてゐない語彙が若干見られる。次のやうな例である。

〔アシノヒラ・アシノヘラ〕

○或（イ）は脚《「ハキ」》ノ趺《（アナ）ウラ「アシノヘラ」》腫（レ）（或脚趺腫）（八4ｂ2）

○趺《「アシノヒラ」》腫（レ）て重（ネテ）悶《ウレ》へ（趺腫重悶）（八5ｂ2）

〔アツハヒ〕

○熱灰《アツハヒ》ニ之（ヲ）炮《ヤ「アタヽメ」》イて（熱灰炮之）（五44ｂ1）

○酢に熱灰《アツハヒ》を和（シ）テ封（ス）（酢和熱灰封）（八34ａ6）

〔アブラコシ〕

○生魚・猪・鶏・肥エ《コ》膩《「ニコヤカナルモノ」》《アフラコ》キ（ヲ）飡（フ）ことを禁（ス）（禁飡生魚猪鶏肥膩）（十八25ｂ1）

〔ウガフ〕

○食「シテハ」必（ス）當に口を嗽《ウカ》ヰ、數（〻）過（クヘシ）（食必當嗽口數過）（五45ａ4）

名詞「ウガヒ」の原である動詞の例として注目される。

〔オホアリ〕

○蚍《音毘》-蜉《音浮》《オホアリ》（十六29ａ4）

〔オボ、ラカス〕

○能（ク）・人-獸を倒《タフ》シ-牽（キ）て、水に入（レ）て没《オホ、》ラカシ而《て》食（ス）（能倒牽人獸入水没而食）（十八33ｂ4）

これも「―カス」といふ語尾によつて他動詞を派生したもので、他に例を見ない語である。

〔オボ、ラス〕

○夢に人を（シ）て舟-船・人を溺《オホ》、ラスト見《ミ》使《シ》ム（夢使人見舟船溺人）（六20ｂ2）

〔オモニキミ〕

○……面《「オモニキミ」（緣）》 皰《モカサ》を主（ル）（主……面皰）（三十30ｂ1）

〔カマソコ〕

○竈中黄土《「カマソコノアカツチ」》（竈中黄土）（十二24ｂ6）

〔クチクサシ〕

○腐《クチクサ》 キは〔者〕死（ヌ）（腐者死）（十五3ａ8）

〔クロニハトリ〕

○烏鶏《クロニハトリ》の血を取(リ)て面の上に塗《ヌ》レは・便(チ)・白(シ)(取烏鶏血塗面上便白)(二十六12a9)

〔ケヅリガミ〕

○亂髪《オチ(カミ)》《「ケツリカミ」》(十七27a8)(十八20b4)

〔ケブラス〕

○門外に於て微(シ)燒(キ)て之を烟《ケフ》ラセ(於門外微燒烟之)(十四41a6)

〔コ、タシ〕

○惡心《コ、タ》シキを治(スル)方(治惡心方)(九27a6)

○吐(カム)と欲(テ)惡心《コ、タ》シと爲(欲吐爲惡心)(九27a8)

○千金方、惡心《コ、タ》シ(キ)を治(スル)方(千金方治惡心方)(九27a9)

○惡心《コ、タ》シウシて食飲化(セ)不(惡心食飲不化)(十一5a5)

「惡心」は、氣分が惡くて、食物を受入れない樣を表現してゐると見られる。

〔コシワラ〕

○甑帶《コシワラ》を浣《アラ》フて之を服(セヨ)(浣甑帶服之)(十四9b3)

〔サカサマ〕

○逆《サカサマ》に產《コ》(ウム)を治(スル)方(治逆產方)(二十三1a7)

〔シタヾラカス〕

○猪(ノ)膽を以て中に瀝《シタ、》ラカシ內(レ)て(以猪膽瀝內中)(十八55a7)

〔シリイヅ〕

他の文獻には見えない語である。

○脫-肛《シリイ》テて入(ラ)不（脫肛不入）（六13a4）

〔タヾラカス〕

「タヾル」の他動詞形であるが、「―カス」の語尾を持つ形が平安時代以來多く現れることについては、既に先學の論があり、「オボ、ラカス」の例も前述したが、この語もその一例と見られる。「タヾラカス」の最古例としては、從來『日葡辭書』が指摘されてゐたが、本書の訓點の中に、左の三例を見出すことが出來た。何れもこの語の最古例となろう。

○湯火に燒(キ)-灼《タヽ》ラカセルを治(スル)方（治湯火燒灼方）（十八2b4）

○骨に至(リ)て人の筋を爛《タヽ》ラカす（至骨爛人筋也）（十八2b6）

○人の火に灼《ヤ》キ-爛《タヽ》ラカセル-瘡(ヲ)治(シテ)・毛髮を長(クスル)方（治人火灼爛瘡長毛髮方）（十八5a2）

〔タレユバリ〕

○任婦の遺-溺《「タレユハリ」》を治(スル)方（治任婦遺溺方）（二十二2b7）

○婦人の遺尿《「タレユハリ」》《シタテユハリ》を治(スル)方（治婦人遺尿方）（二十一1b6）

〔チ、ホム〕

○禽-疽は發《イ》ツルことに・軫《チ、ホ》メルか如(キ)者數-十-處アリ（禽疽發如軫者數十處）（十五3a4）

○或(イ)は六十日に軫《チ、ホ》ミ（或六十日軫）（十五5b9）

〔トケメ〕

○便(チ)甘刀を以て足の第四第五指の間の脉處・幷(ニ)踝(ノ)下(ノ)骨ノ解《トケメ》を破《ワ》リ、其(ノ)惡血を泄ス（便以甘刀破足第四第五指間脉處幷踝下骨解泄其惡血）（八28a6）

右の「トケメ」は他に古例を見ない語である。

〔ヌハノミ〕

○鬼臼ヌハノミ（平上平上）（聲點は朱點）（十四41ｂ9）

〔ハス〕

○署預・藕《ハス》根各二大升を加（へ）て（加署預藕根各二大升）（十三6ａ6）

「ハス」は枕草子にあるといふが、訓點資料には皆無で、これは最古の例と思はれる。他の古訓はすべて「ハチス」である。

〔ハタ、カ〕

○的《ハタ、カ》〻尓ニシテ以《て》（テ）之（ヲ）洗漬（ス）（的〻尓以洗漬之）（八31ｂ2）（「ハタ、カニシテ」は朱點）

○熱及《アツナカ》ラ的《テキ》《ハタ、カ》（入）〻ニ《に》シテ以《て》（テ）之（ヲ）洗（ヒ）漬《ヒタ》セ〔之〕（及熱的〻以洗漬之）（三35ａ9）（「熱」の左傍に朱訓「アタ、カ」あり）

〔ヒヤコシ〕

○陽虚盗汗《「ヒソカニアセアユル」》《ヒヤコキアセ》を治（スル）方（治陽虚盗汗方）（十三19ｂ4）

○夜臥は盗《ヒヤコキ》《「ヒソカ」》に汗《アセ》アユ（夜臥盗汗）（十三21ａ6）

〔ヒロムシロ〕

○蛇床子《ヒロムシロ》（七5ａ3）

〔ホシヨモギ〕

○濃《コ》ク干艾《ホシヨモキ》（ノ）葉を煮て（濃煮干艾葉）（十一38ａ6）

〔ホソ〳〵〕

○悪‐肉は〔者〕……細《ホソ〱》‐〻と／トシて長（シ）（悪肉者……細〻長）（十六19b8）

〔マタオコル〕

○若（シ）病を（シ）て發復《マタオコ》ラ不（ラ）令（メ）むと欲《オモ》ハ者《は》（若欲令病不發復者）（ヲコト點、朱書・緑書重書）（十四52a6）

〔マタヤマス〕

○傷寒の飲食（シ）て勞復《マタヤ》マスルを治（スル）方（治傷寒飲食勞復方）（十四50b5）

「病氣が再發する」の意であらう。

〔マリカク〕

○更（ニ）・其（ノ）中に溺《ユハリ》マリカケ（更溺其中）（十四14b5）

「マル」は體外に排泄するの意で「クソマル」「ユバリマル」などの例がある。

〔マロカル〕

○風熱・相搏《マロカ》リて〔於〕皮膚に留（ル）ときは・則（チ）創を生（ス）（風熱相搏留於皮膚則生創）（十七17a9）

「マロカル」の下二段活用の例は平安時代から源氏物語や狭衣物語などに例があるが、四段活用の例は『雜談集』などが最古とされて來た。本書はその最古例と認めることが出來よう。

〔ミヅアム〕（下二段）

○水の上‐流に鵞の浴《ミツア》ムル氣響有（リ）て（水上流有鵞浴氣響）（十八46a7）

「ミヅアム」は四段活用が一般であるが、右は下二段活用の例である。

〔モクラ〕

○葎草《モクラ》を搗（キ）（搗葎草）（十八34a9）

「ムクラ」の音轉して生じた語であらうが、他に例を見ない。

〔モチコ〕

○少《スコ》シキノ秫米粉《アハノモチコ》の汁《シル》を與（フ）可（シ）（可與少秫米粉汁）（十一9ａ6）

〔モノオビエ〕

○花は小兒（ノ）痸《モノオヒエ》・小便（ノ）不利（ヲ）主（ス）（花主小兒痸小便不利）（三十47ｂ7）

他例を見ない語である。「モノイミ」「モノグルヒ」「モノヤミ」などの語が古文獻に見られるが、これらの「モノ」は「モノノケ」の「モノ」で、「モノオビエ」は鬼、妖怪などの類におびえるの意であらう。

〔モノツク〕

○霍亂（シ）て嘔吐《モノツ》クを止（マ）不（ル）を治（スル）方（治霍亂嘔吐不止方）（十一10ａ5）

○霍亂（シ）て嘔‐吐《モノツ》イ／シて（霍亂嘔吐）（十一10ｂ4）

〔ヲニハトリ〕

○雄‐鷄《ヲニハトリ》の毛・二七枚を取（リ）て（取雄鷄毛二七枚）（二十六19ａ3）

「クロニハトリ」「ヲニハトリ」は共に他例を見ない語である。恐らく漢語に即して訓じた新造の語ではないかと思はれる。

この種の語彙をどのやうな性格のものと見るか、問題がある。卽ち、世間で一般に使用されてゐて、偶々他の文獻に見えなかつたものなのか、それとも、醫心方といふ醫學の特殊な世界の中で、一時的に造成された語であるのか（その大部分が複合語であることも見逃してはならない）、檢討すべきであらう。愚見としては、後者の可能性が大きいのではないかと考へる。

和訓の中で、他の文獻に稀なものの中には、上代文獻の解釋に關係あるものも見受けられる。
○中風(ノ)音《コヱ》を失ヒ(タルヲ)治(スル)方（治中風失音方）（三26b5、墨點）（朱點「音《コヱ》ヲ失《ウシナ》ヘルヲ」）
右の「失音」の左傍に墨訓で「コロ、ク」とある。
○卒に聲《コヱ》(ヲ)失ヒてゝ(聲)噎《ム》セて出(テ)不(ル)を治(スル)方（治卒失聲ゝ噎不出方）（三28a8、墨點）（「失聲」の左傍に「コロ、イテ」）
右の「失聲」の左傍に墨訓で「コロ、イテ」と注する。古事記巻上の黄泉國段に、
　宇士多加礼許呂ゝ岐弖（眞福寺本上九オ）
と見えるが、観智院本類聚名義抄「嘶コロ、ク」（佛中五二1）などの例が引用されて、「がら〳〵音を立てる」「聲がかれる」などの解が與へられてゐるが、本書のやうな文脈の中での用例は、「コロ、ク」を「失音」「失聲」の意と見て、「聲がかれる」「かすれた聲を出す」といふ語義を明確にすることが出來ると思はれる。
從來、後の時代の他の文獻の用例はあるが、本書の訓點が、最古の用例を提供するものがある。上述以外にも、例へば次のやうな例がある。
〔ムメホシ〕
○烏《ムメホシ》-梅（五40a3）
『運歩色葉集』、『黑本本節用集』等、室町時代の古辭書に「ウメホシ」の例があるのが、從來の最古の例とされてゐるものである。

〔コヾル〕
○苦參《クラヽ》の屑《クタ》イタル各二兩、大附子一枚を(モ)て攪《カ》キ凝《コヽ》ラ令(メ)て器に盛(リ)て以(テ)諸瘡に傅《ツ》ケヨ（苦參屑各二兩大附子

一枚令攪凝盛器以傅諸瘡）（十七16ａ9）

金澤文庫藏本『倶舍論音義抄』（貞應二年〈一二二三〉寫本）に「疑コ、テ」（二オ）の訓があり、又、『作文大體』鎌倉期點に「凝コ、ル」の例が見えるのが、從來の最古例であつた。本書の訓はこの語の上限を遡らせるものである。

この他、『和名類聚抄』など、古辭書には見えるが、古訓點としては初めて見えるといふ類の語がある。辭書の和訓と古訓點とは、緊密な關係があることは言ふまでもないし、既に先學による指摘もあるが、『醫心方』の和訓の中にも、『本草和名』・『和名類聚抄』などの和名と關係の深い面がある。これについては、松本氏の論で既に詳説されてゐる通りである。

この場合、辭書の和訓は何れも萬葉假名であり、又、『醫心方』卷第一の卷末には、『本草和名』から抄出した一節が見られる。これは、漢文注もあるが、和訓を主としたもので、半井本・仁和寺本共に大部分は萬葉假名であるが、一部字母が異るもの（字體を簡略化したと見られる場合が多い）、平假名・片假名に書改めたと考へられるものがある。この點については、別稿に述べた所であるが、(12)更に注意されるのは、この和訓の大部分に朱の聲點が加へられてゐることである。これは、前代の文獻から語彙が傳承される際、その聲調まで含めて繼承されることを反映してゐると考へられる。『醫心方』の和訓にも、聲點附のものが多いが、これも同樣の事情に基づくものと見てよいのではないか。

〔カウレムカウノミ〕

○荳蔲《カウレムカウノミ》　子を嚼《カ》ミ（嚼荳蔲子）（九27ｂ3）

〔カサブタ〕

○痂《カサブタ》　（十四20ｂ7）（十四59ｂ1）

〔コミヅ〕

○白《コ》飲《ミツ》を以(テ)和(シ)て（以白飲和）（十一26ａ3）

〔クレタケ〕

○淡(キ)竹葉《クレタケ》 (淡竹葉)(十四28b6)

〔コムラガヘリ〕

○轉(上)-筋《「コムラカヘリ」》(ヲ)治「シ」(治轉筋)(六27b3)

○脚氣轉筋《コムラカヘリ》方(脚氣轉筋方)(八1a6)

○霍亂(シ)て轉-筋《コムラカヘリスル》 スルを治(スル)・方(治霍亂轉筋方)(十一13b3)

〔タケノカハ〕

○生(シキ)竹茹《タケノカハ》 四兩(生竹茹四兩)(五48b4)

以上、何れも『和名類聚抄』に和訓の例が見える。

〔タチガミ〕

○馬の鬐《タチカミ》 ノ毛を取(リ)て(取馬鬐毛)(二十一9a8)

『和名抄』には「鬣附髦(中略)馬項上長毛也文選云軍馬弭髦而仰秣髦音毛師説多知賀美」(道圓本十一ノ十三ウ)と見え、『類聚名義抄』には「鬣良渉反獸長毛ウナカミ タチカミ(平平平濁平)ハタ ヒレ 馬ノカミ」(佛下本三六8)と見えてゐる。

〔ツヤス〕

○又方、指を以(テ)撞《ツ》キ潰《ツヤ》シて汁を去(ツ)(又方以指撞潰去汁)(五42a7)

自動詞「ツユ」に對する他動詞形であろう。

〔トリメ〕

○雀盲《トリメ》を治(スル)方(治雀盲方)(五13b3)

〔ニウノカユ〕

○復、乳」酪《ニウノカユ》（ヲ）湌（ス）（復湌乳酪）（十一３ａ３）

文選讀の一種と見られるものであるが、既に和名抄にも「酪」を「和名迩宇能可遊」（道圓本十六ノ十七オ）と訓じた例がある。

〔ハナタリ〕

○白（クシ）て鼻《ハナ》」涕《タリ》ノ如（ク）なるを之（ママ）を治（スル）・方（白如鼻涕治之方）（十一26ａ９）

〔ホソワタ〕

○小腸《ホソワタ》の病を治（スル）方（治小腸病方）（六21ｂ４）

〔ミ、ダリ〕

○底耳《ミミダリ》の膿血の出（ツルヲ）療（ス）方（療底耳膿血出方）（五６ｂ２）

〔モケ〕

○木瓜《モケ》煮て飲に作（リ）（木瓜煮作飲）（十一６ａ３）

〔ヰル〕

○齒ノ齗《ヰ》ルを治（スル）方（治齒齗方）（五50ａ９）

○齒楚《ハヰ》痛（ミ）て、生（シキ）菓を食（フ）可（カラ）不（ル）を治（スル）方（治齒楚痛不可食生菓方）（五50ｂ４）

〔ヱグシ〕

○味醎噞「ヱクシ」（緑）（味醎噞）（三十21ａ２）

この他、他の文獻にも見られるが、比較的珍しいと認められる語彙も少くない。

〔アツナガラ〕

○及熱《アツウシ》て・之（ヲ）着（ル）（及熱着之）（五39b7）

○熱《「アツナカラ」》《アツナカラシタ》淋テ訖（リ）て（熱淋訖）（十26b6）

○及熱《アツナカラ》・之（ヲ）洗へ（及熱洗之）（十一15a2）

〔アユ・アヤス〕

○衄《チク》《ハナチア》（入）血エ、鼻-失-血シ……皆汗《アセアヤ》ス可（カラ）不（衄血鼻失血……皆不可汗）（一9b5～6）

○噎《ノムトカハ》乾キ仇《ハナフサカ》リ衄《ハナチア》ユ（噎乾仇衄）（三3b8）

○其（ノ）人必（ス）衄《ハナチア》ユ（其人必衄）（五29b5）

〔ウズヰス〕

○踞《ウスヰ》シ而《て》腹満（ツ）（踞而腹満）（三2b8）

〔ウミシル〕

○耳門「ノ」耳の中に膿《ウミシル》有（ラ）「ハ」抵《ソコ》ニ及通《トウ》（ス）（耳門耳中有膿及通抵）（二46b3）

○膿《ウミシル》三升を下（ス）（下膿三升）（十13a6）

現代語彙の名詞「ウミ」は古くから「ウミシル」であった。[13] 動詞としては「ウム」の例がある。

○灸膿《ウ》ミ壊《ヤフ》ル、ことを得（灸得膿壊）（二51b8）

〔オホビル・コビル〕

○多（ク）生《ナ(マ)》（シキ）葫《オホヒルコヒル》蒜・雑《サマ〱》（ノ）生菜……を食（フ）可（カラ）不（不可多食生葫蒜雑生菜……）（一25b3）

〔オフシ〕

○目匡《マナカフラ》の上の陷骨を刺(ス)に脉に中(リ)て中《に》を漏(サ)《に》は瘖《オフシ》ナリ（刺目匡上陷骨中脉中漏瘖）（二46a4）

○反(リ)て瘖《オフシ》ナリ（反瘖）（二47b7）

〔カサホロシ〕

○隱《チ、ホ(ミ)》軫《カサホロシ》（隱軫）（三1b2）

〔カヘズ〕

○永(ク)・還(シ)不肯《カヘス》（永不肯還）（三9a6）

○汗(を)發(スルトキ)には・永(ク)・出テ不肯《カヘス》ル者は死(ヌ)（發汗永不肯出者死）（十四39a2）

連體形「カヘスル」の例は珍しい。

〔カユガル・カユル〕

○陰-囊(ノ)濕《シルタ》リ痒《カユカ》ルを治(スル)方（治陰囊濕痒方）（七1a5）

○陰の癢《カユカ》ルヲ治(スル)方（治陰癢方）（七3b8）

○男子の陰の下・痒《カユ》リ濕《ウル》フを治(スル)方（治男子陰下痒濕方）（七4b3）

○陰囊の濕《シルタ》リ痒《カユ》ルを治(スル)方（治陰囊濕痒方）（七7b5）

「カユル」は他に例を見ない語で、多分形容詞「カユシ」に對應する動詞であらう。「カユガル」も同じく「カユシ」に對して接尾語「ガル」の附いた動詞であらう。

〔キビス・クビス〕

○足(ノ)跟《キヒス》《「クヒスノ」》ノ白(キ)肉(ノ)際を灸(ス)（灸足跟白肉際）（六14b1）

〔クチサキラ〕

○蝦蟇喙《クチサキラ》を生（ス）（蝦蟇生喙）（二63ａ5）

〔クボ〕

○……左右の陥《クボ》ナル處を灸（スル）是ナリ〔也〕（灸……左右陥處是也）（六13ａ8）

『日本靈異記』の訓釋や『新撰字鏡』の和訓に見える語である。

〔コ、ロバシリ〕

○中風（ニシ）て驚悸《コ、ロハシリ》ノスルを治（スル）方（治中風驚悸方）（三1ａ9）

〔コトウナシ〕

○此等・竝に得て在ルこと無（ケ）む／無在《「コトウナシ」》（此等竝得無在）（十九22ｂ5）

○水酒・在（ル）こと无《ナ》カレ／无在《「コトウナシ」》（水酒无在）（二十三43ａ4）

成簣堂文庫本巻第二十二にも「無在」を「コトウナシ」と訓じた例が見える（一八張二三行）。「コトムナシ」は「コトモナシ」の音便形で、古訓點に屡々現れる語形で、恐らくそれと同語異形と見るべきであらうが、他の文献には例を見ない。

〔サクリス〕

○卒に嘔《ムカツ》キ啘《サクリ》シ（卒嘔啘）（九30ｂ2）

○霍亂（シ）て嘔《ムカツ》キ噦《サクリ》スルを治（スル）方（治霍亂嘔噦方）（十一1ａ6）

〔スルド〕

○尖《スルト》ニシて微《スコ》シ煖《アタ、》メて（尖微煖）（五31ａ3）

○〔令〕頭を尖《スルト》ニシテ〔（異訓）「ナラ令（メ）て」〕孔（ノ）中に注《イ》ル〔（異訓）「（イ）ヨ」〕（令頭尖注孔中）（五46ａ4）

〔タキミジカシ・タケミジカシ〕

○長《タキタカ》キ人は廿四椎、短《タキミシカ》キ人(ハ)廿一椎トイヘリ（長人廿四椎短人廿一椎）（二40ａ２）

○人短《タケミシカ》キと(き)は、則、骨節亦短シ（人短則骨節亦短）（二40ａ５）

「タキ」「タケ」は平安時代以降の古訓點に兩形が見える。「タキ」の方が比較的古い形かも知れない。

〔タルバカリンズ〕

○積《ヒサ》シク計壯の數を灸(イ)《カ》て《ハ》疾を愈《イヤ》シ足《タ》ルハカリス（積灸計壯數足愈疾）（二52ａ８）

〔ツカ〕

○筆の頭《「ツカ」》七枚（筆頭七枚）（十四９ａ６）

〔ツハキハキカク〕

○其(ノ)面に唾《ツハキ》ハキカケヨ（唾其面）（十四10ａ４）

〔ツビ〕

○螺ツヒ（平上）（五21ａ９）

〔ツフト〕

○都《ツフ》ト消(サ)むと(ス)須(シ)（須都消）（十17ａ６）

〔ツミサク・ツムサク〕

この語については、舊稿で觸れたことがあるが、その際には、安政の板本の影印本によつたけれども、今回、原本によつて確認することが出來たので、新しく得た知見を加へて再論したい。

「ツンザク」は「耳をつんざく大音響」のやうに、突き破るの意で用ゐられてをり、一般の辭書にも「突き裂く」の音便として說明されてゐる。しかしこれは後世の語源俗解に過ぎないのであり、本來は「ツミサク」から轉じた形で、意味も

「指先などで裂く」の意であることを論じた(14)。
本書の訓點には、「ツミサク」「ツムサク」両形が見えてゐる。
○百合《ユリ》の根・七枚を取(リ)て之を擘《ツミサ》イて水二升を洗フて之を漬(シ)て、一宿アて當に沫《アハ》(ノ)水の中に出(ス)〔當〕し（百合根取七枚擘之洗水二升漬之一宿當沫出水中）（十四61ｂ9）
○通-身・創《カサ》を發(シ)て折《ヒハレ》を擘《ツミサ》イて・日を經て〔經-日《ヒネモス》ニ〕水(ヲ)用て息《イキ》を得不(ル)者《の》を治す（治通身發創擘折經日用水不得息者）（二十17ａ2）
○支子《クチナシ》廿一擘《ツミサ》ク（支子廿一挈）（二十21ａ6）
○大烏梅十四枚、良豉《クキ》七合(ヲ)擘《ツムサ》ケ（大烏梅十四枚擘良豉七合）（十一44ａ8）
○支子《クチナシ》十四枚、好(キ)豉《クキ》七合(ヲ)擘《ツムサ》ケ（支子十四枚擘好豉七合）（十一44ｂ5）
○大棗廿枚　擘《ツムサク》（大棗廿枚擘）（十三27ｂ7）

〔ツユ〕

○已に潰《ツ》エ爛《タ、》レは〔者〕（已潰爛者）（十五15ａ6）

〔ニラ・ミラ・オホミラ・コミラ〕

○韮《ニラ》《「コミラノ」》ノ根《ネ》を取て焼(キ)て粉《ツク》レ（取韮根焼粉）（二十一7ｂ1）
○韮《ミラ》《「コミラ」》を擣《ツ》イ(テ)（擣韮）（九8ｂ2）
○韮《「コミラ」》を煮(テ)（煮韮）（十一37ａ9）
○薤《オホミラ》を擣(キ)て汁を・鼻の中に灌《「ソ、」》「ケ」（擣薤汁灌鼻中）（十四8ａ2）

〔ネユ〕

○生《ナマ》シク冷《ヒヤ》カニ粘《ネ》エタル《たる》食を忌メ（忌生冷粘食）（十一7a8）
○猪・魚・薤《ヒル》・炙《アフレル》肉・粘《ネ》エたる食等を忌《イ》メ（忌猪魚薤炙肉粘食等）（十一27b8）
○垣に粘《ネ》エタル唾《ツハキ》多（シ）。（垣多粘唾）（十三21a9）
「ネヤス」は頻用される形であるが、その原となつた自動詞形である。

〔ノゾカル〕
○當に水の下に於て除《ノソ》カルト覺《オホ》ユ〔當〕し〔也〕（當於水下覺除也）（十九26a7）
「ノゾク」に對する自動詞形で、一般には「ノゾコル」が用ゐられる。「ノゾカル」の形は少く、『大慈恩寺三藏法師傳』承德三年（一〇九九）點や、『大聖妙吉祥菩薩說除災教令法輪』保延五年（一一三九）點などに例を見る程度である。

〔ヒキガヘル〕
○死（ニタル）蝦蟆《ヒキカヘル》を取（リテ）燒（キ）て灰を作（リ）（取死蝦蟆燒作灰）（七15b8）

〔ヒトヱヒ〕
○客忤《ヒトヱヒ》《ヒトケニヤム》を治（スル）方（治客忤方）（十四1a4）

〔ヒヤカ〕
○新ニ汲《ク》メル冷《ヒヤ》カナル水一升を飲（メ）（飲新汲冷水一升）（一27a5）

〔フツト〕
○都《フツ》ト去《イ》エて色に復す（都去復色）（三37a3）
○今、則、都《フツ》ト忌《イ》（ミ）て刺（サ）不（今則都忌不刺）（二44b5）
○都《フツ》ト癒《イ》エヌ〔也〕（都癒也）（二十33a5）

〔ヘソ・ホソ〕

○鹽を以て齊《ヘソ》の中に内《イ》レ、上を灸セヨ（以鹽内齊中灸上）（十一7b8）

○齊《ヘソ》の下を灸《ヤ》ク「セヨ」（灸齊下）（二十四10b6）

○齊《ホソ》ノ中には禁（シ）て伏菟を刺（ス）可（カラ）不（齊中禁不可刺伏菟）（二46a6）

〔ヘドック〕

○嘔《ヘ》-吐《トツ》「ムカツク」クこと止（マ）不（ス）は〔者〕（嘔吐不止者）（八6b9）

〔マト〕

○其（ノ）鋒・微員《マト》ナリ（其鋒微員）（二46b9）

〔マロナガラ〕

○食-飲（スル）所（ノ）〔之〕物・皆完《マロ》ナカラ出《イ》テ、《て》消（エ）不〔也〕（所食飲之物皆完出不消也）（十一38b3）

〔ムカツク〕

○乾（去）-歐《ムカツク》《ヲウ》（上）（乾歐）（一10a5）

○嘔《ムカ》「（平）-」逆《ツ》「（入）シ」イテ腸-鳴ル（嘔逆腸鳴）（六17b5）

〔メクルベク〕

○眩《メクルヘ》　キて顏（ノ）色黑シ〔「（クシ）テ」〕（眩顏色黑）（三4b4）

○常に眩《メクルヘク》-冐の如（クシ）て（常如眩冐）（十4b4）

〔ユル・ユルシ〕

○筋施《ユ（ル）》（クシ）て縦《ユル》ク-緩《ユル》「ニシテ」（ナル）コトに勝（ヘ）不（筋施縱緩不勝）（三23b1）

○緩《「ユル」》「キハ」者不治「(ナ)レトモ」・自(ラ)差《イ》ユ（緩者不治自差）（八6a2）

形容動詞「ユルナリ」と形容詞「ユルシ」とは、平安時代の點本において、一般に併用されてゐる。

〔ヰノシヽ〕

○䐗《ヰノシヽ》陟於反士豕也又作猪(平)　鶏(平)（一26a4）

平安時代の和文には屢々用ゐられるのに、當時の漢文の訓點では原則として用ゐられないやうな同義語の一類がある。一般に和文特有語などと呼ばれてをり、漢文の訓點の中では、『日本書紀』や文學作品の一部などに用ゐられる場合が時折存するのであるが、この種の語彙が醫心方の訓點の中に若干見出される。(15)

〔アリク〕訓點では「アルク」の方が多く用ゐられる。

○中風(ニシ)て身體(ノ)蟲の行《アリ》クカ如(クナル)を治(スル)方（治中風身體如蟲行方）（三32b3）

○中風(ニシ)て身の蟲(ノ)行《アリ》クか如(クナルヲ)治(スル)方（治中風身如蟲行方）（三1b2）

一方では「アルク」の訓も見える。

○起(チ)て行《アル》ケハ便出(ツ)（起行便出）（五7a5）

○行《アル》クコト十四歩スレは蟲、則、出(ツ)（行十四歩蟲則出）（五7b3）

○或(イハ)起(チテ)行《アリ》クニ、脚、故無(クシテ)屈-弱(シ)て行(ク)こと能(は)不（或起行脚無故屈弱不能行）（八4a8）（朱點は「起《タ》チ行《ユ》クトキニ」と訓ずる）

〔オホカル〕（オホシの連體形。訓讀では一般にオホキを用ゐる。）

○刺薊ハノウヘニ／イラ、ノ／オホカル／ナリ（五31b2）

〔カシハギ〕

○槲樹《カシハキ》(ノ)北(ノ)陰の皮・蒼《アヲ》キを去(ツ)(槲樹北陰皮去蒼)(十八56a9)

『大和物語』・『源氏物語』柏木巻などに例がある。

〔キタムキ〕

○北向《キタムキ》に・坐(シ)テ營《ツク》ルに垵を以(テス)(北向坐營以垵)(十四30b3)

〔ケハヒ〕

○行-者毎《ツ(ネ)》に作意《ケハヒ》(ヲ)須《(モ)》て之を看(ヨ)(行者毎須作意看之)(十八36b6)

〔コゾル〕

○躰擧《コソ》て疼《ヒヽラ》キ-痛(ム)(擧躰疼痛)(十四38b8)

〔サマ〴〵〕訓讀では「クサ〴〵」を用ゐる。

○生《ナマ》(シキ)葫蒜《「ヒル」「オオヒルコヒル」》・雜《サマ〳〵》の生(シ)「キ」菜《「ナ」》を食(ス)(食生葫蒜雜生菜)(一24b5)

〔タエイル〕

○發-痛(スル)毎(ニ)絶《タエイ》リナムと欲《ス》〔也〕(毎發痛欲絶也)(十4b3)

〔ナラシ〕

○春の詔の而も冰《ヒ》の積レルを洋《ト》クか若《コト》シ。實に・之を謂《イ》ヘリ〔矣〕《イフナラシ》(若春詔而洋冰積實謂之矣)(十九1b9)

「ナラシ」の用例は、『古文孝經』建久點、『白氏文集』寛喜點、『世俗諺文』古點などに見られることを、小林芳規博士は、博士家讀の一特質として指摘されてゐる。[16]

〔ヌ〕(打消の助動詞ズの連體形)

○奔-豚-氣《ヤマヌヤマヒ》(平平上平上平)(ヲ)作《ナ》サムト欲セハ(欲作奔豚氣)(一9b9)

〇賁《ヤマヌ(平平上)》「(平)」-㹠《ヤマヒ》「(平)」を治(スル)方 (治賁㹠方)(九1a4)
〇賁《ヤマヌヤマヒ》(平・合點)-㹠《六屯》(平・合點)(ヲ)治(スル)方 (治賁㹠方)(九12a7)
右の「ヌ」は打消の助動詞の連體形であるが、「ヤマヌヤマヒ」が複合した一語として固定し、「奔豚氣」「賁㹠」などの訓として使はれたのであらう。

〔ホノクラシ〕
〇明旦の發(スル)日・凌晨《ホノクラ》カラムニ・滓を灑《シタ》ミ-去(ク)(明旦發日凌晨灑去滓)(十四34a6)

〔マズ〕訓點では「マジフ」。
〇蜜(ヲ)雜《マ》セテ・亦佳(シ)(雜蜜亦佳)(八30b5)
(朱點では「雜(ヘ)タル」と訓じてゐる。)

〔ヤウ〳〵〕訓點では一般に「ヤウヤク」を用ゐる。
〇地を去(ル)こと稍《ヤウ〳〵》・高(クシ)て (去地稍高)(八21a6)
〇其(ノ)身を擧(ケ)て起(シ)て繩を(シ)て微《ヤウ〳〵》・寬《ユル》フルこと得令(メ)ヨ〔也〕(擧其身起令繩微得寬也)(十四16b8)
〇燸《アタ、》カナル(コト)人ノ肌如《ハカリ》シて稍《ヤウ〳〵》に之(ヲ)服(セ)ヨ (燸如人肌稍服之)(二十27a4)
「如人肌」を「人ノ肌如《ハカ》リシて」と「如」を「バカリ」と訓じたのも、和文的である。
一方、訓讀一般に用ゐられる「ヤウヤクニ」の例も、寧ろ多用されてゐる。
〇微《ヤウヤ》クに沸(シ)て一刻を盡(ス)(微沸盡一刻)(十14b1)

〔ラル〕
〇旦《アシタ》に達《イタ》ルマてに・瞑《ネフ》ラレ不 (達旦不瞑)(二十七5a2)

「ラル」を可能の意に用ゐたのは訓點では例が少い。

〔ワナ、ク〕

○戰《ワナ、》キ慄《ヲノ、》イ而《て》頷《オトカヒ》を鼓《ナラ》す（戰慄而鼓頷）（十四32ｂ６）

「女人月經赤衣」の「月經」を墨書では「ケカレノモノ」と訓ずるのに對し、朱書では「月經赤衣」を「サハリシツケタルキヌ」（十四52ｂ３）と訓じてゐるのは、意譯的である。

八

室町時代の訓點は、年紀を示したものがないので、確な年代を知ることは困難であるが、その假名字體は第五圖に示したやうなものであつて、室町時代の中期乃至は末期の様相を呈してゐると認められる。人名に字の中央に朱線を施してゐる「朱引」も、この時期の訓點であることを示してゐる。その他、中世的語法も二三散見する。

○身ヲ安（ン）スルノ〔之〕本ハ。必ス〔於〕食ニ資《ヨ》ル（安身之本心資於食）（一14ｂ９）

右に見られる「安ンズルノ本」といふやうに、用言の連體形に助詞「ノ」が伴ふ形は、室町時代以降になつて初めて現れる現象であることは、國語史上の常識である。又、

○臍《ホソ》滿-腫（シテ）反《フク》レル者脾《(ハ)》敗ナリ（臍滿腫反者脾敗）（一14ａ６）

における「フクレル」は「フクルル」の轉、又は「クレ」といふ下二段活用の活用形に完了の助動詞「ル」の附いた形であるが、これも南北朝時代以降に多く見られる形である。又、

○恆ニ藥ヲ將《モチ》ユ可（カラク）耳《ノミ》（可恆將藥耳）（一15ｂ８）

に見られる「モチユ」といふ動詞は、古くは「モチヰル」といふワ行上一段活用であつたのが、中世に及んでヤ行上二段に轉じたものであり、それがこの例に見えてゐるのである。

○或(イ)は白(ク)・變-雜《サツ》常无(シ)（或白變雜无常）（十一23ａ6）

「サツ」は唇內入聲尾の「ザフ」が舌內に轉じた例であり、中世以降の日本漢字音の特色の一として顯著である。

○顧《コ》-眄《メムスルコト》（一2ａ8）

本書の平安時代加點の訓點では、唇內撥音尾（ム表記）と舌內撥音尾（ン表記）との區別がなされてゐるのに對して、それを混同してゐる。これも中世以降の一般的な傾向である。

この他、本書の訓點について述ぶべきことは山積してをり、誠に意を盡さないが、今後の研究の發展展開を期しつつ、今回はこれにて擱筆することとする。

（平成三年十月二十八日・同五年十二月十日補記）

注

（1）これに先立つて刊行された『成簣堂善本書目』（昭和七年五月刊）には、その目錄と口繪寫眞一葉とが收められてゐる。

（2A）築島裕『平安時代の漢文訓讀語につきての研究』昭和三十八年三月。

（2B）築島裕「ツンザクとヒッサグとの語源について」（『國語學』第五十四集、昭和三十八年九月）。

（2C）築島裕『興福寺本大慈恩寺三藏法師傳古點の國語學的研究研究篇』一〇〇・一〇一頁。

（3）松本光隆「平安鎌倉時代における醫書の訓讀について」（『國文學攷』第八十七號、昭和五十五年九月）。

（4）松本光隆「書陵部藏醫心方の訓法―助字の訓法を中心として―」（『鎌倉時代語研究』第二輯、昭和五十四年三月）。

(5) 松本光隆「書陵部藏醫心方・成簣堂文庫藏醫心方における付訓の基盤─和名類聚抄、本草和名との比較を通して─」(『鎌倉時代語研究』第三輯、昭和五十五年三月)。
(6) 注(3)論文。
(7) 公卿補任寛治五年條。以下。
(8) 築島裕『平安時代訓點本論考ヲコト點圖假名字體表』(昭和六十一年十月)三六九頁以下。
(9) 築島裕「岩崎本日本書紀の點法について」(『東洋文庫藏岩崎本日本書紀』、昭和五十三年十一月)。
(10) 築島裕「『本草和名』の和訓と『醫心方』の萬葉假名和訓」(『國語逸文研究』第20號、昭和六十二年十二月)。
(11) 注(10)文獻。
(12) 注(10)文獻。
(13) 築島裕「東大寺諷誦文稿の表記についての小見」(『中田祝夫博士功績記念國語學論集』、昭和五十四年二月)。
(14) 注(2B)文獻。
(15) 築島裕「平安時代の訓點資料における「和文特有語」について」(『文化言語學─その提言と建設─』、平成四年十一月)。
(16) 小林芳規『平安鎌倉時代に於ける漢籍訓讀の國語史的研究』(昭和四十二年三月)四五六、五〇六、五七六頁。

(『醫心方の研究』オリエント出版社　平成六年五月)

築島裕著作集　第二巻　古訓點と訓法

平成二十七年一月十四日　發行

著　者　築　島　裕
發行者　石　坂　叡　志
整　版　中　臺　整　版
印　刷　モリモト印刷

發行所　汲　古　書　院

〒102-0072　東京都千代田區飯田橋二―五―四
電　話〇三（三二六五）九七六四
FAX〇三（三二二二）一八四五

第二回配本（全八卷）

ISBN978－4－7629－3622－7　C3381